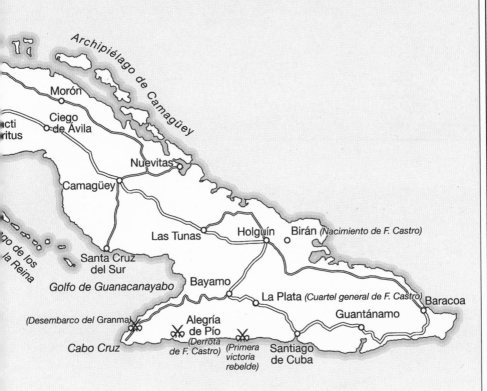

N

O  E

S

Archipiélago de Camagüey

Morón

Ciego
de Ávila

cti
ritus

Nuevitas

Camagüey

go de los
la Reina

Las Tunas   Holguín   Birán *(Nacimiento de F. Castro)*

Santa Cruz
del Sur

Golfo de Guanacanayabo   Bayamo

La Plata *(Cuartel general de F. Castro)*   Baracoa

(Desembarco del Granma)   Guantánamo

Alegría
de Pío
*(Derrota
de F. Castro)*   *(Primera
victoria
rebelde)*   Santiago
de Cuba

Cabo Cruz

CUBA

Fidel Castro, biografía a dos voces

Fidel Castro, biografía a dos voces

IGNACIO RAMONET

DEBATE

Primera edición en U.S.A.: junio, 2006

© 2006, Ignacio Ramonet
© 2006, de la presente edición en castellano para todo el mundo:
Random House Mondadori, S. A.
Travessera de Gràcia, 47-49. 08021 Barcelona

Printed in Spain – Impreso en España

ISBN: 0-307-37653-2

Distributed by Random House, Inc.

BD 7 6 5 3 2

A Alfredo Guevara

A mis hijos
Tancrède y Axël

Índice

Cien horas con Fidel.   11

1. Antecedentes de la Revolución   23
2. La infancia de un líder   43
3. La forja de un rebelde   87
4. Entrando en política   99
5. El asalto al cuartel Moncada   117
6. «La Historia me absolverá»   147
7. Che Guevara   159
8. En la Sierra Maestra   169
9. Lecciones de una guerrilla   189
10. Revolución: primeros pasos, primeros problemas   199
11. Empiezan las conspiraciones   221
12. Playa Girón   235
13. La crisis de octubre de 1962   249
14. La muerte de Che Guevara   259
15. Cuba y África   275
16. Las crisis migratorias con Estados Unidos   301
17. El derrumbe de la Unión Soviética   319
18. El caso Ochoa y la pena de muerte   331
19. Cuba y la globalización neoliberal   349
20. La visita del presidente James Carter   369
21. Arresto de disidentes en marzo de 2003   397
22. Los secuestros de abril de 2003   425
23. Cuba y España   447
24. América Latina   469
25. Cuba hoy   483
26. Después de Fidel, ¿qué?   513

Fechas clave en la vida de Fidel Castro y de la Revolución
   cubana 571
Notas 605
Bibliografía 637
Agradecimientos 643
Índice alfabético 645

Cien horas con Fidel

Daban las dos de la madrugada y llevábamos horas conversando. Nos hallábamos en su despacho personal. Una pieza austera, amplia, de techo alto, con anchos ventanales cubiertos por cortinas de color claro que dan a una gran terraza desde donde se divisa una avenida principal de La Habana. Una inmensa biblioteca al fondo y una larga, maciza mesa de trabajo repleta de libros y de documentos. Todo muy ordenado. Dispuestas en las estanterías o sobre mesitas a ambos extremos de un sofá: una figura en bronce y un busto del «apóstol» José Martí, así como una estatua de Simón Bolívar, otra de Sucre y un busto de Abraham Lincoln. En un rincón, realizada con alambre, una escultura del Quijote a lomos de Rocinante. Y en las paredes, además de un gran retrato al óleo de Camilo Cienfuegos, uno de sus principales lugartenientes en la Sierra Maestra, sólo otros tres marcos: una carta autógrafa de Bolívar, una foto dedicada de Hemingway exhibiendo un enorme pez espada («Al doctor Fidel Castro, que clave uno como éste en el pozo de Cojímar. Con la amistad de Ernest Hemingway»), y un retrato fotográfico de su padre, don Ángel, llegado de su lejana Galicia hacia 1895…

Sentado frente a mí, alto, corpulento, con la barba ya casi blanca y su impecable uniforme verde olivo de siempre, sin un asomo de cansancio pese a lo tardío de la hora, Fidel contestaba con calma. A veces en voz tan baja, como susurrada, que apenas lo alcanzaba a oír. Estábamos a finales de enero de 2003 y empezaba la primera serie de nuestras largas conversaciones que me harían regresar de nuevo a Cuba varias veces en los meses siguientes, y hasta diciembre de 2005.

La idea de este diálogo había surgido un año antes, en febrero de 2002. Yo había ido a La Habana a dar una conferencia en el marco de la Feria del Libro. También estaba Joseph Stiglitz, premio Nobel de Economía en 2001. Fidel me lo presentó diciendo: «Es economista y norteamericano, pero es lo más radical que he visto jamás. A su lado, yo soy un moderado». Nos pusimos a hablar de la globalización neoliberal y del Foro Social Mundial de Porto Alegre, del que yo acababa de llegar. Quiso saberlo todo, los temas en debate, los seminarios, los participantes, las perspectivas… Expresó su admiración por el movimiento altermundialista: «Se ha levantado una nueva generación de rebeldes, muchos de ellos norteamericanos, que utilizan formas nuevas, métodos distintos de protestar, y que están haciendo temblar a los amos del mundo. Las ideas son más importantes que las armas. Menos la violencia, todos los argumentos deben emplearse para enfrentar la globalización».

Como siempre, a Fidel le salían ideas a borbotones. Tenía una visión mundial. Analizaba la globalización, sus consecuencias y la manera de enfrentarlas, con argumentos de una modernidad y de una astucia que ponían de relieve esas cualidades que muchos biógrafos han subrayado en él: su sentido de la estrategia, su capacidad para valorar una situación concreta y su rapidez de análisis. A todo ello se añadía la experiencia acumulada en tantos años de gobierno, de resistencia y de combate.

Escuchándolo, me pareció injusto que las nuevas generaciones no conocieran mejor su trayectoria, y que, víctimas inconscientes de la constante propaganda contra Cuba, tantos amigos comprometidos con el movimiento altermundialista, sobre todo los más jóvenes, en Europa, lo consideren a veces sólo como un hombre de la guerra fría, un dirigente de una etapa superada de la historia contemporánea y que poco puede aportar a las luchas del siglo XXI.

Para muchos, y en el seno mismo de la izquierda, el régimen de La Habana suscita hoy recelos, críticas y oposiciones. Y aunque la Revolución cubana sigue promoviendo entusiasmos, es un tema que fragmenta y divide. Cada vez resulta más difícil encontrar a alguien —a favor o en contra de Cuba— que, a la hora de hacer un balance, consiga dar una opinión serena y desapasionada.

Yo acababa de publicar un breve libro de conversaciones con el subcomandante Marcos, el héroe romántico y galáctico de los zapatistas mexicanos. Fidel lo había leído y le había interesado. Le propuse al comandante cubano hacer algo parecido con él, pero de mayor amplitud. Él no ha escrito sus memorias, y es casi seguro que, por falta de tiempo, ya no las redactará. Sería, pues, una suerte de «biografía a dos voces», un testamento político, un balance de su vida hecho por él mismo al alcanzar los casi ochenta años, y cuando se ha cumplido más de medio siglo desde aquel ataque al cuartel Moncada de Santiago de Cuba, en 1953, donde, en cierta medida, empezó su epopeya pública.

Pocos hombres han conocido la gloria de entrar vivos en la historia y en la leyenda. Fidel es uno de ellos. Es el último «monstruo sagrado» de la política internacional. Pertenece a esa generación de insurgentes míticos —Nelson Mandela, Ho Chi Minh, Patrice Lumumba, Amílcar Cabral, Che Guevara, Carlos Marighela, Camilo Torres, Turcios Lima, Mehdi Ben Barka— quienes, persiguiendo un ideal de justicia, se lanzaron en los años posteriores a la Segunda Guerra Mundial a la acción política con la ambición y la esperanza de cambiar un mundo de desigualdades y de discriminaciones, marcado por el comienzo de la guerra fría entre la Unión Soviética y Estados Unidos. Como miles de intelectuales y de progresistas a través del mundo, y entre ellos hasta los más inteligentes, esa generación pensaba con sinceridad que el comunismo anunciaba un porvenir radiante, y que la injusticia, el racismo y la pobreza podían ser extirpados de la faz de la Tierra en menos de un decenio.

En aquella época, en Vietnam, en Argelia, en Guinea-Bissau, en más de medio planeta se sublevaban los pueblos oprimidos. La humanidad aún estaba entonces, en gran parte, sometida a la infamia de la colonización. Casi toda África y una buena parte de Asia seguían dominadas, avasalladas por los viejos imperios occidentales. Mientras, las naciones de América Latina, en teoría independientes desde hacía siglo y medio, permanecían explotadas por minorías privilegiadas, y a menudo sojuzgadas por crueles dictadores (Batista en Cuba, Trujillo en República Dominicana, Duvalier en Haití, Somoza en Nicaragua, Stroessner en Paraguay...), amparados por Washington.

Fidel escuchó mi propuesta con una sonrisa leve, como medio divertido. Me miró con ojos penetrantes y maliciosos, y me preguntó con ironía: «¿De verdad quiere usted perder su tiempo charlando conmigo? ¿No tiene cosas más importantes que hacer?». Por supuesto, le contesté que no. Decenas de periodistas de todo el mundo, y entre ellos los más célebres, llevan años esperando la oportunidad de conversar con él. Para un profesional de la prensa, ¿qué entrevista más importante puede haber que el diálogo con una de las personalidades históricas más significativas de la segunda mitad del siglo XX y de lo que va de éste?

¿No es acaso Fidel Castro el jefe de Estado que más tiempo lleva ejerciendo su cargo? Ha tenido que lidiar nada menos que con *diez* presidentes estadounidenses (Eisenhower, Kennedy, Johnson, Nixon, Ford, Carter, Reagan, Bush padre, Clinton y Bush hijo). Tuvo relaciones con algunos de los principales líderes que marcaron la marcha del mundo después de 1945 (Nehru, Nasser, Tito, Jruschov, Olof Palme, Ben Bella, Boumedienne, Arafat, Indira Gandhi, Salvador Allende, Brezhnev,

Gorbachov, Mitterrand, Jiang Zemin, Juan Pablo II, el rey Juan Carlos, etcétera). Y ha conocido a algunos de los principales intelectuales y artistas de nuestro tiempo (Jean-Paul Sartre, Simone de Beauvoir, Ernest Hemingway, Graham Greene, Arthur Miller, Pablo Neruda, Jorge Amado, Oswaldo Guayasamín, Henri Cartier-Bresson, Julio Cortázar, José Saramago, Gabriel García Márquez, Eduardo Galeano, Oliver Stone, Noam Chomsky y muchísimos otros).

Bajo su dirección, su pequeño país (poco más de cien mil kilómetros cuadrados, once millones de habitantes) ha podido conducir una política de gran potencia a escala mundial, llegando incluso a echarle un pulso a Estados Unidos, cuyos dirigentes no han conseguido derribarlo, ni eliminarlo, ni tan siquiera modificar el rumbo de la Revolución cubana.

La Tercera Guerra Mundial estuvo a punto de estallar en octubre de 1962 a causa de la actitud del gobierno norteamericano, que protestaba contra la instalación de misiles nucleares soviéticos en Cuba, cuya función era, sobre todo, impedir un nuevo desembarco como el de 1961 en Playa Girón (bahía de Cochinos), realizado esta vez directamente por las fuerzas armadas estadounidenses para derrocar el régimen cubano.

Desde hace más de cuarenta años, Washington le impone a Cuba un devastador embargo comercial (reforzado en los años noventa por las leyes Helms-Burton y Torricelli), que obstaculiza su normal desarrollo y contribuye a agravar la difícil situación económica. Con consecuencias trágicas para sus habitantes. Estados Unidos prosigue, además, una guerra ideológica y mediática permanente contra La Habana a través de las potentes Radio Martí y Televisión Martí, instaladas en la Florida para inundar la isla de propaganda como en los peores tiempos de la guerra fría.

Por otra parte, varias organizaciones terroristas hostiles al régimen cubano —Alpha 66 y Omega 7, entre otras— tienen sede en Miami, donde poseen campos de entrenamiento y desde donde, sin cesar, envían comandos armados a la isla para cometer atentados, con la complicidad pasiva de las autoridades estadounidenses. Cuba es uno de los países que más víctimas ha tenido (más de tres mil) y que más ha sufrido por el terrorismo en los últimos cuarenta años.

A pesar de un ataque tan persistente por parte de Estados Unidos, incluyendo muchos intentos de atentado contra su vida, después de las odiosas agresiones del 11 de septiembre de 2001 contra Nueva York y Washington, Fidel declaró: «Ninguna de esas circunstancias nos condujo jamás a dejar de sentir un profundo dolor por los ataques terroristas del

11 de septiembre contra el pueblo norteamericano. Hemos dicho que, cualesquiera que sean nuestras relaciones con el gobierno de Washington, nunca saldrá nadie de aquí para cometer un acto de terrorismo en Estados Unidos. —Y también subrayó—: Que me corten una mano si alguien encuentra aquí una sola frase dirigida a disminuir al pueblo norteamericano. Seríamos una especie de fanáticos ignorantes si fuésemos a echar la culpa al pueblo norteamericano de las diferencias entre ambos gobiernos».

Como reacción ante las agresiones constantes venidas de fuera, el régimen ha preconizado en el interior del país la unión a ultranza. Ha mantenido el principio del partido único, y ha tenido tendencia a sancionar con severidad las discrepancias aplicando a su manera el viejo lema de san Ignacio de Loyola: «En una fortaleza asediada, toda disidencia es traición». Por eso, los informes anuales de Amnistía Internacional critican la actitud de las autoridades en materia de libertades (libertad de expresión, libertad de opinión, libertades políticas) y recuerdan que, en Cuba, hay decenas de «prisioneros de opinión».

Sea cual fuere el motivo, se trata de una situación que no se justifica. Como tampoco se justifica la aplicación de la pena de muerte, hoy día suprimida en la mayoría de los países desarrollados (con las notables excepciones de Estados Unidos y de Japón). Ningún demócrata puede estimar normal la existencia de presos de opinión y el mantenimiento de la pena capital.

Esos informes críticos de Amnistía Internacional no señalan, sin embargo, casos de tortura física en Cuba, de «desapariciones», de asesinatos políticos o de manifestaciones reprimidas a golpes por la fuerza pública. Tampoco se ha registrado ningún levantamiento popular contra el régimen. Ni un solo caso en cuarenta y seis años de Revolución. Mientras que en algunos Estados próximos considerados «democráticos» —Guatemala, Honduras, República Dominicana, incluso México, y no hablemos de Colombia, por ejemplo—, sindicalistas, oponentes, periodistas, sacerdotes, alcaldes, líderes de la sociedad civil siguen siendo, con impunidad, asesinados, sin que estos crímenes ordinarios susciten excesiva emoción mediática internacional.

A ello habría que añadir, en esos Estados y en la mayoría de los países pobres del mundo, la violación permanente de los derechos económicos, sociales y culturales de millones de ciudadanos; la escandalosa mortalidad infantil, el analfabetismo, los sin techo, los sin trabajo, los sin cuidado sanitario, los mendigos, los niños de la calle, los barrios de chabolas, la droga, la criminalidad y toda clase de delincuencias... Fenómenos desconocidos o casi inexistentes en Cuba.

Igual que es inexistente el culto oficial a la personalidad. Aunque la imagen de Fidel está muy presente en la prensa, en la televisión y en las calles, no existe ningún retrato oficial, ni hay estatua, ni moneda, ni avenida, ni edificio, ni monumento dedicado a Fidel Castro ni a ninguno de los líderes vivos de la Revolución.

A pesar del incesante hostigamiento exterior, este pequeño país, apegado a su soberanía, ha obtenido resultados innegables en materia de desarrollo humano: abolición del racismo, emancipación de la mujer, erradicación del analfabetismo, reducción drástica de la mortalidad infantil, elevación del nivel cultural general... En cuestiones de educación, de salud, de investigación médica y de deporte, Cuba ha alcanzado niveles que la sitúan en el grupo de naciones más eficientes.

La diplomacia cubana sigue siendo una de las más activas del mundo. Su régimen, en los años sesenta y setenta, apoyó a las guerrillas en numerosos países de América Central (El Salvador, Guatemala, Nicaragua) y del Sur (Colombia, Venezuela, Bolivia, Argentina). Sus fuerzas armadas, proyectadas al otro lado del mundo, participaron en campañas militares de gran envergadura, en particular en las guerras de Etiopía y de Angola. La intervención que realizaron en este último país concluyó con la derrota de las divisiones de élite de la República de Sudáfrica, lo cual aceleró de forma indiscutible la caída del régimen racista del *apartheid*.

La Revolución cubana, de la cual Fidel Castro es inspirador y líder carismático, sigue siendo, gracias a sus éxitos y a pesar de sus evidentes deficiencias (dificultades económicas, colosal incompetencia burocrática, corrupción a pequeña escala generalizada, penurias, apagones, escasez de transportes, racionamiento, dureza de la vida cotidiana, restricciones de ciertas libertades), una referencia importante para millones de desheredados del planeta. Aquí o allá, en América Latina y en otras partes del mundo, mujeres y hombres protestan, luchan y a veces mueren intentando conseguir objetivos sociales como algunos de los logrados por el modelo cubano.

¿Qué ocurrirá cuando desaparezca, por causas naturales, el presidente cubano? Es obvio que se producirán cambios, ya que nadie en la estructura de poder (ni en el Estado, ni en el Partido, ni en las Fuerzas Armadas) posee su autoridad. Una autoridad que le confiere su cuádruple carácter de fundador del Estado, de teórico de la Revolución, de jefe militar victorioso y de conductor, desde hace cuarenta y seis años, de la política de Cuba.

Algunos analistas vaticinan que, como ocurrió en Europa del Este después de la caída del muro de Berlín, el régimen actual sería muy pronto derrocado. Se equivocan. Es muy poco probable que asistamos en Cuba a una transición semejante a la de Europa oriental, donde un sistema impuesto desde el exterior y detestado por una parte importante de la población se desmoronó en muy poco tiempo.

Aunque no lo acepten los adversarios de Fidel Castro, la lealtad de la mayoría de los cubanos a la Revolución es una realidad política. Y se trata de una lealtad fundamentada en un nacionalismo que, al contrario de lo que ocurrió en los países comunistas del Este europeo, tiene sus raíces en la resistencia histórica contra las ambiciones anexionistas o imperialistas de Estados Unidos.

Le guste o no a sus detractores, Fidel Castro tiene un lugar reservado en el panteón mundial de las figuras que con más empeño lucharon por la justicia social y que más solidaridad derrocharon en favor de los oprimidos de la Tierra.

Por todas estas razones —a las que vino a añadirse, en marzo y abril de 2003, mi desacuerdo con la condena a largas penas de unos setenta disidentes no violentos y el fusilamiento de tres secuestradores de un barco—, me parecía inconcebible que un dirigente de tal envergadura, criticado de modo tan feroz por numerosos medios occidentales, no ofreciese su versión personal, su propio testimonio directo sobre los grandes combates que marcaron su existencia, y sobre las luchas en las que sigue enfrascado.

Fidel, que tantos discursos suele pronunciar, ha concedido en su vida pocas entrevistas, y sólo se han publicado cuatro conversaciones largas con él en cincuenta años: con Gianni Miná (dos), con Frei Betto y con Tomás Borge. Después de casi un año de espera, me hizo saber que aceptaba mi propuesta y que mantendría conmigo su quinta conversación larga, que al final resultó la más extensa y completa de cuantas ha concedido.

Me preparé a fondo, como para una maratón. Leí o volví a leer decenas de libros, artículos e informes, y consulté con numerosos amigos, mejores conocedores que yo del complejo itinerario de la Revolución cubana, que me sugirieron cuestiones, temas y críticas. A ellos les debo el interés que puedan tener las preguntas planteadas a Fidel Castro en este libro-conversación.

Antes de sentarnos a trabajar en la quietud, la penumbra y el silencio de su despacho personal —ya que una parte de las entrevistas se filmaba para un documental—, quise conocer un poco mejor, en proximidad, al personaje, descubrirlo en sus quehaceres diarios, en su manejo de los asuntos cotidianos. Hasta entonces sólo había conversado con él en circunstancias breves y muy precisas: con ocasión de reportajes en la isla o de mi participación en algún congreso o algún evento como el ya mencionado de la Feria del Libro de La Habana.

Aceptó la idea, y me invitó a acompañarlo durante varios días en diversos recorridos, tanto por Cuba (Santiago, Holguín, La Habana) como por el extranjero (Ecuador). En coche, en avión, caminando, almorzando o cenando, conversamos de las noticias del día, de sus experiencias pasadas, de sus preocupaciones presentes… de todos los temas imaginables, y sin grabadora. Yo reconstruiría luego esos diálogos, de memoria, en mis cuadernos.

Descubrí así un Fidel íntimo, casi tímido, bien educado y muy caballeroso, que presta interés a cada interlocutor y habla con sencillez, sin afectación. Con modales y gestos de una cortesía de antaño, siempre atento a los demás, y en particular a sus colaboradores, a sus escoltas, y que nunca emplea una palabra más alta que otra. Nunca le oí una orden. Pero ejerce una autoridad absoluta en su entorno. Por su aplastante personalidad. Donde está él, sólo se oye una voz: la suya. Él es quien toma todas las decisiones, pequeñas o grandes. Aunque consulta y se muestra muy respetuoso y formal con las autoridades políticas que dirigen el Partido y el Estado, en última instancia las decisiones las tiene que tomar él. No hay nadie, desde la muerte de Che Guevara, en el círculo de poder en el que se mueve, que tenga un calibre intelectual cercano al suyo. En ese sentido, da la impresión de ser un hombre solo. Sin amigo íntimo, ni socio intelectual de su talla. Es un dirigente que vive, por lo que pude apreciar, de manera modesta, casi espartana: lujo inexistente, mobiliario austero, comida sana y frugal. Hábitos de monje-soldado. Incluso sus enemigos admiten que figura entre los pocos jefes de Estado que no se han aprovechado de sus funciones para enriquecerse.

Su jornada de trabajo, siete días a la semana, suele terminar a las cinco o las seis de la madrugada, cuando despunta el día. Más de una vez interrumpió nuestra conversación a las dos o las tres de la noche porque aún debía, sonriente y cansado, participar en unas «reuniones importantes»… Duerme apenas cuatro horas y, de vez en cuando, una o dos horas más en cualquier momento del día. Pero es también, y se dice menos, un gran madrugador. Viajes, desplazamientos, reuniones, visitas e intervenciones se encadenan sin tregua, a un ritmo intenso. Sus asistentes —todos jóvenes, de unos treinta años, y brillantes—, al final de

18

la jornada, acaban molidos. Se duermen de pie, agotados, incapaces de seguir el ritmo de ese infatigable mozo de casi ochenta años. Fidel reclama notas, informes, cables, noticias de la prensa nacional y extranjera, estadísticas, resúmenes de emisiones de televisión o de radio, llamadas telefónicas, opiniones recogidas en constantes encuestas nacionales... De una curiosidad infinita, no cesa de pensar, de cavilar, de animar a su equipo de asesores. Es el antidogmático por antonomasia. Nada más contrario a él que el dogma, el precepto, la regla, el sistema, la verdad revelada. Es un transgresor instintivo y, aunque parezca obvio decirlo, un rebelde permanente. Siempre alerta, en acción, a la cabeza de un pequeño Estado Mayor —el grupo que constituyen sus asistentes—, librando una batalla nueva. Rehacer la Revolución, otra vez y con constancia. Siempre con ideas, pensando lo impensable, imaginando lo inimaginable. Con un atrevimiento mental espectacular. Incapaz, en efecto, de concebir una idea que no sea descomunal.

Una vez discutido y definido un proyecto, ningún obstáculo lo detiene. Su realización le resulta obvia. «La intendencia seguirá», decía De Gaulle. Fidel piensa igual. Dicho y hecho. Cree con pasión en lo que está haciendo. Su entusiasmo mueve las voluntades. Como un fenómeno casi de magia, las ideas parecen materializarse ante nosotros; las cosas, los acontecimientos se hacen palpables. Las palabras se convierten en realidades. El carisma debe de ser eso.

Fidel Castro es un hombre dotado de una estatura impresionante, de un indiscutible don de gentes, y también de un poderoso encanto personal. Posee una destreza visceral para comunicar con el público. Sabe como nadie captar la atención de un auditorio, mantenerlo subyugado, electrizarlo, entusiasmarlo y provocar tempestades de aplausos durante horas y horas. El escritor Gabriel García Márquez, que lo conoce bien, relata así su modo de dirigirse a las multitudes: «Empieza siempre con voz casi inaudible, con un rumbo incierto, pero aprovecha cualquier destello para ir ganando terreno, palmo a palmo, hasta que da una especie de gran zarpazo y se apodera de la audiencia. Es la inspiración, el estado de gracia irresistible y deslumbrante, que sólo niegan quienes no han tenido la gloria de vivirlo».

Tantas veces descrito, su dominio del arte de la oratoria resulta prodigioso. No me refiero a sus discursos públicos, bien conocidos, sino a una simple conversación de sobremesa. Un torrente de palabras, sencillas, impactantes. Una avalancha verbal que acompaña siempre, ondulando el aire, con la bailarina gestualidad de sus finas manos.

19

Posee un sentido de la Historia profundamente anclado en él, y una sensibilidad extrema hacia todo lo que concierne a la identidad nacional. Cita a José Martí, el héroe de la independencia de Cuba, mucho más que a ningún otro personaje de la historia del movimiento socialista u obrero. Martí constituye su principal fuente de inspiración. Lo lee y lo relee. Le fascinan las ciencias, la investigación científica. Le apasiona el progreso médico. Curar a los niños, a todos los niños. Y la realidad es que miles de médicos cubanos se hallan en decenas de países pobres curando a los más humildes. Movido por la compasión humanitaria y la solidaridad internacionalista, su ambición, mil veces repetida, es sembrar salud y saber, medicina y educación, por todo el planeta. ¿Sueño quimérico? No en vano su héroe favorito en literatura es don Quijote. Se ve que es una persona que actúa por aspiraciones nobles en sí mismas, por unos ideales de justicia y de equidad. Y que hace pensar en la frase de Che Guevara: «Una gran revolución sólo puede nacer de un gran sentimiento de amor».

Le gusta la precisión, la exactitud, la puntualidad. A propósito de cualquier tema, realiza cálculos aritméticos de una celeridad pasmosa. Con él, nada de aproximaciones. Consigue acordarse del más mínimo detalle. Durante nuestras conversaciones le acompañaba a menudo el excelente historiador Pedro Álvarez Tabío, que le ayuda, si es menester, a puntualizar algún dato, alguna fecha, algún nombre, alguna circunstancia... A veces la precisión es sobre su propio pasado («¿A qué hora llegué yo a la granjita Siboney la víspera del ataque al Moncada?» «A tal hora, comandante», responde Pedro) o sobre cualquier aspecto marginal de un acontecimiento lejano («¿Cómo se llamaba aquel segundo dirigente del Partido Comunista de Bolivia que no quería ayudar al Che?» «Fulano», contesta Pedro). Una segunda memoria al lado de la suya, que ya es de por sí portentosa, de una fidelidad inaudita.

Una memoria tan rica que parece impedirle a veces reflexionar de manera sintética. Su pensamiento es arborescente. Todo se encadena. Se ramifica. Todo tiene que ver con todo. Digresiones constantes. Paréntesis permanentes. El desarrollo de un tema le lleva, por asociación de ideas, por recuerdo de tal o cual situación o personaje, a evocar un tema paralelo, y otro, y otro, y otro, alejándose así del problema central. A tal punto que el interlocutor teme, un instante, haber perdido el hilo. Pero Fidel desanda luego lo andado y vuelve a retomar la idea principal.

En ningún momento, a lo largo de un total de más de cien horas de conversación, Fidel puso un límite cualquiera a las cuestiones que habríamos de abordar. Como intelectual que es, no le teme al debate. Al contrario, lo necesita, lo requiere, lo estimula. Siempre dispuesto a litigar con quien sea. Con argumentos a espuertas. Y con una maestría retórica impresionante. Con gran respeto hacia el otro. Con mucho tacto. Es un discutidor y un polemista temible, culto, a quien sólo repugnan la mala fe y el odio.

Si alguna pregunta o algún tema faltan en este libro, ello se debe a mis carencias de entrevistador y jamás a su rechazo de abordar tal o cual aspecto de su larga experiencia política. Como se sabe, algunas conversaciones, debido a la disparidad intelectual entre el que pregunta y el que contesta, son en realidad monólogos en los que el que pregunta no posee la responsabilidad de tener razón. No se trataba, en estas conversaciones, de polemizar, ni de debatir —el periodista no es un estadista—, sino de recoger su versión personal de un itinerario biográfico y político que ya es historia. En ningún instante me pasó por la mente evocar su vida íntima, sentimental, su esposa, sus hijos... Creo que no se deben franquear ciertos límites. Todo hombre público, por célebre que sea, tiene también derecho al perímetro inviolable de su privacidad.

Aquellas largas sesiones de trabajo de 2003 dieron por resultado un primer borrador de este libro. Sin embargo, los meses fueron pasando y el texto no quedaba listo para la imprenta. Mientras tanto, la vida y los acontecimientos siguieron su curso. En septiembre de 2004 tuve la oportunidad de regresar a La Habana y de tener otro encuentro con Fidel Castro, que aprovechamos para actualizar y completar algunos temas de nuestras primeras conversaciones. Volví de nuevo a conversar horas con él en 2005, siempre con el deseo común de actualizar y finalizar el libro. Esto, en lo esencial, se ha conseguido, aunque tomamos la decisión conjunta de permitir al entrevistador elaborar notas adicionales al texto de la entrevista para permitir al lector conocer qué ha ocurrido y cómo han evolucionado —hasta final de 2005— algunos de los temas abordados a lo largo de nuestras conversaciones. El lector deberá tenerlo en cuenta. Sólo me he limitado a insertar esas notas de «puesta al día» en los casos en que resultaban imprescindibles.

La caída del muro de Berlín, la desaparición de la Unión Soviética y el fracaso histórico del socialismo autoritario de Estado no parecen haber modificado el sueño de Fidel Castro de instaurar en su país una sociedad de nuevo tipo, menos desigual, más sana y mejor educada, sin privatizaciones ni discriminaciones, con una cultura global integral. Y su nueva y estrecha alianza con la Venezuela del presidente Hugo Chávez consolida sus convicciones.

En el otoño de su vida, movilizado ahora en defensa de la ecología, del medio ambiente, contra la globalización neoliberal y contra la corrupción interna, sigue en la trinchera, en primera línea, conduciendo la batalla por las ideas en las que cree. Y a las cuales, según parece, nada ni nadie le harán renunciar.

IGNACIO RAMONET
París, 31 de diciembre de 2005

1

Antecedentes de la Revolución

Bolívar – Autonomistas y pro americanos – Las dos guerras de
independencia – Carlos Manuel de Céspedes – Máximo Gómez –
Antonio Maceo – José Martí

Comandante, el año 2003 se celebró, no sólo el 150 aniversario del nacimiento de José Martí, sino también el 50 aniversario del asalto al Moncada. ¿Se puede decir que aquel 26 de julio de 1953 empezaba la Revolución cubana?
No sería absolutamente justo, porque la Revolución cubana comenzó con la primera guerra de Independencia en 1868. Se inició por Oriente, el 10 de octubre de ese año; la dirigió un cubano bien preparado, Carlos Manuel de Céspedes.[1] En aquella región no estaba tan extendida la esclavitud. La esclavitud era muy fuerte en la zona occidental, donde estaban las grandes plantaciones cafetaleras, y posteriormente las plantaciones de caña de azúcar. Éstas tomaron gran auge a raíz de la rebelión de los esclavos.

¿La de Haití,[2] en 1791?
Sí, en Haití. Muchos de aquellos colonos franceses se trasladaron a Cuba, a la provincia de Oriente, próxima a Haití, ya que las separa únicamente el llamado Paso de los Vientos.

Siempre hubo algún intercambio, hasta en la época de la población autóctona, entre Cuba y la región donde está ubicada Haití, que era la antigua isla de Santo Domingo; aquellas tribus, en parte caribes, eran más combativas, y le hicieron bastante resistencia a los españoles, y algunos cruzaron hasta acá.

De modo que cuando se inicia la conquista y colonización de Cuba había algunos indígenas emigrantes de Santo Domingo, y los indígenas organizaron cierta resistencia en aquella región. Uno de ellos se llamaba Hatuey. Es una de las figuras históricas de Cuba, el primero que intenta resistir, porque las tribus originarias que habitaban nuestro país estaban constituidas por grupos muy pacíficos. Los conquistadores vinieron con algunos caballos, espadas, ballestas, arcabuces, y los indígenas no estaban en condiciones de resistir; pero algunos resistieron.

La diferencia de progreso técnico era demasiado grande.
Los españoles venían de ochocientos años de guerras, e inundaron esto de guerreros. Era gente que había luchado por su independencia, contra la ocupación árabe.

Y los esclavos, decía usted, en un momento se sublevan en Haití.
Cuando la rebelión de los esclavos de Haití, en 1791, que encabeza Toussaint Louverture, había allí alrededor de cuatrocientos mil esclavos. Algunos cientos —tal vez miles, pero basta con unos cuantos cientos— de colonos franceses huyeron hacia Cuba. Algunos trajeron parte de sus dotaciones de esclavos y se instalaron en la zona más oriental de Cuba.

¿En el resto de la isla no había esclavitud?
Ya le dije que donde más extendida estaba la esclavitud era en la región occidental del país. En el resto de la antigua provincia de Oriente había esclavitud, pero en menor escala, porque principalmente se dedicaban a la cría de ganado y a cultivos menores. Era la región con más propietarios individuales; después venía Camagüey, con grandes extensiones, que era ganadera y en la que había pocos esclavos también.

Desde el centro de la isla hacia occidente sí se desarrollaron muchas plantaciones cafetaleras y cañeras sobre base esclava, y en Matanzas y La Habana había más de mil pequeños centrales, cuyos equipos muchas veces se movían con tracción animal. Cuba se convierte en el más grande productor y exportador de café, ocupaba por aquella época los mercados de café que había tenido Haití.

En la década de 1840 dos grandes ciclones barren las plantaciones de café; pero la caña es más resistente a los ciclones y a las sequías, es más segura; un ciclón fuerte puede reducir la cosecha en un 20 o un 25 por ciento, pero no se pierde la plantación. Era un cultivo más adecuado, pero necesitaba también muchos esclavos.

En esa época en que se inicia la primera guerra de Independencia, en 1868, había en Cuba alrededor de trescientos mil esclavos.

¿Sobre una población total de cuántos habitantes?

No le puedo responder con exactitud, pero la calculo entre medio millón y un millón, tal vez, incluidos los esclavos. El resto de la población eran descendientes de españoles en la primera etapa de la colonización, los llamados criollos, dueños de la tierra y de las plantaciones. Los españoles peninsulares eran los dueños de la administración, el comercio, el orden interno, la defensa del país.

El mayor número de esclavos estaba en las plantaciones de caña, propiedad de los criollos. Eso tuvo una influencia grande, porque después de las guerras de independencia de Suramérica, a España le quedaron sólo Cuba y Puerto Rico. España reocupó un tiempo la isla Hispaniola; hubo guerras allí entre las dos partes, Haití y Santo Domingo. Y más o menos entre 1850 y 1860, antes de nuestra primera guerra de Independencia, algunos dominicanos vinieron hacia acá, porque allí las guerras eran más bien con el vecino Haití. Algunos servían en el ejército español, y vinieron a Cuba como ciudadanos españoles, aunque de origen dominicano; tenían experiencia militar, y después se unieron —eran campesinos, agricultores— a los patriotas cubanos.

¿Cómo se inicia esa primera guerra de Independencia?

Aquella guerra de 1868 la inicia un grupo de terratenientes. Tenían cierta preparación y alguna cultura. Muchos eran abogados o tenían otras profesiones. Tenían un pensamiento liberal, eran partidarios de la independencia, y en pequeña escala dueños de esclavos, porque poseían plantaciones cañeras. Grandes plantaciones de café, con numerosos esclavos, había sólo en la zona de Guantánamo, próxima a Haití.

El jefe de la revolución independentista, un hombre muy distinguido y culto, se llamaba Carlos Manuel de Céspedes, dueño de uno de los pequeños centrales azucareros. Venían conspirando, los de aquella región oriental, desde Camagüey, y siempre esas conspiraciones se descubren por una vía o por otra; las autoridades hasta habían enviado una orden de arresto, pero ellos tenían amigos en los correos. Carlos Manuel de Céspedes conoce que se va a producir el arresto e inicia la sublevación el 10 de octubre de 1868 en su central azucarero. Y a su pequeño grupo de esclavos los decreta libres. A todos. No eran muchos, pero los puso en libertad.

¿Era frecuente, en esa época, liberar a los esclavos?

No, no lo era, y eso quedó como un gran gesto, al revés de lo que ocurrió en Suramérica. Porque en Suramérica, cuando se inicia la guerra de

25

Independencia en 1810 —a raíz de la ocupación de España por Francia y del establecimiento de una nueva monarquía, al nombrar Napoleón rey a su hermano, José Bonaparte—, las colonias españolas se sublevan no contra España, sino contra la monarquía napoleónica impuesta a España, y así se crean las juntas patrióticas en Suramérica y otras partes del hemisferio que eran colonias españolas. La primera fue en Venezuela, donde la independencia tenía un precursor, Miranda,[3] personaje famoso, que incluso había participado en la guerra de Independencia de Estados Unidos, porque la España de Carlos III había enviado soldados de origen suramericano, y cubano, tanto negros como mestizos y españoles, a luchar a favor de Washington. Esto fue en 1776, antes de la Revolución francesa que comienza en 1789. Entonces aquella gente había luchado; La Fayette, francés, participa también en aquella guerra, junto con muchos voluntarios españoles.[4] De este modo hubo cubanos, gente de origen cubano, que combatieron por la independencia de Estados Unidos.

Miranda, venezolano, emigra a Francia, se convierte en un destacado jefe militar a las órdenes de los jefes revolucionarios de Francia, lucha allá por Flandes, por Bélgica, se destaca. En un momento dado cae en desgracia, como ocurría en aquella época, y por poco lo fusilan. Ya había recorrido Europa, se hizo famoso, y fue el precursor de la independencia de Suramérica. Intenta, incluso, desembarcar en su país para iniciar la lucha.

Esto se produce antes de que Simón Bolívar inicie la lucha por la independencia de la América española.

Mucho antes. Al ocurrir aquellos acontecimientos, como es la instauración de una monarquía napoleónica en España, en actos de lealtad, se crean las juntas, aunque había gente en esas juntas que eran partidarias de la independencia. En Venezuela, uno de ellos fue, precisamente, Simón Bolívar. Miranda no estaba allí, lo llaman después; pero había un grupo de criollos que también tenía esclavos. Ellos crean la junta, y fue la primera en que deciden proclamar la independencia, dirigidos por distinta gente, entre los que estaba Bolívar, un oficial muy joven. Ya tenían allí al preceptor de Bolívar, Simón Rodríguez, al que llamaban «Robinson». Bolívar había estado en Francia, había presenciado el desfile de las tropas napoleónicas en Italia y estaba muy impresionado también por las proezas del Napoleón revolucionario. Durante ese viaje —en el monte Sacro de Roma, el 15 de agosto de 1805—, junto con Simón Rodríguez, hace el juramento de luchar por la independencia de Venezuela. Estaba inspirado en la Revolución francesa y en Napoleón, en sus glorias, su grandeza, sus batallas y su papel de libertador, porque en aquella época, Napoleón era transmisor de las ideas de la Revolución francesa.

Pero me imagino que la mayoría de estos libertadores no pensaban en liberar a sus esclavos, ¿no?

No, ellos, los criollos, no liberan a los esclavos. Y entonces es cuando José Tomás Boves,[5] un asturiano listo, lleva a cabo lo que posiblemente fue una de las primeras guerras de clases en este hemisferio, porque, en Venezuela, Boves se va a donde están los llaneros, que eran indios y mestizos, unos jinetes temibles, en aquellas grandes llanuras llenas de caballos casi salvajes. Y hace allí a su manera una especie de reforma agraria; como las tierras eran de los criollos sublevados, las expropia y entrega tierras, entrega haciendas y convierte a los llaneros, digamos, en dueños de aquello, y al frente de una tropa pro española avanza por los llanos, arrolladoramente, quemando y matando venezolanos.

Un escritor venezolano famoso, Arturo Uslar Pietri,[6] autor de excelentes libros, tiene una novela que se llama *Las lanzas coloradas*. Parece describir hasta el tronar de la caballería avanzando por los llanos. Fue ese ejército de llaneros pobres, esclavos y semiesclavos, el que con su imparable caballería derrota a los venezolanos independentistas, llega y toma Caracas. Esto ocurre cuando se crea la Segunda República.

Cuando se proclama la primera, en 1810, todavía Bolívar no era el jefe, era Miranda, llamado «El Precursor». Y Miranda, ante la derrota, pacta la paz. Estaba a punto de tomar un barco inglés en La Guaira, llegan Bolívar y el grupo de oficiales inconformes con la paz de «El Precursor» y lo arrestan. Miranda había adquirido muchas costumbres francesas en cuanto a sus hábitos, los baños, la vida que llevaba la gente distinguida, los nobles, y en vez de estar en el barco inglés se había quedado aquella noche descansando. Dio tiempo a que lo detuvieran. Lo capturan y lo arrestan, porque veían su renuncia como un acto de traición.

Pero el poder lo había recuperado España, gracias a la ofensiva de los llaneros.

No. Los llaneros actúan cuando se restablece la independencia y se crea la Segunda República. Esto sucede antes, cuando Miranda pacta. Bolívar y sus amigos tienen que escapar, consiguen tomar un barco. Miranda cae prisionero. Bolívar viaja hacia el oeste, hacia la isla Bonaire, que era posesión holandesa, desembarca después en las proximidades del río Magdalena e inicia río arriba una ofensiva con unos pocos hombres, que se llamó «la campaña admirable».

Aún había, por el territorio de Colombia, parte de las tropas patrióticas. Bolívar llega, las reúne y reanuda la lucha, después toma Caracas otra vez y restablece el poder patriótico. Pero los esclavos seguían sin estar liberados. En ese momento, el 26 de marzo de 1812 —un Jueves Santo—, se produce un terremoto y Bolívar pronuncia aquella frase célebre: «Si la naturaleza se opone a nuestros designios, lucharemos contra ella y haremos que nos obedezca». Terrible el terremoto; famosa la frase.

Es después de la segunda derrota de la República cuando se retira de Venezuela y marcha a Jamaica. Allí es donde escribe la célebre *Carta de Jamaica*, y es donde entra en contacto, en 1816, con el presidente Pétion[7] de Haití. Pétion comienza a ejercer una influencia sobre él en favor de la libertad de los esclavos; lo ayuda con armas, y Bolívar le promete la abolición de la esclavitud. Había recibido la gran lección de lo ocurrido con la Primera República. Realmente fueron dos repúblicas. Entonces inicia la lucha por la tercera. Desembarca en territorio venezolano, sube por el río Orinoco, hasta donde hoy está Ciudad Bolívar, y es allí en Angostura donde él elabora las ideas de la Constitución y decreta la abolición de la esclavitud. José Antonio Páez, un llanero patriota, arrastra tras sí a muchos de aquellos llaneros indios y mestizos. A partir de estos acontecimientos la victoria está asegurada. Para que vea la relación entre la abolición de la esclavitud y la independencia.

En Cuba, ¿fue Céspedes el primero que libera a los esclavos?

Sí. Cuando Carlos Manuel de Céspedes inicia la lucha. La medida se aplica también en toda la región de Camagüey. Muchos de esos esclavos liberados se unieron a los patriotas. Aquella guerra duró diez años. Ahí es donde surge un jefe dominicano brillante, Máximo Gómez.[8] Y otro jefe también brillante, negro.

¿Antonio Maceo?[9]

Maceo. Cuyo padre, venezolano, había emigrado al terminar la guerra de Independencia. Después se casa aquí con una cubana y tiene numerosos hijos. El más brillante de nuestros soldados, un hombre negro, Antonio Maceo, nace en 1845, en Santiago.

Al parecer, una parte de los criollos que se alzan en 1868 contra España lo hacen con el propósito de unirse a Estados Unidos. ¿Es cierto?
La idea de la independencia tuvo que enfrentarse a muchas corrientes a lo largo del siglo XVIII y del siglo XIX, entre ellas corrientes reformistas, corrientes autonomistas. El colonialismo español era diferente al británico. Realmente los españoles no son los británicos; su colonialismo no fue igual, hubo distintos tipos de colonialismo, distinto trato, incluso, a los esclavos. Mire, una cosa positiva en los españoles: ellos, por ejemplo, permitían a los esclavos africanos sus ritos, los autorizaban. Era hasta una forma de mantenerlos más tranquilos, porque en este clima, en este territorio, con la explotación y el maltrato al que eran sometidos los esclavos, hubo muchas sublevaciones, muchos esclavos escapaban y después los perseguían, pero mantenían sus sentimientos religiosos.

Fíjese qué diferente en Estados Unidos. En Estados Unidos apenas existen cultos norteamericanos de origen africano; existe la religión cristiana en general, incluida la católica; existen incluso otras religiones, musulmana, judía, budista… pero no hay cultos de origen africano. Aquí estaba la religión católica; apenas había presencia de otras religiones cristianas, pero sí existían, entre aquella masa de esclavos, los cultos. Su religión eran aquellos cultos, el sincretismo religioso. Algunas de las figuras de la Iglesia católica eran también usadas con otros nombres e introducidas en los ritos de los africanos, a partir de dioses que ellos tenían, dioses en los cuales ellos creían. Ésa fue una diferencia grande.

Quizá por eso algunos criollos querían unirse a Estados Unidos.
Había cierto sentimiento anexionista en algunos de aquellos patriotas, porque había transcurrido muy poco tiempo desde la guerra de Secesión en Estados Unidos, que duró de 1861 a 1865, en que los del Norte ganan la guerra. Abraham Lincoln emerge como una figura muy atractiva.

Ya había en Cuba, en muchos terratenientes criollos dueños de esclavos, un sentimiento anexionista, el deseo de integrarse a Estados Unidos, especialmente en la zona occidental. Los ingleses habían prohibido el tráfico de esclavos, y aquellos criollos temían que los británicos decretaran e impusieran en todo el Caribe la abolición de la esclavitud. Lo que ya Inglaterra había abolido era la trata, es decir, el transporte de los esclavos desde África. Se crea así un sentimiento anexionista estimulado en Norteamérica por los del Sur, que se oponían a los del Norte y competían por los votos en el Senado. Si los del Sur creaban un nuevo estado esclavista en el Sur, los del Norte creaban otro en sentido contrario, hasta el momento en que los del Norte, que por razones económicas lógicas e ideas más liberales se oponían al sistema esclavista, obtuvieron la mayoría. Ése es el momento en que se decreta la abolición de la esclavitud y estalla la guerra de Secesión. Fue en 1861.

La imagen de Abraham Lincoln, líder del Norte, era muy estimada ya; pero hasta entonces, en la región occidental de Cuba, los dueños de los esclavos —la inmensa mayoría, no todos, siempre hay las excepciones— anhelaban unirse al Sur de Estados Unidos. Se creó un sentimiento anexionista; ese sentimiento prevaleció en la zona occidental pero se extendió poco en la región oriental, donde se originó la guerra por la independencia.

¿Ellos pensaban realmente separarse de España y unirse a Estados Unidos?

Carlos Manuel de Céspedes no, ni la inmensa mayoría de los que se alzan, pero en la región camagüeyana había alguna influencia de gente que había tenido ideas anexionistas, pienso que fundamentalmente por odio a España. En ese momento influía el hecho de que en Estados Unidos acababan de abolir la esclavitud, después de una sangrienta guerra, y había surgido una figura tan prominente y atractiva como Abraham Lincoln, asesinado más tarde. Cuando nuestra guerra de Independencia se inicia, en 1868, ese sentimiento anexionista no estaba totalmente erradicado en una parte de aquella gente, que veía a Céspedes un poco como un caudillo. Era un hombre extraordinario. Inicia la lucha antes de que lo arrestaran, libera a los esclavos, asume el cargo de general en jefe y adopta una bandera muy diferente a la de Estados Unidos. Aquella gente era muy formalista, reúnen un grupo constituyente, y se discute bastante, hasta de la idea de la bandera. Por evidentes rivalidades y reservas de una parte de los constituyentes con Céspedes se rechaza la bandera con la que inició la lucha.

Finalmente, la que adoptan es la que había traído Narciso López[10] el año 1850, que era casi igual a la de Texas, con una estrella en un triángulo. Durante mucho tiempo se vio en Cuba al general Narciso López como un héroe. Había sido uno de los jefes militares españoles que lucharon en la batalla de Carabobo, en la batalla final que selló la independencia de Venezuela en 1824.

Combate junto a Bolívar.

No; Narciso López, destacado oficial del ejército español, lucha junto a los españoles, *contra* Bolívar. Regresa a España, después viene a Cuba, se une a los patriotas, tiene que huir y se va a Estados Unidos. Resultaba muy extraño que emergiera como libertador al mando de una fuerza procedente de Estados Unidos. Allí, Narciso López organiza la expedición, financiada por los esclavistas del Sur, y de ahí su idea de una bandera inspirada en la de Texas. Como en medio de una gran confusión histórica fue la primera en enarbolarse en guerra contra el poder opresor, quedó como símbolo de una guerra de independencia, cuando realmente era una guerra anexionista.

La historiografía después descubre todo eso; pero durante mucho tiempo, incluso ya instaurada la supuesta república soberana de Cuba, se le atribuía a esa guerra un carácter patriótico. Como es obvio, ningún interés podían tener el imperialismo y sus aliados en esclarecer aquel episodio.

En la Asamblea Constituyente de 1868-1869, cuando se crea el Parlamento —era un Parlamento ambulante en medio de una guerra irregular, ya se imaginará cómo era aquello—, se adopta esa bandera, y no la de Carlos Manuel de Céspedes.

Sin embargo, en definitiva, esa bandera de dudoso origen se convierte en la actual bandera de Cuba.

Sí, porque esa bandera se llena de gloria. Adoptada en aquella Constituyente, es la bandera de las heroicas luchas de nuestro pueblo, y la gloriosa bandera de los cubanos a lo largo de más de ciento treinta y cinco años de incesante batallar por la independencia ayer y el socialismo hoy. Ha sido mil veces lavada de aquel extraño origen por la sangre más pura y solidaria que se haya derramado nunca, gracias a la cual existe Cuba, enfrentada al imperio más poderoso que ha existido en la historia de la humanidad. Después fue la bandera nacional y presidió todas nuestras luchas hasta hoy.

Si entiendo bien, muchos criollos cubanos no querían la independencia de Cuba, sino desligarse de España para integrarse como un estado más a Estados Unidos, y en particular a los estados del Sur, antiabolicionistas y esclavistas.

En Cuba lo que había era una sociedad esclavista, donde la gran mayoría de aquellos ricos eran esclavistas temerosos de la abolición de la esclavitud, y pro anexionistas. Era diferente en las zonas orientales, con excepción de Guantánamo, donde había esclavitud, y fuerte. De modo tal que en los primeros años, ya hecha la Constituyente, nombrado jefe Máximo Gómez, Maceo, aquel jefe negro que empieza a distinguirse, tiene que invadir Guantánamo y librar sangrientos combates contra las fuerzas españolas en las plantaciones de café para liberar a los esclavos. Han quedado muchos nombres franceses en Santiago de Cuba y en toda esa zona, porque a los esclavos les ponían el nombre de los dueños de las plantaciones. Por eso, aún actualmente, hay cantidad de apellidos franceses.

Esa primera guerra de 1868 la pierden los patriotas.
Así es, en definitiva por falta de unidad en la última etapa de la guerra.

Aunque aquella guerra se pierde, usted dice que con ella empieza la Revolución cubana.
Ahí es donde nosotros decimos que comienza —y yo le dije— la Revolución. Para nosotros comienza la gran lucha, y ésa dura muchos años, ¡dura diez años! Es increíble la resistencia ofrecida contra los españoles, que eran poderosos y tozudos, más los criollos que estaban en contra de la independencia, más los dueños de las plantaciones, de modo tal que, aunque había habido en Estados Unidos liberación de los esclavos, en 1864, aquí la esclavitud no fue abolida hasta 1886. Sin embargo, todos los que se liberaron en la mitad oriental de la isla, dondequiera que llegaron las tropas patrióticas, hasta más allá de la mitad, cerca de Matanzas, los esclavos se unían a la guerra de Independencia, dirigidos, en general, por personas que tenían más preparación, más cultura. Hubo muchos oficiales brillantes de origen negro, entre los jefes; ya le hablé de Maceo, nacido en Santiago de Cuba, un hombre muy patriota, de humilde origen, poseía especial capacidad de mando, gran inteligencia y un buen nivel cultural.

¿Qué pasó después de esa guerra?
Después de la guerra de los Diez Años hubo un intervalo. Estaba agotado el país. Hubo algo después, una guerra llamada guerra Chiquita. Algunos desembarcos y otras acciones. Pero no contaban con fuerzas suficientes, Cuba no se había recuperado de aquella destructora lucha de diez años, y es en 1895 cuando se inicia la segunda guerra.

Cuyo protagonista principal es José Martí.

Sí, Martí, que nace hace ciento cincuenta años, en enero de 1853… En la primera guerra de Independencia, la de 1868, Martí tenía quince años, no había cumplido dieciséis años. Era hijo de un oficial español, de un capitán español…

¿Que había participado en la guerra…?

No, no había participado, estaba allí, pertenecía a la guarnición de La Habana. En el momento del nacimiento de Martí no había guerra. Nace en 1853, y cuando empieza aquella guerra, Martí tenía quince años.

Poseía un talento singular, y muy joven lo meten en prisión, le ponen unos grilletes y lo obligan a trabajar en las canteras. Tuvo un preceptor y se caracterizaba por sus ideas independentistas. Un milagro de hombre, con un talento extraordinario. Lo tienen preso en las canteras, y escribe cosas maravillosas: *El presidio político en Cuba*. En España escribe *La República española ante la Revolución cubana*, porque se había producido un movimiento que establece una república en España, la de 1874, y aquella república mantenía la guerra sangrienta contra Cuba, que quería ser independiente. Él analiza todas las contradicciones: *El presidio político en Cuba* y *La República española*…, ¡qué documentos tan extraordinarios!, a los dieciséis y diecisiete años, es increíble.

¿Qué hace Martí después? ¿Se queda un tiempo en España?

¿Después? Bueno, estudia allá. Él está en condiciones físicas que no son muy buenas, y se encuentra en el extranjero desde muy joven. Después emigra a México, Guatemala, Venezuela, y en 1880 llega a Estados Unidos.

Se nota que siente usted por José Martí gran admiración.

Fíjese, el mérito de Martí, el más grande mérito: se acaba la guerra aquella que tuvo lugar entre 1868 y 1878, él es un joven intelectual y patriota. Poeta, escritor, con ideas independentistas, es el hombre que, a la edad de veinticinco años, empieza a unir a los veteranos de la guerra de los Diez Años. No hay nada más difícil en el mundo que unir a militares veteranos, sobre todo si quien pretende unirlos es un intelectual que ha estado en España y que no ha estado en la guerra… ¡Qué talento y capacidad! ¡Qué pensamiento, qué firmeza! Tiene una doctrina, desarrolla la filosofía de la independencia y un pensamiento humanista excepcional. Martí más de una vez habló sobre el odio: «No albergamos odio contra el español…». Era muy comprensivo en eso.

¿Era su principal mérito?

Su mayor mérito, desde mi punto de vista, es que él logra reunir y dirigir políticamente a generales famosísimos. Tenía tremendo carácter, sabía discutir, y en cierto momento hasta rompe con alguno de ellos. Pero reúne a la emigración cubana, la organiza en un partido revolucionario, predica, recoge fondos. Estuvo en distintas partes, era un gran admirador de Bolívar, un gran admirador de Juárez,[11] de todos los luchadores por la independencia de los pueblos latinoamericanos.

Un día viajó a Venezuela y dice él que antes de quitarse el polvo del camino lo primero que hizo fue ir a visitar la estatua de Bolívar, allí en Caracas, una cosa preciosa. Es una lástima que no se conozca mejor su pensamiento.

Desde luego, después Martí fue siendo cada vez más conocido. Había logrado reunir a los generales, hacerles adherir a su causa y a su partido. Organiza la guerra y cuando ya va a comenzar la guerra, le ocupan el armamento allí en Estados Unidos.

¿Y a pesar de todo mantiene el proyecto de empezar la guerra?

Así es. Le han ocupado las armas y, a pesar de todo, da la orden y viene, no suspende la decisión de comenzar la lucha, ya estaba dada la orden. Y no le quedaban fondos, recaudó unos pocos, fue para Santo Domingo, se reunió con Máximo Gómez, el más destacado estratega. Maceo estaba en Centroamérica. Los principales jefes estaban por distintas partes, y algunos en Estados Unidos. Martí los organiza para que desembarquen. Comienza la guerra por la zona de Matanzas, región de plantaciones cañeras y de muchos esclavos, y también por la región oriental, donde la tradición insurreccional permanecía viva; va a Santo Domingo, redacta un manifiesto, el llamado Manifiesto de Montecristi, en el que plasma las principales ideas programáticas de la revolución independentista. Con un esfuerzo tremendo, en un buque alemán que iba de cruce por allí, logra montarse en el barco y desembarcar en un bote, en una noche tormentosa. Desembarca en un lugar que se llama Playitas, con seis o siete personas.

Los que vinieron de Centroamérica, como Maceo, también habían atravesado una situación muy difícil, tan difícil como la de nosotros después del desembarco del *Granma* en 1956. Pero ya había antiguos combatientes. Y también grupos de represión de la población autóctona de la zona que habían sido muy adoctrinados por los españoles, eran temibles… Maceo se encuentra aislado después de su desembarco por Baracoa, pero logra llegar a las zonas próximas a Santiago, y cuando desembarcan Martí y Máximo Gómez, sólo unas cuantas semanas después, ya Maceo tenía miles de hombres a caballo.

Esa guerra, sus tácticas, sus técnicas de guerrilla, ¿le sirvieron a usted de modelo en la Sierra Maestra después de 1956?
En la guerra de 1895 a 1898, los cubanos se enfrentaban a más de trescientos mil combatientes españoles, entre soldados y criollos. Fue una guerra tremenda, el Vietnam del siglo XIX. Y tenían que realizar una guerra irregular. Era una vieja concepción en aquella época, que había que invadir las zonas ricas de Occidente. Ellos iban quemándolo todo. En eso nosotros fuimos diferentes, porque hicimos una pequeña innovación: no destruir ningún central azucarero.

Si tú destruyes esa industria, no tienes oportunidad de cobrar impuestos, ni de comprar suministros, y a veces hasta balas, armas, o emboscar una tropa que se mueve para cuidar la industria. Nosotros usamos otra concepción. La de aquellos combatientes, en 1895, era la tea, lo quemaban todo, caña y fábrica de azúcar. Así quemaron todos los centrales de un extremo a otro de la isla, porque del dinero del azúcar salían los fondos que financiaban la guerra, porque esta colonia le suministraba a España infinidad de recursos como principal exportadora del azúcar. Lo exportaban a Estados Unidos, a Europa, dondequiera, y la concepción de aquellos combatientes era destruir todo eso.

Entonces, bueno, lo que hicimos fue no quemar los centrales azucareros y cobrar el impuesto cuando pudimos cobrarlo. Al final, cobramos tantos impuestos que cuando se acabó la guerra teníamos como ocho millones de dólares en efectivo, algunos acabaron de pagar después; pero estaban pagando.

En la guerra de 1895, ¿hay rivalidades entre Martí y los otros jefes, Maceo o Máximo Gómez?
Toda la odisea de la preparación y del comienzo de esa guerra la describe Martí. Escribía en su diario. Fue una maravilla lo que escribió. Y es necesario que le añada esto: al considerar Maceo que no eran suficientes los pocos fondos que le enviaban para desembarcar en Cuba, Martí se ve en la necesidad de asignar la tarea a otro jefe para organizar la ex-

pedición con los recursos disponibles. Maceo era el más destacado, el de mayor experiencia, el de más prestigio; desembarca, como le dije, por Baracoa, en condiciones muy difíciles; y se pone a la cabeza de miles de hombres. Sobre el terreno, él es quien controla la situación. Entonces llegan Máximo Gómez y Martí al campamento. Maceo los recibe, pero eran casi unos invitados. Hay un momento, y lo escribe Martí en su diario, en que Maceo se siente amargado. El primer día que llegaron duermen fuera del campamento, después entran y discuten, y parece que fueron agrias las discusiones. Martí cuenta que Maceo se queja de cómo lo habían tratado. Todavía le quedaba un poquito de disgusto. Pero finalmente Maceo acata la decisión. Era un hombre honesto, brillante, noble y disciplinado, y lo siguió siendo todo el tiempo.

¿Martí participaba en la lucha? Como intelectual, ¿tenía alguna experiencia del combate militar?

Eso dio lugar a discusiones. A los pocos días de salir del campamento de Maceo, ya en mayo, el 19 de mayo de 1895, se produce un combate sorpresivo: una columna española se mueve y tiene un encuentro, no muy lejos de donde está Martí. Máximo Gómez, con cierta autoridad de militar, le dice a Martí: «No, usted se queda aquí». Un hábito de los militares, cuando hay un civil le dicen: «Mire, usted no sabe nada de esto, quédese ahí». A mí me pasó en Bogotá en 1948.

En 1948, cuando mataron a Gaitán.[12]

Sí, a mí también me dijeron: «No, usted aquí». Eran militares cubanos en el consulado, en cuya entrada se produjo un tiroteo. Pero ésa es otra historia.

La gente recibía a Martí con mucha simpatía, lo llamaban presidente: «¡Viva el presidente! ¡Viva Martí!». Él hablaba con la gente, lo conocían mucho, él había organizado todo aquello, y lo llamaban presidente, no había otro.

¿Y eso no le gustaba a Máximo Gómez?

No es eso. El general en jefe, de origen dominicano, que es Máximo Gómez, era un hombre honorable, maravilloso, pero de mucho rigor, disciplina y mal genio. Y él decía: «No me le llamen —como temiendo que le echaran a perder a Martí— presidente; mientras yo viva, Martí nunca será presidente». Pero lo dice porque no tiene muy buena opinión del cargo de presidente y de los presidentes. Él veía a Martí con una pureza especial.

Entonces, cuando ese día de mayo de 1895 se produce casualmente un combate, le dice a Martí que se quede allí con un ayudante, que se llamaba La Guardia. Martí no se queda, va al combate y muere.

Esto lo cuenta La Guardia. Martí está escribiendo su diario y redactando unas cartas. Allí es donde confiesa en el final inconcluso de una carta a Manuel Mercado, un mexicano que fue su gran amigo durante muchos años: «Todo cuanto he hecho hasta hoy y haré es para impedir, con la independencia de Cuba, que Estados Unidos se extienda sobre el resto de los países de América». Y después añade: «En silencio ha tenido que ser, porque hay cosas que de divulgarse tal como son —es la idea, no estoy diciendo las palabras exactas— harían imposible el triunfo». Lo dice en la última e inconclusa carta.

Es lo último que escribe Martí.
Es una maravilla lo que dice. Para evitar que Estados Unidos caiga con esa fuerza sobre los pueblos de América, con la independencia de Cuba y Puerto Rico, y se extienda más. «Cuanto hice hasta hoy, y haré», y añade «en silencio ha tenido que ser». «Todo cuanto he hecho hasta hoy, y haré, es para eso», y explica por qué. Ésa es la herencia que nos deja aquel hombre.

Son frases que parecen haberle marcado. ¿Usted también las ha hecho suyas, como proyecto político?
Sí. Yo empiezo a adquirir una cultura política, así, con palabras como ésas, prácticamente después que termino el bachillerato, porque todo el tiempo anterior estudié en colegios de religiosos: La Salle, de origen francés, primero, hasta la mitad de quinto grado; Dolores, de los jesuitas, hasta que concluyo el segundo año de bachillerato, y Belén, en La Habana, de los jesuitas también. Eran jesuitas españoles y estaba recién finalizada aquella terrible guerra civil española, en la que se fusilaron unos a otros.

Yo, cuando termino el bachillerato, he leído, tengo simpatías por los patriotas cubanos, por sus luchas, a uno le enseñan un poquito de eso. Pero, como a esta república, según se decía, la habían independizado los norteamericanos, yo no estaba en condiciones de saber cuál era el papel de los patriotas en nuestra guerra de Independencia.

Sí iba, en Santiago de Cuba, a ver El Morro; frente a ese Morro y a esa bahía donde se dio la batalla naval famosa.[13] Yo no podía saber cómo fue, ni los porqués de aquella intervención. Sí veía obuses enormes en distintos lugares, que estaban como recuerdo de los bombardeos —después eso lo tuve que aprender—; pero yo no habría podido entender qué tipo de guerra había sido. En aquella época, un alumno de cuarto, quinto o sexto grado que no tuviera un preceptor, que no tuviera alguien que le explicase, no estaba en condiciones de conocer aquello.

Pero ya adolescente, usted empieza a leer a Martí y a comprender su importancia política.
Yo lo primero que leo, en mi adolescencia, es lo de las guerras de independencia y los textos de Martí. Me convierto en un simpatizante de Martí cuando empiezo a leer sus obras. Martí adivinó, porque el primero que habló de imperialismo fue Martí, del naciente imperialismo. Él sí sabía del expansionismo, guerra de México y todos los demás tipos de guerras, y era muy opuesto y muy crítico a todo eso. Fue un precursor. Antes que Lenin, Martí organiza un partido para hacer la revolución, el Partido Revolucionario Cubano. No era un partido socialista, puesto que ésta era una sociedad esclavista donde un puñado de hombres libres y patriotas estaba luchando por la independencia. Sin embargo, tenía un pensamiento muy avanzado, antiesclavista, independentista y profundamente humanista.

¿Martí había leído a Carlos Marx?
Parece que algo leyó de Marx, porque en sus obras habla sobre Marx. Tiene dos o tres frases magníficas, cuando menciona a Marx, y una de ellas, recuerdo ahora, dice: «Puesto que se puso del lado de los pobres, merece honor».[14] Así, tiene otras frases que son elogiosas de Marx.

¿Piensa usted que las tesis de Marx pudieron influir de alguna manera en el pensamiento de Martí?
La teoría de Marx parte del desarrollo de las fuerzas productivas en los países capitalistas más avanzados. Estima que el surgimiento de la clase obrera sepultaría aquel sistema capitalista. Él escribía esto cuando, precisamente, Estados Unidos invade México, y anexiona Texas, que fue en el año 1846. Y Marx escribe allá —no sé, ese artículo yo no lo he visto, pero algunos lo han mencionado bastante— que él ve como positiva aquella anexión, puesto que eso contribuiría al rápido desarrollo de las fuerzas productivas, que era su esquema. Porque del problema de las colonias todavía no se hablaba en aquella época. Lenin es el primero que aborda el problema de las colonias, del colonialismo.

¿Qué influencia tuvo Marx sobre Martí…? No sé si incluso los más expertos en el pensamiento martiano conocen lo que llegó a saber de Marx, pero sí sabía que Marx era un luchador a favor de los pobres. Acuérdese de que Marx estaba luchando por la organización de los obreros, fundando la Internacional Comunista. Y Martí lo sabía.

Aquí, por ejemplo, una de las cosas que más impactó en Martí fue el fusilamiento atroz e injusto de ocho estudiantes cubanos de medicina, en 1871. Él tenía entonces —cuando los fusilan, el 27 de noviembre— dieciocho años cumplidos. Hizo un poema maravilloso, además de los escritos que le mencioné: *A mis hermanos muertos el 27 de noviembre.* Y él conoce también el fusilamiento de los obreros mártires de Chicago, aquel Primero de Mayo de 1886 que se convierte en el Día Internacional de los Trabajadores. Martí lucha, inicia su guerra en 1895 y muere en mayo de ese año.

¿Muere en acción de guerra, combatiendo?

Muere en combate, él, que era un intelectual; pero con una convicción. Él soñaba. ¡Qué admiración sentía! Conmemoraba los 27 de noviembre y los 10 de octubre, fecha en que se inició la primera guerra de Independencia de 1868. Es el escritor, casi el biógrafo, el apologista de todos aquellos grandes patriotas. Con un estilo muy especial. Sus propios discursos no son fáciles de comprender, porque son ideas, un río de ideas.

Yo a veces lo he expresado de la siguiente forma: «Una catarata de ideas en un arroyo de palabras». Él introducía en ellas el universo, una frase tras otra: ése era el estilo de sus discursos. Y tiene discursos famosos, los que pronunciaba en cada una de las efemérides más trascendentes.

Como en todo pensamiento humanista occidental, hay en Martí un contenido de ética cristiana. Era un hombre de gran ética… No constaba que fuera creyente; pero los mejores valores, las guerras de independencia de este hemisferio, las luchas en Europa y la Revolución francesa habían influido sobre él notablemente. Era periodista, escritor, poeta, estadista, visionario.

Organiza el Partido —ya le digo, antes de que Lenin organizara un partido— para dirigir la independencia, luchando contra corrientes anexionistas, que todavía las había; luchando igualmente contra corrientes autonomistas, tiene fuertes polémicas con ellos, porque eran partidarios de la autonomía, y él, partidario de la independencia. Hombre de paz, de sinceros sentimientos de paz; aunque también era partidario de la guerra, pero llamaba a una «guerra necesaria y rápida», quería organizarla de forma que hubiera el menor número de víctimas. Desde luego, era antiesclavista y antirracista a ultranza, escribió maravillas sobre eso.

Habla de una república constituida. Era partidario de una república «con todos y para el bien de todos»: cubanos, españoles, etnias diferentes. Y su manifiesto es formidable, el que suscribe junto con el que iba a ser el jefe militar, el dominicano Máximo Gómez, allá en Santo Domingo; expresa su pensamiento de lo que debía ser la república, lo más avanzado que en aquellas circunstancias podía concebirse. Pero no se puede decir que era marxista. Sin duda era un simpatizante de los trabajadores y por ello un admirador de los objetivos de Marx.

Conocía de todo, de economía. Hay escritos de él, artículos que hizo cuando Estados Unidos, por primera vez, propone una especie de ALCA,[15] una comunidad económica con América Latina. No sé si usted los conoce, usted que tanto ha escrito sobre la globalización y el ALCA. Es que Martí luchó contra una especie de ALCA y explicó con una sabiduría infinita por qué no les convenía a los países de América Latina esa comunidad económica, por qué no convenía esa alianza, esa asociación con un país que era mucho más desarrollado.

Martí rechaza, de antemano, una zona económica de libre cambio.
De libre comercio. Martí hace artículos formidables que se podrían reeditar ahora para combatir el ALCA, para que usted vea las raíces de determinadas ideas. Así que ya con esto le digo cuán universal era su pensamiento.

Él, además, no sólo pensaba en la independencia de Cuba, sino también en la de Puerto Rico, ¿verdad?
De ambos. Su objetivo era la independencia de las dos islas. Entonces, cuando estaba próximo a dar la orden de iniciar la guerra, cuando ya tiene calculada la fecha y adquiridas las armas, con mucho sacrificio, con dinero que recaudó entre los obreros de Tampa… Él era un líder obrero, además; era el ídolo de los tabaqueros de Tampa, los principales contribuyentes a los fondos de la independencia.

Esos tabaqueros eran cubanos emigrados que estaban trabajando en Florida.
Cubanos trabajando allá. Era muy fuerte su autoridad entre los emigrantes y especialmente en los de Tampa, emigrantes de aquí especializados

en torcer tabaco, tabaco cubano; era fácil, mandaban el tabaco cubano desde aquí y ellos lo torcían en la Florida. Muchos de sus discursos los pronunció allí; la base de su partido fue obrera, fundamentalmente aquella gente. Aunque allí no cabía hablar de una república socialista, su programa era lo más humano y lo más avanzado posible. Si usted sigue la línea de aquel pensamiento, termina con un programa socialista. Es lo que digo también del Nuevo Testamento y la prédica cristiana. Con las prédicas de Cristo se puede hacer un programa socialista radical.

En particular con el sermón de la montaña.[16]

Los sermones, las parábolas y los pensamientos de Cristo fueron recogidos por unos pescadores que no sabían leer ni escribir. Yo a veces digo: Cristo convirtió el agua en vino y multiplicó los peces y los panes, eso mismo es lo que queremos hacer nosotros, multiplicar los peces y los panes.[17] El rico Epulión le pagó lo mismo al que trabajó cuatro horas que al que trabajó ocho,[18] una distribución comunista, ni siquiera socialista. Bueno, Cristo hasta usó la violencia en determinado momento, cuando azotó a los mercaderes y los expulsó del templo.[19] Surgieron, sin embargo, algunas corrientes que, desde luego, no tenían finalmente mucho de cristiano, porque se aliaron a ricos…

En el fondo, usted es un gran cristiano.

Yo el otro día se lo estaba diciendo a Chávez, el presidente de Venezuela; porque Hugo Chávez es cristiano y habla mucho de eso. «Si me llaman cristiano, no desde el punto de vista religioso, pero desde el punto de vista social, afirmo que yo también soy cristiano.» A partir de las convicciones y los objetivos que tengo.

Fue la primera doctrina que surge en aquella época, en aquellos tiempos, tiempos bárbaros, y sale de ella un conjunto de preceptos muy humanos. No hay que ser cristiano, en el sentido religioso, para comprender los valores éticos y de justicia social que aportó aquel pensamiento.

Claro, yo soy socialista, soy marxista y soy leninista, no he dejado ni dejaré de serlo nunca.

Y martiano también, claro…

Por supuesto, primero fui martiano y después fui martiano, marxista y leninista.

¿Usted se inscribe en la prolongación del pensamiento de Martí?

Mi primer pensamiento político fue el martiano; pero ya cuando el ataque al Moncada, en 1953, había leído lo suficiente sobre el socialismo, tenía un pensamiento martiano desarrollado y además ideas socialistas radicales. Por eso, cuando dice usted que la Revolución comienza el 26 de julio de 1953, nosotros decimos que comienza el 10 de octubre de 1868 y se prolonga a través de la historia.

Le he explicado el papel de Martí y por qué nos convertimos nosotros en martianos... Perdóneme que me haya extendido tanto, pero ya que abordamos el tema tenía que añadir algunas cosas.

2

La infancia de un líder

Infancia en Birán − Don Ángel − La «casita del hambre» − El colegio de La Salle − Ecos de la guerra de España − Los jesuitas del colegio de Dolores − El ambiente político − Las dictaduras de Machado y de Batista

Son importantes las raíces históricas y, precisamente, quería preguntarle: usted nace en el seno de una familia relativamente acomodada, estudia en escuelas religiosas de ricos, hace luego estudios de derecho. Con ese tipo de formación, usted podía haber sido un dirigente conservador, ¿verdad?
Perfectamente, porque el hombre no es totalmente dueño de su destino. El hombre también es hijo de las circunstancias, de las dificultades, de la lucha… Los problemas lo van labrando como un torno labra un pedazo de material. El hombre no nace revolucionario, me atrevo a decir.

¿Cómo surge en usted el revolucionario?
Yo *me convertí* en revolucionario. He meditado a veces sobre los factores que influyeron en eso. Partiendo de la situación de la zona donde yo nací en pleno campo, en un latifundio.

¿Podría usted describir el lugar donde nació?
Yo nací en una finca. Hacia el centro norte de la antigua provincia de Oriente, no lejos de la bahía de Nipe, y cerca del central azucarero de Marcané. No era un pueblo, ni siquiera una pequeña aldea; apenas unas casas aisladas. La finca se llamaba Birán. La casa de mi familia estaba allí, a orillas del antiguo Camino Real, como le llamaban al sendero de tierra y fango que iba de la capital del municipio hacia el sur. Los caminos eran entonces grandes fanguizales. Se iba a caballo o en carretas

de bueyes. No había todavía vehículos motorizados. Ni siquiera luz eléctrica. Cuando yo era pequeño nos alumbrábamos con velas de cera y lámparas de aceite.

¿Recuerda usted su casa natal?
Era una casa con arquitectura española o más bien gallega. Debo señalar que mi padre era de origen español, gallego, de Láncara, en la provincia de Lugo, hijo de campesinos pobres. Y ellos tenían la costumbre, en Galicia, de meter a los animales debajo de la casa. Mi casa se inspiraba de aquella arquitectura de Galicia porque estaba edificada sobre pilotes. Tenía unos pilotes de más de seis pies, que era la costumbre en Galicia. Yo recuerdo que, cuando tenía tres o cuatro años, las vacas dormían debajo de la casa. Se llevaban allí al anochecer, y debajo de la casa dormían. Y allí se ordeñaban, amarrándolas a algunos de los pilotes. También había, igual que en Galicia, debajo de la casa, un corralito con cerdos y aves; por allí se paseaban gallinas, patos, gallinas de Guinea, pavos y hasta algunos gansos.

He estado visitando Birán. Y he visto esa casa donde nació usted, que es efectivamente de una arquitectura muy original.
Era una casa de madera. Los pilotes eran de madera muy dura, de caguairán, y encima de aquellos pilotes estaba el piso. La casa imagino que inicialmente era cuadrada. Después se alargó hacia un área de baño, un espacio para guardar alimentos, comedor y cocina. Con posterioridad recibió una instalación adicional: en una esquina se construyó una especie de oficina. Sobre el área cuadrada original de la casa había un segundo piso más pequeño, llamado el «mirador». Ahí nací yo el 13 de agosto de 1926 a las dos de la madrugada, según cuentan. En ese ambiente, desde muy temprano, me acostumbré a las imágenes y al trabajo del campo, a los árboles, a la caña de azúcar, a las aves, a los insectos…

Lo que impresiona en Birán es que se constata de manera casi palpable el fuerte carácter emprendedor de don Ángel, su padre.
Era un hombre con mucha fuerza de voluntad. Aprendió a leer y a escribir por sí mismo, con grandes esfuerzos. Indiscutiblemente era un hombre muy activo, se movía mucho, era emprendedor y tenía una capacidad natural de organización.

¿En qué circunstancias vino su padre a Cuba?

Mi padre era hijo de campesinos sumamente pobres. Cuando visité Galicia, en 1992, estuve en su pueblo, Láncara, viendo la casa donde nació. Es una casita pequeñita, de unos diez metros de largo por unos seis de ancho. Una casa de lajas de piedra, que es un material abundante en aquel lugar, usado tradicionalmente por los campesinos gallegos para construir sus viviendas. En esa casita rústica vivía toda la familia, y supongo también los animales. En la única pieza estaba el dormitorio y la cocina. No tenían allí tierras, ni siquiera un metro cuadrado.

Muy joven, con dieciséis o diecisiete años, reclutan a mi padre en España y lo envían a Cuba, a la guerra de Independencia que comienza en 1895. No se sabe exactamente en qué condiciones vino. Cuando yo tenía uso de razón, no hablé sobre estos temas con mi padre. Él contaba, de vez en cuando, en una comida, con un grupo de amigos, algunas de esas cosas. Pero mi hermana mayor, Angelita, que vive, y Ramón, el segundo, ellos deben tal vez saber algo, porque hablaron más con él. También cuando yo andaba ya en actividades revolucionarias, organizando el ataque al Moncada, preso, y más tarde expedicionario del *Granma*, mis hermanos más jóvenes, como Raúl, al que llevo como cuatro años y tanto, y después dos hembras, Emma y Juana, que estaban allá en la casa, conversaban bastante con mi padre, y ya él hablaba tal vez más de aquello, que yo no pude escuchar.

Por ellos me he enterado de algunas de las cosas, y la teoría es que mi padre era uno de aquellos jóvenes pobres de Galicia a los cuales algún rico le daba una cantidad de dinero para que lo sustituyera en el servicio militar. Y parece ser muy cierto que mi padre fue un campesino de aquellos, a los que reclutaban de esa forma. Usted sabe cómo eran las guerras aquellas.

Se reclutaba por sorteo, y los ricos podían pagar a los pobres para que fueran en su lugar al servicio militar o a la guerra.[1]

Bueno, debe ser como usted dice, había muchos casos en que, cuando le tocaba a un rico, buscaba una cantidad de dinero y se la daba a aquel que no tenía, que vivía muy pobre, en un pedacitico de tierra o de cualquier trabajo en el campo.

A mi padre lo mandan para acá de soldado español, y hasta lo ubican en la trocha[2] de Júcaro a Morón. Y, entre otras cosas, se produce el cruce de la trocha aquella por los invasores orientales, bajo el mando de Maceo y Máximo Gómez, poco después de la muerte de Martí.

La trocha había que cruzarla de todas formas, una operación difícil. Era una trocha de norte a sur, en la parte más estrecha del centro del país, larga de bastantes kilómetros, podían ser casi cien kilómetros de Morón a Júcaro, un puerto en el sur. Sé que mi padre estuvo destacado allí. Pero pienso que cuando pasó Maceo no estaba todavía. Por allí cruzaban constantemente los cubanos, o andaban muy al norte, se metían por un lugar que llaman Turiguanó, una especie de isla unida a Morón por un área muy pantanosa. Allí, en esa trocha, estaba mi padre, destacado como soldado. Es lo que sé, tal vez mis hermanos sepan más.

¿Usted no recuerda ninguna conversación con su padre sobre esto?
Alguna vez escuché de él algo de eso, cuando me iba para los campamentos obreros en Pinares, porque a mí me gustaba estar en cualquier lugar menos en la casa. Porque la casa representaba la autoridad y me animaba ya el espíritu rebelde que empezaba a crearse en mí.

¿Ya de pequeño era usted rebelde?
Yo tuve varias razones para serlo. Frente a cierto autoritarismo español, y más el del español que manda, y era la autoridad, el respeto generalizado. A mí la autoridad no me gustaba, porque en esa época también había su pequeño castigo corporal, algún cocotazo o algún cintarazo; nosotros corríamos el riesgo, pero ya íbamos aprendiendo a defendernos de eso.

¿Era autoritario su padre?
Tenía su genio. No se puede haber hecho lo que él hizo —construirse solo, tan joven, primero en la guerra, lejos de su familia y de su país, y obtener a partir de nada, sin un centavo, sin relaciones, siendo al principio analfabeto, con su único esfuerzo, un latifundio, una riqueza—, si no se tiene un carácter fuerte. Como la mayoría de los inmigrantes gallegos, poseía un espíritu modesto y trabajador. Mucha voluntad y carácter. Pero nunca fue injusto. Jamás le dio a alguien que solicitara su ayuda una respuesta negativa. Atento siempre a las dificultades de los demás. Él mismo pasó muchas necesidades desde niño. Sé que quedó huérfano desde muy temprano, huérfano de madre. Su padre se volvió a casar y, en fin, su infancia fue bastante sufrida y azarosa. Pero traía en sí las virtudes nobles del emigrante gallego, que eran: bondad, hospitalidad, generosidad.

Muchos testimonios coinciden en que fue un hombre generoso. Hasta bondadoso. Con muy buen corazón. Que siempre ayudó a sus amigos, a sus trabajadores, a las personas que se encontraban en la dificultad. No recuerdo nunca que fuera alguien a pedirle algo a mi padre y que él no buscara una solución. Siempre mostraba generosidad. A veces se quejaba, refunfuñaba, pero buscaba una solución. Cuando venía el tiempo muerto, en el que finalizaba la zafra y había muy poco empleo, entonces llegaba uno y le decía: «Mire, que los hijos…, que estamos sin nada, que necesito un trabajito». Había entonces un sistema de ajuste: «Usted limpia esto por tanto». El tal ajuste era otra de las formas implantadas en Cuba para abaratar los costos en beneficio de los terratenientes, que consistía en un contrato con una familia o con un trabajador para que limpiara un campo de caña y usted le daba tanto por caballería[3] o por roza, no se usaba la hectárea. Creo que la caballería tenía como dieciocho rozas. En todos estos países de Suramérica había una medida diferente. Menos mal que vino el sistema métrico inventado por la Revolución francesa. Entonces, hacían un contrato: «Bueno, por veinte pesos te ajusto esto». Mi padre inventaba alguna nueva limpia o tareas que no eran imprescindibles, para distribuir empleo aunque no resultase económico. Yo podía darme cuenta de eso cuando ya un poco mayor me ponían a trabajar en la oficina durante las vacaciones. Allí entregaba órdenes de compra a los trabajadores para adquirir mercancías en las tiendas aun cuando no tenían contrato de trabajo. Era un hombre bondadoso y noble.

¿Después de la guerra de Independencia, en 1898, su padre decide quedarse en Cuba?

No, a él lo repatrian a España después de la guerra, en 1898, pero parece que le agradó Cuba y, entre los tantos emigrantes gallegos, él regresa a Cuba al año siguiente. Está documentado que él desembarca en el puerto de La Habana en diciembre de 1899. Sin un centavo y sin ninguna relación empieza a trabajar. Termina, no sé cómo, en las provincias orientales. Era la época en que grandes plantaciones norteamericanas se extendían por los bosques de maderas preciosas que se cortaban y utilizaban como combustible en los centrales. Esa misma madera preciosa con la que se hizo el palacio de El Escorial y otras obras o barcos famosos, como aquel formidable *Santísima Trinidad*, el más grande y poderoso navío de la época, hundido por los ingleses en la batalla de Trafalgar, en 1805. Entonces los norteamericanos empleaban gente para talar los árboles y para sembrar caña. El terreno es siempre fértil donde había un bosque, las primeras cosechas son muy buenas.

¿Su padre trabajaba para los norteamericanos?

Mi padre empieza a trabajar en Cuba como obrero en la famosa United Fruit Company, que se estableció en el norte de Oriente. Luego organiza a un grupo de trabajadores, y hace contratas a la empresa yanqui con un grupo de hombres subordinados a él. Creo que mi padre llegó a tener bajo su mando, alguna vez le oí el cuento, hasta trescientos hombres, y eso dejaba plusvalía. Algunas cualidades de organizador tenía. Pero él no sabía leer ni escribir, fue aprendiendo con mucho trabajo. Empezó a organizar una pequeña empresa que cortaba bosques para sembrar caña o producir leña para los centrales. Así empezó a obtener alguna plusvalía como organizador de aquel grupo de trabajadores.

¿Cuántas tierras acabó teniendo de su propiedad?

Llegó a adquirir alrededor de unas novecientas hectáreas que eran propiedad de él, y después arrendó varios miles de hectáreas a unos descendientes de dos generales cubanos de la guerra de Independencia, que nadie sabe todavía de dónde las sacaron. Enormes extensiones de pinares, vírgenes la mayoría… Esas tierras se extendían por valles y montañas. Era una gran meseta donde crecían los pinos, un bosque natural. Mi padre explotaba los pinares de Mayarí. Diecisiete camiones cargados de madera de pino bajaban todos los días de allí. El ingreso, además, de caña y ganado era bastante porque poseía también tierras de llano, de montaña, de todo… Alrededor de diez mil hectáreas.

Una extraordinaria cantidad.

Si usted suma, mi padre tenía, como propietario de una parte y como arrendatario de la otra, no menos de once mil hectáreas de tierra.

Una cantidad considerable.

Sí, era considerable. Le puedo decir este cuento, porque yo, efectivamente, en aquellas condiciones, pertenecía a una familia que era más que «relativamente» pudiente. Era, en aquella escala, bastante pudiente. Vaya, no lo digo por mérito, sino por precisar, por exponer las cosas con toda precisión.

Así que es usted hijo de millonario.

Bueno, de millonario no. De mi padre nunca se dijo que era millonario. En aquellos tiempos, millonario era algo colosal. Era alguien que tenía realmente mucho dinero. Millonario, por ejemplo, en esa época en que un trabajador ganaba un promedio de un dólar diario, era aquel que tenía un millón de veces lo que una persona ganaba en un día. Las propiedades de mi padre no se podían evaluar a un precio tan alto. No se puede decir que mi padre fuera millonario, aunque era muy pudiente y tenía buena posición económica.

En Birán, su padre no sólo edificó una casa, sino que fue añadiendo, al borde de ese Camino Real, otros edificios, una panadería, un hostal, una taberna, una escuela, casas para los trabajadores haitianos... Un verdadero pequeño pueblo.

Bueno, donde vivíamos no había pueblo, sino algunas instalaciones. Era lo que mejor pudiera llamarse un batey. Cuando yo era pequeño, debajo de la casa estaba la lechería. Después hicieron una lechería como a cuarenta metros de la casa, y enfrente, un taller de herrería donde se arreglaban las herramientas, arados, todo eso. Y muy cerca construyeron un pequeño matadero. También a unos cuarenta metros, en otra dirección, estaba la panadería, y no lejos la escuela primaria, una pequeña escuelita pública. También, junto al camino, había una tienda, y al otro lado el correo y telégrafo. No lejos había algunos barracones muy pobres, unas chozas, de piso de tierra y techo de hojas de palma, donde vivían en efecto, muy pobremente, algunas decenas de inmigrantes haitianos que trabajaban en el cultivo y los cortes de caña, que era el principal cultivo de aquella finca. También, cerca de la casa, había un naranjal grande que tenía como doce o catorce hectáreas, y toda clase de árboles frutales: había plátano, frutabomba, cocos, había de todo. Y hasta tres colmenares con cuatrocientas y pico colmenas de abejas de España que daban abundante cera y miel.

Y había también una espectacular gallería. ¿Se hacían peleas de gallos?
Sí. Como a cien metros de la casa, y a lo largo también de aquel camino, estaba la valla de gallos de la que usted habla. Era un lugar donde todos los domingos, en época de zafra, y también los días de Navidad y Año Nuevo, Sábado de Gloria y Domingo de Resurrección, se efectuaban lidias de gallos. En el campo, el deporte era ése.

Una distracción local.
Sí, porque distracciones había muy pocas. Se jugaba al dominó. Se jugaba también a las cartas; a mi padre, de joven y de soldado, le gustaba mucho jugar a las cartas, parece que había sido un excelente jugador de barajas. Y, en mi casa, había además, desde que yo tenía unos tres años,

un fonógrafo de esos a los que se les da cuerda, de marca, creo, RCA Victor, para escuchar música. Nadie tenía ni siquiera radio. Creo que mi padre era el único que tuvo, y ya yo era grande casi cuando llegó un radio allí, quiero decir, tendría siete u ocho años. ¡No!, ¡más! Tendría yo diez o doce años, fue hacia 1936 o 1937, ya había empezado la guerra civil española cuando hubo un radio y una plantica eléctrica allí, un motorcito que funcionaba unas dos horas.

¿Todo eso era propiedad de su padre?
Menos la escuelita y el correo, que eran públicos, todo lo demás era propiedad de mi familia. Cuando yo nazco, en 1926, ya mi padre había acumulado cierta riqueza y era muy pudiente como dueño de tierras. Don Ángel, «Don Ángel Castro» le decían; una persona muy respetada, de mucha autoridad en aquella especie de feudo. Por eso le digo que yo era hijo, en realidad, de una familia que tenía tierras; mi padre las fue comprando poco a poco desde hacía años.

Hábleme de su mamá.
Se llamaba Lina. Era cubana, de Occidente, de la provincia de Pinar del Río. De ascendencia canaria. También de origen campesino y de familia muy pobre. Mi abuelo materno era carretero, transportaba caña en una carreta de bueyes. Cuando se mudaron para la zona de Birán, mi madre, que tenía entonces siete u ocho años, su padre y su hermano viajaron en carreta, y recorrieron así unos mil kilómetros... Mi madre era prácticamente analfabeta y, como mi padre, aprendió a leer y a escribir sola. Con mucho esfuerzo y mucha voluntad también. Nunca le oí decir que hubiese ido a la escuela. Fue autodidacta. Murió el 6 de agosto de 1963, tres años y medio después del triunfo de la Revolución.

Y su padre, ¿cuándo murió?
Él murió antes. Era bastante mayor que mi madre. Murió el 21 de octubre de 1956. Dos meses después de haber cumplido yo los treinta años, y dos meses antes de regresar nosotros de México en la expedición del *Granma*.

¿Su padre hablaba gallego?
Sí, pero nunca lo usaba.

¿Usted le oyó hablar gallego alguna vez?

Alguna vez le oí pronunciar algunas frases en gallego. Había otros gallegos allí y es posible que mi padre hablara en gallego con ellos, es posible. Pero también había españoles de otras provincias, había asturianos, que no hablaban en gallego, se habían adaptado al español. Parece que ya los gallegos sabían el español, se entendían mejor, y, además, no iban a hablar gallego con los cubanos, porque nadie los iba a entender. Con un trabajador tenían que hablar el español; con todo el mundo, hasta con la novia o la mujer tenían que hablar español, porque éstas no sabían gallego, así que por eso yo casi nunca lo escuché hablar en gallego. Le digo lo que era.

Cuando empieza la guerra civil de España, usted tiene unos diez años.

No he cumplido los diez años. Yo nací el 13 de agosto de 1926 y la guerra de España empieza el 18 de julio de 1936. Yo tenía nueve años y once meses; ya sabía, por supuesto, leer y escribir.

Usted, por ejemplo, ¿recuerda si su padre estaba preocupado por esa guerra o hablaba de la guerra civil española?

Allí, en Birán, había dos facciones, entre un grupo de doce o catorce españoles que trabajaban allí.

¿Españoles que se reunían con su padre, que venían a su casa?

Que trabajaban con él. Los otros eran obreros. Bueno, allí había un asturiano que era el tenedor de libros y tenía cierta cultura. Decía él que hablaba siete idiomas y estoy por creerlo, porque él también, cuando llegó el radio a mi casa y difundía algo en inglés o hasta en alemán, lo traducía; sabía latín, tenía una letra gótica preciosa. Este asturianito —digo asturianito porque era más bien bajito— sin duda era el que más sabía allí, el que tenía más cultura. Sabía de Grecia, citaba a Demóstenes; fue el primero a quien yo escuché hablar de Demóstenes, el gran orador, y cómo era Demóstenes, que se ponía en la boca una piedrecita para arreglar el tartamudeo... Fue este asturiano el que me habló de esas y otras cosas.

Ese grupo, y algunos más, cuando estalla la guerra eran partidarios de los rebeldes.

¿De los franquistas?

Sí. Y había otro grupo que eran republicanos. Eran peones, y algunos no sabían leer ni escribir. Aunque entre ellos estaba también Valero, que era el jefe de la oficina telegráfica, del despacho de correos, era republicano, igual que un número importante de aquella gente. Entre ellos uno era cocinero, porque habiendo sido peón de ganado tuvo no sé qué reuma, se quedó sin poder caminar y lo pasaron a cocinero de la casa, que, por cierto, con todo respeto a su memoria, y yo lo quería mucho, no era muy buen cocinero, o por lo menos en mi casa se quejaban muchísimo de eso. Se llamaba García, era totalmente analfabeto.

¿Analfabeto?

Sí, de mi infancia puedo dar fe de que, en Birán, menos del 20 por ciento de los que estaban allí sabían leer y escribir con muchas dificultades. Muy pocos llegaban al sexto grado y conseguían terminar sus estudios de primaria. Ahí pude ver lo que hoy me sirve para comprender lo que sufre un analfabeto. No se lo imagina nadie; porque hay algo que se llama autoestima… ¿Qué es un analfabeto? El que está en el último escalón allá abajo, que tiene que pedirle a un amigo que le redacte una carta para la novia. En Birán el que no sabía les pedía a los que sabían escribir que le redactaran una carta para la mujer que pretendía. Pero no es que le dictara una carta diciendo, por ejemplo, que soñó toda la noche con ella y que no come pensando en ella, digamos, si el campesino hubiese querido enviar ese mensaje. Sino que le decía al que sabía leer y escribir: «No, no, escríbele tú lo que tú crees que debo escribirle». ¡Para conquistar a la novia! No exagero. Era humillante. Yo viví una época allí en que eso era así.

Usted, personalmente, ¿recuerda algo de las discusiones sobre la guerra civil española?

Yo, en 1936, estaba interno en una escuela de Santiago de Cuba, y aquel verano en que empezó esa guerra me hallaba de vacaciones en Birán; estaría yo, sin cumplir diez años, no sé si finalizado el tercer grado…

¿Qué ocurría? Cuando yo llegaba de Santiago, de vacaciones a Birán, como sabía leer y escribir, Antonio García, el cocinero que cojeaba de un pie, muy trabajador, y que en ese período vivía en una casita cerca del correo, se precipitaba para pedirme que le leyera el periódico. Era un republicano rabioso —para que vea lo que es el espíritu de clase, muchas veces me pregunto por qué era tan rabioso republicano y también muy anticlerical, hay que decir la verdad—, y entonces le leía el periódico y le daba noticias de la guerra de España. Así me enteraba yo de esa guerra desde antes de cumplir diez años. Le leía distintos periódicos. A Birán llegaba uno que se llamaba —creo— *Información* y algún otro más como *El Mundo*, *El País* y *El Diario de Cuba*; pero el principal periódico que llegaba allí era el *Diario de la Marina*.

Que era un periódico de La Habana.

No, de La Habana no, de toda la República. Era un periódico pro español desde la guerra de Independencia y el diario más derechista de los que existieron nunca en el país hasta el triunfo de la Revolución. Tenía rotograbado también, que salía los domingos. Era muy famoso. Tenía muchas páginas de anuncios, muy grueso, y llegaba a su casita de madera y yo a leerle al cocinero. Le leía todo: los «rebeldes», les llamaban rebeldes...

A los de Franco.

A los «nacionales» los llamaban también «rebeldes». Los otros eran los «rojos», los «rojillos» y de vez en cuando, amablemente, ese periódico los llamaba los «republicanos». Era el primer periódico que llegaba allí, el más notable, gordo, con muchas noticias y anuncios, y yo iba leyéndole. Aunque de vez en cuando aparecía algún otro periódico, el que más noticias daba de la guerra de España era el *Diario de la Marina*. Recuerdo esa guerra, casi desde el principio.

Recuerdo la toma de Teruel por las tropas republicanas.

¿El frente del Ebro?

Ya lo del Ebro fue más adelante, casi al final.

¿La batalla de Madrid?

Sí. Madrid sitiado. La paliza que les dieron los republicanos a los soldados de Mussolini en Guadalajara cuando avanzaban aquéllos; y, como le dije, cuando los republicanos avanzan y toman Teruel. Y cuando viene la contraofensiva del general Mola y toda aquella gente, en Burgos, capital franquista... ¿Cómo se llamaba la fortaleza aquella donde estaban sitiados los franquistas?

El Alcázar de Toledo.

El Alcázar de Toledo. Le leí a García toda la batalla del Alcázar de Toledo y yo a favor del gallego. Y hasta lo consolaba. Le decía: «Pero, mire, mire, la batalla de Teruel —recuerdo— está bien, mire lo que han hecho; mire, están peleando aquí y allá». Cada buena noticia a favor de los republicanos que se podía dar, yo se la daba. Ésa era la situación que había allí, exacta, como se lo estoy contando.

¿Su padre estaba a favor de uno de los bandos, o se desinteresaba?
No, mi padre estaba contra la República.

¿Contra la República?
Sí, sí, y otros más, el asturiano, por cierto, y algunos más; más o menos la mitad… Creo que eran casi mayoría los españoles que estaban en Birán en la posición aquella, contra la República. Pero le hablo de otro grupo en el cual estaba Valero, el telegrafista, en el que todos eran republicanos a matarse. Y de vez en cuando jugaban al dominó entre ellos.

Hacían la guerra del dominó.
Estaban reunidos los simpatizantes y los adversarios de la República. Se enfrentaban en animadas partidas de dominó. Un poco a lo *Don Camilo*, como en la novela famosa de Guareschi, entre el cura y el comunista. De vacaciones, lo mismo fuera en verano que cuando llegaba la Nochebuena y las Navidades, yo estaba de lector allí quince días, y durante la Semana Santa también estaba de lector allí. No sé quién le leería las noticias a García cuando yo estaba en la escuela.

Gracias a ese Antonio García, ¿siguió usted muy de cerca la contienda española?
Sí. Por eso me acuerdo bien de la guerra civil, en los preámbulos de la Segunda Guerra Mundial, en que se enfrentaron las ideas republicanas y las ideas «democráticas» occidentales —yo podría ponerlas entre comillas— a las ideas genocidas, hegemónicas e imperialistas del nazismo alemán. ¿Qué pasó en España y por qué se cae la República española, y qué «no intervención» fue aquella frente a la intervención de Hitler y de Mussolini desde muy al principio? ¿Qué significó aquello? Eso contribuyó a dar paso a la guerra mundial.

Las primeras batallas se libraron precisamente allí, en España, y allí estaban las izquierdas y las derechas; los llamados «nacionales», apoyados por Mussolini y por Hitler; y la República española, la izquierda mezclada dentro del «sistema democrático», pero era lo más avanzado que se podía concebir en aquel momento, lo más justo, lo más popular, porque la República española defendía ya la idea de progreso, en una sociedad casi feudal, en una sociedad que no se había industrializado siquiera, que vivió de los ingresos coloniales durante mucho tiempo. Es un pueblo muy combativo ese pueblo español.

Ahí se enfrentaron y se fusilaron. Había sacerdotes que estaban con la República y sacerdotes —es posible que fuesen mayoritarios— que estaban con los rebeldes o «nacionales» o franquistas. En esa época, los profesores españoles de mi escuela, en Santiago, hablaban de esa guerra. Desde el punto de vista político eran «nacionales», digamos más sinceramente que eran franquistas, todos, sin excepción. Casi todos eran españoles y hablaban mucho de los horrores de la guerra, de los «nacionales» fusilados, incluso de los religiosos fusilados. Pero no hablaban de los republicanos fusilados. Porque la guerra civil española fue muy sangrienta, y por ambas partes hubo mano dura.

Me acuerdo de que, después de la guerra, uno de mis profesores me hacía cuentos largos de la cantidad de prisioneros republicanos que fusilaron en España cuando acabó la guerra civil. Yo estaba en el colegio de jesuitas de Belén, en La Habana, y el padre Llorente —él había sido sanitario durante esa guerra— me hacía la historia de cómo, después de la guerra, fusilaron a no se sabe cuántas decenas de miles de personas, y él iba de sanitario, para saber si estaban vivos o muertos. Me contaba la historia de lo que había ocurrido allí, y de los fusilamientos. Había católicos y cristianos que estaban con la República, no pocos.

Me acuerdo de los principales combates y de los grandes acontecimientos. Claro que después uno ha leído muchos libros, pero le estoy contando las cosas que yo sabía entonces. Ya la batalla del Ebro viene a ser como en 1938. La última ofensiva republicana… De eso han salido películas y millones de cosas. Pero yo, desde casi los diez años, leyendo la prensa sí vi cómo esa guerra se iba desarrollando.

¿Piensa usted que ese interés por la guerra de España siendo usted tan pequeño tuvo alguna influencia en su formación?
Sí. La importancia de lo internacional. Pero a todos los muchachos les gustan los episodios de guerra. También me gustaban como a casi todos las películas del Oeste y, además, me las tomaba en serio.

Que, sin embargo, eran muy racistas en esa época, ¿no?, muy antiindias.
Tomaba en serio los trucos aquellos de los cowboys. Bueno, lo tomé en serio de muchacho. Después, ya adulto y casi maduro, me divertía viéndolo como cosa cómica: aquel piñazo que lanzaba al contrario del otro lado de la barra, aquella botella rojiza de whisky. De todos esos detalles me acuerdo. A los revólveres aquellos nunca se les acababan las balas, nada

más cuando convenía que se les acabaran; no había ametralladoras en aquella época, y tiros y más tiros, y se colgaban de la rama de un árbol cuando alguien a caballo era perseguido... Todo muchacho veía esas películas. Por eso les enseñan tanta violencia a los niños y adolescentes, porque los muchachos son muy adictos a todo lo que es guerra y violencia, todos. Serían muy pocos los que no lo eran. Y, bueno, yo estaba leyendo noticias de una guerra, ¡qué me iba a imaginar yo todo lo que vendría después en el mundo!

Después vino la Segunda Guerra Mundial.

Recuerdo cuando empezó la guerra mundial exacto, el día, el 1 de septiembre de 1939. Yo tenía un poco más de edad, unos trece años, y ya leía de todo: la toma del Ruhr, la anexión de Austria, la ocupación de los Sudetes, el Pacto Molotov-Ribbentrop, la invasión de Polonia... No tenía mucha conciencia del significado de los acontecimientos, pero fui enterándome de todo.

Puedo hablar desde que empezó la guerra mundial hasta la última batalla, en 1945, cuando lanzaron las armas atómicas sobre Japón. Puedo hablar mucho sobre el tema porque quedé con la afición. Pero también antes había habido la guerra de Etiopía, cuando yo estaba en los primeros grados.

¿Usted recuerda la guerra de Etiopía?

Sí, vendían unas galleticas con unas postalitas de esa guerra de los italianos en Abisinia.[4]

Se decía la «guerra de Abisinia».

De Abisinia la llamaban entonces. Vendían unas galleticas que, para que los muchachos las compraran, traían una colección de postalitas, dejando diez o doce que nunca aparecían. Algunas creo que ni las imprimieron nunca, para que los muchachos arruinaran a los padres comprando galleticas.

Yo me volví casi experto en esa guerra de Abisinia, coleccionando y jugando con esas postalitas. Yo estaba entonces en el colegio de La Salle, en Santiago, y aprendí a jugar con las postalitas que vendían con las marcas de galletas, tú las ponías así en la pared y las soltabas... Yo tenía mis marquitas puestas y todo, una técnica que resultó eficiente. No se sabe cuántas acumulé. Llegué a tener un montón, no sé cuántas, de esa guerra de Etiopía. De la batalla de Makale recuerdo todavía unos aviones que allí aparecían en las postalitas. Siempre, todos los muchachos tratando de completar la colección y nunca lo conseguían.

¿Siempre faltaban algunas?
Algunas no las ponían para que los muchachos compraran cuanta galletica había.

Una vez viene un muchacho y tiene un álbum de Napoleón precioso. Un álbum en postalitas de esas que no son de color impreso, sino como fotos —todavía lo tengo por ahí, Eusebio Leal[5] lo encontró no hace mucho—, hago un cambio con él de todas las postalitas que yo poseía y me encuentro con el álbum de la historia de Napoleón, un guerrero. El álbum era una joya.

Decididamente, la guerra le interesaba.
Mire, la Biblia empieza hablando de guerra. Desde primer grado, en la historia sagrada ya aparece el castigo de Babilonia, la esclavitud de los judíos o israelitas como los llamaban, el cruce del mar Rojo, el derrumbamiento de las torres de Jericó por Josué, Sansón y su fuerza hercúlea capaz de derribar un templo con sus propias manos, las Tablas de la Ley, el becerro de oro que estaban adorando… Eso yo lo utilicé hasta en *La Historia me absolverá*, para expresar una idea socialista. Dije: «No creemos en los becerros de oro». Allí, cuando me defendí de lo del 26 de julio. Eso era en 1953, y aquí estamos hablando de 1936. Tendría yo entonces, como dije, más o menos diez años.

Pero la guerra de Abisinia es anterior a la guerra de España, usted era aún más joven.
Sí, era antes de la guerra de España. Yo jugaba a las postalitas de la guerra de Abisinia. Una guerra que inspiró la impresión de postales para vender galletas. Eso dura tiempo. Le cuento que eso me sirvió para obtener, a cambio, un maravilloso álbum de Napoleón que está por ahí, con todas las batallas: la de Arcole, cuando Napoleón toma la bandera y cruza el puente, «¡Seguid a vuestro general!», Austerlitz, todas las principales batallas. Naturalmente, me entretenía mucho y simpatizaba con aquel jefe, como simpatizaba con Aníbal, como simpatizaba con Alejandro el Grande. Me habría gustado por entonces que Aníbal hubiese tomado Roma, tal vez por su audacia de cruzar los Alpes con sus elefantes, tal vez porque era menos poderoso. También me agradaban los espartanos y su defensa del paso de las Termópilas cuando leí sobre esto no sé en qué grado.

Le gustaban a usted los jefes guerreros.

A todos los muchachos les gustan. Empiezan, digo, por la historia sagrada, y ya te hablan entonces del cerco de Jericó. Todo eran guerras. El Antiguo Testamento está lleno de guerras y otros singulares episodios: el Arca de Noé, el diluvio, los días que estuvo lloviendo… Hasta el punto de que se habla, en el Génesis, que, después del diluvio universal, Noé cultivó la viña, la uva, producía vino, tomó un poquito más de la cuenta y uno de sus hijos se burló del padre ¡y Noé lo maldijo, lo condenó a ser esclavo y a ser negro![6] Es una de las cosas que está en la Biblia, que yo pienso que algún día la propia Iglesia debiera rectificar eso, porque parece que ser negro es un castigo de Dios… Como parece un castigo, una culpa, ser mujer a la que imputan la culpa de este valle de lágrimas algo que está contra la mujer que tanto ha sido y es todavía objeto de discriminación.

¿Le está usted pidiendo a la Iglesia católica que rectifique eso?

Realmente, yo no pido que se enmiende, ni se cambie. en cuestiones de fe. Pero el papa Juan Pablo II, que ha sido valiente, decidido en algunas definiciones, ha dicho que la teoría de la evolución no es irreconciliable con la doctrina de la creación.

Yo he conversado con cardenales y obispos en alguna ocasión sobre el tema. Hay estos dos puntos. Pienso que, con la sabiduría que suele tener una institución que ha vivido dos mil años, ayude un poco en el mundo a que se considere igual a la mujer. Que no se la considere culpable de cuantos sufrimientos hay en el mundo. Y que el ser negro no es un castigo de Dios, porque un hijo de Noé se burlara un poco de su padre.

Usted también se rebeló primero contra su padre, ¿verdad?

Bueno, no me rebelé contra mi padre, era difícil, porque era un hombre de muy buen corazón. Yo me rebelaba contra la autoridad.

No soportaba la autoridad.

Eso tiene antecedentes. No nace de cuando yo tenía diez o doce años, porque yo empecé a ser rebelde antes, como a los seis o siete años, digamos, unos cuantos años antes.

¿Qué otros recuerdos lo marcaron en su pequeña infancia en Birán?

Me acuerdo de muchas cosas. Y algunas deben haberme necesariamente influenciado. Pero, por ejemplo, la muerte no marcó mi infancia. Aunque perdí a una tía, Antonia, murió de parto cuando aún no tenía yo cumplidos los tres años, y aún recuerdo aquella tristeza, aquella atmósfera de tragedia. Era una hermana de mi madre, casada con un español, trabajador de la finca, Soto, se llamaba. Me acuerdo del entierro, caminando por un caminito de tierra, entre la caña de azúcar, con personas llorando hasta una casita de madera. Lo recuerdo pero no debe haberme impresionado fuertemente porque yo no sabía de qué se trataba, no tenía conciencia.

También me acuerdo de la primera vez que vi una locomotora. Todo en una locomotora de vapor impresiona, sus ruedas, su ruido, su fuerza, su silbido. Venían al central vecino a buscar la caña. Y me parecían monstruos fabulosos.

Cuando era escolar de primaria, tendría yo seis o siete años, también escuché hablar del viaje de Barberán y Collar.[7] Allá en Birán se afirmaba: «Por aquí pasaron Barberán y Collar», dos pilotos españoles que cruzaron el Atlántico y siguieron hacia México. Pero después no hubo más noticias de Barberán y Collar, todavía se discute en qué lugar cayeron, si en el mar entre Pinar del Río y México, o en Yucatán o en algún otro lugar. Pero nunca más se supo de Barberán y Collar, que habían cometido la osadía de cruzar el Atlántico en un avioncito de hélice que se había casi recién inventado. Perecieron en un avioncito lleno de tanques de gasolina, porque era lo único que podían hacer en ese tiempo, despegaron, hicieron una acción tan audaz como ésa, la de cruzar el Atlántico. Salieron de España y llegaron a Cuba; volvieron a salir, llegaron a México, pero llegaron sin vida a México.

Vi ciclones desde muy pequeño. Vientos huracanados, trombas de agua, tempestades con ráfagas de viento de gran velocidad. Hasta sentí un terremoto una vez cuando debía tener cuatro o cinco años.[8] Nuestra casa se puso a temblar. Todos esos fenómenos naturales deben haberme marcado de alguna manera.

¿Qué otra cosa influyó, según usted, en la formación de su personalidad?

Un privilegio y una suerte. Yo era hijo de terrateniente, no era *nieto* de terrateniente. Si hubiera sido nieto de ricos habría nacido ya en un reparto aristocrático y todos mis amigos y toda mi cultura habrían estado marcados por el sentido de sentirme superior y todo eso. En cambio, donde yo nací eran pobres todos, hijos de obreros agrícolas y campesinos pobrísimos… Y mi propia familia, por parte de mi madre, era pobre, y algunos primos de mi padre, que vinieron de Galicia, eran pobres, y la familia de mi padre en Galicia era también muy pobre.

Pero seguramente lo que más ha influido es que, donde yo nací, vivía con la gente más humilde. Recuerdo a los desempleados analfabetos que hacían colas en las proximidades de los cañaverales, sin que nadie les llevara una gota de agua, ni desayuno, ni almuerzo, ni albergue, ni transporte. No puedo olvidar tampoco a aquellos muchachos que andaban descalzos. Todos los compañeros con los cuales yo juego, en Birán, con los que voy para arriba, para abajo, por todas partes, son la gente más pobre, algunos de los cuales, incluso, a la hora del almuerzo, yo les llevaba una lata llena de la comida excedente, por no decir sobrante. Yo iba con ellos al río, a caballo o a pie, con mis perros, por todas partes, a tirar piedras, a cazar pájaros, una cosa condenable pero era la costumbre de usar el tirapiedras… En cambio en Santiago y después en La Habana, yo estaba en colegios de privilegiados, allí sí había hijos de terratenientes.

Y usted convivió también con ellos.
Eran hijos de gente de dinero. Y, claro, allí tenía amistad con ellos, jugábamos, practicábamos deportes y todo eso. Pero no convivía con ellos en barrios de ricos.

Allí teníamos otras cosas en la cabeza, y principalmente el deporte o las clases, excursiones y todo eso. Yo tenía mucho el hábito del deporte y de escalar montañas, eran dos aficiones espontáneas. Los del colegio de La Salle tenían, además, en Santiago una finca, en una península que hoy es una refinería. Renté se llamaba. Había un balneario, había que poner unas estacas así, de palmas canas, como las llaman, porque era una bahía, y había el peligro de los tiburones, que era real, aunque no eran tan peligrosos como parecía. Había trampolines, el primero, el segundo y el tercero… Yo debí ser clavadista, porque recuerdo que cuando llegué allí la primera vez me tiré del más alto, ya en una especie de desafío de esos, ¿quién se tira?, y yo, pam, me tiré, por cierto, de pie, menos mal que no me tiré de cabeza; estaba bastante alto pero me lancé.

¿Usted ya sabía nadar?
Yo había aprendido a nadar en los arroyos y en los charcos allí por Birán, y todo con la misma gente.

Con sus compañeros modestos, humildes.
Sí, con toda esa gente, mis compañeros y mis amigos. Yo no adquiero una cultura burguesa. Mi padre era un terrateniente aislado en realidad.

Mis padres no salían y rara vez recibían visitas. No había una cultura de familia de clase rica. Estaban todo el tiempo trabajando. Y nosotros estábamos en relación exclusiva con los que vivían allí en Birán.

Entre aquellos niños con los que usted jugaba, ¿había algún negro?
En mi casa, nunca me dijeron: «¡No te juntes con éste o con aquél!». Jamás. Y yo estaba a cada rato en los barracones de los haitianos, hasta me regañaban en mi casa. No por cuestiones sociales, sino por razones de salud, porque me iba a comer maíz tostado con ellos. Me amenazaron con mandarme a Guanajay, que era un reformatorio que estaba en La Habana.

¿Para los niños rebeldes?
Me decían en mi casa: «¡Te vamos a mandar para Guanajay, por andar comiendo maíz tostado en el barracón de los haitianos!». Cuando yo pude empezar a conocer cosas, en mi mente estaba la mejor escuela: la infancia que viví allí en el campo y el lugar en que viví. El campo era la libertad.

Después, por ser hijo de rico, fui víctima de explotación.

¿Víctima de explotación?
De explotación.

¿En qué sentido?
Sencillamente, le cuento. Mi círculo infantil fue la escuela pública que había en Birán; yo tenía dos hermanos mayores, Angelita y Ramón, que iban a esa escuela, y a mí, aunque yo aún no tenía edad, me mandaron a la misma escuela y me sentaban en el primer pupitre. Había unos veinticinco alumnos, en general de familias muy pobres. Todavía me acuerdo de las fechas. Yo no sé cómo aprendí a escribir, probablemente viendo a los demás del círculo infantil, allí sentado en la primera fila, a la fuerza.

Entonces me acuerdo, creo que fue en el año de 1930.

Tenía usted cuatro años.
Cuatro años tenía. Yo aprendí a leer y a escribir viendo a los demás, y haciendo travesuras allí también, propias del hijo del terrateniente. La maestra venía siempre a la casa, comía en casa. Y había castigos, de vez en cuando un reglazo, recuerdo. De vez en cuando una puesta de rodi-

llas, y te ponían unas pesitas así, en las manos extendidas, no nos tenían tres horas, pero oiga, y a veces ponían granitos de maíz.

¿Debajo de las rodillas?
Sí. Yo conocí las torturas escolares.

Las cosas por su nombre: tortura.
Yo era bien rebelde ya, porque, bueno, hay historias largas de algunas cosas. Si quiere después le digo algo, le cuento cosas que me ayudaron a ser revolucionario, cosas que me ayudaron a ser rebelde. Me vi en la necesidad de resolver problemas desde muy temprano que me ayudaron a adquirir cierta conciencia de la injusticia y de las cosas que pasaban en aquel mundo. Pero no estamos en eso, y a usted no le van a interesar mucho.

Me interesan.
Cuando llegue la hora, si quiere, le cuento. Pero le añado esto, de elementos que, a mi juicio, nos hemos planteado. ¿Qué me hizo revolucionarme? ¿Qué factores influyeron en mi vida, a pesar de mi origen social de hijo de terrateniente, y a pesar de que los muchachos son egoístas y que los muchachos son vanidosos también, y que un poco de conciencia adquieren de su posición social?

¿Usted era el único rico en la escuelita de Birán?
Era el único, allí no había nadie que fuera ni medianamente rico, ni que fuera dueño de una tienda. Eran jornaleros de pedacitos de tierra. Los niños, todos hijos de gente muy, muy pobre.

¿Por eso sus padres decidieron enviarlo a Santiago, para que conociera a niños de otro medio social?
No, no creo que esa razón les haya pasado siquiera por la mente. ¿Qué hacen mis padres conmigo? A la edad de seis años me envían para Santiago de Cuba, con el cuento de que yo era un «muchachito muy inteligente». Ya habían decidido que la maestra de la escuela de Birán, que se llamaba Eufrasia Feliú, se llevara a su casa de Santiago a mi hermana la mayor, Angelita, que me llevaba por lo menos cuatro años. Si yo tenía seis, ella tendría nueve o diez años. Entonces la llevan y a mí me cuelan: el muchachito valía la pena que fuera a Santiago también, a mejorar su educación en casa de la maestra. Y voy.

A usted, que llegaba del campo, ¿qué impresión le causó Santiago?
Santiago de Cuba era entonces una pequeña ciudad, pero a mí me impresionó mucho, me pareció una cosa fabulosa. Me causó una impresión fuerte, semejante a la que sentí más tarde, con quince o dieciséis años, cuando vi por primera vez la capital de la República, La Habana. Aquí vi, entonces, casas grandes, edificios de cuatro o cinco pisos que me parecieron gigantescos. La ciudad que yo conocía, Santiago, era de casas bajitas, pequeñas; los edificios de varios pisos eran una excepción. Así que cuando vi La Habana también sentí una enorme impresión. Pero debo añadir que, en Santiago, cuando tenía yo seis años, vi por primera vez el mar abierto. Yo venía del campo, del monte, de tierra adentro. Y cuando, por primera vez, a la salida de la bahía de Santiago, vi el mar abierto, me quedé muy impresionado.

¿Cómo era aquella casa de la maestra?
Era una casa de madera en la loma del Intendente, en el barrio El Tívoli, un barrio más o menos pobre… Una casa estrecha, oscura, húmeda, chiquitica, una salita con un piano, dos cuartos, un baño y un balcón con una vista muy bella sobre la Sierra Maestra —parece que había un predestino—, también se veía bien cerca la bahía de Santiago.

La casita, de paredes de tabla y techo de tejas rotas y descoloridas, daba a una plazoleta toda de tierra, sin árboles. Al lado era una cuartería, había cuartos… Después, en la otra manzana, había una bodeguita donde vendían turrones de coco blanco y de azúcar negra. Enfrente, del otro lado de la plazoleta, recuerdo que había una casa grande que pertenecía a Yidi, el moro Yidi, muy rico. Y detrás estaba el instituto de segunda enseñanza. Yo viví allí días álgidos, recuerdo que el instituto estaba ocupado por los soldados, porque los estudiantes estaban todos allí, contra Machado.[9] Recuerdo una escena que vi en el instituto que tenían ocupado, los soldados dando culatazos a algún civil que a lo mejor les dijo algo. Algunas de esas escenas las recuerdo bien, porque vivíamos allí y lo vi.

Había un ambiente de tensión, los soldados detenían a los transeúntes. Al mecánico de Birán —Antonio se llamaba—, en esa época, lo encarcelaron. Luego supe que por comunista. Recuerdo que su esposa fue a visitarlo en prisión y me llevó con ella siendo yo tan chiquito. La cárcel estaba al final del Malecón de Santiago, un lugar siniestro, sombrío, de paredes mugrientas. Me acuerdo con estremecimiento de los carceleros, las rejas, las miradas de los presos…

En aquella casa, cuando llovía, los techos se mojaban y todo se mojaba. Llovía más adentro que afuera. Se colocaban palanganas para recoger los aguaceros. Había una humedad terrible. Allí nos llevaron a mi hermana y a mí. Ahí, en un cuartico chiquito con un camastro, vivía el padre de la señora, Néstor, y en el otro cuarto la otra hermana de la maestra, Belén, que era pianista. Era pianista y una noble persona, pero no tenía un alumno.

¿Había electricidad?

Sí, ya había electricidad, pero no gastaban mucha electricidad. Se alumbraban también con lámparas de petróleo porque me imagino que el petróleo costaba menos.

¿Cuántas personas vivían en esa casa?

Había primero tres hermanas, creo que eran hijas de padres haitianos, que no sé si estuvieron en Francia o en Haití. Eran mestizas. Una se hizo maestra de escuela, la otra profesora de piano y la tercera era médico y por aquellos días hacía poco que había fallecido. Vivían con su padre, Néstor, viudo. Estaba mi hermana, estaba yo, o sea, éramos cinco con la maestra que seguía dando clases en Birán en el período escolar, pero que venía durante las vacaciones. Había además una campesinita, una guajirita, Esmérida Marcheco, que la llevaron de criada para allí, ya éramos seis. Y después mi hermano mayor Ramón, al que yo convenzo de que se quede, con lo cual éramos siete. Y todos vivíamos de una cantinita.

¿Eso en qué época es?

Era la época del machadato, de la dictadura de Machado. Gran hambre había. A Machado lo derroca, fundamentalmente, el hambre; porque para más remate, aparte de la crisis económica que se produce en 1929, Estados Unidos, que nos había impuesto un acuerdo comercial desde los primeros años de la república depediente, mediante el cual nos prohibía producir muchas cosas y nos obligaba a importarlas, pero que nos compraba el azúcar, en aquella época, por causa de la crisis del 29, le impuso unas tarifas arancelarias al azúcar. Así que el azúcar no se exportaba y estaba a muy bajo precio. La economía se deprimió más, y había hambre en Cuba.

Fue una época de crisis económica y también de represión política.

Machado había empezado siendo un jefe de gobierno con cierto apoyo, ciertas ideas nacionalistas, y construyó obras, ciertas fábricas, pero era autoritario, y muy pronto fue sangriento su régimen. Ya tenía la oposición de los estudiantes. En particular la de Julio Antonio Mella,[10] fundador de la Federación Estudiantil Universitaria y del Partido Comunista, a una edad, creo que de veinte o veintiún años. Una figura emblemática Mella, que luego asesinan allá en México durante el gobierno de Machado.

Mella fue un joven extraordinariamente capaz y precoz. Una de las principales figuras que descollaron después de Martí. Él hablaba, incluso, de una «universidad obrera», una idea brillante. Entonces, los estudiantes llegaban a la universidad y empezaban a escucharlo hablar de la historia de los héroes. Es cierto ya que se había producido, en 1917, la revolución bolchevique, muy famosa, y él había fundado el Partido Comunista, sin duda inspirado en el radicalismo de aquella revolución, y en sus leyes sociales. También inspirado en José Martí. Mella era muy martiano y muy simpatizante de la revolución bolchevique. Eso tiene que haber influido en que él, junto a un marxista que había sido amigo de Martí, Carlos Baliño, fundaran el primer Partido Comunista.

Machado es derrocado en 1933, ¿verdad?
Sí. Machado es derrocado en la lucha de 1933, y después, en septiembre, tuvo lugar la «sublevación de los sargentos». Yo tenía siete años. Los sargentos nacen con la aureola de que se rebelan contra los oficiales que habían sido cómplices de Machado. Entonces, todo el mundo sale de la clandestinidad, las distintas organizaciones, había algunas de izquierda, otras que eran medio inspiradas en las ideas de Mussolini, así que había de todo, algunas ponían bombas, hacían cualquier cosa.

En particular, en el medio universitario, había los estudiantes que tenían un directorio, que habían luchado contra la dictadura, habían tenido víctimas, y también había, entre ellos, algunos profesores. Surge un dirigente, un profesional, llamado Guiteras, que crea una organización, un hombre muy valiente, muy audaz, joven, que había participado, había tomado un cuartel, había practicado formas de lucha armada, y lo habían nombrado ministro de Gobernación.

Antonio Guiteras[11]
Antonio Guiteras. Él interviene la empresa telefónica, creo que interviene también alguna otra empresa yanqui de servicios y es autor de leyes que autorizan los sindicatos, limitan a las ocho horas el trabajo diario, una serie de medidas progresistas. Entre ellas una que tenía una

motivación, pero que en sí resultaba injusta, que se llamó Ley de Nacionalización del Trabajo y que dio lugar, aunque no fuese ése su objetivo, a la cruel expulsión de los haitianos. Esa ley, aquel gobierno, en que el ministro más fuerte y el más decidido fue este hombre, Guiteras, la promulgó para proteger a los trabajadores cubanos de la exclusión de que eran víctimas por parte de muchos comerciantes españoles en favor de familiares que traían del exterior.

Era el principal líder y aquel gobierno, que era una pentarquía, un gobierno de cinco, al poco tiempo se convierte en un gobierno en el cual queda de presidente Grau San Martín, profesor de fisiología. Coincide con tres meses en que se hacen estas leyes; pero ya los yanquis, a través del embajador Summer Welles, habían empezado a influir sobre Batista, a pesar de que el presidente de Estados Unidos entonces era nada menos que Franklin Delano Roosevelt, promotor en esa época de «una diplomacia de buena vecindad» con América Latina y que es, a mi juicio, uno de los mejores estadistas que ha tenido ese país. Una persona, incluso, con la cual yo simpatizaba. La voz cálida con que pronunciaba sus discursos. Era inválido. Una vez, estando yo en el colegio Dolores, hasta una carta le escribí.

Roosevelt tiene el mérito de haber suspendido la Enmienda Platt;[12] y el mérito de un tratado llamado Hay-Quesada, en que los norteamericanos nos devuelven la isla de Pinos —isla de la Juventud hoy—, que estaba ocupada con destino incierto.

¿Estaba ocupada militarmente por los estadounidenses?
Los norteamericanos tenían ocupada la isla de Pinos desde 1898.

¿No estaba administrada por el gobierno de la República?
No. Era una posesión norteamericana desde los años de la Enmienda Platt. Se recuperó. Quedó Guantánamo. La Enmienda Platt daba a Estados Unidos, por derecho constitucional, la facultad de intervenir en todos los asuntos internos de Cuba.

Esa enmienda se firmó en 1902.
Se firmó en 1902 y se vino a abolir en 1934, no recuerdo la fecha exacta. Pero ya en 1933 —ese gobierno con Guiteras dura como tres meses— se hacen esas leyes, y es cuando Fulgencio Batista, sencillamente, en 1934, los quita del poder. Y Antonio Guiteras es asesinado en 1935.

En ese período hubo algunos combates, uno de ellos en La Habana, en el hotel Nacional, donde se había refugiado un grupo de oficiales de los machadistas derrocados, entre los cuales había algunos bien preparados y expertos tiradores. Al fin y al cabo se fueron desalojados por los sargentos, pero se metieron allí en un combate fuerte.

También los del ABC, un grupo de los que estaban contra Machado, de ideas medio fascistoides realmente, se sublevan, toman las estaciones de policía, libran combate, y el último fue en la vieja fortaleza de Atarés. Todo eso contra el gobierno progresista y las leyes de Guiteras. Y Batista consigue la jefatura plena del ejército. Era su ejército.

Después, por las presiones de Estados Unidos, quita al gobierno y nombra a un señor civil de presidente. Batista se asciende a coronel, otros son nombrados tenientes coroneles, no había generales, algunos de los antiguos oficiales y todos los sargentos se ascienden a tenientes, capitanes, comandantes, tenientes coroneles y todo. Creo que el único coronel, no sé si había alguno más, era el coronel jefe del ejército, Fulgencio Batista.

Esto es en 1934. Batista gobierna durante siete años, hasta una Constituyente en 1940. Durante todo ese período yo estoy en Santiago, en casa de la maestra primero, luego en el colegio La Salle y después en el de Dolores de los jesuitas. En 1942, acabaría de cumplir los dieciséis años, es cuando yo marcho para La Habana al colegio de Belén, también de los jesuitas, que tenía fama de ser la mejor escuela del país. Y termino el bachillerato en 1945.

Sus años de formación intelectual coinciden, pues, con dos períodos trágicos: la primera dictadura de Fulgencio Batista y la Segunda Guerra Mundial.

Todo eso influyó sin duda en mi formación, pero sobre todo influyó mucho en el devenir y el desarrollo de las fuerzas políticas y revolucionarias. Porque también a finales de los años treinta, habían surgido en Francia, en España, en otras partes, los famosos Frentes Populares.

Ahí estaba también la mano de Stalin y hasta los métodos. El método de ordenar, desde Moscú, que se establecieran alianzas nacionales contra el fascismo. Y luego, después del Pacto Molotov-Ribbentrop, las contradicciones, surgidas por el acuerdo entre la Unión Soviética y la Alemania nazi y otras acciones que fueron políticamente muy costosas para los partidos comunistas de América Latina. Esto fue precedido por una política de purgas, con toda clase de abusos de poder en la URSS. Las fuerzas armadas fueron descabezadas y se cometieron toda clase de errores estratégicos, tanto en el terreno político como militar.

A Stalin, pese a sus grandes abusos y errores, hay que atribuirle el desarrollo de la industria acelerada, sobre todo con vistas a la defensa, y el traslado de las fábricas de armas hacia el Este, iniciado desde antes de 1941, porque ya se conocían los planes de Hitler de buscar espacio vital en la Unión Soviética, con no poco agrado de Occidente. El traslado del grueso de esa industria, ya en plena guerra y en medio de un invierno riguroso, constituyó una colosal proeza. Con ese esfuerzo y la heroica defensa en la que más de veinte millones de obreros y campesinos entregaron sus vidas luchando contra el fascismo, la URSS prestó un invalorable servicio a la humanidad.

Yo no habría sido opuesto a una Internacional, porque siempre había sido partidario de una disciplina y cooperación revolucionaria; pero el Komintern no era una Internacional, aquélla era una institución de comunistas muy leales, muy sacrificados, los cuales sufrieron consecuencias muy duras derivadas de los métodos estalinianos.

El costo del Pacto Molotov-Ribbentrop; la invasión de Polonia el 1 de septiembre de 1939; la penetración de las tropas soviéticas hasta Brest-Litovsk en medio de la invasión nazi; la «guerrita» contra Finlandia defendida por el mariscal Mannerheim,[13] aunque fascista y aliado de los nazis, fueron grandes errores políticos y militares.

Tengo datos de lo que costó a la URSS aquella guerra. Todo eso lo pagó el movimiento comunista internacional a un precio muy alto. Y aquí, en Cuba, también, porque aquí se constituyó igualmente un Frente Popular. El Partido Comunista de Cuba fue obligado a ser aliado de un gobierno sangriento, represivo y corrupto como el de Batista.

¿Los comunistas se aliaron a Batista?

Sí. E incluso más tarde, en la atmósfera de unión nacional favorecida por la guerra mundial y el antifascismo, llegaron a tener ministros en el gobierno de Batista.

¿Ministros comunistas cubanos?

Sí. Dos.

Me imagino que a pesar de eso habría una gran agitación social en Cuba.

Bueno, como consecuencia de la Gran Depresión, como parte de la lucha popular contra la tiranía machadista, había habido en 1933 una gran huelga obrera —participaron en ella todos los comunistas y todos los revolucionarios—, reprimida a sangre y fuego de una manera brutal.

Después vino la huelga de marzo de 1935, un intento de derrocar al gobierno que fue también reprimido a sangre y fuego por los militares que sembraron el terror en La Habana y en todo el país. Ya Batista era el jefe, el dictador militar que gobierna y tiene la adhesión total del ejército. A él le debían todo los oficiales, constituidos por los sargentos ascendidos. Era una mafia, se pudiera decir, bajo su jefatura total. Después, el 10 de marzo de 1952, él puede dar el golpe de Estado por segunda vez porque sus oficiales habían sido formados por él y les concedía montones de privilegios.

En fin, esa época del «machadato», en que todo se origina, fue un período difícil y complejo. Era cuando no les pagaban salario ni a los maestros; había pobreza y hambre.

¿Hasta entre los maestros?

Sí. En casa de la maestra, en donde yo vivía, el único ingreso a veces era cero. Pero ellas, mi maestra y su hermana, inventaron. Yo no puedo estar culpándolas; ¡de aquella sociedad qué se podía esperar! Tuve que pagar el precio de ser hijo del terrateniente. Porque me llevaron para Santiago, y entonces mis padres pagaban cuarenta dólares al mes por mí, y otros cuarenta por mi hermana Angelita. Un dólar, en aquella época, no se sabe cuánto era, un billete de cincuenta dólares de ahora por lo menos.

Entonces el peso y el dólar estaban a la par, como hoy en Panamá. Había la famosa paridad. No había ni reserva. La reserva en Cuba se viene a crear en los años cincuenta, cuando se crea el Banco Nacional, y en ese banco había una reserva de quinientos millones de dólares; Batista se la llevó toda en 1959. El peso mantenía su paridad con el dólar, que a su vez se devaluó con la Segunda Guerra Mundial, cuando yo estoy en la escuela interno. Entonces circuló mucho dinero y el peso se fue devaluando. Sí, recuerdo que se compraba mucho menos con un peso, pero circulaba lo mismo el dólar que el peso con el mismo valor.

¿En qué consistía su educación en casa de la maestra?

A mí no me enseñaban nada, no me daban ninguna clase. No me enviaban a ninguna escuela. Me tenían ahí no sé de qué. No había ni radio en aquella casa. Yo lo único que oía era el piano: do, re, mi, fa, sol, la, si, pa, pa, pa. ¿Se imagina, un par de horas todos los días oyendo el piano ese? Por lo cual debí ser músico.

Luego, la hermana de la maestra, la pianista, era la que me daba clases. Vaya, empiezo esa historia y no se la hago completa ahora. Después si quiere le cuento. Y le digo cómo aprendí a sumar, multiplicar, restar y dividir yo solo, en el forro de una libreta de escribir, de esas de escuela, que tienen una carátula roja, y tienen en la tapa de atrás las tablas de sumar, restar, multiplicar y dividir. Yo me ponía ahí solo y así me aprendí todas las cuentas y nada más. Porque ni eso me enseñaron. Las clases consistían en ponerme yo solo a estudiar las tablas del forro de una libreta. El hecho es que pasé allí más de dos años perdiendo el tiempo.

Tan pequeño, sentiría nostalgia de su familia.
Sencillamente, me enviaron para un lugar donde no aprendía gran cosa y donde pasé hambre. Y pasé todo tipo de calamidades, sin saber que era hambre, porque yo creía que era apetito.

Increíble.
Pasaron cosas serias. Ahí fue mi primera rebeldía, muy temprano, puede ser a los ocho años. Estaba ya externo, porque tuvo dos etapas eso…

Con esa experiencia, ¿no le perdió usted el cariño a sus padres?
No, yo tenía cariño, por lo menos respeto por los dos, por mi padre y mi madre. Más cariño con la madre, es lógico, está más cerca de uno.

¿A pesar de que lo habían metido a usted interno allí en Santiago?
¿Interno? No, todavía no. ¡Yo lo que estaba era desterrado, pasando hambre, confundiendo el hambre con el apetito!

¿A quién culpaba usted de eso?
Yo no les podía echar ninguna culpa a mis padres, ni a nadie. Yo, realmente, en los primeros tiempos, no sabía qué demonios estaba pasando. Yo estaba feliz en Birán y de repente me envían para un lugar en donde estoy distante de la familia, de la casa, del campo que tanto me gustaba. Y sometido a un tratamiento de personas que no eran familiares míos.

¿Tenía usted algún amiguito para jugar?
Sí, por suerte, Gabrielito se llamaba el muchacho, Gabrielito Palau; los padres tenían algún comercio, estaban mejor de posición económica y tenían una mejor casa cerca también de la plazoleta. Allí, y en las calles de al lado, jugábamos con él y con otros. Él estuvo mucho tiempo, hasta después del triunfo de la Revolución, trabajando en la televisión. Y si-

gue trabajando todavía, creo, en la televisión. Hace tiempo que no tengo noticias de él.

Por lo demás, allí pasé mucho trabajo. Y pronto me cansé de aquella vida, de aquella casa, de aquella familia y de aquellas normas.

¿Qué normas?

Aquella gente tenía una educación francesa. Sabían hablar francés perfectamente, y tenían una esmerada educación formal. Y todas esas normas, todos esos modales, me los enseñaron desde muy temprano. Había que hablar con mucha educación, no se podía levantar la voz, no se podía pronunciar una sola palabra indebida. De vez en cuando también daban unos azotes como represión. Y si no me portaba bien, amenazaban con mandarme interno.

Era usted un niño maltratado, en suma.

Bueno, aquello era terrible. En la primera etapa, si hasta los zapatos que yo tenía me los tuve que coser... La bronca que me busqué un día por haber roto una aguja... Mis zapatos se rompieron y yo encontré una aguja, de esas de costura, y los cosí; eran de los que se abren así, por las tapitas con las que se abrochan por arriba, por la punta, cosidos con agujas de zapatero. Me busqué un problema por romper una aguja, porque las agujas de coser tela no servían, y yo tenía que coserme los zapatos...

Claro, no quiero exagerar, yo no estaba como en los campos de concentración. Y hay circunstancias atenuantes: la familia de la maestra era pobre. Vivían únicamente del salario de ella. Y el gobierno, ya le dije, como a los demás maestros en aquella época, muchas veces no les pagaba el sueldo. A veces tenían que esperar tres meses o más para cobrar. En esas circunstancias, los recursos que tenían para alimentarse eran pocos.

¿Y dice usted que allí pasó hambre?

Allí pasé hambre. En Birán siempre lo estaban obligando a uno a comer, y allí en Santiago me gustaba muchísimo la comida. De repente descubrí que el arroz era muy sabroso y de vez en cuando ponían su pedazo de boniato con arroz y algún picadillo; pan no recuerdo que daban; pero el problema es que la misma cantina chiquita, que era para seis o para siete, era para el almuerzo y la comida [cena], la misma que llegaba al mediodía.

Se recibía cada día una cantinita pequeña, al mediodía, para siete personas; cocinaban en la casa de una prima, que le llamaban Cosita. Era una señora muy gorda, no sé por qué le llamaban Cosita, parece que era la que se comía la comida. En su casa cocinaban, y un primo, que se llamaba Marcial, traía la cantinita, con un poco de arroz, de frijoles, de boniato, plátanos, y eso se dividía, porque yo me acuerdo que recogía con la esquinita del tenedor hasta el último granito de arroz. Y estaba barato el arroz.

Si aquello era tan desagradable, ¿cómo es que su hermano mayor, Ramón, fue también a aquella casa?
Porque Ramón llega un día a Santiago, no me acuerdo para qué, y traía una bolsita de esas de cuero donde se guardan las monedas y allí tenía unas cuantas pesetas, unos reales, unas monedas de cinco centavos y hasta de un centavo. Entonces un durofrío valía un centavo; un dulce de coco con azúcar negra, un centavo. Yo envidiaba a los demás muchachos —los muchachos son bastante egoístas— porque los vecinitos, aunque eran pobres, tenían un centavo, dos o tres. Pero como los que me educaban, nos educaban a la francesa… Me cayó encima la educación francesa que la maestra y su hermana habían adquirido y te explicaban que pedir era de muy mala educación. Los muchachos sabían que yo tenía esa regla y cuando cualquiera de ellos se empataba con un durofrío o con un turrón de coco, si yo les pedía algo, iban y me delataban ante la maestra.

Recuerdo que un día le pido un centavo a la hermana de la maestra, que era una persona muy buena pero muy pobre. No se me olvida cuando me niega el centavo y dice: «Ya te he prestado ochenta y dos centavos» y no me dio más centavos.

Cuando Ramón llega de visita meses después, con aquel capital en su bolsita, llena de monedas, yo creo que es una enorme fortuna y lo embullo para que se quede. Con lo cual, en realidad, aumentó la pobreza, porque ahora había uno más a comer con la misma cantina.

Más tarde adquiero conciencia. Fue, más o menos, un año después, porque un día mis padres descubren aquello.

¿Sus padres no se daban cuenta de lo que ustedes estaban pasando?
Un día llega mi padre, acababa yo de pasar el sarampión; estaba peludo, porque ni nos cortaban el pelo; flaco, como es de suponer, ¡y mi padre no se dio cuenta de nada! Le habían explicado que se debía a la enfermedad recién pasada.

Otro día llega mi madre —ya la maestra, su hermana y su padre se habían mudado, porque habían mejorado, ya éramos tres los pupilos, y cobraban cada mes ciento veinte pesos— y allí nos descubre flacos y hambrientos. Ese día nos sacó, nos llevó a la mejor cafetería, creo que todo el helado que había allí nos lo comimos nosotros. Se llamaba La Nuviola la cafetería. Era época de mango; compró un saco de mangos toledo, unos chiquitos, y aquello no duró nada, ni el helado, nos lo comimos todo. Y nos enviaron para la casa, para Birán.

Recientemente, conversando con mi hermana mayor, Angelita, yo todavía la criticaba. ¿Por qué ella, que sabía leer y escribir, no denunció lo que yo no entendía? Yo, que venía de los potreros de Birán. Birán era como un paraíso de abundancia, y había que pelearle a alguien para que comiera: «Cómete el cocido este y lo otro». Comiendo chucherías todo el día, y en la mesa había que obligarnos a comer. Mi hermana tenía que haber denunciado y yo se lo reprochaba. Ella me dijo así, no hace mucho: «Bueno, es que realmente no me dejaban sacar las cartas, me las interceptaban».

Es que ya, con tres alumnos a cuarenta pesos, aquello debía de ser un negocio rentable.

Sí, en aquel tiempo —no me acuerdo cuándo— ellos mejoran bastante, éramos tres de Birán, cuarenta, más cuarenta, más cuarenta: ciento veinte. Eso era como varios miles de dólares de hoy en un país subdesarrollado. Más el cónsul de Haití que se casa con la profesora de piano… Entonces hubo una franca mejoría.

La maestra, desde luego, reunió dinero y hasta fue en una excursión a Estados Unidos, a las cataratas del Niágara. Trajo unas banderitas de recuerdo… Qué desgracia, no sabe el tiempo que me pasé oyendo hablar de las cataratas del Niágara. Odio debiera tenerles, porque era repetir y repetir los mismos comentarios sobre la catarata, lo contrario de la poesía *Oda al Niágara* de Heredia.[14] Yo estaba hasta aquí de cataratas del Niágara cuando regresó la señora, que ya había comprado muebles y todo, y lo pagamos nosotros con el hambre. Hasta ahí le cuento con toda claridad y franqueza, y ya tenemos una sublevación.

¿Se sublevaron contra la maestra?

Al regresar a Birán, es entonces cuando yo tomo conciencia del crimen, porque todo el mundo se dio cuenta de que los tres habíamos pasado hambre, y nosotros regresamos allá convertidos en unos enemigos jurados de la maestra, que seguía almorzando en nuestra casa de Birán y escogía las mejores piezas… El período en que mi madre nos lleva de regreso a Birán era época de clase, la maestra estaba allí impartiendo sus cursos. Y contra ella organizamos nosotros la primera acción.

Rebelión.

No, no era rebelión. La primera venganza, pudiera decirse; o, para llamarlo de otro modo, revancha, y fue con tirapiedras, porque el tejado de la escuela aquella era de zinc. Había una panadería cerca, toda la leña ahí para el horno la tomamos de parapeto. Hemos organizado un bombardeo que duró como media hora… La leña y las piedras cayendo sobre el zinc… Y la maestra que vivía allí… Bueno, maldades; pero ahí ya tenían una intención.

Lo que estábamos lejos de imaginarnos es que más adelante nuestros padres harían las paces con la maestra y nos enviarían otra vez para su casa en Santiago.

¡No me diga!

Sí, pero ya no fue para el hambre, ya había habido gran escándalo. Sin embargo, yo perdía mi tiempo. Ya allí yo estoy perdiendo casi un año, porque, le dije, yo estudiaba las tablas de multiplicar, era todos los días. No me mandaban ni para la escuela.

Ya había sido el tránsito de la caída de Machado, la acción de Batista y la gran huelga aquella de marzo de 1935. Frente estaba el instituto de segunda enseñanza, donde daban el bachillerato. Estaba ocupado por el ejército, que tenía cerrados los institutos. Le conté que allí vi culatazos y veinte cosas. Después los compañeros del 26 de Julio lo atacaron, el 30 de noviembre de 1956, cuando nosotros desembarcamos procedentes de México.

¿Ese mismo instituto?

Sí, el mismo edificio, pero ya no era un centro de enseñanza, porque hicieron un cuartel o no sé qué cuando Batista regresó al poder. Era un cuartel de policía lo que había allí. En mi tiempo de estudiante era instituto de segunda enseñanza; pero después, otra vez se convirtió en cuartel; estaba premiado. Los militares andaban por allí, los soldados tenían tomado el instituto. Sé que el 30 de noviembre de 1956, los del Movimiento 26 de Julio,[15] dirigido allí en Oriente por Frank País,[16] lo atacaron. Querían que coincidiera con nuestro desembarco, calcularon los días y el 30 de noviembre lo asaltan. Pero resultó ser dos días antes del desembarco. Nos retrasamos cuarenta y ocho horas por culpa del mar, el barco, y ellos atacaron el 30, fecha supuesta, según los cálculos, que llegaría el *Granma*. Yo no deseaba que fuera simultáneo, quería desembarcar primero.

¿Qué otros recuerdos tiene usted de aquellos años?

Bueno, en aquella época nace un romance entre la hermana de la maestra, la profesora de piano, y el cónsul de Haití. Ellos eran unas personas agradables, mestizos que hablaban perfecto francés. Así entra en aquella casa un personaje nuevo: el cónsul de Haití, Luis Hibert se llamaba. Hubo cambio de statu quo, se mudan para una casita —que estaba al lado— mejor, y ya ésta no se mojaba, tenía más espacio. Entonces allí el hambre disminuyó también, porque habían aumentado los ingresos, como le dije. Ya a lo mejor empezaron a cobrar sus sueldos, se casa la hermana con el cónsul de Haití, que ganaba un salario, era un poco mejor la comida, aunque, bueno…

Ellos son los que me bautizan, porque a mí me llamaban «judío», y así les llamaban a los que no estaban bautizados. Aunque pienso, claro, que el calificativo de «judío» tenía que ver con prejuicios religiosos, antisemitas. Me llamaban «judío» y yo no sabía por qué. Me decían «el judío». Para que vea los prejuicios también históricos.

¿Usted no estaba bautizado?

No, me bautizan a los ocho años. Y es que mientras esperaba que el señor millonario que iba a ser mi padrino, amigo de mi padre, el cura y yo estuviéramos juntos un día para que me bautizasen, pasaban los años. Mis hermanos eran «ahijados», como le dicen, de una tía u otra; y a mí, a esa edad, como a los ocho años, me vienen a bautizar. Da la casualidad que estaban esperando por el millonario que iba a ser mi padrino y que se llamaba Fidel Pino Santos. El origen de mi nombre es ése, así que no puedo sentirme orgulloso. Yo nací el 13 de agosto y San Fidel es el 24 de abril, era San Fidel de Sigmaringa, he tratado de averiguar quién era después…[17] Y el 13 de agosto es San Hipólito Casiano… Pero a mí me pusieron Fidel por el que iba a ser mi padrino, rico, muy rico, que iba de vez en cuando a la casa, a Birán, en el campo.

Entonces, ¿su verdadero padrino es el cónsul de Haití?

Sí. Ese cónsul de Haití se casa con la hermana de mi maestra, la profesora de piano. Y los dos son mis padrinos de bautizo. Recuerdo que junto con mi padrino, ese cónsul de Haití, fui un día a visitar un barco de pasajeros muy grande, el *La Salle*, de dos chimeneas, un transatlántico que estaba lleno de haitianos porque los expulsaban por millares.

¿Los expulsaban de Cuba?

Sí. En los años de la riqueza azucarera habían venido por centenares de miles a cultivar la caña y a hacer la zafra. Trabajaban en los cañaverales casi como esclavos, con mucho sacrificio, con salarios muy pobres. Yo creo que los esclavos, en el siglo XIX, tenían mejores condiciones de vida que aquellos haitianos. Los esclavos vivían en barracones, en las áreas más pobres, a pesar de que en nuestras guerras de independencia —1868 y 1895— el 80 por ciento de los combatientes eran negros.

Muchos antiguos esclavos cuando se acabó la esclavitud estaban peor; antes eran propiedad de un capitalista que los cuidaba como se cuida a los animales. El capitalista cuida la salud del animal y alimenta al animal, pero no cuidaba de la salud ni alimentaba al obrero supuestamente libre, al antiguo esclavo. Eran los más pobres.

Entonces, cuando la llamada Revolución de 1933, que efectivamente constituyó un movimiento de lucha contra los abusos, se pidió la nacionalización del trabajo, que se diera preferencia a los cubanos en el empleo. Después de la caída de la Bolsa de Nueva York, aquel famoso Jueves Negro de 1929, más de un millón de personas quedaron desempleadas en Cuba. Y esa Ley de Nacionalización se hizo para que los españoles no trajeran a sus sobrinos, y les diesen empleo a los parientes, cuando había muchos cubanos sin empleo y pasando hambre en Cuba.

Pero esa ley dio lugar a medidas crueles y se utilizó principalmente para expulsar a miles y miles de haitianos que habían venido hacía más de treinta años, cuando surgieron las grandes plantaciones cañeras en la región oriental... Creció la población, sobraban haitianos, y los embarcaron de una manera cruel, despiadadamente, para Haití, en aquel barco repleto. Algo verdaderamente inhumano... A mí me llevaron a ver aquello.

¿Cuántos años pasó usted en la casa de la maestra?

Tres Reyes Magos pasé allí. Yo debí haber sido músico, porque la madrina era pianista y estaba todo el día tocando, y los tres Reyes me regalaron, cada vez, una cornetica. La primera era de cartón, con la boca de metal; la segunda, mitad cartón y la otra mitad aluminio, y la tercera, toda de aluminio con tres teclitas… Tres Reyes no quiere decir tres años, pero si me mandaron en septiembre, el primer rey fue en enero, y me tocó un segundo y un tercero que creo fue el último.

Yo les escribía a los Reyes Magos unas cartas larguísimas, ponía hierba, vasos de agua a los camellos, y pedía todo lo que a un muchacho se le imaginaba: un tren, hasta una máquina de cine… Y lo que me regalaban siempre era una cornetica y nada más.

En la nueva casa había una enredadera con unas hojas que daban un poco de sombra, bajo la cual yo allí, sentado en una silla sobre un piso de losetas rojas, estudiaba y me aprendía las tablas… Bueno, yo mismo me autodaba clases. Perdí todo el tiempo, hasta que me pusieron como alumno externo en el colegio La Salle.

En esa nueva casa me pusieron a dormir en un pasillito que daba a la calle, en un catre, sin más nada, un catre de esos que son como de mimbre. Era una época en que ponían bombas todos los días en Santiago —una noche explotaron más de treinta bombas; a cada rato ¡pum!—, yo tenía la impresión de que en cualquier momento explotaba una bomba allí, en aquel callejón, pegado al pasillo. Había que dormirse con el ruido de las bombas. Yo no sabía de bombas, sabía de los ruidos aquellos, y que alguna iba a explotar por allí. En aquel pasillo vivía yo; y no sabía por qué había bombas, ni por qué las ponían, pero sé que las sentía, ¡bam!, a cada rato un tremendo estallido.

¿Quién ponía esas bombas?
Los revolucionarios antimachadistas o antibatistianos, me imagino.

¿Contra Machado?
Sí, contra Machado, y después contra Batista; porque el golpe de Estado es el 4 de septiembre de 1933. Esas bombas tienen que haber correspondido a los fines de la lucha contra Machado, e inmediatamente después vienen unos tres meses de un gobierno que se llamó revolucionario.

La «sublevación de los sargentos», como le dije, fue una acción más bien revolucionaria; pero antes los civiles habían estado luchando, hasta el mes de agosto de 1933, contra el gobierno de Machado, que se había reelegido para un segundo mandato en medio de una gran crisis. Fue la época de la gran crisis que estalló en 1929, y ya le conté que había mucha hambre en el país. Contra Machado se luchó, pero después viene una especie de tregua cuando cae Machado. En septiembre, Fulgencio Batista, que era sargento taquígrafo del ejército, da un golpe, organizado por otro, y del que queda de jefe. Toma el mando; pero los sargentos se unen con estudiantes y otras fuerzas revolucionarias.

En esa época vuelven los combates con los «abecedarios», la gente fascistoide del grupo ABC. A lo mejor los «abecedarios» ponían bombas en ese período del último trimestre, de octubre, noviembre y diciembre de 1933, no sé si a finales de diciembre o principios de enero cambia, y entonces viene después la lucha contra Batista. Yo no le puedo decir quién puso hasta treinta bombas en una noche, porque eso está un poco nebuloso... Cuando vino, en 1933, aquella famosa Ley de Nacionalización y la expulsión de los haitianos ya yo estaba en la segunda casa de la maestra. De eso estoy absolutamente seguro. Eso me ayuda a recordar que debo de haber ido para Santiago a finales de 1932 más o menos. Las fechas exactas no puedo asegurarlas, sólo puedo deducirlas de todas las impresiones que recuerdo y los hechos ocurridos en Cuba.

Usted tendría entre seis y siete años...
No, seis. Con seguridad seis, no tenía más de seis, porque yo estuve menos de un año en la primera casita de la maestra.

Estoy acordándome ahora, porque después de esos meses en aquella casa es cuando yo voy para la otra y todavía estaban poniendo bombas intensamente. Eso tiene que haber sido a finales de 1933. Machado cae en agosto de 1933, y después viene el movimiento de Batista, una unión, una cierta paz que dura como tres meses, un gobierno revolucionario que derrotan, y había grupos —el ABC— de tendencias fascistoides, que después fueron aliados de Batista. Así que yo me pregunto: ¿quién ponía bombas en aquel período?

De 1932.
No, en 1932 sabemos quiénes las ponían, la pregunta es: ¿quién las ponía después? Lo más probable es que fueran esa vez los enemigos de la Revolución. A fines de 1933 hubo una sublevación de aquella gente del ABC que se habían vuelto contra el gobierno revolucionario de los tres meses [el de Grau San Martín con Antonio Guiteras], quizá los únicos que tenían la fuerza suficiente para poner tan alto número de bombas.

En Santiago no había universidad; los estudiantes no tenían la organización ni los recursos para colocar hasta treinta bombas que yo recuerdo, quizás fueran menos, pero a mí me parecían muchas. Por eso estoy deduciendo que las bombas que yo escuché, que fueron después y no antes de agosto, deben ser de fines de 1933.

Ya eso fue cuando tengo que escenificar la primera rebelión en Santiago, y la hago allí. Ya me habían mandado externo al colegio La Salle, al que iba y venía. Estoy en primer grado externo con aquella agonía.

¿Usted iba a pie y venía solo?

Sí, iba y venía, y almorzaba en la casa. El almuerzo había mejorado, porque ya en esa época tenían la costumbre francesa de comer vegetales, había vegetales y algunas otras cosas, ya no era la cantinita. La comida era barata, y por la vía de mi casa llegaban, como dije, cada mes ciento veinte dólares. Que en aquel tiempo ya sabe que eran como varios miles de dólares de hoy.

Tenía que ir y venir a almorzar e ir otra vez por la tarde. Estaba hastiado ya de todo aquello. Yo estudiaba por mi cuenta. Ya había pasado un tercer Día de Reyes. Sería en febrero, habría que buscar si hay papeles por ahí para verificar. El hecho es que me amenazaban con ponerme interno. Y eso era lo que yo quería.

Para escaparse de aquella casa.

Yo ya tengo una conciencia formada de lo anterior, y estoy aburrido de la norma francesa. Un día acabé con todas las costumbres francesas, con todos los modales. Allí me obligaban a comer vegetales a la fuerza: remolacha, zanahoria, chayote. Hubo algunos que los rechacé casi hasta muchos años después. Eran costumbres francesas y disciplina. Un día me sublevo contra todas las normas francesas: «No hago esto, no me da la gana». «No hago lo otro, no me da la gana»… Mi rebeldía no era realmente contra los modelos franceses, era contra los abusos de que había sido víctima.

Usted se sublevó.

No quedó más remedio, fue instintivo. Fue la primera sublevación… Y ocurrió lo que deseaba. Me metieron de cabeza interno en la escuela de La Salle en primer año, ya en el segundo semestre del primer grado. Entonces fui feliz, porque ahí yo estaba con todos los demás muchachos, jugaba, iba los jueves y los domingos a un lugar en el mar y a todos aquellos lugares de las aventuras. Ésa fue la primera rebelión.

¿Guarda usted algún rencor contra aquella familia?

Realmente no los culpo. Ellos vivían en esa sociedad, yo no puedo decir que eran unos perversos. Aquella sociedad era una sociedad de muchas dificultades, muchas desigualdades, de mucho sacrificio para la gente, desarrollaba un gran egoísmo, convertía a las personas en gente interesada, que trataba de sacar un beneficio de cualquier cosa. No producía en la gente sentimientos de bondad y de generosidad. Ellos tenían que vivir y descubrieron que había una forma de explotación: al fin y al cabo estaban explotando al hijo del rico. Ellos no tenían nada. Fui víctima de explotación, por el ingreso que significaba para aquella familia pobre la pensión que pagaban mis padres por tenernos allí. Yo sufrí las consecuencias.

Cuando leyó después a Dickens, *Oliver Twist* o *David Copperfield*, por ejemplo, tendría usted la impresión de haber vivido aquello.
No se vaya a creer, que algunos de esos libros los leí ya después de graduado, porque en las escuelas aquellas no enseñaban nada. Un libro de Shakespeare te lo mencionaban apenas. Todos los libros eran españoles. Ni literatura francesa, ni literatura americana. Al famoso *Tío Tom*,[18] lo vine a leer ya casi cuando salí de la escuela. Nosotros, privilegiados, y estudiando en escuelas de lujo, de clase alta, sin embargo teníamos grandes lagunas en el arte, la pintura, la música. Lo más que hicieron, como en tercer grado, fue ponerme en un coro y de allí me expulsaron cuando descubrieron —no sé cómo— que yo desentonaba bastante. ¿Se da cuenta? De arte nada.

Acuérdese de que casi todos esos profesores eran españoles y eran «nacionales». Su ideología era derechista, franquista, reaccionaria.

Y religiosos además.
Era también gente que conocía, gente de disciplina, sobre todo los jesuitas, con los que estudié más tarde, gente de carácter, gente de preparación. Aunque era un colegio pagado, no había espíritu mercantilista. Había, sí, un interés por el prestigio del dinero. Pero aquellos sacerdotes no cobraban salario. Llevaban una vida muy austera. Eran rigurosos, sacrificados, trabajadores. Me ayudaron, debo decirlo, porque ellos sí estimularon mi inclinación a ser excursionista, y a mí me gustaba escalar montañas. Cuando veía una montaña me parecía como un desafío. Se apoderaba de mí la idea de escalar aquella montaña, llegar hasta la cima. A veces el ómnibus esperaba cuatro horas porque yo estaba escalando una montaña. Me iba solo o me iba con otro; tardaba a veces cuatro horas en estar de regreso, y nunca tuve ninguna bronca. Aquellos profesores, si observaban alguna característica —espíritu de sacrificio, de esfuerzo, de riesgo— con la cual simpatizaba el alumno, la estimulaban. Se preocupaban del carácter del alumno.

Usted estudió muchos años con los jesuitas, ¿verdad?

Sí. Pero no en los primeros grados, era con los llamados hermanos de La Salle, en el colegio de La Salle, de primero a quinto, habiendo saltado de tercero a quinto. Casi cuatro años estuve allí. Disfruté interno. Nos llevaban, como le dije, los jueves y los domingos al campo y al mar. Íbamos a Renté, una pequeña península de la bahía de Santiago. Tenían allí un balneario e instalaciones deportivas. Y allí iba a campos de pelota, baño, vida libre y lugar donde nadar, pescar, caminar, practicar deportes. Yo estaba feliz allí dos veces a la semana. Después, en el colegio de Dolores, los jesuitas no tenían ninguna finca de esas, y era más escuela y yo de más edad.

Entre sus compañeros, todos hijos de gente pudiente, ¿había algún alumno negro?

En el colegio de La Salle sí admitían muchachos negros; pero eran muy poquitos. En mi clase, el único que era de color negro era Larriñaga, un muchacho vivo. No se me olvida. En los dos otros, en el colegio de Dolores y en el de Belén, de jesuitas, ni un negro, ni siquiera un mulato, ni siquiera un mestizo. En esas escuelas estudiaba la gente rica. Todos los que estábamos allí éramos supuestamente blancos.

¿A usted no le pareció extraño que no hubiese negros?

Yo hice algunas preguntas, no porque tuviera ninguna conciencia, pero como me extrañaba un poco preguntaba. En el colegio de La Salle sí había uno, Larriñaga, lo mencioné ya. Pero en los jesuitas, en los colegios más distinguidos, de la más alta burguesía, de hombres y de mujeres, no había negros, ni mestizos. Los responsables daban algunas explicaciones, pero les resultaba muy difícil explicar.

¿Ellos seleccionaban?

Eran colegios de ricos y no los admitían. Aunque hubiera alguno que pudiera pagarlo, tampoco lo admitían. No le hacían, desde luego, una prueba de sangre al alumno que ingresaba en la escuela, como podían haberlo exigido los nazis. Pero, sin discusión, si no era aparentemente blanco, no lo admitían en la escuela.

¿Aunque tuviesen la posibilidad de costearlo?

Sí. No los admitían. A pesar de lo rebeldes que son los jesuitas, que más de una vez se rebelaron.

Y últimamente, en América Latina, ha habido jesuitas muy audaces, muy protestatarios.

En estos últimos tiempos, algunas de las personalidades más rebeldes, como los sacerdotes de la Universidad de El Salvador y otras, han sido sacerdotes jesuitas, gente muy valiente. Parece que tienen aquello... San Ignacio era militar. Recuerdo su himno: «Fundador sois Ignacio y general de la compañía real, que Jesús...».[19] La letra y la música son onomatopéyicas, describe las batallas de los ángeles y de todo el mundo. Era un himno de guerra, y san Ignacio era un general. Por eso puedo hacer críticas; pero también soy capaz de reconocer que eran muy superiores en su preparación a los de La Salle. Eran de voto perpetuo, y tenían que estudiar muchísimo, estar tres años adicionales estudiando. Eminentes botánicos de aquí fueron jesuitas; eminentes astrónomos, que pronosticaban los ciclones, como el padre Viñes; otros eran excelentes profesores de español.

Los jesuitas tienen además una gran concepción de la organización, ¿verdad?, una concepción de la disciplina, efectivamente militar.

Saben formar el carácter de los muchachos. Si uno realiza actividades arriesgadas y difíciles, las ven como prueba de espíritu emprendedor y tenaz. No las desestimulan. Además, en las escuelas donde ingresé, eran españoles y combinaban las tradiciones de los jesuitas —ese espíritu militar, su organización militar— con el carácter español. El jesuita español sabe inculcar un gran sentido de la dignidad personal, el sentido del honor personal, sabe apreciar el carácter, la franqueza, la rectitud, la valentía de la persona, la capacidad de soportar un sacrificio. Son valores que sabe exaltar.

¿Es una buena escuela, en definitiva, para un revolucionario?

A mí me fue útil, aparte de que discriminaban a los negros y que era la escuela de la alta burguesía. Una vez leí una obra literaria que se llama *La forja de un rebelde*,[20] que cuenta cómo un rebelde, y no estoy hablando de un revolucionario, es en parte forjado por la vida y por sus propias experiencias. Aunque también influye el carácter de las personas, el temperamento. Y yo creo que mi temperamento, que en parte es de nacimiento, se forjó también allí con los jesuitas.

El propio san Ignacio es un buen ejemplo. Alguien que parte a la conquista de las mentes con una estrategia militar.

Era militar y organizó una orden militar. No recuerdo mucho más, pero sé el himno de ellos, el que tienen todavía, y es bélico. Hay batallas de ángeles, de demonios contra ángeles. Pero los jesuitas no son propulsores del patriotismo.

De todos modos, usted prefería el deporte.

Cuando yo estaba estudiando el bachillerato era, sobre todo, deportista y escalador de montañas. Mi actividad principal era el deporte y la exploración. ¡Me encantaba! No había subido el pico Turquino y me habría hecho mucha falta... Una vez estuve a punto de hacerlo, junto con un sacerdote, el padre Amado Llorente —que no era graduado, estaba en la etapa de práctica—, hermano de otro Llorente, Segundo Llorente, que estaba de misionero en Alaska con los esquimales y escribía unos reportajes sobre «el país de los eternos hielos», magníficos e interesantes. Estábamos ya un verano en el puerto de Santiago para partir hacia aquella zona. Pero la rotura de una goleta, que fue imposible de resolver, impidió el plan. El padre Amando Llorente, jesuita, joven, español de la región de León, era amigo mío, porque simpatizaba mucho con el deporte y la exploración.

A mí me habían nombrado jefe de los exploradores porque, desde las primeras expediciones, era el que me pasaba en vela toda la noche, de centinela, por allá por Pinar del Río, o en el valle de Yumurí. Los exploradores tenían su uniforme, hacían vida libre en el campo, en tiendas de campaña. Yo le añadía algunas actividades por mi cuenta, como escalar montañas... Y por fin a mí, por destacado, me nombran jefe, general de exploradores. Fue mi primer grado jerárquico en la escuela. Pero también participaba en todos los deportes y terminé designado, el último año —la escuela tenía mil y tantos alumnos—, el mejor deportista de la escuela. Destacaba en el baloncesto, en el fútbol, en el béisbol, en casi todos los deportes...

Claro que me dedicaba mucho al deporte; iba a clases, pero nunca atendía, y después estudiaba. Hacía lo que les recomiendo a los estudiantes todos los días que *no* hagan. Me convertí en autodidacta, se puede decir, hasta en las matemáticas, el álgebra, la física, la geometría, las teorías aquellas, y luego, además, tenía la suerte de que sacaba buenas notas, por encima de los primeros expedientes. Mientras duraba el curso, los jesuitas no le decían nada a nadie, y cuando se acercaba el examen final: advertencia a un tutor que yo tenía, que era un amigo de mi padre, el mismo que iba a ser mi padrino —muy rico el señor, prestamista en el Congreso de la República, y era una especie de tutor mío—, lo llamaban a él, a la casa, y le avisaban que yo iba a suspender todas las asignaturas. Eso siempre era al final, los tres años que estuve allí.

Porque usted no parecía interesado por los estudios.

Óigame, yo nunca atendí en ninguna clase, quizá la de agricultura, no sé por qué, por un profesor que despertó mi interés por la materia... Yo estudiaba con los libros; incluso me quedaba de madrugada, porque me nombraron no sé qué cosa, responsable de apagar las luces al final. Cuando todo el mundo se iba a dormir, yo me quedaba allí leyendo hasta las dos o las tres de la madrugada, y después me iba a dormir. Así que matemáticas y todo lo demás lo aprendí solo. Yo era partidario de eso.

¿Su hermano Raúl también estaba con usted?

Eso tiene una historia. Él estaba allá en Birán, tenía de cuatro a cinco años menos que yo, era el más chiquito, en la casa siempre peleando con él. Estuvo interno con nosotros en la escuela de La Salle cuando tenía unos cinco años. En un cuarto de cuatro, estábamos Ramón, él y yo más Cristobita, que era el hijo del administrador de un aserrío, que pertenecía a una empresa extranjera, la Bahamas Cuban Company, que explotaba parte de los pinares de Mayarí con mi padre. Raúl era entonces un poco malcriado, a veces yo tenía que regañarlo, pero Ramón era su defensor.

Él era el mayor.

Ramón era el mayor. Entonces Raúl estaba allá interno con nosotros en La Salle.

¿Y usted formó a Raúl?

Yo, cuando iba de vacaciones, escuchaba sólo críticas de nuestros padres, les digo: «Denme la responsabilidad, yo me ocupo de él», y entonces empecé. Él estaba por la libre allí.

Más tarde, le di a leer algunos libros, le interesaron, le desperté el interés por el estudio y entonces concebí la idea de que él había perdido equis tiempo, que pudiera hacer estudios universitarios y había una vía, que era a través de la carrera administrativa. No era muy difícil; si uno estudiaba esa carrera podía ingresar después a estudiar una carrera de letras, derecho diplomático y hasta abogado, algunas carreras. A mí se me ocurrió esa idea y convenzo a mis padres y él viene a La Habana. Pero ya yo, en esa época, me dedicaba a adoctrinar a todo el mundo. Eso tiene su historia, pero la he adelantado.

3

La forja de un rebelde

Las otras rebeldías – La fajazón – Batalla por estudiar – Falseando notas – Distracciones infantiles – Una carta a Roosevelt

Usted me dijo que, en la casa de la maestra, se produjo su primera rebelión. ¿Cuándo se producen las demás rebeliones?

Hubo dos más, y casi una cuarta. Es decir, yo entro en sexto grado, a la mitad del sexto grado… De aquella escuela de la maestra me cambian, me envían para el colegio de La Salle. Ya interno. Allí hice primero, segundo y tercer grados. Salté de tercero a quinto grado, y un día en Santiago se produce una gran bronca entre el inspector de los alumnos y yo. Ahí tiene lugar mi segunda sublevación, y me cambian también de aquella escuela. Pasaron cosas injustas, y me cambian de escuela. Mis padres no me querían mandar a estudiar, como castigo, por culpa del director…

Le cuento. Hubo dos directores diferentes allí, uno era el hermano Fernando, muy bueno; el otro, Neón Marí. Y por golpes del hermano Bernardo, un inspector que tenía a su cargo a los internos… Era la tercera vez que me golpeaba… Las dos últimas suaves, pero la primera fue tremenda, como consecuencia de una riña que tuve con otro muchacho en una lancha donde nos llevaban a los internos al mar los jueves y los domingos. Habíamos cruzado la bahía, veníamos por la alameda, subíamos una calle —porque el colegio estaba allá arriba, después del parque Céspedes—, y la calle por donde subíamos era la calle de las áreas de tolerancia, de la prostitución. Allí, las mujeres empezaban a fastidiar a los hermanos, que iban con su sotana: «Eh, curita, ven, pasa», y qué sé yo. Los muchachos, en el escándalo aquel, bueno, pues se reían.

La reyerta había empezado al regreso del balneario de Renté, y no se concluyó… De milagro no caímos, en la lancha, sobre el motor, porque aquel motor no tenía ni tapa… Y continuó la riña con aquel muchacho por todo el trayecto y hasta llegar a la escuela… Era un buen muchacho. Años después supe de él, era de una provincia, pero era predilecto del inspector, el mimado, por esas cosas raras —y no voy a decir nada—, quiero decir tendencia a desarrollarse alguna atención privilegiada con algún alumno. Y, bueno, aquellos hermanos eran menos disciplinados que los jesuitas.

Como consecuencia de que continúa el pleito entre él y yo, le digo: «Párate», él continúa, y le doy un derechazo, y unos cuantos más… Nos separan. Estoy en quinto grado, y era la tercera vez que me pegaba el hermano Bernardo, el inspector de la escuela.

Por lo demás, fui feliz en esa escuela, porque tenía la libertad del deporte, del mar, de pescar, todas esas cosas.

Pero ¿qué pasó exactamente?

Que, sencillamente, yo había tenido un conflicto con alguien que era el preferido, el predilecto de aquel inspector, tal como le conté.

En el colegio de La Salle había un aljibe grande que constituía la parte más alta de un patio central alargado. Bajo esa parte del patio estaba el agua. Por ello, esa planta de la escuela tiene dos niveles. En el de arriba, de un solo piso, están el comedor, la capilla en una esquina, la sacristía, hacia la derecha una sala de estudio, y doblando en esa otra esquina están, por la izquierda, varias aulas. Estas instalaciones y un pasillo bajo techo, todo de madera, rodean el patio.

Ese día, casi ya de noche, era la hora de una ceremonia religiosa en la capilla. Después de la pelea a puñetazos con el muchacho, yo prudente o cautelosamente, entro en la sacristía y estoy presenciando la ceremonia. Entonces, cuando me meto allí, la puerta verde y grande se abre de repente, surge el hermano Bernardo, y un dedo me hace así, el inspector me llama —no respetó ni la liturgia—, y me lleva, me hace caminar por un pasillo, doblando en la otra esquina hacia la derecha, avanza un trecho y me dice: «¿Qué pasó con fulano de tal?». Digo: «Lo que ocurrió es esto…». Yo estaba de pie frente a él, y él no me deja responder, con la mano derecha me da la galleta más fuerte que pueda imaginarse… Y después otra con la zurda, dos manotazos bien duros.

Dos bofetones.

Como si yo le hiciera así, pum, pum. Y después, cuando me ha dado por aquí, siento la zurda… Una mano de hombre contra un muchacho que estaba en el primer trimestre de quinto grado, que tendría once años. Y aquello fue con toda su fuerza, y después lo hace con la zurda, con toda su fuerza. Me abofeteó brutalmente en ambos lados de la cara, en las dos mejillas. Me dejó aturdido, realmente era ya de noche. Además me da un empujón. Entonces yo me quedo... Aquello fue terrible. Indigno y abusivo.

Después, varios días más tarde una segunda vez, porque estaba conversando en fila, cuando íbamos subiendo una escalera para el dormitorio, me da dos coscorrones, no muy fuertes. Pero dentro me dolía más.

Por la humillación.

El método de la agresión física, de la violencia, me parecía inconcebible. La tercera vez —fue el último rapapolvo— salía yo del comedor. Hacíamos una fila, no había refrigeración, y yo tenía como tres panes —porque ésa aún era época del hambre—, unos minutos para comerse un pan, diez minutos, había mantequilla en unos pomos verdes y uno se comía rápido dos o tres y embarraba dos o tres más. El apetito de esa edad... Y yo venía discutiendo en la fila...

Bueno, había un patiecito, el techo del depósito de agua que le mencioné, y después nos disputábamos por tocar una columna, porque el que la tocaba primero —disponíamos como de diez o doce minutos para jugar a la pelota allí— bateaba... Se jugaba a la pelota de manera que a veces la pelota caía para acá, y a veces para abajo, dondequiera. En La Salle no había campo de fútbol. Allí era la pelota y ya. Estábamos disputándonos allí, y siento que me dan dos coscorrones. Otra vez aquel inspector... Ahí fue el último coscorrón y tuvo lugar la fajazón. Porque, con la misma rabia, agarré todos los panes aquellos y se los tiré al inspector con toda la fuerza a la cara y le fui para arriba como una fierita —como un perro chiquitico de esos era—, a mordidas, a patadas y todo lo demás. Ésa fue mi segunda rebelión. Yo era el alumno y él era una autoridad.

A cada rato los muchachos, cuando estaban bravos, decían: «Le voy a meter un tintero por la cabeza», «Le voy a hacer esto»... Yo no decía que le iba a meter un tintero a nadie. Pero a la tercera vez no estuve dispuesto a soportarlo. Entonces veo al director, Neón Marí, que estaba cerca, en la sala de estudio —eso era de mañana, hora de desayuno—, y le digo: «Mire...». Me corta: «No, si nada más te dio un empujoncito». Él, sin embargo, había visto el zarandeo, las patadas, los piñazos y cómo el inspector me hizo así y me dio un empujón... Fue toda la justicia que obtuve.

Estábamos en el primer trimestre de quinto grado, y daban tres notas:

boletín blanco, a los que se portaban bien; boletín rojo, ya muy escaso, al que se portaba mal, y verde, al que se portaba muy mal.

Usted tuvo verde.

No. Llegó el momento y yo me quedé esperando. Boletín blanco: Fulano, Mengano, Zutano. Boletín rojo: Fulano, Mengano, Zutano. Boletín verde… A mí no me dieron ningún boletín. En ese momento, me ignora, y yo a él. Nunca me porté mejor, faltaban como mes y medio o dos meses —habría que averiguarlo— para las Navidades. Al llegar éstas vinieron mis padres a recogerme, mi padre y mi madre, y el director les dijo —se va a reír—, les dijo a mi padre y a mi madre —usted sabe cómo son los españoles de sentimentales— que los tres hijos eran los «tres bandidos más grandes que habían pasado por la escuela».

Fíjese, Raúl, bandido, estaría en primer grado. Ramón, que tenía alma de santo. Y el bandidismo mío fue lo que le conté. Entonces, mis padres nos llevan para Birán.

¿Sus padres se lo creyeron?

Lo peor es que se lo creyeron. Sobre todo mi padre, porque yo me entero de que se lo cuenta a todos sus amigos. El asturiano estaba en la oficina y cuando nosotros llegamos allá, me dice: «A sacar cuentas». El castigo de sacar cuentas. Sólo que nosotros, bueno, alguna travesura teníamos que hacer, teníamos el libro de respuestas, de las soluciones de las cuentas, que usaban los profesores. No sé cómo nos hicimos con el libro de respuestas. Pero estuvimos una mano de horas castigados. Me llega a los oídos que a algunos amigos de la familia que venían, que tenían tierras por aquí y por allá, mi padre les contaba la «tragedia», y lo que le había dicho el director de La Salle. Se decreta que no nos mandan más para ninguna escuela.

Ramón, que le gustaban los tractores y los camiones, estaba feliz. Raúl no podía tener opinión. Yo era el herido, el agredido, que veía que era injusto todo aquello que me atribuían. Condenado a no ir más a la escuela.

Mire. Entonces fue mi tercera rebelión. Yo digo que tienen que llevarnos a la escuela. Exigí que me enviaran a estudiar. Di en esa ocasión mi batalla por estudiar. Ahí tuve una rebelión en mi casa. Yo declaré: «No acepto que me dejen sin estudiar». Aquella rebelión fue fuertecita por las cosas que yo dije, que no quiero decir que las iba a hacer, pero las dije.

¿A quién se lo dijo, a su padre?

Se lo dije a mi mamá, que era la que transmitía. Porque pasa el día de Reyes, y llega el día 7 de enero ya, solían llevarnos de regreso al colegio el día después de Reyes, y no había noticias, yo no tenía ningún destino, sino la sanción. Y me puse duro.

¿Con once años?

Bueno, sí, debe haber sido, porque estaba en quinto grado, y es cuando yo digo una cosa fuerte.

¿Qué dijo usted?

Dije que le iba a pegar candela a la casa.

¿A su propia casa?

Sí, era de madera.

Pero no tenía la intención, ¿verdad?

No estoy seguro de que lo hubiera hecho. Lo más probable es que no lo hubiera hecho. Es verdad que estaba muy acalorado, pero no lo hubiera hecho, estoy convencido. Lo dije, y debí haberlo dicho muy serio.

¿Su mamá lo tomó en serio?

Siempre la mamá era la abogada. El padre, muy bueno, pero… El caso es que mis padres deciden entonces enviarme otra vez al colegio. Ya en carro. Era seca, y en un pisicorre que había me llevan hasta Santiago de Cuba. Eso era como en el año 1938, próximo a unas elecciones de representantes para el Congreso. Me envían para la casa de un comerciante, se llamaba don Martín Mazorra, dueño de un establecimiento llamado La Muñeca. Un gallego, casado con una santiaguera, Carmen Vega, una mulata alta que era el doble de él, aunque no lo gobernaba… El galleguito chiquito no se andaba con cuento de camino y si tenía que coger una chancleta… No se dejaba gobernar. Era dueño de una tienda de ropa. Éste era su segundo matrimonio. La señora tenía un hijo de un matrimonio anterior, y otro con él, Martincito, que estaba estudiando para piloto en Estados Unidos. Cuando viene la desgracia de que hay un accidente, aquel avión tiene un fallo, el hijo se tira en paracaídas, y ya usted se imagina la historia… Había también una muchacha, Riset, que estaba en tercer año de bachillerato, tenía las tres cintillitas blancas esas en la saya azul, y era también hija de ambos, una muchacha trigueñita, graciosa, me gustaba; porque a esas edades usted sabe que los alumnos se enamoran de una joven aunque sea mayor que ellos, de la maestra, de la otra y de casi todo el mundo.

Bien, no digo nada más sobre eso, estamos hablando de cosas políticas, ¿oyó? Y allí fue donde yo tuve que escenificar la última rebelión.

¿Contra el comerciante?

El comerciante Mazorra era el dueño y jefe de familia de la casa en que vivíamos. Fue en esa época cuando escuché por radio la segunda pelea de Joe Louis y Max Schmeling, que fue gran pelea y duró muy poco, ¿no?, primer round, o dos, y noqueó al otro.

Gana Joe Louis, ¿verdad?

Ganó Joe Louis.[1] Después ese Max Schmeling reapareció en la historia entre los paracaidistas alemanes que atacaron la isla de Creta,[2] en la Segunda Guerra Mundial, víspera de la invasión de la URSS. Era paracaidista, símbolo de la «superioridad racial alemana», que quedó muy humillada por su derrota nada menos que frente a Joe Louis, un hombre negro. Hasta ahí le cuento.

Me hablaba de la cuarta rebelión.

La cuarta, porque ya yo estaba hastiado de aquella casa. Bueno, tengo que contar algunas travesuras que hice.

Cuénteme las travesuras.

¿Se las cuento?

Sí.

Bueno, será lo último esta noche. Era lo siguiente. El comerciante Mazorra venía subiendo en la escala social. Con su señora, que era esta mujer mulata, alta, fuerte, ya habían devenido en capas medias y estaban construyéndose una casa en Vista Alegre, el barrio aristocrático de Santiago.

A mí me envían para el colegio de Dolores, de jesuitas, donde estaban los hijos de los aristócratas. Ella estaba feliz de tener a su pupilo allí, porque así podía codearse con todos los ricos que también tenían allí a sus hijos. El español y ella estaban construyéndose la casa en Vista Alegre… Yo estaba oyendo el cuento y viendo dónde estaban construyéndola. Todavía la recuerdo. Entonces, una familia de tan alta estirpe debía tener un pupilo en ese colegio que a su vez tenía que ser el mejor alumno. Y el pupilo… Al pupilo le habían pasado algunas cosas.

¿Qué le había pasado?

Mi hermana Angelita estaba estudiando para el ingreso en el bachillerato. Emiliana Danger, una mujer negra, excelente profesora, estaba enseñando a mi hermana séptimo grado para el ingreso al bachillerato. Yo, en las vacaciones aquellas, no fui a la casa de Birán, pasé del quinto al sexto grado. Pero no podía ingresar en el instituto cuando terminara el sexto grado, porque había que tener una edad, creo que eran trece años, algo de eso. Entonces, la profesora Danger se interesa porque yo era un alumno atento, contestaba a todas las preguntas y me sabía todo un libro así de gordo, que era el de ingreso al bachillerato. Ella se embulla. Es la primera persona que me encuentro que me entusiasma en algo. Ella se empeña en que yo estudiara, el sexto y el séptimo y primer año de bachillerato, para cuando alcanzara la edad correspondiente examinara a la vez el séptimo escolar y el primero de bachillerato.

Yo andaba de lo más entusiasmado, cuando tuve la desgracia, en ese principio de curso, de que me diagnosticaron una supuesta apendicitis. En aquella época operaban a todo el mundo del apéndice, y a mí, por supuesto, por un dolorcito, boberías de esas… Hacían como en Estados Unidos, operaban a la gente sin que hicieran falta muchas de las operaciones. Tuve que ir a operarme. Éramos socios de la Colonia Española, una buena institución cooperativa; porque los españoles eran miles y mediante el pago de una modesta cuota de un peso, o un peso y medio, les hacían una operación en la clínica. Así que hasta a las familias de capas medias les brindaban un servicio hospitalario.

Hay que decir que las cooperativas españolas aquí, de servicios médicos, eran lo más parecido a una cooperativa socialista, porque tenían un número de médicos, de enfermeros, pabellones y todo, y recaudaban lo suficiente para la atención médica. Una familia como la mía, con un peso y medio o dos, tenía asegurados los servicios médicos. Mire usted qué barato, por dos pesos, si había que operarte, lo hacían y te daban además los medicamentos. Ya no un medicamento normal, sino lo que fuera necesario… Entonces, me operan usando anestesia local —antes era raquídea y local—. No sé todavía por qué diablos me operaron con anestesia local… No se me olvida la operación; pero lo peor fue que al séptimo día…, usted sabe que entonces a la gente no la dejaban mover durante una semana.

No lo sabía.

Ahora los ponen pronto a moverse para evitar una embolia por coágulo de sangre, y aquella medicina estaba retrasada… A los siete días me levantan, me quitan los puntos, y al poco tiempo se infecta la herida. Afortunadamente era superficial, no llegó más adentro… Porque en aquella época no había ni penicilina, ni nada parecido. Se abre la herida completa, y tuve que quedarme tres meses en el hospital. Hubo que olvidar el plan de la profesora Danger, y debí comenzar el sexto grado en el colegio de Dolores, donde entré a mediados del quinto grado. En la clínica pasé mi primer trimestre del sexto grado…

Sin poder ir a la escuela.

Sin poder ir a la escuela. Ahora, ¿qué había hecho yo en quinto grado? No podía sacar las notas, pero ella, la tutora, la mujer del comerciante Mazorra, me exigía que yo tenía que sacar las mejores notas. Entonces, me veo obligado a hacer una trampa.

Medité y dije: bueno, yo tenía que llevar la libreta de notas, la firmaban allá en casa de los tutores, y yo tenía que presentarla en la escuela… Había varias notas posibles: sobresaliente, notable, aprovechado, aprobado, suspenso. Había cinco posibilidades, y con sus pretensiones sociales me exigían la nota máxima. Tenía que sacar sobresaliente en todo. O de lo contrario, me quitaban el dinero que yo recibía semanalmente, que eran cinco centavos para comprar en los estanquillos *El Gorrión*,[3] una revista de tiras cómicas…

¿Le gustaban a usted las tiras cómicas?

Mucho. En aquella época también leí *De tal palo, tal astilla*,[4] una novelita, y lo demás, muñequitos [dibujos animados]. Todos los jueves, cinco centavos, y veinte centavos el domingo: diez para el cine, cinco para un helado y cinco para un sandwichito de puerco con pan, que era muy barato. Total, veinticinco. Y ellos a mí me advierten: si no saco en todo las mejores notas, me quitan los veinticinco centavos.

Entonces, inventé. Lo digo tranquilamente y hasta contento de haberlo hecho. Me dije: ¿Qué pasa si se pierde la libreta de notas? Llevo la vieja libreta y me la firman; pero yo me quedo con ella, y digo en la escuela: «Oiga, se me perdió la libreta». Me dieron una libreta nueva. Entonces tenía dos: una con las notas reales —no eran suspensos, pero no eran las que ella quería—, y otra con las notas que yo mismo ponía.

¿Usted las falsificaba?
Sí, las notas. Como tenía dos libretas, ponía en una mis notas, que firmaba la tutora, y en la otra estaban las reales, que firmaba yo. El lío gordo fue a fin de curso, cuando la tutora mía creía que yo era el más brillante alumno que había pasado por la escuela, y se hace un traje negro, largo, porque allí estaban los hijos de todos los demás ricos, y yo era el que me iba a llevar todos los...

¿Todos los premios?
¡Brillante!

¿Usted se ponía las mejores notas?
Lo mío era sólo diez. Ni un nueve, ni nada parecido, porque tenía que asegurar el máximo. Cuando llegó el fin de curso no tenía inventado cómo iba a arreglar aquello, porque era cuando daban los premios, las excelencias, los accésit en acto solemne. Yo creo que me llevé un accésit en no sé qué materia, en geografía creo, porque me gustaba. Comienzan esa tarde a dar los premios. Excelencia: Enrique Peralta, me acuerdo que se llamaba. Lenguaje, primer accésit: Fulano de Tal; segundo accésit... Yo empiezo a poner cara de asombro, yo que tenía «tan excelentes notas» —y no tenía a mano una explicación razonable—, tengo cara de asombro, ¿y yo no me gano un accésit? Aquello se termina y yo no soy ni excelencia, ni aparezco por ninguna parte; creo que un accésit... Y entonces, cuando llegó la hora, encontré la respuesta: «Es que ahora me doy cuenta de lo que ha pasado. Como llegué a mediados de curso, no tengo los puntos del primer trimestre. Y es por eso que yo...». Bueno, fue un consuelo, se quedó tranquila la tutora, feliz todo el mundo. No se me olvida que tuve que inventar aquello.

En sexto grado es cuando viene lo de la operación de la apendicitis, los tres meses perdidos, y ya estaba cansado de aquella historia de las notas, los cuentos de camino y las vanidades aquellas, y decido que me voy de allí. Yo, realmente, ni estudiaba, porque es que, en aquellas condiciones en que te ponían a estudiar, uno se dedicaba a pensar en las musarañas. Llego y hago lo mismo, me amenazaban con que iría interno... Fue la misma receta que en casa de la madrina cuando me tuvieron que meter interno en el colegio de La Salle. Me rebelé, desacaté todo, no obedecí nada y tuvieron que mandarme de cabeza para allí interno. Ya tenía yo una experiencia feliz del internado, y entonces comienzo a sacar buenas notas, y ya en séptimo grado soy excelencia.

Normalmente, sin tener que inventar falsas notas.
Normalmente, y sin ser demasiado estudioso, con un poquito de atención, y el deporte. Por aquella época estoy estudiando inglés, y creo que ya estaba próxima la guerra, en 1939, que es cuando yo le envío, como le dije, una carta a Roosevelt. Estábamos estudiando inglés con el libro de un profesor de Santiago de Cuba cuyo texto hablaba de la familia Blake. Estábamos estudiando la casa, los nombres, las monedas... Incluso yo le digo a Roosevelt que me gustaría tener *ten* dólares... un billete de diez dólares: *a ten dollars green bill*.[5] Creo que le hablé hasta de los minerales, de los pinares de Mayarí para los acorazados y todas esas cosas. Viene una respuesta, que usted sabe cómo es, ellos están muy organizados, y es algún colaborador del presidente quien la manda. Y un día llego y me encuentro el gran escándalo en la escuela: Roosevelt, decían, me ha escrito una carta... Ellos después la encontraron y la publicaron, gracias a lo cual yo tengo copia, porque yo no me quedé con ninguna. Y hay algunos que, en broma, me han dicho que quizá, si Roosevelt me hubiera enviado los diez dólares, yo no habría dado tantos dolores de cabeza a Estados Unidos.

Por diez dólares se hubiesen ganado un buen amigo.
Bien, ya le he contado cosas. No hemos puesto límite de tiempo y tengo que hablar de eso sin quitar ni poner un punto.

Me ha contado usted sus cuatro rebeliones infantiles. ¿Qué lección hay que sacar de su comportamiento de entonces?
Que naturalmente yo no nací siendo revolucionario, pero sí, ya le dije, rebelde. Creo que muy temprano, en la escuela, en mi casa, empecé a ver y a vivir cosas que eran injustas. Yo había nacido en una gran propiedad y sabía cómo era todo. Tengo una imagen imborrable de lo que era el capitalismo en el campo. No podrán nunca borrarse de mi mente las imágenes de tantas personas humildes, allá en Birán, hambrientas, descalzas, que allí vivían y en los alrededores, en especial los trabajadores de las grandes empresas azucareras norteamericanas, donde la situación era mucho peor, que venían a pedirle a mi padre que

les buscara una solución. Como dije, mi padre no era un propietario egoísta.

También fui víctima de algunas cosas. Y fui adquiriendo ciertas
nociones de justicia y de dignidad, algunos valores determinados. Así
también se formó mi carácter, a partir de trabajos que pasé, dificultades
que tuve que vencer, conflictos que afrontar, decisiones que tomar, rebeldías... Yo empiezo cuestionando toda aquella sociedad por mi cuenta,
normal, un hábito de pensar con cierta lógica, analizar las cosas. Sin nadie
que me ayudara. Muy temprano todas esas experiencias me hicieron
parecer como inconcebible un abuso, una injusticia o la simple humillación de otra persona. Fui tomando conciencia. Nunca me resigné a
un abuso. Adquirí un profundo sentido de la justicia, una ética, un sentido de la igualdad. Todo eso, además de un temperamento indiscutiblemente rebelde, debió ejercer una fuerte influencia en mi vocación política y revolucionaria.

En definitiva usted desarrolló, en su infancia, el oficio de rebelde.
Tal vez circunstancias especiales de mi vida me hicieron reaccionar así.
Pasé algún trabajo desde muy temprano y fui desarrollando, quizá por
ello, en efecto, el oficio de rebelde. Por ahí se habla de los «rebeldes sin
causa»; pero a mí me parece, cuando recuerdo, que yo era un rebelde por
muchas causas, y agradezco a la vida haber seguido, a lo largo de todo
el tiempo, siendo rebelde. Aun hoy, y tal vez con más razón, porque
tengo más ideas, porque tengo más experiencia, porque he aprendido
mucho de mi propia lucha, y comprendo mejor esta tierra en que na-
cimos y este mundo en que vivimos.

4

Entrando en política

La Habana – El colegio de Belén – La universidad –
Eduardo Chibás – Cayo Confites – El «Bogotazo» –
Pensando en el Moncada

Me imagino que, después, en su etapa de formación universitaria, sufriría usted algunas decepciones que contribuyeron a su mejor conocimiento de los hombres...
Sí. El primero que nos traicionó fue, precisamente, el hijo de aquel telegrafista de Birán, Valero, el republicano que yo le mencioné cuando hablábamos de la guerra civil española. El hijo de ese telegrafista fue uno de los primeros que nos traicionó al iniciar la lucha contra Batista. Él era compañero. Vivía aquí en La Habana. Llegué, estudié, hice una carrera, y él era amigo, apoyaba, simpatizaba con nosotros en el mismo partido. Yo tenía confianza en él... Ése es el error. Uno no debe confiar en alguien simplemente porque sea amigo.

¿Cómo lo traicionó?
Nosotros estábamos imprimiendo con un mimeógrafo un periódico clandestino, una hojita, un manifiesto, tratando de imprimir una publicación clandestina y tratando de establecer una estación de radio, de onda corta... Porque partimos de un partido popular, el Partido Ortodoxo, que tenía mucha simpatía, había sido fundado por un líder político, Eduardo Chibás.[1] Y toda la gente joven lo seguía, eran obreros, trabajadores, no tenían una conciencia de clase, pero todos sentían un odio terrible hacia Batista, por la corrupción, por el robo, por el golpe de Estado del 10 de marzo de 1952, unas cuantas semanas antes de la elección presidencial, cuando Batista sabía ya que había perdido.

Ese hijo de Valero entrega a la policía de Batista —si mal no recuerdo— el mimeógrafo donde estábamos imprimiendo un periodiquito que se llamaba *El Acusador*. Ahí yo hice el primer manifiesto, que repartí cuando se cumplía un año de la muerte de Chibás, el 16 de agosto de 1952, cuatro meses después del golpe de Estado militar de Batista.

¿Chibás ejerce una influencia política sobre usted?

Chibás era el líder de un partido popular, le digo, que combatía mucho el robo, la especulación, la corrupción... Constantemente denunciaba. A Batista lo denunciaba con mucha frecuencia.

Su prestigio surge de un programa de radio semanal. Era los domingos, de ocho a ocho y media de la noche, durante años. Ganó gran respeto. Fue, en nuestro país, la primera creación política del radio. De ese medio nació Chibás, estaba media hora hablando cada domingo. Tenía una enorme audiencia.

Chibás denunciaba la corrupción.

Principalmente. Quería barrer a los ladrones del gobierno. Y de cuando en cuando, denunciaba un «pulpo»: el eléctrico, el telefónico... Cuando había algún aumento de tarifas. Pero, por lo demás, sus ideas eran también de crítica del comunismo. Era de pensamiento cívico avanzado, pero no era el cambio social su principal objetivo. Era la época de la guerra fría, del macartismo, y el anticomunismo estaba en casi todos los políticos.

Yo conozco a la gente de Chibás cuando estoy en primer año de la universidad, en La Habana, estudiando derecho. A él se le conocía por su oposición a Batista y la denuncia contra la corrupción.

A partir de estudiantes que lucharon contra Machado en los años treinta, surge el Partido Revolucionario Cubano (Auténtico). Trata de rememorar el Partido Revolucionario de Martí, pero se le añade «Auténtico» porque había habido otro PRC. A ese Partido Auténtico, fundado en 1934 por Grau San Martín, quien gana las elecciones en 1944, pertenecía, ya con el cargo de senador, Eduardo Chibás, quien funda a su vez, en 1947, el Partido del Pueblo Cubano o Partido Ortodoxo, que denunciaba todas las inmoralidades del gobierno del partido al que había pertenecido durante años.[2] ¿Sabe cómo se fundaban entonces los partidos?

No.

A veces, si se trataba de un partido obrero revolucionario, bastaban diez o doce personas. Lenin, en la capital de Bielorrusia, Minsk, ¿con cuánta gente fundó el Partido? Eran alrededor de veinte, si mal no recuerdo. Está en la historia del partido bolchevique. Si usted viene a ver, nosotros fuimos tres o cuatro los que creamos un embrión de lo que después sería una organización, y desde el principio —es curioso— tuvimos una dirección y un pequeño ejecutivo de tres. El partido de Chibás se forma a partir de una fuerte tendencia del llamado Partido Revolucionario Cubano ya en el gobierno.

¿Chibás se suicida?
Chibás se suicida, ésa es otra historia.

Quisiera que usted me dijese por qué se suicida Chibás. Quiero decir, ¿cómo un dirigente que desea cambiar el destino de su país, llega a suicidarse? ¿No hay una contradicción?
Cae en una depresión muy grande. ¿Debido a qué? Chibás se suicida cuando acusa al ministro de Educación, que era una persona con determinada cultura política y, en su tiempo de lucha contra Machado y Batista, como estudiante y profesor, había sido de izquierda. En realidad, la gente de más preparación política eran los que habían sido marxistas o pro marxistas, porque muchos no sabían ni lo que era la sociedad.

Ahora ese señor era ministro de Educación de un gobierno corrompido y desprestigiado. Chibás lo acusa de poseer fincas en Guatemala. Aquél lo emplaza con mucha espectacularidad a que lo demuestre. Chibás no puede demostrarlo. Al parecer, alguna fuente en la que confiaba le brindó esa información sin aportarle las pruebas pertinentes. A Chibás lo presionaron terriblemente, acusándolo de mentiroso y calumniador. Cae en una gran depresión y se hace un disparo mortal en el vientre al finalizar su programa radial el domingo, sin que nadie pudiera impedirlo.

Meses más tarde, yo planteo: «No hay que ir a Guatemala», y demuestro con documentos irrebatibles las decenas de fincas que muchos líderes del gobierno habían adquirido en Cuba con dinero mal habido y otras escandalosas inmoralidades, incluido el presidente de la República. Por eso ellos, los que estaban en el gobierno, me culpaban más tarde de haber socavado el gobierno constitucional con aquellas impactantes denuncias.

El heredero de la hora de radio de Chibás fue José Pardo Llada, que mantenía alguna relación con las altas esferas de la administración, no atacaba a Batista, algo que Chibás hacía sistemáticamente. Chibás se refería a él y a su gente como «los coroneles del palmacristi y de la ley de fuga…». Palmacristi era un aceite como de castor o de ricino, uno de los métodos con que torturaban a la gente, igual que hacían los fascistas de Mussolini, y la ley de fuga consiste en matar a los prisioneros bajo el pretexto de que trataron de escapar.

La muerte dramática de Chibás dio gran fuerza a su partido, pero la ausencia de su denuncia facilitó el golpe de Batista, a quien constantemente denunciaba. Chibás constituía una figura popular capaz de ofrecer fuerte resistencia a tal acción.

¿Usted tenía una emisión de radio?

Semanas antes de que ocurriera el golpe, yo había pedido la que fue hora de radio de Chibás, para denunciar a Batista. Tenía fuertes indicios de sus intenciones de dar un golpe militar. Aunque yo tenía acceso al periódico de más circulación, *Alerta*, las viejas relaciones de su director con Batista, aunque ahora fuera candidato a senador por el partido de Chibás, me hacían pensar que no se mezclaría en tan delicado asunto. Yo disponía de una pequeña hora de radio, en Radio Álvarez, pero era de carácter local. La dirección del Partido Ortodoxo, a la que informé el asunto, prometió indagar. Hablaron simplemente con algunos de sus miembros, profesores de una academia donde recibían cursos oficiales de alto rango, y la respuesta fue que «todo estaba muy tranquilo». No me facilitaron la emisión radial y no se hizo la denuncia. Desgraciadamente, pocas semanas después los hechos me dieron la razón. La hora de Chibás la heredó José Pardo Llada, como dije, que había tenido cierto conocimiento de marxismo en la juventud… Se hizo muy popular a través de un programa radial noticioso que emitía dos veces al día, en el que daba noticias y terminaba con un breve editorial. Defendía todas las huelgas y todas las causas obreras… Ese hombre sacó setenta y un mil votos presidenciales. ¡Increíble! Ya se veía el efecto de los medios masivos.

Chibás se había convertido en líder nacional a partir de la media hora, de ocho a ocho y media de la noche todos los domingos durante muchos años, y este Pardo Llada se convierte en un monstruo, con su programa dos veces al día. Todo el mundo, además, lo iba a ver, los sindicatos y otras organizaciones. No quiero hablar más de él; pero, bueno, Pardo Llada no era Chibás; él no hacía lo que hacía Chibás, que sistemáticamente denunciaba a Batista y hablaba, ya le digo, de la ley de fuga, del palmacristi y de los coroneles, recordando lo de atrás y denunciando. No tenía su coraje. Si Chibás no hubiera muerto, no hay golpe de Estado. Medió un factor subjetivo en los acontecimientos.

Chibás se suicida en agosto de 1951, usted tenía veinticinco años y ya había acabado su carrera de derecho, ¿verdad?

Sí. La muerte de Chibás fue en 1951, casi diez meses antes de la elección presidencial de 1952. Él se había destacado desde la lucha contra Machado. Era hijo de una familia rica, de Oriente, de la zona de Guantánamo. Curiosamente también había estudiado, como yo, en los mismos colegios, con los jesuitas, en el de Dolores en Santiago, y aquí en La Habana, en el de Belén. Fue antimachadista y era senador cuando aquel gobierno triunfa, en 1944… Yo estaba en el último año de bachillerato, ese año, cuando gana las elecciones a la presidencia el profesor de fisiología que estuvo en 1933 tres meses en el gobierno, desalojado después por Batista.

¿Grau San Martín?

Sí, es electo en el año 1944, terminándose la guerra mundial, cuando el mundo estaba saturado de propaganda en favor de la democracia, la soberanía y demás cosas que acompañaron a toda la prédica política a lo largo de los años de la guerra. Entonces el mismo Batista, bueno, con algunas presiones, se repliega; ya lo habían elegido presidente después de aprobarse la Constitución, en 1940, bastante progresista, por la influencia de los comunistas, que entonces estaban aliados a él en un Frente Popular.

En Munich[3] se produce el intento franco-británico —las dos grandes potencias coloniales, las mayores del mundo— de lanzar a Hitler contra la URSS. Pienso que los planes imperialistas de lanzar a Hitler contra la URSS jamás habrían justificado el pacto de Hitler con Stalin. Fue muy duro. Los partidos comunistas, que se caracterizaban por la disciplina, se vieron todos obligados a defender el Pacto Molotov-Ribbentrop y a desangrarse políticamente. Son acontecimientos muy difíciles, pero venían unos tras otros, y los comunistas más disciplinados del mundo, lo digo con sincero respeto, eran los partidos comunistas de América Latina y entre ellos el de Cuba, del cual tuve siempre y conservo un altísimo concepto.

Antes de ese pacto, la necesidad de unirse en la lucha antifascista condujo en Cuba a la alianza de los comunistas cubanos con Batista, y ya Batista había reprimido la famosa huelga de abril de 1934, que vino después del golpe de Batista contra el gobierno provisional de 1933, de incuestionable carácter revolucionario, y fruto, en gran parte, de la lucha heroica del movimiento obrero y los comunistas cubanos. Antes de aquella alianza antifascista, Batista había asesinado no se sabe a cuánta gente, había robado no se sabe cuánto dinero, era un peón del imperialismo yanqui. Pero vino de Moscú la orden: organizar los frentes antifascistas. A pactar con el demonio. Aquí los comunistas pactaron con el ABC fascista y con Batista, un fascista de otro tipo, un criminal y un saqueador del tesoro público.

Los comunistas estuvieron en el gobierno de Batista.
Sí. Eran, sin embargo, ya le digo, magnífica gente. Algunos de ellos, como Carlos Rafael Rodríguez,[4] ocuparon cargos como ministros y otras responsabilidades como miembros disciplinados de un partido que obedecía las consignas de la Internacional, del Komintern. En 1944 todavía están juntos. En ese gobierno estaban mezclados con la organización ABC, que era fascista, porque ese Frente Popular unió a todo el mundo: ladrones, esbirros, fascistas, comunistas… Porque era la consigna, le dije, que había que cumplir, la de los frentes, y el precio político en Cuba se empezó a pagar antes de 1939, año en que se firmó el Pacto germano-soviético Molotov-Ribbentrop, el 23 de agosto de 1939. Ahí comenzó a pagarse el precio internacional, hasta el momento en que Hitler invade la URSS.

En 1941.
La atacaron el 22 de junio de 1941, al amanecer. Fue la más grande sorpresa de la historia y, a la vez, la más imperdonable.

La Operación Barbarroja.
Sí. Pero desde 1939 los partidos comunistas de Europa, América Latina y de todo el mundo empezaron a pagar el precio de la política de alianzas impuesta por el Komintern.

En Cuba, este hombre, Chibás, que en 1944 estaba en aquel Partido Auténtico del profesor Grau San Martín, de inmediato empezó a percatarse de la corrupción y de la especulación. Había escasez de manteca, de veinte cosas. Y aquellos dirigentes «auténticos» iniciaron el camino de hacerse millonarios. Todos los que habían adquirido fama de «revolucionarios» y que habían ganado las elecciones en 1944.

Ya Batista no se postula a estas elecciones, impone su candidato y éste es derrotado el mes de junio de 1944. Aún no se ha acabado la guerra mundial que, como todo el mundo recuerda, finaliza en agosto de 1945 con las bombas atómicas sobre Hiroshima y Nagasaki.

En septiembre de 1945, yo ingreso en la universidad, y me encuentro una institución dominada ya por la mafia aquella ligada al gobierno de Grau San Martín. Aunque también estaban allí los inconformes del movimiento que funda entonces Chibás, apoyándose en su media hora de radio dominical, contra todo aquello, y que tenía simpatías populares, aunque aquello no se había convertido todavía en partido.

Más tarde, yo termino mi carrera de derecho, en septiembre de 1950, tenía veinticuatro años. En 1952, para las elecciones de junio —frustradas por el golpe de Estado de Batista, el 10 de marzo de ese mismo año—, yo era aspirante a diputado de una circunscripción de la provincia de La Habana, pero por mi cuenta, en virtud de las luchas que yo, como estudiante, había librado.

¿Y no en nombre del Partido Ortodoxo?

Estaba desde los primeros años de mi carrera vinculado a partidarios universitarios de ese Partido Ortodoxo que había fundado Chibás. Yo era desde los inicios simpatizante de este movimiento. Más adelante comencé a ver algunas cosas que no me gustaban, adquirí una conciencia política más radical y sabía cada vez más sobre Marx y Lenin. También leía a Engels y además muchas obras filosóficas, pero principalmente las políticas, las concepciones políticas, las teorías políticas de Marx.

¿Qué obras de Marx conocía?

La literatura que más me gustaba de Marx, aparte de *El manifiesto*, eran: *Las guerras civiles en Francia*, *El 18 Brumario* y sus análisis de carácter político. Me impresionaban, su austeridad, su vida abnegada y el rigor de sus investigaciones. De Lenin, *El Estado y la Revolución* y *El imperialismo, fase superior del capitalismo*. Aparte de sus reflexiones críticas sobre gran variedad de temas. Recuerdo también muy bien un libro de Engels, *Dialéctica de la naturaleza*, donde hablaba de que algún día el sol se apagaría, que el combustible que alimenta el fuego de esa estrella que nos ilumina se agotaría y dejaría de existir la luz del sol.

Cuando se produce el golpe de Estado, el 10 de marzo de 1952, recuerdo que mucha gente se puso a leer el artículo de Lenin «¿Qué hacer?», buscando una especie de receta sobre lo que había que hacer en aquellas circunstancias. Yo hasta leí un día *La técnica del golpe de Estado*, de Curzio Malaparte,[5] pero no entonces, ése lo leí más tarde en la prisión, por pura curiosidad, ya que me parecía absurdo que el golpe de Estado o la toma del poder, fruto de un montón de condiciones y factores, fuese una simple cuestión de técnica. Malaparte elaboró una fantasía, una novela: si dominas los correos, los ferrocarriles, los teléfonos, y otros puntos estratégicos de las comunicaciones, ya eres dueño del Estado... Eso no es lo de Venezuela, lo del golpe del 11 de abril de 2002 contra Chávez, que reunió a toda la camarilla de los sindicalistas amarillos, los propietarios, los dueños de los canales de televisión y de los principales diarios, los antiguos partidos corruptos, los ladrones de todas clases y una fuerza con ideas fascistas y con poderosísimos medios empeñados en destruir el proceso bolivariano. Pero no hablemos de esto ahora...

En aquella época, cuando aquí se produce el golpe de Estado...

El 10 de marzo de 1952.
Sí, en 1952, es cuando recluto el grueso de los mil doscientos hombres, gente muy sana, que personalmente recluté y organicé.

¿Para el asalto al Moncada?
Aquel «Movimiento» no se inició con el propósito de que por nuestra cuenta hiciéramos una revolución, sino a partir de una premisa: que todo el mundo se reuniría para volver a la situación anterior al 10 de marzo. Yo pensaba que todo el mundo se iba a unir para liquidar la tiranía de Batista. Para mí estaba claro que había que derrocar a Batista mediante las armas y volver al régimen constitucional. Yo no podía dudar de que todos los partidos tendrían que unirse frente al golpe traicionero del 10 de marzo. Se acabó toda forma de Constitución. Hasta ese día yo, que tenía ya una concepción bastante acabada de lo que debía hacerse en Cuba, estaba utilizando vías legales, pero conducían, a partir de mis concepciones, a la idea de la toma revolucionaria del poder. El golpe de Estado echa por tierra tal proyecto. En la nueva situación era interés de todas las fuerzas políticas, pensaba yo, volver al punto de partida.

¿Usted había empezado a interesarse por la política en la universidad haciendo sus estudios de derecho?
Cuando llegué a la universidad era analfabeto político. La universidad, como le dije, estaba dominada por un grupo estrechamente vinculado al gobierno de Grau San Martín. Desde que ingreso, el primer año, observé un ambiente de fuerza, de miedo y de pistolas. Había una policía universitaria totalmente controlada por grupos aliados al poder. Era un baluarte en manos del gobierno. Los dirigentes aquellos de la uni-

versidad tenían también puestos, cargos, y todos los recursos del gobierno. Coincidiendo con ese período surge la rebelión de Chibás contra los «auténticos» que terminaría con la fundación del Partido del Pueblo Cubano, o Partido Ortodoxo. Al llegar a la universidad, ya ese incipiente movimiento existía.

¿Cuándo llega usted a la universidad?

Yo ingresé en la universidad el día 4 de septiembre de 1945. Hijo de terrateniente, pude terminar el sexto grado y después, con séptimo grado aprobado, pude ingresar en un instituto preuniversitario. Pude venir a La Habana porque mi padre disponía de recursos, y así me hice bachiller, y así el azar me trajo a la universidad. ¿Es que acaso soy mejor que cualquiera de aquellos cientos de muchachos humildes, casi ninguno de los cuales llegó a sexto grado y ninguno de los cuales fue bachiller, ninguno de los cuales ingresó en una universidad?

Quien no había podido estudiar bachillerato no podía ir a la universidad. Quien fuera hijo de un campesino, de un obrero, que viviera en un central azucarero o en cualquiera de los muchos municipios que no fueran como el de Santiago de Cuba, o el de Holguín, tal vez Manzanillo y dos o tres más, no podía ser bachiller, ¡ni siquiera bachiller! Mucho menos graduado de la universidad. Porque, entonces, después de ser bachiller, tenía que venir a La Habana. Y la Universidad de La Habana no era la universidad de los humildes; era la universidad de las capas medias de la población, era la universidad de los ricos del país. Aunque los muchachos jóvenes solían estar por encima de las ideas de su clase y muchos de ellos eran capaces de luchar, y así lucharon a lo largo de la historia de Cuba.

En esa universidad, donde llegué simplemente con un espíritu rebelde y algunas ideas elementales de la justicia, me hice revolucionario, me hice marxista-leninista y adquirí los sentimientos que a lo largo de los años he tenido el privilegio de no haberme sentido nunca tentado, ni en lo más mínimo, a abandonarlos alguna vez. Por eso me atrevo a afirmar que no los abandonaré jamás.

En ese ambiente universitario inicia usted su aprendizaje político.

Sí. Yo empezaba a reaccionar contra tantas cosas como las que estábamos viendo. No era un pensamiento formado ni mucho menos; era un pensamiento ávido de ideas, pero también de deseos de conocer; un espíritu tal vez rebelde, lleno de ilusiones no puedo decir revolucionarias, habría que decir lleno de ilusiones y de energía, también posiblemente de ansias de lucha.

En relativamente poco tiempo, por mi propia cuenta y con muy pocos conocimientos de la economía y otras materias esenciales, comencé a convertirme en lo que hoy llamo un comunista utópico, a partir de la vida, de la experiencia y los primeros conocimientos que adquiero de la economía política tradicional que se impartía en una sociedad capitalista.

Y si le digo que en esa universidad me hice revolucionario fue porque hice contacto con algunos libros. Pero antes de haber leído ninguno de esos libros, estaba ya cuestionando la economía política capitalista, porque me parecía irracional ya en aquella época. Había en primer año un profesor de Economía Política muy exigente, Portela se llamaba —no había un texto de imprenta, se utilizaba un material de 900 páginas impresas en mimeógrafo—, era famoso y temible. Era el terror aquel profesor. Tuve suerte, porque el examen era oral, respondí sin dificultad alguna y obtuve una calificación sorprendentemente alta.

Y era una asignatura que explicaba las leyes del capitalismo, mencionaba las distintas teorías sobre economía. Estudiando la economía política del capitalismo comencé a sentir grandes dudas, a cuestionar aquello, porque yo, además, había vivido en un latifundio y recordaba cosas, tenía ideas espontáneas, como tantos utopistas hubo en el mundo.

¿Qué tipo de estudiante era usted?
Yo era un ejemplo pésimo de estudiante, porque nunca fui a clases. En el bachillerato, ya le conté que nunca atendí a una clase, dejaba volar la imaginación y estudiaba al final. En la universidad tampoco nunca fui a una clase. Yo lo que estaba era en el parque, en el Patio de los Laureles, hablando allí —había unos banquitos— con los muchachos, y sobre todo con las muchachas, porque como predicador me prestaban un poquito más de atención; estaban varios y yo explicando ideas. A partir del tercer año de la carrera no podía ser líder oficial porque opté por la matrícula libre; no obstante, tenía realmente ascendencia allí, bastante ascendencia entre los estudiantes universitarios.

Desde entonces estudié por la libre y cuando tú te ibas por la libre, quiere decir que no estás matriculado en el curso tal, podías matricular todas las asignaturas que desearas, y yo matriculé cincuenta.

¿Cincuenta?

Cincuenta, por la libre. Sólo en la etapa final de la carrera me dediqué a estudiar de verdad, y estudiaba tres carreras: derecho, derecho diplomático y ciencias sociales. Quienes obtenían los tres títulos tenían acceso a una beca, y ya yo tenía todas mis ideas políticas bien definidas, pero quería estudiar un poco más, quería profundizar los conocimientos en la economía y estaba pensando en una beca que me permitiera estudiar en Europa o incluso en los propios Estados Unidos.

Su padre era de derechas, toda su formación la hizo en escuelas religiosas conservadoras, ¿cuándo encuentra usted a la izquierda en su trayectoria universitaria?

Alguna vez he contado que, cuando yo llego a la universidad, la gente de izquierda me veía como un personaje extraño, porque decían: «Hijo de un terrateniente y graduado del colegio de Belén, éste debe de ser la cosa más reaccionaria del mundo».Yo, los primeros días, como lo había hecho en el colegio, me dediqué mucho al deporte; pero ya desde las primeras semanas en el primer año comienzo a interesarme también por la política, y doy los primeros pasos, aunque no en la política nacional sino en la política universitaria. Fui candidato a delegado de curso. Resulté electo: ciento ochenta y un votos a favor y treinta y tres en contra.

A esa actividad dedicaba cada vez más tiempo. Comencé a oponerme al candidato del gobierno en la FEU (Federación Estudiantil Universitaria). Eso se tradujo para mí en una infinidad de peligros por la mafia aquella que le dije dominaba la universidad.

¿Qué tipo de peligros?

Las presiones físicas y las amenazas eran fuertes. Al acercarse las elecciones de la FEU —la Escuela de Derecho era decisiva— aquella mafia, irritada por la insubordinación, me prohibió hasta ingresar en la universidad. No podía volver a sus instalaciones.

¿Y qué hizo?

Bueno, lloré. Sí, me fui a una playa a meditar y, con mis veinte años, me puse a llorar. Lloré y decidí volver, consciente de que podía significar una muerte segura.Y volver armado. Ahí comenzó mi primera y peculiar lucha armada. Un amigo me consiguió un arma, una pistola belga de quince tiros. Estaba decidido a vender cara mi vida.

Pero ¿sabía usted utilizar un arma? ¿Qué experiencia tenía usted de las armas?

Yo era buen tirador. Mi experiencia se debía al hecho de haber nacido en el campo y haber utilizado muchas veces los fusiles de mi casa sin permiso de nadie, un Winchester, una escopeta Browning de cacería, los revólveres, todas las armas posibles… Y cuando iba de vacaciones…

¿Disparaba usted?

Yo había inventado la historia de que las auras tiñosas[6] se comían… Bueno, había inventado no, se decía que las tiñosas se comían los huevos, y los pollitos. Había un poste allí próximo a la casa que era como una antena de radio, y en ese sitio se posaban. Pero de vez en cuando yo estaba de protector de las crías de gallinas, porque se suponía que las tiñosas eran dañinas, lo cual no era verdad. Ellas realmente eran las sanitarias, se comían las carroñas, cuando un animal mayor moría.

Eran aves carroñeras, no atacan a los animales vivos.

Yo siempre, desde pequeño, andaba allí con las armas. En mi casa había una escopeta de esas que tienen cinco cartuchos; si le pones uno en el directo, puedes hacer hasta cinco disparos. Había también como tres fusiles de esos un poco antiguos, pero que pueden utilizar balas modernas, les llamaban Máuser. También dos fusiles calibre 44, parecidos a los que usó Buffalo Bill, con varias balas en la recámara.

¿Llegó usted a utilizar la Browning que se llevó a la universidad?

En aquella ocasión no. La gran batalla por la FEU Nacional se resolvió milagrosamente sin bajas, pero los riesgos que viví fueron considerables. Así eran las características de aquella universidad. Con altibajos, condiciones muy difíciles para mí, muchas vicisitudes y anécdotas. Pero sería un cuento muy largo.

Y en medio de todo aquello surge la expedición de Cayo Confites contra Trujillo,[7] dictador en la República Dominicana.

Sí, en 1947, con veintiún años, me fui a la expedición de Cayo Confites, en pro del derrocamiento de Trujillo, ya que me habían designado en los primeros tiempos presidente del Comité Pro Democracia Dominicana de la FEU. También me nombraron presidente del Comité Pro Independencia de Puerto Rico, en el primer año de universidad o en el segundo. Había tomado muy en serio esas responsabilidades. Estamos hablando del año 1947, y ya desde entonces albergaba la idea de la lucha irregular. Tenía la convicción, a partir de las experiencias cubanas, de las guerras de independencia y del pensamiento de Martí, que se podía luchar contra un ejército. Yo pensaba en la posibilidad de una lucha guerrillera en las montañas de la República Dominicana. Pero aquella invasión de la República Dominicana se frustra.

Cuando Cayo Confites, en la etapa final, viendo el caos y la desorganización reinante en la expedición, tenía planeado irme para la montaña con mi compañía, porque terminé de jefe de compañía en esa historia. Cayo Confites fue en 1947, y lo del asalto al Moncada fue en 1953, apenas seis años después, pero yo tenía ya la idea de aquel tipo de lucha. Yo creía en la guerra irregular, por instinto, porque nací en el campo, porque conocía las montañas y porque me daba cuenta de que aquella expedición era un desastre. Y pensaba: con un pelotón, con un grupito, hacer la guerra en las montañas, una guerra irregular. Pensaba que no se podía pelear frontalmente contra el ejército porque éste disponía de marina, de aviación, lo tenía todo. Era tonto ignorarlo.

El 9 de abril de 1948 se encuentra usted en Bogotá, el día en que matan a Jorge Eliécer Gaitán, líder político muy popular. Vive usted allí una insurrección que se llamó el «Bogotazo».[8] ¿Cómo fue aquella experiencia?
Aquélla fue una experiencia de gran magnitud política. Yo aún no había cumplido los veintidós años. Gaitán era una esperanza. Su muerte fue el detonante de una explosión. El levantamiento del pueblo, un pueblo que busca justicia, la multitud recogiendo armas, la desorganización, los policías que se suman, miles de muertos. También me enrolé, ocupé un fusil en una estación de policía que se plegó ante una multitud que avanzaba sobre ella. Vi el espectáculo de una revolución popular totalmente espontánea. He contado ya en detalle aquella experiencia, está por ahí en un libro del historiador colombiano Alape.[9]

Pero le puedo decir que aquella experiencia me hizo identificarme más con la causa de los pueblos. Las ideas marxistas no tuvieron nada que ver con eso, fue un acto espontáneo de nosotros, como jóvenes con ideas antiimperialistas, anticolonialistas y pro democráticas.

Por aquellos días, víspera del asesinato de Gaitán, yo había estado en Panamá reunido con los estudiantes que habían sufrido un número de muertos, porque los ametrallaron cuando estaban protestando y exigiendo la devolución del Canal. Recuerdo lo que era aquello, una larga calle por donde pasamos, llena de bares, un gigantesco prostíbulo que tenía kilómetros de extensión. Había algunos muchachos en los hospitales, otros muertos; había uno paralizado al que visité con devoción.

Antes había pasado por Venezuela, estaba Rómulo Betancourt y también había una gran efervescencia. La revolución de Venezuela[10] había despertado muchas simpatías en Cuba. Carlos Andrés Pérez era entonces un joven que trabajaba en el periódico oficial del partido del gobierno. Rómulo Gallegos[11] era en aquel momento presidente, tras una elección popular, hombre muy humilde y honesto, y una prestigiosa figura política y literaria.

En Colombia, Gaitán había unido a los liberales, tenía una enorme influencia en las universidades. Nosotros contactamos con los estudiantes, hasta lo conocimos a él, a Gaitán, con quien nos reunimos, y decidió apoyar el congreso de estudiantes latinoamericanos que pretendíamos organizar. Quería inaugurarlo. Nuestro esfuerzo coincidió de forma absolutamente casual con la creación por aquellos días, en Bogotá, de la OEA (Organización de Estados Americanos).

Recuerdo que, cuando estábamos allí tratando de crear una federación de estudiantes latinoamericanos, entre otras cosas apoyábamos a los argentinos en su lucha por las Malvinas, y también la independencia de Puerto Rico, el derrocamiento de Trujillo, la devolución del canal de Panamá y también la independencia de las colonias europeas en el hemisferio... Ésos eran nuestros programas, más bien antiimperialistas y antidictatoriales.

Cuando se produce el golpe de Estado de Batista, el 10 de marzo de 1952, ¿cree usted que, con las luchas en la universidad, con la experiencia de Cayo Confites, con su intervención en Bogotá, con sus actividades en el seno del Partido Ortodoxo, tenía ya usted el embrión de una teoría de la sociedad, y de una teoría de la toma de poder? Yo había leído muchos de los libros que se publicaron sobre las guerras de Independencia en Cuba. Al ingresar en la universidad entré en contacto más estrecho con las ideas sobre economía política y muy pronto, con los propios textos que allí se impartían, tomé conciencia de los absurdos de la sociedad capitalista.

Me encontré más adelante con los materiales marxistas, le hablé. Ya estaba envuelto en el tema político, pero en el primer año no había estudiado a fondo la asignatura, que se llamaba «economía política», por ello ni siquiera la examiné. Era impartida por un profesor muy severo, el profesor Portela, y ya le dije que su contenido abarcaba novecientas páginas de material impreso en largas y a veces borrosas páginas de papel para mimeógrafo. Ya lo mencioné. Cuando decido estudiarlo a fondo comienzo a toparme con las teorías sobre la ley de valor y las distintas interpretaciones. Era la economía política que se les daba a los jóvenes de la burguesía. Ahí es donde yo empecé a cuestionar el sistema.

Por mi propia cuenta llegué a la conclusión de que la economía capitalista era absurda. Porque yo lo que era ya, como ya se lo señalé, antes de encontrarme con el material marxista o leninista, es un comunista utópico. Comunista utópico es el que no parte de una base científica ni histórica, sino que algo le parece muy mal y que no sirve y que hay pobreza, injusticias, desigualdades… También ya uno tiene una ética, le dije que la ética nos vino fundamentalmente a través de Martí.

Me ayudó mucho la vida, cómo viví, y cómo vi lo que viví. Cuando hablaban de las «crisis de superproducción» y del «desempleo», y otros problemas, voy sacando la conclusión de que aquel sistema no servía. La asignatura «Historia de las doctrinas sociales», de Raúl Roa,[12] que era un profesor de izquierda y había estudiado marxismo; y otra asignatura que se llamaba «Las legislaciones obreras», cuyo profesor, Aureliano Sánchez Arango, había sido un hombre de izquierda también, me ayudaron a profundizar la reflexión.

Uno de los primeros textos de Marx que leo, le dije, fue *El manifiesto comunista*. A mí me produce un gran impacto, porque comienzo a entender algunas cosas, porque había nacido en un latifundio, rodeado éste además por otros enormes latifundios, y conocía cómo era allí la vida de las personas. Tenía la experiencia, en carne propia se puede decir, de lo que era el imperialismo, la dominación, los gobiernos sometidos, corruptos, represivos. En el Partido Ortodoxo se denunciaban esos abusos, esa corrupción. Pero yo estaba a la izquierda de los ortodoxos.

Leí con avidez desde entonces la literatura marxista, que me atraía cada vez más. Yo poseía ya arraigados sentimientos de justicia y determinados valores éticos. Aborrecía las desigualdades, los abusos. Me sentí conquistado por aquella literatura. Fue como una revelación política de las conclusiones a las que había llegado por mi propia cuenta. Alguna vez he dicho que si a Ulises lo cautivaron los cantos de sirena, a mí me cautivaron las verdades incontestables de la denuncia marxista. Había desarrollado ideas utópicas, ahora sentía que pisaba un terreno más firme.

El marxismo me enseñó lo que era la sociedad. Yo estaba como un venado en el bosque, o alguien en un bosque que no sabe nada, ni dónde está el norte o el sur. Si no llegas a entender realmente la historia de la lucha de clases, o, por lo menos, la idea clara de que la sociedad está dividida entre ricos y pobres, estás perdido en un bosque, sin saber nada.

En su entorno, esa forma de pensar no debía de ser frecuente.

Bueno, a muchos, la sociedad tal como era les parecía lo más natural del mundo, igual que la familia donde se nace o el pueblo donde se vive. Todo eso era muy familiar, vieja costumbre. Si toda la vida se escucha: «Éste es dueño de un caballo, éste es dueño de un bohío,[13] y éste es el dueño de una inmensidad de tierra y todo lo que hay sobre ella», nunca parecía extraño. El concepto de propiedad era universal, aplicable a todas las cosas, hasta a los hijos. Éste es hijo de fulano de tal, y ésta es la mujer del otro; bueno, todo es propiedad de alguien. Pero ese concepto de propiedad se aplica a todo, al caballo, al camión, a la finca, a la fábrica, a la escuela, excepto a bienes que fueran públicos.

El ciudadano nace en una sociedad capitalista e inmerso en el concepto de la propiedad, para él todo es propiedad, y tan sagrado es el par de zapatos propio, el hijo y la mujer, como la fábrica aquella donde hay un señor que es el dueño, y uno que administra y le hace el favor de darle un empleíto y le pasa la mano por arriba a gente que es ignorante, que no sabe leer ni escribir. Porque los capitalistas usan mucho la psicología, lo que los socialistas muchas veces no usan. El administrador socialista cree que ése es el deber de un trabajador, mientras que el capitalista sabe que el trabajador es uno que le produce plusvalía.

Aunque él no sabe, conscientemente, lo que es plusvalía, para él todo es muy natural; él organizó, buscó un dinerito, puso un negocio, se hizo rico, incluso sumamente rico. Entonces, bueno, la gente vivía en tales condiciones de humildad y de inferioridad que miraba incluso a un político de aquellos, sabiendo que era el tipo más rico y más corrupto, hasta con admiración...

Cuando comencé a elaborar teorías —iniciados los estudios de economía—, es cuando yo, precisamente, tengo noticias de que Carlos Marx existe y que el socialismo existe, los marxistas existen, los comunistas existen y los utopistas existieron. Después es el momento en que descubro que yo soy uno de esos utopistas, ¿comprende?

¿Considera usted que, ya en esa época, su etapa de formación se termina y ya dispone de los elementos que le van a empujar a entrar en la vida política?

¿Cuáles fueron las tres cosas esenciales que recibí? De Martí, inspiración, su ejemplo y muchas cosas más; pero, recibimos, en esencia, la ética, sobre todo, la ética. Cuando él dijo aquella frase, que nunca podré olvidar: «Toda la gloria del mundo cabe en un grano de maíz», me pareció extraordinariamente bello aquello, ante tanta vanidad y ambiciones que se percibía por doquier. La ética, como comportamiento, es esencial, una riqueza fabulosa. También hay patriotismo, hay historia, hay tradiciones, le conté algo de eso.

De Marx, recibimos el concepto de lo que es la sociedad humana; de lo contrario, alguien que no lo haya leído o no se lo hayan explicado, es como si lo situaran en el medio de un bosque, de noche, sin saber dónde está el norte, el sur, el este o el oeste. Marx nos dio la idea de qué es la sociedad y la historia del desarrollo de la sociedad humana. Sin Marx, usted no puede encajar ninguna fórmula de manera que interprete con toda precisión los acontecimientos históricos, cuáles son las tendencias, la evolución de una humanidad que no ha terminado de evolucionar. Que usted lo sabe muy bien, Ramonet, ¡pero muy bien!

A usted y a mucha gente en el mundo nos preocupan doctrinas y teorías como la globalización neoliberal, hoy en boga, que aterrorizarían a un hombre en la época del colonialismo; aterrorizarían a Martí cuando Cuba era colonia de España; aterrorizarían a la humanidad hace apenas treinta años. Muchas cosas importantes, de las cuales se tiene conciencia. De modo que la historia humana…

Y su propia historia personal, ¿no?

Bueno, ya le conté también que influyó mucho el hecho de que naciera en el campo y que fuera hijo de terrateniente y no *nieto* de terrateniente. Yo viví todo eso y entonces ya conocía, cuando leo a Marx, porque había visto con mis ojos cómo era la vida en aquellos latifundios, y el de mi padre era posiblemente el más humano de todos, y no porque fuera mi padre. Él estaba allí, hablaba con la gente, los veía sufrir cuando llegaban a pedirle algo, podía tomar una decisión.

Allá, en los otros latifundios de las compañías aquellas, los accionistas estaban en Nueva York y los que estaban aquí eran los jefes administrativos y mayorales, que no tenían opción de ayudar a nadie. Ésos tenían un presupuesto y debían atenerse a él. El Che Guevara buscó y estudió los documentos, sobre la forma en que eran administradas las plantaciones de las grandes empresas transnacionales —sé que a usted le interesan las cosas del Che—, él estudió cómo era: «No había ni un centavo para ayudar a alguien». Mi padre —ya le hablé de las extensiones que tenía— estaba allí, salía y veía a la gente todos los días, se acercaban a él, no andaba con guardaespaldas ni nadie que lo cuidara; él se iba solo, recorría kilómetros, y la gente se acercaba, tenía acceso a él. No tenían acceso al presidente de una empresa, como la United Fruit u otras, en Nueva York, y por eso allí las condiciones eran más humanas. Yo vi todo eso, y todo eso ayudó mucho a mi formación.

Le conté que pasé hambre; le conté muchas cosas, lo que sufrí; me resultó muy fácil entender que vivíamos en una sociedad de desigualdades y de injusticias.

¿Cuándo decide usted pasar de la teoría a la práctica?

Acuérdese que ya yo era medio internacionalista, ya yo había estado en Bogotá en el año 1948, y me había enrolado allí con los estudiantes, ya llevábamos un programa. Recuerde que estaba, entre otras, la lucha por las Malvinas, la devolución del canal de Panamá, ya había estado en la expedición de Cayo Confites y otras tareas. Lo más fundamental: era ya en 1952 un convencido marxista-leninista. Lo digo así por los valores que adquirí, por lo que aprendí en esos años, sin los cuales no habría podido desempeñar ningún papel.

Si Cristóbal Colón no tiene una brújula, no llega a ninguna parte. Pero existía la brújula, yo tenía una brújula: fue lo que encontré en Marx y en Lenin. Y la ética —vuelvo a repetir— que encontré en Martí. Tal vez había influencia también de otros factores; era deportista y escalaba montañas; influyen las circunstancias, la vida me ayudó.

Cuando se produce el golpe de Estado de Batista en 1952, yo elaboro una estrategia para el futuro: lanzar un programa revolucionario y organizar un levantamiento popular. A partir de aquel momento ya tengo toda la concepción de lucha y las ideas revolucionarias fundamentales, las ideas que están en «La Historia me absolverá».[14] Ya tenía la idea de que era necesaria la toma del poder revolucionariamente. Partía de lo que iba a suceder después de las elecciones del 1 de junio de ese año. Nada cambiaría. Volvería a repetirse otra vez la frustración y el desencanto. Y no era posible volver de nuevo por aquellos trillados caminos, que jamás conducirían a ninguna parte.

5

El asalto al cuartel Moncada

*Preparación – Los hombres – Las armas – La estrategia – La granjita
Siboney – El ataque – La retirada*

¿Cuándo decide usted atacar el cuartel Moncada?

Cuando yo advertí, porque sospechaba, tenía indicios, de que se iba a producir un golpe de Estado de Batista, se solicitó a algunos dirigentes que investigaran, y volvieron y le dijeron a la dirección del Partido Ortodoxo, de la cual yo no era miembro, que no había peligro, que todo estaba muy tranquilo. Ya le conté.

¿Cuándo decidimos atacar el Moncada? Cuando nos convencimos de que nadie haría nada, de que no habría lucha contra Batista, y de que un montón de grupos que había —en los que mucha gente militaba— no estaban preparados, ni organizados para llevar a cabo la lucha armada.

Un profesor universitario, Rafael García Bárcena, por ejemplo, vino a hablar conmigo, porque quería atacar el cuartel Columbia de La Habana. Me dice: «Yo tengo gente dentro que apoya». Le digo: «¿Usted quiere atacar Columbia, tomarlo, porque le van a franquear el camino? No hable entonces con ningún otro grupo, que nosotros tenemos los hombres suficientes». ¡Ah!, hizo todo lo contrario, habló como con treinta organizaciones, y a los pocos días toda La Habana, incluso el ejército, sabía lo que preparaba aquel profesor, un hombre bueno, decente, que daba algunas clases, de esas que los militares con rango reciben como parte de su preparación. Bárcena era uno de esos profesores. Como era de esperar, todo el mundo cayó preso, incluido el profesor.

Ya desde antes del esperado desenlace, que se produce algunas semanas después de mi conversación con Bárcena, decidimos actuar con nuestra propia fuerza, que era superior en número, disciplina y entrenamiento a todas las demás juntas. Duele decirlo, pero era así.

Entre aquellas organizaciones, una de las más serias y combativas era la Federación Estudiantil Universitaria. Pero sus más brillantes páginas, bajo la dirección de José Antonio Echeverría,[1] recién ingresado a la universidad, y del Directorio Revolucionario, estaban por escribir.

Analizamos la situación y elaboramos el plan. Habíamos escogido Santiago de Cuba para iniciar la lucha. No volví a conversar con el profesor. Un día, cuando regresaba de un viaje por carretera a Santiago, escuché por radio la noticia de la captura de Bárcena y varios grupos de civiles en distintas esquinas de calles cercanas al campamento militar de Columbia.

¿Cómo consigue usted reunir al grupo de militantes que van a atacar el Moncada?

Yo había hecho un trabajo de proselitismo y de prédica, porque tenía ya una concepción revolucionaria y el hábito de estudiar a cada combatiente que voluntariamente se ofrecía, calar bien sus motivaciones y esclarecerles normas de organización y de conducta, explicarle lo que podía y debía explicarles. Sin aquella concepción no podías concebir el plan del Moncada. ¿Sobre la base de qué? ¿Con qué fuerzas vas a contar? ¿Un ejército de la nada? Si no cuentas con la clase obrera, los campesinos, el pueblo humilde, en un país terriblemente explotado y sufrido, todo carecería de sentido. No había una conciencia de clase; había, sin embargo, lo que a veces yo calificaba como un instinto de clase, excepto aquellos que eran miembros del Partido Socialista Popular [comunista], bastante instruidos políticamente. Hubo un Mella, líder universitario, joven, brillante, que, junto a un luchador de la guerra de Independencia, había fundado en 1922 el Partido Comunista de Cuba. Pero en 1952 ese partido estaba aislado políticamente, en plena época de macartismo y bajo la influencia de una feroz campaña imperialista con todos los medios a su alcance, contra todo lo que oliera a comunismo. La incultura política era enorme.

¿Tardó usted mucho en reunir a todos esos hombres?

Eso fue relativamente rápido. Me asombraba la rapidez con que, usando una argumentación adecuada y un número de ejemplos, tú persuades a alguien de que esa sociedad no es buena y que hay que cambiarla. Inicialmente comencé esta tarea con un puñado de cuadros. Había mucha gente que estaba contra el robo, la malversación, el desempleo, el abuso, la injusticia; pero creía que eso se debía a los malos políticos. No podían identificar el sistema que ocasionaba todo eso. Ya se sabe que las leyes del capitalismo, invisibles para el común de las gentes, actúan sobre el individuo sin que éste se percate. Existía en muchos la convicción de que si traían del cielo un arcángel, el más experto, y lo ponían a gobernar la República, con él vendría la honradez administrativa, se podrían adquirir más escuelas, y nadie se robaría el dinero para la salud pública y otras apremiantes necesidades.

No podían comprender que el desempleo, la pobreza, la falta de tierras, todas las calamidades, el arcángel no podía resolverlas, porque aquellos enormes latifundios, aquel sistema de producción no admitía ponerle fin absolutamente a nada. Mi convicción total era que el sistema había que erradicarlo.

Aquellos muchachos eran ortodoxos, muy antibatistianos, muy sanos, pero no poseían una profunda educación política. Tenían instinto de clase, diría, mas no conciencia de clase.

Nosotros, como expliqué inicialmente, comenzamos a reclutar y entrenar hombres, no para hacer una revolución, sino para participar, como algo que parecía elemental, junto con los demás, en una lucha por restablecer el estatus constitucional de 1952, cuando fue interrumpido, dos meses y veinte días antes de las elecciones, por Fulgencio Batista, un hombre que tenía gran influencia militar, y concibió el golpe de Estado a partir de su convicción de que no tenía posibilidad alguna de ganar las elecciones.

Nos organizamos como fuerza entrenada, repito, no para hacer una revolución, sino para unirnos a todas las demás fuerzas, porque después del golpe del 10 de marzo de 1952 era elemental que se unieran todas las fuerzas. Estaba el partido de gobierno, el «auténtico», bastante corrompido, pero Batista era peor…

Había una Constitución, había todo un proceso legal y ochenta días antes de las elecciones de junio, aquel 10 de marzo de 1952, Batista dio el golpe. Las elecciones iban a ser el 1 de junio. Él era también candidato de su partido, pero las encuestas decían que él no tenía posibilidad alguna de ser elegido. Entonces, cuando da el golpe, todo el mundo comienza a organizarse y a hacer planes.

¿De qué fuerzas disponían ustedes?

Nosotros no teníamos ni un centavo, no teníamos nada. Yo lo que tenía eran relaciones con aquel partido, el Ortodoxo, que sí tenía su juventud, todos muy antibatistianos, porque eran como la antítesis de Batista, no había ninguna otra organización comparable; un buen nivel patriótico. No podía afirmarse que tenían, ya le expliqué, un nivel de conciencia política, revolucionaria, de clase, porque al fin y al cabo la dirección de aquel partido, como siempre, excepto en La Habana,

119

donde había un grupo de intelectuales, iba cayendo en manos de ricos y de terratenientes.

Pero la masa de ese partido era buena, de pueblo trabajador y sano, incluidas capas medias, ni siquiera muy antiimperialista, porque eso era algo que no se discutía; se discutía únicamente en los círculos y en el Partido Comunista.

¿A cuántos hombres entrenaron ustedes para el asalto?
Nosotros entrenamos a mil doscientos jóvenes. Habíamos creado un pequeño ejército. Yo hablé con cada uno de ellos, trabajaba con bastante asiduidad y muchas horas. En unos meses habíamos reclutado a mil doscientos hombres. ¡Cincuenta mil kilómetros recorrí en un auto!, que se fundió unos días antes del Moncada, un Chevrolet beige, que tenía la chapa número 50315. Aún lo recuerdo. Entonces cambié para otro carro alquilado.

Nosotros penetramos otras organizaciones. Había una que era del partido del corrompido gobierno derrocado que tenía armas de guerra en abundancia, tenía de todo. Lo que no tenían eran hombres. Ex jefes militares de aquel gobierno estaban buscando y organizando fuerzas. Utilizando la personalidad, el dinamismo y la agilidad mental de Abel,[2] logramos hacerles creer que podían contar con tres grupos de ciento veinte combatientes cada uno, bien entrenados, que fueron inspeccionados por ellos en grupos de cuarenta en diversos puntos de la capital. Se impresionaron. No querían otra cosa. Pero era mucho. Fue demasiada nuestra ambición. Sospecharon y rompieron el contacto. Todos los jóvenes y jefes eran nuevos. Quizás adivinaron la maniobra y mi nombre no podía siquiera mencionarse. Había escrito varios artículos denunciando hechos sumamente graves e inmorales, y el periódico de más circulación los publicó sucesivamente en la edición especial de los lunes con todas las pruebas pertinentes. Esto tuvo lugar varios meses después de la muerte de Chibás. Por ello me culpaban de haber socavado el gobierno propiciando el golpe de Estado.

Nosotros reclutamos y entrenamos, ya le digo, en menos de un año a mil doscientos jóvenes. Eran casi todos de la Juventud Ortodoxa y logramos una gran disciplina y unidad de criterio.

Y todos muy jovencitos entonces.
Todos, todos. Era gente joven, de veinte, veintidós, veintitrés, veinticuatro años. De más de treinta años, quizá uno, Gildo Fleitas, que trabajaba en la oficina del colegio de Belén, y yo lo conocía desde entonces, ya ha-

EL ASALTO AL CUARTEL MONCADA

bían pasado siete años desde que me había graduado de bachiller en esa escuela el año 1945… Los otros provenían de células que organizamos en los distintos municipios, con jóvenes destacados. De donde más llevamos fue de Artemisa, que pertenecía entonces a la provincia de Pinar del Río, un número como de veinte o treinta, un grupo muy bueno, y también otros, de toda la capital y varios municipios de la antigua provincia de La Habana, que comprendía el territorio de lo que son hoy dos provincias.

En esa época había muchas organizaciones de distinto tipo, y había muchos jóvenes que estaban en una, en otra y en otra.

Yo había reclutado algunos de esos que conocía, pero principalmente a muchos no los conocía, porque a los dirigentes oficiales del Partido Ortodoxo yo no los frecuentaba… Bueno, a algunos sí. Estaba Max Lesnik, Ribadulla, hasta un tal Orlando Castro que después se fue para Venezuela y se convirtió en millonario allí. Al principio muchos estaban allí girovagando, como se decía, y en la charlatanería política.

Yo usé la oficina del Partido Ortodoxo de La Habana, porque allí iba cada día mucha gente a conversar e indagar noticias. Eso era útil. En un pequeño cuartico me reunía con pequeños grupos de cinco, seis o siete jóvenes. Ya le expliqué ese trabajo. La tarea que hacíamos era de persuasión y adoctrinamiento contra la corrupción. El Partido Ortodoxo era un partido de capas medias, de gente humilde, de trabajadores, empleados, profesionales y campesinos. Había también desempleados. Algunos trabajaban en tiendas; otros en fábricas, como Pedro Marrero, o por su cuenta, como Fernando Chenard, fotógrafo. Y, bueno, algunos, como los hermanos Gómez, cocineros del colegio de Belén, que al igual que a Gildo Fleitas conocí en aquella escuela, magnífica gente.

Recuerdo que los días subsiguientes al golpe de Estado del 10 de marzo de 1952, entre los primeros que recluté, bueno, que se unieron, estaban Jesús Montané[3] y Abel Santamaría. Yo organicé un circulito de estudio de marxismo en Guanabo donde me prestaron una casa y el material que usé fue la biografía de Marx por Mehring,[4] me gustaba aquel libro, que contiene una bella historia. Abel y Montané participaban en el curso. Descubrí una cosa: lo más fácil del mundo, en aquellas circunstancias, era convertir a alguien en marxista. Yo tengo un poco el hábito de la prédica.

Debe de ser por su educación cristiana.
Quizá. Ya yo había rebasado mi etapa de comunista utópico cuando no había leído a Marx ni a otros autores socialistas. Como le dije, en esa fase

de mi opción política me sirvió mucho el lugar donde nací y las peculiares experiencias que viví.

Aquella sociedad era caótica, carecía totalmente de racionalidad.

¿En esa época ya era usted abogado?

Yo fui el primer revolucionario profesional del movimiento, porque en mis condiciones, los militantes eran los que me sostenían. Ellos trabajaban, yo era el revolucionario profesional, porque yo, como abogado, defendía a gente muy humilde, no cobraba y no tenía otro empleo.

Montané tenía hasta una cuentecita en el banco, no muy grande, pero con dos mil o tres mil pesos, y un empleo remunerado, y Abel, por su parte, contaba con un salario bueno para esa época, disponía de un apartamento en un edificio del Vedado, lo acompañaba su hermana de él allí, Haydée.[5] A los tres los conozco después del golpe de Estado de Batista.

Algunos historiadores han notado que muchos de los participantes en el asalto al Moncada eran hijos de españoles, y sobre todo hijos de gallegos. ¿Usted lo puede confirmar?

Sí, ese hecho me llamó la atención. Yo, un día, por casualidad, me puse a sacar la cuenta sobre los principales organizadores del Moncada, y me llamó la atención que muchos éramos hijos de españoles. Bueno, ya había el caso muy notable de José Martí, el héroe de nuestra independencia, que era hijo de padre y madre españoles. Y debo decir que en nuestras luchas históricas por la independencia participaron muchos españoles y gallegos. Creo que hubo un número de más de cien gallegos, y algunos de ellos destacados, que hicieron causa común con los cubanos.

En nuestro Movimiento del 26 de Julio, el segundo jefe del que le acabo de hablar, Abel Santamaría, un compañero valiente, extraordinario, era hijo de gallego también. Los dos primeros jefes éramos hijos de gallegos. Pero también estaba Raúl, que tuvo un papel muy destacado, y que, claro, es también hijo de gallego.

Otros dirigentes históricos del Movimiento 26-J, como Frank País y su hermano Josué País, eran asimismo hijos de gallegos. En nuestro proceso revolucionario, en la lucha en la Sierra Maestra se destacaron algunos jefes militares que eran hijos de gallegos, o hijos de españoles como Camilo Cienfuegos.

¿Todos ustedes sentían simpatía por el marxismo?

Ya los principales dirigentes pensábamos así: Abel, Montané y yo. Raúl no era todavía dirigente, porque era muy joven, llegado hacía poco a la universidad. Hay un cuarto dirigente, Martínez Ararás,[6] que era muy capaz, pero lo que le gustaba era la acción y no se preocupaba mucho por la teoría.

Si nosotros no hubiéramos estudiado marxismo —esa historia es más larga, pero sólo le digo esto—, si no hubiéramos conocido en los libros la teoría política de Marx, y si no hubiéramos estado inspirados en Martí, en Marx y en Lenin, no habríamos podido ni siquiera concebir la idea de una revolución en Cuba, porque con un grupo de hombres ninguno de los cuales pasó por una academia militar no puedes hacer una guerra contra un ejército bien organizado, bien armado, instruido militarmente, y obtener la victoria partiendo prácticamente de cero.

Su hermano Raúl estaba entonces en las Juventudes Socialistas, que eran del Partido Comunista, ¿verdad?

Bueno, Raúl ya era bien de izquierda, y, realmente, quien lo introdujo las ideas marxistas-leninistas fui yo. Él vino conmigo para La Habana, vivía conmigo en un *penthouse* [ático] chiquitico allá, frente a un cuartel, precisamente, donde hoy está el famoso hotel Cohiba.

¿El hotel Meliá Cohiba?

El Meliá Cohiba, construido por Cuba, con sus propios fondos, que opera Meliá bajo contrato de administración. Ahí había un cuartel que estaba delante, sus edificaciones eran de poca altura, no había ningún edificio alto cerca del mar. Raúl lo que hace es que, consecuente con lo que él interpretaba de la doctrina, ingresa en la juventud del Partido Comunista.

¿Ingresa por su cuenta?

Sí, él siempre tuvo criterios muy propios.

¿Usted nunca estuvo en el Partido Comunista?

No. Y fue algo bien calculado y muy bien analizado. Pero ya eso es otra cosa. Puede llegar ese momento y se lo cuento.

¿Dónde se entrenaron para preparar el asalto?

En la universidad fue donde entrenamos. Llegamos incluso a preparar grupos de comandos. Colaboró con nosotros un señor bien experto que

123

merodeaba en torno a los revolucionarios y tan extraño que despertaba en nosotros más sospecha que entusiasmo. Pero no conocía nuestros planes ni vio nunca un arma de fuego. Parecía más bien una actividad deportiva.

¿En la Universidad de La Habana?
Sí, de La Habana. Allí estaba Pedrito Miret,[7] que era instructor.

¿Hicieron prácticas de tiro en la Universidad de La Habana?
No, no, eso lo organizamos en otro lugar. En la Universidad de La Habana fue tiro en seco con Pedro Miret. En el Salón de los Mártires montó Pedrito su centro de entrenamiento. La autonomía universitaria era bastante fuerte y los estudiantes se movilizaban mucho. La Colina Universitaria tenía determinada impunidad hasta un momento, durante toda una primera etapa, y entonces allí es donde iban los que protestaban.

Miret era estudiante de ingeniería. Yo tenía muchos amigos y a Miret lo conocí. Entonces empecé a organizar grupos, células de lucha de seis, ocho, diez o doce hombres, y a entrenarlos; tenían sus jefes. Hice el trabajo político y de organización. A mí no se me veía la cara por aquellos lugares.

¿Miret tenía una experiencia militar particular?
No, él no tenía ninguna, nadie había estudiado en escuelas militares. Mire, ninguno de los que participó en esa lucha. Vaya, digamos, únicamente un soldado que teníamos reclutado y que estaba precisamente en el cuartel de La Habana… ¿Sabe dónde entrenamos para disparar con las escopetas?

¿En las afueras de La Habana?
No, en los clubes de tiro de La Habana. Nosotros disfrazamos a algunos de los nuestros de burgueses, de comerciantes, de todo, según su tipo, su estilo y sus habilidades. Algunos estaban inscritos en clubes de caza y nos invitaban a los clubes. En realidad, pudimos entrenar en plena legalidad a mil doscientos hombres. No nos prestaban mucha atención, porque sabían que no teníamos un centavo, ni teníamos nada.

Los que tenían millones eran los del gobierno, que gastaban allí y tenían armas, que habían traído del exterior y tenían todos los recursos.

Usted ya se había entrenado militarmente durante el «Bogotazo».
Bueno, sí, cuando yo estuve en el «Bogotazo», pero sobre todo en mi casa de Birán, desde que tenía diez u once años, yo siempre andaba con algún arma y tenía buena puntería.

También se había entrenado bastante en Cayo Confites, ¿no?
Sí, me entrené en el disparo de morteros y otras armas. Es verdad que había estado en una casi guerra. Recuerde que ahí estaban muchos enemigos míos y a pesar de eso yo fui; aunque sólo fui porque era presidente del Comité Pro Democracia Dominicana. Ya hablamos algo de aquello. Eso tiene su historia, cómo se organizó aquella expedición, quiénes la organizaron y en qué momento se hace. Fue en 1947. Ya había concluido la Segunda Guerra Mundial; Trujillo llevaba mucho tiempo en el poder, tenía mucha antipatía entre los estudiantes cubanos.

¿Realmente usted sacó alguna experiencia militar de aquella aventura?
Aquello no tenía ni táctica ni estrategia.

Y, además, no funcionó.
Es una historia larga. ¿Cómo reclutaron más de mil hombres? Los recogieron en la calle.

¿Había un poco de lumpen?
Bueno, un lumpen bien preparado puede ser bueno. No lo he querido decir despectivamente. Pero carecían de preparación ideológica. Lo que más aprendí de aquello de Cayo Confites es cómo *no* se debe organizar algo, cómo hay que escoger a la gente.

Eso le sirvió para evitar algunos errores.
Ya yo había pensado desde entonces en una guerra irregular, porque aquello era un ejército que no era ejército. Tenían hasta aviones, y pensaban, sencillamente, desembarcar en las costas de la República Dominicana e iban a chocar frontalmente con un ejército de miles de hombres, organizado, entrenado y armado, que poseía además naves de guerra y aviación. Aquello era caótico. Se repartieron los mandos políticamente, cada personalidad cogió un mando. Entre ellos había un gran bandido, Rolando Masferrer, que en un tiempo había sido de izquierda, había sido comunista, había participado en la guerra civil española, y tenía cierta

preparación intelectual. Fue luego uno de los peores esbirros de Batista, que organizó grupos paramilitares y cometió después numerosos crímenes. Bueno, eso sería cuestión de horas. Si le cuento la historia de esos procesos no acabamos nunca.

Hablemos del asalto al Moncada. ¿Considera usted que, en definitiva, ese ataque fue un fracaso?
El Moncada pudo haber sido tomado, y si hubiéramos tomado el Moncada derrocamos a Batista, sin discusión alguna. Nos hubiéramos apoderado de algunos miles de armas. Sorpresa total, astucia, engaño al enemigo. Todos fuimos vestidos de sargentos, simulando el antecedente del golpe de Estado de los sargentos, dirigido precisamente por Batista, en el año 1933. Él no era el organizador principal, pero como tenía un poco más de preparación, era astuto y taquígrafo del Estado Mayor, se hace jefe del «golpe de los sargentos». Les hubiera llevado horas reponerse del caos y la confusión que se generaría en sus filas, dándonos tiempo para los pasos subsiguientes.

¿Usted considera que el plan del ataque era bueno?
Si fuera de nuevo a organizar un plan de cómo tomar el Moncada, lo haría exactamente igual, no modifico nada. Lo que falló ahí fue debido únicamente a no poseer suficiente experiencia. Después lo fuimos aprendiendo.

El azar influyó también decisivamente en que un plan, que fue realmente meritorio en cuanto a concepción, organización, secreto y otros factores, fallara por un detalle que pudo ser superado simplemente. Es por ello que si a mí me preguntaran hoy: ¿qué habría sido mejor?, yo hablaría de una fórmula alternativa, porque si triunfamos en el Moncada —debo añadir—, habríamos triunfado demasiado temprano. Aunque nada estaba calculado, después del triunfo de 1959 el apoyo de la URSS fue fundamental. No habría sido así en 1953. En la URSS prevalecía el espíritu y la política estaliniana. Y aunque, en julio de 1953, ya Stalin había muerto unos meses antes —en marzo de 1953—, era aún la época de Stalin. Y Stalin no era Jruschov.

En esa época, yo aún no había leído sobre las operaciones audaces que se hicieron en la Segunda Guerra Mundial. Sí había leído, en cambio, unas cuantas ya, de nuestra propia historia. Le puedo decir los factores que influyeron en la guerrilla y los procedimientos empleados para nuestra lucha. Se va a asombrar de algunas cosas. Pero no había leído, por ejemplo, la historia del rescate de Mussolini por Skorzeny[8] cuando el régimen político fascista colapsa en Italia. De más está decirle que yo leí cuanto libro sobre la Segunda Guerra Mundial cayó en mis manos escrito por los soviéticos y por los alemanes, sobre todo después del triunfo de la Revolución cubana. Le puedo decir que había leído bastante, antes del Moncada y antes de la Sierra Maestra. Pero están las leyes de lo que se debe hacer cuando se producen determinadas situaciones. Superando de forma adecuada ese pequeño obstáculo, el Moncada cae sin duda.

¿Ustedes atacaron sólo el Moncada u otros objetivos al mismo tiempo?
Atacamos dos cuarteles: además del Moncada, el de Bayamo, como una avanzada para combatir el contraataque. Pensábamos volar o inutilizar el puente sobre el río Cauto, pocos kilómetros al norte de Bayamo, porque los primeros refuerzos podrían venir de Holguín, y luego del resto del país. Por aire no tenían fuerzas, y la otra vía era el ferrocarril, que era mucho más fácil de defender. Descarrilar un tren o arrancar unos cuantos raíles es más fácil que neutralizar un sólido puente de acero y hormigón. Nosotros destinamos cuarenta hombres para tomar el cuartel de Bayamo, con el propósito de defendernos del previsible avance enemigo por la Carretera Central en un punto a más de doscientos kilómetros de Santiago.

El contraataque iba a venir por tierra. Para prevenir los bombardeos por aire pensábamos abandonar rápidamente el cuartel y repartir todas las armas en distintos lugares de Santiago, para distribuirlas al pueblo, partiendo de su tradición, luchadora e independentista. En la ciudad cuyo regimiento inicialmente no acató el golpe de Estado del 10 de marzo, aunque termina acatándolo, el pueblo se movilizó hacia aquella fortaleza ese día y había un odio especial contra ese golpe.

Usted preparó muy minuciosamente ese asalto. La víspera del ataque todos los que iban a participar se fueron reuniendo en las afueras de Santiago, en la granjita Siboney, de manera disimulada.
Todos llegamos el día antes, unas horas antes del ataque, organizado desde La Habana. De la granjita salimos para el Moncada.

Cuando llegaron a la granjita, ¿la mayoría de sus hombres no sabían aún cuál era el objetivo?
Bueno, cuando se movieron desde La Habana hasta allá, cada grupo con su jefe, yo salgo al final, a las 2.40 de la madrugada del sábado 25, de

127

modo que no dormí en absoluto durante cuarenta y ocho horas antes del ataque. Llegué de noche el mismo día 25 a la granjita. Estaba Abel Santamaría esperándome, y los demás en las casas de huéspedes, y todo el mundo con sus carros para moverse en el momento dado... Nadie sabía de la granjita, ese lugar sólo lo conocíamos Abel, Renato Guitart[9] y yo. Bueno, y Elpidio Sosa y Melba[10] y Haydée.

Esa granjita se alquila en abril del año 1953. Tres meses antes del ataque. Todas esas gestiones las hace Renato, joven santiaguero, que era el único de esa ciudad que conocía el objetivo, muy listo —él tenía un problema en la piel, como una mancha—, muy bueno, muy valiente y decidido. Conocía bien la ciudad de Santiago y sus alrededores. Fue guardián principal de un importante secreto.

De los que llegan de Occidente, Abel es el primero en ser trasladado de la ciudad para laborar con carácter permanente; luego llega Elpidio Sosa con el mismo objetivo. Los combatientes estaban todos mentalmente preparados, se les avisaría y sería sorpresivo todo. Varias veces los habíamos movilizado para un lugar u otro, simulando una posible acción, y luego cada uno para su casa. Esa vez ya sí fue con carácter definitivo, ya los conocíamos mucho mejor a todos. Cada núcleo tenía su jefe. Se alquilaron los carros que los transportaron desde la capital, casi mil kilómetros.

¿En Santiago?

No, en La Habana, para recorrer casi mil kilómetros hasta Santiago nosotros nos trasladamos desde La Habana. Atacamos el 26 de julio por la mañana, y yo salí de La Habana en la madrugada del 25 a la hora indicada. Pasé por Santa Clara. Allí adquirí unos espejuelos. Sí, porque yo tenía un poquito de miopía, la miopía va disminuyendo con la edad.

¿Usted había olvidado sus gafas?

No, no, yo no me había olvidado, era muy difícil olvidar los espejuelos, pero no recuerdo qué pasó, si tenían algún problema, si quería dos u otra causa. La cuestión es que allí, en una óptica en Santa Clara, tuve necesidad de hacerlo. Sigo viaje, hice una escala en Bayamo, me detuve para ver a la gente que iba a atacar el cuartel de esa histórica ciudad, paré en Palma para ver a Aguilerita, otro oriental comprometido, y llegué al anochecer del 25 a la granjita Siboney, en las afueras de Santiago. Apenas unas horas antes del ataque. Casi todos los demás fueron en automóviles por la Carretera Central. Había varios carros que llevaban una banderita de los batistianos, las del 4 de septiembre; yo no, porque yo era más conocido y el que me hubiera visto con una banderita del 4 de septiembre, se habría dicho: «¿Y esa historia?».

En fin, escogimos la granjita Siboney porque era el lugar más estratégico. Nos parecía el más discreto y adecuado, entre las distintas direcciones en que no se podía concentrar a la gente. Desde allí se sigue al mar, se sigue al punto donde desembarcaron los norteamericanos en 1898, está la carretera de Siboney, y desde ahí se sigue hoy hasta cerca de Guantánamo. Ese punto se prestaba, había árboles, entre ellos unos mangos frondosos. Allí se simuló una granja avícola para producir pollos, con crías y todo. En un pozo contiguo a la vivienda guardamos parte de las armas. Pero la mayoría llegaron casi simultáneamente con nosotros. Ya le dije que nada más que había uno de Santiago, Renato Guitart, toda la gente vino de Occidente para no despertar la menor sospecha.

Pero el que conducía su auto era de Santiago, ¿no?
No, el que conducía venía desde La Habana.

¿Cuando vino usted de La Habana?
Sí, cuando yo vine de La Habana, el conductor era Mitchel, Teodulio Mitchel. Bueno, llegamos a la granjita al anochecer. Cuando nos aproximábamos a la ciudad, estaba anocheciendo. Hice contacto de inmediato con Abel Santamaría; cada grupo estaba en las distintas casas donde fueron ubicándose a medida que llegaban.

Había carnaval, se escogió también el día por eso, porque estaba el bullicio, mucha gente venía a Santiago, y toda la atmósfera de carnaval, que era famoso, nos convenía mucho, pero inesperadamente nos perjudicó; porque eso dio lugar a determinadas medidas en el cuartel que fueron la principal causa de ulteriores dificultades. De la granjita saldríamos para llegar al cuartel en los carros, estaba todo preparado; se escondieron los carros.

¿Cómo disimularon los coches?
En una especie de galpones se situaron los carros, que no eran muchos. Eran dieciséis carros y habíamos sembrado plantas convenientemente para que nadie viera la acumulación de vehículos. Cualquiera que pasaba por allí no veía nada más que las polleras.

¿Dónde escondieron las armas?

En un pozo aparentemente clausurado, con un arbolito encima. Ahí guardamos gran parte de las armas. Muchas llegaron a última hora. Hubo armas adquiridas el viernes en La Habana que llegaron varias horas antes del ataque. Cada detalle estaba previsto.

¿Para el ataque que iba a tener lugar el domingo 26?

Un número importante de armas que participaron en las acciones del domingo a las cinco y cuarto de la mañana fueron adquiridas la tarde del viernes 24. Compramos también en Santiago algunas, en comercios normales, en armerías donde estaban en venta libre; y ya cuando llegaron no era cuestión de guardarlas en el pozo. Las que llegaron el sábado se ubicaron en los cuartos y en otros lugares de la casa.

¿Eran esencialmente armas ligeras?

Voy a decirle. El arma mejor que teníamos era una escopeta de cacería, de fabricación belga; yo la conocía porque mi padre tenía una en la casa de Birán, ya le conté. Había un fusil ligero norteamericano semiautomático M-1 y un Springfield de cerrojo, arma de fabricación también norteamericana; una Thompson, ametralladora de mano calibre 45, con un peine abajo. También podía utilizar una mazorca, y el M-1, semiautomático, ligero, norteamericano. El M-1 era el fusilito que le gustaba a todo el mundo, ligerito, chiquito, eficaz, semiautomático. Pero las armas más eficientes para el tipo de acción a realizar eran las escopetas belgas de cacería calibre 12, con cartuchos que contenían nueve balines cada uno y podían disparar hasta cinco en cuestión de segundos. Yo llevaba una de ésas. En un combate a corta distancia, eran mucho más efectivas que una ametralladora, porque en un disparo tiran nueve proyectiles que podían ser mortíferos. De ésas teníamos unas cuantas decenas. No recortadas.

¿Las había con cañón recortado?

En la historia de los movimientos políticos, muchas veces, y en la propia Cuba, se usaba esa escopeta recortada en cualquier atentado. Pero nosotros no necesitábamos una escopeta recortada. Algunas tenían un solo proyectil, parece que es para cazar animales grandes; pero de ésas teníamos muy pocas.

También teníamos fusiles calibre 22. El fusil 22 era una buena arma en determinadas condiciones. Pero hay otras donde los fusiles 22 no

130

tienen ventaja alguna frente a un fusil de guerra calibre 30,06 a distancia mayor de 150 metros.

Tienen poca eficacia.
Si el objetivo es realmente distante no son eficaces. Las escopetas tampoco lo son en ese caso.

¿No tienen alcance suficiente?
Para un combate a un poco más de distancia se puede usar un fusil 22; pero para atacar el cuartel, el arma ideal era la escopeta. Y la ametralladora de mano, un arma automática, pero teníamos sólo una, tal vez dos. El fusil 22 semiautomático tiene un buen alcance, podía usar balas metálicas. Tú adquirías más o menos las que pudieran ser más eficaces y tenías que conformarte con lo que encontraras.

¿Cómo obtuvieron las armas?
Las escopetas semiautomáticas calibre 12 las compramos en las armerías porque todo siguió tan tranquilo aquí que hasta las armerías vendían armas. Yo me ocupé de organizar la compra de casi todas las armas, una por una, y de buscar fondos. Tuvimos que disfrazar gente de burgueses y deportistas, tuvimos que aplicar la astucia con los vendedores y aparentar operaciones completamente comerciales. Hasta en una armería de Santiago de Cuba, ya le dije, compramos.

¿Usted qué arma llevaba?
Yo llevaba una escopeta belga, calibre 12. Es un arma que puede llevar un buen número de cartuchos con balines. Funcionaba bastante bien. El único M-1 que había era el de Pedrito Miret. Llevábamos una o dos ametralladoras Thompson, un Springfield y tres Máuser que tenían una tapa que se abría por el lado y usaban el mismo calibre que el Springfield, eran balas 30,06. Los Máuser vinieron de la casa de Birán. En la casa de mis padres había escopetas, cuatro o cinco armas, que eran habituales allí. Yo sabía que estaban allí y al final, como había una escasez tremenda de armas, había que buscarlas donde fuera…

Su hermano Raúl dice que ustedes también tenían una ametralladora de mano marca Browning, calibre 45.
Eran una o dos Thompson, de ese calibre. Creo recordar que era sólo una, que procedía de la universidad. No había ninguna ametralladora

Browning calibre 45. El fusil automático que recuerdo con esa denominación usaba peine, era también calibre 30,06. Ése lo tenían los soldados en el ejército. Nosotros ni uno solo.

En resumen, teníamos un M-1, una Thompson, un Springfield, tres Máuser. El resto eran fusiles calibre 22, semiautomáticos o de repetición, y escopetas calibre 12. Puede añadirles varias pistolas que individualmente llevábamos algunos. El arma más temible era la escopeta semiautomática calibre 12 con cuatro cartuchos de nueve balines cada uno en la recámara y uno en el cañón. Puedes disparar en cuestión de segundos 45 proyectiles que son mortíferos. Pones fuera de combate a cualquiera, en un combate casi cuerpo a cuerpo, que era el tipo de combate concebido, porque íbamos a estar dentro del cuartel con los soldados muy próximos. Un arma mortífera.

Mire, con lo que llevábamos se podía tomar el Moncada, no había ningún problema, hasta con menos gente que la que nosotros llevamos. Eso está claro por el cálculo que habíamos hecho. Se trataba de un regimiento de soldados y un escuadrón de la Guardia Rural: mil quinientos hombres aproximadamente, cuyos puestos de mando y dormitorios serían tomados sorpresivamente al amanecer.

El fusilito 22 semiautomático es un arma de guerra a mediana distancia, para lo que buscábamos, que era dominar la guarnición y apoderarnos de todas sus armas. Las armas de guerra las tenían ellos. La misión nuestra era ocupar las armas de guerra, si no ¿para qué íbamos a atacar el cuartel? Porque una vez tomado el Moncada habríamos ocupado algunos miles de armas, ya que además de las armas de los soldados nos apoderaríamos de las armas de reserva y las de la marina y la policía, mucho más débiles, que con seguridad no habrían intentado resistir una vez puesto fuera de combate el regimiento.

¿Qué armas tenían los militares del Moncada?
De todo. Ellos las poseían de distintos tipos: Springfield de cinco balas, Garand y M-1 semiautomáticos, ametralladoras de mano Thompson, fusiles automáticos y ametralladoras trípode calibre 30,06 y calibre 50, morteros, etcétera.

¿Cuántos combatientes participan en el ataque?
Fueron 160 hombres. Cuarenta que empleamos en Bayamo para tomar el cuartel y prevenir el contraataque por la Carretera Central, y 120 para el asalto al Moncada. Yo entraría con 90 de ellos dentro del cuartel.

¿Todos armados?

Todos, todos.

¿Y uniformados?

Todo el mundo con uniforme del ejército de Batista y el grado de sargento.

¿Cómo encontraron los uniformes?

Los fabricamos en La Habana, en casa de Melba Hernández, la compañera que está viva, y Yeyé [Haydée Santamaría], todos ayudaron allí. También teníamos, ya le dije, un hombre que estaba en el cuartel, uno nuestro que era soldado infiltrado en el cuartel maestre de La Habana, y ese hombre compró los uniformes, que yo no me explico cómo se las arregló; era muy bueno ese muchacho. Cuando tú te pones a buscar gente para una tarea determinada, la encuentras… Ése nos ayudó mucho a adquirir las gorras, las viseras, y un número de uniformes del ejército ya hechos.

¿Y cómo se iban a reconocer en medio de los soldados de la guarnición?

¿Sabe por lo que nos distinguíamos? Aparte del tipo de armas, por los zapatos. Los zapatos nuestros no eran militares. Teníamos todos zapaticos de corte bajo. Teníamos gorra y todo. Ya se imaginará la tarea de hacer los uniformes, gorras y todo eso. La familia de Melba Hernández nos ayudó mucho, y Yeyé, que era muy jovencita. Ellas no eran familia, eran amigas. Abel procedía del centro de la isla, de la provincia de Las Villas, y estaba con su hermana en La Habana porque era tenedor de libros de una de esas agencias que había aquí, que vendía automóviles. Su salario era por lo menos de trescientos dólares o trescientos y tantos. Montané tenía otro cargo similar.

¿En esa granjita había espacio para que pudieran dormir ciento veinte personas?

No, no, allí se concentraron, pero no tuvieron tiempo de dormir.

¿Dónde dormían?

Ellos, cuando llegaron, estaban en casas de huéspedes previamente alquiladas. Todos esos detalles los organizó Abel. Eran dos o tres, tal y tal casa de huéspedes, y cada uno iba a la que correspondía a su grupo. La coin-

133

cidencia con los carnavales, que atraían a muchos visitantes, facilitaba el movimiento.

Ellos llegan, se movilizan de noche. Comienzan a llegar entre diez y once de la noche. Porque el ataque iba a ser a las cinco de la mañana y no había por qué tenerlos aquí. En la granjita recibieron las instrucciones.

Cuando usted llega a la granjita Siboney es la hora de la verdad para sus compañeros. ¿Ellos conocían el objetivo?

Ya ellos estaban mentalmente preparados, ya le dije que los habíamos movilizado varias veces, para prácticas de tiro con rifle 22 u otros objetivos.

Pero ¿sabían que iban a atacar el cuartel Moncada?

No. En la granjita es donde ellos se enteran de cuál es el objetivo, porque ellos estaban educados en la idea de que no sabrían, y serían movilizados. Varias veces fueron movilizados para otras cosas.

Bueno, entonces surge un problema. Hay una célula de cinco estudiantes que eran «comecandelas», les llamábamos así porque eran los superguapos, se creían los más valientes, y cuando se enteran de que vamos a tomar el Moncada se arrepienten. Invitarlos había sido casi una deferencia. Más bien que entrenados por nosotros, aquellos cinco eran estudiantes que estaban en la universidad, porque Pedrito Miret había entrenado a varios cientos de estudiantes, y algunos se enteran allí de nuestra actividad. No eran de la organización principal de la universidad, sino una especie de combatientes por la libre, pero muy exaltados, que se querían comer el mundo.

Se unieron y vinieron. Era como una especie de alianza, pequeña alianza que teníamos con ese grupito. Eran activos enemigos de Batista y se mostraban deseosos de entrar en acción. Por eso vino ese grupito, chiquitico, de los más «guapos», bueno, de los que aparentaban ser más «guapos», porque los estudiantes eran muy valientes.

Y en la granjita, cuando se enteran de que el objetivo es el asalto al cuartel, ¿ellos no van?

No. Ellos cuando ven todo aquello, ven una tropa que llega, porque llega la tropa nuestra, grupo tras grupo, en todo ese período, bien entrenados para el combate… Cuando en la madrugada saben por fin cuál es el plan, y distribuimos uniformes, armas y todo, se arrepienten…

Ese grupo de muchachos muy exaltados, muy «guapos» decide no participar.

Entonces yo les digo: «Bien, quédense atrás y salgan después de nosotros, al final de la caravana, no los vamos a obligar a ir al asalto».

¿Cuál era el plan del ataque?

La misión de mi grupo era tomar la jefatura del cuartel y aquello hubiera sido fácil. Dondequiera que enviamos a la gente, tomó todo por sorpresa, una sorpresa total. El día que habíamos escogido, el 26 de julio, era el día más importante, porque las fiestas de Santiago son el 25 de julio. El día de carnaval.

Yo tenía ciento veinte hombres, los divido en tres grupos, uno que iba delante para tomar un hospital al fondo del cuartel. Era el objetivo más seguro, y donde envié al segundo jefe de la organización, Abel, un muchacho excelente, muy inteligente, muy revolucionario. Con él estaban las muchachas, Haydée y Melba, y ahí también estaba el médico de nuestra fuerza, el doctor Mario Muñoz, cuya misión era atender a nuestros heridos. Al fondo había un muro que era excelente para dominar la parte trasera de los dormitorios del cuartel.

El segundo grupo iba a tomar el edificio de la Audiencia, el Palacio de Justicia, de varios pisos, con un muchacho que iba de jefe. También con ellos estaba Raúl, mi hermano, lo habíamos reclutado e iba como combatiente de fila.

Yo, con el tercer grupo, noventa hombres, tenía la misión de tomar el Estado Mayor con siete hombres y el resto tomaría las barracas. Cuando yo me detuviera, se detendrían los demás carros frente a las barracas. Los soldados iban a estar durmiendo y serían empujados para el patio; el patio quedaba dominado por el edificio donde estaba Abel y por los que tomaron la Audiencia desde arriba. Los soldados iban a estar en calzoncillos, por lo menos, porque no habrían tenido tiempo ni de vestirse ni de tomar las armas. Eso no tenía solución, y todos nosotros disfrazados de sargentos, que era nuestra insignia.

En teoría parecía sin gran peligro.

Abel allá, al fondo, aparentemente con menos peligro. Los que van a la Audiencia tampoco debían tener problemas. Yo, consciente, como es lógico, que Abel debía sustituirme en caso de muerte, lo envío para aquella posición. A Raúl, recién reclutado, lo envío con el grupo que debe cumplir una misión relativamente más peligrosa, importante, pero tampoco a mi juicio demasiado complicada. Sentía sobre mi conciencia todo el peso de la responsabilidad ante mis padres de incluirlo a su edad en aquella audaz y temeraria misión; yo, como era mi deber y una necesidad real, me autoasigno gustoso la misión más complicada, en compañía de Jesús Montané, Ramiro Valdés y varios del grupo de Artemisa que tomarían la entrada y quitarían las cadenas que bloqueaban la entrada de vehículos.

¿A qué hora salen ustedes de la granjita?
A las 4.45, aproximadamente.

¿Y a qué hora empieza el ataque?
A las 5.15 exacto atacamos, porque a esa hora los soldados tenían que estar durmiendo y debía ser antes de que se levantaran. Atacamos a las cinco y cuarto. Se necesitaba cierta cantidad de luz y, a la vez, hacerlo cuando los soldados estuvieran todavía dormidos.

¿Era de día ya?
Santiago está al este del país, en verano amanece alrededor de veinte minutos antes que en la capital. Ya había la claridad suficiente para atacar. Todo eso estaba calculado. De no ser así no podía intentarse tal acción. La tarea no era nada fácil, con hombres que, aunque entrenados por pequeños grupos, nunca habían actuado juntos todos, buscar todos los pedazos, armar el rompecabezas y darle a cada uno su misión.

El ataque empieza a las 5.15. ¿Cómo se lleva a cabo?
En aquella operación yo tenía ciento veinte hombres, como le dije, menos aquellos estudiantes que se arrepienten, y unos dieciséis carros. En cada carro íbamos por lo menos ocho. Con uno que se quedó y otro carro que se descompone, yo tengo dos carros menos. Pero sigo, va delante el primer carro, el que va a tomar la posta de los centinelas de la entrada. Yo voy en el segundo, a una distancia de cien metros, por la carretera aquella de Siboney a Santiago, estaba amaneciendo, y nosotros pensando en la sorpresa total, antes de la hora en que tenían que levantarse los soldados. Era julio, y el sol sale más temprano por allá en Oriente. Así que ya nosotros llegamos de día. Hubo que atravesar un puente estrechito de una sola vía, ya entrando en la ciudad, en fila, uno por uno, cada carro, eso nos retrasó algo.

Varios cientos de metros más adelante, tal vez mil, habría que medirlo con precisión, el primer carro que avanza por la avenida Garzón, que conduce hacia las proximidades del cuartel, varias manzanas más adelante, dobla a la derecha, doblo yo, doblan otros carros; pero el carro en el que venían los que habían decidido no participar en el ataque en su nerviosismo se había metido por el medio, se había adelantado a otros carros y algunos de estos —que llevaban las armas más eficaces—, en vez de doblar, siguen erróneamente detrás de ellos... Después se dan cuenta, y vuelven. Naturalmente, yo no podía percatarme de este incidente que supe después.

Me aproximo al cuartel con veinte o treinta hombres menos. Claro, cuento, además con aquellos que envié al edificio que está detrás del objetivo, por lo menos veinte hombres. Están, además, los que salieron unos minutos antes para ocupar la Audiencia. Era fuerte el grupo que me seguía, porque la tarea era tomar el Estado Mayor y penetrar en las barracas.

Va delante la gente de Ramirito Valdés, Jesús Montané, Renato Guitart... Montané se había ofrecido para ir voluntario, en la misión de tomar la entrada. El carro de ellos va delante de mí, y yo voy como a ochenta metros, el tiempo que ellos tardarían en apoderarse de la posta de los centinelas de la entrada del cuartel, de ordenar abrir la puerta y de sacar las cadenas que impedían el paso de los vehículos hacia el interior de la instalación militar.

Ya ese primer carro, a la distancia correspondiente, se atrasa un poquito, se detiene al llegar al objetivo, bajándose los hombres para arrestar a los centinelas y quitarle las armas. Es entonces cuando veo, más o menos a veinte metros delante de mi carro, a una patrulla de dos soldados con ametralladoras Thompson que vienen para acá, por la acera de la izquierda, desde el cuartel hacia la avenida por la cual veníamos y de donde doblamos para tomar la calle que nos condujo directamente hacia la entrada del cuartel. Ellos se dan cuenta de que pasa algo ahí en la posta de los centinelas, y están como en posición de disparar sobre el grupo de Ramirito y de Montané, que habían desarmado a la posta, o así me pareció.

En una fracción de segundo dos ideas me pasan por la mente: una muy correcta y otra nada correcta, y no debí intentar ninguna de las dos. Porque cuando veo que los soldados se viran hacia la entrada con sus dos ametralladoras, dándome la espalda, aminoro la velocidad del carro y me acerco para capturarlos. Yo voy manejando y aguantando, llevaba la escopeta aquí [señala a la izquierda], una pistola aquí [señala el lado derecho de la cintura] y, además, conduciendo; entonces me les acerco buscando dos cosas: una, evitar que les tiraran a la gente de Ramirito, Montané y Renato, y dieran la alarma, y otra, ocupar las dos ametralladoras.

Había otra forma de acción, que después comprendí perfectamente cuando tuve un poco más de lectura y conocimiento, que lo que debí hacer fue olvidarlo y seguir. Si esos soldados veían otro carro y otro carro y otro carro, no disparaban. Pero lo cierto es que trato de proteger a esta gente y me les acerco, y ya me voy a bajar para capturarlos de espalda, pero en el momento en que estoy acercándome —estaría como a dos metros ya—, ellos se percatan, ven mi carro, se viran y apuntan con sus armas. Entonces lo que hago, porque el carro todavía estaba en movimiento, es que se lo lanzo en la acera, arriba de los dos. Yo estaba ya hasta con la puerta abierta para bajarme; pistola en la mano derecha.

¿Qué ocurre? La gente que está conmigo se baja. El personal de los carros que vienen detrás hace lo mismo. Ellos creen que están dentro del cuartel. Su misión es tomar las estaciones que tuviesen enfrente y empujar a los soldados a un patio, en calzoncillos porque iban a estar durmiendo, no había problemas; descalzos, en calzoncillos y sin armas los haríamos prisioneros.

Mientras tanto, el Palacio de Justicia lo toma el grupo dos... Abel, con veinte hombres, las dos mujeres y el médico, ya había tomado la parte que mira hacia el cuartel del hospital civil, Saturnino Lora. Él era el segundo jefe, y estaba en el lugar de menos peligro porque era el sustituto. En caso de que yo cayera, debía asumir la dirección del Movimiento.

Como le digo, nosotros íbamos a empujar a los soldados a un patio, y Abel y el otro grupo iban a dominar todo porque estaban más alto; el hospital dominaba el patio y el Palacio de Justicia lo dominaba también, y el club de oficiales. Iban a estar dominados.

¿Qué es lo que no funciona entonces?

¿Dónde está la desgracia? En esa posta cosaca, esa patrulla de soldados que no se contaba con ella. Parece que los carnavales originaron esa medida que no conocíamos. No calculamos que, con motivo de que había tanta gente en la ciudad, fiestas y bastante bullicio, pusieron una posta cosaca que iba desde el lugar donde estaba la entrada hacia la avenida por donde nosotros doblamos, en dirección de la entrada del cuartel Moncada; y esa patrulla volvía, y da la casualidad...

Ya Ramirito, Montané y los otros han tomado la posta de los centinelas, cuando llegan esos dos hombres con ametralladoras, que están de espalda, están a punto de disparar allí, porque ven algo raro. Llega el segundo carro, que era el mío, cuya misión, como ya señalé, era ocupar el Estado Mayor, se me ocurre esa doble intención, una justificada: evitar que les tiraran a ellos, que estaban como a ochenta metros, porque el carro que me precedía, el de Ramirito, iba como a cien metros delante, tuvieron tiempo para bajarse, desarmar a los centinelas y cumplir su misión.

La situación es que los que van en los demás carros detrás de mí, al ocurrir el incidente se bajan, uno de los que van conmigo, al bajarse por la derecha hace un disparo, y todos los que van detrás de mi carro se bajan a cumplir la instrucción asignada la madrugada de ese día en la granjita Siboney. Entonces el tiroteo se generaliza.

Fue muy duro. Habíamos logrado la sorpresa total. Tres minutos después, el puesto de mando y los principales puntos de la instalación habrían estado en nuestras manos. Habría podido lograrse aun con la mitad de los noventa hombres que partieron conmigo de Siboney. Lo creo firmemente, cincuenta años después de los hechos.

¿Al primer disparo tenían que salir?

No, ese disparo es accidental, parece que como resultado de ver a los soldados con ametralladoras allí delante… Unos se bajan por la derecha, yo bajo por la izquierda, se bajan también los que están detrás, y todos los que están en los carros de detrás se bajan y penetran en una edificación relativamente grande y con la misma arquitectura que las demás edificaciones militares del cuartel. Era nada menos que el hospital militar, y penetran en él confundiéndolo con el objetivo que debían ocupar. Cuando suena el primer disparo, y otro y otro, el grupo de Ramirito y Montané ya han tomado la posta, han quitado la cadena, entran en una de las barracas. Van hacia el depósito de armas. Cuando llegan, se encuentran con la banda de música del ejército durmiendo allí. Parece que las armas las habían retirado en el cuartel maestre en ese momento, y ya la confusión…

Los de Abel ocupan el edificio que debían ocupar. Abel conocía bien el plan. El grupo en el que va Raúl ya ha tomado el Palacio de Justicia.

Entonces se produce el incidente de los soldados. Ahí es donde ellos, los grupos de Ramirito, de Abel y de Raúl, que ya han tomado sus objetivos, oyen el combate fuerte, pero no saben lo que está pasando. Escuchan simplemente un descomunal tiroteo. Todos los soldados, ya alertados, disparan en cualquier dirección. Fue un tiroteo que parecía la batalla de Verdún.

El problema es que el combate que tiene que darse *dentro* del cuartel se produce *fuera* del cuartel. Y en la confusión, unos toman un edificio que no era. Al bajarnos de los carros la patrulla cosaca ha desaparecido. Hay uno que abrió la puerta así y hace un disparo ensordecedor a pocas pulgadas de mi oído derecho. Estaba dirigido a alguien que abrió una ventana del edificio que teníamos delante, de aspecto militar. Yo entro de inmediato en el hospital para sacar al personal que equivocadamente ha penetrado en él.

¿Un edificio que no era un objetivo de ustedes?
No. Se toma por error. Saco a todos los compañeros, que estaban en la parte de abajo. Logro hacerlo con bastante rapidez. Casi puedo organizar de nuevo la caravana con seis o siete carros porque, a pesar de todo, la posta de los centinelas de la entrada estaba tomada.

Pero ya todos están disparando.
Bueno, en esos primeros momentos, los soldados están todavía vistiéndose, poniéndose los zapatos, moviéndose y reorganizándose, bajando armas y qué sé yo lo que están haciendo, y están tirándole a la gente nuestra. La Guardia Rural dormía en una de aquellas barracas, también junto al regimiento del ejército. Ellos no dormían con los fusiles al lado, ni tenían mando en los primeros momentos, algunos jefes dormían en sus casas, ellos y la tropa en general no sabían lo que estaba pasando.

El combate se libra fuera del cuartel, la enorme y decisiva ventaja de la sorpresa se había perdido. Entro, como dije, en el edificio del hospital, logro sacar y montar otra vez un número reducido de compañeros en varios carros; cuando de repente un carro que viene de atrás nos pasa veloz por el lado, se acerca a la entrada del cuartel y choca con mi propio carro. Así como le cuento. Uno, por su propia iniciativa, en medio del tiroteo creciente, se adelanta, retrocede y choca con fuerza el carro mío. Entonces me bajo… No había manera. La gente en aquellas adversas e inesperadas circunstancias mostraba notable tenacidad y valentía. Se produjeron heroicas iniciativas individuales, pero ya no había forma de encontrar una solución a la situación creada. El combate andando y, bueno, una desorganización tremenda…

Hemos perdido el contacto con el grupo del carro que tomó la posta. Los de Abel y Raúl, con los cuales no tenemos comunicación, sólo pueden guiarse por el ruido de los disparos, ya decreciente por nuestra parte, mientras el enemigo, recuperado de la sorpresa y organizado, defendía sus posiciones. Junto a un compañero llamado Gildo Fleitas, ya hablé de él, quien con gran serenidad estaba de pie en la esquina de un edificio próximo al punto donde chocamos con la patrulla cosaca observaba la desesperada situación, comprendía perfectamente casi desde los primeros momentos que no había ya posibilidad alguna de alcanzar el objetivo. Tú puedes tomar un cuartel con un puñado de hombres si su guarnición está dormida, pero un cuartel con más de mil soldados, despiertos y fuertemente armados, no era ya posible. Más que los disparos, recuerdo el ensordecedor y amargo ruido de las señales de alarma que dieron al traste con nuestro plan.

Eso era ya misión imposible.
Se podía haber tomado. Si fuera a hacer un plan de nuevo lo haría exactamente igual. Ahora, una sola cosa habría sido el cambio… Nosotros estábamos ansiosos de armas, es verdad, y la primera idea que tuve al ver la presencia sorpresiva de esa patrulla fue proteger a la gente, pero, además, de paso, cogerles a los dos guardias las dos ametralladoras. Nada, esas cosas pasan en fracción de segundos por la mente. La protección de los compañeros en peligro era la idea principal.

Si el carro mío pasa sin detenerse y después otro y después otro y otro, aquellos guardias se paralizan y no disparan. La forma de que no dispararan contra la gente de Ramirito y Montané era ver pasar otro carro y otro y otro, y la sorpresa de que llegamos nosotros. Les tomamos el cuartel pero muertos de risa. Si uno se baja vestido de sargento, con un arma en la mano y exclama: «¡Abajo todo el mundo!», «¡Al suelo todo el mundo!», se toma el puesto de mando. Abel y los otros ya habrían ocupado sus objetivos, y habrían dominado los patios traseros de las barracas. Ése era el plan realmente.

¿Cuándo decide usted ordenar el repliegue?
El tiroteo continuaba fuertemente. Ya expliqué, con bastante detalle, lo ocurrido. Pero recordándolo todo francamente y con absoluta objetividad, pienso que no habían transcurrido más de treinta minutos y tal vez menos cuando me resigné a la realidad de que el objetivo era ya imposible. Yo conocía más que nadie todos los detalles y elementos de juicio. Había concebido y elaborado con todos sus detalles el plan. Llega un momento en que ya comienzo a dar órdenes de retirada. ¿Qué hago? Me paro en el medio de la calle, tengo mi escopeta calibre 12, y en el techo de uno de los edificios del cuartel hay una ametralladora pesada calibre

50 que podía barrer la calle, porque apuntaba directamente a ese punto. Un hombre trataba de manipularla, estaba allí solo, parecía un monito con sus rápidos movimientos para utilizar el arma y disparar. Tuve que encargarme de él, mientras los hombres tomaban los carros y se retiraban. Cada vez que intentaba posesionarse del arma le disparaba. Bueno, yo estaba en un estado de ánimo también, como usted puede imaginarse.

Ya no se ve a nadie, ni un solo combatiente se ve, y en el último carro me monto, y después de estar dentro, a la derecha de la parte trasera, aparece un hombre de los nuestros allí, uno que ha llegado allí y que se va a quedar a pie. Entonces, me bajo y le doy mi puesto a él. Y le ordeno al carro que se retire.

Y me quedé allí, en el medio de la calle, solo, solo, solo. Ocurren cosas inverosímiles en tales circunstancias. Allí estaba, solo en la calle frente a la entrada del cuartel; es de suponer que, en ese momento, era absolutamente indiferente a la muerte… A mí me rescata un automóvil al final. No sé cómo, ni por qué, un carro viene en mi dirección, llega hasta donde estoy y me recoge. Era un muchacho de Artemisa, que manejando un carro con varios compañeros entra donde yo estoy y me rescata. No pude después, no me dio tiempo, preguntarle todos los detalles. Yo quise siempre conversar con ese hombre para saber cómo se metió en el infierno de la balacera que había allí. Pero como en otras muchas cosas, usted cree que tiene cien años para hacerlo… Y ese hombre desgraciadamente murió hace más de diez años.

¿Era del grupo de ustedes?

Sí, uno de los nuestros. Santana se llamaba, parece que él se percata de que yo me he quedado atrás y se acerca a buscarme. Era uno de los que ya había salido y parece que en un momento determinado se percató y viró para atrás para buscarme. Por ahí debe haber cosas escritas o testimonios sobre aquel episodio.

Yo estaba solito allí… Lo que tenía era mi calibre 12, no sé qué guerra habría librado, o cuál sería el fin… Bueno, tal vez yo habría tratado de retirarme por alguna callejuela, digo yo.

¿Usted llegó a disparar?

Sí, contra el hombre este que no tiraba, que intentaba disparar contra nosotros desde un techo con su ametralladora 50 y no llegó a tirar ni una sola vez.

¿Usted le impedía disparar?

Sí, él se movía e intentaba utilizar la ametralladora, yo le disparaba y él se lanzaba al suelo. Instantes después volvía otra vez el hombre a coger la ametralladora y yo hacía lo mismo. Varias veces él intentó hacerlo y yo no sé, parece que se arrepintió y no la tomó, porque pasó todo esto que le estoy contando. Y mientras estoy ocupándome del hombre con la ametralladora pesada, los carros nuestros están retirándose, con el personal que me acompañó con la misión de penetrar en el cuartel y tomarlo.

En esas circunstancias la gente actúa casi por iniciativa propia. Este Santana que me viene después a buscar lo ha hecho con seguridad por iniciativa propia. Entra, viene y me recoge. El carro lleno, le digo: «Vamos para El Caney». Pero hay varios carros esperando en la avenida, a los que transmitimos la instrucción. Uno que va delante no sabe dónde está El Caney y en vez de seguir recto hacia El Caney gira hacia la derecha en dirección a Siboney. Eran tres o cuatro carros, el que me recogió era el segundo o tercero de la pequeña caravana.

Yo conocía bien El Caney, que era un lugar donde hubo un combate importante al finalizar la segunda guerra de Independencia en 1898. Había un cuartel allí relativamente pequeño. Mi idea era llegar por sorpresa y tomarlo, yo pensaba tomar aquello para apoyar a los de Bayamo. Yo no sabía lo que estaba pasando en Bayamo. Doy por supuesto que ellos han tomado aquel cuartel. Y era para mí en ese instante la preocupación principal. Pero ya nuestra gente ha sufrido un duro golpe y es difícil llevarla de nuevo a la acción.

¿Qué hicieron los demás grupos?

Del grupo que iba conmigo, al retirarnos no se ve a nadie más por ninguna parte. Después supimos que algunos, como Pedro Miret, se habían parapetado en algún punto y no se sabía ni había contacto con ellos.

El grupo que toma el edificio del Palacio de Justicia se percata de lo que ha ocurrido y el jefe baja con su patrullita, en la cual estaba Raúl. A la salida hay un sargento con varios hombres que los conmina a rendirse. El jefe del grupo entrega las armas, y Raúl, que era soldado de fila, y los demás también las entregan; pero es en ese instante cuando Raúl salva a esta gente y se salva él. Actuó rápido, actuó con mucha velocidad. Él ve que el sargento aquel anda con una pistola, temblando, y entonces le arranca la pistola y hace prisioneros a los que los tenían prisioneros a ellos, y después se retiran. Estaban prisioneros y han capturado a los que los tenían prisioneros; de lo contrario, les habría pasado lo que a todos los demás: tortura y ejecución... Ellos, al retirarse, buscan por dónde llegar, cambiarse, moverse, y después se dispersan.

¿Ustedes habían previsto eso?
No, nosotros no habíamos previsto aquello.

¿No habían previsto algo para una eventual retirada?
No, qué demonios vamos a prever algo. ¿Cómo se puede prever la retirada en una operación como aquélla?

Pero si algo fracasaba, ¿no habían previsto una solución de retirada?
No, no. En un tipo de operación concebida como ya le expliqué, ¿cómo te vas a retirar si estás dentro del cuartel y no logras dominar a la guarnición? Ellos tienen postas por todas las entradas o salidas posibles, ¿por dónde te vas a retirar?

Sí había logrado lo esencial, que era la sorpresa total hasta el choque imprevisible y casual con la posta cosaca, y uno se lamenta mucho de no saber lo que habría pasado; no tengo la menor duda de que los militares allí caen prisioneros completos y en cuestión de minutos, así, como se lo digo. La confusión en sus filas habría sido terrible, los uniformes contribuirían a esa terrible confusión.

Los de Abel, al ver todo esto, ¿tratan de huir?
No, se quedan allí como esperando, porque la gente del hospital trató de protegerlos. Todos los del hospital los apoyan, los disfrazan y tratan de protegerlos, cuando se hace evidente para ellos el fracaso y seguramente nos creían a todos muertos. Yo estaba tranquilo con relación a ellos, pues Abel conocía con toda precisión el plan. Mi preocupación instantánea cuando el carro llega a rescatarme fue cómo apoyar a la fuerza que atacó el cuartel de Bayamo.

Habría que hablar con Melba, que todavía se acuerda; y todo eso está escrito, lo que a veces yo, sólo excepcionalmente, me pongo a hablar de esto. ¿Cómo se llama aquel historiador de los primeros tiempos? Tiene la historia, porque ése sí interrogó a todo el mundo. ¿Cómo se llamaba?, aquel que escribió la historia, el francés.

Robert Merle. Hizo un libro magnífico.[11] Pero me interesa su versión, la versión de usted personal.

Sí, nunca tuve oportunidad de explicarle a Merle lo que le estoy contando.

¿Cuántas bajas tuvieron ustedes?

Hubo cinco muertos en combate y otros cincuenta y seis que asesinan. Los cinco muertos en combate son: Gildo Fleitas, Flores Betancourt, Carmelo Noa, Renato Guitart y Pedro Marrero. Fueron casi todos los que venían en el primer carro, los que se pusieron en la esquina aquella, y que tomaron la posta de la entrada. Bueno, Gildo no, porque Gildo estaba conmigo fuera mientras intentamos poner de nuevo en marcha un grupo de carros para penetrar en el cuartel.

Estaría usted tremendamente abatido por esa situación.

En aquel momento sufrí un dolor terrible por lo que había pasado. Pero estaba dispuesto a proseguir la lucha. Digo: «Aquéllos, en Bayamo, se van a quedar solos», en el supuesto de que hayan tomado el cuartel.[12] Entonces, como le dije, mi idea era ir en dirección del cuartel de El Caney para atacarlo, en apoyo de los de Bayamo, para crear una situación de combate en la zona de Santiago de Cuba. Sí, mi idea era tomar por una avenida que conduce directo a la carretera de El Caney, y éramos alrededor de veinte hombres. Pero el carro que va delante, le dije, se equivoca, toma en dirección de regreso por la carretera de Siboney, vira, el otro vira y ya no había manera de atajar al primero y hacer la operación de El Caney antes de que se dieran cuenta. Ya yo ahí no voy manejando, a mí me ha recogido otro carro.

¿Seguían ustedes con los uniformes?

Sí, con los uniformes.

¿Y con las armas?

Con las armas, todas, hasta el último minuto, hasta varios días después de esa historia.

¿Usted regresa a la granjita?

Sí, volvimos a la granjita Siboney para reorganizarnos después del ataque. Otros varios carros habían regresado y allí me encuentro de todo: los que quieren seguir y otros que se están quitando la ropa. Los que iban guardando armas, la gente que no podía, gente herida, gente que no podía caminar… Una situación de desmoralización.

Yo llego allí y lo que hago es convencer a un grupo, y me voy con diecinueve hombres hacia las montañas. Ya no pude darle apoyo a la gente de Bayamo. No me iba a entregar, ni a rendir, ni nada parecido, no tenía sentido, no ya porque te fueran a matar sino porque la idea de rendirse no cabía dentro de nuestra concepción.

6

«La Historia me absolverá»

La captura – El teniente Sarría – «Las ideas no se matan» –
El juicio – El alegato – La cárcel

De la granjita Siboney usted se marcha al monte.
Yo me voy para las montañas a seguir la lucha. Es lo que les digo a los
compañeros: a las montañas. Aunque no estábamos muy entrenados para
eso. Me quedé con los ocho hombres que en mejores condiciones estaban, los que eran jefes...

Llegan ya todas las noticias, y ya yo tengo una idea: estoy pensando
en cruzar la bahía y la Sierra. Pero ¿qué ocurre? Que dentro de los ocho
había distintas responsabilidades, había distintos estados físicos también,
porque aquellos ocho no estaban, ni mucho menos, en óptimas condiciones. Entonces, ante aquella situación, nosotros decidimos que cinco
de ellos se acogieran a la intermediación de la Iglesia. Los de Batista
sistemáticamente asesinaban a los prisioneros. A algunos los torturaban
atrozmente, y después los asesinaban. Entonces el arzobispo de Santiago empezó a actuar, con otras personalidades, para tratar de salvar a los
supervivientes del asalto.

Los cinco bajaron con nosotros hasta un punto, y allí, en aquel lugar, de noche, ellos sueltan las armas. Yo llego y hablo con un campesino ahí, serio, tenía unas tierras, que era el que iba a hacer las conexiones con el arzobispo para que vinieran a recoger a los cinco.

Ya ellos iban desarmados, las armas las habían dejado allí; nosotros
llegamos con nuestras armas, discutimos con el campesino cómo lo iba
a hacer. ¿Esto a qué hora sería? Tal vez a las once de la noche, no sé;
por la noche, antes de la madrugada, porque había un poco de luna,
sí, había luna. Y entonces acordamos todo lo que ellos iban a hacer,
cómo el hombre iba a hacer todas las gestiones... A partir de ese
momento no mataron, que yo sepa, aunque puede haber algún caso ya

147

aislado. Claro, otra cosa es qué haríamos nosotros prisioneros. Entonces, dejamos a los cinco allí, y los tres, Alcalde,[1] Suárez[2] y yo, nos retiramos.

La idea era partir hacia las montañas, cruzar del otro lado. Lo que pasa es que los soldados llegaron y cercaron. Tampoco teníamos mucha experiencia de cómo salíamos de un cerco. Creo que habríamos podido... Lo que pasa es que los soldados se adelantaron. Marchamos de día, principalmente, porque había bosque. Pero vimos a los soldados varias veces. Yo vi soldados en determinadas posiciones... Sus fusiles de guerra calibre 30,06 tenían mucho más alcance que los de calibre 12 y la escopeta que llevábamos nosotros.

La idea mía era cruzar la carretera de noche y llegar a unos lugares que conocía muy bien, porque como estudié en Santiago... a un lugar que le llaman La Chivera, un lugarcito de estos, y cruzar en bote la bahía para la Sierra Maestra los tres, es decir, los dos jefes y yo, armarnos mejor en la Sierra Maestra para, allí, proseguir la lucha.

Pero caminamos dos o tres kilómetros y cometimos un error: en vez de hacer lo que habíamos hecho siempre, ir a pasar el resto de la noche a un bosque... Había una casa ahí, un varaentierra —un varaentierra es una casita chiquitica, un ranchito donde los campesinos guardan palmiche o cosas de esas, le llaman varaentierra—, y nosotros llevábamos un montón de días pasando frío, hambrientos y todas esas cosas, y decidimos dormir en el varaentierra. ¡Gran error! Cerca del lugar donde habíamos guardado las armas, porque aquéllas las guardamos, las de los cinco; todas las armas las íbamos guardando, aunque —ya le digo— no eran para este tipo de guerra. Y entonces nos dormimos, sin frío, sin neblina.

Yo recuerdo que, próximo a despertarme —habíamos dormido cinco o seis horas—, siento los pasos de un caballo y, de repente, unos minutos después, le dan a la puerta aquella un culatazo, ¡ra!, abren la puerta, y nosotros durmiendo, nos despertamos con los cañones de los fusiles de los soldados pegados al pecho. Así caímos; de esa manera tan tristemente ingloriosa, fuimos nosotros sorprendidos y capturados.

¿Estaban ustedes sin armas?
Teníamos las de nosotros, pero la mía era un escopetón. Después, en Alegría de Pío, cuando desembarcamos del *Granma* en 1956, me pasó casi igual, pero esa vez tomé unas medidas: dormir con el cañón del fusil aquí debajo de la barbilla, porque me dormía y no podía evitar dormirme, después de un tremendo ataque aéreo en el que seis aviones de caza con

ocho ametralladoras calibre 50 cada uno nos ametrallaron durante treinta minutos. También esa vez éramos sólo tres hombres... Pero ésa es otra historia.

Ahora nada más le digo ésta: nos captura esa patrulla. ¿Por qué? El campesino al que le confiamos los cinco compañeros empezó a llamar por teléfono al obispo o a no sé quién. Bueno, tú podías suponer varias cosas: que éste informó, o que algo pasó. O que a él le captaron las comunicaciones. Y ellos sabían también que me había ido, y bien temprano andaban unas patrullas rastreando. Y una de las patrullas va y da exactamente con el lugar donde yo estoy acostado. Y nos capturan.

Aquella docena de soldados estaban enfurecidos. Las venas, mire, yo me acuerdo de las arterias de ésos, hinchadas; querían matarme. Empieza toda una bronca, enseguida nos amarran, nos sientan amarrados, me preguntan el nombre, yo les doy otro nombre. Me acordaba de una broma que decían un nombre, creo que le dije: «Francisco González Calderín», le dije rápido. No, si digo mi nombre allí, a aquellos soldados no los aguanta nadie. La bronca empieza casi desde el primer momento. Nos gritan: «Óiganlo bien ustedes, nosotros somos los herederos del Ejército Libertador» y qué sé yo. Eso creían aquellos soldados esbirros, matones. Y les decimos nosotros: «Los continuadores del Ejército Libertador somos nosotros».

¿Les dijo usted?

Sí, sí. «Los continuadores somos nosotros. Ustedes lo que son: unos tiranos y unos asesinos.» Aquello estaba encendido, y el teniente dice: «No tiren», tratando de poner orden, un hombre negro, alto. Pedro Sarría, se llamaba.[3] Parece que estuvo estudiando algo de derecho, de unos treinta y tantos o cuarenta años. Pero estaba conteniendo a aquellos soldados que estaban gordos, en primer lugar, fuertes, bien nutridos. Arrollaban la manigua. Están allí, con los fusiles así, a punto de hacer lo que hacían, y sin imaginarse que era yo, desde luego. El teniente, como murmurando: «No tiren, no tiren. Las ideas no se matan, las ideas no se matan». Entonces transcurren unos cuantos minutos, y tenemos una desgracia adicional.

Oiga, aquellos soldados enfurecidos empezaron a buscar por los alrededores, y la desgracia es que encuentran las armas de los otros cinco. ¡Vaya! Ése fue un momento crítico, el escándalo, las armas. Entonces van para allá, y al teniente ya le era muy difícil... Pero siguió el teniente: «¡Quietos!». No gritaba mucho, porque la cosa no estaba como para gritar. Pero decía: «Quietos. No, no, muchachos, quédense tranquilos». Les dio órdenes para que no tiraran, que era lo que estaban locos por hacer a todo el que hacían prisionero. Y entonces logra apaciguarlos, no sé de qué manera, pero la cosa es: «No disparen, las ideas no se matan».

Bella frase.
«Las ideas no se matan», eso lo murmuraba, casi como hablando consigo mismo; pero se oía. Más lo oía yo, creo, que los soldados. Bueno, estábamos vivos. De ahí nos levantan ya para marchar hacia la carretera.

El teniente sin saber que usted es Fidel Castro.
Él sigue sin saber; de inmediato le cuento. Nos levantan —fue un momento muy difícil cuando hallaron aquellas cinco armas, en que volvió otra vez la adrenalina de toda aquella gente a subir—, y entonces salimos caminando. De repente suenan unos disparos por allá, que parece que era el momento en que aquel campesino hacía contacto con gente del ejército, ya hacen prisioneros a los cinco que iban a acogerse a la protección de la Iglesia, y suenan unos disparos por allá. Por la mente me pasa inmediatamente que todo aquello es un truco de unos tiros para empezar a disparar sobre nosotros.

Yo recuerdo que aquellos soldados estaban enfurecidos —dura minutos esto, qué sé yo, ocho, diez, quince minutos—, los soldados disparaban, sentía unos tiros por allá, pasamos cerca de unos matorrales, y para el suelo. Nos decían: «¡Tírense al suelo!», y digo: «Yo no me tiro, no me tiro al suelo. Si quieren matarme, me matan aquí». Me negué terminantemente, me quedé parado allí. Entonces el teniente Sarría hace así y dice: «Ustedes son muy valientes, muchachos».

Ya se calma aquello y entonces cuando veo el comportamiento de él, le digo: «Teniente, quiero decirle una cosa: yo soy fulano de tal». Cuando veo cómo se ha portado aquel hombre, le digo: «Yo soy fulano de tal». Me dice: «No se lo digas a nadie, no lo digas». Así que cuando él me llevaba ya sabía. ¿Sabe lo que hizo? Llegamos a una casa y por allí había un camión. Me montan en el mismo camión donde estaban los otros soldados que habían venido para... Se sienta el chófer ahí, yo en el medio y el teniente a la derecha. Por allí llega entonces en un carro el comandante Pérez Chaumont, un asesino, el jefe de los que habían estado matando gente por allí, y le exige que me entregue.

Ese Pérez Chaumont era su jefe, él sólo era teniente.

Era el comandante, pero el teniente le dice que no: «El prisionero es mío», y qué sé yo. Le dice que no, que él es el que tiene la responsabilidad y me va a llevar al Vivac. Oiga, no pudo el comandante convencerlo, y el hombre hace así y me lleva para el Vivac. Si me hubiera llevado para el cuartel Moncada, picadillo hacen de mí, ni un pedacito hubiera quedado. ¡Imagínese que yo llegara allí!

Chaumont envía una orden al Moncada para que se ocupen de mí si me llevan allí. Entonces es cuando Sarría toma la decisión de no pasar por la avenida Garzón, sino bordear y llevarme a la policía, y no entregarme a los militares. Me lleva para el Vivac de Santiago de Cuba, para que me viera toda la población. El Vivac era una cárcel civil que había en el centro de la ciudad, que estaba bajo la jurisdicción de los tribunales. Al Moncada no se podía llegar, claro, después que habían hecho todo lo que hicieron. Me hubiesen asesinado a mí también. Éstos eran esbirros, fieras sedientas de sangre. Chaumont era uno de los más terribles asesinos que había aquí.

Todo estaba previsto. Hasta habían anunciado la noticia de mi muerte en los periódicos.

¿Eso no fue después del desembarco del *Granma*?

También. Pero, esta vez, el 28 de julio de 1953 es cuando aparece publicada esa noticia. Yo estaba todavía por las montañas. Aún no me habían capturado. Se publicó en *Ataja* y también se publicó en otros periódicos. Yo morí varias veces.

Me imagino que el teniente Sarría lo pasaría muy mal.

Eso no querían perdonárselo. Y es ya cuando va el coronel Chaviano, que era el jefe de todo aquello, al Vivac mismo. Y es donde yo estoy en una foto parado [de pie]. Hay varias. Hay una en que estoy yo hablando, hay un retrato de Martí detrás y estoy yo delante, esa fotografía la tiran allí, porque me interrogan. Yo no temía, yo asumí la responsabilidad… «Yo tengo toda la responsabilidad», les dije.

Ellos decían que la operación había sido financiada con el dinero del ex presidente Carlos Prío Socarrás, y yo les dije que no teníamos ningún vínculo con Prío ni con nadie, que todo eso era falso. Les explico. Yo no tenía ningún problema, y asumo toda la responsabilidad: las armas las compramos en las armerías y todo eso. Nadie tenía ninguna responsabilidad, todas las asumía yo. Entonces dejan entrar a los periodistas. Entra uno de un periódico y yo hago una declaración allí. Oiga, al otro día recogieron el periódico, porque en la euforia dejan publicar la noticia: «¡Capturado!». Ya no me podían matar tan fácil.

Primero me pusieron con un grupo, después me interrogaron y después me sacaron, y me colocan en una celda.

¿Usted conoció después a ese teniente Sarría?
Sí, claro, siguió la guerra y él siguió en el ejército, de muy mala voluntad, porque él era el que me había capturado, al fin y al cabo fue su patrulla. El odio que le tendrían... Cuando se termina la guerra, en 1959, lo ascendimos y lo nombramos capitán ayudante del presidente de la República. Desgraciadamente no vivió muchos años, contrajo una enfermedad maligna, quedó ciego, y murió aquel hombre que era una maravilla. Es de esas cosas que uno las cuenta y no se pueden creer.

Le debe usted la vida, evidentemente.
Pero como tres veces. Primero, evitó que nos mataran; segundo, lo evitó cuando...

No dijo quién era usted, ni lo entregó a su jefe.
Cuando yo veo a aquel hombre actuando con esa caballerosidad, hago así y me paro: «Yo soy fulano de tal». Y él me dice: «No lo diga, no lo diga». Lo otro lo supe después, cómo él se negó a entregarme, y en el camión me puso al chófer allí, yo en el medio y él aquí. ¿Qué explica todo eso? Era un hombre que estudiaba, un hombre decente. Ésa es la razón por la que yo caigo preso, el juicio y, bueno... no me mataron.

Y me salvó la vida por tercera vez cuando se negó a conducirme al cuartel Moncada, y me llevo al Vivac. Me tuvieron preso allí, en la cárcel provincial de Boniato, y luego, cuando empieza el juicio, el lunes 21 de septiembre de 1953, yo voy de abogado. Y de abogado empiezo a interrogar a todos los esbirros, a todos los testigos, y aquello fue tremendo... No pudieron, me sacaron del juicio porque no podían ocultar mi denuncia, no había manera. Así que me juzgaron a mí solo, con otro que estaba herido, en un cuartico del hospital.

¿Usted se defendió solo?
Claro, y solté todo.

Y terminó con su célebre alegato: «La Historia me absolverá».

Yo pensaba que en cualquier momento harían cualquier barbaridad y, en la cárcel de Boniato donde estaba detenido, me declaré en huelga de hambre; dije: «No quiero comida», cuando llegaban a poner la comida, porque me tenían aislado, setenta y cinco días me pasé aislado en una celda, nadie podía hablarme.

Ellos cambiaron hasta los guardias en un momento, porque los que estaban se hicieron amigos míos, entonces buscaron más esbirros, y, entre ésos, también uno se hizo amigo. Después lo capturé en la batalla de El Jigüe, en 1958, cayó prisionero cuando rendimos un batallón que resistió diez días, un maldito batallón que estaba bien fortificado; él era uno de los que estaba allí, y era el que se había hecho amigo mío en la cárcel de Boniato, era un guajirito de esos del grupo de esbirros que nos pusieron, y cuando venía a traerme la comida, yo le gritaba: «No quiero de esa comida, dígale a Chaviano —que era el jefe del puesto— que se la meta por el ano, no quiero…». Puede parecer cosa de locos, pero hay que comprender los estados anímicos, y como uno sabía todo lo que habían hecho y todos los crímenes que habían cometido…

Nosotros estábamos muertos hacía rato, así que no nos costaba nada, y le disparo una huelga de hambre. Y la cuestión es que me hicieron caso y entonces me dejaron hablar. Claro que yo pasaba mis papelitos por allí, los tiraba, porque había un soldado siempre delante, pero nos comunicábamos; al final accedieron para que pudiera comer. Aquellos carceleros criminales lo hicieron durante veinticuatro horas nada más y después me volvieron a retar, ya les había ganado una pelea y digo: «Bueno, no voy a echar ahora la segunda huelga de hambre». Lo había logrado.

Mire, hasta uno de los jefes de ellos, militares, llegó a hablar conmigo. ¿Sabe lo que me dijo?, me dice: «Usted es un hombre decente, usted es un hombre educado, es increíble, no diga esas palabras», porque el grito aquel que yo les disparaba los tenía más preocupados que la huelga de hambre, lo oía toda la prisión, los soldados y todo el mundo. Es lo mejor, ¿sabe? Al domador de leones lo atacan si no suena el látigo; sin ruido, el león le cae arriba, ésa es una ley psicológica.

Yo tenía algunos libritos, aunque no lo permitían. Como estaba estudiando todas las doctrinas políticas y todo aquello, también llevé algo de Martí, y tenía algunos libros.

Si hubiese caído el Moncada, ¿usted qué pensaba hacer?

Si cae el Moncada, tres mil armas para nosotros… Primero, éramos «sargentos». Una proclama de «sargentos sublevados» para sembrar el caos. Algunos de los que hiciéramos prisioneros, con sus nombres y sus señas, enviarían mensajes a los jefes de los escuadrones de toda la provincia hablando de una «rebelión de los sargentos», que tenían, le dije, un antecedente muy nítido y único en la República de Cuba. Invertiríamos tres o cuatro horas en despistar.

Inmediatamente después empezaríamos a identificar a los que habían tomado el Moncada. Es decir, diríamos quiénes éramos nosotros. Mientras tanto, todas las armas habrían sido distribuidas en la ciudad para evitar el ataque de la aviación que se produciría. A ellos sí que no les iba a importar si ahí había soldados o no.

Nuestro plan era sacar inmediatamente las armas del Moncada hacia distintos edificios de la ciudad, porque el único contraataque posible era la aviación. El ferrocarril no nos preocupaba, era fácil de cortar; nos preocupaba en cambio la Carretera Central, que es por donde podían venir los refuerzos del contraataque, desde el regimiento de Holguín y de toda aquella zona, y por eso atacamos Bayamo. Bayamo era vital, por la Carretera Central. El pueblo se habría levantado, ni le quepa duda, porque el que se rebelara contra Batista tendría apoyo de inmediato.

Ahora, nosotros primero éramos «sargentos» y desde dentro del Moncada, en los primeros momentos, como nadie sabía lo que de verdad estaba pasando, íbamos a enviar mensajes a todos los escuadrones de la provincia.

Con los medios de transmisiones de ellos.

Sí, con las comunicaciones de ellos, y ellos firmaban y tenían que hablar, desmoralizados, lanzar mensajes: «En el sitio tal, se ha producido una sublevación de sargentos contra el gobierno», y qué sé yo, para crear la confusión, mientras sacábamos las armas de allí.

Aquello aparecía, primero, como un movimiento de sargentos, para crearles el caos dentro de todas las Fuerzas Armadas.

Al cabo de dos, tres, cuatro horas, ya empezarían a identificarnos y lo que teníamos era el discurso del líder de aquel partido cuando se da el tiro.

Eduardo Chibás.

El líder Chibás. Íbamos a empezar, en la estación de radio, poniendo…

¿Ustedes pensaban ocupar la estación de radio?
Claro, eso era elemental. Una vez tomado el Moncada.

¿No simultáneamente?
No, hombre, no, ¡ni hacía falta!, lo que había que tomar primero era el cuartel, para tomar luego de todas maneras cualquier otro objetivo.

Al principio, un trabajo más público, un trabajo desde las comunicaciones de ellos en el cuartel, que las habrían tomado la gente de Ramirito y Montané, creando la confusión, en primer lugar a ellos mismos, a los defensores.

La segunda, a partir de ahí, todo el mundo creería que los guardias estaban combatiendo entre sí, y eso era lo que hacía daño; que había una guerra ahí dentro entre los soldados, y estaban combatiendo unos contra otros...

Después, ir a la estación de radio y teníamos todo el material preparado: el discurso —ya era empezar a hablar—, las leyes que aparecieron después en *La Historia me absolverá*, la exhortación al pueblo y el llamado a la huelga general, porque había el ambiente suficiente, no le quepa la menor duda.

Eso fue lo que hicimos el 1 de enero de 1959 cuando, ya derrotados ellos, dieron un golpe en la capital.

Cuando ustedes se lanzan al asalto del cuartel Moncada, ¿están pensando en el tipo de régimen que van a instaurar si triunfan? ¿Piensan ustedes en la URSS, por ejemplo?
Nosotros ni pensábamos en la URSS ni nada de eso, eso vino después. Lo que creíamos era que la soberanía existía, era un derecho real y respetado después de dos guerras de independencia que costaron cincuenta mil muertos. Creíamos eso, y creíamos que se respetaría nuestro derecho de hacer una revolución que no era todavía socialista, pero era la antesala de una revolución socialista. Para entenderlo hay que leer la defensa, el folleto conocido por *La Historia me absolverá*,[4] ahí están los elementos de la antesala de un régimen socialista, que no tenía que venir después, ni de inmediato, ni mucho menos; pero ya eran nuestras ideas.

El ataque al Moncada se traduce en tortura y muerte de muchos compañeros, y la cárcel para otros y para usted. ¿Por qué no sacó, por

ejemplo, de ese fracaso, la conclusión de que, en definitiva, la vía de las armas era imposible?

Al contrario. Cuando atacamos el Moncada, ya teníamos la idea de marcharnos hacia las montañas con todas las armas ocupadas en el cuartel, si no colapsaba el régimen. Y estoy seguro de que habría colapsado.

En aquella época no había ninguna otra guerrilla en América Latina, ¿verdad?

En el año 1948 en que estuve en lo de Bogotá, quizá hubiera algunos grupos irregulares ya en Colombia pero no en el concepto ulterior de guerrilla. Aunque en América Latina hubo muchos movimientos y muchas acciones armadas. Hubo la revolución de México, que nos inspiraba mucho; también había estado Sandino.[5]

Sandino en Nicaragua, en los años treinta.

El «general de hombres libres»… Son antecedentes históricos.

¿Usted conocía bien la gesta de Sandino en esa época?

De sobra, de memoria casi me sabía las cosas de Sandino, lo que tenía él era un pequeño ejército, los libros decían: «el pequeño ejército loco». Y eso sí, yo había leído también de los de aquí, de Maceo, de Máximo Gómez, de todos los combates, de la invasión, de todo, de todo.

Las guerras de Cuba las conocía usted bien.

Sí. Nos servían para elaborar una estrategia diferente, porque tanto Maceo como Máximo Gómez tenían la caballería, un arma muy móvil y andaban por la libre. Casi todos los combates eran de encuentros; en cambio nosotros, algunos combates eran planeados, con trincheras preparadas; ellos nunca, en toda la guerra de Independencia, hicieron una trinchera, creo que por allá por Pinar del Río quizá una vez. Pero no, no, todos eran combates de encuentros, mientras que nosotros los teníamos planeados.

Lo que al principio nos parecía propio de la guerra en una montaña boscosa de mil doscientos metros, después lo hacíamos en pleno llano, en las carreteras, en un cafetal, en un mangal y en un cañaveral. Así que todo fue cuestión de aprendizaje, y los de Batista tenían la aviación siempre. Fue un aprendizaje muy duro, porque la diferencia era muy grande, y esa enorme diferencia fue la que nos enseñó a elaborar tácticas, ideas, y ya no cometimos más errores.

Por poco nos eliminan por traición; pero llegó un momento ya en que no había manera ni de traicionarnos, ni de cazarnos, ni de hacernos nada. Nunca nuestra tropa cayó en una emboscada, jamás. Y a veces los estábamos cazando a ellos; había una columna fuerte, por ejemplo, de trescientos hombres, un ejército, y nosotros teníamos sólo unos setenta u ochenta hombres.

Las tesis de Giap,[6] de Ho Chi Minh,[7] de Mao[8] sobre la guerra revolucionaria, ¿las conocía usted?

Mire, nosotros sabíamos que los vietnamitas eran extraordinarios soldados; acabaron venciendo a los franceses en la batalla de Dien Bien Phu en 1954, pero era otro tipo de guerra, ya con masas de hombres, artillería y todas aquellas cosas, tenían un verdadero ejército. Nosotros partimos de cero y no teníamos ejército.

Cuando Mao hace la Gran Marcha en China, en 1935… Nosotros la hemos leído después. No habría servido de nada aquí una Gran Marcha. Mao lo hizo nada más para demostrar que todo es posible, porque ellos anduvieron doce mil kilómetros, cruzaron ríos e hicieron de todo…

El problema nuestro es que nos vimos en muy diferentes condiciones de lucha.

7

Che Guevara

México – El encuentro con el Che – Complicidad intelectual –
Personalidad y voluntad – Preparando la guerrilla – Entrenamientos

Después de pasar dos años en la cárcel, en la isla de Pinos, usted se marcha al exilio a México, y cuando llega allí se encuentra, por primera vez, con Ernesto Che Guevara. Me gustaría que me dijese en qué circunstancias lo conoció.

Bien, a mí me place hablar del Che, realmente.[1] Es conocido el recorrido del Che cuando estaba en Argentina estudiando; sus viajes en motocicleta por el interior de su país,[2] luego a varios países latinoamericanos, a Bolivia y otros lugares.[3] No olvidarse que, en Bolivia, se produjo en el año 1952, después del golpe de Estado militar de 1951, un movimiento de obreros y campesinos fuerte, que dio la batalla ahí y tuvo mucha influencia.[4] Es conocido el recorido a punto de graduarse como médico, con su amigo Alberto Granado, en que visitaron distintos hospitales y terminaron en un leprosorio por allá por el Amazonas trabajando como médicos. Entonces, él visitó todos los lugares de América Latina; había estado en las minas de cobre de Chuquicamata, en Chile; atravesó el desierto de Atacama; visitó las ruinas de Machu Picchu en Perú; en otro viaje navegó sobre el lago Titicaca, conociendo e interesándose mucho por los indígenas.

Estuvo también en Colombia, en Venezuela. Tenía mucho interés por todos aquellos temas. Desde su época de estudiante se había interesado además por el marxismo y el leninismo; después volvió, y es conocido también el recorrido como médico, ya graduado, con su amigo Alberto Granado, en que visitaron distintos hospitales y terminaron en un leprosorio por allá por el Amazonas trabajando como médico.[5] De ahí, es sabido que él se traslada a Guatemala, cuando lo de Arbenz.[6]

El presidente Jacobo Arbenz estaba haciendo, en ese momento, reformas muy progresistas en Guatemala.

Sí. Allí tenía lugar un proceso interesante, admirable, de una reforma agraria en que resultaron afectadas también grandes plantaciones de plátano explotadas por una gran transnacional norteamericana... Dan un golpe los militares con el apoyo de Estados Unidos, y entonces aquella reforma agraria, desde luego, la descartaron de inmediato. En aquella época era como un pecado hablar de leyes de reforma agraria. Todavía Kennedy no había hablado de reforma agraria... Hablar de reforma agraria era cosa de comunistas, pronunciar esas palabras —«reforma agraria»— era identificarte, de inmediato, como un comunista.

Y allí, en Guatemala, hicieron una, y, como en todas partes, los poderosos inmediatamente empezaron a oponerse. También los vecinos del Norte y sus instituciones especializadas comenzaron a organizar la contrarrevolución y la toma del poder, el derrocamiento del presidente electo, Jacobo Arbenz, también con una expedición militar, pero más fácil, porque era desde la frontera y con grupos militares del viejo ejército.

Después de que nuestro movimiento atacara el cuartel Moncada, el 26 de julio de 1953, un número de compañeros consigue escaparse del país. Antonio «Ñico» López[7] y otros van a Guatemala. Che ya estaba allí, y sufre la amarga experiencia del derrocamiento de Jacobo Arbenz, conoce a nuestros compañeros, y con ellos se va para México.

¿Su hermano Raúl lo conoció antes que usted?

Sí, porque, de Cuba, uno de los primeros que sale hacia México es Raúl. Estaban ya acusándolo de poner bombas, y yo mismo le digo: «Tienes que salir». Va para México y, allí, conoce al Che por intermedio de nuestros compañeros que ya estaban allí. Bueno, aún no era el Che, era Ernesto Guevara, pero como los argentinos les dicen a los demás «¡Che!», los cubanos empezaron entonces a llamarlo a él «Che», y así se le fue conociendo...

Yo me retardo un poco porque yo era un muerto un poquito más pesado, pero llegó el momento también en que tuve que salir para México. Durante esas semanas, después de nuestra salida de prisión, habíamos desarrollado una intensa campaña de divulgación de nuestras ideas y propósitos. Habíamos estructurado nuestra propia organización revolucionaria —el Movimiento 26 de Julio— y habíamos demostrado la imposibilidad de proseguir la lucha por vías abiertas y legales. Por lo que salimos hacia México con la intención de preparar desde fuera la siguiente etapa de esa lucha.

¿El Che simpatizaba ya con las ideas de ustedes?

Él era marxista ya. Aunque no militaba en ningún partido era ya, en esa época, un marxista de pensamiento. Y allí, en México, estaba con Ñico López, que era uno de los dirigentes del Movimiento, buen muchacho, modesto, procedía del Partido Ortodoxo, muy radical, mucha valentía, había participado en el ataque al cuartel de Bayamo…

Cuando nosotros asaltamos el Moncada, ya le he explicado largamente cuál era nuestro pensamiento. Yo era comunista utópico. Eso tiene que ver con mis afinidades con el Che. Esa coincidencia en muchas ideas fue quizá una de las cosas que ayudaron mucho a la afinidad con el Che.

¿Usted se da cuenta, cuando lo encuentra por primera vez, que el Che es diferente?

Él tiene la simpatía de la gente. Era de esas personas a quien todos le toman afecto inmediatamente, por su naturalidad, su sencillez, por su compañerismo, su originalidad, y por todas sus virtudes. Es médico, está trabajando en el Instituto de Seguro Social haciendo unas investigaciones, no sé si sobre cosas cardíacas, o sobre alergia, porque él era alérgico.

Padecía asma.

Al grupito nuestro ya le caía bien, a aquellos que estaban allí, no eran muchos. Ya Raúl había trabado conocimiento con él. Cuando llego, entonces es cuando lo conozco. Él tenía veintisiete años, yo aún no había cumplido los veintinueve…

Él mismo cuenta[8] que nuestro encuentro se hizo una noche, en julio de 1955, en México, en la calle Emparan, si mal no recuerdo, en casa de una amiga cubana, María Antonia González. Bueno, si él ha venido viajando, ha visto lo de Guatemala, ha sido testigo de la intervención estadounidense, sabe que hemos atacado una fortaleza, sabe que está aquel programa de *La Historia me absolverá*, sabe cómo pensamos, aunque no hiciéramos aquella noche mucha exhibición del alcance de nuestras ideas, porque no tenía nada táctico hacerlo…

Él ahí tenía una característica distinta. En un momento dado se complicó su situación y la nuestra también, por su carácter y su manera de ser. A eso, si quiere, me refiero más adelante. Pero, bueno, llegamos y conversé con él, y él, bueno, allí, se unió a nosotros...

Quien ha vivido como él toda esa experiencia, con aquella vocación revolucionaria, con aquel espíritu de lucha, con su profundo desprecio al imperialismo, que sabe lo que hicimos y lo que estamos planeando, y cuáles son nuestras ideas, está totalmente de acuerdo. Él sabía también que en nuestro movimiento había pequeña burguesía y había de todo; veía una revolución de liberación nacional, una revolución antiimperialista, no veía todavía una revolución socialista, pero estaba feliz, y se suma rápido, se enrola de inmediato.

Él se alista en la aventura.

Una sola cosa me dice: «Fidel, una cosa te voy a decir —para que usted vea qué premonición; es un hombre que, además, tenía muy especiales características, que nunca trató de preservar la vida, nunca se cuidó—: yo lo único que quiero es que cuando triunfe la Revolución en Cuba, por razones de Estado ustedes no me prohíban ir a Argentina a hacer la revolución».

¿En su país?

Sí, en su país. Eso es lo que me dice, ya que nosotros éramos medio internacionalistas, acuérdese de Bogotá, Cayo Confites y otras cosas en que estuvimos. Entonces, le digo: «De acuerdo». Era obvio, y él confió, él confió plenamente, algo que admiraba mucho de él.

¿Él empezó a entrenarse militarmente con ustedes?

Con nosotros asistía a un curso de táctica que nos daba un general español, Alberto Bayo,[9] que había nacido en Cuba, en Camaguey, en 1892, antes de la independencia de 1898, en los años veinte, había luchado en Marruecos, en el ejército del aire, y después, como oficial republicano, combatió en la guerra civil española y se exilió en México. Che era un alumno asiduo en todas las clases tácticas. Bayo decía que era su «mejor alumno». Los dos eran ajedrecistas y, allí en el campamento, echaban todas las noches grandes partidas de ajedrez.

Bayo no rebasaba las enseñanzas de cómo debe actuar una guerrilla para romper un cerco, a partir de las veces que los marroquíes de Abdel-Krim, en la guerra del Rif, rompieron los cercos españoles. Ahora, no elaboraba una estrategia, no le pasaba por la mente la idea de que una guerrilla se convirtiera en ejército, y que ese ejército pudiera derrotar al otro, que era la idea nuestra.

¿Eso era lo que ustedes querían hacer?

Cuando hablo de ejército, ya le digo, hablo de ejército que derrotara a otro ejército. Era nuestra idea. ¿Se da cuenta?

¿Su idea era transformar una guerrilla en ejército y hacer una forma de guerra de nuevo tipo?

Hay dos tipos de guerra: una guerra irregular y una guerra regular convencional. Nosotros elaboramos una fórmula para enfrentarnos a aquel ejército de Batista que tenía aviones, tanques, cañones, comunicaciones, todo… Nosotros no teníamos ni dinero ni armas. Tuvimos que buscar una fórmula, y, bueno, fue exitosa. No le voy a decir que todo fue méritos, el azar juega importantes papeles. Uno puede cometer errores… Puede hacer las cosas lo más perfectamente posible y corre riesgos por culpa del azar. Hay algunas circunstancias en que fue el azar, así que no se puede decir que es mérito todo. Uno hace el esfuerzo, trata de hacer las cosas lo mejor posible, nosotros así lo hicimos, porque teníamos una idea y planes.

En México, con Bayo, nos entrenamos duro para eso. Yo además tenía que hacer las tareas de organización y tenía que moverme mucho, me era muy difícil estar a la misma hora en todos los entrenamientos… Y a pesar de eso, con el Che, Raúl y los demás estábamos en el campo de tiro siempre.

¿El Che seguía los cursos asiduamente?

Sí, los cursos teóricos, también las prácticas de tiro y era muy buen tirador. Allí, en México, nosotros practicábamos tiro en un campo inmenso de ocho kilómetros por dieciséis. Era propiedad de un antiguo compañero de Pancho Villa, y se lo habíamos alquilado. Practicábamos el tiro a pulso sobre ovejos que soltaban a trescientos metros en el campo de tiro… Nosotros teníamos cincuenta y cinco mirillas telescópicas, rompíamos un plato a seiscientos metros, de perfil. Y nuestra gente tiraba muy bien. Poníamos a un hombre a doscientos metros y una gallina al lado, con la mira telescópica, no hay que hacerlo con otro fusil, porque la mirilla te da una gran exactitud… Hacíamos cientos, miles de disparos, era una prueba que le hacíamos a la gente, la confianza. Estaba el Coreano.[10] Poníamos la botella a un pie de un compañero, y nunca un disparo cayó entre la botella y la persona, y estaba a 200 metros, fusil apuntando apoyado; claro, no se puede hacer eso a pulso, porque a la más leve variación hieres.

Lo que sabíamos era tirar, que es algo muy distinto de qué es lo más correcto hacer y lo que no es correcto. Después elaboré una táctica, ya le digo.

¿El Che no tenía ninguna experiencia militar cuando llega allí?
No, ninguna. No tenía.

¿Allí aprende?
Estudia y practica, pero él es médico de la tropa, y resultó ser un médico destacado, atendía a los compañeros. Ahora, una cualidad que lo retrata, una de las que yo más apreciaba, entre las muchas que apreciaba. El Che padecía de asma. Ahí estaba el Popocatépetl, un volcán que se halla en las inmediaciones de México, y él todos los fines de semana trataba de subir el Popocatépetl. Preparaba su equipo —es alta la montaña, 5.482 metros, de nieves perpetuas—, iniciaba el ascenso, hacía un enorme esfuerzo y no llegaba a la cima. El asma obstaculizaba sus intentos. A la semana siguiente intentaba de nuevo subir el «Popo» —como le decía él— y no llegaba. Nunca llegaba arriba, y nunca llegó a la cima del Popocatépetl. Pero volvía a intentar de nuevo subir, y se habría pasado toda la vida intentando subir el Popocatépetl, hacía un esfuerzo heroico, aunque nunca alcanzara aquella cumbre. Usted ve el carácter. Da idea de la fortaleza espiritual, de su constancia, una de esas características.

Una voluntad...
Era tremendo, eso lo retrataba. A él no le importaba lo difícil. Lo intentaba, y estaba seguro de que llegaría. ¿Cuál era otra de las características del Che? Era que, cada vez que hacía falta, cuando éramos un grupo todavía muy reducido, un voluntario para una tarea determinada, el primero que siempre se presentaba era el Che.

Y otra característica de él: esa previsión, cuando me dice aquello.

¿De que quería ir a Argentina?
Sí... Y después, en la guerra nuestra, yo tuve que hacer un esfuerzo y preservarlo, porque si lo dejaba hacer lo que quería, lo matan. Desde los primeros momentos se fue destacando... Cada vez que hacía falta un voluntario para una misión difícil, porque había algo, una sorpresa, unas armas que podían aparecer, el primer voluntario era el Che.

¿Era voluntario para ir a las misiones más peligrosas?

Era el primer voluntario para cualquier misión difícil; se caracterizaba por un extraordinario arrojo, un absoluto desprecio del peligro, pero, además, a veces proponía hacer cosas aún más difíciles, peligrosas... Yo le decía: «No».

¿Porque corría demasiados riesgos?

Mire, usted manda a un hombre a una primera emboscada, a una segunda, a una tercera, y a la cuarta, a la quinta o a la sexta, es como cara o cruz, en un combate de una escuadra o dos, muere. Siempre hay resistencia, hay combate.

¿No había problema de que él no fuese cubano?

Sí, en México lo habíamos puesto al frente de un campamento y hubo algunos que empezaron a hablar de que era argentino, y se buscaron la gran bronca conmigo. Le voy a decir los nombres algún día. No tengo que decir los nombres ahora, después cumplieron. Sí, allá en un campamento de México... Y aquí, en la guerra nuestra, bueno, ya como era el médico, su valentía, todo eso, lo hicimos comandante, jefe de una columna, y se destaca por un montón de cualidades.

¿Humanas, políticas, militares?

Humanas y políticas. Como hombre, como ser humano extraordinario. Era, además, un hombre de elevada cultura, era un hombre de gran inteligencia. Y con cualidades militares también. El Che fue un médico que se convirtió en soldado sin dejar de ser médico un solo minuto. Hubo muchos combates en los que estuvimos juntos. Yo reunía las tropas de los dos y hacíamos una operación, una emboscada.

Nosotros aprendimos allí el arte de la guerra, descubrimos que el enemigo en sus posiciones es fuerte, y el enemigo en movimiento es débil, muy débil. Una columna de trescientos hombres tiene la fuerza de las dos escuadras que van delante; los demás no disparan en los combates. Fue un principio elemental que usamos: atacar al enemigo en movimiento. Si atacábamos posiciones, teníamos bajas, gastábamos balas, no siempre tomábamos el objetivo, y el enemigo combatía, estaba atrincherado. Fuimos desarrollando las tácticas; no le voy a hablar de eso, pero fuimos aprendiendo todas las tácticas, y la primera columna fue nuestra escuela.

Ustedes, en un momento dado, en México, cuando están entrenándose, caen presos. ¿Recuerda usted aquello?

Sí. Eso tiene una historia. Caemos presos. Yo caigo preso casi por casualidad. Un papelito por aquí y otro por allá, la policía mexicana fue descubriendo, y ninguno de nosotros daba ni la más mínima información, nos amenazaban con expulsarnos.

Tuvimos suerte: tropezamos con la policía más seria. Hay un oficial que era del ejército y dirigía una unidad, creía que éramos unos contrabandistas o algo así, porque nos hicimos sospechosos. De milagro no nos matan...

Batista tenía influencia y una institución, que era la policía secreta, y planes de matarnos en México también. Nosotros teníamos que tomar medidas, pasar de una casa para otra en una situación de riesgo. En un momento, nos hacemos sospechosos. Y a unos policías se les hacen sospechosos unos carros, y actuaron con bastante habilidad, porque cuando me refugio en una esquina, pongo a Ramirito Valdés, que va detrás, y yo voy con otro, Universo Sánchez, a un edificio que están construyendo. Dejo a los dos en mi retaguardia, en una calle. Y detrás de unas columnas veo un carro que llega y se para; digo: «¡Nada, éstos vienen a matarnos o a secuestrarnos!». Yo tengo una pistola-ametralladora y estoy allí, detrás de la columna; y cuando estoy sacando la pistola-ametralladora, vienen por detrás y me pegan aquí, en la nuca.

¿Qué había pasado? Habían capturado a esos dos, Ramirito y Universo, y cuando yo creo que los tengo a los dos en la retaguardia y voy a defenderme del carro aquel —si llego a disparar, ya usted sabe lo que habría durado—, en ese mismo momento en que estoy sacando el arma, me arrestan. Creen que han arrestado a unos contrabandistas o alguna cosa de esas —no había en esa época ni las drogas casi, más bien el contrabando— y nos llevan.

A nosotros lo que nos salva es que empiezan a conversar... Una gente firme, dura, una actitud... Fueron muy capaces, porque agarraban un papelito cualquiera y seguían el hilito, agarraban un teléfono... Cómo sufrí yo porque Cándido González —uno de los compañeros— había puesto en su bolsillo el número del teléfono de la casa que teníamos de reserva y menos mal que a los policías, que siguieron todas las pistas, no se les ocurrió coger aquel teléfono, que hubiera sido el golpe más fuerte. Pero nos ocuparon una cantidad de armas. Aunque uno podía ver que nos respetaban.

¿El Che no está con usted en ese momento, cuando le arrestan?

No. Al Che lo arrestan cuando él está en aquel campamento donde nos entrenábamos, el rancho Santa Rosa, en Chalco. Ellos estaban buscando y me dicen: «¡Un momento!, ya sabemos dónde está el campamento, ya hemos…». Estuvieron un montón de tiempo buscando, no sé cómo agarraron un papelito, lo empataron con alguien que había hablado por allí y me dicen el lugar exacto donde estaba el rancho, casi en las afueras, y allí había un grupo como de veinte compañeros y tenían armas. Entonces yo agarro y les digo: «Les pido una cosa, permítanme ir a donde están ellos, para evitar allí un enfrentamiento», y estuvo de acuerdo el jefe militar aquel. Entonces, fui, me asomé solo y los compañeros contentos, creían que me habían puesto en libertad… Les digo: «No, no, ¡quietos, no se muevan!». Y les expliqué lo que ocurría.

Ahí es donde arrestan al Che. Hay un grupo que estaba disperso por el campo y se salva. Bayo no cae… Ahí es donde Bayo hizo una huelga de veinte días, el español republicano aquel que había hecho una expedición, durante la guerra civil española, a las Baleares para liberarlas de los franquistas… Él siempre después hacía un libro, ya estaba haciendo uno: *Mi frustrada expedición a Cuba*… Era genio y figura hasta la sepultura, aquel español que había nacido en Cuba y se había criado en Canarias.

¿A él no lo detienen?

No. Bayo no cae preso, no está ahí en ese momento; pero sí ocupan un número de armas, que eran las que teníamos allí, con las que los compañeros hacían allá entrenamiento y subían lomas y todo. Allí había una producción de leche de chiva, eso era lo que los camuflaba, pero era de unos vecinos.

Claro que en México había mucha gente con armas… Pero la policía, que había hallado algunos indicios en un montón de días, nos encontró. Ahí es donde el Che cae preso.

¿Ustedes están en la cárcel juntos?

Sí, estamos juntos casi dos meses presos. ¿Cuándo él nos crea un problema? Cuando al Che lo van a interrogar, y le preguntan: «¿Usted es comunista?». «Sí, yo soy comunista», contesta. Y los periódicos, allá en México, diciendo que éramos una organización comunista, que estábamos conspirando y no se sabe cuántas cosas decían… Al Che lo llevan, lo está interrogando el fiscal, y él hasta se pone a discutir sobre el culto a la personalidad, la crítica a Stalin... Allá está el Che enfrascado en una discusión sobre los errores de Stalin. Esto ocurría en julio de 1956, y en febrero de ese mismo año se había producido la crítica de Jruschov a Stalin,[11] y entonces sí tú ves al Che discutir... Y dice: «Sí, cometieron estos errores, en esto y lo otro», y defendiendo ahí su teoría comunista y sus ideas comunistas. ¡Figúrese!, él, que era argentino, corría más riesgos.

Como consecuencia de eso, los últimos dos que salimos fuimos él y yo. Y todavía, incluso, a mí me sacan creo que un día antes que a él. Ahí intervino Lázaro Cárdenas,[12] fueron distintas cosas... Nosotros no teníamos relaciones en México y allí estuvimos presos los dos.

Se dice que el Che tenía simpatías trotskistas, ¿usted lo percibió en aquel momento?

No, no. Déjeme decirle, realmente, cómo era el Che. El Che ya tenía, como le digo, una cultura política. Se había leído naturalmente los libros y las teorías de Carlos Marx, de Engels y de Lenin... Él era marxista. Nunca le oí hablar de Trotski. Él defendía a Marx, defendía a Lenin, y atacaba a Stalin. Bueno, criticaba el culto de la personalidad, los errores...; pero nunca le oí hablar realmente de Trotski. Él era leninista y, en cierta forma, reconocía hasta algunos méritos de Stalin. En realidad, bueno, la industrialización y algunas de esas cosas.

Yo, en mi fuero interno, era más crítico de Stalin por algunos de sus errores. La gran culpa de que ese país hubiese sido invadido, en 1941, por millones de soldados alemanes... Stalin cometió errores políticos y errores tácticos, me aparto de lo de dentro, que es conocido, el abuso de la fuerza, la represión y las características de él, su culto de la personalidad. Pero también tuvo tremendos méritos como conspirador, y, desde luego, tuvo méritos en la industrialización, en llevar la industria hacia la retaguardia. Tuvo visión y algunos méritos, pero métodos autoritarios, brutales, represivos...

Así que yo, cuando lo analizo, analizo sus méritos y también sus grandes errores. Y los más grandes los cometió cuando purgó al Ejército Rojo en virtud de una intriga de los nazis.

Él mismo se desarmó.

Se desarmó, se debilitó, y firmó aquel nefasto Pacto germano-soviético Molotov-Ribbentrop y las demás cosas. Ya le he hablado de eso, no voy a añadir más.

8

En la Sierra Maestra

El Granma – *Alegría de Pío* – *Primeras victorias* – *El Che*
en los combates – *Raúl y Camilo* – *Estrategias de guerra* – *La derrota*
de Batista – *Triunfo de la Revolución*

Ustedes desembarcan el 2 de diciembre de 1956, y poco después, en Alegría de Pío, sufren un ataque devastador.
Eso fue el día 5. Nosotros habíamos tomado todas las medidas con un barco vacío, no sabíamos mucho de marinería, y cuando al *Granma* le metimos ochenta y dos hombres, más armas y todo el peso, pierde velocidad y llega en siete días en vez de cinco, con apenas unas pulgadas de combustible en los tanques. Nos retrasamos dos días. Y nos atacan tres días después de haber desembarcado.

En Alegría de Pío, cometimos un error. Teníamos una línea formada que hubiéramos fusilado al batallón que nos atacó, pero alguna gente nuestra era de piedra, era de roca, era testaruda. Recuerdo la cara de algunos compañeros que estaban destrozados, había que esperar la noche. Digo: «Vamos a buscar un lugar un poco más resguardado». Fue por la cabeza dura de un compañero. Y yo hice mal, porque me puse furioso, y digo: «¿Es por ahí? Pues vamos por ahí». Como para demostrarle su error. Y nos metimos, un disparate, en un cayito de monte, como a cien metros del monte principal. Los estados anímicos son peligrosos y uno en eso tiene que saber guardar la cabeza fría.

Como resultado de la sorpresa, nos dispersamos. Y llegamos a la convicción de que la dispersión fue un error; la experiencia no se sabe lo que vale. Uno puede estudiar todo, pero después allí, en el terreno, es donde no se pueden cometer errores y hay que aprender a no cometerlos.

Yo me quedé solo con otros dos hombres. Al día siguiente del combate y de la dispersión, me dejé convencer, en contra de mi criterio de que era mejor permanecer dentro del monte, me dejé convencer por uno de mis compañeros de que debíamos salir al cañaveral, porque en la caña encontraríamos alimento y jugo con que calmar la sed. Pero yo sabía también que la caña era más peligrosa, tanto porque podríamos tropezar con patrullas enemigas como ser detectados por la aviación. Y así fue, en efecto. Una avioneta nos descubrió, y a los pocos minutos fuimos sometidos a un tremendo ametrallamiento por los aviones de caza del ejército de Batista. Los aviones pasaban uno detrás de otro, y nosotros estábamos a treinta metros, porque nos habíamos apartado del lugar donde nos habían visto y nos habíamos metido en un matorralito. Yo después tuve la curiosidad, en un avión, de ver si un hombre se veía a esa distancia.

Aquello fue tremendo. Después del ametrallamiento, al mediodía, habiendo quedado tan pocos hombres, me volví a dormir. Ahí me dormí. No podía resistir el sueño… Tenía mi fusil, yo hubiera preferido una pistola, porque una pistola la tiene así cargada y usted hace ¡pa!, ¡pa!, ¡pa!, ¡pa! y empieza a tirar tiros, si se despierta.

Me entra sueño, mucho sueño, debajo del cañaveral, como a treinta metros de donde habían ametrallado. Yo decía: «Van a venir a explorar». Cuando se fueron, avanzamos un poquito más, nos habríamos alejado quizá cuarenta o cincuenta metros. Digo: «Éstos van a venir a explorar», a ver los muertos, ver lo que hicieron. Yo no sé si fue o no a esa hora, no lo recuerdo; debe haber sido poco después del mediodía.

Sé que nosotros estábamos debajo de la caña, porque dejaron una avioneta vigilando todo el tiempo, y había que estar enterrado en la caña; entonces ahí, debajo de la paja, le caen a uno encima todas las tensiones del día anterior…

¿Ésa fue una de las situaciones más dramáticas que ha vivido usted?
De las que yo he vivido, ésa, esa tarde, a esa hora; ninguna otra fue tan dramática. Ya le conté la de Sarría cuando me capturaron después del asalto al Moncada.

Sí, pero ésta fue más dramática, ¿no?
Me acuerdo cuando me desperté. Mi fusil tenía dos gatillos: un gatillo suavizaba y el otro casi no había más que tocarlo para más precisión, y yo tenía una mirilla telescópica de diez poderes, que ésa es la precisión matemática. Porque es matemática la precisión de una mirilla telescópica. Bueno, no debiera decirlo, no vaya a ser que por ahí después lo usen contra mí mismo. Si el enemigo supiera todo eso, a nosotros nos habrían

matado fácil desde cualquier edificio por ahí con un solo fusil, y hubo momentos en que tuvieron bazucas, ametralladoras, no sé cuántas cosas más. Yo tenía un fusil con dos gatillos, una mirilla telescópica, bien entrenada; otro tiro esperando.

En Alegría de Pío, ¿qué hice? Después del bombardeo... Me quedé con el fusil así, la culata entre las piernas dobladas, y la punta del cañón apoyada bajo la barbilla... No quería que me capturaran vivo. Si hubiera tenido una pistola, la saco y me pego un tiro; pero con un fusil de esas características, si te sorprenden dormido no puedes hacerlo. Estábamos debajo de la paja, y la avioneta arriba... Como no podía moverme, me dormí completo. Dormí como tres horas, parece que era tal el agotamiento...

¿A pesar de ese desembarco trágico y de las bajas, usted no se desalentó?

No. Empezamos a reorganizarnos con dos fusiles: un fusil que tenía un compañero y el mío, había otro compañero que estaba sin fusil, y Raúl que tenía su grupo. Raúl llegó con cinco fusiles; yo tenía dos hombres con dos fusiles. En total teníamos siete fusiles. Ahí yo dije: «Ahora sí ganamos la guerra». Me acordaba de la frase de Ignacio Agramonte —otros dicen que fue Carlos Manuel de Céspedes—, quien respondiendo a los pesimistas, cuando tenía doce hombres, exclamó: «No importa aquellos que no tienen confianza, que con doce hombres se hace un pueblo». Raúl y yo teníamos la misma idea: llegar a la Sierra y seguir la guerra.

Hubo un momento en que con siete fusiles continuamos la lucha; pero ya en ese momento, ayudados por los campesinos que habían recogido algunos fusiles de algunos de nuestros compañeros asesinados o habían guardado las armas en un lugar reunimos diecisiete armas de guerra, y con ellas obtenemos nuestra primera victoria.

¿Cuál es esa primera victoria?

El primer combate fue contra una patrulla mixta. Tiene lugar al cabo de cuarenta y seis días, el 17 de enero de 1957, y habíamos desembarcado el 2 de diciembre de 1956. Ése fue nuestro primer combate victorioso, el primer «combatico». Después tuvimos momentos tremendos, no se pueden contar los dos primeros combates. Pero a partir de esa experiencia adquirida... Luego ya teníamos veinte hombres, llegamos a tener treinta, bajamos a veinte; disminuimos a doce otra vez, con motivo de dificultades iniciales...

¿Qué fue lo más difícil en ese primer período?

¿Qué es lo más difícil? El aprendizaje. Si hubiéramos desembarcado con los 82 hombres en el lugar que teníamos que desembarcar, la guerra hubiera podido durar sólo siete meses. ¿Por qué? Por la experiencia. Con aquella tropa y la experiencia que teníamos, la guerra al final no dura ni siete meses, 55 fusiles de mirilla telescópica, tiradores excelentes... En el *Granma*, yo gradué los 55 fusiles. Teníamos tres marcas de fusiles y cada uno tiene una variación diferente, según el acero y esas cosas, y en el *Granma*, en una distancia de diez metros y mediante una fórmula geométrica, gradué todos los fusiles. Me pasé como dos días graduando fusiles.

El Che padecía asma, lo cual debe de ser una dificultad seria para combatir en una guerrilla. Usted, a la hora de seleccionar a los hombres que iban a ir en el yate *Granma*, descarta a otros pero no a él. ¿Planteó el asma de él algún problema después?

El Che viene en el *Granma*, naturalmente... Claro, todo se preparó como había que hacerlo... Todo el mundo tenía que estar listo para partir adondequiera... Nadie sabía cuándo partiríamos. Y aquella noche del 24 de noviembre de 1956, cuando nos movilizamos, se mueve el Che y no lleva su equipo del asma... Y sin embargo, claro que viene en el *Granma*...

¿Sin sus medicamentos para el asma?

Sí. Y unos meses después, estando allá en la Sierra, después que estuvimos reunidos, en febrero de 1957, con el periodista del *New York Times*, Herbert Matthews[1], también se presentó una situación difícil. Nos ataca una fuerte columna. Nos habíamos retrasado porque el Che tenía un asma muy fuerte. Nos atrasamos en salir de un punto, teníamos que subir una ladera, íbamos subiendo ya, y una columna que viene como con trescientos soldados nos dispara con morteros, fusilería, y nosotros subimos y llegamos donde había monte. Cerca del anochecer, un aguacero colosal nos lleva al otro lado, donde había dos campesinos. El Che no podía moverse.

¿Tenía una crisis de asma?

Sí, una crisis muy fuerte. Nos pone en una situación tremenda. No tenía la medicina. Había podido mandarla a buscar a Manzanillo, allí, cuando nos habíamos reunido con Matthews. No lo había hecho; y en ese momento había que inventarla realmente. El Che no se podía mover, y el ejército detrás y era de suponer que llegaría hasta donde estábamos.

Yo entonces me presento a los dos campesinos. Me hice pasar por un coronel batistiano. Pero mi supuesta identidad tenía un defecto: me mostraba demasiado decente. Yo me decía: «Tengo que estudiar a estos dos hombres, porque hay que buscar la manera de que uno vaya a buscar la medicina». Me presenté y hablé horas allí con esos dos hombres. No voy a mencionar el apellido de uno que era batistiano, y «Oiga, saludos para Batista, dígale esto». ¡Cómo me agasajó! Mientras el otro me hablaba de otra forma. Le digo: «Bueno, ¿qué le parece?, ¿realmente usted piensa así?». Dice: «Oiga, pero hay que ver lo que Batista ha hecho…». La de casas que había quemado, y hecho horrores, y matado gente… Me doy cuenta de quién era el hombre, me fijé bien. José Isaac se llamaba. No simpatizaba con Batista. Le dije: «Oiga, yo no soy coronel, yo soy fulano de tal». Le dio una alegría colosal.

Le digo: «Tenemos una situación muy difícil, tenemos a un compañero en esta situación, hay que ir a Manzanillo a buscar los medicamentos. Hay que buscar un lugar donde cubrirlo seguro». Le dimos el dinero para que fuera a Manzanillo a buscar el medicamento. Y fue.[2]

Buscamos un sitio bien escondido, dejamos al Che allí con un hombre, su fusil y otro. El resto del grupo, que éramos en ese momento alrededor de dieciocho, conmigo. Subimos por un camino por donde tenía que pasar el ejército, un camino hacia las Minas del Frío.

Ya en esa época caminábamos rápido, pero, como consecuencia de los primeros combates, Guillermo García solía usar uniforme de sargento y un casco. Ya nosotros usábamos el arma psicológica, por delante siempre mandábamos a preparar algo, y nos hallábamos allá arriba cuando se arma una confusión… Conclusión: de los dieciocho que éramos, seis se van por un lado, eran campesinos, y quedamos sólo doce, todos del *Granma*.

Ese mismo día el jefe del ejército de Batista, ¡fíjese la casualidad!, da un discurso y dice: «Vamos a darle candela al jarro hasta que suelte el fondo. Sólo quedan doce, y no les queda otra alternativa que rendirse o escaparse, si es que pueden». En ese momento no estaba el Che, porque se hallaba en aquellas condiciones.

Pero el campesino aquel, José Isaac, cumple la misión.

¿Y trae el medicamento?

Trae el medicamento. Y entonces al Che le doy una tarea. La de recibir a un refuerzo de hombres que Frank País enviaba de Santiago de Cuba, de instruirlos y de coordinarlos. Los reclutas tenían un inconveniente: menos experiencia, y una emboscada se podía echar a perder, pero eran más decididos porque querían hacer en un mes, dos o tres lo que habían oído decir que hicieron otros en un año. En situaciones como ésas, es mejor el recluta con buenos jefes.

Allí hubo problema también porque el Che era argentino, y hubo cierto conflicto.

¿Todavía al Che se le consideraba como argentino?
Todavía no era comandante. Era el médico de nuestra tropa que se destaca…

¿Cuál era su comportamiento como médico de la guerrilla?
El Che se quedaba con los heridos, atendía a los heridos. Ésa era una característica de él. Como médico, se quedaba con los enfermos, porque en determinadas circunstancias, en la naturaleza, montañas boscosas y perseguidos desde muy diferentes direcciones, la fuerza que pudiéramos llamar principal era la que tenía que moverse, dejar un rastro bien visible para que en alguna zona más cercana pudiera permanecer, sin ser descubierto, el médico con los que estaba asistiendo. Hubo un tiempo en que el único médico era él, hasta que otros médicos se sumaron a nuestra lucha.

Después del primer combate que le conté, les hicimos una emboscada a las tropas paracaidistas; ya teníamos casi treinta hombres. No tuvimos ningún herido en el primer combate, ninguno en el segundo. Como médico, el Che no tuvo que intervenir.

Pero el combate más duro, casi temerario ataque, puedo recordar, fue el combate en que atacamos el cuartel de Uvero, en plena costa.[3] Una acción sumamente riesgosa para todos, sencillamente porque habían llegado las noticias a un lugar donde estábamos en las montañas, de un desembarco que se había producido por el norte de la provincia. Nos acordamos de nuestras peripecias, de nuestros sufrimientos en los primeros días y, como acto de solidaridad a favor de aquellos que habían desembarcado, decidimos realizar una acción bien audaz que no era correcto hacerla, desde el punto de vista militar, y fue sencillamente atacar una unidad que estaba bien atrincherada en la orilla del mar.

Fue audaz, fue casi aventurero, y lo hicimos, ya le digo, por ayudar a un grupo que no tenía ni relaciones con nosotros, pero había desembarcado, y ya nosotros habíamos vivido nuestra dura experiencia. Y por darle un apoyo, nos apartamos de nuestra doctrina. Realizamos un ataque temerario en el que murió o fue herido un tercio de los participantes. Allí curamos a todos, todo el día. Suerte que les destruimos las comunicaciones del primer disparo. Así que ni nave de guerra, ni aviones acudieron en su ayuda, porque quedó destruida la comunicación.

Entonces yo tenía el fusil de mirilla telescópica que le enseñé,[4] y en ese período, en todas esas operaciones, siempre el primer disparo lo hacía yo, y en esa ocasión fíjese si hubo disparos que en aquel cuartel había siete pericos y cinco murieron de bala. Teníamos todavía dos pelotones de reserva, porque había que ver cómo reaccionaban. Había unos troncos, puesto que era una zona maderera y allí embarcaban troncos, y, detrás de aquello, se atrincheraron, en unos fortines de troncos que eran difíciles de tocar, tenían cuatro.

Al Che lo enviamos de refuerzo, porque tenía un fusil-ametralladora. Estaba en el pelotón de nosotros, y vimos que estaba muy interesado en combatir. Entonces, con una pequeña escuadra lo envío hacia el ala izquierda para fortalecer la zona adonde podían llevar algunos refuerzos; aunque sabíamos dónde estaban las tropas de ellos y cuánto tardarían en llegar.

Tuvimos suerte, la aviación no se apareció allí, porque el combate con los aviones arriba hubiera sido muy serio, o con barcos disparando cañonazos... Hubiéramos tenido que ordenar la retirada, sin discusión. Ellos tenían armas semiautomáticas y se defendieron fuerte, fuerte. Había unos sesenta hombres, una compañía de soldados.

El Che va a cumplir una misión por allí. Ese combate se prolongó casi tres horas. Fue tremendo aquello. Ellos disparaban atrincherados desde aquellas posiciones, y por eso hubo tantos heridos de ellos y de nosotros. Curamos. El Che, con el médico militar del cuartel, que tenía una herida en la cabeza, primero lo atendió a él, y entre los dos atendieron a los adversarios heridos, que eran más numerosos que los nuestros, y a los heridos nuestros. El Che, a nuestros adversarios, los atendió como médico. ¡No se imagina usted la sensibilidad de aquel hombre! Y atendió también a nuestros compañeros que estaban heridos.

Ocupamos todas las armas. Para nosotros fue un botín grande; ocupamos muchas armas automáticas. Y un número de prisioneros que nos llevamos, mientras que a los heridos nuestros los tuvimos que dejar allí, los que no podían moverse.

¿Ustedes abandonaron a sus heridos?

Le cuento. Mantuvimos un número de prisioneros para garantizar que no asesinaran a los heridos nuestros que quedaron en el cuartel. No porque íbamos a tomar represalia, pero hacíamos una presión. Si tú tienes quince o dieciséis prisioneros, tienes una cierta garantía. Allí se quedaron los heridos de ellos y los heridos de nosotros que no podían desplazarse. Nosotros nos llevamos los prisioneros que podíamos llevarnos.

El Che cura a los heridos, uno de ellos estaba herido de muerte, magnífico muchacho, él me contó. ¿Qué hizo el Che? Le dio un beso al muchacho aquel que dejaba casi moribundo… Me impactó eso cuando me lo contó, con dolor, recordando aquel momento en que sabía que no tenía salvación posible y él se había inclinado y le había dado un beso en la frente a aquel compañero, que, herido allí, sabía que inexorablemente moriría… Después, en el último vehículo, el Che se vino con nosotros. Yo mandé por delante a la fuerza, y después, los últimos, nos retiramos. Nos apartamos del lugar, porque teníamos que llegar a una zona más alta y bajo el bosque, porque en un momento dado podía llegar el refuerzo del enemigo… Efectivamente, un soldado que había escapado, que no cayó prisionero, avisó y fue cuando supieron lo del ataque.

Entonces al Che lo enviamos, con poca tropa, para que no dejara mucho rastro, con los heridos nuestros que podían moverse, a un lugar de una zona campesina donde los atendieron, y algunos campesinos se les unieron. Él tenía algunas armas. Con esa poca gente, él se queda con los heridos, porque tú no podías cargar con los heridos. Había varias columnas de soldados que se acercaban, y era previsible una reacción ulterior a aquel ataque bastante temerario…

Nosotros hicimos la gran trocha, avanzando entre columnas hacia el oeste. Era a donde tenían que seguirnos, y no fue fácil esa marcha. El Che con los heridos se quedó allí. Fue al cabo de varias semanas cuando el Che se incorpora a nuestro grupo con los heridos que se habían repuesto y con algunos campesinos que se le han unido. Entonces, el primer comandante que nombramos fue al Che. Había dos que se distinguían mucho: Che y Camilo.

Camilo Cienfuegos.

Sí, Camilo, menos intelectual que el Che pero también muy valiente, un jefe eminente, muy audaz, muy humano. Los dos se respetaban y se querían mucho. Camilo se había destacado, estaba en la tropa del Che, hizo incursiones al llano y estableció un frente en el llano, muy difícil; se destacaba mucho.

¿Ahí, ya usted organiza los diferentes frentes de la guerrilla, con el Che, Camilo y su hermano Raúl?

La parte de la tropa con la que ya yo regreso de aquel combate y algunos oficiales, algunos buenos soldados, entre ellos Camilo y otros, los envío con el Che a una primera columna independiente que no estaba muy lejos hacia el este. Estaba al este del pico Turquino. Ése fue el Primer Frente, con la primera columna independiente, la del Che.

En esa época, la columna actuaba según la táctica de la guerra de movimiento, atacar y replegarse, sin una base territorial permanente. Yo siempre tuve una columna, a lo largo de toda esa guerra. De esa Columna 1 salieron todas las demás; la del Che fue una de las primeras, después de la de Raúl, que cruza la zona montañosa de la región oriental. Con cincuenta hombres cruzó, fue el primer cruce del llano y lo hicieron perfecto, crearon el Segundo Frente Oriental, se desarrollaron y ya crearon columnas; tenían facultad de nombrar comandantes.

Las columnas de Camilo y el Che, desde la Sierra; la de Raúl, la de Juan Almeida;[5] la del Frente de Santiago de Cuba, después de la ofensiva… Todas salieron de la Columna 1.

Después que yo asciendo al Che, ya hay una serie de combates.

¿En ese momento ya usted no tiene dudas de que Che Guevara es un dirigente de excepción?

Era un ejemplo, tenía mucha moral y ascendencia sobre la tropa. Yo pienso que era un modelo de hombre. El Che era ya teórico, un hombre desinteresado, con todo tipo de iniciativas.

Dicen que era de carácter quizá demasiado arriesgado.

Era muy audaz. A veces valoraba la importancia de una tropa cargada de minas antipersona y muchas armas, cuando quizá había que valorar la fuerza de la ligereza. Camilo se desempeñaba mejor con una tropa más leve. El Che tenía tendencia a sobrecargarse. Y él, a veces, algún combate podía eludirlo, y no lo eludía. Ésa era otra diferencia con Camilo. El Che era intrépido, pero a veces asumía demasiados riesgos…, por eso yo le decía: «Tú tienes la responsabilidad de estas tropas que van para allá».

¿Era demasiado temerario por momentos?

El Che no habría salido vivo en esa guerra si no se ejerce ese control sobre su audacia y su disposición temeraria. Fíjese que cuando viene la ofensiva final del enemigo, ni Camilo, ni el Che, ni ninguno de esos jefes están en primera línea. Mando al Che para la escuela de reclutas, que había cientos de ellos. Quedaban Ramiro Valdés y Guillermo García en la zona aquella. Después los trajimos también para acá; pero el Che en la escuela, y dirigiendo la contención de la ofensiva enemiga en el sector más occidental.

¿Usted lo hace para que no corran demasiado riesgo?

Sí, porque eran jefes. Para usarlos en la cosa estratégica. Una cosa estratégica es una columna, Almeida al frente allá; Raúl en el Segundo Frente; el Che para Las Villas, y Camilo iba para Pinar del Río. Esos jefes... Y perdí algunos que se habían destacado muchísimo. Yo me quedé casi sin jefes; pero éstos eran hombres muy seguros, y todos llevaban la misma escuela dondequiera que llegaban, la misma política con la población, con el enemigo, y conocían todas las trampas que hacíamos, cómo obligábamos a las tropas de Batista a moverse.

Al Che, primero lo mandamos de jefe de una columna hacia Las Villas con ciento cuarenta hombres con las mejores armas. Llevaba una de las bazucas ocupadas —otras que teníamos nosotros nos las destruyeron después unos tanques—, buen armamento, buenos soldados. Y Camilo igual. Así que escogimos dos excelentes jefes; aunque Camilo llegaba más seguro, porque el Che, a veces, por su carácter... Él llevaba demasiado peso, quería llevar un número de minas antitanques... Quería usar vehículo y podía usarlo, a él se le podía autorizar; pero cuando están saliendo pasa un ciclón por aquella zona, unos temporales terribles, y ambas columnas tienen que ir por el llano de Camagüey, atravesar más de cuatrocientos kilómetros donde no había frente de combate, donde el Movimiento 26 de Julio era débil, y donde los de Batista contaban con la aviación. Pasaron un hambre terrible... Por ahí están los diarios de Camilo y del Che.

Fue una proeza tremenda que aquellos hombres, en la época de los tanques, de la aviación, pudieran ser capaces de ir por aquellos fanguizales. Libraron algunos combates. Fue una gran proeza la que hicieron, y está escrita. Camilo me informó de todas las cosas, y Che informó. Lo tiene en su diario, a partir del cual escribió después un libro que tituló *Pasajes de la guerra revolucionaria*, porque él tenía el hábito de llevarlo, y una buena capacidad de narración, muy breve, muy sintético, excelente escritor. Su otro diario es una maravilla, el que escribió allá en Bolivia. Era audaz.

Abro un paréntesis, y quisiera preguntarle: ¿en qué momento deciden ustedes dejarse crecer la barba como símbolo de la rebelión?

La historia de la barba es muy sencilla: eso surgió de las condiciones difíciles que vivíamos en la guerrilla. No teníamos cuchillas de afeitar, ni navajas. Cuando nos vimos en el corazón del monte, a todo el mundo le creció la barba y la melena, y al final eso se transformó en una especie de identificación. Para los campesinos y para todo el mundo, para la prensa, para los periodistas éramos «los barbudos». Tenía su lado positivo: para infiltrar a un espía en la guerrilla era preciso prepararlo con mucha antelación, para que el individuo tuviese una barba de seis meses. Así la barba servía como elemento de identificación y de protección, hasta que terminó transformándose en un símbolo de los guerrilleros. Después, con la victoria de la Revolución, conservamos la barba para preservar el símbolo.

Además de eso, la barba tiene una ventaja práctica: uno no necesita afeitarse cada día. Si multiplica usted los quince minutos del afeitado diario por los días del año, verificará que consagra casi cinco mil quinientos minutos a esa tarea. Como una jornada de trabajo de ocho horas representa cuatrocientos ochenta minutos, eso significa que, al no afeitarse, usted gana al año unos diez días que puede consagrar al trabajo, a la lectura, al deporte, a lo que quiera.

Eso sin hablar de lo que se ahorra en cuchillas, en jabón, en loción, en agua caliente… De modo que dejarse crecer la barba tiene una ventaja práctica y además resulta más económico. La única desventaja es que las canas aparecen primero en la barba. Por eso, algunos que la habían dejado crecer, cuando aparecieron pelos blancos se afeitaron rápido, porque se disimula mejor la edad sin barba que con ella.

En abril de 1958 hay una huelga general contra Batista, pero usted, desde la Sierra, no la apoya. ¿Por qué?

Ese 9 de abril de 1958 se produce la huelga general y fracasa. Nosotros no éramos todavía partidarios de la huelga. La dirección del Movimiento 26 de Julio nos critica. Incluso dice que no somos «conscientes» del grado de madurez que ya tienen… Sin embargo, yo suscribí la convocatoria a la huelga por la seguridad que tenían los compañeros de la dirección del Movimiento; y sí que la apoyamos concretamente, con la realización de acciones militares en nuestro territorio contra las fuerzas enemigas.

Había divisiones, y había un poco de exclusión. Por ejemplo, aunque los sindicatos estaban en manos de líderes comunistas, había prejuicios contra los comunistas, cosa que no teníamos en la montaña. El propio Movimiento 26 de Julio nos veía a nosotros como una gente que agitaba, ganábamos prestigio, le complicábamos la vida a Batista, y pensaban que aquello se debía terminar con un movimiento cívico-militar o con una huelga general. Y nosotros no nos veíamos así; nosotros nos veíamos como un pequeño ejército, que se convertiría en un ejército mayor, y que derrotaría al ejército enemigo.

Al final, fue lo que pasó.

Fue lo que pasó; pero aquella huelga de abril de 1958 fue tremenda, porque, al fracasar, produjo desmoralización, alentó la fuerza enemiga, y nos lanzaron la última ofensiva.

Nos atacaron con diez mil hombres, catorce batallones, un montón de unidades independientes... Ellos creían que diez mil hombres no podían ser resistidos... Ésa fue la primera vez que defendimos nuestro territorio, y nosotros no llegábamos a trescientos hombres. ¡Setenta días combatiendo! Yo mandé a buscar algunas tropas. Mandé a buscar a Camilo, que estaba operando en los llanos, y a Almeida y parte de sus fuerzas, que ya habían abierto otro frente en la zona oriental de la Sierra Maestra, cerca de Santiago. Las únicas tropas que no mandé a recoger fueron las de Raúl, que estaban demasiado lejos. Eso fue decisivo.

Terminó aquella última ofensiva, y nosotros, ya con novecientos hombres armados invadimos casi todo el país. Ahí reorganizamos las columnas. Primero creamos dos columnas fuertes, la del Che, con ciento cuarenta y un hombres, y la de Camilo con noventa. Invadimos la mitad de la isla. Una iba a ir hasta Pinar del Río pero la paramos en Santa Clara.

¿Por qué?

¿Por qué paramos y no enviamos a Camilo hasta Pinar del Río? Porque teníamos en la cabeza la historia de la invasión en las guerras de independencia de 1895, y esa influencia histórica. En ese momento no tenía sentido estratégico llevar la invasión hasta allá. Por otra parte, determinadas circunstancias de la situación en Las Villas hacían recomendable que Camilo reforzara la gestión unitaria que debía llevar a cabo el Che en ese territorio. Nos dimos cuenta de que no tenía sentido llevar la invasión a Pinar del Río. En un momento dado le dijimos a Camilo: «Párate ahí, únete al Che».

Después del fracaso de la última ofensiva de Batista, ¿usted decidió pasar a la contraofensiva?

Las columnas rebeldes avanzaban en todas las direcciones sobre el territorio nacional sin que nada ni nadie pudiera detenerlas. En muy poco tiempo, nosotros teníamos dominado y cercado a todo el mundo. En la provincia de Oriente teníamos diecisiete mil soldados —o más— cercados, que no tenían escapatoria, no salía nadie de allí. Dos fragatas, de las tres que tenían, encerradas en la bahía de Santiago de Cuba, no podían escapar; ocho ametralladoras nuestras dominaban la salida de la bahía. Digo: «Éstas no pueden salir. Nuestras ametralladoras barren».

Después visité las dos fragatas y me di cuenta de que encallaban, se quedaban sin puesto de mando y sin nada, ningún cañón, porque las fragatas se fabrican para combatir a cinco o seis kilómetros, no para combatir contra ocho ametralladoras que están a trescientos metros… Así que sobraban allí, y así por el estilo.

En esa ocasión, usted propuso una «salida elegante» a sus adversarios militares. ¿Cuál era su proposición?

El jefe de las fuerzas enemigas, el general Cantillo, se reúne conmigo y unos cuantos, el 28 de diciembre de 1958, en un viejo central, el ingenio Oriente, cerca de Palma Soriano. El hombre no era un esbirro, ni era un corrupto, tenía prestigio, era de academia, de los pocos que Batista tenía, y no era un asesino. Hasta me había escrito una carta cuando lanzó su última ofensiva. Entonces yo le respondí, porque él casi me manda a decir que lamentaba lo que estaba pasando, que éramos gente valiosa… Le doy las gracias y le digo una frase limpia, pero queriendo decir que si lograba derrotarnos, que no se lamentara de nuestra suerte, que íbamos a escribir una página gloriosa en la historia… Le respondí caballerosamente.

Yo a cada rato intercambiaba una carta o, cuando había un cambio de prisioneros, discutía con una guarnición cercada. Muchas veces conversaba con las tropas sitiadas. Por eso llegó él y habló conmigo. Llega solo, en un helicóptero. Fíjese qué confianza. Y recuerdo que me dijo que había «perdido la guerra», y me pide una fórmula para ponerle fin. Le digo: «Mire, podemos salvar a muchos soldados, vamos a plantear una sublevación, un movimiento unido de las tropas de operaciones y la guarnición de Santiago de Cuba». Y le digo: «Bueno, tal día —acordamos la fecha— levantamiento cívico-militar». Yo le decía: «A las veinticuatro horas Batista no está ahí».

Y acuerda ya el movimiento final. Ahora, él quería ir a La Habana, pretextaba que tenía un hermano que también era oficial del ejército... Yo le decía: «¿Para qué va a ir a La Habana? ¿Para qué va a correr riesgos?».

Ahí, conmigo, se encontraba un oficial, el mayor José Quevedo, que era jefe de un batallón que había sido cercado en El Jigüe, que combatió tremendamente contra nosotros diez días, del 11 al 21 de julio de 1958. Después se unió a nosotros y ayudó. Ese militar prestigioso es hoy general de nuestras fuerzas armadas. Escribió varios libros[6] que vale la pena leer para rememorar.

¿Se había unido al Ejército Rebelde?

Él estuvo cercado y yo lo conocí allí, en El Jigüe, porque la tropa que lo cercó la estaba mandando yo, en medio de la última ofensiva enemiga. Había varios batallones rodeándonos a nosotros y nosotros teníamos a ese batallón rodeado. El cerco nuestro era estrecho, el cerco de ellos era más bien estratégico. Rompimos el equilibrio cuando les derrotamos ese batallón. Hicimos muchos prisioneros, tuvieron muchas bajas, y capturamos gran número de armas. Se rompió el equilibrio, y no anunciamos ni la victoria, para que el enemigo no supiera lo que estaba pasando.

Lo vinimos a decir cuarenta y ocho horas después; ya habíamos armado gente y la habíamos movido sobre los demás batallones, ya estábamos cercando a los demás, sin perder un minuto, porque no se debe perder un minuto.

¿Usted se disponía a atacar Santiago de Cuba?

Nosotros teníamos retrasado el ataque sobre Santiago. Habíamos decidido atacar Santiago de Cuba con mil doscientos hombres. Nunca habíamos tenido una correlación de fuerzas tan favorable, e íbamos a usar las mismas tácticas de la Sierra Maestra: cerco y cerco. Aquella operación habría durado cinco días y, a través de la bahía, habíamos introducido cien armas para los combatientes de Santiago, porque el quinto día era la sublevación. Cuatro batallones, cuatro batallas, íbamos a usar las tácticas aplicadas allí contra cada batallón que defendía y, por último, la sublevación.

Máximo seis días iba a durar aquel combate, que lo teníamos retrasado, iba a empezar más o menos alrededor del día 30 de diciembre, estábamos esperando el acuerdo con el jefe de la fuerza enemiga de operaciones. Y Camilo y el Che ya iban acercándose a Santa Clara.

¿Usted estaba esperando el acuerdo con el jefe de las fuerzas enemigas para poner fin a la guerra?

Sí, y aquel general Cantillo va por fin a La Habana, pero yo le pongo tres condiciones. Y él se compromete. Le digo: «Bueno, vaya, si usted quiere ir. No queremos contacto con la embajada de Estados Unidos». No era por nada, sino por experiencia de que uno sabe cómo son esas cosas. «No queremos golpe de Estado en la capital.» Quizá pusimos eso en primer lugar, lo del golpe de Estado en la capital. «No queremos que ayuden a escapar a Batista.» Ésas fueron las tres condiciones, y el general se compromete, y parte hacia La Habana.

Pasa el tiempo y no llegaban noticias relacionadas con él. Me deja en contacto con el jefe de la guarnición de Santiago, hubo cartas y todo. En resumen, hace las tres cosas contrarias: primero, cena con Batista el día 31 de diciembre de 1958 y lo acompaña a tomar el avión para huir, con un montón de generales; segundo, dan un golpe de Estado en la capital y ponen de jefe de Gobierno al más viejo de todos los miembros del Tribunal Supremo, un magistrado llamado Carlos Piedra, y tercero, se habían puesto, desde luego, en contacto con la embajada de Estados Unidos… ¡Una traición cobarde!

¿Qué hace usted entonces?

¿Qué hicimos el 1 de enero de 1959? Siete años, siete meses y siete días después del ataque al Moncada, el 26 de julio de 1953. Números exactos. Es el tiempo que pasó desde el ataque al Moncada, con prisión de casi dos años, en el exterior casi otros dos, y otros dos en la guerra.

Cuando el día 1 de enero nos enteramos por radio de que Batista se había escapado, y del golpe de Estado en la capital, nos dirigimos rápidamente hacia donde estaba nuestra estación de radio y lanzamos la consigna de: «¡Huelga general revolucionaria!», y dimos instrucciones a nuestras tropas: «No deben detenerse en ningún momento, no hay alto el fuego». Cero alto el fuego. A todas las columnas: orden de seguir avanzando y combatiendo.

Y unánime, hasta los trabajadores de las estaciones de radio y de televisión se pusieron en sintonía con nuestra estación de onda corta,

Radio Rebelde, que tenía un kilovatio. Y hablé así, en cadena, por todas las radios del país y la televisión. Nosotros dábamos las instrucciones a todas las fuerzas. Hacíamos como hace la contrarrevolución en Venezuela, que le da instrucciones a su gente a través de los cuatro canales principales de televisión. Así le di yo todas las instrucciones a toda la nación y así podía utilizar la simpatía de todo el pueblo.

La mayoría de los sindicatos obreros estaban entonces en manos de un grupo amarillo —como están hoy, en Venezuela, en manos de sindicatos amarillos—; sin embargo, el apoyo a la huelga fue unánime.

Di la vuelta para entrar por el norte de la ciudad. Me encuentro ya por el camino a algunos que están uniéndose. Como tenía un compromiso, entré en contacto con el jefe de la guarnición... Nos habíamos cruzado algunas cartas, y había algunas dudas, porque no se interpretó bien una cosa que yo dije: «Si no se cumple el 30, atacamos y no cesará el fuego hasta que no se rinda la guarnición», y él me había mandado una frase: «Los soldados no se rinden sin combatir, ni entregan las armas sin honor».

Le mandé decir que yo no le había dicho «rendirse», sino que cuando empezáramos los combates no habría alto el fuego.

Él me dice que me ofrece un helicóptero: «Confíe en el general», para que me dé una vuelta por Santiago de Cuba, y le protesto porque han asesinado a dos jóvenes, y yo no necesitaba ningún helicóptero. Se lamenta. Y voy al cuartel de El Caney, al norte de la ciudad, ese mismo que yo quise atacar después del Moncada. Me recibe la guarnición. Me reciben, como nunca me han recibido, casi en ninguna parte. Y me reúno con trescientos oficiales. ¡Trescientos oficiales de la guarnición de Santiago de Cuba! Estoy discutiendo con ellos. Les explico el acuerdo que habíamos hecho con el general Eulogio Cantillo, que él no cumple. Les explico la traición, y nos apoyan, se ponen del lado nuestro. Hasta al responsable de la guarnición de Santiago yo lo nombro allí jefe.

Raúl dice que cuando yo le anuncié que íbamos a nombrar al coronel Rego Rubido jefe de la guarnición, él por disciplina acepta, pero no entendía, y dice: «Él debe saber lo que está haciendo». Y estuvo Rego Rubido de jefe.

Entretanto, ¿Camilo y el Che ya están entrando en La Habana?
No, el Che estaba atacando la ciudad de Santa Clara. Estaban tomando la estación de policía, un tren blindado se mete, muy protegido, y ellos le quitan las vías de ferrocarril y, cuando el tren retrocede, se descarrila y le ocupan todas las armas.

No había cumplido el general Cantillo, y yo, el día 1 de enero, les digo a Camilo y al Che: «Avancen hacia La Habana». Le dije a Camilo: «Camilo, vas para Columbia» y al Che: «Vas para La Cabaña». Ellos estaban todavía terminando de tomar el cuartel en Santa Clara. Pero, claro, al desplomarse aquello y la huelga general, necesitaron un día prácticamente para organizarse, y salieron, creo que salieron por la noche rápidamente. En ese momento les digo: «Avancen a toda velocidad por la Carretera Central». El estado moral de aquella gente de Batista era pésimo… El Che y Camilo hicieron dos columnas y así llegaron a La Habana. Tardaron equis horas en llegar, pero tomaron los objetivos. Nadie les hizo resistencia, no tuvieron que disparar un tiro, ya la gente nuestra en La Habana casi tenía tomado todo; desmoralización total del adversario, el país entero parado, sublevación en la ciudad; en todas partes se sublevaron.

¿Columbia y La Cabaña eran los dos grandes cuarteles de La Habana?
Sí. Fíjese, la primera fortaleza de La Habana era Columbia, ahí va Camilo. Allí estaba el Estado Mayor del ejército. En la otra gran fortaleza, La Cabaña, está el Che. Ése es un momento bueno. Son jefes militares y con dos poderosas unidades. Camilo está más en la organización, porque había asesores norteamericanos y estaban allí tan tranquilos.

El Che lo que empieza inmediatamente, desde luego, es a darles clases a todos aquellos campesinos, a hacer escuelas allí, y a instruir a la gente. Como primera tarea de jefe militar, quiere hacer su programa de alfabetización y enseñar a toda aquella gente.

Camilo, en el cuartel Columbia, saca a unos oficiales que estaban presos, que tenían gran prestigio, un coronel, que querían hacer todavía un ejército y mantener la moral de los que estaban allí. Los llevaron al Estado Mayor y querían hablar conmigo. Les digo: «Dígale al coronel Barquín —era un coronel con prestigio, había estudiado en Estados Unidos— que en Columbia no hablo más que con Camilo. Y en La Cabaña, con el Che». Pero ellos trataban de arreglar y buscar, pero no les dimos ni el menor chance. No se perdió un minuto, ni un segundo. Fue todo el pueblo.

¿Qué fue del general Cantillo?
Cantillo fue arrestado y fue sancionado a un número de años de cárcel y después lo soltamos.

¿Cuándo entra usted en La Habana?

Cuando yo salgo de Santiago, dos mil hombres del ejército que habían estado combatiendo contra nosotros se han sumado a los trescientos oficiales de El Caney, y se unen a nosotros. Lo perfecto es unirse. Yo trato de mantener en el ejército a esos dos mil hombres, que es algo verdaderamente difícil; pero se vienen conmigo.

Entonces invito a esos dos mil soldados con sus armas —tenían los tanques Sherman que nosotros no sabíamos manejar, artillería…—, y, como aquello estaba por definir todavía… Yo vengo para La Habana con mil soldados rebeldes y dos mil soldados de las mejores tropas batistianas. Aquéllos estaban dispuestos a morir, y éstos con más razón. Vienen conmigo y vienen manejando los tanques, ninguna gente nuestra sabía manejar ningún tanque de esos, y venían felices. Bueno, era un baño de multitudes, era un mar de multitudes.

Yo tardé ocho días en llegar a La Habana, porque en cada una de las capitales de provincia tenía que detenerme y dar un acto. Óigame, sólo en tanque se podía pasar, no se podía ir ni en camión ni en nada. Ya no hubo resistencia, a los pocos días terminó. La huelga siguió, la gente estaba entusiasmada con la huelga cuando ya no hacía falta ninguna huelga; pero ya después estaba todo el mundo de fiesta.

Llegué el día 8 de enero de 1959 a La Habana, después de dar actos por todo el recorrido; fui a Cienfuegos, donde había estado preso también en mis años estudiantiles. Bueno, Camilo y el Che esperaban aquí. En La Habana, el Movimiento 26 de Julio había tomado todas las estaciones de policía.

¿Desde el 1 de enero?

Sí, la misma gente nuestra; aun antes de que llegaran Camilo y el Che, ya habían tomado todas las estaciones de policía, el Movimiento 26 de Julio, la gente de Acción y Sabotaje. Hubo muchos muertos, eran muy valientes; pero no tenían, digamos, aquella veteranía de las montañas; había mucha gente que prefería los riesgos de la ciudad a los sacrificios de subir y bajar lomas. Muchos, que eran excelente gente combatiendo en las ciudades, eran pésimos guerrilleros, porque en la guerrilla lo duro es subir y bajar lomas… Así es la guerrilla y así son los hombres; pero se hacían más fuertes, más resistentes. Ésa era la situación.

Así se termina la guerra.

Nuestro ejército creció muy rápido al final, porque en el mes de diciembre de 1958 sólo tenía tres mil hombres sobre las armas, con armas de guerra. Y cuando se ocuparon todas las armas, el 1 de enero de 1959, nuestro ejército se elevó, en unas cuantas semanas, a cuarenta mil hombres. Pero la guerra la ganaron, en menos de dos años, tres mil hombres.

9

Lecciones de una guerrilla

Violencia y Revolución – Ética con los campesinos – Comportamiento con los prisioneros – Justicia de guerra en la Sierra

¿Piensa usted que ganaron esa guerra gracias a la táctica militar o gracias a la estrategia política?
Las dos. Ya antes de la prisión, yo tenía el plan de la guerra en la Sierra Maestra, todo el plan. Nosotros desarrollamos una guerra de movimiento, ya le dije, atacar y replegarse. Sorprenderlos. Atacar y atacar. Y mucha arma psicológica. Y también guerra económica: quema de la caña para privar a Batista de las rentas del azúcar, sabotaje de las vías de comunicación y de transporte. Pero para nosotros la guerrilla era la detonadora de un proceso. Con un punto culminante: la huelga general revolucionaria y el levantamiento general de la población.

Usted apostó por la guerra irregular. ¿Por qué?
Yo siempre confié en las posibilidades de una guerra irregular. A lo largo de la historia, en todas las guerras, desde los tiempos de Alejandro y de Aníbal, las victorias siempre estuvieron al alcance de los que mejor usaron los ardides del secreto y de la sorpresa en la gestión de los hombres y de las armas, del terreno y de la táctica. ¡Cuántas veces esos estrategas usaron el sol o el viento contra sus enemigos! El que mejor supo utilizar sus propios recursos, y en algunos casos hasta la naturaleza, ése fue quien venció.

Nosotros pusimos nuestra imaginación a trabajar y tuvimos que desarrollar ideas capaces de superar el inmenso obstáculo que representaba derrotar a un gobierno apoyado por un ejército de ochenta mil hombres, fuertemente armado. Teníamos muy pocos recursos y era indispensable optimizar su uso, así como el empleo de las armas y de los hombres. Ése era nuestro problema fundamental.

Pero, rápidamente, desarrollamos el arte de confundir a las fuerzas adversas, para obligarlas a hacer aquello que queríamos que hiciesen. Yo diría que desarrollamos el arte de provocar a las fuerzas enemigas y de forzarlas a moverse. Partiendo del principio que el adversario es fuerte en sus posiciones, en sus defensas, y que, al contrario, es débil cuando se desplaza y se disloca. Desarrollamos el arte de obligar al enemigo a ponerse en marcha para atacarlo cuándo y dónde era más vulnerable.

Hay que entender que, en el monte, por ejemplo, una columna de cuatrocientos hombres avanza en fila india. Hay lugares en que el terreno no permite avanzar más que de uno en uno, y la capacidad de combate de un batallón en fila india es mínima, no se puede organizar. Nosotros liquidábamos su vanguardia, atacábamos su centro y, después, lo agredíamos por la retaguardia en el terreno que habíamos escogido. Por sorpresa, pero en el lugar elegido por nosotros. De tal modo, llegamos a ser bastante eficientes en esa táctica.

Ustedes desarrollaron el arte de la emboscada.
Sí. Nosotros diversificábamos las emboscadas, siempre la primera la hacíamos contra la vanguardia, lo que lleva a toda la columna enemiga a retirarse. Entonces les hacíamos la segunda emboscada, cuando ya iban de regreso, cerca de sus bases. Es el mejor momento, cuando una tropa desmoralizada se está acercando a sus cuarteles, cuando ya piensa que está a salvo y reduce la vigilancia.

Atacas de noche en tal camino, dos, tres veces. Entonces el enemigo ya deja de salir de noche. Bueno, entonces lo atacas de día, a pie. Monta sus efectivos en camiones. Los atacas cuando van subiendo una cuesta, y van muy lentos; atacas, si puedes y dispones de ellas, con ametralladoras. ¿Que blindan sus vehículos? Bueno, las minas. Si ya no consigues sorprenderlos, tienes que inventar otras tácticas. Hay que tomar siempre la delantera. Sorprender y sorprender. Atacar dónde y cómo no se imaginan.

Pero, para ustedes, lo militar estaba supeditado a lo político, me imagino. ¿Lo más importante era la estrategia política?
Si el frente político, la unión de todas las fuerzas antibatistianas, que habíamos propuesto se hubiera realizado, la caída del régimen venía por sí sola, tal vez sin que se derramara una gota más de sangre. Ésas eran nuestras concepciones, ésas eran nuestras tácticas. Estamos hablando de

tácticas y de cómo se gana una guerra, y nuestras tácticas demostraron ser políticamente las más correctas. Por eso siempre he dicho que hay que tener una política con la población y una política con el adversario. Si no, no ganas. Tú no puedes matar a inocentes, tienes que luchar contra las fuerzas vivas del enemigo, en combate. No hay otra manera de justificar el uso de la violencia. Es mi concepción.

Ustedes hicieron una guerra informal, pero ¿decidieron respetar las leyes de la guerra?
Sí. Porque es un factor psicológico de gran importancia. Cuando un enemigo llega a admirar al adversario, es una victoria psicológica. Lo admira porque ha conseguido derrotarlo, porque le ha dado golpes y, además, porque lo ha respetado, porque no ha golpeado a ningún soldado, porque no los ha humillado, no los ha insultado, porque no los ha asesinado. Y llegó el momento en que nosotros teníamos gran ascendencia. Y nos respetaban. Porque sabían la historia de cómo eran las guerras en general.

¿Ustedes habían hecho del respeto a los prisioneros un principio?
Y contra la tortura. Porque lo que nos inspiraba a nosotros, en la lucha contra aquel régimen, era que torturaba y asesinaba. Yo he dicho alguna vez a los que nos acusan de violar los derechos humanos: «Busquen un solo caso de ejecución extrajudicial, busquen un solo caso de tortura».

¿Desde que la Revolución existe?
Desde que la Revolución triunfa, y desde antes, desde que comenzamos la lucha cuando desembarcamos en 1956. Recuerdo que una vez, en la lucha contra bandidos, en los años sesenta, había un jefe nuestro que empezó a utilizar algunos métodos de intimidación, metió a unos prisioneros en una piscina, montó a algunos en helicópteros..., no con intención de tirarlos; pero me llegaron noticias y me fui de inmediato allí. Tuvo una crítica fuerte, fuerte. No llegaron a hacerlo físicamente, fue casi una tortura psíquica, pero aquello era inadmisible. ¡Jamás!

Además, policía o cuerpo de inteligencia que tortura no se desarrolla, no desarrolla los métodos que desarrolló la nuestra, psicológicos, de penetración, de búsqueda de pruebas. Cuando alguien era arrestado, ellos no se acordaban dónde estuvieron tal día y en tal lugar, y nuestros órganos de inteligencia lo sabían, porque lo tenían apuntado. Si a usted le preguntan: «¿Qué hizo usted el domingo tal del mes de mayo del año pasado?». No se acuerda, y a ellos les pasaba lo mismo: ¿con quién se reunieron?, ¿quién les entregó las armas? La gente era arrestada siempre cuando había pruebas irrebatibles. Funcionó mucho la penetración, y nunca los métodos de violencia física.

¿Ustedes fueron la primera guerrilla que crea esta idea de no robarle al campesino, no violar a las mujeres, no torturar a los prisioneros?
No, no, no podría uno decir eso de ninguna manera, porque yo no creo que los patriotas vietnamitas que empezaron su lucha antes que nosotros, en 1946, violaran a las mujeres o les robaran a los campesinos. No lo creo. Ha habido muchas luchas donde esos principios se han respetado.

Los resistentes frente a los soldados alemanes, en la retaguardia del frente soviético-alemán, no creo que torturaran a nadie, ni violaran mujeres; porque los que violan, roban, matan y queman, en todas partes, son las fuerzas de los regímenes tiránicos contra los que luchan los revolucionarios. Aunque nadie sabe lo que pasaría en aquellos campos de batalla de la Segunda Guerra Mundial. Me imagino que se fusilarían unos a otros, porque sin duda que las tropas nazis no le perdonaban la vida a ningún bolchevique, y no sé realmente cómo tratarían los bolcheviques a los alemanes que caían prisioneros.

En México, en 1910, hubo una revolución fuerte. En España también, en 1936, hubo guerra.

Y se cometieron atrocidades de los dos lados.
En España hubo incluso guerras en la retaguardia, eso inspiró a Hemingway la novela *Por quién doblan las campanas.*[1] La historia de lo que ocurrió en la retaguardia durante la guerra civil española es algo que nos fue útil a nosotros. Saber cómo los guerrilleros republicanos en la retaguardia de las fuerzas franquistas conseguían apoderarse de las armas del ejército. A mí ese libro me ayudó en la concepción de la lucha irregular.

¿La novela de Hemingway?
Sí, porque yo, en la Sierra, recordaba mucho aquel libro… Un día que hablemos de eso le cuento.

¿Por qué no me lo cuenta ahora?

Bueno, si quiere… Mire, yo leí *Por quién doblan las campanas* por primera vez en mi época de estudiante. Y debo haber leído esa novela después más de tres veces. Y conozco también la película que se hizo más tarde. Me interesaba ese libro porque trata, como le estaba diciendo, de una lucha en la retaguardia de un ejército convencional. Y nos habla de la vida en la retaguardia, nos ilustra sobre la existencia de una guerrilla, y como ésta puede actuar en un territorio supuestamente controlado por el enemigo. Me refiero a las descripciones tan precisas de la guerra de España que hace Hemingway en esa novela.

Nosotros intuíamos cómo podía ser una lucha irregular, desde el punto de vista político y militar. Pero *Por quién doblan las campanas* nos hacía ver esa experiencia. Porque Hemingway, en todos sus libros, lo hace ver todo con realismo, con gran claridad y limpieza. Todo es realista y todo es convincente. A uno se le hace difícil olvidar lo que ha leído porque es como si lo hubiera vivido, porque Hemingway tiene la virtud de trasladar al lector a los escenarios de aquella cruel guerra civil española. Luego conocimos esa vida de la guerrilla por nuestra propia actividad en la Sierra Maestra. De manera que ese libro se convirtió en algo familiar. Y regresamos a él siempre, para consultarlo, para inspirarnos, incluso cuando ya éramos guerrilleros. Y tratábamos de implantar una ética.

Y le vuelvo a decir: no se puede afirmar que hayamos sido la única guerrilla con una ética.

Pero ustedes hicieron de esa ética un principio fundamental.

Aquí, sin esa filosofía, habrían fusilado prisioneros a diestro y siniestro, y habrían hecho de todo.

¿Utilizaron ustedes el terrorismo, por ejemplo, contra las fuerzas de Batista, o hicieron atentados?

Ni terrorismo, ni atentados, ni tampoco magnicidio. Usted sabe, éramos contrarios a Batista pero nunca intentamos hacerle un atentado, y habríamos podido hacerlo. Era vulnerable. Era mucho más difícil luchar contra su ejército en las montañas, era mucho más difícil intentar tomar una fortaleza que estaba defendida por un regimiento. ¿Cuántos había en la guarnición del Moncada, aquel 26 de julio de 1953? Cerca de mil hombres…

Preparar un ataque contra Batista y eliminarlo era diez o veinte veces más fácil, pero nunca lo hicimos, porque teníamos la idea de que eso era un tiranicidio. ¿Tú qué vas a hacer, analizándolo ya desde el punto de vista político, con provocar la muerte de ése? Viene otro y quizá más belicoso, con menos escrúpulos.

Los hombres que atacaron la fortaleza Moncada podían haber liquidado a Batista en su finca, o en el camino, como se liquidó a Trujillo, o en cualquier otro lugar; pero tenemos una concepción muy clara: el magnicidio no resuelve un problema; en lugar del que murió ponen a otro y a aquél lo hacen mártir en sus propias filas. Ése es un viejo concepto desarrollado por la doctrina revolucionaria hace mucho tiempo.

También se discutió mucho, en el movimiento comunista internacional, si era correcto buscar fondos mediante el asalto a los bancos. En la historia de la Unión Soviética, algunos le imputan a Stalin haber hecho algunos de esos asaltos. Eso estaba realmente en contradicción con nuestra ética, tanto la teoría del magnicidio como la teoría de los asaltos para la búsqueda de fondos.

¿Y la teoría del atentado que puede provocar víctimas inocentes?

Nosotros ni tuvimos esa situación, porque yo estuve veinticinco meses en la Sierra, y siempre tuve una tropa, de la que salieron todas las demás y todos los oficiales, y no recuerdo un solo caso de un civil muerto en todos los combates; tendría que preguntarles a otros jefes si recuerdan algo.

Para nosotros es una filosofía, el principio de que a las personas inocentes no se las puede sacrificar. Para nosotros es un principio de siempre y un dogma. Hubo algún caso aquí en que la gente del Llano puso alguna bomba, porque había un Movimiento… Algún caso en que pusieron alguna bombita aislada, pero nosotros no queríamos, estábamos en desacuerdo; y los civiles sacrificados, no recuerdo un solo combate… En realidad, no recuerdo un caso. Nosotros cuidábamos a los civiles, en los combates en que había civiles.

Bueno, usted vio el Moncada, le mostramos el plan, todo, y allí no había un civil que corriera un riesgo. Los únicos civiles que corrían riesgo eran los revolucionarios que estaban armados.

Al parecer, ustedes habían dado consignas para que se limitase el número de muertos, hasta entre los soldados de Batista. ¿Es verdad eso?

Si tú no haces eso no triunfas. Hay principios que son elementales en la guerra y en la política. La ética no es una simple cuestión moral, es que la ética rinde frutos.

Hoy, en muchos lugares del mundo, grupos violentos buscan alcanzar objetivos políticos mediante el atentado ciego y el terror. ¿Usted desaprueba esos métodos?

Yo le digo que sobre la base del terrorismo no se gana ninguna guerra, sencillamente. Porque te ganas la oposición, la enemistad y el rechazo de aquellos que tú necesitas para ganar la guerra.

Por eso nosotros tuvimos el respaldo de más del 90 por ciento de la población. ¿Cree usted que nosotros poniendo bombas habríamos logrado ese apoyo? ¿Cree usted que poniendo bombas, matando soldados, matando civiles habríamos obtenido las armas que obtuvimos? ¡Cuántas vidas salvamos!

Ya le conté lo que pasó en aquel combate del Uvero, cuando atacamos una guarnición en la orilla del mar, que fue una acción sumamente peligrosa. La tomamos. Uno de los combates más duros, en el que murió o fue herida la tercera parte de los participantes. Allí hubo muertos, heridos y hemos curado, digamos, a gran número de adversarios; a los heridos los atendimos y los dejamos allí para que el ejército los recogiera. A algunos prisioneros nos los llevamos.

Desde el primer combate, las medicinas nuestras sirvieron para curar a todos los heridos, sin distinción, los nuestros y los del ejército. Nosotros teníamos diecisiete hombres. Ese primer combate fue contra una patrulla mixta de marinos y soldados; fue nuestra primera victoria. Cuando se terminó, había varios muertos, herido creo que había uno solo. Nosotros no teníamos ni una baja. Fue a las 2.40 de la mañana cuando tuvimos aquel combate, duró casi una hora, porque resistieron, pensaban que los íbamos a matar si se rendían. Entonces, cuando todo terminó, le dimos los medicamentos, curamos al herido. Había uno de los nuestros que se quedó allí atendiéndolo y nosotros tomamos las armas y nos marchamos.

Nuestros medicamentos se los dábamos primero a un soldado herido. Claro, no le voy a decir, si hay dos, atendemos a los dos. Es posible que si hubiéramos tenido que escoger entre la vida de un compañero y la vida de otro, preserváramos la vida del compañero; pero si tú no tenías heridos, las pocas medicinas se las dejábamos para ellos, desde el primero hasta el último combate.

Les daríamos lo que tenemos, aunque no es mucho lo que tiene este país, si encuentran un solo caso de un soldado ejecutado, de un soldado prisionero golpeado.

Esas ideas —porque luchábamos contra un régimen muy represivo, que hacía precisamente eso, torturar, asesinar— se han mantenido durante cuarenta y nueve años, desde que desembarcamos en el *Granma* el 2 de diciembre de 1956. Calcule el número de años que se van a cumplir en diciembre de 2005…

Cuarenta y nueve años.

Hace cuarenta y nueve años, desde que desembarcamos, están las doctrinas que mencionamos: ni magnicidio, ni víctimas civiles, ni régimen de terror. ¿Para qué? Nunca nos pasó por la mente.

No olvide lo que yo le he contado, que nosotros ya teníamos una formación marxista-leninista, y le he dicho lo que pensaba. Eso influía en las estrategias. Es innecesario el magnicidio, comprendiendo bien que no tenía sentido. La teoría de la búsqueda de fondos de cualquier manera, mediante el asalto a bancos y a otras entidades, ésas también eran ideas que no sé quiénes lo habrán hecho, pero ni los teóricos de nuestras guerras de independencia, ni los del marxismo-leninismo predicaban eso, y, bueno, los otros casos, los atentados, actos donde se podía matar a gente inocente, eso no está en ninguna doctrina revolucionaria.

Otra cosa son los errores cometidos en el poder, eso es otra cosa. Yo le estoy contando nuestra historia, y en eso sí yo creo que nosotros tenemos una página inédita, sobre todo en el mantenimiento de una conducta a lo largo de todo el tiempo, y a pesar de haber vivido episodios muy duros y muy graves.

Había casos de batallones cercados que se rindieron, a ésos les hacíamos una concesión: a los soldados los dejábamos en absoluta libertad. A criminales de guerra les ofrecíamos que no se les aplicaría la máxima pena. En los acuerdos con un batallón, a los oficiales les dejábamos las armas. Llevamos una política de respeto con el adversario. Los matas y luchan hasta la muerte, y, además, te cuestan balas, vidas; bueno, no ganas la guerra, en dos palabras.

Hubo soldados que se rindieron tres veces, y tres veces los soltamos, porque sus oficiales luego los mandaban para otra zona, otra provincia, pero llegaba también la lucha allí… Los campesinos eran nuestros suministradores de armas, nuestro apoyo. Ellos, los comisarios políticos de Batista, iban robando, quemando casas y matando gente. Los campesinos veían que nosotros los respetábamos, les pagábamos lo que consumíamos, y hasta más caro, si comprábamos una gallina, un cerdo, y si no había nadie le dejábamos un papel donde estaba el dinero para cuando llegara. En ninguna tiendecita que estaba por allí había una deuda. Ésa fue la política con la población. Si no, no nos ganábamos a nadie. Los campesinos, no creas que fueron a escuelas de instrucción revolucionaria. Ninguno de nosotros conocía la Sierra. Pero, bien, ¿de qué otra manera hubiéramos podido ganar la guerra?

¿Únicamente con esa política?
Sin eso no se gana esa guerra, y sin determinadas concepciones.

Sin embargo, ustedes en la Sierra tuvieron que instaurar una «justicia revolucionaria» que les llevó a tener que aplicar la pena de muerte, ¿verdad?
Sólo en casos de traición. Y el número de casos de personas sancionadas fue mínimo. Hubo, por cierto, uno o dos casos en que tuvo efecto la sanción. Recuerdo que se produjo un brote de bandidismo en el seno del Ejército Rebelde, cuando éramos una tropa bien reducida, no llegábamos ni a doscientos hombres, sí, menos, unos ciento cincuenta, ya era un movimiento que podía defenderse y evitar que lo destruyeran, pero todo se basaba en el trato a la población que era, como le expliqué, exquisito. A los campesinos les pagábamos con nuestros poquitos recursos cada cosa que consumíamos, aunque no quisieran, y se lo pagábamos, se lo aseguro, a un precio mayor; el respeto a las familias, el respeto a los niños. Mientras el ejército de Batista venía quemando, matando, robando.

Para nosotros un brote de bandidismo era mortífero, y tuvimos que fusilar, sencillamente. Se hicieron juicios a varios de los que habían estado asaltando casas o asaltando tiendas. Y esa vez, en la guerra, se aplica esa pena. Fue efectiva, porque a partir de entonces nunca más ningún miembro del Ejército Rebelde asaltó una tienda. Se creó una tradición ya. Sirvió como tradición. Y se impuso una ética, un respeto.

10

Revolución: primeros pasos, primeros problemas

Una transición − Sectarismo − Juicio público a los torturadores −
La Revolución y los homosexuales − La Revolución y los afrocubanos −
La Revolución y las mujeres − La Revolución y el machismo −
La Revolución y la Iglesia católica

Ustedes, en enero de 1959, no instauran el cambio revolucionario de la noche a la mañana, sino que instalan una especie de transición, ¿no es cierto?
Nosotros ya habíamos designado un gobierno, porque yo había planteado que no aspiraba a la presidencia. Una demostración de que no luchaba por intereses personales. Buscamos a un candidato, y escogimos a un magistrado que se había opuesto a Batista, que había absuelto a los revolucionarios.

¿Manuel Urrutia?
Urrutia. Gana prestigio. Lástima que no hubiera tenido un poco más de decisión.

¿Usted no quería ser presidente en aquel momento?
No, a mí no me interesaba. Yo lo que quería era la Revolución, el ejército, la lucha. Bueno, podía venir una elección en un momento dado y yo podía aspirar; pero no andaba en eso. Yo estaba interesado en las leyes revolucionarias y en la aplicación del programa del Moncada.

Es decir, ¿usted hizo toda esa guerra sin ambición personal de llegar a ser presidente inmediatamente después?
Yo le puedo asegurar que así fue, en efecto. Pueden haber estado influyendo otros factores, aparte del desinterés, puede haber habido un poco

de orgullo, algo de eso; pero lo cierto es que no me interesaba. Recuerde que ya yo me había dado por muerto hacía mucho rato. Yo luchaba por una revolución, y los cargos no me importaban. La satisfacción de la lucha, del éxito, de la victoria es un premio mucho más grande que cualquier cargo, y cuando yo planteé aquello de que no quería ser presidente lo hice muy deliberadamente. Nombramos presidente a Urrutia, realmente, y le respetamos sus atribuciones. Entre él y el Movimiento 26 de Julio nombraron el gabinete, y en el M-26 de Julio había una parte, en la dirección, que era gente de capas medias y más bien de derechas, otros eran de izquierda.

Por ahí hay algunos que han escrito sus memorias, y muchos de ellos siguieron después con la Revolución, y han contado cosas maravillosas de cómo pensaban, las discusiones con el Che y Camilo.

¿El Che desconfiaba de algunos dirigentes?

El Che era muy suspicaz y muy desconfiado de algunos, porque había visto también las cosas de la huelga de abril de 1958 y pensaba que algunos de los dirigentes del M-26 de Julio eran también de educación burguesa. El Che era muy partidario de la reforma agraria y aquéllos andaban discutiendo una reforma agraria muy moderada, que si indemnización y otras cosas. Les pusimos las leyes ahí. Entonces, había ese tipo de problemas.

El Che no era muy unitario. Había también el anticomunismo, tenía fuerza e influía. Aquí, en la época del macartismo, se sembró veneno y prejuicios por todos los medios. Y junto al anticomunismo de alguna de nuestra gente de extracción burguesa estaba también el sectarismo.

¿De ultraizquierda?

No, del Partido Comunista, de la gente del PSP [Partido Socialista Popular].[1] Porque también había habido métodos y doctrinas estalinianas, aunque no en el sentido de cometer abusos, pero sí de controlar y controlar. Había dentro de ese partido un hombre muy capaz, Aníbal Escalante, que casi desplaza de la dirección a Blas Roca, que era el líder histórico y un hombre magnífico, un hombre muy humilde, de Manzanillo, que había sido zapatero, y que luchó mucho. Los comunistas lucharon mucho.

Blas Roca había tenido que estar fuera del país; Aníbal Escalante se apodera entonces de aquel partido, era un tipo, ya le digo, capaz, inteligente, organizador, pero estalinista hasta la médula de los huesos en un sentido: el control. La palabra que vamos a usar es control, todo esto es control. Era autor de una política: «Deje que los pequeñoburgueses mueran y vamos a cuidar a los comunistas»; él quería arriesgar el mínimo de comunistas, y tenía la idea obsesiva de filtrar. Tenían todas las viejas manías de una etapa de la historia del comunismo que había impuesto la exclusión, el gueto, esa mentalidad de gueto, y filtro por aquí y filtro por allá. Eran métodos prácticos para controlar, en gente, por otra parte, muy honrada y muy sacrificada.

Este Aníbal Escalante creó un problema de sectarismo tremendo. ¡Ah! Se mantuvo la unidad. Hay una razón: creo que hay muy pocos líderes políticos que pasaran tan tranquilamente por encima de todas esas barbaridades. Se cometieron errores serios de sectarismo. Pero no había vanidad, lo que había era la Revolución, la necesidad de la unidad, la confianza. Fui defensor de la unidad en circunstancias muy difíciles, bueno, hasta hoy. Aníbal no fue un traidor.

La Internacional Comunista y sus consignas condujeron a los comunistas a defender puntos impopulares de la política de la Unión Soviética, ya lo hemos dicho, como el Pacto Molotov-Ribbentrop, la ocupación de una parte de Polonia y la guerra contra Finlandia. Ya hablamos de eso. La URSS seguía una política que dio margen a que se cometieran toda clase de abusos y de crímenes... Prácticamente acabaron con el Partido. En Cuba, esas consignas condujeron a errores, o no a errores sino a líneas de tipo político que tuvieron un alto costo para el Partido, que tenía una doctrina, una militancia y que luchaba por los intereses de los trabajadores y nunca dejó de hacerlo. Pero hubo un momento dado, en virtud de las alianzas esas, en que los comunistas soviéticos aparecieron unidos con el régimen nazi... Todas esas cosas costaron y se utilizaban como pretexto para el anticomunismo, pero era la gente, ya le digo, más sacrificada y más segura.

Cuando termina la guerra, ustedes habían prometido juzgar y eventualmente castigar con la pena capital a miembros del aparato represivo de Batista, y crearon los «tribunales revolucionarios» que llevaron a cabo una depuración que muchos observadores consideraron excesiva.
Fueron juzgados, sancionados y fusilados unos cuantos.

¿Usted piensa que eso fue un error?
¿Cuál?

Esos juicios públicos que se hicieron en las semanas después del triunfo y esas ejecuciones.

Yo pienso que los errores pudieron haber estado en la forma, digamos, en que se abordaron públicamente esos problemas; pero esa gente fue juzgada en virtud de leyes previas hechas por la Revolución.

Cada vez que hubo una revolución, aquí y en otros lugares, porque yo había estado en el «Bogotazo» como le conté, y vi lo que es un pueblo sublevado, cómo todas las tiendas fueron asaltadas... Bueno, aquí, cuando la caída de Machado, en 1933, los machadistas fueron arrastrados por las calles, hubo linchamientos, asaltos a las casas, venganza popular... Nosotros, durante toda la guerra, advertíamos a la gente sobre eso. Nosotros teníamos una emisora de un kilovatio en la punta de una loma, de onda corta, que tenía el *rating* más alto, a determinadas horas, que todas las demás estaciones de radio juntas, y le decíamos a la gente, aparte de nuestro Movimiento, que no queríamos gente arrastrada por las calles, ni venganzas personales.

Nadie recuerda que ésta fue, tal vez, la única revolución que no asaltó, no arrastró a la gente, ni tomó venganza por sus manos. Aquí no se linchó a nadie. Y ganas no faltaban. Porque los crímenes cometidos por aquella gente de Batista, que se creía impune, habían sido espantosos. Y si no hubo linchamientos, ni baño de sangre se debió a una prédica y a una promesa: los criminales de guerra serán juzgados y sancionados ejemplarmente.

Nosotros estábamos aplicando el programa del Moncada, que estaba bien publicado y bien difundido. Todo el mundo lo conocía. Y una cuestión, la sanción a los criminales de guerra, fue la que nos creó problemas. No hubo nadie arrastrado por las calles, ni colgado de una farola, pero hubo juicios y criminales, torturadores sancionados. Se cometió el error de un juicio en el que participó mucha gente, y, realmente, se pudo dar el espectáculo de un circo, que no se ajusta a la idea de justicia.

Hubo un juicio público en un coliseo deportivo.

Sí, pero hay otro tema, como reacción a esto, y es humano. Esbirros que habían cometido crímenes monstruosos,[2] que todo el mundo pensaba que debían ser sancionados severamente, cuando llega el momento exacto en que aquel criminal es condenado y va a ser ejecutado, hay gente que reacciona con dolor e incluso hasta con lástima.

Con misericordia.

No hay relación entre la conciencia que tiene la gente de que el castigo es merecido, y su convicción de que los crímenes cometidos son algo montruoso, y su rechazo emocional a la ejecución de la pena de muerte. Hubo el Tribunal de Nuremberg para los criminales de guerra nazis, sin leyes previas, no olvidarse, cadenas perpetuas y algunos ajusticiados. Bueno, creo que Rudolph Hess, aquel que se tiró en paracaídas en Inglaterra, estuvo no sé cuántos años preso, otros murieron, y aquellos nazis eran los campeones olímpicos de la barbarie…

A nosotros nos ocurría una cosa: cuando era necesario —en caso grave de traición o espionaje— aplicar la pena capital, le hacíamos al acusado un juicio. Pero hubo muy pocos casos, en dos años de guerra.

¿Sabe una cosa que ocurría? Que nuestra gente sentía repugnancia por esa tarea, había que buscar voluntarios y era como un deber casi. Les repugnaba la tarea de ejecutar; era un dolor de cabeza, en los poquísimos casos en que resultó necesario aplicar la pena capital.

¿Ustedes ya habían tenido que aplicar la pena de muerte en la Sierra?

Sí. Porque hubo alguna gente que ponía en peligro todo. Hubo chivatos que llevaron tres veces al ejército hacia donde estábamos. Uno de los primeros que se habían unido, lo capturaron y lo convirtieron en traidor…[3] Y también hubo prácticos, de estos que iban y salían, que a veces caían prisioneros. Hubo alguna gente buena que hasta en emboscada cayeron, porque venían a contarnos que les proponían que me vinieran a matar. Los de Batista usaron métodos esquemáticos a veces, les perdonaban la vida a algunos en quienes veían algunas aptitudes para la traición; entonces no los mataban, les perdonaban la vida, les ofrecían veinte cosas para que nos denunciaran o que me vinieran a matar.

Pero sí, se promulgó una ley penal en la Sierra, y tuvimos que juzgar y ejecutar. Ocurría eso. Era un problema serio, y siempre hubo rechazo a una ejecución en nuestra gente; allí había realmente rechazo a la ejecución.

Y lo que pasó después, con los juicios en La Habana, fue un error, pero un error inocente se puede decir. A un hombre que había matado a decenas de campesinos se le juzga, pero no se le debe juzgar en una sala donde hay miles de personas.

En un estadio, ¿no?

No era un circo romano, no era un estadio de pelota, pero era un coliseo deportivo, y eso creó una imagen realmente desagradable. Aquí había tribunales y estaban juzgando, y ese hombre [Jesús Sosa Blanco] que se juzgó allí era muy odiado. Pero uno mismo ve a un hombre que está siendo juzgado ante miles de personas y, aunque sea el peor de los asesinos, tiende a apiadarse de él... Fue un error cometido allí, y sirvió mucho ya para la campaña contra nosotros.

Parecía un escarmiento.
Bien, eso se rectificó.

Uno de los reproches que se le hizo a la Revolución, en los primeros años, es que se dice que hubo un comportamiento agresivo, un comportamiento represivo contra los homosexuales, que hubo campos de internamiento donde los homosexuales eran encerrados o reprimidos. ¿Qué me puede usted decir sobre ese tema?
En dos palabras, usted está hablando de una supuesta persecución a los homosexuales.

Yo le debo explicar de dónde nace eso, por qué nace esa crítica. Sí le puedo garantizar que no hubo nunca persecución contra los homosexuales, ni campos de internamiento contra los homosexuales.

Pero hay bastantes testimonios sobre eso.
¿Qué tipo de problema se produjo? Nosotros, por aquellos primeros años, nos vimos obligados a una movilización casi total del país, ante los riesgos que teníamos y hasta riesgos de agresión de Estados Unidos: la guerra sucia, la invasión de Girón, la crisis de octubre... En toda aquella etapa hubo muchos presos. Se creó el servicio militar obligatorio.

Entonces nos encontramos con tres problemas: hacía falta un buen nivel escolar para prestar servicio en las Fuerzas Armadas, debido a la necesidad de utilizar tecnología sofisticada, porque tú no puedes entrar con segundo, tercero o sexto grado escolar, tenías que tener por lo menos siete, ocho o nueve grados, y después más. Algunos hombres teníamos que sacarlos de las universidades, y algunos ya graduados. Para manejar una batería de cohete tierra-aire tenían que ser graduados universitarios.

En ciencias, me imagino.
Usted lo sabe muy bien. Eran cientos de miles de hombres, todo eso afectaba a las distintas ramas, no sólo los programas de preparación, sino ramas de la economía. Entonces había personas que no tenían capaci-

dad y el país necesitaba de ellas por la gran sustracción que se hacía a centros de producción. Ése era un problema que teníamos.

Segundo, había algunos grupos religiosos que, por principio o por doctrina, no aceptan la bandera o no aceptan las armas. Eso a veces lo tomaba alguna gente como pretexto para crítica u hostilidad...

Tercero, estaba la situación de los homosexuales. Y en aquellos tiempos, mujeres ni pensar en que fueran al servicio militar... Bien, yo me encuentro con problemas de resistencia fuerte contra los homosexuales, y al triunfo de la Revolución, en esta etapa de que estamos hablando, el elemento machista estaba muy presente, y había ideas generalizadas relacionadas con la presencia de los homosexuales en las unidades militares.

Estos tres factores determinaron que, al principio, no se les llamaba a las unidades militares; pero después, aquello, que podía parecer como un privilegio, se convertía en una especie de factor de irritación, incluso algunos usaban el argumento para criticar aún más a los homosexuales.

Con aquellas tres categorías se crearon las llamadas Unidades Militares de Ayuda a la Producción (UMAP), donde iban personas pertenecientes a esas tres categorías de gente: los que por su débil nivel de estudios no podían manejar aquellas armas, o personas que por su fe religiosa eran objetores de conciencia..., o varones en condiciones físicas adecuadas que eran homosexuales. Eso es una realidad, fue lo que ocurrió.

¿No eran campos de internamiento?

Esas unidades se crearon en todo el país y realizaban actividades de trabajo, principalmente de ayuda a la agricultura. Es decir, no afectaba sólo a la categoría de homosexuales, pero ciertamente sí a una parte de ellos, no a todos, a los que eran llamados al servicio militar obligatorio, porque era una obligación en la que estaba participando todo el mundo.

De ahí nace esa situación, y es cierto que no eran unidades de internamiento, ni eran unidades de castigo, al contrario, se trataba de levantar la moral, presentarles una posibilidad de trabajar, de ayudar al país en aquellas circunstancias difíciles... Estaba también mucha gente que por razones religiosas tenían la oportunidad de ayudar de otra manera a la patria, porque prestaban el servicio no en las unidades de combate, sino en unidades de trabajo.

Claro, después, transcurrido el tiempo, se fueron eliminando esas unidades. No le podría decir ahora cuántos años duró eso, si duró seis o siete años; pero sí le puedo añadir que había prejuicios con los homosexuales.

¿Usted considera que esos prejuicios eran un aspecto del machismo?

Era una cultura, pasaba igual que con las mujeres. Sí le puedo decir que jamás la Revolución promovió eso, al contrario, aquí hubo que promover mucho la lucha contra los prejuicios por razones raciales. Con relación a la mujer había prejuicios y muy fuertes, y con relación a los homosexuales había prejuicios fuertes. Yo ahora no voy a defenderme de esas cosas, la parte de responsabilidad que me corresponda la asumo. Ahora, yo no tenía... Ciertamente yo tenía otros conceptos con relación a ese problema. Yo tenía opiniones y más bien me oponía y me habría opuesto siempre a cualquier abuso, a cualquier discriminación, porque en aquella sociedad había muchos prejuicios... Sufrimientos de familias. Ciertamente los homosexuales eran víctimas de discriminación. En otros lugares mucho más que aquí, pero sí eran, en Cuba, víctimas de discriminación, y, afortunadamente, una población mucho más culta, más preparada ha ido superando esos prejuicios.

Debo decirle, además, que había —y hay— destacadísimas personalidades de la cultura, de la literatura, gente famosa, orgullo de este país, que eran y son homosexuales, y han gozado y gozan de mucha consideración y mucho respeto en nuestro país. Así que no hay que pensar en sentimientos generalizados. En los sectores más cultos y más preparados había menos prejuicios contra los homosexuales. En los sectores con mucha incultura —un país, en aquel tiempo, con un 30 por ciento de analfabetismo— eran fuertes los prejuicios contra los homosexuales, y en los semianalfabetos también y hasta en mucha gente que pueden ser profesionales. Eso era una verdad en nuestra sociedad.

¿Usted piensa que se han combatido eficazmente los prejuicios contra los homosexuales?

La discriminación contra los homosexuales ya ése es un problema bastante superado. La adquisición de una cultura general integral, el pueblo que tenemos hoy... No le voy a decir que no haya machismo, pero ya no como el de aquella cultura nuestra en que era muy fuerte... Con el transcurso de los años, se fue tomando conciencia de todo aquello y se fueron superando aquellos problemas y esos prejuicios fueron disminuyendo. Pero también no se crea que fue fácil.

En un principio las broncas que se suscitaron. También hubo conflictos entre la Revolución y algunas fuerzas religiosas, que condujeron al Partido al extremismo de no admitir creyentes dentro del Partido.

Yo me considero con parte de esa responsabilidad, porque, realmente, era una cuestión de lealtades en el Partido... Y había muchos católicos, por ejemplo.

¿En el seno del Partido?
No, católicos que eran revolucionarios.

Pero que no podían entrar en el Partido...
Se estableció el principio de que en el Partido los religiosos no entraban como militantes, y así había como una selección; no le digo en todas las demás actividades, pero en el Partido sí había esos criterios. Y no crea que costó poco trabajo y años defender el criterio de que había que abrir las puertas a los religiosos, porque ya yo había entrado en contradicción con aquella posición.

¿Usted acabó por defender esa tesis?
Yo casi fui de los primeros defensores, porque hace como treinta o treinta y cuatro años entré en contacto con la teología de la liberación. Tuve mi primera reunión en 1971, en Chile. Me encuentro allí un montón de sacerdotes, pastores y me reuní en la embajada de Cuba con todos ellos, y es cuando lanzo la idea de la unión entre creyentes y no creyentes en pro de la Revolución, entre marxistas y creyentes.

Como decían los sandinistas: «cristianismo y revolución no hay contradicción».
Nosotros lo dijimos mucho antes, porque la revolución sandinista triunfa en 1979, y ya yo dondequiera que iba siempre, en Chile cuando visité a Salvador Allende en 1971, y hasta en Jamaica cuando visité a Michael Manley en 1977, lo afirmaba y era la política que veníamos aplicando. Y casi todas las Iglesias fueron muy receptivas, sobre todo las de la teología de la liberación. Yo proclamaba que el cambio revolucionario necesitaba la unión de marxistas y cristianos. Sostuve esas ideas y cada vez las sostengo más.

En un momento dado, dije: «Nosotros estamos planteando la unión de marxistas y cristianos, y en el Partido no tenemos esas ideas, todavía tenemos las viejas». Así que luchar, incluso, contra creencias surgidas, prejuicios, no fue fácil, y hubo que luchar.

¿Hubo que luchar también contra la discriminación hacia la población negra en el seno de la Revolución?

Discriminación subjetiva no había. Porque todo revolucionario sabe que, entre los más crueles sufrimientos que afectan a la sociedad humana, está la discriminación racial. La esclavitud, impuesta a sangre y fuego a hombres y mujeres arrancados de África, reinó durante siglos en muchos países de este hemisferio, entre ellos Cuba.

En nuestra patria fue abolida la esclavitud hace ciento diecinueve años, en 1886, aunque sólo fuera formalmente; los hombres y mujeres sometidos a ese abominable sistema continuaron viviendo durante casi tres cuartos de siglo como obreros aparentemente libres en barracones y chozas de campos y ciudades, donde familias numerosas disponían de una sola habitación, sin escuelas ni maestros, ocupando los trabajos peor remunerados hasta el triunfo de la Revolución. En mi primer discurso… Usted no se imagina, tuve que hablar tres veces, cuando en un programa de radio hablé contra la discriminación racial.

Nuestros adversarios habían lanzado en un momento, por ejemplo, la consigna de que a los padres les íbamos a quitar la patria potestad e íbamos a enviar a los niños a Rusia, fíjese usted, y eso caló en virtud de aquel principio goebbelsiano que una mentira repetida se convierte en verdad; pero no sólo de Goebbels, también aquel psicólogo, Gustavo «Lebón»[4] —creo que era psicólogo francés—, hablaba de la mentira, del prestigio, de la influencia del formalismo.

La psicología de las masas.

Recuerdo que me había leído aquel libro sobre la importancia que tiene el formalismo en una unidad militar, y el cuadrarse y recibir una orden, porque la gente iba a la muerte en virtud de alguien que le daba una orden. ¿Cómo se llamaba aquel libro, *Psicología de las multitudes*?

Sí. En francés *Psychologie des foules*, algo así como *Psicología de las masas.*

¿Y cómo se llama el autor?

Gustave Le Bon.

Gustavo «Lebón» en mi francés. Pero lo recuerdo, yo era estudiante casi cuando leí ese libro.

Es un clásico.

Bueno, cuando hablé por primera vez en la radio de discriminación racial... Claro que desde el primer momento empezamos a aplicar las medidas de la Revolución y se acabaron los clubes, escuelas y todo eso donde no admitieran negros.

Había también hoteles que no admitían a negros.

Sí, sí, de todo; y playas, que en su mayor parte eran privadas y se hallaban vedadas a los afrodescendientes, y escuelas... En la que yo estudié aquí, en el colegio Belén, ya le conté, había mil alumnos, no admitía a negros, ni mulatos. Había una escuelita adjunta y allí había algunos. Hablé, cuando vino el papa Juan Pablo II, en enero de 1998, de aquellas escuelas católicas que no admitían a negros y le expliqué cosas de la discriminación racial...

Nosotros, después de la victoria, éramos bastante ignorantes acerca del fenómeno de la discriminación racial, porque creíamos que bastaba con establecer una igualdad ante la ley, y eso se aplicaría sin discusión. Pero en un programa de radio que hablé, las «bolas» que lanzaron, repugnantes, como esa que le dije de los niños que íbamos a enviar para Rusia y algunas de esas mentiras repetidas. No sé si «Lebón» hablaba que a veces, mientras más exagerada y más absurda fuera la idea, más sería capaz de captar.

Después de aquello vino la crisis de octubre, en 1962; suspendieron los vuelos para Estados Unidos, pues antes salían aviones todos los días. Nosotros nunca pusimos restricción a la salida de la gente aquí, y más de una vez abrimos el camino; dijimos: «Vengan en barcos y busquen a sus familiares con más seguridad». Ésa fue una de las mentiras.

Empezaron a decir que íbamos a casar obligatoriamente a gente de distintas etnias, a blancos con negros, y todas esas cosas. Otra mentira similar. Y no fueron pocos los que se asustaron con esta teoría, chocaba con prejuicios y chocaba con instintos raciales, porque en el asunto racial hay instintos. Váyase a estudiar la evolución de la especie y se verá que hubo instintos. Eso está en la teoría de la evolución; hay instintos en eso, y si uno los promueve...

¿Cómo pudo Hitler hacerle creer a la gente que eran superiores si él mismo no tenía ningún tipo de ario, el ario ideal ese que pintaba?, ni Himmler, ni Goebbels... Bueno, yo no sé de dónde los sacaban. ¡Imagínese que hubiera existido la clonación en aquellos tiempos! Por eso, oiga, si se reúne fascismo con clonación, racismo con clonación, sería terrible.

Ese nuevo eugenismo puede ser una de las grandes amenazas del futuro.

Han venido las investigaciones científicas a demostrar lo que hay de diferente entre cada uno de los grupos étnicos y no han descubierto nada, cosas mínimas que no tienen nada que ver con el talento. Ha venido la ciencia en ayuda de los que luchan contra el racismo. Pero, mientras la ciencia, de forma incontestable, demuestra la igualdad biológica real de todos los seres humanos, la discriminación subsiste.

Bueno, para nosotros, luchar contra la discriminación racial es un principio sagrado. Pero, le decía, cuando hablé la primera vez de eso, se produjo un estado de opinión tremendo; volví a hablar, tres veces hablé, de qué significaba la lucha contra la discriminación, que no significaba obligar a nadie a unirse con nadie, sino que se acabara la discriminación aquella, las injusticias, las desigualdades en el trabajo, en la recreación, en la educación.

Entonces éramos suficientemente ingenuos como para creer que establecer por decreto la igualdad total y absoluta ante la ley ponía fin a la discriminación. Porque hay dos discriminaciones, una que es subjetiva y otra que es objetiva. ¡Ah!, después hemos aprendido mucho.

¿Usted hoy está satisfecho de la situación de la población afrodescendiente en Cuba? ¿O piensa que aún puede mejorar esa situación?

No. Seríamos un ejemplo de vanidad, chovinismo y autosuficiencia si dijéramos que estamos satisfechos. Aun en sociedades como la de Cuba, surgida de una revolución social radical donde el pueblo alcanzó la plena y total igualdad legal y un nivel de educación revolucionaria que echó por tierra el componente subjetivo de la discriminación, ésta existe todavía de otra forma. La califico como discriminación objetiva, un fenómeno asociado a la pobreza y a un monopolio histórico de los conocimientos.

La Revolución, más allá de los derechos y garantías alcanzados para todos los ciudadanos de cualquier etnia y origen, no ha logrado el mismo éxito en la lucha por erradicar las diferencias en el estatus social y económico de la población negra del país. Los afrodescendientes viven en peores casas, tienen los trabajos más duros y menos remunerados y reciben entre cinco y seis veces menos remesas familiares en dólares que sus compatriotas blancos.

Pero yo estoy satisfecho de lo que estamos haciendo; el haber descubierto las causas de por qué tiende, incluso, a prolongarse eso, la marginación, en generaciones sucesivas. ¿Dónde están los orígenes? ¿Quiénes nutren las prisiones? y ¿por qué?

Las causas sociales.

¿Por qué hay marginación? La esclavitud se había acabado oficialmente mucho antes del triunfo de la Revolución en 1959. Añádale 14 a 59, habían transcurrido setenta y tres años desde la abolición de la esclavitud en Cuba, en 1886.

Nosotros hemos descubierto la ley de la relación inversamente proporcional entre conocimiento, cultura y delito, por ejemplo; conocimiento, cultura y acceso a los niveles universitarios. En un país de ochocientos mil profesionales e intelectuales, buscando datos, investigando en prisiones y en veinte lugares, vamos descubriendo las leyes de la relación entre conocimiento, cultura y delito.

Cuanta menos cultura, más marginación, más delincuencia y más discriminación, ¿no?

Sí, sí, para nosotros eso es importante. Favorecer el acceso de los más pobres, los que eran hijos de aquellos que no tenían una carrera universitaria, a las mejores escuelas, donde se llega por expediente y por exámenes.

Te asombras si analizas cuántos jóvenes entre veinte y treinta años —y todavía estamos investigando más— están en las prisiones, donde, a pesar de la masa enorme ya de profesionales e intelectuales que hay en el país, sólo el 2 por ciento de los que están en prisión son hijos de profesionales e intelectuales. Cuando vas a las prisiones, te lo encuentras a la inversa: vienen de los barrios marginales, son hijos de aquellos cuya familia vivía en un cuarto, en aquellos barrios olvidados.

¿La Revolución no ha podido acabar con esa fatalidad?

Al principio, nosotros acabamos con algunos barrios marginales. Estaba claro que había una relación... Pero ya se crea una cultura de la marginalidad, aunque tú les hagas casa nueva, los fenómenos que se daban en el lugar aquel se prolongan. Ésa es una cultura que se repite, y entonces sus hijos... Los profesionales se ocupaban de los suyos, les enseñaban, repasaban, tenían mejores condiciones, en general. Desde antes de la Revolución, incluso, aunque eran muy pocos.

¿A cuántos profesionales ya ha formado la Revolución? Bueno, ha formado a millones... Creo que la Revolución cuenta actualmente, por lo menos, con dos profesionales o intelectuales —médicos, ingenieros y demás—, de nivel superior, por cada ciudadano que tenía el sexto grado aprobado en 1959. Porque hoy los maestros son un número grande y son universitarios. Entre los enfermeros también hay un gran número de nivel universitario.

La cultura de la marginalidad y todas sus consecuencias tiende a reproducirse. ¿Qué significan las afirmaciones, las acciones positivas?

En algunos países se ha incrementado mucho eso, la discriminación positiva.

Sí pero, para nosotros, eso no era cuestión de leyes ni nada. Nosotros creíamos que era un asunto de justicia y de conceptos políticos, y aquí, en realidad, la discriminación desapareció subjetivamente.

A veces, en un programa de televisión sobre la eficiencia de tal cuerpo policíaco, aparecía un número de muchachos negros y mestizos delincuentes... Porque, además, hay dos tipos de robos: el robo ordinario que irrita mucho, y el robo de cuello y corbata cometido por aquellos que están administrando por aquí o por allá... Le han robado a la sociedad, pero nadie se ha enterado; se enteran mucho más de aquel que llega a la casa, le desvalija, le roba un artículo, una joya, un producto, le rompen algo, y ésos son delitos que cometen los más pobres.

Llegó un momento en que yo hablé con los que realizan esos programas de televisión, porque verdaderamente querían dar confianza acerca de la eficacia de la policía, les dije: «Yo no quisiera volver a ver un programa hecho de esa manera». Cada uno en su oficio queriendo demostrar la eficacia... y los que aparecían en las imágenes, como delincuentes, eran sobre todo muchachos negros, mestizos, y algunos blancos también. ¿Para qué sirve eso? Para asociar el delito que irrita más a la población a un grupo social determinado.

Pero hemos logrado mucho, a través de la educación ideológica, a través del comportamiento de la población afrodescendiente, a través de su adhesión a la Revolución. Eran de los sectores más pobres, de los que más apoyaban a la Revolución y, sin embargo, la realidad fue ésa.

¿Siguieron discriminados de otra manera?

Bueno, muchos accedieron, pero no estaban en iguales condiciones que los otros, en las universidades, en las escuelas preferidas, donde se llegaba por expediente y, además, por examen. La historia de los repasadores era tremenda.

Pueden criticarnos lo que hemos tardado en descubrir eso, pero lo descubrimos, y hace ya algún tiempo. Yo tuve un día que pronunciar un discurso bien crítico, porque también todos estos problemas requieren de un tratamiento y yo había tenido mis experiencias.

Es muy subyacente lo que pueda quedar, realmente, en gente que tiene una cultura, gente que ha vivido muchos años de Revolución y ha visto los méritos... Pero todavía esa discriminación se refleja en esta sociedad, quiero que lo sepa.

Entre los cuadros superiores del Estado se ven aún pocos negros.

Sí. Usted lo ve en algunos cargos de dirección, porque estamos recogiendo todavía la cosecha de que a los niveles universitarios accedía una proporción menor de jóvenes negros y mestizos. El servicio militar masivo era de tres años... Y tomamos medidas para aliviar; ya cuando todos eran bachilleres, les poníamos dos años, de acuerdo con el comportamiento, en vez de tres. Fuimos rebajando y los poníamos un año internos a estudiar y logramos ingresar, en escuelas que dan un curso y les refrescan todo para que accedan a la universidad, a muchos jóvenes del servicio militar que se habían graduado de bachiller. Un buen número ingresó por esa vía, ingresaron así de los más pobres, de los que no habrían ingresado posiblemente por las escuelas de gente seleccionada que procedían de sectores de más nivel.

Eran gente revolucionaria, esas familias de las que le estoy hablando; eran diferencias, simplemente, de cultura y de conocimientos. Ésa fue una de las medidas.

Realmente, estoy muy satisfecho con los ciento seis programas que se están realizando y lo primero que busco es «composición étnica», una expresión que estaba borrada, porque parecía discriminatoria.[5]

¿Ustedes ahora prestan una atención particular a la composición étnica?

Sí. En todas estas escuelas nuevas, maestros emergentes, profesores emergentes, trabajadores sociales y en los programas culturales y artísticos. Estamos formando instructores de arte: existen quince escuelas formadoras, una en cada provincia, y se contempla que en los próximos diez años, treinta mil instructores de arte, escogidos por el talento, impartan sus conocimientos en centros educacionales y en las comunidades, porque hay una demanda tremenda. La composición étnica es diferente por provincia. Hay provincias con un 70 por ciento de población afrodescendiente.

En las de Oriente, me imagino.

Sí. Y en otras es a la inversa. En la provincia de Holguín es a la inversa, está concentrada la población blanca. En dependencia de zonas donde hubo plantaciones esclavistas y de otros fenómenos históricos, es diferente el porcentaje de negros y mestizos.

Para las escuelas de arte, artes plásticas —pintura y escultura—, tienen que estudiar música, danza y artes dramáticas, y tienen que especializarse en una disciplina y tener los conocimientos básicos elementales de las otras, porque pueden ir a enseñar a una escuela y tienen que dar clases de las otras disciplinas también.

Bueno, hay una explosión de vocaciones y se están formando, serán dieciséis mil jóvenes, teniendo en cuenta la composición étnica, y por talento. Nos produce mucha satisfacción ver, en todas esas carreras con una gran importancia social y que dan derecho a estudiar en la universidad casi de oficio ya, las composiciones étnicas. Le digo que todavía yo me fijo: «A ver, ¿cuántos cuadros de tal tipo?». Hay en algunas instituciones más que en otras.

¿Se fija usted también en el porcentaje de mujeres?

Luchar contra la discriminación de la mujer fue tarea dura, hasta llegó a hacerse un código también de carácter moral, Código de Familia: la obligación para los hombres de compartir con las mujeres las tareas del hogar, la cocina, la atención a los hijos... Se avanzó mucho en ese terreno, que es cultural.

Todo eso dio lugar a que la inmensa mayoría de los que ingresaban en las universidades fueran mujeres. Porque en esas edades de secundaria y de preuniversitario son más estudiosas y tenían mejores notas, en dos palabras. Y como entraban por expediente...

En algunas carreras, como la de medicina, puesto que a nuestros médicos los mandamos por el mundo a muchos lugares, hay lugares que su cultura local hace difícil que sea una mujer la que preste el servicio médico, pero aun así tú llamabas para estudiar medicina, hembras y varones, y de cada tres, dos de los que se presentaban allí eran hembras.

A veces para una carrera tú decías: «Bueno, estamos muy necesitados», y ésos eran exonerados, incluso, del servicio militar, era urgente, y de cada tres, dos eran mujeres. Tuvimos que poner cuota, digamos, 40 por ciento hombres y 60 por ciento mujeres, porque la inmensa mayoría que se ofrecieron fueron mujeres. Ese proceso, por esas causas, se traduce en que crecía la fuerza técnica y hoy el 65 por ciento de la fuerza técnica del país son mujeres.

Un progreso bien espectacular.
Pero como las mujeres tienen, además, el parto como función natural, pues nosotros les damos, si dan a luz, un año libre para que críen a los hijos, no para buscar que haya más, sino porque lo mejor que le puede pasar a un niño es la influencia de la madre.

Hay los otros planes de vías no formales: para enseñar a los niños hay que educar a los padres. Es mucho mejor cuando es la madre. Por ejemplo, la separación del núcleo familiar tiene mucha influencia en aquellos muchachos que abandonan los estudios, en aquellos muchachos que van a las prisiones. Pero cuando uno de los dos padres es profesional aunque se hayan divorciado, como en general los niños se quedan con la madre, si es profesional, tú no ves prácticamente el efecto.

¿El efecto en materia de marginación, de delincuencia?
En el 71 por ciento de los casos de jóvenes delincuentes hay un 19 por ciento que no estaba ni con el padre ni con la madre. Así que con la presencia de la madre o del padre que tenga al niño —en general suele ser la madre, es el hábito—, tú no notas el efecto que tiene el divorcio, la separación del núcleo, apenas hay diferencia. Casi todas las mujeres tienen los mejores niveles de educación y son más técnicos. Antes terriblemente discriminadas y a cuyo alcance estaban sólo los trabajos más humillantes, las mujeres son hoy, por sí mismas, un decisivo y prestigioso segmento de la sociedad que constituye, ya le dije, el 65 por ciento de la fuerza técnica y científica del país.

Las mujeres se abren paso por sí mismas, son una fuerza abrumadora. Lo que tendrá que haber un día es una Federación de hombres cubanos para...

¡Para defenderse!
Porque tú las ves ya dondequiera ascendiendo, ascendiendo, y no están todavía en el tope, y han pasado cuarenta y seis años desde el triunfo de la Revolución.

Muchas mujeres participaron en la lucha contra Batista, usted mismo ha citado a Haydée Santamaría y Melba Hernández, que ya estaban en

215

**el asalto al Moncada, y podríamos citar a otras revolucionarias céle-
bres como Celia Sánchez o Vilma Espín. Yo quería preguntarle: ¿hubo
mujeres combatientes en la Sierra?**

Sí. Yo hice una unidad de mujeres en la Sierra, las «Marianas».[6] Demos-
tramos que las mujeres podían ser tan buenos soldados como los hombres, para citarle un ejemplo. Eso me costó luchar contra el machismo allí, porque teníamos las armas más ligeras reservadas para ellas, y
algunos decían: «¿Cómo le vamos a dar a una mujer un M-1?» —esto
fue después de la última ofensiva de Batista—, y yo: «Me las dan a mí».
Yo tenía una frase para algunos de ellos, se la voy a decir. Yo les decía:
«Mira, ¿sabes por qué? Te voy a explicar: porque son mejores soldados
que tú».

Yo mismo entrené a las primeras unidades de mujeres y tuvieron un
comportamiento excelente, mejor que el de los hombres, para qué le voy
a decir otra cosa. Y fueron de combate, no estaban allí en oficinas ni nada
de eso. No es que sea una justificación, era una realidad.

¿Piensa usted que Cuba ha dejado de ser un país machista?

Hoy podríamos decir, si nos propusieran unos modelos, que somos el
país menos machista, no le voy a decir del mundo, pero, por lo menos, de este hemisferio. Hemos creado una cultura de igualdad y de
respeto, cosa que usted sabe que en nuestras sociedades no preva-
lece.

No me he puesto a comparar porque el machismo fue heredado, y
sabemos muy bien cómo se heredó todo eso y fue cultivado en la sociedad capitalista. Ésa es una herencia y nosotros éramos bastante ignorantes. Mis sentimientos eran diferentes, le acabo de citar el batallón
de mujeres en la Sierra, yo tenía otras opiniones, tenía un sentimiento
de solidaridad, porque veía y sufría…

Pero, bueno, estamos dispuestos a escuchar incluso toda expresión
que esté relacionada con eso. Yo no diría que el machismo esté totalmente superado, pero hay una enorme diferencia con lo que ocurría
en aquellos primeros años a que usted se refiere, y le he contado con
toda franqueza lo que era, y asumimos la responsabilidad, y ojalá pudiéramos haber tenido suficiente cultura o circunstancias que hubieran impedido formas de discriminación que son injustas y son hi-
rientes. En pocas palabras, es lo que le puedo responder sobre esa
pregunta.

Otra acusación que se hizo contra ustedes a los comienzos de la Revolución fue que había persecución religiosa. Ustedes nacionalizaron las escuelas católicas, expulsaron a una parte del clero y arrestaron a sacerdotes. ¿Piensa que ahí también hubo excesos?

Ésta es una revolución radical profunda, yo la califico así, y lo puedo justificar y demostrar, pero no hubo un solo sacerdote fusilado. Y eso es parte de una política y de una concepción, no sólo de principios éticos, si usted quiere, vaya, sino hasta de principios políticos. Le interesaba al imperialismo o al gobierno imperialista de Estados Unidos presentar la Revolución cubana como una revolución antirreligiosa, a partir de los conflictos que se produjeron en los primeros años y que nos obligaron a algunas medidas. Por eso empezó la conspiración, y, realmente, no podíamos cruzarnos de brazos. Ocurrieron cosas muy duras.

¿Qué cosas?

Bueno, la Operación Peter Pan, el secuestro, prácticamente, de catorce mil niños de este país, después de que nuestros adversarios inventaran una atroz calumnia de que la Revolución les iba a quitar a los padres la patria potestad. Y enviaron clandestinamente a Estados Unidos a catorce mil niños de este país, y en ese secuestro participaron algunos sacerdotes católicos que estaban contra la Revolución y también sacerdotes católicos de Miami.[7]

¿Se llevaron catorce mil niños para Estados Unidos?

Sí, se los llevaron porque inventaron que un decreto iba a desposeer a los padres de la patria potestad. Cuando se trata de cosas que tienen que ver con sentimientos de paternidad, la gente enloquece, la engañan fácilmente, según el tipo de mentira de que se trata. En este caso, frente a un sentimiento como el de la paternidad, aquella idea loca chocaba más bien con un instinto en la gente, no la procesaba. Por eso aquí, incluso, lograron asustar a mucha gente y se facilitó aquello del éxodo, del envío clandestino, y muchas familias se separaron para siempre, mandaron a los hijos al exterior.

Después, más adelante, leyendo los libros de Shólojov, *Guerra en el Don, El Don ensangrentado*,[8] varios de aquellos libros, descubro por mi cuenta, no lo sabía, que ya en las novelas de Shólojov esas mentiras sobre la patria potestad constaban, eran viejísimas… Figúrese, que yo tenía que decir: «¿Y quién se va a encargar, si quitamos la patria potestad, de todos esos muchachos?», si han pasado cuarenta y seis años y aún no tenemos suficientes instalaciones para las madres que quieren mandar a sus niños al círculo infantil…

Dijeron otra cosa más horrible: que íbamos a convertir a los muchachos en carne enlatada.

¡Qué horror!

Que los íbamos a mandar para la URSS, que en la URSS los iban a convertir en carne enlatada y que iban a mandar carne enlatada para acá.

¡Qué cosa monstruosa!

Eso es fantasía, aunque no por ser una fantasía no se cree; se cree porque la mentira está asociada con un instinto tan poderoso como el instinto materno y paterno, sobre todo el materno.

¿Y se llevaron a los niños?

Sí, se llevaron a catorce mil.

Pero ¿los fueron sacando de forma clandestina?

No, porque se permitía que viajaran, nunca se puso ningún coto, desde el triunfo de la Revolución, a todo el que quisiera viajar, incluso los médicos, se llevaron la mitad de los médicos. Entonces iban, y no había muchos requisitos en trámite; se suponía que la gente que se iba tenía pasaporte, bueno, algunos requisitos se cumplían normalmente, el pasaporte y los documentos habituales.

Hay gente que quería irse; pero este caso fue terrible, los padres se quedaron esperando, muchos pensando que la Revolución no duraba mucho, y que mandarían luego a buscar a sus hijos de regreso; pero mandaron a catorce mil niños, muchos de los cuales ahora que son mayores critican a sus padres. Y allá no tenían adónde meterlos; los metieron, incluso, en lugares que eran casi de delincuentes, donde fuera; una masa de niños cubanos sin padres regada por todo Estados Unidos.

¿Y la Iglesia tuvo una responsabilidad en este secuestro gigante?

Ésa es quizá una de las cosas más monstruosas, ahí estuvo comprometida la Iglesia, la alta jerarquía; porque van a salir para Estados Unidos, todo arreglado, tienen permiso y lo que estaban era mandando niños de cualquier forma, con cualquier papel o sin papel. No se les ponía traba ninguna, los más elementales requisitos de identidad, nada más. Ellos inventaron el decreto falso, lo divulgaron, y se llevaron a catorce mil niños a base del miedo y del terror.

¿Ustedes no se dieron cuenta?

Nosotros, ya le digo, nunca pusimos restricciones para salir, e iban y venían, los norteamericanos abrieron las puertas de par en par para llevarse a los técnicos, a los maestros, a los médicos, a los obreros calificados, y después tener fuerzas entre las cuales reclutar invasores y soldados para atacar a este país. Entonces, esos problemas son bien serios. Bueno, ¿cuánto invento no hicieron?

Ocurrieron cosas muy serias en ese sentido. No vamos a culpar a Roma de eso, ni vamos a culpar a la Iglesia católica, porque había muchos católicos revolucionarios... Pero, sencillamente, ocurrieron cosas de esta naturaleza. Y hubo algunos sancionados a prisión.

¿Sacerdotes?

Sí, pero no estuvieron mucho tiempo. En la expedición de Girón vinieron con los mercenarios tres sacerdotes, pero eran... ¿Cómo les llaman a los que predican a los ejércitos?

Capellanes.

Sí. También nosotros teníamos un capellán en la Sierra Maestra, un sacerdote que se unió con los rebeldes, hasta llegó a tener un uniforme, el padre Sardiñas, muy conocido y muy querido. No es que nuestros compañeros fueran muy practicantes de la religión católica, de los que van a la iglesia, pero aquí casi todo el mundo está bautizado y el que no está bautizado, le dije, lo llamaban «judío».

Le estaba diciendo que no era sólo cuestión de principio, sino, además, elemental sentido común político: un sacerdote fusilado aquí, hace rato que sería santo y mártir.

¿La Revolución cubana tuvo un particular cuidado con los sacerdotes?

Algunos hechos fueron graves, pero nunca hubo un sacerdote fusilado... Y ésta es la única revolución radical que no ha fusilado a sacerdotes... En México, usted sabe lo de los cristeros[9] y todas esas guerras... Si analiza la historia de Francia donde usted adquirió, pienso, mucho de su pensamiento aunque naciera fuera de Francia...

La Revolución francesa fue muy anticlerical.

Acuérdese de los tres Estados. En esa revolución de 1789 se mataron unos a otros, porque el bajo clero estaba con la revolución y la jerarquía eclesiástica estaba con el poder, y algunos incluso de la jerarquía se pasaron a la revolución, algunas personalidades. No conozco ninguna revolución donde no se hayan matado unos a otros.

Mire, en la Revolución de Octubre, yo no sé si habrá quienes nieguen ahora que en 1917 hubo una revolución en aquel país que después se llamó la Unión Soviética… Hubo una revolución en Rusia, allí también se fusilaron unos a otros.

Hubo la revolución de 1910 en México, una revolución social importante, una verdadera revolución social —no socialista, pero sí una revolución social profunda—, allí se mataron unos a otros, se fusilaron.

Después hubo la guerra civil española. El español es muy religioso, y de los españoles la mayoría estaba con la República, y se fusilaron. Es decir, no recuerdo ninguna revolución donde no se hayan fusilado unos a otros.

Nosotros somos la excepción. Y eso demuestra que nosotros nos hemos guiado por determinados criterios y principios políticos y éticos, las dos cosas. Eso es muy importante. Si no se sabe, si no se dice, si se oculta en esos medios en los que tanto se critica a la Revolución cubana, a mí no me preocupa gran cosa.

Usted me hace una pregunta y yo le explico. Es por eso que ¿cuántas cosas no se han dicho de la Revolución cubana, y de torturas y de veinte infamias por el estilo?

11

Empiezan las conspiraciones

*Primeras leyes revolucionarias – El Che en el gobierno – La reforma
agraria – Che Guevara y el trabajo voluntario – Primeros sabotajes –
Ruptura con Estados Unidos – Terrorismo – Atentados contra
Fidel Castro*

Cuando se termina la guerra, el 2 de enero de 1959, tiene usted apenas treinta y dos años, y ninguna experiencia de gobierno. ¿Cómo empezaron a poner en marcha la Revolución? Me imagino que habría cierto desorden.

¿Qué hicimos primero? Se cumple la promesa de juzgar a los criminales, cosa que no había ocurrido, realmente, en este hemisferio. Se cumple la promesa de confiscación de todos los bienes malhabidos y malversados en los años de Batista. No lo extendimos más para allá porque en la época de la lucha hubo que lograr cierta unidad, y si hubiéramos incluido los bienes malhabidos de los gobiernos anteriores, oiga, no quedaba casi propiedad por ahí. Se hizo como una especie de amnistía de facto en aras de la unidad. Todo el mundo acató, en definitiva, al Movimiento 26 de Julio, que era nuestro movimiento, el del Ejército Rebelde victorioso. Así que nosotros defendíamos esa idea.

¿Qué hicieron luego?

Otra cosa hicimos: restablecimos en sus puestos a todos los trabajadores que habían sido expulsados en la época de Batista, de todas las fábricas. Las cuentas nuestras no eran muy ecónomas ni estaban muy ajustadas a los conceptos de los *Chicago Boys* y a los de los neoliberales. También hicimos una rebaja de alquileres fuerte, una rebaja de alquileres que después se transformó en una nueva reforma de alquileres que convirtió a los inquilinos en propietarios. Claro, indemnizamos a los propietarios que tenían pocas viviendas. Todo esto es hasta mayo de 1959. Luego hicimos las leyes de reforma agraria.

Tuvimos que actuar frente a estupideces, a cada rato un problema, porque, por ejemplo, Urrutia dijo, de repente, que había que cerrar todos los hoteles —todavía había juego y algunas de esas cosas—, y la reacción había sido bastante fuerte.

¿Los trabajadores de los casinos protestaban, salían por la calle?

A cada rato había una bronca porque estábamos haciendo todas estas cosas. Y creación de diez mil aulas en la educación. No había dinero, Batista se había llevado casi todo el dinero. Hubo por parte del Partido Socialista Popular [comunista] algunas medidas anárquicas, debido a que había la manía de las rivalidades, de hacer repartos, por la libre, de tierra. Ahí sí yo tomé una posición y dije que eso no se podía permitir. Hasta hicimos un decreto: «La ley no reconocerá derecho sobre la tierra a los que por su propia cuenta la tomen». Iban a caotizarlo todo, en una Revolución que tenía el respaldo de más del 90 por ciento de la población según las encuestas. Porque había competencia, y, además, algunas diferencias, y todo ese tipo de cosas.

Eso fue en los primeros tiempos; y en mayo, la Ley de Reforma Agraria, el 17 de mayo, la proclamamos, simbólicamente, allá en la Sierra Maestra, en la Comandancia. En el avión yo le introduje más cosas, porque le introduje la idea de las cooperativas, y puse esa idea en la ley. Yo era partidario de las cooperativas y no simpatizaba mucho con el minifundio, porque te limita la productividad del trabajo, la gente aislada. Nosotros procurábamos desarrollar las cooperativas. También ahí éramos partidarios de las empresas estatales; porque aquellos enormes latifundios, bien desarrollados, ¿cómo los vas a repartir?, ¿en cuántos pedazos?

Hicimos cooperativas en áreas de caña. Cuando le llegó el turno a la caña, que estaba en plena zafra, he tenido que pararme delante de una multitud de dirigentes obreros que estaban pidiendo un cuarto turno, tuve que hablarles en los primeros meses; todo el enorme teatro de la CTC [Confederación de los Trabajadores Cubanos] lleno, donde los del 26 de Julio estaban agitando la consigna de los «cuatro turnos» y nosotros, que teníamos la idea —yo no tenía la menor duda— de que en su momento íbamos a nacionalizar aquella industria, debíamos explicarles que teníamos que crear nuevos empleos, y no repartir los que había. No podía decir: «Miren, lo que van a dejar son empresas e industrias arruinadas», pero los persuadí con argumentos: «No conviene por esto, por esto y por esto». Hubo que hacer un trabajo de argumentación, en los mismos militantes del 26 de Julio. También había competencia entre líderes y tú tenías que estar muy atento a todo eso… En esos primeros meses firmamos todas estas leyes.

¿Qué función ejercía usted en aquel momento?
Yo tuve dos cargos, pero atendía nada más que las cosas de comandante de las Fuerzas Armadas. Yo andaba arreglando problemas. Entonces, se sublevan los ministros, se cansan de Urrutia. Pero antes, a Urrutia le da por entrar en la onda del anticomunismo; se le suben los humos a la cabeza. A Machadito [José Ramón Machado Ventura], viejo guerrillero, hoy miembro del buró político del Partido, que entonces estaba de ayudante, Urrutia lo mandaba a hacerle compras en las tiendas de lujo para su esposa; el hombre, de presidente, ha creído que estaba en no sé qué república bananera y toma todo aquello así…

También empezaron las conspiraciones. Hay una de Hubert Matos en Camagüey, él era de derechas y tenía ciertas relaciones… Había problemas de todo ese tipo. El Che, por supuesto que estaba contra todo eso. Che no era ministro, él estaba recuperándose de la salud y haciendo todos aquellos programas; él era jefe militar, porque había que permanecer alerta. En cuanto se anunciaba algún peligro de invasión: Raúl para Oriente, Che para Pinar del Río, Almeida para el Centro y yo para La Habana, nos dividíamos los mandos.

Cuando Girón igual: Che para Pinar del Río, yo en La Habana, Almeida y Raúl en Oriente. Bueno, cuando Girón, o la crisis de octubre, cada uno tenía su lugar; y cada uno iba, independientemente de lo que estuviera haciendo.

Una vez obtenida la victoria, ¿Che Guevara insiste en que quiere marcharse, que quiere hacer la revolución en Argentina?
Ese compromiso existía, y yo siempre le dije: «No te preocupes que ese compromiso se cumple». Pero el Che tenía un gran entusiasmo con la Revolución. Incluso, él va a unas playas cerca de Cojímar, por el asma, está restableciéndose en un balneario; estábamos en una casa allí, en Tarará, Núñez Jiménez,[1] Carlos Rafael Rodríguez, los demás, y estaba yo, discutiendo la Ley de Reforma Agraria. Realmente todos eran partidarios de una reforma más moderada.

Debo decir, con toda honestidad —deja ver quiénes están vivos y pueden testimoniar—, que el Che se sorprende porque yo planteo una reforma agraria mucho más radical.

Aquí había latifundios que tenían doscientas mil hectáreas y eran latifundios norteamericanos. Algunas empresas norteamericanas poseían doscientas mil hectáreas. Había un montón de países donde tenían tierra; pero aquí eran, históricamente, empresas muy poderosas y muy influyentes. Nosotros tuvimos que nacionalizar. El proceso se acelera, en realidad, no porque tuviéramos ideas de acelerarlo o crear conflictos con los norteamericanos, es que la primera Ley de Reforma Agraria era muy fuerte.

Se planteaba un máximo de cien caballerías, y había latifundios de diez mil, y de más de diez mil caballerías.[2] Si eran productivas y estaban en producción, entonces se respetaba hasta cien caballerías; de lo contrario, el máximo eran treinta. Ésas eran las características. Es decir, ninguna podía tener más de cien caballerías. Y eso, a condición de que fueran grandes y productivas; es decir, ninguna podía tener más de 1.340 hectáreas; y si no era de esas productivas, ninguna podía tener más de treinta caballerías, o sea 402 hectáreas.

De todas maneras, les habían dejado doscientas caballerías y yo dije: «Cien el máximo». Después me dio por observar mucho y tal vez nosotros pecamos de idealistas. No se puede negar que cometimos errores de idealismo. Yo participé y me hago responsable de errores de idealismo, porque a mí me parece que estábamos dando un salto muy grande cuando en la agricultura, en vez de desarrollar las formas cooperativas, desarrollamos las empresas estatales.

En *La Historia me absolverá* yo meto las cooperativas, la repoblación, la industrialización, y menciono los «becerros de oro», yo hablo con un lenguaje simbólico. Entonces nadie creía en ningún programa de ningún revolucionario, creían que era una etapa, porque muchos políticos habían hecho programas y ninguno los había cumplido... Nosotros, en realidad, lo que hicimos fue sobrecumplirlos.

Ahí entran ya otros fenómenos de la reforma agraria, cientos de miles de gente sin tierra, porque había muchas decenas de miles de campesinos que pagaban rentas [alquileres]; otros eran precaristas, no tenían derecho sobre la tierra y los podían expulsar —ocuparon, sobre todo, tierras del Estado en las montañas—; otros eran aparceros, ésos estaban peor, sembraban y los propietarios les cobraban una tercera parte de la cosecha. Todas esas tierras estaban repartidas ya, no había tierras que repar-

José Martí, héroe de la
independencia cubana.

Enero de 1896. Combatientes cubanos durante la Guerra de Independencia contra España.

Ángel Castro, padre de Fidel Castro. «Era un hombre con mucha fuerza de voluntad.»

Lina Ruz, madre de Fidel Castro. «Mi madre se llamaba Lina. Era cubana de occidente, de la provincia de Pinar del Río. De ascendencia canaria.»

Fidel Castro, a la derecha, con sus hermanos Angelita y Ramón.

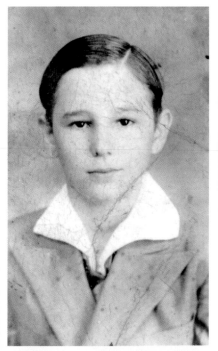

En el colegio Dolores, curso 1940-1941, Fidel Castro es el segundo por la derecha, mirando a la cámara. A la izquierda, foto de estudio de la misma época.

Fidel Castro, líder estudiantil, durante una intervención pública.

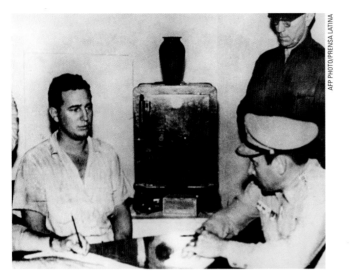

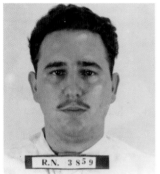

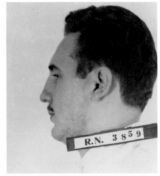

Fidel Castro, detenido por la policía e interrogado tras el asalto al cuartel Moncada en agosto de 1953.

Con Raúl Castro y Juan Almeida, saliendo de la prisión de la isla de Pinos, 1955.

Fulgencio Batista, presidente de Cuba, en 1957.

Fidel Castro y algunos de los principales dirigentes de la Revolución en junio de 1957. En la imagen se puede ver a Raúl Castro, Ernesto Guevara, Juan Almeida, George Sotus y Guillermo García, entre otros.

Sierra Maestra, 1957. Fidel Castro y Celia Sánchez rodeados de combatientes.

Sierra Maestra. Fidel Castro, junto a dos de sus hombres.

Año CXXIV.—Número 294.   La Habana, Domingo, 16 de Diciembre de 1956

Vigente el plazo de 48 horas para que se rindan los rebeldes

Dirigentes oposicionistas visitaron al Primer Ministro para gestionar el cese del fuego. Han presentado también un plan de arreglo pacífico

SE DESCONOCE SI CASTRO ESTA EN CUBA

Díaz Tamayo cree que los rebeldes no están aún resueltos a rendirse y que disponen de víveres; considera que se encuentran muy fraccionados

No tendría posibilidad de éxito el que intentara un ataque por sorpresa a Cuba, afirma Batista

Respecto a lo dicho por el "Miami Herald" acerca de los 400 complotados que salieron para Sto. Domingo, explica que los mismos embarcaron poco a poco. El Gobierno sabe al detalle todo lo que hacen los descontentos

REPROCHA QUE PRIO LANCE A OTROS A AVENTURAS BELICAS

No comparte el criterio de Alliegro, quien declaró que existen Ministros inoperantes. Ratifica que no habrá crisis, pues está muy complacido de la labor de los colaboradores. Ocupan un arsenal. Los corresponsales

A la Gaceta el Decreto que ha de regular la zafra

Es de 3.60 el precio promedio provisional

Eleva las cuotas de exportación de azúcar el Consejo Mundial

LONDRES, Dic. 15 (AP).—El Consejo Internacional del Azúcar aumentó una vez más las cuotas básicas en las cuotas de exportación para 1956, elevándolas a 4.573.375 toneladas.

Vuelve por har obrero

Fusilado un patr tener armas e a igual pen

DESERCIONI

BUDAPEST, Dic. 15.

"Sólo quiero elimin un error y porque

ESTA E
Por el C

Informaciones aparecidas en la prensa cubana tras el desembarco del *Granma*.

4 de enero de 1959. Acto público en Camagüey. La Revolución ha triunfado. Castro aparece rodeado por algunos de los responsables del Movimiento Revolucionario 26 de Julio.

Fidel Castro habla en un pueblo durante la «Marcha a La Habana».

En La Plata, Sierra Maestra, fumando, rodeado de campesinos y combatientes.

INMINENTE INVASION YANQUE

ROA A LA ONU PARA DENUNCIAR EL ATAQUE

Vea información en la página DO

REVOLUCION
ORGANO DEL MOVIMIENTO 26 DE MAYO
2ª EDICION

Patria o Muerte ¡Venceremos

Dos muestras de la reacción de la prensa
cubana ante las presiones de la administración
norteamericana y la invasión de Playa Girón.

HEMEROTECA
RESERVA

Cínica declaración oficial yanqui

CONFIESA KENNEDY SER EL CULPABLE DE LA INVASION

"Estados Unidos nos mandó para matar a este pueblo"

CALVIÑO, TIPICA FIGURA DE LOS IMPERIALISTAS

Ratifican la participación del gobierno yanqui y los de Guatemala y Nicaragua en la fracasada invasión. Un prisionero pidió que lo fusilaran por el crimen cometido.

Se reanudó en la noche de ayer en el teatro de la CTC Revolucionaria el interrogatorio a in-

vasores capturados en la Ciénaga de Zapata por un grupo de periodistas, integrado por los compa-

ñeros Carlos Rafael Rodríguez, Mario Kuchilán, Carlos Franqui, Jorge

(Continúa en la página TRES)

REVOLUCION
ORGANO DEL MOVIMIENTO 26 DE JULIO

Año IV ● La Habana, Martes, 25 de Abril de 1961

Encuentro con el presidente soviético Nikita Jruschov en el Hotel Teresa de Harlem, Nueva York, en septiembre de 1960

Causa gran repercusión el mensaje de Jruschov

PIDE LA UNION SOVIETICA QUE LA ONU DECLARE A LOS ESTADOS UNIDOS AGRESOR DE CUBA

Vea Columna 1

NOTICIAS DE HOY

UN DIARIO AL SERVICIO DEL PUEBLO

AÑO XXIII — No. 91   TERCERA EPOCA   SEGUNDA EDICION
LA HABANA, MIERCOLES 19 DE ABRIL DE 1961. PRECIO: 5 CENTAVOS

Formidable el desfile de apoyo a Cuba en México

Marchaba Lázaro Cárdenas a la cabeza de la gran demostración. Asaltan en Morelia un llamado Instituto de Cultura yanqui. Repudia

CIUDAD MEXICO, abril 18 (PL).—Una gigantesca manifestación de más de 30 mil personas partió hoy, a las 5 de la noche, de la inflación de las avenidas Juárez y Bucareli, hacia el Zócalo Nacional, para pro-

NUESTRA OPINION

La advertencia de la URSS

LAS manifestaciones oficiales de solidaridad hacia Cuba que acaba de hacer la Unión Soviética han llenado de alegría a nuestro pueblo y han sacudido a la opinión...

testar por la agresión del imperialismo norteamericano contra la República de Cuba. El general Lázaro Cárdenas, quien todavía no ha podido embarcar para La Habana debido a dificultades del tiempo para realizar via-

los, participó en el acto y probablemente figura entre los oradores frente al Palacio de Gobierno en la Plaza del Zócalo.

Las manifestaciones portan carteles en los que se leen leyendas y consignas revolucionarias tales como "Cuba sí, yanquis no", "Patria o muerte", "Abajo el imperialismo norteamericano", "Viva Fidel Castro" y la Revolución"...

LA CARTA DE JRUSCHOV A KENNEDY

"SEÑOR PRESIDENTE: me dirijo a usted con este mensaje, en una hora alarmante, preñada de peligros para la paz en todo el mundo. Contra Cuba ha comenzado una agresión armada. No es para nadie un secreto que las bandas armadas que han penetrado en ese país, han sido adiestradas, equipadas y armadas en los Estados Unidos de América.

"Los aviones que bombardean las ciudades cubanas pertenecen a los Estados Unidos, y las bombas que arrojan las ha concedido el gobierno norteamericano.

"Todo esto provoca en la Unión Soviética, en el gobierno y el pueblo soviéticos, un sentimiento comprensible de indignación.

"Recientemente todavía, al intercambiar opiniones a través de nuestros representantes hablábamos con usted del deseo mutuo de hacer esfuerzos conjuntos encaminados a mejorar las relaciones entre nuestros países y a conjurar el peligro de la guerra.

"La declaración de usted, de hace varios días, referente a que los Estados Unidos no participarán en acciones militares contra Cuba, creó la impresión de que las esferas gobernantes de los Estados Unidos se dan cuenta de las consecuencias que puede tener la agresión contra Cuba para la paz general y para los mismos Estados Unidos.

"¿Cómo no comprender lo que los Estados Unidos hacen en realidad, cuando la agresión a Cuba es ahora un hecho?

"Ahora aún no es tarde para impedir lo irreparable. Los Estados Unidos tienen aún la po-

sibilidad de no permitir que la llama de la guerra que las intervencionistas han encendido en Cuba se transforme en un incendio al que no sea posible apagar. Me dirijo a usted, señor presidente, llamándole insistentemente a poner fin a la agresión contra la República de Cuba. La técnica militar y la situación política mundial son ahora tales, que cualquiera de las llamadas "pequeñas guerra", puede provocar una reacción en cadena en todas las partes del globo terráqueo.

"En cuanto se refiere a la Unión Soviética, no debe haber confusión respecto a nuestra posición: prestaremos al pueblo cubano y a su Gobierno toda la ayuda necesaria para rechazar la agresión armada a Cuba. Estamos sinceramente interesados en el debilitamiento de la tensión internacional, pero si otros van a empeorarla, les responderemos en plena medida. Y, en general, difícilmente es posible llevar las cosas de forma de que en una zona se arregle la situación y se apague el incendio y en otra zona se encienda un nuevo incendio.

"Espero que el Gobierno de los Estados Unidos tomará en cuenta estas consideraciones nuestras, dictadas por la única preocupación de no permitir pasos que puedan llevar al mundo a una catástrofe militar.

"N. Jruschov, Presidente del Consejo de Ministros de la Unión Soviética."

"Dieciocho de abril de mil novecientos sesenta y uno".

(Texto suministrado por "Prensa Latina").

Portada del diario *Hoy* con motivo de la llamada «crisis de los misiles».

La Habana, durante un mitin, con Ernesto Che Guevara.

Con Ernesto Guevara, conversando en una reunión.

Raúl Castro y Ernesto Che Guevara, distendidos, celebrando el 26 de Julio.

22 de agosto de 1960. Con Che Guevara, en San Julián, durante un desfile militar.

En la ONU, con Antonio Núñez y Raúl Roa.

Imagen de la intervención de Fidel Castro en la Asamblea General de Naciones Unidas.

tir, lo que había era que legalizarlos y darles la propiedad de las tierras que ya ocupaban, y lo que se hizo fue intervenir.

Sin embargo, no quisimos desbaratar la industria azucarera. Las últimas que intervinimos fueron las tierras azucareras. Los más grandes latifundios eran los azucareros...

Las grandes empresas las dejamos como empresas colectivas estatales; hoy son cooperativas. Incluso en algunos cultivos es conveniente darles a los trabajadores agrícolas unos pedacitos de tierra para cultivos familiares, ayudan al abastecimiento. No hicimos como en la Unión Soviética, donde realizaron una colectivización forzosa, costosísima y sangrienta.

Que además no dio resultados, en la Unión Soviética la penuria alimentaria se mantuvo mucho tiempo.

Nosotros nunca hemos obligado a unirse a dos personas. La Revolución cubana estableció, desde el primer día, que siempre se respetaría la voluntad de los campesinos y que jamás ningún campesino sería presionado para unificar sus tierras para crear unidades agrícolas de mayor tamaño. Las cooperativas surgieron de las empresas estatales, a los trabajadores les entregamos las tierras estatales. Las otras eran las cooperativas que crearon algunos campesinos individuales que se unieron, hacían la casa, la escuela, tenían un montón de ventajas y funcionaban. A los campesinos individuales que quedaron les dimos las tierras y vivían en cooperativas de créditos y servicios, es decir, están unidos para pedir créditos, pero la producción es individual. En esas cooperativas de créditos y servicios, son productores individuales que se han mantenido los cuarenta y seis años. Por ejemplo, en el tabaco, la vida ha demostrado que en nuestro país y para el tipo de tabaco que nosotros cosechamos, en que hay que recoger las hojas una por una, lo ideal es el pequeño productor independiente.

Eso no ocurrió en la Unión Soviética, iban al cero o al todo; cero colectivización durante los años de la NEP,[3] y después colectivización total en dos o tres años que causó terrible violencia, abusos, conflictos y daños.

Nosotros aquí discutimos mucho esa ley, y el Che y los otros un poco se asombran.

¿Porque era usted el más radical?

En la reforma agraria. Yo era bien radical, para qué le voy a decir otra cosa. Bueno, si tú no eres radical no haces nada, te pones a organizar un partido, haces veinte elecciones y no pasa nada. Pero yo sí, yo creía que había que dar un golpe con la Ley de Reforma Agraria.

¿Y lo siguió el Che?
No había ningún problema; pero en absoluto, él estaba feliz. Él se cuidaba, porque tenía todavía un poquito aquel freno, a pesar de sus méritos...

¿De ser extranjero?
Él había tenido iniciativas de industrias y cosas en la Sierra. Entonces el INRA [Instituto Nacional de la Reforma Agraria] se convierte en una institución muy poderosa que interviene todas las tierras.

En el INRA había un poco de desorden. Había un señor, que era jefe de zona agrícola por allá por Moa, que sin consultar con nadie interviene Nicaro, una empresa de níquel del gobierno estadounidense. Sin encomendarse a Dios ni al Diablo, porque había una buena dosis de anarquía en esos tiempos, no se vaya a creer que fue fácil. Ésa fue una bronca seria.

Entonces decido ir a discutir esto, pero ya la habían intervenido; era incluso un inconveniente retroceder, y entonces entramos en discusiones y negociaciones. Hubo cosas como ésa. También el ministro del Trabajo, muy radicalizado, y a veces intervenían, no se crea que había un orden.

Ya el INRA interviene no sólo tierras, tiene una serie de industrias, y crea un Departamento de Industrias e Industrialización, y yo llamo al Che para que se haga cargo del Departamento de Industrias, aunque seguía siendo una figura política y militar, cualquier peligro de invasión, estaba él de jefe militar, jefe político, miembro de la Dirección Nacional de las Organizaciones Revolucionarias Integradas.

Las ORI.
Sí. Una integración que hicimos en 1961 de tres organizaciones: el Movimiento 26 de Julio, el Partido Socialista Popular y el Directorio Revolucionario. Nos reuníamos todas las semanas, discutíamos los problemas fundamentales, y el Che estaba en la Dirección Nacional y estaba Raúl. Ahí se fue creando el embrión del Ministerio de Industrias.

Ésa fue una etapa, en un momento dado, en que él estaba en eso. Después viene una segunda etapa en que el Banco Nacional no tenía fondos, los recursos con que contaba eran muy pocos, porque las reservas las había robado Batista y hacía falta un jefe del Banco Nacional. Hacía falta un revolucionario en aquel momento. Y por la confianza en el talento, en la disciplina y en la capacidad del Che, es nombrado director del Banco Nacional.

De ahí han surgido bromas. Los enemigos bromeaban, siempre bromean, también nosotros bromeamos; pero la broma, que tenía una intención política, se refería a que un día yo había dicho: «Hace falta un economista». Entonces se habían confundido y creyeron que yo había dicho: «Hace falta un comunista». Por eso habían llevado al Che, porque el Che era un comunista, se habían equivocado... Y el Che era el hombre que tenía que estar allí, no le quepa la menor duda, porque el Che era un revolucionario, era un comunista y era un excelente economista.

¿Excelente economista?

Sí, porque ser excelente economista depende de la idea de lo que quiera hacer quien dirige un frente de la economía del país y quien dirige el frente del Banco Nacional de Cuba. Así que, en su doble carácter de comunista y economista, él era excelente. No es porque se hubiera llevado un título universitario, sino porque había leído mucho y observaba mucho. Dondequiera que el Che ejerció responsabilidades, tenía que estar allí. Ya mencioné su tesón, su voluntad. Cualquier tarea que se le asignara era capaz de desempeñarla.

Después, el banco ya arregló cuentas, no tenía mucho dinero, y era mucho más importante lo de la industrialización, y ya eran centrales azucareros, industrias y fábricas, porque empezaron nuestros adversarios a tomar medidas, y nosotros contramedidas, y cuando vinimos a ver, todas las principales industrias habían sido nacionalizadas... A cada medida contra nosotros, la respuesta que nosotros teníamos era intervenir un gran número de industrias, el níquel, los centrales azucareros, todas las industrias, y ahí tenía que estar el Che. Qué trabajo hizo el Che, ¡excelente! ¡Qué disciplina, qué vocación, qué estudioso, qué abnegado, qué ejemplar, qué austero! Cualquier tarea que le dabas se entregaba por entero.

Era un líder político, y un líder militar, pero tenía como trabajo concreto el Ministerio de Industrias. ¡Cómo estudió! Ahí fue donde estudió los métodos de dirección.

¿Tuvo discrepancias con otros compañeros partidarios de aplicar los métodos experimentados en la Unión Soviética?

Bueno, allí es donde surgen algunas polémicas entre el Che y otros, una discusión que parecía medio bizantina —yo no estaba todavía tan consciente—, pues el Che defendía el método de financiamiento presupuestario, y otros compañeros empiezan a defender el método de autogestión financiera.[4]

El método del Che no es el puramente presupuestario; siempre advertía contra los riesgos que supone, y planteaba que había que estar en permanente guardia y que no fueran a prevalecer los estímulos materiales por encima de la conciencia, por encima de los valores morales.

Se entablan aquellas especies de polémicas y discusiones, que no llegaron a ser de mucha profundidad. Yo digo: «Bueno, cada uno defienda sus posiciones, discutan entre unas ideas y otras». Y yo, comunista utópico, le confieso que me gustaban más las ideas del Che en torno a la forma de construir la economía;[5] además, el nuestro es un país chiquito... Me gustaba más la apelación moral del Che, francamente.

Él era bastante opuesto a la cuestión de los estímulos materiales, era partidario de esos estímulos pero limitados, y era muy partidario de la educación y la formación de una conciencia comunista; creía mucho en la conciencia y en el ejemplo.

El Che era partidario del trabajo voluntario, ¿verdad?

El Che impulsó mucho el trabajo voluntario. Fue el creador, el promotor del trabajo voluntario en Cuba. Todos los domingos se iba a hacer trabajo voluntario, un día en la agricultura, otro día, a probar una máquina, otro día a construir.

Mantenía estrechos contactos con los centros de trabajo, conversaba con los obreros, a veces iba a los muelles, a las minas, a veces iba a los cañaverales a cortar caña... Tú lo veías: si se hacía una combinada y había que subir a la combinada, él montaba en la combinada de caña; si había que construir, él con una carretilla; si había que cargar sacos, él cargando sacos. Nos dejó la herencia de aquella práctica que, con su ejemplo, conquistó la simpatía o la adhesión, o la práctica para millones de nuestros compatriotas. ¡Un verdadero ejemplo! Todas ésas son cosas admirables. En esas situaciones, me gustaban esas características del Che.

¿Se llevaba bien con Raúl?

Estaban muy unidos Raúl y el Che, aunque a veces discutían, tenían ellos sus discusiones. Pero el Che nunca discutió conmigo, nunca tuvo ningún desacuerdo, ni Raúl tuvo desacuerdo. Y en algunas cosas fueron un poco, digamos, radicales, más Raúl que el Che, debo decirlo; pero radicales en cuanto a alguna medida en concreto o relacionado con algo en particular. Bueno, en aquel reparto de tierras un poco rápido —no sé si estoy calumniando—, sospecho que tanto el Che como Raúl eran partidarios de eso, de la toma de tierras; pero acataron completamente la idea de que no se podía hacer así, con desorden, la reforma agraria.

Hicimos una reforma agraria muy radical, y hubo elementos de idealismo. Yo pude haber compartido con el Che, y él conmigo, elementos de idealismo, pero no estoy en absoluto arrepentido. Porque mientras más he conocido los vicios del capitalismo, la importancia del ejemplo, las ideas y la conciencia, más me persuado de que son esos factores fundamentales los que preservaron la Revolución.

Pero quizá hubo exceso de idealismo porque, realmente, cuando se acabaron las mercancías, que parecía que eran eternas, las divisas ya se las habían robado, y empezaron a robarse lo que podían —vendían los exportadores, dejaban una parte del dinero allí, subfacturaban, si la vendían en doscientas aparecía en la factura con ciento cincuenta y ésa es la que traían para acá—, y también hubo una pequeña pifia, que se quedaron con algunos millones en Estados Unidos, eran unos cuarenta o cincuenta millones de dólares, y los norteamericanos nos los congelaron.

Usted me dijo antes que, inmediatamente después del triunfo de la Revolución, «empezaron las conspiraciones». ¿A qué se refería?

Empezaron los sabotajes, la infiltración de hombres, de pertrechos de guerra, para sabotear y promover levantamientos y actividades terroristas. Nuestro país ha sido objeto de la más prolongada guerra económica de la historia, y de una incesante y feroz campaña de terrorismo que dura ya más de cuarenta y cinco años. Empezaron a enviar aviones que bombardeaban con materiales incendiarios las plantaciones de caña… Secuestraban a nuestros aviones, y los llevaban a Estados Unidos, y muchos los destruían. Los dueños de los periódicos, como hacen hoy en Venezuela contra Chávez, alentaban los ataques contra la Revolución. El *Diario de la Marina* y otros publicaban declaraciones de gente que se había marchado a Miami.

Era parte de una guerra: ataques piratas a nuestras costas, a nuestros barcos pesqueros, a los transportes que venían a Cuba. Mataron a diplomáticos, mataron a compañeros, hasta en Naciones Unidas... Traían dinamita de Estados Unidos —¡y hasta fósforo vivo!—, la metían en cajetillas de cigarros, las tiraban en un teatro, en una tienda, provocaban muertes, incendios, problemas serios... Desde los primeros años del triunfo de la Revolución, a lo largo y ancho del territorio nacional fueron también diseminados grupos armados que asesinaron a campesinos, obreros, maestros y alfabetizadores; quemaron viviendas y destruyeron centros agrícolas e industriales. Nuestros puertos, buques mercantes y pesqueros fueron objeto de constantes ataques. El 4 de marzo de 1960, en un muelle de La Habana, hicieron explosionar un barco francés, el *La Coubre*, y hubo más de cien muertos y, entre ellos, seis marinos franceses, cientos de heridos... En marzo de 1961 hicieron saltar una refinería; el 13 de abril de ese mismo año sabotearon e incendiaron los almacenes El Encanto de La Habana... Lo más repugnante fue el atentado de Barbados, el 6 de octubre de 1976, contra un avión de línea cubano en vuelo, repleto de pasajeros, cuyos restos irrecuperables fueron a parar al fondo del mar, a cientos de metros de profundidad, en el que murieron setenta y tres personas.

¿Todo eso estaba organizado por Estados Unidos?

Bueno, en los primeros días esas actividades terroristas eran más bien organizadas por elementos batistianos, antiguos policías y gente de Batista mezclados con algunos contrarrevolucionarios. Pero ya la Administración estadounidense estaba trabajando intensamente contra Cuba, ya empieza el bloqueo económico, estamos a unos cuantos meses de la invasión de Girón, y la CIA empieza a crear organizaciones contra nosotros, llegó a crear más de trescientas organizaciones... Y hoy se sabe que, en marzo de 1960, ya el presidente Eisenhower firma una orden que autoriza una «poderosa ofensiva de propaganda» contra la Revolución, y un plan de acción encubierta para el derrocamiento del gobierno de Cuba.[6]

De noviembre de 1961, después de Playa Girón, a enero de 1963, o sea en catorce meses, hubo un total de 5.780 acciones terroristas contra Cuba, y de ellas 717 ataques serios contra nuestros equipos industriales. Todo eso causó la muerte de 234 personas. Aquel terrorismo, en total, provocó más de tres mil quinientas víctimas y más de dos mil mutilados. Cuba es uno de los países de mundo que más ha tenido que enfrentar el terrorismo.

También les hicieron guerra biológica, mandándoles virus desconocidos, ¿no es cierto?

Bajo la presidencia de Nixon, en 1971, se introdujo en Cuba —según una fuente de la CIA, mediante un contenedor— el virus de la peste porcina. Y tuvimos que sacrificar más de medio millón de cerdos. Ese virus de origen africano era totalmente desconocido en la isla. Y lo introdujeron dos veces.

Y hubo peor que eso: el virus de tipo II del dengue, que produce fiebres hemorrágicas mortales para el ser humano. Eso fue en 1981, y más de trescientas cincuenta mil personas resultaron contaminadas, murieron 158 personas, de ellas 101 niños... Ese virus de tipo II era entonces completamente desconocido en el mundo, había sido creado en laboratorio. Un dirigente de la organización terrorista Omega 7, con base en Florida, reconoció en 1984 que ellos habían introducido ese virus mortal en Cuba con la intención de causar el mayor número posible de víctimas...

Y no le hablo de los atentados contra nosotros.

¿Atentados contra usted?

Fueron decenas de planes, algunos estuvieron muy cerca de tener éxito. Suman en total, registrados, entre planes elaborados, más de seiscientos.[7] Planes bien organizados, desde iniciales hasta planes avanzados... Planes en distintos grados. Se hicieron muchas de esas cosas. Lo hacían de tres maneras: una, directa; otra, organizando grupos supuestamente independientes, con todos los recursos, para hacerlo por su cuenta, sin intervención directa de las instituciones norteamericanas; la tercera es la incitación, que tiene mucha fuerza, crear psicología de cazadores, de que hay alguien que debe ser cazado, plena franquicia para la cacería, recolección de recursos, amplios recursos a grupos supuestamente políticos, como era la famosa Fundación.

¿La Fundación Nacional Cubano-Americana?

Sí. Su línea fue de trabajo político y de *lobby*, hasta el momento en que, después del derrumbe del campo socialista y de la URSS, creó un grupo de acción. El que lo dirigía, Jorge Mas Canosa, era hijo de uno de los peores esbirros de Batista. Allí los que más influencia tenían fueron, primero, los batistianos, que se llevaron mucho dinero, y dirigían la Fundación esa. Después ellos sufragaban a todos estos grupos, les daban dinero; lo que no tenían era un grupo institucional de ellos, hasta que, al principio del «período especial», en 1992, lo crearon; pero ellos trabajaban con todos los terroristas aquellos que entrenó la CIA, y les pagaban los planes de atentado de todo tipo, planes terroristas.

Así que, para ellos, la última forma es la incitación. A mucha gente le han metido en la cabeza la idea de que hay que hacer una gran cosa, como es: asesinar a este diablo. Son «atentados por inducción», yo les llamo. Entre todos, organizados por los distintos grupos y los que se fueron, suman, ya le digo, más de seiscientos planes, y algunos estuvieron bastante cerca del éxito. Ahí es cuestión de azar, que también influye.

Hay un agente que tuvo en su poder una pastilla de cianuro y estuvo a punto de echársela a un batido de chocolate en un lugar donde yo iba, una cafetería del hotel Habana Libre, y se le congeló, por suerte; en el momento en que la iba a echar, estaba congelada. Porque aquí había una mafia del juego y del contrabando, gánsteres, que estaban aquí, que fueron afectados por la Revolución, y después fueron utilizados en los planes de atentados y en los planes de contrarrevolución.

Ellos tenían, en algunos hoteles, gente que habían colocado allí, amigos; aunque la inmensa mayoría fuera gente buena, ejemplar, siempre había algún elemento dispuesto, que utilizaron exhaustivamente. Eso lo comprobó el propio Senado de Estados Unidos.[8]

En otro atentado, pensaban utilizar un agente químico que producía efectos similares a los del LSD para infectar el aire de un estudio de televisión donde yo iba a hablar. Otra vez rociaron con veneno letal una caja de cigarros que yo me iba a fumar.

En un momento, cuando visité Chile en 1971, me tuvieron en la mirilla con una cámara de televisión que ocultaba un arma de fuego. Ahora, ellos seguramente iban a morir allí si disparan con aquella arma; y cuando su vida estaba en peligro, no disparaban. El último atentado fue en la reunión aquella de Panamá, en que estaba Luis Posada Carriles, el autor de la voladura del avión cubano en el año 1976, y que había mandado estos grupos...

¿En la reunión de la Cumbre Iberoamericana?

Sí, la del año 2000; lo capturaron. Bueno, ahora la lucha es que Washington se niega a extraditar a Posada Carriles.[9]

Según usted, ¿qué responsabilidad tiene Posada Carriles en todos estos atentados contra Cuba?

Posada Carriles y su cómplice Orlando Bosch son los más sanguinarios exponentes del terrorismo imperialista contra nuestro pueblo. Realizaron decenas de atroces acciones en numerosos países del hemisferio, incluido el territorio de Estados Unidos. Miles de cubanos perdieron la vida o quedaron mutilados como consecuencia de estas cobardes y abominables acciones.

Las mismas instituciones y servicios norteamericanos que entrenaron a estos terroristas de origen cubano entrenaron también, como es conocido, a los que organizaron el brutal ataque a las Torres Gemelas de Nueva York el 11 de septiembre de 2001, en el que varios miles de norteamericanos perdieron la vida.

Posada Carriles no sólo participó, junto a Orlando Bosch —entonces jefe de la CORU [Coordinación de las Organizaciones Revolucionarias Unidas], organización creada por la CIA—, en la destrucción del avión de Cubana, sino que después, durante muchos años, organizó decenas de planes de atentados contra la vida de los más altos dirigentes de la Revolución cubana, e hizo estallar numerosas bombas en hoteles de turismo en Cuba. Mientras Orlando Bosch, aparentemente prófugo de las autoridades norteamericanas, fue partícipe, junto a los cuerpos represivos de Augusto Pinochet, en el secuestro y el asesinato de importantes personalidades chilenas, como Carlos Prats y Orlando Letelier, o la desaparición de numerosos luchadores contra el fascismo en Chile, e incluso el secuestro y la muerte de diplomáticos cubanos. Desde la propia prisión en Venezuela, donde estuvo once años preso, Orlando Bosch ordenó a sus sicarios la realización de planes terroristas.

Tan tenebrosos personajes actuaron siempre bajo las órdenes de los gobiernos y los servicios especiales de Estados Unidos, o eran (y han sido) ilegalmente exonerados de todo cargo y castigo, como es el caso del perdón otorgado a Bosch por el presidente George Bush (padre), o tolerada su presencia durante semanas enteras en territorio norteamericano, como ha hecho el actual presidente de Estados Unidos [George W. Bush] con Posada Carriles, lo cual constituye una flagrante violación de las propias leyes del país por parte de quienes tienen la máxima responsabilidad de proteger al pueblo norteamericano de ataques terroristas.

Todos los actos terroristas de Posada Carriles, incluidos las bombas en los hoteles de turismo de La Habana y los planes de atentados, fueron financiados por los gobiernos de Estados Unidos a través de la tristemente célebre Fundación Nacional Cubano-Americana, desde que fue creada por Reagan y Bush en 1981. Todo eso fue pagado desde Estados Unidos. Jamás se actuó con tanto engaño e hipocresía.

¿Estados Unidos estuvo siempre detrás de esos atentados?

Desde el primer momento, la Administración estadounidense estuvo tratando de crear una imagen desfavorable de la Revolución cubana. Hicieron grandes campañas publicitarias contra nosotros, grandes intentos por aislar a Cuba. Para frenar la influencia de las ideas revolucionarias. Rompieron las relaciones diplomáticas en 1960 y adoptaron medidas de bloqueo económico.

Ya lo habían hecho con la revolución mexicana en la época de Lázaro Cárdenas, cuando éste nacionalizó el petróleo en 1936; decían horrores de aquella revolución. Lo hicieron también en 1954 contra la revolución de Jacobo Arbenz en Guatemala porque hizo una reforma agraria. También hicieron una gran campaña contra Salvador Allende y sus reformas en Chile, y contra la revolución sandinista en Nicaragua. Lo han hecho con todas las revoluciones, y hoy lo hacen con la revolución bolivariana de Hugo Chávez en Venezuela.

Pero, contra ustedes, Washington pudo contar con la ayuda de cubanos antirrevolucionarios.

Sí. Mire, le voy a decir una cosa: lo que vimos y lo que aprendimos es que muchos de los que se iban para Miami, muchos de los que estaban en actividades terroristas, no estaban pensando, ellos, en derrotar la Revolución. Todos ellos vivían con la convicción de que Estados Unidos y su fuerza serían los que derrotarían a la Revolución. Muchos de los que se fueron y abandonaron su residencia y abandonaron todo, no es que los expulsáramos o les quitáramos la residencia, decían: «Esto dura cuatro o cinco meses, ¿cómo va a durar una revolución en este país?», y se marchaban. Pero también los contrarrevolucionarios tenían la convicción —y eso ha pasado también en otros procesos— de que su causa triunfaría por una razón o por otra, y en este caso muy especial, porque la lucha era con Estados Unidos y era cuestión de hacer un poco de méritos, acumular méritos en un sentido o en otro; estar en las prisiones no era tan importante, o en alguna guerrilla contrarrevolucionaria en la que no tenían espíritu ofensivo.

Ellos esperaban la intervención de los norteamericanos para derrotar a la Revolución.

12

Playa Girón

El ataque – Los mercenarios – La intervención de Estados Unidos –
La victoria militar – El trato a los vencidos – El canje de
prisioneros – La guerra sucia – El papel del presidente Kennedy

Esa intervención se produce el 17 de abril de 1961, en Playa Girón, bahía de Cochinos.

Sí, ese día una expedición de unos mil quinientos mercenarios entrenados por la CIA, divididos en siete batallones de doscientos hombres cada uno y repartidos en cinco embarcaciones, llegaba a Playa Girón. Antes, unos aviones habían lanzado a decenas de paracaidistas para la toma de una cabeza de playa. Y en alta mar, a unas tres millas, a bordo de buques de guerra norteamericanos, y entre ellos un portaaviones [el *USS Essex*], oficiales de la CIA supervisaban directamente la invasión.

Contaban con un dominio aéreo total. Bombardearon por sorpresa dos días antes nuestros aviones —y teníamos muy pocos— en sus bases, usando insignias cubanas. Eligieron un lugar aislado, Playa Girón, separado por una gran ciénaga del resto del territorio. Era muy difícil contraatacar porque había que ir por dos únicas carreteras atravesando diez kilómetros de ciénaga. Eso convertía a cada una de esas dos carreteras en una especie de paso de las Termópilas.[1] Pero, en menos de setenta y dos horas, los derrotamos, después de una batalla encarnizada donde tuvimos más de ciento cincuenta muertos. Una batalla de sesenta y ocho horas consecutivas de combate —no hubo tregua ni un segundo—, frente a la escuadra norteamericana, que fue como se libró el combate. Los derrotamos y les hicimos unos mil doscientos prisioneros.

Esos prisioneros, ustedes al poco tiempo los devolvieron, ¿verdad?

Sí. Mire, nosotros pusimos en libertad al ejército mercenario de Girón entero, que si hubiera sido en Estados Unidos los condenan a cadena perpetua, si es que no hubieran fusilado a unos cuantos. Si nosotros hubiéramos reclutado mil y tantos norteamericanos para invadir Estados Unidos, cualquiera hubiera comprendido la sanción... Sin embargo, en abril de 2003, a un grupo de compañeros nuestros que estaban buscando información sobre los actos terroristas contra Cuba, los han condenado a algunos a dos cadenas perpetuas. Son los cinco compañeros que aquí hemos llamado «Héroes de la República de Cuba».[2] ¿Qué no les habrían hecho a mil y tantos norteamericanos, reclutados por el gobierno de Cuba, para llevar a cabo una invasión contra Estados Unidos? ¿Cuántas decenas de años hubieran estado presos allí? Mientras que nosotros, al ejército mercenario de Girón, le buscamos una fórmula y les planteamos una indemnización...

Ustedes los canjearon por medicamentos, creo.
Sí, y contra recursos para producir alimentos. Se habló, incluso, de equipos agrícolas, tractores... Lo que nosotros queríamos era buscar una solución aceptada por nuestra propia población, y mandarlos para allá. ¿Qué hacíamos nosotros con mil doscientos «héroes» presos? Era mejor mil doscientos «héroes» allá.

Yo conversé mucho con todos ellos, porque participé en la captura de algunos, y le puedo decir —tal vez sea también un caso único en la historia— que después de aquel tremendo combate no hubo un solo culatazo, fíjese bien.

¿No se maltrató a esos prisioneros?
Ni un solo culatazo, y le habla alguien que entró allí en Girón; nocturno el ataque, porque, en dos palabras, no queríamos que los rescataran. Estaba la escuadra norteamericana con portaaviones y sus equipos de desembarco, decenas y decenas de aviones de los más modernos, a tres millas de la costa.

Yo, incluso, caí bajo el bombardeo de nuestra propia gente, porque, bueno, cuando una aviación informa que está desembarcando más gente, yo digo: «No. Están *reembarcándose*», y a la artillería le doy instrucciones allí de disparar unas salvas contra la tierra y otras salvas en el mar, y había cantidad de cañones, un grupo de artillería completo disparando, obuses de 122... No voy a hacer la historia de esa batalla, pero puse un jefe en cada tanque y pasan a toda velocidad, porque había una barrera antitanque, cañones sin retroceso; oscuro, de noche.

A toda velocidad pasé por arriba... Dije: «Miren, si ustedes no lo hacen lo voy a hacer yo». Montones de jefes salieron para allá pero yo no pude aguantarme. Estaba esperando unos tanques, no llegaban; unos tanques que tenían cañones de 122 y una ametralladora arriba, y en uno que estaba allí, me monté en él, era una artillería blindada, un SAU-100, con un cañón de 100 milímetros, y hago lo mismo a toda velocidad. Bien, llevaba creo que tres o a lo sumo cinco balas.

Hay una fotografía célebre de usted en Girón, saltando de un tanque.
Sí, yo estuve en varios tanques, no estuve en uno solo. Ésa es otra historia... Pero estoy diciendo que yo estuve en la captura y capturé no se sabe cuántos prisioneros, y le salvé la vida a uno aquella misma noche, que decía: «¡Mátenme!», y estaba hasta con barba. Tenía una úlcera sangrante. Le digo: «Nosotros no matamos a los prisioneros». En un yipi [*jeep*], a toda velocidad, lo mandamos para el hospital. Se le salvó la vida.

¿No se maltrató a ninguno de los prisioneros de Girón?
Ni un golpe, porque es nuestro principio, ya le dije, y todo el mundo lo sabía. Lo más admirable es que allí había miles de hombres, en distintos lugares, que habían sufrido, habían perdido la vida más de ciento cincuenta compañeros nuestros, en total fueron ciento cincuenta y siete los que murieron en los combates de Girón o después de los combates, y cientos de heridos, y esos hombres que lucharon con un ardor tremendo no fueron capaces de darle un culatazo —un culatazo, no le digo ya otra cosa— a una sola de aquella gente, mercenarios pagados, al servicio de una potencia extranjera, y a los cuales no les tenían ninguna simpatía, como usted comprenderá. Me pregunto si hay otros casos en el mundo...

Eso también puede ayudar para demostrar por qué una conciencia es más importante que cualquier disciplina. No puede haber disciplina sin conciencia.

Bueno, ¿qué pasó en Vietnam? ¿A cuánta gente asesinaron las fuerzas norteamericanas y sus aliados en Vietnam? Civiles, personas que se rindieron, no sólo los que murieron en combate...

Se calcula que dos millones de vietnamitas perdieron la vida en la guerra de Vietnam.
De muertos, pero hay que ver, incluso, cuántos murieron asesinados. Usted sabe que en todas las guerras... Los franceses tuvieron una guerra en Argelia y ¿a cuántos argelinos fusilaron? Eso ha pasado en todas

partes. Ya, quizá en la guerra de Kosovo, en 1999, no sé si los soldados de la OTAN mataron a alguno, no sé qué nivel de disciplina tenían, y aquella guerra no fue por tierra, allí las que mataban eran las bombas dirigidas y los aviones, una guerra técnica, los B-2, los B-52 esos que vuelan desde Estados Unidos y los aviones «invisibles» [Stealth] y todo eso... Ya la guerra es técnica, ya casi los hombres no participan en los combates, que es donde se puede dar la situación de que un soldado mate.

Estados Unidos no puede asegurar, en ninguna de sus guerras, que sus soldados no hayan cometido atrocidades... Tuvo la de Corea, y tuvo socios allá en Vietnam. Yo no sé cómo serían los otros aliados, no tengo elementos de juicio, pero mataban a muchos prisioneros, y el régimen títere en Vietnam, la gente que mataba era mucha.

Ahora, búsquese un ejemplo de una batalla en la que no se haya maltratado a los prisioneros... Después tuvimos otras batallas, porque estuvimos en Angola, en 1975; estuvimos en la batalla de Cuito Cuanavale.[3] Pueden ir a preguntarle al ejército sudafricano, si alguno de los hombres que cayó prisionero allí recibió un mal trato, recibió un golpe. Se sentían seguros en manos nuestras. No hay un solo caso, fíjese, muchos años después, y hemos estado en unos cuantos lugares combatiendo. Hemos combatido en Etiopía, cuando la revolución...[4] Óigame, jamás nuestros soldados a un prisionero lo han ejecutado y jamás lo han maltratado.

Si nosotros, en nuestra guerra que duró veinticinco meses en la lucha contra Batista, ya le conté, hubiéramos ejecutado a los prisioneros, no se gana esa guerra. No se maltrató ni siquiera a esa gente que planificó atentados contra nosotros.

¿Ustedes devolvieron a los prisioneros de Girón sanos y salvos?

Sí. Y ya le hablé de los episodios después de los combates, cuando la gente está llena de adrenalina, enardecida por los muertos, los heridos, la tensión de los combates, y era en los primeros años de la Revolución, y muchos combatientes nuestros eran milicianos, voluntarios que estaban allí, obreros, campesinos y estudiantes, y no hubo, fíjese, pero ni un solo culatazo. Ahí están los que devolvimos, los que aún viven, en Miami, se les puede interrogar, a ver si hay uno solo que declara haber recibido un golpe. No hay un solo caso.

Allí ocurrió un accidente... Lo relato: iban trasladando rápidamente a los hombres capturados hacia La Habana. Se llevaba entonces a los prisioneros, sin la organización que tenemos ahora, en camiones, en rastras [remolques]. Como eran muchos, rápidamente los trasladábamos hacia la capital. Ahí, unos compañeros cometen un error: una de las rastras era cerrada —fue un descuido; tomaron el primer vehículo que aparecía—; alguien no tomó las medidas pertinentes, no se percató y se produjeron casos de asfixia en un vehículo que trasladaba prisioneros.

¿Hubo muertos?

Sí. Eso fue accidental por completo. ¿Qué interés podíamos tener nosotros? Nuestra gente no quería que pereciera uno solo. Si mientras más prisioneros tuviéramos, mejor, más grande era la victoria. La victoria no se mide sólo por el número de bajas enemigas, nosotros tuvimos muchas más bajas que ellos.

Ellos estaban bien entrenados, tenían buen armamento; pero nosotros estábamos al ataque, al ataque, ataque de día y de noche. Testigos: miles de soldados, cientos de oficiales del ejército de Estados Unidos. Y nos estaban atacando con aviones, bombarderos B-26 que habían camuflado con insignias cubanas. Así engañaron a nuestras tropas, pasaron cosas horribles. Pero no hubo un solo prisionero maltratado.

Los condenamos al pago de una indemnización de cien mil dólares por prisionero o a una sanción, pusimos una sanción alternativa. Lo que nosotros queríamos era el pago de una indemnización, pero no por necesidad de dinero sino porque era un reconocimiento, era casi una especie de castigo moral.

Tenía que haber una sanción.

Entonces, bueno, estuvieron presos y se negoció. Lo increíble es que al abogado que negoció conmigo, la CIA lo trató de sobornar para que me trajera de regalo un traje de buzo que venía ya impregnado de hongos y bacterias suficientes para matarme. ¡El abogado que negociaba conmigo la liberación de los prisioneros de Girón!

No tuvieron escrúpulos.

Yo no puedo decir que él estuviera comprometido con el plan. Lo que se sabe y se conoce es que él fue el instrumento. Querían utilizarlo. Donovan se llamaba ese abogado, James Donovan. Al parecer no hay ningún indicio de que haya tenido participación consciente, sino que fue utilizado. Yo lo que, desde luego, no suelo usar traje de buzo en este clima caluroso. Tú te pones un traje de esos y tienes que ponerte más peso, no sirve en este mar. Bueno, entre el montón de planes de atentados, está ése, porque, ya le dije, una comisión del Congreso investigó eso.

¿La Comisión Church?[5]

Sí. Todo eso lo han investigado ellos, esto no es un invento mío. Pero fíjese ¡qué ética! Ése es el hombre que está negociando la liberación de aquellos prisioneros, que muchos podían haber sido condenados a la pena capital, o algunos sancionados. ¡Y los estábamos liberando!

¿Quiénes eran esos hombres que desembarcaron en Playa Girón?

¿Quiénes eran aquellos mercenarios? Algunos criminales de guerra que se habían ido para Estados Unidos, porque los oficiales y los principales jefes eran casi todos soldados del ejército de Batista, oficiales del ejército de Batista, y muchos hijos de terratenientes. Ahí se manifestaba mucho la actitud de clase.

Finalmente, ¿cuál fue la indemnización que recibieron por devolver a esos prisioneros?

Creo que pagaron en efectivo como dos millones de dólares, después de las discusiones con Donovan, que los invertimos en comprar incubadoras en Canadá para la producción avícola. Y otros cincuenta millones fue en alimentos y medicinas. Bastante caro que cobraron las medicinas, no crea que eran mucho más baratas que ahora. Y alimentos para niños. Alimentos y medicamentos que trajeron unos barcos.

Así fue, nosotros fuimos los que les buscamos la solución a aquellos mercenarios que estaban en prisión. Hasta cierta relación llegamos a establecer con ellos, porque, realmente, dijeron toda la verdad, y lo dijeron públicamente. Y la sanción no fue de odio ni de venganza. La victoria era el premio más importante para nosotros. ¿Qué nos importaba tener aquí a mil doscientos prisioneros que los de Miami iban a convertir en mártires?

¿No temía usted que al regresar a Miami se enrolasen de nuevo en acciones violentas contra Cuba?

Bueno, sí, realmente, algunos de los que enviamos para allá volvieron y han puesto bombas. ¿A nosotros nos podrían responsabilizar de eso? No. Un barco de «héroes» es terrible, porque cada uno de ellos se hace jefe, cada uno de ellos es un «héroe». Y, bueno, realmente les devolvimos mil y tantos prisioneros.

Pero ¿cuántos les hemos enviado de los demás, de los llamados «disidentes»? ¿Y quién los puso en libertad? El gobierno de Cuba. Testigo de eso, el cardenal John O'Connor,[6] que era arzobispo en Nueva York. Con él fueron miles los que pusimos en libertad, y nosotros le decíamos al cardenal: «Trate y consígales la visa, porque también usted sabe que ellos lo que quieren es ir para Estados Unidos». Todos esos llamados «disidentes» obtenían privilegios, trabajo; bueno, incluso los que no habían aportado nada al intento de destruir la Revolución...

Ese cardenal de Nueva York, John O'Connor, yo lo apreciaba mucho. A muchos miles de contrarrevolucionarios los puso la Revolución en libertad, y allá están premiados. Y algunos sí, volvieron a reincidir, formaron grupos, se entrenaron. Por eso nosotros debemos tener cierto cuidado, porque a veces somos generosos, ponemos en libertad a un contrarrevolucionario, se va a Estados Unidos y empieza a organizar actividades contra Cuba, a entrenarse, se puede infiltrar en nuestras costas y eso acaba por costarle la vida a un compatriota nuestro.

¿Usted se refiere a los activistas de Alpha 66 o a los de Omega 7?[7]
Muchos de ellos. Y ya le dije cómo, en los primeros años, había hasta quince mil hombres en las bandas armadas contrarrevolucionarias. La «guerra sucia» llegó a desarrollarse en todas las provincias del país, hasta en la provincia de La Habana. Bastaba un marabuzal, bastaban los cañaverales, en todo el país había «guerra sucia». Se puede decir que Cuba es el único país que ganó una «guerra sucia».

Cuando usted habla de «guerra sucia», ¿se refiere a acciones como atentados en lugares públicos, por ejemplo?
No, no, a grupos irregulares armados practicando una especie de guerrilla contra nosotros, porque los norteamericanos son listos. Mientras los amigos soviéticos eran muy lentos y muy académicos, los norteamericanos, los militares norteamericanos son más flexibles. Ellos inmediatamente vieron qué receta nosotros habíamos utilizado para derrocar a Batista, para vencer aquel ejército, que fue: combinación de la lucha armada y del pueblo.

¿Y creyeron que contra ustedes podían crear también unas guerrillas?
Apenas trataron. Fue la primera vez que aplicaron ese procedimiento. ¡No respetaron la patente nuestra! La aplicaron por su cuenta y llega-

ron a organizarlas. Nos costaron más vidas las «luchas contra bandidos» que la propia guerra. Todo eso fue antes de Girón. Ellos iban a la sierra del Escambray, pero nosotros enviamos allí a cuarenta mil hombres, todos voluntarios, de la capital muchos de ellos.

Todos voluntarios. Nunca se usaron unidades del servicio militar obligatorio en la lucha contra la «guerra sucia», a partir de un concepto: en una lucha interna o en una misión internacionalista todos los combatientes tienen que ser voluntarios.

Abro un paréntesis, ¿cómo se explica que, conociendo la experiencia de ustedes en esa «guerra sucia», los sandinistas en Nicaragua, en los años ochenta, no consiguieran eliminar a la «Contra», que también estaba financiada, armada y entrenada por Estados Unidos?
Yo creo que allí hubo un error, pero tú no los puedes culpar a ellos, y es que una guerra interna no se puede hacer, como le digo, con soldados del servicio militar. En virtud de una ley de servicio militar obligatorio, tú te llevas al muchacho y lo mandas a un combate y muere, y entonces la familia piensa que es el Estado, o la Revolución, o sus leyes, quienes le han llevado ese muchacho.

Quizá el precio más alto de la «guerra sucia» lo pagaron los sandinistas porque utilizaron el servicio militar obligatorio para combatir la «guerra sucia», cosa que nosotros nunca hicimos. Pero ya llega un momento en que se dejaron llevar por el academicismo, y el academicismo hace apartarse a la gente un poco de lo mejor que hizo la Revolución, que fue el espíritu creador de tácticas y de fórmulas políticas y militares que conducen a la victoria. Si te dejas llevar por los dogmas que están en los libros de las academias estás perdido.

Realmente yo siempre tuve una mentalidad antiacadémica. Imagínese usted, una academia y que nosotros estemos hoy con los principios de la defensa del año 1959 en la época actual, en la era de los proyectiles inteligentes, en que los tanques se destruyen a seis o siete kilómetros con un arma bastante certera, aviones invisibles, radares que te captan los tanques y te los destruyen, tú las armas que tienes, debes saber usarlas y tienes que apartarte totalmente de todos los libros y de todas las fórmulas de las academias.

¿Así ganaron ustedes la «guerra sucia» en el Escambray?
Rodeamos el Escambray, lo partimos en cuatro, fuimos limpiando cuadrante por cuadrante, y muchas veces los cercos. Un cerco de noche sirve

para saber por dónde pasó alguien, porque hay una línea, se acercan, lanzan una granada, disparan, y los que están a los lados no pueden hacer gran cosa, y sirve muchas veces para saber por dónde pasaron, porque entonces ya sabes que están de aquel lado.

Basta el apoyo de un 10 por ciento de la gente civil, del campesinado, para que haya base para una guerra irregular, y allí, en el Escambray, por determinadas circunstancias, a causa de unos grupos que estuvieron en aquella zona, la Revolución no tenía tanto apoyo, podía tener el 80 por ciento… Una guerra irregular se puede organizar con el apoyo del 10 por ciento y hasta del 5 por ciento de la población.

La diferencia entre nuestra guerra irregular y la que ellos organizaron aquí es que nosotros siempre estábamos en acción, organizando algo para golpear al enemigo y en movimiento, de una forma u otra, y ese espíritu no lo tenían los miembros de las bandas que practicaban la lucha armada, que se llamó, desde lo de Nicaragua, «guerra sucia». Lo que sí eran expertos en rehuir el combate, en rehuir la persecución, en eso tenían unas habilidades extraordinarias que nosotros nunca desarrollamos, porque ellos llegaban ahí a una casa: un sótano, un tubito, o pasaban una cerca y tenían los túneles ahí; y se pasaba un «peine» que es un método fuerte, un hombre nuestro cada diez metros, registrándolo todo, no se topaba con nada. Se volvieron verdaderos expertos en disimularse, en evadir el combate, en evadir la persecución, no desarrollaron el espíritu de ofensiva.

Luego, en los años ochenta y noventa cambiaron de táctica: mandaban mercenarios, muchachos jóvenes, por cinco mil dólares, guatemaltecos y otros; no venían ellos, eso lo dejaron para mercenarios. Mire, tenemos a un salvadoreño [Julio Cruz León] que vino pagado, cinco mil dólares por bomba, y puso cinco bombas en un día. Bueno, en muchos países, por dinero, puedes reclutar miles de mercenarios; a veces por dos mil dólares. Les pagaban el viaje de ida y vuelta, y les daban el dinero cuando hubieran puesto la bomba y regresaran allá.

Por eso, ese salvadoreño quería tener un récord olímpico, quería que cinco bombas estallaran simultáneamente. Mientras tanto, en Miami, la Fundación Nacional Cubano-Americana y toda esa mafia declaraban que eran los miembros de nuestra Inteligencia Militar y de la Seguridad del Estado los que estaban descontentos, poniendo bombas aquí en los hoteles, y que eso era una cosa correcta, legítima y todo. Sobre eso publicaron un montón de artículos en la prensa.

Hubo también, más tarde, ataques de otro tipo.

Bueno, ya le hablé de las miles de acciones terroristas, de los atentados, del incendio de los almacenes El Encanto, de la voladura del barco *La Coubre*, del avión de pasajeros que hicieron estallar en vuelo; le mencioné los ataques con virus, la peste porcina, el dengue, miles de víctimas, decenas de muertos. En los años ochenta, hubo además ataques que hay que calificar de biológicos. Por ejemplo, un parásito llamado moho azul atacó nuestras plantaciones de tabaco; luego un hongo desconocido destruyó nuestra mejor variedad de caña de azúcar, la Barbados 4362, y se perdió el 90 por ciento de la cosecha. Cosa que nunca había sucedido. También nos pasó con el café. Otras plantaciones se infestaron de una plaga, la Thrips Palmi; y ocurrió igual con las cosechas de papas. Y hubo otras así, destructoras, que plantearon muchos problemas a nuestra agricultura. Es muy difícil de demostrar, pero todo indica que esas calamidades no fueron fruto de la casualidad, hubo realmente intención maligna. Y esos ataques son además complicados de combatir, hay que recurrir a la ciencia, lo militar en esos casos de poco sirve.

Desde el punto de vista militar, ¿disponían ustedes de hombres suficientes bajo las armas para hacer frente a todas esas agresiones y a todas esas amenazas?

Bueno, para defender el país, en un momento dado, en los años sesenta, fue tal el volumen de las fuerzas que necesitábamos, eran cientos de miles de hombres, puesto que nuestro adversario era nada más y nada menos que Estados Unidos...

Era una época en que todavía las guerras convencionales se llevaban a cabo en una lucha entre hombres, entre combatientes; en aquella época, tú tenías que prever un desembarco naval. La vía principal para ocupar un país que es una isla era el desembarco naval, ya tenías que tomar en cuenta desembarcos aéreos, pero no era el método fundamental. No existían los ejércitos en helicópteros. Casi la medida principal que teníamos que tomar era contra los lugares de desembarco. Se observaba el desarrollo tecnológico de los transportadores de tropas y todos los posibles lugares, sobre todo, en la defensa de la capital de la república. Todos los lugares de posibles desembarcos navales —bueno, también los de desembarcos aéreos— nos habían obligado a una movilización total del país.

Ya, afortunadamente, en aquellos momentos se había hecho la campaña contra el analfabetismo, se continuaban los planes de seguimiento y había escuelas en todas partes.

¿Eso les permitía disponer de efectivos mejor formados para manejar los equipos militares modernos?

Correcto. En un momento dado, por ejemplo, después de la crisis de octubre de 1962, tuvimos que asimilar todo el armamento de los cuarenta y dos mil soviéticos, entre ellos cohetes tierra-aire que requieren conocimientos por lo menos de doce grados, de nivel del bachillerato. Incluso la preparación de profesionales universitarios se afectó. No podíamos ingresar el número de médicos que queríamos, el número de bachilleres era insuficiente, y muchos de los que estudiaban bachiller pasaron a convertirse en maestros improvisados, en parte, o en combatientes para el manejo de la técnica moderna, los radares, las comunicaciones, es decir, prácticamente ya todos los equipos necesitaban personal bien calificado.

De modo que, en determinado momento, casi todos los soldados que ingresaban en un servicio de tres años eran técnicos medios o universitarios. Se hacían algunas excepciones con algunas carreras que estaban supernecesitadas de personal, medicina, por ejemplo, porque de seis mil médicos que teníamos antes de 1959 se habían marchado a Estados Unidos unos tres mil en los primeros años.

Tardamos años en poder ingresar hasta seis mil estudiantes seleccionados para las carreras de medicina y lograr el número de más de sesenta mil que tenemos en este momento. De una facultad de Medicina que existía, se crearon veintiuna facultades de Medicina en los últimos años, la número 22 principalmente es para estudiantes procedentes del exterior. Ésa era la situación.

Tanto el desembarco en Playa Girón como la «guerra sucia» fueron autorizados por el presidente de Estados Unidos John Kennedy, que luego será también un protagonista central, con usted y Jruschov, de la grave crisis de octubre de 1962 a la que acaba de hacer alusión. Sin embargo, cuando se le oye a usted hablar de Kennedy no se siente ninguna animosidad hacia él, y hasta se siente más bien cierta simpatía. ¿Cómo se explica eso?

Bueno, en lo de Girón, que fue en abril de 1961, Kennedy realmente heredó la política de Eisenhower y de su vicepresidente Nixon. La invasión ya estaba decidida, ya existían los planes para destruir la Revolución, y eso que la Revolución aún no tenía un carácter socialista.

245

La medida más importante que habíamos tomado entonces era la reforma agraria, y también se habían aplicado algunas otras medidas, como la alfabetización, la rebaja de las tarifas eléctricas, telefónicas, la reforma urbana, la ley de alquiler, se habían confiscado los bienes de los malversadores... Se habían hecho algunas cosas, pero todavía no era un programa socialista. Nosotros no habíamos proclamado el socialismo, ni proclamado abiertamente la doctrina marxista-leninista. Nosotros sólo lanzamos una reforma agraria como parte de un programa de desarrollo del país, un programa de liberación nacional.

Incluso debo decir que la reforma agraria nuestra era entonces menos radical que la que había hecho el general Mac Arthur en Japón. Porque cuando Estados Unidos ocupó Japón, en 1945, Mac Arthur liquidó los latifundios, repartió las tierras y les entregó a muchos campesinos pobres japoneses parcelas de tierra. Pero en Japón los latifundios no pertenecían a grandes compañías norteamericanas, mientras que en Cuba sí. Por eso aquí la reforma agraria no se permitía, como no se permitió en Guatemala cuando la llevó a cabo Arbenz en 1954.

Entonces Kennedy, con dudas, escrúpulos y algunas vacilaciones, lleva a cabo el plan de acción de Eisenhower y Nixon. Creyó en el plan elaborado por la CIA y el Pentágono, creyó en la propaganda que aseguraba —como lo aseguró Bush antes del ataque contra Irak en marzo de 2003— que el pueblo se sumaría a los invasores y que las milicias no combatirían y que se sublevarían contra el gobierno de la nación.

Kennedy vacilaba y al final, ante las dificultades de los invasores de Playa Girón, decide darles un apoyo aéreo, pero cuando van a darlo ya no había mercenarios, porque en sesenta y ocho horas, el contraataque nuestro liquidó por completo aquella expedición. Una dura derrota para el imperio. Y una gran humillación.

¿Cómo reacciona Kennedy ante esa humillación?

Él, por una parte, impulsa el bloqueo económico, los ataques piratas y la guerra sucia. Pero también reacciona de una forma más inteligente: elaborando un programa político de reforma social y de ayuda económica para América Latina.

Kennedy propuso, después de aquella derrota, la Alianza para el Progreso, los Cuerpos de Paz, una estrategia realmente inteligente para frenar la revolución. Propuso un plan de veinte mil millones de dólares en diez años, con un programa de reforma agraria, ¡reforma agraria! Ellos que no habían aceptado nunca la palabra «reforma agraria», que la consideraban cosa de comunistas, plantearon la necesidad de una reforma agraria. Y propusieron: construcción de viviendas, reformas fiscales, programas de educación y de salud… Bueno, lo que estábamos haciendo nosotros.

Frente a la Revolución cubana, Kennedy se vio obligado a lanzar iniciativas de tipo político. Tuvo que proclamar la necesidad de reformas en América Latina porque entendía que los factores objetivos, sociales y económicos podían dar lugar a una revolución radical en este continente. Podía haber una nueva Revolución cubana pero a escala de todo un continente y quizá más radical aún.

Pero al final muchos gobernantes latinoamericanos se robaron ese dinero y la Alianza para el Progreso no resolvió nada. Sin embargo, hay que reconocer que fue una reacción inteligente de Kennedy, quien realmente tenía un indiscutible calibre intelectual.

13

La crisis de octubre de 1962

El mundo al borde de una guerra atómica – La «traición» de los soviéticos – Una negociación fallida – Jruschov, Yeltsin, Putin – El asesinato de Kennedy

Con Kennedy vivió usted, y el mundo entero, una de las más peligrosas crisis internacionales: la crisis de octubre de 1962. ¿Cómo juzga usted, cuarenta y tres años después, aquella situación?
Fue un momento internacional muy tenso. En 1962, había aquí cuarenta y dos mil soldados soviéticos, y nosotros teníamos casi trescientos mil hombres en armas. No estábamos dispuestos a aceptar una nueva agresión contra Cuba. Era triste y doloroso, pero nosotros no lo íbamos a permitir. Las unidades soviéticas estaban aquí para ayudarnos a repeler una nueva invasión que esta vez, después de la derrota de los mercenarios en Girón, iba a ser sin duda directa, hecha por unidades norteamericanas. El peligro era inminente.

¿Cómo empieza la crisis?
Ellos detectan los misiles entre el 14 y el 15 de octubre. Un avión espía estadounidense U-2, que vuela a mucha altura, fotografía unas rampas de lanzamiento. En realidad, es sabido que fue un miembro de los servicios de información soviéticos, el coronel Oleg Penkovsky, quien dio a los norteamericanos el emplazamiento preciso de los misiles que luego el U-2 detecta. Kennedy es informado el día 16, y es cuando empieza la crisis.

¿Qué hace Kennedy entonces?
Kennedy toma contacto con Jruschov, que ahí comete un error, ético y político. Jruschov, en una carta, le miente a Kennedy, le dice que son armas «defensivas» y no estratégicas. Evidentemente eran armas para

defenderse, pero eran ofensivas también. Aquí había unos 36 proyectiles estratégicos de alcance medio, y otras armas. Y el general soviético que estaba al mando de esa operación tenía facultad, en ciertas circunstancias, de usar esas armas tácticas y antiaéreas. Vamos, tenía cierta autonomía de usarlas hasta sin consultar con Moscú.

Esa carta de Jruschov se la lleva a Kennedy Gromyko, Andrei Gromyko, que era ministro soviético de Relaciones Exteriores. Eso es el 18 de octubre. En ese momento aún no se ha hecho público el problema. Pero ya Kennedy, el 19 de octubre, consulta con el Estado Mayor de las Fuerzas Armadas norteamericanas que le aconsejan un bombardeo aéreo masivo de Cuba. El 20 de octubre, aconsejado esta vez por Robert McNamara, su secretario de Defensa, Kennedy decide el bloqueo naval de la isla con 183 buques de guerra, entre los cuales ocho portaaviones con cuarenta mil infantes de marina a bordo. Entretanto, en la Florida, se concentran 579 aviones de combate y cinco divisiones aero-transportadas, entre las cuales hay dos divisiones de élite, la 82 y la 101. Pero la opinión pública americana y mundial sigue sin saber lo que está pasando.

¿Cuándo informa Kennedy a la opinión pública?
Él habla por televisión el 22 de octubre a las siete de la tarde. Habla por todos los canales del país, con gran dramatismo, y entonces el mundo se entera de que hay esta crisis y de que se está al borde de una guerra atómica. Anuncia que la Unión Soviética debe retirar sus proyectiles o arriesgarse a una guerra nuclear... Y anuncia también el bloqueo naval de Cuba para impedir la llegada de nuevos misiles. Ya en ese momento los soviéticos han arrestado al coronel Oleg Penkovsky y saben que los norteamericanos tienen toda la información. Y saben también que Kennedy sabe que Jruschov ha mentido en su carta.

¿Cuándo es usted informado de que los norteamericanos saben?
Los soviéticos nos informan desde el principio. Y la decisión nuestra, con los oficiales soviéticos que estaban aquí, fue de acelerar la construcción de las rampas de los cohetes estratégicos SS-4. Se trabajó día y noche. El 16 de octubre no había prácticamente ninguna rampa de lanzamiento terminada, el 18 ya había ocho, el 20 había trece, y el 21 había veinte y así. Se trabajó sin descanso. Ya aquello no se podía destruir sin una guerra nuclear que hubiera causado tremendos destrozos del otro lado también.

¿Qué hicieron ustedes frente a tan gran peligro?

Nosotros, como le dije, movilizamos en masa, teníamos bajo las armas en ese momento a más de doscientos setenta mil hombres dispuestos a defender el suelo de la patria y la Revolución hasta la última gota de sangre. Yo intervine en la televisión el 23 de octubre para denunciar la inminente invasión norteamericana y movilizar al pueblo.

¿El bloqueo naval por la armada estadounidense se llegó a hacer efectivo?

Cómo no. Ese bloqueo se hizo efectivo el 24 de octubre a partir de las dos de la tarde. Y había en aquel momento unos 23 navíos soviéticos que estaban en ruta hacia Cuba… En cualquier instante podía haber un incidente, un buque norteamericano podía disparar contra un barco soviético y estallaba la guerra nuclear… Había una tensión fuerte, muy fuerte.

En esa situación, ¿qué hizo la ONU?

Bueno, hubo el debate célebre entre el embajador norteamericano, que era Adlai Stevenson, y el soviético, Valerian Zorin. Stevenson —como lo hizo Colin Powell el 5 de febrero de 2003, con pruebas falsas en ese caso, para justificar la guerra contra Irak— presentó de manera espectacular ante el Consejo de Seguridad unas grandes fotografías aéreas de las bases de proyectiles estratégicos. El soviético negó la evidencia, negó la autenticidad de esas pruebas. Rechazó el debate. Cometió el error de rechazar el verdadero debate sobre la soberanía de Cuba, su derecho a defenderse, a protegerse. Eso fue el 25 de octubre de 1962.

Entretanto, me imagino que los estadounidenses seguían sobrevolando Cuba, ¿no?

Sí. Ellos seguían enviando sus aviones espías U-2, y empezaron también a hacer vuelos de reconocimiento incluso a baja altura. Nosotros decidimos disparar contra los aviones norteamericanos que habían empezado a hacer esos vuelos rasantes… Un vuelo rasante tú no lo puedes detectar, facilita un ataque por sorpresa. Se lo planteamos a los responsables militares soviéticos que estaban aquí, les dijimos que los vuelos rasantes no se debían permitir. Y les informamos que íbamos a disparar. Y abrimos fuego con artillería antiaérea.

Ahí es cuando, el 27 de octubre, una batería de cohetes antiaéreos SAM, manipulada por los soviéticos, en la provincia de Oriente, dispara y derriba a un avión espía U-2. Se produce entonces el momento de máxima tensión. Muere el oficial norteamericano Rudolph Anderson, piloto del U-2. Ese hecho era la prueba de que se estaba ya combatiendo. En cualquier momento podía producirse un nuevo incidente que desencadenara la guerra. Y déjeme decirle que aquí la gente estaba serena.

¿Usted pensó en algún momento que la guerra era inevitable?
Mire, era un momento muy tenso. Y nosotros mismos creíamos que era inevitable el conflicto. Y estábamos muy decididos a aceptar ese riesgo. Nosotros no íbamos a ceder. Estábamos en nuestro derecho de defender nuestra soberanía nacional.

Pero los soviéticos cedieron.
En ese momento de máxima tensión, los soviéticos le envían a Estados Unidos una proposición. Y Jruschov no lo consulta con nosotros. Proponen retirar los misiles, si los norteamericanos retiran sus cohetes Júpiter de Turquía. Kennedy acepta el compromiso el 28 de octubre. Y los soviéticos deciden retirar los SS-4. Aquello nos pareció absolutamente incorrecto. Ocasionó mucha irritación.

¿Tuvo usted la impresión de que el acuerdo se hacía a espaldas de ustedes?
Nosotros nos enteramos por vía pública que los soviéticos estaban haciendo esa proposición de retirar los proyectiles. ¡Y no se había discutido con nosotros! No estábamos en contra de una solución porque lo importante históricamente era evitar un conflicto nuclear. Pero los soviéticos tenían que haber dicho a los norteamericanos: «Hay que discutir con los cubanos». Carecieron de serenidad y de firmeza. Por una cuestión de principios debieron consultar con nosotros.

Si nosotros hubiéramos participado en las discusiones, quizá las condiciones hubieran mejorado. No hubiera permanecido la base naval de Guantánamo, no se hubieran mantenido los vuelos espías a gran altura... Todo eso nos irritó mucho. Protestamos. Y aun después del acuerdo seguimos disparando contra los vuelos rasantes. Y tuvieron que suspenderlos. Nuestras relaciones con los soviéticos se deterioraron. Durante años, eso influyó en las relaciones cubano-soviéticas.

En septiembre de 1991, el presidente ruso Boris Yeltsin negoció con Estados Unidos, y Moscú retiró de Cuba las últimas tropas soviéticas, la denominada «Brigada de Instrucción de Infantería Mecanizada». ¿Lo consultaron esa vez con ustedes?

No, ¡qué van a consultar!, ellos nunca consultan. Todo lo que se llevaron de aquí se lo llevaron sin consultar. En la crisis de octubre, no consultaron y se comprometieron a que la retirada de los cohetes sería inspeccionada, bajo fiscalización de las Naciones Unidas, y nosotros dijimos: «No, aquí no inspecciona nadie, no se autoriza, si se quieren ir…». Bueno, inventaron que los inspeccionaran en el camino. Aquello fue motivo de una situación bastante tensa, por la forma en que lo hicieron; pero la URSS era una superpotencia todavía. Sería largo hablar de eso, se cometieron muchos errores, ya he hablado de esto en otras ocasiones.

Sobre esto, una puntualización. Cuando ellos retiran, en 1991, la brigada soviética de Cuba…

Eso lo negociaron directamente con Estados Unidos, sin consultarnos; todo lo han negociado sin consulta. Ahora, no tenía ninguna importancia negociar esa brigada; esa brigada estaba desmoralizada, esa brigada no combatía un par de horas, a pesar de que los militares rusos están técnicamente bien preparados, son valientes, lo demostraron en la Segunda Guerra Mundial, todo eso. Pero ya la situación política era muy mala. Y en uno de esos viajecitos, cobardemente, oportunistamente, groseramente, de forma groseramente oportunista acuerdan llevársela.

Ahí también se podía haber imaginado que, a cambio de retirar esa brigada soviética de aquí, los norteamericanos se retirasen de la base de Guantánamo, ¿no?

Bueno, eso únicamente cuando la crisis de octubre, como le dije. Se pudo haber obtenido fácilmente, con un poquito de ecuanimidad y sangre fría, porque el mundo no estaba dispuesto…

A una guerra mundial.

Nosotros planteamos cinco demandas. Una de ellas era el cese de los ataques piratas, los actos de agresión y de terrorismo que se mantuvieron durante decenas de años. El cese del bloqueo económico. La devolución de la base naval de Guantánamo. Todo eso se habría conseguido fácil, dentro de aquella tensión, puesto que nadie estaba dispuesto a ir a una guerra mundial por un bloqueo, por unos ataques piratas y por una base que era ilegal y que estaba ocupada contra la voluntad de nuestro pueblo. Nadie habría ido por eso a una guerra mundial.

La presencia de los proyectiles estratégicos era un motivo muy fuerte para unir a Estados Unidos y sus aliados. Pero, sobre todo, mire, no tenía nada de ilegal el acuerdo con los soviéticos en virtud del cual se establecieron los cohetes frente a una invasión ya planeada con todos sus pretextos. Los historiadores norteamericanos, en sus propios archivos, tienen todos los papeles que demuestran eso: el proyecto de invadirnos. Así que cuando los soviéticos hablaron de instalar los cohetes como una forma de garantizar nuestra seguridad, ya estaba trazado el plan de invasión norteamericano; ya los pretextos para invadirnos estaban elaborados desde febrero de 1962, y los proyectiles creo que empezaron a llegar aquí en julio.

En el verano de 1962.
Sí, fue en el verano, habían pasado meses. Es muy posible que los soviéticos mencionaran aquello, porque ellos solían tener bastante información, ambos países se estuvieron espiando decenas de años por todos los medios habidos y por haber, medios técnicos. Pero, además, por métodos de espionaje o métodos de inteligencia, los soviéticos conocían probablemente todo eso. Ese plan de invasión de Cuba. No nos dijeron que lo conocían, sino más bien que lo deducían de las conversaciones de Jruschov con Kennedy, etcétera, pero ellos, con toda seguridad, lo conocían.

No tenía nada de ilegal el acuerdo nuestro con los soviéticos, puesto que los norteamericanos tenían en Turquía unos cohetes Júpiter y en Italia también, y nadie se metió nunca en los acuerdos militares de otras potencias. El problema no fue de legalidad, todo era absolutamente legal, sino el manejo político que hizo Jruschov del problema, y cuando empezó a hablar de éste, empezó a elaborar teorías, a negar que las armas fueran estratégicas, y uno, en una batalla política, no puede perder la moral, y eso fue lo que debilitó mucho moralmente a Jruschov.

No fue un acto ilegal —el acto era absolutamente legal, repito, legítimo, justificado incluso—, sino el empleo de la desinformación o la mentira por parte de los soviéticos, lo que le dio fuerza moral a Kennedy. Porque Kennedy tenía una prueba real, que los norteamericanos obtuvieron desde el aire, con las fotografías que hace el U-2, por una estupidez soviética de carácter militar. Si uno instala los cohetes tierra-aire, uno no puede permitir que le vuelen por encima del territorio. Estados Unidos a ninguna potencia rival le permite que le vuele encima de su territorio. Bueno, los soviéticos dejaron volar. Hubo muchos errores políticos y militares, pero creo que es indispensable conocerlos para explicar lo que pasó entonces, y fue así.

En octubre de 1962, no es que autorizáramos, sino que no adoptamos medidas para impedir que se llevaran los cohetes, porque íbamos a tener una guerra ya con dos superpotencias, y eso era mucho.

¡Hubiera sido demasiado!

Pero, oiga, teníamos casi trescientos mil hombres en armas. Nosotros teníamos el control del país, y no se mueve ningún cohete si nosotros lo hubiéramos decidido, pero habría sido una real locura, no tenía sentido aquello. Bien, lo que no autorizamos fue la inspección, nada, protestamos, expresamos nuestra inconformidad, demandamos los cinco puntos.

Ahora, cuando los soviéticos —fue así, como le estoy contando— negociaron con los norteamericanos, dentro de esa política, dentro de ese amorío surgido en aquellos días, un amor caliente dentro de una guerra muy fría. Se transformó una cosa en otra, y se llevan los cohetes.

Después, cuando en octubre de 2001 los rusos anunciaron que cerraban y se llevaban el Centro de Exploración Electrónica,[1] era una decisión tomada, sólo que nos la informaron buscando nuestra conformidad.

¿Ustedes tampoco la dieron?

Nosotros estábamos en desacuerdo con eso, porque durante la visita del presidente Vladimir Putin a Cuba, en diciembre de 2000, estuvimos visitando ese centro, una base electrónica importante situada al sur de La Habana. Putin vino muy amistosamente. Me encontré, en ese centro, un gueto, porque los soviéticos estaban allí aislados, autoaislados con las familias, y hasta hicimos unos programas para los niños, para visitas. Yo no sabía que se hallaban en esa situación. Pero también cuando anunciaron que lo cerraban y se lo llevaban, ésa fue una decisión unilateral, y unos días antes, casi unas horas antes, plantearon el problema, unos diez meses después de la visita de Putin. Así que ni con uno ni con otro se hizo nada…

Ni con Jruschov, ni con Yeltsin, ni con Putin.

Con ninguno de ellos se hizo algo estrictamente normal, natural, ético. Tenemos derecho a calificarlo de esa forma.

A pesar de aquella crisis de octubre, usted sigue conservando una opinión positiva de Kennedy.

Kennedy adquirió autoridad con esa crisis, mostró que tenía voluntad... Si hubiéramos participado en las negociaciones, lo hubiéramos hecho, digamos, de manera constructiva... Quizá se hubiera entablado un diálogo, un intercambio de impresiones, que hubiera permitido evitar muchos de los problemas que nuestros países han enfrentado luego.

Sobre Kennedy, independientemente de lo que pasó, a la hora de juzgar su política, tengo que juzgar qué época vivíamos, qué doctrinas prevalecían, qué perturbación podía causar el hecho de una Revolución que se había declarado socialista a 90 millas de Estados Unidos, y por su cuenta, que aquí ni los soviéticos dieron un centavo, ni un fusil. Yo no conocía, en enero de 1959, a un solo soviético, ni a los dirigentes.

Parece que su hermano Raúl sí conocía a algunos soviéticos...

Raúl había conocido a uno, Nikolai Leonov. Era un joven soviético, porque los dos habían participado en un congreso de la juventud comunista, que se había celebrado en Viena, en Austria, en 1951, y ya le conté que él se había afiliado a la Juventud Socialista. ¡Hicieron una buena conquista! No hay duda. Y conoció a ese soviético, Nikolai Leonov —todavía vive, hoy es general retirado—, que participó también en aquel congreso e iba para México, vinieron juntos en el mismo barco nada más. El socialismo no vino aquí por clonación, ni por inseminación artificial, esto fue muy distinto, y eso hay que tenerlo en cuenta cuando se compara Cuba con el resto de los procesos o intentos de construcción del socialismo en los países del este de Europa, que ahora están intentando construir el capitalismo.

A pesar de la evolución histórica, del desarrollo de la sociedad humana y de las tendencias que más influyen e incluso determinan sobre ella. Hay factores de carácter subjetivo que influyen extraordinariamente en los acontecimientos, retrasando o adelantando, a veces, el curso probable de la historia.

En el caso de Cuba, no hay la menor duda de que una combinación de factores objetivos y subjetivos aceleraron el proceso revolucionario y de cambios en nuestro país. Todo eso condujo, por razón de intereses, al enfrentamiento con Estados Unidos y a la crisis de octubre de 1962.

Pero Kennedy se mostró positivo, ya le dije, no quiso complicar las cosas, dio orden de suspender los vuelos rasantes, también ordenó la suspensión de la Operación Mangosta.[2]

Todo eso creó un odio intenso contra Kennedy por parte de todos los adversarios de la Revolución cubana, porque no dio orden a la flota de intervenir en Playa Girón en apoyo de los mercenarios, y porque no aprovechó la tensión de la crisis de octubre para intervenir contra nosotros como se lo aconsejaban muchos generales y muchos enemigos nuestros. Ellos pueden estar detrás de la conspiración para asesinarlo, aunque yo no tengo pruebas, hago deducciones de lo que pudo haber pasado. Me atrevo a decir que esto es así, hay fundadísimas razones para ser suspicaz.

Cuando matan a Kennedy, el 22 de noviembre de 1963, acusan a Lee Harvey Oswald, y se dijo que éste tenía simpatías por Cuba. ¿Piensa usted que se trató de implicar a Cuba en ese asesinato?
Menos mal que no se le dio permiso a ese tipo para visitar Cuba. Eso podía haber sido una gran manipulación y una gran provocación, porque podían haberlo manejado para culpar a Cuba. En realidad, nosotros, cuando se hizo la investigación, dimos toda la información que teníamos.

¿Qué piensa usted de la versión oficial del asesinato de Kennedy?
Bueno, eso está muy raro, porque debido a la especialización que yo adquirí en el tiro de precisión, no concibo que con un fusil de mirilla telescópica así se haga un disparo, se repita y se tire de nuevo en un lapso de segundos. Porque cuando tú disparas con la mirilla telescópica el blanco se pierde. Tú estás apuntando a un plato que está a seiscientos metros o a quinientos, y con el movimiento del disparo ya te saca de foco el blanco, y tú tienes que buscarlo otra vez.

Si estás en una ventana y disparas, inmediatamente tienes que buscar, cargar, buscar otra vez el blanco y disparar. Y buscar un blanco en movimiento con una mirilla telescópica es muy difícil. Hacer tres disparos tan certeros… Alguien que seguramente no tenía mucha experiencia…

¿Usted piensa que había varios tiradores?
Bueno, yo lo que no me explico de esos disparos es la forma en que se hicieron. No puedo elaborar otra teoría. Hay un montón de teorías. De lo que yo puedo hablar es sólo a partir de mi experiencia del uso de un arma con mirilla telescópica; y lo que dice la versión oficial no es posible, sencillamente.

257

Hay dos fenómenos ininteligibles para mí en ese asesinato: uno, el tipo de disparo que hace un hombre con un fusil, y que repite con una puntería tremenda en un tiempo muy breve. Eso no se concilia con la experiencia que yo he tenido.

Segundo, Oswald está preso, está allí en una prisión y llega un «alma caritativa y noble», aquel Jack Ruby, tan condolido de aquello, y allí mismo, delante de toda la policía y de las cámaras de televisión, mata a Oswald. Yo no sé si alguna otra vez pasó eso en algún otro lugar.

¿Usted desconfía de la versión oficial?

Sí. Yo desconfío totalmente de la versión de cómo tiró ese Oswald. Y Arthur Schlesinger, un asesor de Kennedy, que después ha estado aquí,[3] escribió un libro[4] de novecientas páginas en el que hace toda la historia y dice quién era este hombre. Este Oswald trató de venir aquí, y como la gente nuestra estaba con una desconfianza terrible, le dijeron que no.

Ahora, imagínese que el tipo viene aquí y después se va para allá y a los pocos días mata a Kennedy, después de haber estado de visita en Cuba una semana. Hay un plan ahí, no sólo contra Kennedy, sino contra Cuba. Yo sabía que era imposible esa versión. Schlesinger cuenta todos los detalles.

Oswald posiblemente era un agente doble. Sabe cómo es la cosa, que va a la Unión Soviética y viene, y cómo se vigilaban en plena guerra fría unos a otros…

Él había estado en la Unión Soviética.

Sí, estuvo allá, se casó con una soviética, después vino y se divorció. Schlesinger busca hasta una tesis freudiana casi para explicar la conducta del individuo.

¿Qué hizo ese individuo tratando de venir a Cuba? ¿Cómo demonios pudo el tipo este, Jack Ruby, llegar a la estación de policía y matar a Oswald? Ésas son dos actitudes sumamente extrañas y que alimentan, con razón, toda la suspicacia y la idea de alguna conspiración. Pero yo no tengo elementos, no puedo hacer más que especular. De las cosas que puedo hablar son de esas dos, y de la imposibilidad física de los disparos, que ya lo llevan a uno a cuestionar la veracidad de la explicación que se dio en torno a todo eso.

14

La muerte de Che Guevara

El Che y el movimiento antiimperialista – ¿Exportar la revolución? –
La carta de despedida – En las guerrillas de África – Regreso a Cuba –
Preparando la misión en los Andes – Regis Debray –
El último combate – La lección del Che

Después de la crisis de octubre, el peligro de una agresión estadouni-
dense se aleja. La Revolución prosigue su consolidación. Che Gueva-
ra empieza a recorrer el mundo, parece que él se interesaba mucho
por lo internacional, por el movimiento antiimperialista, ¿no?
Era bastante partidario de los asuntos del Tercer Mundo. Se preocupó
por las cuestiones internacionales, la Conferencia de Bandung,[1] el Movimiento de los No Alineados… En los primeros seis o siete años —él
se marcha en 1965— había recorrido el mundo, sostuvo reuniones con
Zhu Enlai,[2] con Nehru,[3] con Nasser,[4] con Sukarno,[5] porque él tenía
mucha vocación internacionalista y mucho interés por todos esos problemas. Recuerdo que el Che habló con bastante gente, hizo relaciones
con Zhu Enlai, se reunió con Mao, hizo amistad con los chinos. No tuvo
conflictos con los soviéticos; pero es obvio que él era más partidario de
China.

Incluso visitó Yugoslavia… A pesar de la autogestión y todas esas
cosas que a mí, realmente, no me agradaban mucho. Porque una cooperativa tenía hoteles y tenía de todo, y ya yo había visto algunas
aquí que, a veces, en vez de dedicarse a la agricultura, se dedicaban
al comercio y al turismo.

Él, en diciembre de 1964, estuvo en Naciones Unidas, luego en Argelia,
y estuvo viajando por África también en los primeros meses de 1965.
Sí; pero ya después, eso fue una estrategia, en la fase final, cuando ya se
había tomado la decisión de que fuera a Bolivia. Él estaba bien, con un

entusiasmo tremendo, y tenía ese proyecto de contribuir a la revolución en Argentina. Iba creando condiciones porque entonces todos nos querían destruir a nosotros, y la respuesta nuestra era revolucionarizar. Ésa fue la gran verdad. Siempre nos atuvimos a ese principio.

Usted me dijo una vez: «Ellos internacionalizaron el bloqueo, nosotros internacionalizamos la guerrilla».

Claro, la idea de la lucha revolucionaria armada… Exceptuando a Trujillo, cuando un grupo de dominicanos fue hacia allá, a Santo Domingo, en julio de 1959, en el primer movimiento de apoyo armado al derrocamiento de la dictadura, con respecto a los demás países la norma nuestra era —y es— el respeto, acogernos al derecho internacional y respetarlo, a pesar de que ninguno de ellos podía tener mucha simpatía hacia nosotros. Pero tenían distintos matices, algunos con más independencia con respecto a Estados Unidos, otros menos. Claro que los más incondicionales rompieron de inmediato, otros resistieron; Brasil resistió, Uruguay resistió, Chile resistió. Venezuela en cambio no resistió nada, porque estaba allí Rómulo Betancourt,[6] que había sido de izquierda un tiempo pero era entonces un saco de rencor. Así que un grupo de países mantuvieron las relaciones con Cuba.

Estados Unidos les reprochó a ustedes ayudar en todas partes a la subversión.

Las exigencias de los norteamericanos a nosotros han sido de distintos tipos, han ido variando, a cada rato añadían una nueva.

Primero, teníamos que renunciar al socialismo; luego, había que romper los vínculos con la URSS, el comercio y todo. Siempre han estado con una demanda, después de condenarnos y de aislarnos; después de Girón, después de la crisis de octubre; cada vez surgían nuevos problemas. Después fueron las luchas revolucionarias en América Latina: había que cesar todo apoyo a esas luchas —le estoy citando algunas de las demandas—; más tarde Angola, que fue atacada por Sudáfrica, en 1975, todo el mundo conoce lo que pasó: había que retirarse de Angola, si nos retirábamos de Angola se resolvían los problemas, nos decían, y así por el estilo.

Después hubo más problemas, porque había surgido, en 1974, la revolución allá en Etiopía, y por la situación que se crea nos vimos en la necesidad de cooperar en 1977 con los etíopes y cooperar con el resto del mundo, y con otras causas. Pero también éramos un país aislado y, mientras más Estados Unidos nos aislaba, más nos relacionábamos con el resto del mundo.

Pero a ustedes se les siguió acusando de «exportar la Revolución».
En la época aquella, en los años sesenta, nadie en América Latina tenía relaciones diplomáticas con nosotros; nada más quedó México. Ahí está bien claro, nosotros en aquel momento nos atuvimos a las normas internacionales, no es que nosotros violáramos normas. Sí queríamos la Revolución, la deseábamos, por doctrina, por creencia; pero nosotros respetábamos el derecho internacional. Yo sostengo, además, que la Revolución no puede ser exportada, porque nadie puede exportar las condiciones que hacen posible una revolución. Siempre hemos partido de ese criterio y seguimos pensando así.

Mire, después del triunfo de la Revolución, yo estuve, en mayo de 1959, en Buenos Aires, en una reunión de la OEA [Organización de Estados Americanos], y allá planteé un Plan Marshall para América Latina —como el famoso plan de ayuda a la reconstrucción de Europa—, y lo estimé en veinte mil millones de dólares. Bueno, no tenía la experiencia de ahora ni mucho menos. Pero sí tenía ideas; experiencia internacional no tenía mucha, excepto todo lo que había leído a lo largo de mi vida y meditaciones que había hecho. Mi experiencia de América Latina tampoco era mucha, pero lo planteé allí. ¿Sabe cuánto debía América Latina en aquella época?

No.
Cinco mil millones de dólares.

Comparada con la deuda que tiene hoy —850.000 millones de dólares—, no era gran cosa.
América Latina tenía entonces la mitad de la población actual, eran menos de doscientos cincuenta millones; hoy son más de quinientos millones de habitantes. Y la deuda externa —no hablo de deuda interna, que es deuda también del pueblo con los que tienen mucho dinero—, la deuda externa es deuda del país que tiene que pagar al extranjero con intereses, esto no comprende fuga de capitales, intercambio desigual, obligación de todas las monedas de escapar hacia una moneda fuerte, los privilegios de Bretton Woods,[7] los derechos que tiene quien imprime el dólar en el mundo... Que ya el refugio no es el oro, porque el presidente Nixon, en agosto de 1971, suspendió unilateralmen-

te la conversión del dólar en oro y no quedó más que el dólar, que es la única divisa que existe en este hemisferio, todas las demás varían mucho y ninguna es segura. Entonces todo el dinero de todos los países latinoamericanos, tanto bien habido como mal habido, tiende a fugarse, y se fuga hacia Estados Unidos.

Ese plan que propuso usted en la OEA fue rechazado, me imagino.
Con aquel plan se hubieran evitado muchas tragedias en este continente. Y mire cómo dos años después, ya se lo mencioné, Kennedy retomó la idea y planteó una suerte de Plan Marshall para América Latina, la Alianza para el Progreso: reforma agraria, reforma fiscal, construcción de viviendas…

Lo cual no le impidió seguir hostigando a Cuba.
Sí, en aquel entonces ellos nos liberaron a nosotros de compromisos. Pienso que había condiciones objetivas, y pienso que lo que hizo el Che fue absolutamente correcto, no hubo ni la menor discrepancia. En ese momento ya se habla de la política intervencionista de Estados Unidos, y el presidente John Kennedy, realmente un tipo que tenía talento, tuvo la desgracia de que hereda esa expedición contra nosotros, la de Playa Girón, y la asume. Es valiente en la derrota, porque asumió toda la responsabilidad y dijo aquella frase: «La victoria tiene muchos padres, la derrota es huérfana».

Kennedy se entusiasmó mucho con los «boinas verdes», las tropas especiales, y las envió a Vietnam. Él había sido combatiente en la Segunda Guerra Mundial, un hombre valiente, pero se mete en esa guerra, se introduce, empieza a enviar fuerzas a Vietnam. Por ahí empezó. Y los vietnamitas, que ya habían ganado, en 1954, una guerra contra Francia, a su vez —según nos han contado ellos—, viendo la victoria de la Revolución cubana en Playa Girón, se sintieron inspirados, siempre lo han dicho, que lo nuestro ejerció esa influencia, y ellos tuvieron confianza en que podrían luchar. Ellos siempre mantuvieron su organización.

También Vietnam les inspiró a ustedes; el Che decía: «Hay que crear dos, tres, muchos Vietnam».[8]
Yo le doy toda la razón, y afirmo que en 1979, doce años después de su muerte, ya se había acabado la guerra de Vietnam, y triunfa el movimiento sandinista en Nicaragua, con un tipo de lucha como la que hi-

cimos nosotros y la que hizo el Che. Y también se desarrolla el movimiento salvadoreño con temible fuerza; fue de los que más experiencia adquirieron.

Ustedes ayudaron bastante a los salvadoreños, ¿verdad?
Bueno, ofrecimos una modesta cooperación. Los vietnamitas, a raíz de su victoria en 1975 sobre Estados Unidos, nos entregaron las armas norteamericanas que habían recuperado después de la caída de Saigón. Y nosotros las transportamos por barco pasando por el sur de África y se las entregamos a los salvadoreños del FMLN [Frente Farabundo Martí de Liberación Nacional].

¿Ustedes estimaban que las condiciones estaban reunidas en América Latina para que pudiese repetirse otra experiencia revolucionaria como la de Cuba?
Mire, hay factores de orden subjetivo que pueden cambiar la historia. A veces hay condiciones objetivas para los cambios revolucionarios y no se dan las condiciones subjetivas. Fueron los factores subjetivos los que impidieron que realmente, en aquella época, no se extendiera la revolución. El método de la lucha armada estaba probado. Ya le digo, Nicaragua triunfa doce años después de la muerte del Che en Bolivia. Es decir, que las condiciones objetivas en el resto de América Latina eran superiores a las de Cuba. En Cuba había muchas menos condiciones objetivas, pero eran suficientes para hacer una, dos o tres revoluciones. En el resto de América Latina las condiciones objetivas eran muchas más.

Yo debo decir que, a aquella gente, en Nicaragua, en El Salvador, en Guatemala, nosotros habíamos contribuido a unirla. A los sandinistas, que estaban divididos; a los salvadoreños, que eran como cinco organizaciones; a los guatemaltecos... La misión nuestra fue unir y logramos unirlos, realmente. Nosotros hemos sido solidarios y hemos dado alguna modesta cooperación a los revolucionarios de Centroamérica. Pero ser solidario y dar alguna forma de cooperación a un movimiento revolucionario no significa exportar la Revolución.

Pero ustedes ayudan al Che a llevar la Revolución a Bolivia.
Sí, cooperamos con el Che, compartíamos sus puntos de vista. Che tenía razón en aquel momento. En aquel momento se habría podido extender la lucha, lo creo con franqueza. En aquella época todavía no había llegado el momento en que surge, en 1968, Torrijos en Panamá, y

se producen otros fenómenos, el triunfo de Allende en Chile en 1970, y empiezan a restablecerse las relaciones con Cuba.

En Colombia ya venía la guerrilla desde 1948, desde antes de nosotros. Pero ésa es otra historia más complicada, porque ahí durante una cantidad de tiempo determinada la guerrilla ha sido un poco como el Movimiento 26 de Julio nos veía a nosotros. No quiero hacer críticas de eso, no me agrada hacer críticas, no quiero enfrascarme en esos temas; esos temas siempre son muy delicados. Pero nosotros hemos meditado mucho sobre toda esta historia.

¿Che le cuenta a usted, le dice cuál es su proyecto con respecto a Bolivia y Argentina? ¿Usted comparte con él eso?

Él estaba impaciente. Pero lo que él quería hacer era difícil. Entonces, por nuestra propia experiencia, yo le digo al Che que se podían crear mejores condiciones. Le planteamos que hacía falta tiempo, que no se impacientara. Nosotros queríamos que otros cuadros, menos conocidos, realizaran los pasos iniciales, creando las mejores condiciones para lo que él quería hacer. Él sabía lo que es la vida guerrillera, él sabía que uno necesita una resistencia física, una edad determinada, y aunque él se sobreponía a las limitaciones y tenía una voluntad de acero, sabía que si esperaba más tiempo no estaría en mejores condiciones físicas.

Y llegó el momento en que él ya está preocupándose. Él había mandado, casi desde los primeros años de la Revolución, a un periodista argentino, Jorge Ricardo Masetti —que había estado con nosotros en la Sierra,[9] después fue fundador de la agencia Prensa Latina, eran muy amigos—, a organizar un grupo en el norte de Argentina. Y Masetti murió en aquella misión.[10] El Che era una persona, además, que cuando mandaba a un hombre a una misión y ocurría alguna tragedia, eso le afectaba mucho. Le dolía todos los días cada vez que se acordaba de los compañeros que murieron. Le afectó mucho, por ejemplo, la muerte del compañero Eliseo Reyes, «capitán San Luis», en Bolivia, y él lo escribe en su diario: «Hemos perdido al mejor hombre de la guerrilla, y, naturalmente, uno de sus pilares».

Uno de los que estuvo allí, en Bolivia y en el norte de Argentina, en 1962, es nuestro actual ministro del Interior, Abelardo Colomé Ibarra «Furry»,[11] que tenía entonces veintidós años. Ya había muerto aquel periodista Masetti. El Che estaba pensando en su plan, desde luego, plenamente autorizado por nosotros, estábamos en absoluto acuerdo.

Cuando el Che ya está impaciente y llega el momento en que quiere marcharse, yo le digo: «No están preparadas las condiciones». Yo no quería que él fuera a Bolivia a organizar un grupo pequeñito, sino que esperara a que estuviera organizada la fuerza. Habíamos vivido en nuestro caso toda la epopeya de la etapa inicial. Yo decía: «El Che es un jefe estratégico, debe ir para Bolivia cuando ya esté desarrollada una fuerza». Él estaba impaciente; pero allí no estaban preparadas las condiciones. Tuve que convencerlo: «No están creadas las condiciones». Porque él era un cuadro estratégico, con una experiencia fabulosa.

Nosotros estábamos ayudando en el Congo a la gente de Lumumba.[12] Ya habíamos ayudado al presidente Ahmed Ben Bella y a los argelinos en su guerra de 1963 contra Marruecos,[13] habíamos hecho distintas cosas —usted las conoce—, y él estaba impaciente. También la misión de África la apreciaba mucho, y entonces yo le propongo eso, le sugiero ir a África mientras se crean las condiciones en Bolivia. Para desarrollar más la experiencia, preparar y entrenar cuadros. Era una tarea muy importante que hacer, apoyar el movimiento guerrillero en el este del Congo contra Moisés Tshombé,[14] Mobutu[15] y aquellos mercenarios.

¿El movimiento que dirigía Laurent-Désiré Kabila en esa época?

No, en ese momento era Gastón Soumialot el hombre que estaba de jefe; vino y le ofrecimos ayuda. Se la ofrecimos también a través de Tanzania, con conocimiento de Julius Nyerere, presidente de ese país entonces, y de ahí el Che y los hombres que fueron con él cruzaron al lago Tanganika. Allí sí enviamos, en abril de 1965, un buen refuerzo con el Che; fueron alrededor de ciento cincuenta hombres bien armados y con una experiencia grande. Fueron a ayudar a aquel movimiento, aunque en ese movimiento revolucionario africano estaba todo por hacer: la experiencia, la preparación, la instrucción… Fue una tarea dura. Estuvieron varios meses.

En su diario de África,[16] el Che es muy crítico con los jefes de aquella guerrilla.

Él era muy crítico, pero de aquellos jefes o de cualquiera. Era muy exigente. Tenía esas características, el hábito… Era duro en las críticas a la gente y con él.

¿Era duro consigo mismo?

Sí, era muy exigente con él, ya le conté lo de México y el Popocatépetl. Incluso, a veces, por cualquier bobería en que él se hubiera desconcertado un segundo, se hacía crítica, no hacía más que hacerse críticas, una autocrítica. Pero muy honesto y muy respetuoso.

Se topó con obstáculos muy grandes en África cuando llega allí en abril de 1965. Es maravillosa la historia. En un momento dado intervenían mercenarios blancos, sudafricanos, rhodesianos, belgas y hasta cubanos contrarrevolucionarios que trabajaban para la CIA, eran pilotos. Las fuerzas africanas no estaban suficientemente preparadas. El Che quería enseñarles a combatir. Explicarles que podía haber una variante u otra… Porque cuando adquieren una experiencia, una cultura de guerra, aquellos congoleños son soldados temibles. Les faltaba esa cultura, y cuando la adquirían se volvían extraordinarios soldados. Soldados temibles. También tenían eso los etíopes; y los namibios igual, soldados temibles, y los otros, los angolanos… Cuando adquirían la cultura de guerra, eran soldados extraordinarios.

Esa cultura de la guerra no había sido adquirida todavía por los combatientes que estaban allí en el este del Congo… Se lo dijimos. Mandábamos compañeros de nosotros sistemáticamente a ver cómo estaba la situación, y dispuestos a apoyarlos. Si hubiera habido que enviar más tropas, voluntarios había aquí de sobra; pero realmente aquello no tenía perspectivas, no había condiciones para el desarrollo de esa lucha en ese momento, y le pedimos al Che que se replegase. Él se quedó alrededor de siete meses en el Congo. Y de ahí va a Tanzania, está un tiempo allí, en Dar-es-Salaam.

A todas estas, el Che se ha despedido, y, como es lógico, se ha marchado, se puede decir, clandestinamente de Cuba. Entonces empezaron las calumnias, empezó a decirse que el Che había «desaparecido».

La prensa internacional decía que había ruptura entre ustedes dos, desacuerdos políticos graves; se decía que aquí lo habían encarcelado y hasta que lo habían matado…
Nosotros soportamos silenciosamente aquella mano de rumores y de intrigas. Pero él, al marcharse, a finales de marzo de 1965, me ha escrito una carta de despedida.

¿Usted no había hecho pública esa carta?
No. Yo tengo la carta en mi poder, y la hago pública el 3 de octubre de 1965 en el acto en que se anuncia la constitución del Comité Central del nuevo Partido Comunista de Cuba, y había que explicar la razón de la ausencia del Che de ese Comité Central. Y entretanto esa intriga an-

dando, el enemigo sembrando la cizaña y la duda, que si Che Guevara había sido «purgado», que si había tenido discrepancias…

Había toda una campaña de rumores.
Él me hace aquella carta espontáneamente, creo que hasta con mucha franqueza: «Yo me arrepiento de no haber creído suficientemente en ti…»[17] y habla entonces de la crisis de octubre y otras cosas. Yo creo que él no creía en nadie, porque era crítico de los políticos, él había sufrido…

Hasta un día había escrito unos versos… Me los había escrito a mí. Siempre fue muy afectuoso, siempre fue respetuoso, siempre acató mis decisiones. Yo no le imponía, yo discutía, no suelo estar dando órdenes…: «Oiga, eso…». Muy rara vez tuve que decirle «Tú no vas a esto», prohibirle algo.

De África, él se va a Checoslovaquia, a Praga, en marzo de 1966; una situación complicada, está allí, de hecho, clandestino. Como ha escrito la carta de despedida, él tiene un pundonor tremendo, a él no le pasaba por la mente, después de haberse despedido, volver aquí. Pero los cuadros para lo de Bolivia ya estaban escogidos… Entonces es cuando yo le hago una carta en la que le razono, apelo a su deber y a la racionalidad.

¿Para que regrese a Cuba?
Sí, esa carta creo que está publicada, la familia ha publicado esa carta. Le hago una carta y le hablo así, serio. Lo persuado de que regrese, le digo que es lo más conveniente para lo que él quería hacer: «Desde allá es imposible hacer esto. Tienes que venir». No le digo «tienes» como orden de venir, lo persuado, le digo que su deber es regresar, pasar por encima de todo, y terminar la preparación de lo de Bolivia. Y él regresa clandestinamente. Bueno, nadie lo reconoció en ninguna parte. Tampoco durante el viaje. Volvió aquí en julio de 1966.

¿Estaba disfrazado?
Mire, una vez estaba tan disfrazado que yo invité a unas cuantas gentes, les dije que quería que conocieran a un amigo interesantísimo, invito a Raúl y a los demás, estuvimos almorzando y ninguno lo reconoció. Fíjese si estaba de verdad disfrazado.

¿Raúl estaba frente a él y no lo reconoció?
Sí, estaba Raúl y otros, y ninguno se dio cuenta. Indiscutiblemente, fueron muy capaces nuestra gente para disfrazarlo, transformarlo.[18] Él va a

un lugar de Pinar del Río, en una zona montañosa, donde hay una casa allí, la hacienda de San Andrés. Y ahí es donde se organiza, está meses entrenándose con la quincena de hombres que iban a acompañarle. Él escogió a la gente que quería.

¿Para llevársela a la guerrilla de Bolivia?

Algunos eran guerrilleros veteranos que habían estado con nosotros en la Sierra, otros habían estado con él en el Congo.[19] Él conversó con cada uno de ellos. Yo le puse objeciones con algunos, le dije: «Mira, no hagas esto». Iba a separar a dos combatientes, dos hermanos que habían estado muy unidos, y le digo: «No separes a estos hermanos, déjalos», eran buenos.[20] Sobre otro, yo conocía mucho sus características, muy buen soldado, pero a veces era un poco indisciplinado.

Le advertí en algunos casos. Todos fueron a Bolivia, excelentes; entre ellos Eliseo Reyes, el «capitán San Luis», de quien él escribe cuando muere: «Tu pequeña figura de capitán…»; de Neruda saca aquella frase —él leía mucho a Pablo Neruda—, un verso muy bonito, está en su diario de Bolivia. Él lo quería entrañablemente. El Che era ese hombre también.

Él escogió a todos, y lo discutimos, yo le hice algunas sugerencias, y él defendió a aquel que tenía grandes cualidades. Pero yo lo conocía, tenía temor a alguna indisciplina, y eso era muy importante. Yo hablé mucho con él hasta cuando se fue, en octubre de 1966. ¡Con qué entusiasmo se fue!

Se ha discutido mucho sobre la región de Bolivia, Ñancahuazu, en la que el Che instala la guerrilla. ¿Qué piensa usted?

Cuando él fue para Bolivia, eso no tenía otra alternativa, porque en la situación aquella, con los hombres que llevaba de su plena confianza, su experiencia… Bueno, él conocía aquello. Debray había ido, había prestado algunos servicios como periodista, reunió mapas. Yo le di tareas.

¿Usted manda a Régis Debray a Bolivia?

Yo lo mando a recoger información y mapas del territorio aquel. Che no está todavía allí. Cuando llega, el 4 de noviembre de 1966, empieza a organizar a la gente.

Al final —eso es lo que pienso, y yo lo conocía muy bien— estaba haciendo un excelente movimiento y ya tenía cuadros bolivianos, como Inti Peredo y otros. Él conocía bien a los bolivianos, su carácter, y me lo dijo. Se instalaron en una zona donde había base campesina. En el campamento de él, mientras él hace una excursión entrenando a la gente, que se prolongó, ya surgen allí problemas. Y, cosa increíble, por tercera vez, ya le hablé de las dos primeras, el Che no llevaba los medicamentos.

En Bolivia, ¿él no tenía medicamentos para su asma?
Se queda sin medicamentos, es la tercera vez. Él sale a hacer una excursión, una larga excursión que se prolongó mucho, estuvo casi cuarenta días. En el campamento surgen problemas.

¿Cómo explica usted la muerte del Che?
El Che, cuando regresa de esa excursión, se encuentra ya problemas allí, se produce una bronca entre el dirigente del Partido Comunista boliviano, Mario Monje, que tenía gente allí, y uno de los dirigentes de la otra línea antiMonje, llamado Moisés Guevara. Monje pide mandos, y el Che era muy recto, rígido... Yo pienso que el Che debió hacer un esfuerzo mayor de unidad, es una opinión que doy. Su carácter lo lleva... Él era muy franco y entabla una discusión con Monje, muchos de cuyos cuadros habían ayudado a la organización, porque Inti y los demás eran del grupo ese.

Ya había algunos problemas, y algo que no se ha mencionado y que hizo mucho daño al movimiento revolucionario en América Latina... No se ha mencionado y apenas se menciona: la división entre chinos y soviéticos, entre partidarios de los chinos y partidarios de los soviéticos. Eso dividió a toda la izquierda y a todas las fuerzas revolucionarias en el momento histórico en que existían las condiciones objetivas y era perfectamente posible el tipo de lucha armada que el Che fue a hacer allí.

Los esfuerzos que tuvimos que hacer cuando sabemos que se produce esa ruptura. En diciembre de 1966, vino Mario Monje aquí. Viene luego el segundo jefe, Jorge Kolle Cueto. Yo los invité y les expliqué lo que había pasado. A Juan Lechín, un líder obrero, lo invitamos también, estuve como tres días con él.

¿Usted invita a Lechín aquí en La Habana?
Sí, porque están muy preocupados con la ruptura. Yo pienso que realmente no había ninguna razón para exigir aquel mando, simplemente hubiera hecho falta un poco, digamos, de mano izquierda. Porque, en realidad, si Monje lo pide, el Che le podía dar el título de general

en jefe, o lo que quisiera… Había un problema ahí de ambición, era un poco ridícula la cosa. Monje no tenía las condiciones para dirigir aquello.

¿El Che pecó por rigidez?

Lo del Che era superhonradez, era superhonradez y el término «diplomacia», no engaño, el término astucia, le repugnaba.

Pero, óigame, si en nuestra propia Revolución, ¿cuántas veces hemos descubierto nosotros ambiciones en los hombres? ¿Quién podía sustituir? ¿Quién tenía talento? Majaderías… Más de una vez nosotros tuvimos que entregar mandos y hacer concesiones. Hace falta un cierto tacto en determinadas condiciones en que si tú vas recto, recto… En aquel momento esa ruptura entre Monje y el Che hacía daño.

¿Perjudicaba?

Perjudicaba mucho. Nosotros no se sabe los esfuerzos que hicimos de unión.

Para conciliar.

Usted no se imagina aquí, incluso, algunas cosas que toleramos, errores grandes. ¡Errores grandes! Cometidos a veces por uno o por otro. Hicimos siempre, por encima de todo, una crítica al hecho, pero con el espíritu de unidad.

Claro que Monje actuó mal, y después, ya le digo, vino el segundo del PCB, Jorge Kolle, y lo convencí de que no podía dejar abandonada a aquella gente. Llamé a Lechín, conversé mucho con él, lo convencí de que apoyara al movimiento guerrillero. Pero ya, cuando apenas el Che llega de su recorrido, después de esa excursión que se extendió, porque él sometía a prueba a los hombres, los entrenaba a partir de la propia experiencia que habíamos tenido en las montañas, entonces es cuando se encuentra aquellos problemas allí, y casi inmediatamente hay una fuerza que está entrando y cae en una emboscada del ejército.

En un momento, sufren una traición.[21] Y ya el ejército sabe que hay una fuerza guerrillera allí. Entonces es cuando, digamos, prematuramente, se desarrollan los combates. Y lo que no queríamos se produce. Porque queríamos que, antes del primer combate, tuviera organizado un frente, y había fuerzas con que organizarlo.

Sin embargo, esos factores políticos vinieron a influir. En su diario está todo explicado. Se produce lo siguiente: se separa el grupo. Él trata todo el tiempo de buscar el contacto con «Joaquín» [Juan Vitalio Acuña] y el grupo de «Joaquín»; ahí estaba Tania.[22] Invierte todo ese tiempo y se produce una serie de combates. Es cosa curiosa, el Che llevó meses buscándolo, ¡meses! Él creía que era una mentira la noticia de la destrucción de aquel grupo.

Pero, en un momento dado, se convence de que ciertamente el aniquilamiento del grupo de «Joaquín» se había producido bastante tiempo atrás. Él va con Inti Peredo y con los demás hacia una zona donde Inti tenía contactos e influencia; pero, vaya, recibe las noticias aquellas. Eso lo afecta mucho y creo que, en ese momento, reacciona con cierta temeridad. Él va, además, con algunos compañeros que no están en buenas condiciones, no pueden casi moverse, eso retrasa, pero van avanzando con el médico; tiene cuadros ya bolivianos.

Todavía el grupo aquel, si llega a aquella zona, prospera; pero él mismo cuenta en el diario que llega a una tienda y dice: «Vamos precedidos por radio Bemba, todo el mundo nos está esperando»; pero sigue. Llega por el mediodía a una aldea, está vacía. Aldea vacía es señal de cosas extrañas, de la presencia de una fuerza, y él a esa hora continúa su marcha, en pleno día. Va a la vanguardia Inti. En ese momento, una tropa, una compañía allí que está viendo todo, mata a un miembro boliviano de la guerrilla, mata a algunos otros; los rechazan, y el Che lo que tenía era enfermos y unos pocos compañeros, y es cuando cae allí en una zona sumamente difícil, la quebrada de El Yuro, donde combate y resiste hasta el momento en que una bala le liquida el fusil, le traba el arma.

El Che no era hombre que pudiera caer prisionero; pero una bala le obstruye su fusil, y, ya muy cerca, lo hieren. Está herido y sin fusil, así es como lo llevan a un pueblito cercano, La Higuera. Al día siguiente, el 9 de octubre de 1967, a mediodía, lo ejecutan a sangre fría. El Che sí que no habría temblado jamás, porque, al contrario, cuando tenía una situación de peligro era cuando él más se crecía.

¿Usted piensa que él se hubiese inmolado?

Bueno, yo antes de caer prisionero me hubiera inmolado. Tal vez él lo hubiera hecho también; pero es que él no tiene alternativa, él está combatiendo, que es lo que tiene que hacer. El Che era el hombre que luchaba hasta la última bala, y que no tenía ningún temor a la muerte.

¿Cómo se entera usted de la muerte del Che?

Aunque consciente de los peligros que él estaba corriendo desde hacía meses, y de las condiciones extremadamente difíciles que enfrentaba, su muerte me pareció algo increíble, un hecho, no sé, al que uno no puede acostumbrarse jamás. Pasa el tiempo y, a veces, uno sueña con el compañero que murió, y le ve vivo, conversa con él y, de nuevo, la realidad nos despierta.

Hay personas que, para uno, no murieron; poseen una presencia tan fuerte, tan poderosa, tan intensa que no se consigue concebir su muerte, su desaparición. Principalmente por su continua presencia en los sentimientos y en los recuerdos. Nosotros, no sólo yo, sino el pueblo cubano, sufrimos de manera extraordinaria con la noticia de su muerte, aunque no fuese inesperada.

Llegó un cable informando lo que había pasado cruzando un río, en la quebrada de El Yuro, el domingo 8 de octubre de 1967. En la mayoría de los cables lo que se anunciaba era mentira, pero ese cable narraba algo que había ocurrido, porque aquella gente no tenía la imaginación para inventar una historia que era la única forma en que una guerrilla podía exterminarse. El Che vino, cruzó el río, lo esperaron del otro lado del río, abrieron fuego en medio del río… Para mí fue instantáneo; vi que era una noticia veraz.

El hábito de estar siempre interpretando cables, en que tú ves mentiras, mentiras y mentiras, sin ninguna imaginación, y de repente te das cuenta de que no podían inventar la historia de la única forma con que pudieron liquidar a ese grupo.

Ahora, lo interesante no es leer sólo lo que escribe el Che en su diario, sino lo que escribieron los oficiales que combatieron contra él. Es impresionante la cantidad de combates y de éxitos que tuvo aquel puñado de hombres.

Nosotros sufrimos mucho —era lógico que sufriéramos— cuando llega la noticia de la muerte, comprobada… Fue por eso que, en el dolor de la muerte, aquel día pronuncié un discurso[23] en el que pregunto: «¿Cómo queremos que sean nuestros hijos?»; digo: «Queremos que sean como el Che», y eso se convirtió en una consigna de los pioneros: «Pioneros por el comunismo: seremos como el Che».

Después llegó el diario; no se sabe lo que vale para conocer todo lo ocurrido, su idea, su imagen, su entereza, su ejemplo. Un hombre de un pudor, de una dignidad y de una integridad enormes, es lo que es el Che y lo que el mundo admira. Un hombre inteligente, un visionario. El Che no cayó defendiendo otro interés u otra causa que la causa de los explotados y de los oprimidos de América Latina. No cayó defendiendo otra causa que la causa de los pobres y de los humildes de la Tierra. La causa del Che triunfará, la causa del Che está triunfando.

Su imagen está en todo el mundo.

El Che es un ejemplo, eso es lo que es. Una fuerza moral indestructible. Su causa, sus ideas, en esta hora de la globalización neoliberal, están triunfando. Y luego, en junio de 1997, qué mérito el de los que encontraron su cadáver y los de otros cinco compañeros. Hay que agradecerles, incluso, a los bolivianos, a las autoridades; cooperaron, se dedicaron, ayudaron.

¿Para encontrar sus restos?

Ese hombre, Jorge González, que hoy es rector de nuestra facultad de ciencias médicas, ¡qué mérito!, cómo lo encontraron, eso es milagroso.

¿Cuál es la gran lección que deja el Che?

¿Qué queda? Yo pienso que lo más grande son realmente los valores morales, la conciencia. El Che simbolizaba los más altos valores humanos, y un ejemplo extraordinario. Creó una gran aureola y una gran mística. Yo lo admiraba mucho y lo apreciaba. Siempre produce mucho afecto, esa admiración. Y le expliqué la historia del porqué yo me acercaba mucho más a él…

Son muchos los recuerdos que nos dejó, y por eso digo que es uno de los hombres más nobles, más extraordinarios y más desinteresados que he conocido, lo cual no tendría importancia si uno no cree que hombres como él existen por millones y millones y millones en las masas. Los hombres que se destacan de manera singular no podrían hacer nada si muchos millones, iguales que él, no tuvieran el embrión o no tuvieran la capacidad de adquirir esas cualidades. Por eso nuestra Revolución se interesó tanto por luchar contra el analfabetismo, y por desarrollar la educación. Para que todos sean como el Che…

15

Cuba y África

*Argelia – Ahmed Ben Bella – Che en el Congo – Sudáfrica invade
Angola – Operación Carlota – Una victoria decisiva – Nueva
agresión – Ocho bombas atómicas – Cuito Cuanavale –
Una gesta «olvidada» – Lecciones de una guerra*

**Con la muerte del Che Guevara no terminan los compromisos de la
Revolución cubana hacia otros pueblos. No sólo en América Latina
y en América Central —en El Salvador, en Guatemala o en Nicaragua—, sino también, y es quizás menos conocido, en África. Quisiera
que abordásemos ese tema. El de la participación de Cuba y de combatientes cubanos en algunas de las luchas por la independencia de
países africanos.**

Es un tema importante. Ya lo hemos mencionado cuando hablamos del
Che, pero efectivamente creo que la solidaridad de Cuba con los pueblos hermanos de África no es suficientemente conocida. Esa página de
nuestra historia revolucionaria merece serlo, aunque sólo sea como estímulo a los cientos de miles de mujeres y hombres, combatientes internacionalistas. Tampoco se recuerda suficientemente, en mi opinión, la
historia del pillaje y del saqueo imperialista y neocolonial de Europa en
África, con el pleno apoyo de Estados Unidos y de la OTAN.

**El ex presidente de Argelia, Ahmed Ben Bella, me dijo en una ocasión[1]
que Cuba, inmediatamente después del triunfo de la Revolución, no
dudó en acudir en ayuda de los combatientes argelinos que aún estaban luchando por la independencia de su país contra Francia. ¿Lo
podría usted confirmar?**

Cómo no. Es preciso entender que nuestra victoria de enero de 1959
estuvo lejos de significar el fin de los combates armados. La perfidia

275

imperialista nos obligó a permanecer con mochilas y botas puestas. Muchos compatriotas nuestros tuvieron que continuar ofrendando la vida en defensa de la Revolución, tanto en Cuba como en otras tierras del mundo cumpliendo sagrados deberes. Y, en efecto, ya en 1961 —no habían transcurrido dos años desde nuestra victoria, cuando el pueblo de Argelia libraba aún una asombrosa lucha por su independencia—, un barco cubano llevó armas a los patriotas argelinos. Y a su regreso traía un centenar de niños huérfanos y heridos de guerra.

Permítame introducir aquí un paréntesis, porque ahora que menciono ese hecho me viene a la mente otro que no quisiera que se me olvidara señalar. Porque esta historia se repetiría muchos años después, en 1978, cuando llegaron los supervivientes de Kassinga,[2] en su inmensa mayoría niños. Y resulta que la actual embajadora de Namibia en Cuba fue uno de aquellos niños. Para que usted vea las hermosas vueltas que da la vida.

No recuerdo ese episodio de Kassinga. ¿Podría usted precisarlo?
Aquello sucedió en el sur de Angola. Habría que recordar el tremendo combate que una fuerza cubana, no lejana de Kassinga, libró, avanzando resueltamente hacia aquel punto para combatir a los paracaidistas sudafricanos, que estaban llevando a cabo una matanza, tras un ataque aéreo qua había bombardeado un campo de refugiados namibios. Y nuestra fuerza avanzó, prácticamente allí, a pecho descubierto, con los medios antiaéreos que tenía a mano, y avanzó hasta llegar al lugar donde estaban masacrando a niños, mujeres y ancianos, bajo un bombardeo incesante a lo largo de un número de kilómetros, no recuerdo exactamente, si serían alrededor de veinte o treinta. Fue una de las acciones de aquella guerra en que tuvimos más bajas, por el número de heridos y de muertos. Pero se detuvo aquella masacre, y los niños sobrevivientes fueron traídos a Cuba para su recuperación.

No quiero extenderme, estábamos evocando lo de Argelia, pero se pueden deducir las circunstancias y los factores por los cuales pudieron aquellos bandidos sudafricanos hacer las cosas que hicieron luego en Angola. Después, precisamente, que habían tenido que retroceder a mayor velocidad que con la que avanzaron, perseguidos por las fuerzas cubanas, que en aquella ofensiva llegaron hasta la frontera de Namibia.

Volviendo a lo que decíamos de Argelia, usted me hablaba de un barco...

Sí, le hablaba de aquel barco que llevó armas a las fuerzas argelinas que estaban combatiendo contra el ejército francés. El ejército francés tenía a la metrópoli muy cerca, casi se podía ver la tierra argelina desde la otra orilla del Mediterráneo, y combatían durísimamente. Fue una guerra cruel, no se sabe los cientos de miles de vidas que costó, y en días recientes nos recordaban que todavía los franceses no les han entregado a los argelinos los mapas de los campos donde el ejército colonial sembró millones de minas, y han pasado algunos años, más de cuarenta años desde entonces. Y en ese barco regresaron niños huérfanos y heridos de guerra que aquí nosotros curamos.

Porque debo añadir que, también por aquellos días de 1961, a pesar de que el imperialismo acababa de arrebatar a nuestro país la mitad de sus médicos dejándonos sólo tres mil, varias decenas de médicos cubanos fueron enviados a Argelia para ayudar a su pueblo aún en guerra. Se iniciaba también de ese modo, hace cuarenta y cuatro años, lo que hoy constituye la más extraordinaria colaboración médica a los pueblos del Tercer Mundo.

Ustedes se han convertido en una especie de «superpotencia médica».

Bueno, no sé si el término es adecuado, pero lo que sí le puedo decir es que ya tenemos más de 70.000 médicos, y además otros 25.000 jóvenes estudiando, y eso, sin duda, nos permite ocupar un lugar especial, inigualable —no exagero ni un ápice— en la historia de la humanidad. No sé qué harán los demás, porque los vecinos del Norte [Estados Unidos] sólo pueden mandar helicópteros, no pueden mandar médicos, porque no los tienen para resolver ningún problema del mundo. Europa, «adalid de los derechos humanos», tampoco, y no tiene ni 100 médicos para enviar al África, donde hay alrededor de 30 o más millones de personas infectadas de sida. Han reunido decenas de miles de dólares, pero no reúnen 100 médicos. Para combatir esa epidemia, tendrían que tener el contingente Henry Reeve[3] y muchos contingentes más que Cuba está formando. Pienso que dentro de diez años tendremos 100.000 médicos, y quizás hayamos formado otros 100.000 procedentes de otros países. Somos los formadores de médicos, ya podemos formar creo que diez veces los médicos que puede formar Estados Unidos, ese país que se llevó buena parte de los que teníamos, y que hizo todo lo posible para privar a Cuba de médicos.

Ustedes, en agosto-septiembre de 2005, cuando el ciclón Katrina arrasó Nueva Orleans, le propusieron ayuda médica a Estados Unidos.
Sí, ofrecimos 1.610 médicos, y antes de que pasara el segundo ciclón una cifra mayor, que habrían podido salvar muchas vidas. Pero el orgullo prefirió que murieran en las azoteas de las casas, o en las azoteas de los hospitales de donde nadie los evacuó, o en los estadios, o en los asilos en los que algunos de ellos fueron sometidos a la eutanasia para evitar el final atroz de una muerte como ahogados.

Ése es el país que «defiende los derechos humanos», ése es el país que en 1959 nos quiso dejar sin médicos y, al fin y al cabo, fue él quien se quedó sin médicos, no los tiene cuando los necesita. Hay, en Estados Unidos, millones y millones de inmigrantes o de afronorteamericanos, decenas de millones de personas, que no tienen asegurada la asistencia médica, mientras que aquí, en Cuba, la tiene cualquier ciudadano, sin que nadie le haya preguntado jamás cómo piensa, o le haya preguntado si apoya el bloqueo, como hacen algunos miserables. Eso nunca se le preguntó ni se le preguntará jamás a nadie.

Hoy, con casi 30.000 médicos en el exterior, disponemos de no menos de 40.000 médicos aquí, y de las instalaciones hospitalarias y de policlínicos que atienden la salud de nuestro pueblo. Aun en medio de lo que va pasando ya de aquel durísimo «período especial», logramos reducir la mortalidad a los niveles que tenemos hoy, elevando las perspectivas de vida y dando niveles de salud a nuestro pueblo que prácticamente no eran nada comparado con lo que estamos haciendo. Y es cosa segura hoy, y mucho más en años venideros: aspiramos a alcanzar, en breve tiempo, los ochenta años de perspectiva de vida. Hoy nuestro país, con 0,07 por ciento de infestación de sida, es uno de los países de más bajo índice del mundo, tal vez el más bajo. Aun cuando tenemos algunas dificultades presentes todavía que resolver, el que menos infestación tiene del virus VIH después de Cuba, alcanza un índice de 8,6 veces más que nuestro país.

Recientemente, ustedes enviaron médicos a Guatemala, y también a Pakistán, después del terremoto de Cachemira. ¿No es cierto?
Sí, a Guatemala enviamos 700 médicos y médicas del contingente Henry Reeve, que con 300 que ya había allí hicieron un total de 1.000 médicos, ante una de las más grandes tragedias naturales, la más grande ocurrida en ese país, mucho más que el desastre del huracán Mitch, que dio origen a los Programas Integrales de Salud. Esos valerosos compañeros

que fueron a las faldas de todas aquellas montañas, a todos los rincones afectados de Guatemala, estuvieron allí meses. Y no es, por cierto, la única proeza de nuestros médicos.

Después de creado ese contingente Henry Reeve, han ocurrido dos grandes tragedias en efecto, la de Guatemala y el terremoto en Pakistán. Los médicos cubanos en Pakistán están escribiendo una colosal página de heroísmo, de sacrificio y de eficiencia, que pasará a la historia como otra de las muchas grandes cosas que en diversos campos la Revolución ha realizado.

Con el terremoto de Pakistán hemos descubierto que no es sólo cuestión de disponer de muchos perros rastreadores o de grandes grúas, sino que lo más importante y lo que más falta hace tras un terremoto son los médicos, que lo demanda más que cualquier otra catástrofe natural. Baste decir, por ejemplo, que en Pakistán, el terremoto, en un lugar montañoso, distante, pero con millones de habitantes, privó de la vida a un número que se aproxima a los 100.000 ciudadanos, y una cifra mayor sufrió graves traumas: fracturas de hueso, especialmente de los miembros superiores e inferiores… Es difícil imaginarse una catástrofe mayor, y una lucha como la que libra la dirección del país demandando colaboración de los países inmensamente ricos y saqueadores consuetudinarios de los pueblos del Tercer Mundo. Allí están los médicos cubanos, escribiendo una página hermosísima de solidaridad humana.

Perdóneme esta digresión, pero se trata de un tema que, para mí, es de especial importancia.

Yo sé que el tema de la medicina es algo que le apasiona, y que la solidaridad internacionalista de Cuba en materia de salud es un principal motivo de orgullo para usted, pero quisiera volver al tema de hoy; estábamos hablando de la ayuda de Cuba a Argelia en los primeros años después de la Revolución cubana.

Sí, le decía que entonces, hacia 1961, enviamos a Argelia 30 o 40 médicos, tendría que buscar el dato exacto. Y después de que Argelia alcanzó su independencia en junio de 1962, conocimos, en efecto, al presidente Ahmed Ben Bella. Vino después a visitarnos a La Habana la víspera de los dramáticos días de la crisis de octubre de ese año. Viajó directamente desde Washington, donde acababa de entrevistarse con el presidente Kennedy. Habían hablado, entre otras cosas, de esa crisis de los cohetes entre Cuba y Estados Unidos. Nos expresó su solidaridad. Nuestro pueblo recibió a Ahmed Ben Bella con gran entusiasmo porque se conocía su trayectoria de combatiente, así como el heroísmo de los argelinos y su victoria histórica contra el colonialismo francés.

¿Participaron tropas cubanas en la guerra de 1963 entre Argelia y Marruecos?

Eso fue así: un año después de la crisis de octubre, en otoño de 1963, Argelia se vio amenazada, en efecto, en la región de Tinduf, cerca del desierto del Sáhara, por una agresión de Marruecos cuyas fuerzas armadas, con el apoyo logístico de Estados Unidos, trataron de despojar de importantes recursos naturales al desangrado país argelino. Por primera vez, en esa ocasión, tropas cubanas —un batallón de más de veinte modernos blindados equipados con dispositivos de visión nocturna que los soviéticos nos habían enviado para nuestra propia defensa, y varios centenares de combatientes—[4] cruzaron el océano y, sin pedirle permiso a nadie, acudieron al llamado del pueblo hermano de Argelia, el cual consiguió así defender sus fronteras y proteger sus riquezas.

Desde muy pronto, ustedes también ayudaron a los insurgentes que combatían en África contra el colonialismo portugués, que era uno de los últimos que subsistía en el continente africano. ¿No es cierto?

En efecto, a partir de 1965, comenzó también nuestra colaboración con la lucha independentista en Angola y Guinea Bissau, que consistió esencialmente en la preparación de cuadros, envío de instructores y ayuda material.

Guinea-Bissau era una colonia portuguesa, y había allí una fuerte lucha por la independencia desde 1956, dirigida por el Partido Africano por la Independencia de Guinea-Bissau y Cabo Verde [PAIGC] que lideraba el heroico Amílcar Cabral. Guinea-Bissau logró la independencia en septiembre de 1974. Allí, alrededor de sesenta internacionalistas cubanos, entre ellos una decena de médicos, permanecieron junto a las guerrillas diez años, desde 1964. Estaban en la lucha por la independencia. Desde 1964, enviamos médicos allí también, y no teníamos muchos más que los que teníamos cuando enviamos aquéllos a Argelia; y no habíamos graduado todavía a los primeros médicos formados por la Revolución, que se graduaron en el pico Turquino.

En julio de 1975, las islas de Cabo Verde y el archipiélago de São

Tomé y Príncipe lograron igualmente la independencia definitiva de Portugal. Y, a mediados de ese mismo año, Mozambique, tras dura lucha de su pueblo bajo la dirección del Frente de Liberación de Mozambique [FRELIMO] y de su líder, el inolvidable hermano y compañero Samora Machel, alcanzó también su definitiva independencia.

Mozambique era invadido a cada rato por tropas sudafricanas, al igual que Zimbabue, donde está ese valiente y extraordinario combatiente que es Robert Mugabe luchando todavía contra la antigua metrópoli que a sangre y fuego sometió a ese país. Zimbabue, ex Rhodesia, alcanzó la independencia tras una larga y dura lucha.

La última de las colonias portuguesas, que obtuvo su independencia en 1999, fue Timor Leste, allá en Oceanía, al que no pudimos apoyar en unos momentos muy duros. Estaba muy distante, y nuestro país estaba en pleno «período especial» y muy aislado; pero ya hay allí en este momento 64 médicos cubanos.

En el caso del antiguo Congo belga, ¿cómo se inicia la colaboración cubana, que tiene su momento culminante con la presencia allí de Che Guevara?

Recuerde que el Che Guevara ya había estado en varios países africanos. Ya hemos hablado de eso. Él había denunciado con fuerza, en su intervención en la Asamblea General de la ONU, el 11 de diciembre de 1964, la agresión americano-belga contra el Congo. Había declarado algo así, cito de memoria: «Todos los hombres libres del mundo deben disponerse a vengar el crimen cometido contra el Congo».

Y, directamente desde Nueva York, a finales de diciembre de 1964, el Che inicia un largo viaje que le permitió visitar nueve países de África: Argelia, Egipto, Malí, Congo, Guinea, Ghana, Dahomey —hoy Benín—, Tanzania y el Congo-Brazzaville. Ya el gran líder congoleño Patricio Lumumba había sido asesinado en enero de 1961, convirtiéndose en el gran mártir de la lucha anticolonial en esta región.

El Che consiguió entrevistarse con todos los grandes patriotas africanos: Kwameh Nkrumah en Accra, Sekou Touré en Conakry, Modibo Keita en Bamako y Massamba Débat en Brazzaville. También había conversado largamente, en Argel, con los dirigentes de los movimientos de liberación de los países aún colonizados por Portugal: Samora Machel de Mozambique, Agostinho Neto y Lucio Lara de Angola, así como Amílcar Cabral, el gran revolucionario de Guinea-Bissau.

¿Ahí es cuando el Che decide incorporarse a la guerrilla del Congo?
No, de ese primer viaje él regresa a Cuba. Se interesaba mucho por la situación africana, pero seguía impaciente por ir a Bolivia. Entonces es cuando, como ya le conté, yo le sugiero, viendo su interés por África, que, mientras se creaban las condiciones en Bolivia, él fuera con un grupo de compañeros a África. A apoyar en particular el movimiento guerrillero en el este del Congo. Era una tarea muy importante y además permitía adquirir mayor experiencia y entrenar cuadros.

El 24 de abril de 1965, es la fecha exacta, llega el Che con un grupo de compañeros nuestros a la localidad de Kibamba, cerca de Fizi, en la provincia de Kivu-Sur, no lejos del lago Tanganika, en una zona controlada por la guerrilla de Laurent-Désiré Kabila. Éste se había formado política y militarmente en China. Los chinos, en esa época, también estaban ayudando. Y Kabila había seguido un entrenamiento de varios meses en una academia militar de Nanjing. Pero su guerrilla se encontraba entonces en crisis profunda, desorganizada y violentamente atacada, desde fines de 1964, por aguerridas tropas de mercenarios blancos, sudafricanos, rhodesianos, alemanes y de otras nacionalidades, con oficiales belgas y norteamericanos.

¿Ustedes mandan más fuerzas para ayudar al Che?
Sí. En julio de ese mismo año, es decir, apenas tres meses después de la llegada del Che al Congo, nosotros enviamos a un grupo de unos 250 hombres, escogidos entre nuestros mejores combatientes, a las órdenes del compañero Jorge Risquet. Ellos llegaron a Brazzaville, en el otro Congo; porque entonces había, como hoy, dos Congos, el ex Congo belga, que después se llamó Zaire, cuya capital es Kinshasa, y el ex Congo francés, cuya capital es precisamente Brazzaville, dos ciudades por cierto que se encuentran una frente a la otra separadas únicamente por el inmenso río Zaire. Los enviamos para defender al gobierno nacionalista de Massamba Débat y para, desde allí, ofrecer ayuda al Che que se hallaba en los confines orientales del otro Congo.

Pero Risquet y sus hombres, allí en Brazzaville, también empiezan a formar a combatientes de otras guerrillas. En particular, ellos van a entrenar a gente del Movimiento Popular de Liberación de Angola [MPLA]. En poco tiempo, ellos entrenan a suficientes hombres para constituir tres columnas de combatientes que, partiendo de Brazzaville, se incorporan a las guerrillas angolanas.

De ese modo, a partir del año 1965, se hizo efectiva nuestra colaboración con la lucha independentista en el Congo, así como en Angola y en Cabinda, que era territorio angolano. En todos los casos, nuestra colaboración consistió esencialmente en la preparación de cuadros, envío de instructores y ayuda material.

La intervención cubana más conocida en África es la de Angola. ¿Recuerda usted cómo se inició aquello?

Sí, lo recuerdo perfectamente. Tras lo que se llamó la «Revolución de los Claveles» en Lisboa, en abril de 1974, se inició la desintegración del imperio colonial de Portugal, debilitado ya este país por la larga dictadura, la ruina económica y el desgaste de la guerra. Ya dije que, en 1975, la mayoría de las colonias africanas de Portugal —Guinea-Bissau, Cabo Verde, São Tomé y Mozambique— habían conseguido su plena independencia. Otorgada con el total consentimiento del gobierno progresista que en aquel momento había en Lisboa.

Pero, en el caso de Angola, la más extensa y rica de las colonias portuguesas de África, la situación sería sumamente distinta. El gobierno de Estados Unidos puso en acción un plan encubierto —eso se conoce ahora, hasta no hace mucho era «inocente», Washington «no tenía nada que ver con lo que allí ocurrió»— para aplastar los legítimos intereses del pueblo angolano e implantar un gobierno títere. Punto clave fue su alianza con Sudáfrica para compartir la instrucción y el equipamiento de las organizaciones creadas por el colonialismo portugués, para frustrar la independencia de Angola y convertirla prácticamente en un condominio del corrupto Mobutu, dictador del Zaire (ex Congo belga), uno de los más grandes ladrones que han existido en el mundo, cuyos 40 millones de dólares nadie sabe dónde están, qué bancos los guarda y qué gobierno lo ayudó a coleccionar esas decenas de millones, en un país donde no quedó casi nada: ni uranio, ni cobre, ni otros muchos productos, porque era una de las principales colonias de Europa en África. Pues bien, el plan era convertir a Angola en un condominio del corrupto Mobutu y el fascismo sudafricanos, cuyas tropas no vaciló en usar para invadir Angola.

Dictadores, terroristas, ladrones y racistas confesos se incluían constantemente, sin el menor recato, en las filas del llamado «mundo libre», y pocos años más tarde el presidente norteamericano Ronald Reagan los bautizó, con particular derroche de cinismo, como «combatientes de la libertad».

En aquella época, Estados Unidos colaboraba con el régimen del *apartheid* sudafricano.

Totalmente. Y a ese respecto, hay algo muy importante que se me olvidaba decirle ya que mencionamos el fascismo sudafricano y el *apartheid*. Debo decirle que estando Cuba en Angola, y Angola invadida por Sudáfrica, Estados Unidos se las arregló para traspasarle a Sudáfrica —a la Sudáfrica fascista y racista— varias bombas nucleares, similares a las que hizo estallar en Hiroshima y Nagasaki, por lo cual aquella guerra de Angola —esto es algo que muchas veces se olvida— la libraron los combatientes cubanos y angolanos contra un ejército y un régimen que disponía de ocho armas nucleares, suministradas por Estados Unidos a través de ese gran votante, sempiterno votante en favor del bloqueo, que es Israel. Y no eran pocas las esperanzas de que nos las descargaran a nosotros, que teníamos grandes sospechas y adoptamos todas las medidas, cual si los sudafricanos fuesen a lanzar el arma nuclear contra nosotros.

¿Los sudafricanos disponían de bombas atómicas entregadas por Washington? Eso no es conocido.

No es conocido, pero es la pura verdad. Para que vea usted. Los «demócratas», no el Partido Demócrata, sino ese «imperio democrático», ¿con quién no pactó? ¿Qué acto de bandidismo no llevó a cabo? Pactaron con Mobutu y toleraron sus crímenes. No olvidar que cuando asesinaron a Lumumba, era Mobutu el que estaba dirigiendo aquellas tropas mercenarias armadas por los europeos y que mataron a muchos allí, ciudadanos del Congo, que luego fue Zaire.

Un día le pregunté a Nelson Mandela: «Óigame, presidente, ¿usted sabe dónde están las armas nucleares que tenía Sudáfrica?». «No, no sé.» «¿Qué le han dicho los militares sudafricanos?» «No, no me han dicho una sola palabra.» Ésta es la hora que nadie sabe, y el mundo no hace esas pregunticas, nadie. Como nadie hace pregunticas acerca de las armas nucleares que posee Israel, ¡nadie! En el mundo circulan las noticias que les interesan al imperio y a sus aliados, que pretende el monopolio, incluso, del combustible nuclear, para cuando se acaben el petróleo y el gas.

Ahora mismo [finales de 2005] están cometiendo la abusiva política de pretender prohibirle a Irán que produzca combustible nuclear, y prácticamente le exigen que queme sus reservas de gas y de petróleo —y son muchas—, ya que de ambos hidrocarburos produce hoy cinco millones de barriles diarios, y aspira, con toda razón y con toda justicia, a ahorrar esos productos, y poder algún día hacer lo que hacen otros muchos países, producir electricidad mediante el uso de combustible nuclear. Francia produce casi el 80 por ciento de su electricidad con combustible nuclear, y muchos otros países como Japón, Corea del Sur o Canadá también. Los iraníes no piden otra cosa, aspiran a producir decenas de miles de millones de kilovatios con combustible nuclear.

Frente a fuerzas sudafricanas equipadas con armas atómicas, ¿qué táctica adoptaron ustedes? Porque me imagino que era una situación militar completamente nueva para ustedes.

Era totalmente nueva. Un verdadero descubrimiento. Y, en efecto, frente a aquel ejército sudafricano poseedor de armas nucleares, tuvimos que adoptar tácticas acordes. Decidimos constituir grupos tácticos no mayores de mil hombres, fuertemente armados, con tanques, transportadores blindados, artillería y armamento antiaéreo, porque era lo que más había allí, más el dominio del aire, gracias a la audacia de nuestras unidades de Mig-23 que, volando rasantes y combatiendo, se habían hecho dueñas del espacio aéreo, frente a una potencia que disponía de decenas y decenas de aviones de los más modernos. Es una bella historia, ¡lástima que no se haya escrito con todos los elementos de juicio!

¿Cuándo se lanza ese ataque contra Angola?

Eso fue a mediados de octubre de 1975. Mientras el ejército de Zaire y fuerzas mercenarias reforzadas con armamento pesado y asesores militares sudafricanos se aprestaban a lanzar nuevos ataques desde el norte de Angola, y estaban ya en las proximidades de la capital Luanda, por el sur amenazaba el peligro mayor. Columnas blindadas sudafricanas habían franqueado la frontera sur del país, y avanzaban rápidamente en la profundidad del territorio. El objetivo de ellos consistía en reunir las fuerzas de los racistas sudafricanos venidas del sur y las tropas mercenarias de Mobutu llegadas del norte, y ocupar Luanda antes de la proclamación de la independencia de Angola prevista para el 11 de noviembre de 1975. Aquellos fueron días tremendos.

Antes habían pasado muchas cosas, la lucha en Cabinda y otros episodios que sería largo relatar aquí.

¿Había en aquel momento fuerzas cubanas presentes en Angola?

En ese momento sólo había en Angola 480 instructores militares —junto con un grupo en Cabinda que estaba entrenando allí—, llegados al país semanas antes en respuesta a la solicitud que nos hiciera el presidente del Movimiento Popular de Liberación de Angola [MPLA], Agostinho Neto, insigne y prestigioso líder que organizó y dirigió la lucha de su pueblo durante muchos años y contaba con el apoyo de todos los pueblos africanos y con el reconocimiento del mundo. Sencillamente nos había pedido cooperación para entrenar a los batallones que integrarían el ejército del nuevo Estado independiente. Nuestros instructores sólo poseían armamento ligero. Había alguna otra arma de instrucción, digamos, algún mortero que estaba en la escuela de instrucción, pero el armamento de estos hombres era esencialmente armamento ligero.

¿Estos cubanos, ante la doble invasión de Angola, participan en los combates?

Claro, ellos inmediatamente se incorporan a la defensa de Angola. Un pequeño grupo de ellos, en los primeros días de noviembre de 1975, junto a sus bisoños alumnos del Centro de Instrucción Revolucionaria de Benguela, no dudó en enfrentar valientemente al ejército racista. En el sorpresivo ataque y desigual combate de los sudafricanos contra decenas de jóvenes angolanos que murieron, ocho instructores cubanos perdieron la vida y siete resultaron heridos. Por su parte, los sudafricanos perdieron seis carros blindados y otros medios. Nunca revelaron la cifra de las cuantiosas bajas sufridas por sus soldados en ese enfrentamiento. Por primera vez, en ese apartado punto de la geografía africana, la sangre de cubanos y angolanos se unió para abonar la libertad de aquella sufrida tierra.

De ese modo, en noviembre de 1975, exactamente diecinueve años después del desembarco del *Granma*, un pequeño grupo de cubanos libraba en Angola los primeros combates de una batalla que se prolongaría por muchos años.

¿Entonces es cuando ustedes deciden enviar más refuerzos a Angola?

Así fue. Sin vacilar aceptamos el reto. Nuestros instructores no serían abandonados a su suerte, ni tampoco los abnegados combatientes angolanos, y mucho menos la independencia de su patria, tras más de veinte años de heroica lucha. En ese momento Cuba, en coordinación con el presidente Neto, decidió en efecto el envío de tropas especiales del Ministerio del Interior y unidades regulares de las Fuerzas Armadas Revolucionarias (FAR) en completa disposición combativa, trasladadas por aire y mar para enfrentar la agresión del *apartheid*.

A diez mil kilómetros de distancia, tropas cubanas herederas del glorioso Ejército Rebelde entraban en combate con los ejércitos de Sudáfrica, la mayor y más rica potencia en ese continente, y contra Zaire, el más rico y bien armado títere africano de Europa y Estados Unidos.

Ustedes lanzaron entonces lo que se llamó la «Operación Carlota».
Sí. Se inició lo que dio en llamarse «Operación Carlota»,[5] nombre en clave de la más justa, prolongada, masiva y exitosa campaña militar internacionalista de nuestro país.

¿Por qué le pusieron ese nombre de «Carlota»?
El nombre de aquella operación es a la vez símbolo y homenaje a los miles de esclavos que perecieron en combate o fueron ejecutados durante las primeras insurrecciones en Cuba. En ellas se forjaron mujeres de la talla de Carlota, una negra lucumí de la dotación del ingenio Triunvirato, en la actual provincia cubana de Matanzas, que, en 1843, encabezó uno de los muchos alzamientos contra el terrible estigma de la esclavitud y ofrendó la vida en el empeño.

¿Tuvo éxito esa operación? ¿Pudieron las fuerzas cubanas impedir la toma de Luanda?
Sí, tuvo éxito. A finales de noviembre de 1975, la agresión enemiga fue detenida en el norte y en el sur. Recuerdo cuando las fuerzas cubanas y angolanas iban tomando pueblo a pueblo y nos llegaban las noticias: «Entraron en tal pueblo», «avanzan así», hasta que llegaron a las fronteras, por el norte y por el sur, por los dos.

Una cosa muy importante: Angola estaba a una distancia enorme de Cuba. Volando en avión, uno mira el mapa y cree que está más cerca Angola que Moscú, por ejemplo. Pero se llega a Moscú hora y media antes que a Luanda. Vea si hay distancia.

Y un punto importantísimo: si tú te ves envuelto en una situación de esas no puedes cometer el error de ser débil; si eres débil con seguridad que sufres una derrota. Tienes que estar dispuesto a mandar todas las fuerzas que sean necesarias, y una cantidad adicional de fuerzas, ni se sabe, el doble, el doble o el triple. Fuerzas no quiere decir hombres; depende del volumen de fuego, de las armas, del tipo de armas, etcétera.

Hasta aviones. Recuerdo que pusimos unos Mig en la bodega de unos barcos. Allí, cuando se inició la ofensiva teníamos aviones, no recuerdo si eran seis. Cuando se avanzó al puente del río Queve y se cruzó al otro lado, se emplearon contra los sudafricanos los aviones Mig. No eran Mig-21 todavía, ése no se podía llevar. Eran Mig-15.

Bueno, hasta aviones llegaron allí... Hubo que tomar Huambo, donde estaba la capital de Jonas Savimbi, el jefe de la Unión Nacional por la Independencia Total de Angola [UNITA], una organización armada y financiada por Pretoria y Washington. Era una zona con una relación tribal; pero el MPLA tenía más gente en Huambo —lo recuerdo, estuve luego en aquel lugar—, mucha más gente de la que tenía Savimbi, a pesar de la etnia mayoritaria en aquel lugar.

La decisión se toma a finales de noviembre, y ya en marzo han viajado todas las tropas. Estaban avanzando por tres puntos: por el centro, por la zona del Queve, y, bueno, ya a los sudafricanos no les daba tiempo ni de volar puentes.

Atacando por el sur al enemigo principal, hicieron retroceder más de mil kilómetros al ejército racista sudafricano hasta su punto de partida, la frontera de Angola y Namibia, enclave colonial de los racistas. El 27 de marzo de 1976, el último soldado de Sudáfrica abandonó el territorio angolano. Mientras en la dirección norte, en pocas semanas, las tropas regulares de Mobutu y los mercenarios eran lanzados al otro lado de la frontera con Zaire. Fue fulminante también. No me explico cómo no se fueron antes, después de lo que les pasó a los sudafricanos.

El imperio no pudo alcanzar sus propósitos de desmembrar Angola y escamotear su independencia. La heroica lucha de los pueblos de Angola y de Cuba consiguió impedirlo.

¿Y cómo explica usted que Estados Unidos no obstaculizara la Operación Carlota, ni la intervención de ustedes en Angola?

Bueno, hoy sabemos mucho más que entonces, por los documentos oficiales desclasificados en los últimos años. Sabemos cómo pensaban y cómo actuaban en aquel momento las autoridades de Washington. En ningún instante el presidente de Estados Unidos, Richard Nixon, ni su poderoso secretario de Estado, Henry Kissinger, ni los servicios de inteligencia de ese país, imaginaron siquiera como una posibilidad la participación de Cuba, ese «paisito bloqueado», en Angola. Aunque ese «paisito» ya lo había derrotado en Girón y había salido con honor de la crisis de octubre, cuando aquí nadie tembló ni se desanimó. Nunca un país del Tercer Mundo había actuado en apoyo de otro pueblo en un conflicto militar más allá de su vecindad geográfica.

Pero ustedes contaban, en última instancia, con la protección de la Unión Soviética.

Mire, en Angola, cuando nosotros decidimos lanzar la Operación Carlota, en ningún momento contamos con una eventual «protección» soviética. A decir verdad, después de la victoria militar, Cuba era partidaria de exigir a Sudáfrica un precio fuerte por su aventura: la aplicación de la Resolución 435 de las Naciones Unidas y la independencia de Namibia. Pero el gobierno soviético, por su parte, nos presionó fuertemente solicitando nuestra rápida retirada, preocupado por las posibles reacciones yanquis. Hubo cartas, de todo.

¿Qué hicieron ustedes?

Tras serias objeciones por nuestra parte, no nos quedó otra alternativa que aceptar, aunque sólo en parte, la demanda de Moscú. Los soviéticos, aunque no fueron consultados sobre la decisión cubana de enviar tropas a Angola, habían decidido posteriormente suministrar armamento para la creación del ejército angolano y habían respondido positivamente a determinadas solicitudes nuestras de recursos a lo largo de la guerra. No hubiera habido perspectiva posible para Angola sin el apoyo político y logístico de la URSS después de aquel triunfo.

Figúrese, la URSS era la única que podía suministrar el armamento que aquel pueblo necesitaba para poder defenderse de la agresión de una potencia como Sudáfrica, y de la de Mobutu por el norte. No se suponía que nosotros íbamos a estar todo el tiempo, ni diez años, un mínimo de condiciones había que crear.

Pero me imagino que, por tradiciones militares muy diferentes, ustedes y los soviéticos no debían tener la misma concepción de cómo hacer la guerra allí.

En efecto. Existían diferencias de concepciones de estrategia y táctica entre cubanos y soviéticos. Nosotros formamos a decenas de miles de soldados angolanos, y asesoramos en la instrucción y los combates a las tropas de ese país. Siempre les decíamos: «Nuestra tarea no es combatir en la guerra interna, es la defensa del exterior», independientemente de que, si atacaban un lugar, si había una situación crítica, los ayudábamos. Mientras que los soviéticos asesoraban a la alta dirección militar, y suministraban generosamente a las fuerzas armadas angolanas las armas necesarias. Acciones originadas en el asesoramiento superior nos ocasionaron no pocos dolores de cabeza, a pesar de las buenas relaciones, trato y amistad. Eran cuestiones de concepción: ellos, una concepción de la guerra, una concepción académica, y por la experiencia que vivieron de una guerra enorme, donde murió tanta gente, y nosotros la otra experiencia, que era lo que ahora llaman «guerra asimétrica» o guerra irregular. Pero había cosas que no eran «asimétricas», ni nada por el estilo, eran de sentido común elemental, en realidad. No obstante, siempre prevaleció entre militares cubanos y soviéticos un gran respeto y profundos sentimientos de solidaridad y comprensión. Ésta es la estricta verdad, nos llevábamos muy bien con ellos. Siempre existió ese espíritu.

Así que ustedes, después de aquella victoria de 1976, se retiraron de Angola.
Sí. Pero no como lo solicitaban los soviéticos. Ante la delicada situación creada —había que hablar con los angolanos, ellos conocían, más o menos, nuestras posiciones, y había que explicarles esa situación; a nuestro juicio, estábamos sin alternativas, ni ellos ni nosotros, desde luego—, en abril de 1976, Raúl, que es ministro de las Fuerzas Armadas, viajó a Angola para analizar con el presidente Neto la necesidad inevitable de proceder a la retirada gradual y progresiva de las tropas cubanas en un lapso de tres años. Realmente, estábamos en desacuerdo, porque a nosotros nos parecía que aquello no era necesario. Se daba una muestra de debilidad frente al adversario, cuando teníamos posiciones ventajosas, y el adversario estaba superdesmoralizado. Nosotros pensábamos que debíamos estar allí el tiempo que ambas partes, Cuba y Angola, considerábamos suficiente para formar un fuerte ejército angolano.

Empezamos sin embargo a preparar la retirada de hombres y de unidades. El presidente Neto comprendió nuestros argumentos y accedió noblemente al programa de retirada de las fuerzas cubanas. Era una retirada gradual y progresiva. Íbamos reduciendo. De 36.000 ya estábamos en 19.000, al cabo de cierto tiempo. Mientras tanto, manteníamos fuertes unidades de combate en las alturas de la meseta central. Pero, realmente, nos debilitamos, y el debilitamiento ese dio lugar a que tan pronto los sudafricanos vieron aquello empezaran a hostigar, a atacar, a penetrar, y a retirarse, dentro de ese territorio de 300 kilómetros, entre la meseta donde estaba atrincherada nuestra gente en las posiciones más estratégicas, a 250 kilómetros aproximadamente de la frontera con Namibia.

Ellos aprovechaban, usted sabe cómo son el imperialismo y sus secuaces, siempre están aprovechando oportunistamente cualquier situación; sin duda que sabían que nosotros estábamos limitados, que nosotros estábamos bajo la presión y que íbamos retirando las fuerzas, es de suponer.

Usted visitó Angola en 1977.

Sí, menos de un año después, en marzo de 1977, pude por fin visitar Angola y felicitar personalmente por la victoria a los combatientes angolanos y cubanos, ya habían regresado a Cuba unos 12.000 internacionalistas, es decir, la tercera parte de nuestras fuerzas. El plan de retirada se cumplía hasta ese instante según lo previsto.

Pero Estados Unidos y Sudáfrica no estaban satisfechos y, confabulados los gobiernos de Pretoria y Washington, solapado este último entonces, devino pública la conjura en los años ochenta con el llamado «compromiso constructivo» y el *linkage* establecido por el presidente Ronald Reagan. El empecinamiento de esas dos potencias, así como sus dolorosas consecuencias para Angola, hicieron necesario nuestro apoyo directo al pueblo angolano durante más de quince años, a pesar de lo acordado en el primer cronograma de retirada.

Porque hubo dos cronogramas de retirada: éste y el último, pero el último con Sudáfrica ya derrotada, que es lo que nos habría gustado hacer en aquel momento. Más de 300.000 cubanos se ofrecieron como voluntarios. Porque sólo iban a Angola voluntarios, aquí lo llaman la «reserva», eso era un principio que no se podía violar. La guerra civil, bueno, como aquella «guerra sucia» del Escambray de la que ya hablamos, no se puede librar más que con voluntarios. Otros no lo hicieron con voluntarios, y lo pagaron caro. Porque, por ley, el hombre va al combate y puede morir. Y una misión internacionalista no se puede hacer si no es con soldados voluntarios, ése es otro principio.

Muy pocos creyeron que resistiríamos firmemente las embestidas de Estados Unidos y Sudáfrica a lo largo de tantos años, con un aliado sumamente cauteloso.

Desde Angola, ¿ayudaban ustedes de alguna manera a otros pueblos oprimidos de la región, como los del suroeste africano —hoy Namibia— ocupado por Sudáfrica, o Rhodesia —hoy Zimbabue—, o el propio pueblo sudafricano sometido al racismo del régimen de *apartheid*?

En esa década de 1980, creció la lucha de los pueblos de Namibia, Zimbabue y Sudáfrica contra el coloniaje y el *apartheid*. Angola se convirtió en un sólido baluarte de esos pueblos, a los que Cuba, en efecto, brindó también todo su apoyo. El gobierno de Pretoria actuó siempre con alevosía. Kassinga, del que ya hablamos, Boma, Novo Katengue y Sumbe, por ejemplo, fueron escenarios de algunos de los crímenes del *apartheid* contra los pueblos de Namibia, Zimbabue, África del Sur y Angola, y a la vez ejemplos patentes de nuestra solidaridad combativa frente al enemigo común.

¿Qué ocurrió en esos otros lugares?

Le voy a citar un solo ejemplo: el ataque a la ciudad angolana de Sumbe [ex Novo Redondo]. Un ejemplo particularmente elocuente acerca de las criminales intenciones de Sudáfrica. Allí no había tropas cubanas ni angolanas, sólo médicos, profesores, constructores y otros colaboradores civiles que el enemigo pretendía secuestrar. Pero estos hombres y mujeres resistieron con sus fusiles milicianos junto a sus hermanos angolanos, hasta que la llegada de refuerzos puso en fuga a los agresores. Siete cubanos cayeron en ese desigual enfrentamiento.

Es sólo un ejemplo, de los muchos que podría mencionarle, del sacrificio y del valor de nuestros internacionalistas, militares y civiles, prestos a entregar su sangre y su sudor cada vez que fue necesario, junto a los hermanos angolanos, namibios, zimbabuenses y sudafricanos. En fin, de todo el continente, ya que podría añadirse argelinos, congoleses, guineanos, caboverdianos y etíopes.

Fue una extraordinaria hazaña de nuestro pueblo, muy especialmente de la juventud, de las decenas de miles de combatientes del Servicio Militar Activo y de la Reserva, que —voluntariamente— cumplieron el deber internacionalista junto a los oficiales y demás miembros permanentes de las FAR. Por otra parte, suman millones los hombres y mujeres que aseguraron, desde Cuba, el éxito de cada misión, suplieron con más horas de trabajo al que marchaba y se esforzaron para que nada faltara a la familia del combatiente o colaborador civil.

Merecen especial reconocimiento los familiares de nuestros internacionalistas. Soportaron la ausencia con estoicismo, infundieron ánimo en cada carta, y evitaron mencionar dificultades y preocupaciones. Ejemplo cimero son las madres, hijos, hermanos y cónyuges de nuestros hermanos caídos. Sin excepción han estado a la altura del sacrificio supremo del ser querido. Supieron transformar su profundo dolor, ese que estremeció cada rincón de Cuba durante la Operación Tributo,[6] en más amor a la patria, en mayor fidelidad y respeto a la causa por la que conscientemente entregó la vida la persona amada.

En 1987 se produce una nueva ofensiva militar contra Angola. Sudáfrica vuelve a atacar.

Sí, como es conocido, a finales de 1987 se produjo la última gran invasión sudafricana a suelo angolano, en circunstancias que ponían en peligro la propia estabilidad de esa nación. Por la fecha mencionada, Sudáfrica y Estados Unidos lanzaron el último y más amenazador golpe contra una fuerte agrupación de tropas angolanas que avanzaba por terrenos arenosos en dirección a Jamba, en el límite suroriental de la frontera de Angola, donde se suponía radicaba el puesto de mando de Jonas Savimbi, el jefe de la UNITA. Debo decir que siempre nos habíamos opuesto a esta ofensiva angolana contra Jamba si no se prohibía a Sudáfrica intervenir a última hora con su aviación, su poderosa artillería y sus fuerzas blindadas.

No era la única vez que habíamos discutido. Nosotros estábamos todos los años discutiendo: «No hagan esta ofensiva, no la hagan…», les decíamos a angolanos y a soviéticos, a los dos. En alguna ocasión lo conseguimos, pero eso era un ejercicio anual. Una de las últimas veces fue cuando visité, para una Cumbre de los No Alineados, Zimbabue. Era una tarea difícil, porque ir a convencer al país donde está aquella fuerza nuestra, y teniendo a aquellos adversarios, era una tarea diplomática complicada. Además, nosotros íbamos cumpliendo; pero habíamos puesto nuestro requisito, y explicamos lo que iba a ser.

Vinieron a Angola unos rebeldes de Zaire, los katangueses, y, por su cuenta, con el apoyo de algunos oficiales angolanos, invadieron Katanga, una rica provincia de Zaire. Vaya, la prensa europea, Francia, Bélgica, todo el mundo que envía de inmediato tropas. No sólo Sudáfrica tenía a su ejército por aquí; encima de eso, llegan entonces tropas belgas y tropas francesas.

Aunque eso no nos asustaba a nosotros. Ya nosotros sabíamos, con lo que teníamos allí, qué les podía pasar a algunas tropas francesas o belgas y a todas las demás. La cuestión era qué táctica íbamos a aplicar.

El Estado Mayor angolano no había seguido su recomendación. ¿Qué hacen ustedes entonces ante la nueva agresión sudafricana?
En aquella ocasión, una vez más, se repitió la conocida historia. El enemigo, sumamente envalentonado, avanzaba en profundidad hacia Cuito Cuanavale, antigua base aérea de la OTAN, y se preparaba para asestar un golpe mortal contra Angola. Allí no había ni un cubano, porque se les dijo: «En esa aventura no cuenten con nosotros». Ante el desastre creado, sin duda el mayor de todos en una operación militar en la que, como otras veces, no teníamos responsabilidad alguna, se producían desesperadas llamadas por parte del gobierno angolano pidiéndonos apoyo.

Figúrese en qué estado anímico estaríamos nosotros con todos esos problemas previstos. Estábamos disgustados. Pero allí ya era que se hundía Angola porque las tropas se retiraban, eso sí con orden, porque habían alcanzado disciplina, pero estaban golpeadas, la moral por el suelo, muchos de los tanques no caminaban.

Ustedes acabaron por acceder.
En un esfuerzo titánico, pese al serio peligro de agresión militar que también se cernía sobre nosotros aquí en la isla, la alta dirección política y militar de Cuba decidió reunir a las fuerzas necesarias para asestar un golpe definitivo a las fuerzas sudafricanas.

Nuestra patria repitió de nuevo la proeza de 1975. Un río de unidades y medios de combate cruzó rápidamente el Atlántico y desembarcó en la costa sur de Angola para atacar por el sudoeste en dirección a Namibia. Mientras tanto, 800 kilómetros hacia el este, unidades selectas avanzaban hacia Cuito Cuanavale. Allí, en unión de las fuerzas angolanas que se replegaban, prepararon una trampa mortal a las poderosas fuerzas sudafricanas que avanzaban hacia aquella gran base aérea. Si ellos hubiesen tomado la base aérea, imagínese, los aviones llegando, suministrando.

¿Cuántos efectivos, en total, reunieron ustedes en Angola en esta ocasión?
Nosotros sabíamos muy bien lo que íbamos a hacer, y sin duda que iban a salir muy mal. Nosotros seguíamos varios principios. Primero: hay que

ser lo suficientemente fuerte, o corres el riesgo de una derrota. Una derrota allí ponía en riesgo la Revolución. Así que nosotros, todos esos años que nos hemos estado jugando aquí nuestro propio proceso... Pero aquí, vencernos no podían. No, a nosotros sólo podían matarnos allí en Angola o en algún otro lugar de esos. Era mucho lo que estaba en juego, mucho más de lo que algunos puedan imaginarse.

Segundo: decidir las guerras sin grandes batallas, como hicimos en la Sierra Maestra. Nosotros derrotamos la gran ofensiva de Batista en la Sierra con apenas algunas decenas de bajas mortales. Nuestra filosofía: mínimo de bajas. Ganar los combates con el mínimo de bajas. Y esa filosofía la seguimos al pie de la letra en Angola.

Esa vez se habían reunido 55.000 soldados cubanos en Angola. De ese modo, mientras en Cuito Cuanavale las tropas sudafricanas eran desangradas, por el sudoeste 40.000 soldados cubanos y 30.000 angolanos, apoyados aproximadamente por 600 tanques, cientos de piezas de artillería, 1.000 armas antiaéreas, y las audaces unidades aéreas de Mig-23 que se apoderaron del dominio del cielo, avanzaban hacia la frontera de Namibia, dispuestas a barrer literalmente a las fuerzas sudafricanas que se acuartelaban en aquella dirección principal; a barrer, pero tiro a tiro y sin batallas campales, siguiendo, más que nunca, nuestros principios.

Son muchas las cosas que podrían decirse de todos los combates e incidencias de aquella lucha. Fue una larga y compleja batalla, sin duda la mayor operación militar en que han intervenido fuerzas cubanas en toda la historia. Yo podría estar hablándole horas enteras del desarrollo de esa batalla, de la estrategia seguida, de decenas y decenas de incidentes y anécdotas, pues lo tengo todo aún muy presente en la memoria. Algún día habrá que escribir la historia completa de esa batalla.

En Cuito Cuanavale, las fuerzas sudafricanas conocen una importante derrota.

Sí. Muy importante, yo diría que decisiva. La contundente victoria en Cuito Cuanavale, y sobre todo el avance fulminante de la potente agrupación de tropas cubanas en el suroeste de Angola, pusieron punto final a la agresión militar extranjera. El enemigo tuvo que tragarse su habitual prepotencia y sentarse a la mesa de conversaciones.

¿Cuál fue el resultado de esas negociaciones?

Aquellas negociaciones culminaron con los acuerdos de paz para el sudoeste de África, firmados por Sudáfrica, Angola y Cuba en la sede de la ONU, en Nueva York, en diciembre de 1988, y de ahí nuestra retirada de Angola, igual, en tres años, metódica, organizada, hasta el último hombre, dentro del cronograma trazado. Se les llamó negociaciones «cuatripartitas», porque en ellas participábamos de un lado de la mesa angolanos y cubanos, y del opuesto los sudafricanos. Estados Unidos ocupaba el tercer lado de la mesa, ya que fungía como mediador. En realidad, Estados Unidos era juez y parte, era un aliado del régimen del *apartheid*, le correspondía sentarse junto a los sudafricanos.

El jefe de los negociadores norteamericanos, subsecretario de Estado para Asuntos Africanos, Chester Crocker, durante años se opuso a que Cuba participara. Ante la gravedad de la situación militar para los agresores sudafricanos, no le quedó más remedio que aceptar nuestra presencia. En un libro[7] de su autoría sobre el tema fue realista cuando, refiriéndose a la entrada en la sala de reunión de los representantes de Cuba, escribió: «La negociación estaba a punto de cambiar para siempre». Aquel personero de la Administración Reagan sabía bien que con Cuba en la mesa de negociaciones no prosperarían la burda maniobra, el chantaje, la intimidación, ni la mentira.

Esa vez no sucedió lo que en París en 1898, cuando norteamericanos y españoles negociaron la paz sin que estuviera presente la representación de Cuba, el ejército libertador y el gobierno de Cuba en armas. Esta vez estaban presentes nuestras fuerzas armadas y la representación legítima del gobierno revolucionario de Cuba, junto al gobierno de Angola.

¿Con esos acuerdos, ustedes consideraron que se había cumplido finalmente su misión en Angola?
Sí. Sin duda alguna. La misión internacionalista estaba cabalmente cumplida. Nuestros combatientes iniciaron el regreso a la patria con la frente en alto, trayendo consigo únicamente la amistad del pueblo angolano, las armas con que combatieron a miles de kilómetros de su patria, la satisfacción del deber cumplido y los restos gloriosos de nuestros hermanos caídos. Nuestros últimos soldados regresaron de Angola en mayo de 1991.

Su aporte resultó decisivo para consolidar la independencia de Angola, y para alcanzar la de Namibia en marzo de 1990. Fue, además, una contribución significativa a la liberación de Zimbabue, y también a la desaparición del odioso régimen del *apartheid* en Sudáfrica.

Pocas veces en la historia, una guerra —la acción humana más terrible, desgarradora y difícil— ha estado acompañada de tal grado de humanismo y modestia por parte de los vencedores. Que se hable de un solo prisionero, a lo largo de quince años, fusilado por las fuerzas cubanas. ¡Uno solo! Y yo me callaría la boca para toda la vida. Desgraciadamente sabemos lo que pasó con algunos de nuestros compañeros hechos prisioneros… ¿Qué hicieron los sudafricanos? ¿Qué hicieron los de la UNITA? ¿Qué hicieron los yanquis?, que lo sabían todo. Los finalmente derrotados mostraron una falta casi absoluta de esos valores en sus filas. La solidez de principios y la pureza de los propósitos explican la transparencia más absoluta en cada acción realizada por nuestros combatientes internacionalistas.

Sin duda, en ello resultó decisiva la tradición sembrada por nuestros mambises en las gestas independentistas, fortalecida por rebeldes y luchadores clandestinos durante la guerra de liberación nacional, y continuada por milicianos, miembros de las FAR y el Ministerio del Interior frente a los enemigos externos e internos después del triunfo revolucionario.

¿Cómo explica usted que esa acción de Cuba se conozca poco a escala internacional?

¿Por qué aquella extraordinaria epopeya nunca ha sido narrada cabalmente? Esa injusticia tiene su explicación. Al cumplirse hace poco, el 11 de noviembre del 2005, el 30.º aniversario de la independencia de Angola, el imperialismo yanqui realizó un extraordinario esfuerzo para que el nombre de Cuba no apareciera siquiera en los eventos conmemorativos. Para colmo, Washington pretende reescribir la historia: Cuba, al parecer, nunca tuvo absolutamente nada que ver con la independencia de Angola, la independencia de Namibia y la derrota de las hasta entonces invencibles fuerzas del ejército del *apartheid*. Cuba ni siquiera existe, todo fue obra de la casualidad y de la imaginación de los pueblos.

También pretenden ahora que el gobierno de Estados Unidos no tuvo nada que ver con los cientos de miles de angolanos asesinados, las miles de aldeas arrasadas, los millones de minas sembradas en suelo angolano, donde constantemente cobran todavía hoy muchas vidas de niños, mujeres y civiles de ese país.

Esto constituye un insulto a los pueblos de Angola, Namibia y Sudáfrica, que tanto lucharon, y una grosera injusticia contra Cuba, el único país no africano que combatió y derramó su sangre por África y contra el oprobioso régimen del *apartheid*.

¿Piensa usted que contribuye a ese «olvido» de la acción de Cuba el hecho de que Estados Unidos se haya convertido hoy en un aliado importante de Angola y un comprador decisivo del petróleo angolano?

Cuba cumplió con lo que dijera el insigne líder anticolonialista Amílcar Cabral: «Los combatientes cubanos están dispuestos a sacrificar sus vidas por la liberación de nuestros países, y a cambio de esa ayuda a nuestra libertad y al progreso de nuestra población lo único que se llevarán de nosotros son los combatientes que cayeron luchando por la libertad».

Las ridículas pretensiones yanquis de ignorar el honroso papel de Cuba indignan a los pueblos africanos. Ello se debe, en parte, a que nunca se escribió la historia verdadera de todo lo ocurrido. Prestigiosos investigadores se esmeran en buscar información. Yo le puedo decir que Cuba, por su parte, que nunca ha querido escribir sobre esto, y se resiste a hablar de lo que hizo con tanto desinterés y espíritu solidario, está hoy dispuesta a prestar su modesta cooperación, abriendo progresivamente sus archivos y documentos a historiadores serios que deseen narrar la auténtica historia de aquellos acontecimientos.

¿Cuántos cubanos, en total, participaron en esa larga guerra de Angola?

En Angola, cumplieron misión más de 300.000 combatientes internacionalistas, y cerca de 50.000 colaboradores civiles cubanos. Fue una extraordinaria hazaña de nuestro pueblo, muy especialmente de la juventud, de las decenas de miles de combatientes que —voluntariamente— cumplieron el deber internacionalista. Protagonizaron incontables actos de heroísmo, abnegación y humanismo de forma absolutamente voluntaria. La hazaña de Angola, la lucha por la independencia de Namibia y contra el *apartheid* fascista fortaleció mucho a nuestro pueblo, son un tesoro de extraordinario valor. Aunque ya le dije que, en total, suman millones los hombres y mujeres que aseguraron la retaguardia, por así decirlo, desde Cuba.

Mambises, rebeldes, luchadores clandestinos, combatientes de Girón, de la crisis de octubre y de la lucha contra bandidos, internacionalistas, milicianos, integrantes de las FAR y el Ministerio del Interior, en fin, el pueblo combatiente, son fruto del vigoroso tronco que creció en esta tierra con raíces africanas y españolas. A la guerra civil de España marcharon cientos de cubanos cuando, en los años 1936-1939, la República fue atacada por el fascismo y la reacción, y allí no pocos ofrendaron la vida. Cuatro décadas después, a África llegaron los combatientes cubanos con la fuerza multiplicada de la Revolución, a defender a un pueblo agredido por los mismos enemigos. Allí cayeron 2.077 compatriotas.

Sin sacudirse el polvo del camino —como hizo Martí ante la estatua de Bolívar—, los integrantes del último contingente internacionalista que regresó a la patria, junto a los principales dirigentes de la Revolución, fuimos a rendir homenaje, ante la tumba del Titán de Bronce, a los caídos en todas las contiendas libradas por nuestro pueblo.

Esa hermosa tradición es hoy dignamente continuada por decenas de miles de médicos y demás profesionales y trabajadores de la salud, maestros, entrenadores deportivos y especialistas de las más diversas ramas, que cumplen con el deber solidario muchas veces en condiciones tan difíciles como las del combate.

¿Qué lección final saca usted de aquella larga guerra de Angola?
La principal lección es que un pueblo capaz de esa proeza, ¡qué no haría si llegara el momento de defender su propia tierra! Tenemos el eterno compromiso, con nuestros muertos gloriosos, de llevar adelante la Revolución, y de ser siempre dignos de su ejemplo. Con los cubanos que ayer y hoy han sabido combatir y morir con dignidad en defensa de la justicia; con los hombres y mujeres que como Máximo Gómez, Henry Reeve y el Che, tanto han contribuido a demostrarnos, aquí en nuestra patria y a lo largo de la historia, el inmenso valor de la solidaridad. Las actuales y futuras generaciones de cubanos seguiremos adelante por grandes que puedan ser las dificultades, luchando sin tregua para que la Revolución sea siempre tan invulnerable en el terreno político como ya lo es en el terreno militar y lo será pronto en el económico. Enfrentaremos cada vez con mayor energía nuestras propias deficiencias y errores. Seguiremos luchando. Continuaremos resistiendo. Seguiremos derrotando cada agresión imperialista, las mentiras de su propaganda y sus arteras maniobras políticas y diplomáticas.

Continuaremos resistiendo las consecuencias del bloqueo, que algún día será derrotado por la dignidad de los cubanos, la solidaridad de los pueblos y la casi absoluta oposición de los gobiernos del mundo, y también por el creciente rechazo del pueblo norteamericano a esa absurda política que viola flagrantemente sus derechos constitucionales.

Al igual que los imperialistas y sus peones sufrieron en Angola las consecuencias de un Girón multiplicado muchas veces, quien llegue a esta tierra en son de guerra enfrentará miles de Quifangondo, Cabinda, Ebo, Morros de Medunda, Cangamba, Ruacaná, Tchipa, Calueque y Cuito Cuanavale.

16

Las crisis migratorias con Estados Unidos

Los acuerdos con Reagan – Camarioca – Mariel – Los «balseros» –
El naufragio del 13 de julio de 1994 – Los disturbios en La Habana
del 5 de agosto de 1994 – La Ley de Ajuste –
Emigrantes y «refugiados»

Quisiera que abordásemos ahora un problema casi permanente que tiene Cuba con las personas que quieren marcharse —por razones políticas o por razones económicas— y que le ha causado en varias ocasiones fuertes tensiones con Estados Unidos, o sea, lo que se ha llamado las «crisis migratorias». Me imagino que, aun antes de la Revolución, siempre hubo gente que deseaba marcharse a Estados Unidos, ¿no?

Había mucha gente —era tradición— que siempre quería ir allá; estaba idealizado ese país, por las películas, también después por la guerra mundial. En 1958, la población cubana registrada oficialmente en Estados Unidos alcanzaba ya la cifra de unas ciento veinticinco mil personas, incluyendo a los descendientes. Eso era antes de 1959, no hacía tanto tiempo que había terminado la guerra, el fascismo, el Holocausto, y todas esas cosas... Ellos daban alrededor de dos mil o tres mil visas, si acaso, al año. El poder, las riquezas, mucha gente educada en la idealización de Estados Unidos, y sobre todo, la idealización —acuérdese que es importante— del automóvil, de los recursos, de los salarios, en una población de Cuba que no tenía una educación y donde había un 30 por ciento de analfabetos y semianalfabetos.

Ese país ejercía una enorme atracción. Y a partir del triunfo de la Revolución, el tema migratorio, en especial hacia Estados Unidos, recibe un impacto trascendental. Con ese país se establecen entonces, con respecto a ese tema, nuevas y conflictivas relaciones. Se estima que, entre 1959 y 1962, se marchan a Estados Unidos más de doscientas setenta mil personas, entre ellas miles de médicos, ingenieros, maestros, profesores, cuadros técnicos... Y una parte de los primeros setenta mil que se van lo hacen sin mediar trámites migratorios. Acuérdese de que Estados Unidos había roto sus relaciones diplomáticas con nosotros en 1961.

¿El primer acuerdo migratorio ustedes lo firmaron con la Administración de Reagan?

Sí, con Ronald Reagan hicimos el primer acuerdo, se suscribe en diciembre del año 1984. Él fue flexible en eso, por su interés de devolver a los «excluibles». Reagan estaba interesado en un acuerdo sobre los llamados «excluibles», gente que se había marchado por el puerto de Mariel en 1980 y que ellos querían devolvernos, una lista de los que habían cometido delitos y estaban allí detenidos. Entonces, aceptamos, les dijimos: «Pongan la lista de excluibles». Habíamos hecho un acuerdo, en realidad, para ese problema. Un número de «excluibles», con nombres y apellidos, dos mil y pico, y, entonces, ellos darían hasta veinte mil visas al año, como un elemento a cambio.

Se llegó a un arreglo, y nosotros aceptamos recibir a los «excluibles». Todavía algunos están viniendo, de aquella lista; eran dos mil y pico, cumplen su pena de prisión allí y luego los mandan para acá.

Después de aquellos acuerdos se crea una situación tensa que los paralizaron un tiempo, en 1986 y 1987. Eso coincide con una acción, la creación de Radio Martí. Son muy pocas las veces en que ellos hayan actuado de buena fe. Después se volvieron a reanudar los acuerdos, se restablecieron porque seguía el problema, y había que encontrar un medio para evitar las salidas ilegales.

El acuerdo no era malo, pero ellos no lo cumplieron, y, realmente, todavía en ese período no se había tomado toda la conciencia del papel nefasto de aquella Ley de Ajuste,[1] que fue siendo interpretada, interpretada e interpretada, para añadirle cosas.

¿Qué cosas?

Bueno, antes, por ejemplo, los que se iban ilegalmente tenían que esperar un año para solicitar la residencia permanente en Estados Unidos y, además, para trabajar allí había todo un trámite... Pero después eso ha ido evolucionando, a través de sucesivas interpretaciones y adiciones, no como ley sino como práctica, y han hecho todavía más grave aquella política.

Luego ellos metieron la provocación de la llamada «Radio Martí», y todo eso obstaculizó la primera etapa del primer acuerdo con Reagan; estuvo suspendido dos años, como le dije, 1986 y 1987. Después, de común acuerdo, se restablece, y ellos están mandando para aquí a los que tienen que mandar y nosotros estamos recibiendo a todos los que están en la lista de los «excluibles». Pero después, el «hasta veinte mil visas» se convierte en apenas mil...

Y esa frase —«Hasta veinte mil por año»— constituyó un engaño, porque lo más que llegaron a dar fueron unas mil y tantas visas, unas mil doscientas por año; después bajaron de mil.[2] Es decir, estaban muy por debajo de las veinte mil. En esas circunstancias se produce la crisis migratoria, después del 5 de agosto de 1994,[3] que provocan ellos, realmente.

Ese día, el 5 de agosto, se produce un grave disturbio en un barrio popular de La Habana.
Sí. En aquellos días, Clinton era presidente. Por Radio Martí habían anunciado que venían unos barcos a La Habana a buscar gente, y todos conocían que la regla establecida por nosotros desde el principio, casi desde muy al principio, era que un barco que estuviera navegando, secuestrado, aun dentro de la bahía de La Habana, nosotros no intentábamos interceptarlo para evitar accidentes.

Y con motivo de aquella situación es que se producen esos sucesos del 5 de agosto de 1994, el disturbio aquel.

Al parecer, usted mismo acudió en persona para calmar a los amotinados. ¿Es cierto?
Sí. Yo mismo fui, y allí no se empleó un policía, un carro de bomberos. Fui yo con la escolta, y orden de no disparar, sencillamente. Cuando me entero de aquello, digo: «No se mueva nadie», ni tropas, ni soldados. Me llevé a Felipe Pérez Roque,[4] después Carlos Lage[5] nos buscó y se incorporó por el camino. Porque aquéllos, al ver que los barcos no llegan, se irritan, empiezan a tirar piedras, a romper algunas vidrieras. Y así es como se va produciendo un tumulto ya, rompiendo vidrieras, rompiendo cosas, atacaron a alguna gente.

¿Era la primera vez que eso se producía?
La primera. Es el único tumulto que se ha creado en cuarenta y seis años, y en aquellas condiciones del «período especial», con la situación econó-

mica difícil y el engaño de que los iban a ir a recoger, y la Ley de Ajuste, todo eso se concentró en ese momento. El no cumplimiento de un acuerdo que habíamos suscrito con Reagan después de la crisis migratoria del Mariel famoso, en 1980. Nosotros hemos tenido que forzarlos; los norteamericanos cerrando y nosotros abriendo puertas. Ésa ha sido la historia.

Esa Ley de Ajuste, ¿cuándo la promulgaron en Estados Unidos?
La Ley de Ajuste se promulgó en 1966, después de lo de Camarioca, en la provincia de Matanzas. En virtud de la crisis de Camarioca de octubre de 1965, todos los que querían salir del país tenían el pasaje gratis. Eso fue tres años después de la crisis de octubre, porque ellos, a raíz de la crisis de octubre, pararon los viajes. No había líneas de transporte entre Cuba y Estados Unidos.

Antes de la crisis de octubre ya alentaban mucho a la gente a marcharse; entre 1962 y 1965 estimamos que, de manera ilegal, habían salido de Cuba unas treinta mil personas; y habían hecho la operación Peter Pan, de que le hablé, en que se llevaron a catorce mil niños.

¿Eso se acelera después de que ustedes declaran el socialismo en Cuba?
Lo del socialismo se plantea el 16 de abril de 1961, casi dos años y medio después del triunfo de la Revolución, cuando estábamos enterrando a los que murieron en el bombardeo previo a la invasión de Playa Girón, con aviones de guerra norteamericanos tripulados por pilotos norteamericanos pero que traían insignias cubanas... Ahí es cuando se habla de socialismo por primera vez.

Hay que entender que el país se hizo socialista por las leyes revolucionarias. Todo empezó por los hechos; primero Batista y los terrores, y después: ejército y policía disueltos. Eso le gusta a cualquier país latinoamericano, aunque no haya revolución ni nada: ladrones, con bienes mal habidos. Se juzgaron, se confiscaron... Pero aún no había una conciencia socialista, sobre eso se puede hablar largo, de cómo se fue creando esa conciencia.

Sigamos por el momento con la cuestión de los problemas migratorios. Usted me estaba diciendo que Estados Unidos decidió, después de la crisis de octubre, suspender los viajes.
Sí, paran todos los viajes, cortan los viajes en 1962. Ya no había posibi-

lidad de viajar y había mucha gente separada, entre ellos aquellos catorce mil niños... Hubo muchos de los padres que cuando mandaron para allá a sus hijos todavía creían que la Revolución se caía, y algunos, muchos, quedaron separados para siempre.

La primera crisis migratoria se produce, dice usted, en Camarioca, ¿en qué circunstancias?
Camarioca fue lo primero, fue en octubre de 1965, por lo que le digo, que cortaron los viajes, no dejaban entrar en Estados Unidos. Entonces empiezan las salidas ilegales y los problemas y la propaganda. Los que estaban allí —ya se habían ido unos cuantos, le dije— tenían recursos, porque los primeros que se fueron eran los jefes con dinero; los más pobres todavía no conocían el camino; se fueron, ya le cité: profesionales, médicos, obreros calificados, maestros, etc. Y nosotros aguantando aquí. Pero cortan la posibilidad de viajar cuando la crisis de octubre, y se empiezan a producir todos estos problemas de la separación, y las salidas ilegales, con el peligro, los accidentes... Entonces dijimos: «No, no hace falta que corran riesgos, vengan a buscarlos», y habilitamos un pequeño puerto, Camarioca, cerca de Varadero. Vinieron hasta mil barcos, porque tenían una confianza ciega cuando dijimos: «Pueden venir, pueden irse». Entre octubre y noviembre de 1965, por Camarioca, salieron, libremente, unas trescientas mil personas.

¿Eso paró por un tiempo las salidas ilegales?
Sí. Había que parar. Sin un golpe y sin el menor problema se paró el tráfico aquel, porque esta gente actúa en sintonía, aunque tengan otros intereses, como el de irse, aunque no haya una conciencia patriótica, pero confían. Entonces se llegó a un acuerdo: todas las personas que soliciten, que tengan idea de viajar a Estados Unidos pueden hacerlo. Conseguimos nosotros el permiso para cerca de trescientas mil. Nosotros, la Revolución en primer lugar, hemos sido los que hemos conquistado las visas para que esa gente se pudiera marchar. Estuvieron tres años llevándose a gente, desde 1959 hasta 1962. Y, bueno, luego casi trescientas mil personas se marcharon por Camarioca. Recuerdo que se llevaron obreros, incluso... El país aguantó.

Lo que pasó fue que tuvieron más gente allá, y luego las aspiraciones del familiar que se quedó... Se fueron también en aviones, seguros, se creó un puente aéreo, no hubo una sola víctima y emigraron por esa vía, conquistada por nosotros, mediante la operación de Camarioca, ya le digo, unas trescientas mil personas. Eso fue en octubre de 1965. Y los norteamericanos un poco después, en noviembre de 1966, no sé ni por qué... adoptaron la Ley de Ajuste.

Esta Ley de Ajuste va adquiriéndose conciencia de lo que era y de las consecuencias que tenía cuando va pasando el tiempo. Es por eso que en ninguno de esos momentos se plantea que quiten esa ley.

Luego, en 1980, se produjo la crisis de Mariel.

Mariel fue la segunda crisis; después de lo de las embajadas. Después de un incidente de penetración forzosa en la embajada de Perú, en el que es asesinado el custodio cubano de la embajada y la decisión peruana de no entregar al asesino, nosotros mandamos sacar la guardia en la embajada de Perú y se metieron allí unas diez mil personas. Habilitamos el puerto de Mariel y retiramos toda restricción a los que quisieran emigrar. Dejamos venir los barcos de allá a buscarlos. Se creó como un puente marítimo y más de cien mil personas se trasladaron a la Florida.

Lo decidimos y lo resolvimos nosotros, como más adelante resolvimos el problema de los secuestros de aviones norteamericanos, con un sentido de responsabilidad, porque se había demostrado que condenar a los autores de esos secuestros a veinte años de prisión no los frenaba. Y pudimos comprobar que también las personas que secuestraban aviones en Estados Unidos eran personas desequilibradas. No recuerdo ningún caso de carácter político de alguien que haya secuestrado —por motivos políticos— un avión de Estados Unidos para venir a Cuba. Era, más o menos, gente con el mismo tipo de problema de los que lo hacen aquí para irse allá.

Así que le digo, lo de Mariel lo paramos nosotros, porque no queríamos contribuir al triunfo de la derecha en Estados Unidos, por consideración al presidente Carter; unilateralmente y sin condiciones. Permitimos que se trasladaran unas cien mil personas, y luego cerramos la vía de Mariel. Pero de nuevo se produjeron los efectos de la Ley de Ajuste y la incitación fundamental a la emigración ilegal.

La tercera gran crisis migratoria fue la de los «balseros» en 1994.

Sí. En lo de 1994 ya ha habido la crisis soviética, el derrumbe de la URSS, el «período especial», y en todo ese largo período Estados Unidos daba menos de mil visas anuales... ¿Se da cuenta que las circunstancias van cambiando? No se pueden ver así, rectilíneas.

Entonces, en ese período es cuando la Ley de Ajuste se convierte en el vehículo para trasladarse a Estados Unidos, y además, en un instrumento de propaganda tremendo. En 1994, en el «período especial», eran menos de mil los que salían legalmente con visas, y como cinco mil o seis mil los que se trasladaban ilegalmente para beneficiarse de la Ley de Ajuste. Al incumplir ellos el acuerdo de 1984, el camino para quien quería emigrar a Estados Unidos era la Ley de Ajuste. Pero los que se acogían a esa ley, como siempre, no era un maestro, un trabajador, o alguien sin antecedentes penales... La gente con ese tipo de características no era la que solía irse de forma ilegal, robando barcos y lanchas. Los que lo hacían eran elementos de otro orden: lumpen, gente fuera de la ley, esa categoría. Ésos fueron los que armaron aquel disturbio en La Habana en agosto de 1994.

Esos disturbios del 5 de agosto habían sido precedidos, el 13 de julio anterior, por un incidente al que la prensa internacional dio mucho relieve: el naufragio de un remolcador secuestrado que causó muchas víctimas y los acusaron a ustedes de haber provocado esa tragedia. Eso dio lugar a una gran campaña contra ustedes. ¿Recuerda usted cómo fue aquello?

Sí. Le cuento. Antes de ese asunto del remolcador se había producido un primer incidente en Cojímar, con una lancha rápida, que en el mismo puertecito de Cojímar se arrima a la orilla, y a la luz pública recogieron a gente que emigraba así, ilegalmente, a Estados Unidos. Una cosa inusitada, una lancha norteamericana pegada a la costa... Eso ya fue grave, porque los que estaban allí, unos policías, hicieron algunos disparos a la lancha.

Después se había producido otro incidente cuando un tractor que se llevaba un número de gente, al acercarse a la orilla, un policía lo va a detener, y le lanzan el tractor encima al policía. Entonces se dieron órdenes terminantes de que no se tratara de interceptar nunca una embarcación con personas.

Esos dos incidentes se habían producido, y entonces se estableció esa regla. Después de los dos incidentes, hay un momento, y creo que fue efectivamente el 13 de julio de 1994, en que se produce el asunto del que usted habla, que nuestros enemigos han tratado de explotar mucho.

Un grupo de personas se ponen de acuerdo y hay un lugar donde están los remolcadores que prestan servicios a los barcos que entran en el puerto de La Habana, y ese grupo secuestra un viejo remolcador

—era un remolcador de madera, apto sólo para la navegación de corta distancia en aguas interiores—, se lo llevan de noche, rompen las comunicaciones. Y los tripulantes, que eran tres o cuatro, de otros dos remolcadores, indignados, irritados porque les han llevado aquel remolcador, porque tienen el espíritu de cuidar su centro de trabajo, se montan en otros dos remolcadores, por su cuenta, sin comunicarse con nadie, porque no había ni teléfono allí, y persiguen al viejo remolcador que ya había salido del puerto.

Ninguna autoridad está informada de nada. Debe haber transcurrido... Bueno, tendría que precisar, nosotros tenemos el informe completo de todo lo que ocurrió aquella noche del 13 al 14 de julio. Cuando se conoce, no sé si sería una hora después de aquel momento, debe haber sido un poco más, porque tan pronto se conoce, los guardafronteras mandan a una patrullera a toda velocidad, no para interceptar el barco que se fue, sino precisamente para ordenar a los tripulantes de los remolcadores que lo perseguían, y que se habían ido por su cuenta, que regresaran.

Era una noche oscura, con olas. ¿Aquellos tripulantes qué hicieron? Cuando están, seguramente, a la vista —esos remolcadores caminan muy despacio, son de cinco o seis millas por hora; ellos venían siguiéndolos, pienso que como a las dos o tres horas después los alcanzan—, se ponen a maniobrar para hacer que el otro regrese. Pero va uno delante y otro detrás, y es en esa situación en que se produce un accidente: el que va detrás, un remolcador metálico, va bastante cerca y en un momento dado, una ola provoca que choque con el viejo remolcador de madera. Al chocar produce una brecha en el barco secuestrado —iban más de sesenta personas—, que empieza a hacer agua, y empieza a caer gente al mar.

El remolcador metálico, este que choca —en él viajaban tres o cuatro tripulantes, no eran más—, no tiene medios para rescatar a los náufragos, pero empiezan a rescatar a gente y salvan a algunos, hasta el momento en que les entra temor de que el número de los que han rescatado los secuestren a ellos también. Ellos están en eso, y es la suerte que ya la patrullera, a toda velocidad, llega minutos después de que se produce el accidente.

¿Y qué ocurre entonces?
Los que chocaron salvaron a algunos náufragos; pero el grueso de los que se salvan, alrededor de la mitad, unas treinta personas, los salva la patrullera, porque tienen medios: salvavidas, sogas, todas esas cosas, para sacar

a la gente del agua, y logran sacarlos. Bueno, la mayoría de los que se rescatan con vida los salva la patrullera. Pero ése fue un accidente trágico, una tragedia con unos treinta muertos, sumamente explotado por los del Norte.

¿Ustedes consideran que fue un accidente? ¿El choque ese no fue voluntario?

No hay la más remota intención de parte de los que los siguieron... Éstos fueron por su cuenta a tratar de que viraran y es en esa maniobra cuando se produce el accidente. Aquí se abrió una investigación completa, y esos tripulantes lo que habían cometido, realmente, fue una desobediencia.

Ahora, ¿conocían ellos las órdenes? Yo pienso que deben haberlas conocido, pero esas órdenes no se les dan a los remolcadores. Los guardacostas, los jefes, los capitanes de cada una de las patrulleras son los que tienen esas instrucciones de nunca hacer obstáculo a un secuestro para evitar accidentes y víctimas.

Estos de los remolcadores, en su irritación, o lo que sea, o por su honor, hicieron el intento de que no se escaparan, de devolverlos, de rescatarlos. Las autoridades no tuvieron absolutamente nada que ver con eso, sino, al contrario, salvaron a la mitad de la gente. Pero usted comprenderá que eso se convierte en materia prima para acusar al gobierno de Cuba de haber provocado y haber hundido una embarcación donde había civiles y había mujeres, e incluso niños, como suele haber en estas aventuras, que montan a mujeres y a niños a pesar del peligro. Eso ocurrió en julio de ese año 1994.

Ese naufragio aún se sigue citando en las críticas contra ustedes.

Bueno, eso fue motivo de mucha publicidad en contra de Cuba. Pero las instrucciones que tiene nuestra gente son esas que le digo: que un barco que esté navegando, secuestrado, aun en aguas nuestras, no se intenta interceptarlo para evitar accidentes.

De ese accidente se hicieron investigaciones exactas, y realmente los de los remolcadores no tuvieron ni la menor intención, incluso salvaron gente. Hubiera sido demagógico, injusto, sancionar severamente a aquellos tripulantes por ese hecho.

¿Piensa usted que ese naufragio y esa campaña a la que dio lugar vinieron a cargar aún más la atmósfera, el ambiente que había, y favorecieron los disturbios del 5 de agosto?

Yo ya le mencioné eso. Los disturbios en La Habana se producen porque desde la mal llamada «Radio Martí» —cuesta mucho trabajo llamarle Radio Martí a esa emisora— hablan de que un grupo de barcos venían a buscarlos ahí. Se reúne gente, lumpen por lo general, porque en esas aventuras de asaltar un barco en cualquier condición, de noche, aunque esté malo el tiempo, como le dije, se mete gente de otro tipo. No son personas que tengan una diferencia política, digamos, o inconformidad con nosotros. Más del 90 por ciento de los que han emigrado lo hacen, como los mexicanos u otros, por razones económicas y no porque no tengan empleo, o porque no tengan educación, o porque no tengan servicios médicos, o no tengan una cantidad de alimentos asegurada a precios casi gratuitos.

¿Y por qué emigran entonces?

Emigran porque quieren un automóvil; porque quieren vivir en una sociedad de consumo, muy publicitada. Se les podría preguntar a los chinos también: ¿por qué emigran? Todo el mundo habla de los grandes avances que tiene China, reales, objetivos, mejorías considerables, no sólo con la revolución tuvieron tierras y otros muchos derechos y posibilidades, me refiero a la China que avanza a un ritmo de crecimiento de un 10 por ciento por año y, sin embargo, a cada rato viene un barco cargado con ochocientos o mil chinos que emigran clandestinos.

Hay una presión migratoria mundial, como la que ustedes conocen en Europa, que de Argelia emigran, de Marruecos emigran, de toda África emigran. Según Europa, Marruecos es una maravilla, un aliado; y sin embargo, los marroquíes cruzan por el estrecho de Gibraltar y hay accidentes también, aunque la distancia es más corta.

Hay muchos accidentes.
¿Allá?

Sí. Allá hay decenas de muertos cada año, por el Estrecho.
¡Ah!, ¿más que aquí?

Probablemente más.[6]
¿A pesar de lo cerca que están?

A pesar de eso.

Y los mexicanos, a pesar del TLC…[7] En la frontera de México mueren ya alrededor de quinientos por año. No sólo de México, sino de América Central, que tratan de ir a Estados Unidos, pero la mayoría son mexicanos; otros tratan de ir por mar.

De la República Dominicana han emigrado, en los últimos veinte años, más de un millón de dominicanos, y ésos van por el canal de la Mona, que es muy peligroso, y hay muchos que mueren. ¿Se da cuenta? Se meten en Puerto Rico. Así que hay más de un millón de dominicanos emigrantes. El ingreso más grande que tiene ese país es el ingreso de las remesas.

¿Enviadas por los emigrantes?

Sí. Pero es mucho más que cualquier otro ingreso, más que los salarios de muchas maquiladoras que hay allí en la República Dominicana.

¿Ustedes reclaman la suspensión de esa Ley de Ajuste por inhumana?

La Ley de Ajuste ha ocasionado la pérdida de ni se sabe cuántas vidas, miles de vidas. Nunca, incluso, informan quién llegó allá, si alguien murió, ¡jamás! Único país en el mundo.

Si hicieran eso con México… No pido Ley de Ajuste para los demás, porque ésa es una ley asesina; pero sí planteo que si se defiende, en virtud del neoliberalismo, el libre tránsito de capital y de mercancía, debiera permitirse, como tienen los europeos en el espacio Schengen, el libre tránsito de personas. Es lo que defiendo y defenderé, y no una Ley de Ajuste que conduce a vías ilegales y produce la muerte de muchas personas.

¿Cuántos están muriendo en este «muro»? Se hablaba del muro de Berlín, correcto, un acontecimiento histórico. Todo el mundo, si quiere, puede investigar cuáles fueron las causas, en qué condiciones, los peligros de guerra fría allí en Berlín, los tanques enfrentados unos a otros, la terrible guerra ideológica y de propaganda entre el consumismo y los países más atrasados de Europa industrialmente.

Bien, no voy a discutir las causas que originaron en 1961 la construcción del muro de Berlín, pero me puedo preguntar: ¿qué causas originan ese muro de tres mil kilómetros entre México y Estados Unidos? Están muriendo unas quinientas personas cada año en la frontera de México y Estados Unidos, en tierras que eran también territorio hispánico, y donde no se sabe los millones de indocumentados que hay, ¡millones de ilegales! Incluso algunos se separan de sus familias un montón de tiempo.

El ingreso más grande que tiene México, más que el del petróleo, diez mil millones de dólares por año, proviene de las remesas de sus emigrantes. Y mientras más peligrosa sea la frontera, menos van a visitar a las familias; no pueden visitarse, hay millones.

Los que quieren ir para Estados Unidos crecen en razón directamente proporcional a la población, al desempleo y a la diferencia de salario que hay, de quince veces, por lo menos, por el mismo trabajo, entre el que trabaja en una maquiladora y el que trabaja en Estados Unidos. De veinte veces entre los que trabajan en alguna industria que no es maquiladora —las maquiladoras pagan un poquito más— y los que trabajan en Estados Unidos, y no sé si treinta veces entre el salario que ganan en el sur de México y el salario que ganan en Estados Unidos.

¿Los que se van de Cuba, dice usted, son emigrantes «económicos» igual que los mexicanos, los dominicanos o los argentinos?
Sí, usted me hizo una pregunta: ¿por qué emigraban? Yo le decía que las emigraciones nuestras son como las dominicanas, las mexicanas, países que no están bloqueados, que no son socialistas, donde hay automóviles a montones... Tienen muchas de esas cosas de las sociedades de consumo, y no existe una Ley de Ajuste que les dé derecho a entrar legalmente a Estados Unidos, aunque acaben de cometer un crimen para robarse un barco. Una Ley de Ajuste que es el estímulo fundamental a esa emigración que se marcha ilegalmente de aquí.

Con México no hay una Ley de Ajuste; si la hubiera habría un 30 por ciento o un 40 por ciento de la población mexicana que emigraría a Estados Unidos. Con cientos y miles de fábricas allí donde están ensamblando, que tienen salarios un poco más altos que el salario nacional, si tuvieran una Ley de Ajuste, alrededor de treinta o cuarenta millones de mexicanos estarían del otro lado. Yo no puedo dar un dato exacto; pero sé que en Argentina, y antes de la crisis...

¿La de diciembre de 2001?
Sí. Pero desde antes ya, por problemas y dificultades, y porque también aquélla fue una nación que se formó con muchos españoles que emigraron, e italianos que emigraron después de la Segunda Guerra Mundial. En Argentina, un 30 por ciento de la población quería emigrar para Europa o Estados Unidos, ¡un 30 por ciento!

También emigran muchos profesionales, científicos, intelectuales, eminentes profesores, porque los norteamericanos se llevan lo mejor.

Aunque ésos suelen marcharse por vía legal. El robo de cerebros no se hace sobre la base de gente que se lleve un barco y corra riesgos, o cruce la frontera jugándose la vida.

Yo pienso que Argentina tenía mejor situación económica que México, más estándar de vida que México, sólo que tanto a los mexicanos como a los argentinos que se marchan los llaman emigrantes.

Y no refugiados políticos, como a los cubanos.

Sí, todo el que sale de Cuba es un «exiliado». Desde hace más de cuarenta años, todo el que sale de aquí es un «exiliado», un «enemigo del régimen socialista»... Y resulta que los cubanos tienen los niveles más altos de educación entre los latinos, y, por tanto, en Estados Unidos, los más altos ingresos entre los latinos, porque muchos de los que llegan de otros lugares a Estados Unidos son analfabetos, semianalfabetos, gente que no tiene un oficio, sólo va para recoger tomates, vegetales, una fuerza de trabajo más barata. En realidad, si hubiera una Ley de Ajuste para América Latina, pienso que más de la mitad de los residentes en Estados Unidos serían latinoamericanos.

Ahora, imagínese una Ley de Ajuste para China, para los países de Asia, incluso de Europa... Óigame, no se sabe cuánta gente de las regiones pobres de Europa, o desempleados emigrarían a Estados Unidos. Ya por cada norteamericano real, de los nacidos allí, habría, por lo menos, dos o más venidos de fuera... En dos palabras: invaden Estados Unidos, lo ocupan si hubiera una Ley de Ajuste mundial, como hay una Ley de Ajuste para Cuba. Esa Ley de Ajuste ya tiene como treinta y nueve años, y les da esos derechos a los que secuestran un barco o un avión. Es un estímulo al crimen.

Según usted, ¿son los desesperados los que acuden a esos métodos para emigrar?

Es gente lumpen, porque ya le digo, los que tienen esperanzas de viajar, por una vía o por otra, a un país intermedio, España, México, Canadá, o cualquier otro país, para gestionar una visa, ésos no secuestran, ésos no se van en esas balsas. Eso lo hace el personal que tiene antecedentes penales, o pésima conducta, como regla, y que se la juega, corre cualquier peligro, es un personal para estas cosas muy decidido. Los otros no... El 90 por ciento de los que viajan ilegalmente son personas a las que las vienen a buscar en una lancha desde la Florida. Nosotros aquí tenemos medidas durísimas: hasta cadena perpetua con el individuo, si hay un accidente. Porque había que parar eso, porque estaba muriendo gente constantemente. Se hundían barcos, a veces un barco hundido con treinta o treinta y dos desaparecidos, sin dejar rastro. Y los norteamericanos, ya le dije, no dan ni datos, nunca nos dicen: «Llegó éste»; ni si hay heridos, nunca dan un dato, se comportan groseros hasta el máximo posible.

Los que cometen un delito para emigrar ¿no son detenidos y devueltos por las autoridades estadounidenses?
Los que se van ilegales son los únicos ciudadanos en el mundo que si violan las leyes de Estados Unidos y entran en ese país por cualquier vía, incluso si aterrizan con un documento falso, pasaporte falso, al llegar al aeropuerto dicen: «Soy el ciudadano fulano de tal y me acojo a la Ley de Ajuste Cubano», ya tienen derecho a residir y a trabajar al día siguiente.[8] Antes les ponían un año de espera, todo eso lo han quitado. ¿Objetivo? Desestabilizar. ¡Cuántas vidas ha costado eso!

Todo el que tenga antecedentes penales o cometa un crimen puede acogerse a esa ley y lo declaran «exiliado», «enemigo del régimen socialista»... Cuando vino el «período especial», como le conté, había un convenio de emigración y ellos no lo cumplían. Todo eso estimulaba las acciones ilegales, porque los que no reciben visas —vuelvo a repetir—, a ésos la familia les manda un barco, llaman por teléfono, los traficantes de personas vienen con lanchas rápidas...

¿Se ponen de acuerdo para que vengan a recogerlos en un lugar discreto?
Se comunican telefónicamente, a cualquier hora del día o de la noche. No resulta difícil coordinar un puntico de la costa, fijar una hora en que llegan... Pero dentro de ese ambiente, de todos esos secretos, siempre hay gente, de los que no pueden viajar legalmente, que, cuando se enteran de alguno de esos proyectos, chantajean y van para allá a montarse también en la lancha. Esto se une al hecho de que el traficante en un barco, que puede llevar, tal vez, a seis u ocho personas, monta, por interés económico, a veinte, veinticinco o treinta.

Corre el riesgo de hundirse.
Por eso es que no se sabe cuántos perecen. Se habla de «muchos», pero nadie tiene la cuenta, porque usted nunca recibe una información de quién llegó, si hubo un accidente, cómo se llaman los que se ahogaron.

Las autoridades norteamericanas no dan ni los nombres de los que mueren, para que usted vea con qué espíritu llevan a cabo y aplican esa Ley de Ajuste.

Los de Miami defienden esa ley, les crean espectáculos y *shows* públicos a las autoridades de allí, llevan periodistas de la televisión a los guardacostas para impedir que alguno trate de aguantar una lancha, y, figúrese, alguien que quiere llegar a la costa, luchando contra los tripulantes de un guardacostas que exige sacarlo del bote y llevarlo… Entonces, se saben apoyados allá, y han hecho grandes escándalos para desmoralizar a los guardacostas norteamericanos. A veces les han organizado espectáculos en la misma orilla.

¿Filman a los guardacostas?

Sí, a toda la gente que está allí la ponen en la televisión. Entonces, bajo esas presiones, han tratado de intimidar a los guardacostas, e incluso en una Administración que era menos hostil, como la Administración de Clinton, se producía todo esto de que le estoy hablando, porque también están las campañas electorales, las luchas por la Florida. Clinton, incluso, había ganado también en la Florida. Él no decía nada; pero el poder que tiene esta gente es el poder del escándalo, el *lobby* anticubano en el Congreso. Clinton con una minoría en el Congreso, y ellos tienen poder allí —los de la Florida—, demócratas y republicanos, porque les da mucho dinero esa Fundación Nacional Cubano-Americana, para las campañas y cuentan con decenas de congresistas, como Bob Menéndez,[9] por ejemplo, famoso, de allá de Nueva Jersey, apoyado por los cubanos, y es demócrata. Así que en el *lobby* anticubano y con abundante dinero, hay demócratas y republicanos. Todas estas cosas pasaban.

¿Usted piensa que Clinton fue más constructivo?

Sí, él no era particularmente agresivo. Pero Clinton heredó toda aquella comunidad, heredó todas las campañas que se han hecho contra Cuba y era muy poco lo que podía hacer para ayudar. Estas cosas ocurrían antes de estar el presidente George W. Bush actual. Bueno, ya ocurrían con Reagan. Pero después de 1989, en el «período especial» está el padre de Bush ocupado en otras cosas: la guerra del Golfo, el desarme, sacar el máximo provecho de la nueva línea política de la dirección soviética, haciendo acuerdos de armas estratégicas, que todo el mundo conoce las concesiones que le hicieron Gorbachov y especialmente Shevardnadze.[10] Los dos negociaron sin saber mucho de armas ni de estrategias ni de nada, porque lo que querían era negociar y las ventajas las sacó el gobierno de Estados Unidos...

Ustedes ahora, pese al embargo vigente desde 1962, le pueden comprar alimentos a Estados Unidos, ¿verdad?
Sí. En noviembre de 2001, tras el paso por la isla del huracán devastador Michelle, las leyes contra el bloqueo de alimentos y medicinas se aprobaron, por amplia mayoría, en Estados Unidos;[11] quienes dominaban las comisiones del Congreso eran del partido del gobierno.

¿Republicano?
Eran demócratas y republicanos los que, por mayoría, aprobaron unas leyes autorizando la venta de alimentos y medicinas a nuestro país.

En otras cosas, como el derecho a viajar a Cuba, bloquearon la iniciativa; no pudo ni discutirse. ¿A qué procedimiento acudieron? A proponer medidas insertadas en leyes fundamentales, las llamadas enmiendas. Cuando se discute una ley tan fundamental, digamos, como los presupuestos de la defensa, o los presupuestos para subsidios a los agricultores u otros temas, o el presupuesto del Estado, son problemas tan importantes que si una comisión de ésas acepta una enmienda, una percha, entonces la cuelgan allí, y cualquier batalla que se quiera dar contra esa enmienda se hace prácticamente imposible, porque la han colgado en esa ley contra la cual no se puede oponer nadie. De hecho, entonces, modifican la ley que se había aprobado.

Bueno, nosotros no estábamos conformes, porque uno no puede estar conforme con que se venda en una sola dirección. Pero aquella ley la remendaron de tal manera que para cada venta a Cuba había que pedir permiso al Tesoro de Estados Unidos, que es igual que si usted, para comprar un traje en una sastrería, tiene que pedirle permiso al alcalde del municipio suyo.

O a mi banco.
No, no, al banco no, al jefe del Departamento del Tesoro de Estados Unidos. Es un ministerio quien tiene que autorizarlo. Y así fue como, después del huracán Michelle —que después de que se produjeron esos atentados allá, el 11 de septiembre de 2001, nosotros tuvimos un terrible huracán que le hizo daño al país por valor de dos mil millones de dólares—, ellos tuvieron un gesto —igual que nosotros habíamos tenido un gesto con relación a la catástrofe del 11 de septiembre—; les plan-

teamos que ya nosotros teníamos la reserva, que estábamos ayudando, que habíamos evaluado —planteaban gente para que evaluaran—, les agradecimos el gesto, y les dijimos que nos podría ser útil adquirir unas cantidades similares a las de las reservas que íbamos a emplear para alimentar a los damnificados. Entonces, ellos aceptaron y, de acuerdo con esa ley llena de remiendos, es que nos vendieron algunos productos. Pidieron permiso.

Nosotros lo planteamos públicamente, que a cada gesto amable que tuvieran habría un gesto amable de nuestra parte. El permiso lo dieron, incluso, por un año —ése es un gesto constructivo— y entonces incrementamos las compras de alimentos, y no simplemente la inicial para restablecer la reserva. Con esa ley llena de remiendos...

Pero hay una amplia mayoría, en la Cámara y en el Senado, que es contraria al bloqueo.[12] Es favorable a que les den permiso para venir, a que respeten el derecho constitucional de los norteamericanos a viajar, y de hacer una ley que autorice, incluso, a adquirir productos cubanos. Todas las ventas las pagamos al contado.[13]

Hay una fuerte corriente también en la opinión pública norteamericana, amplia, de más del 70 por ciento, que está contra el bloqueo y está por el derecho de los ciudadanos norteamericanos a visitar Cuba.[14] Porque lo tienen prohibido; sólo autorizan a los de origen cubano.

¿Los ciudadanos estadounidenses no pueden venir?

Está prohibido. Pero son muchos los que viajan, de forma tal que, si los sancionaran, tendrían que incrementar en un porcentaje alto las prisiones. Pueden ser condenados hasta a diez años de prisión.

¿Por venir a Cuba?

Por visitar Cuba un ciudadano norteamericano. Y si no me equivoco, hasta quinientos mil dólares de multa por visitar Cuba sin permiso.

17

El derrumbe de la Unión Soviética

El desastre ecológico – Estado de las infraestructuras –
Mediocridad informática – Reino de las mafias –
Vivir sin la URSS

Después del derrumbe de la Unión Soviética en 1991 y de otros países del Este, se descubrieron cosas terribles. Se constató que allí había un enorme desastre ecológico, que había un estado lamentable de las infraestructuras. La medicina no funcionaba...
Funcionaba con deficiencias, pero diez veces mejor que lo que hay ahora.

Se descubrió una terrible dificultad de la vida cotidiana y surgió también una especie de reino de las mafias, una corrupción astronómica. Los propios cuadros del Partido se han apoderado de una gran parte de la riqueza nacional. En definitiva, setenta años de socialismo soviético no habían permitido construir un «hombre nuevo». Todas esas revelaciones, primero, ¿usted las sospechaba? Segundo, ¿afectaron a sus propias convicciones?
Le voy a responder. Usted ha señalado una lista de cosas; algunas se conocieron antes, pero muchas se han conocido después. Hay que analizarlas bien.

Yo tenía muchas inconformidades. Por ejemplo, cuando iba a Moscú me quejaba porque me ponían un cuadrito del Partido que me acompañaba por todas partes, veía pequeñas miserias, celos, egoísmos... Todo ese tipo de cosas las había, pero también se ven en todas partes, y en grado mayor, así que... Le confieso que había esos problemas pero en grado mucho menor que en otras partes.

Vamos a verlas una por una. Ponga la primera.

El desastre ecológico.

Es cierto. No se sabía que en el mundo había un desastre ecológico, y se puede decir que Occidente lo descubrió primero. Marx pensaba que el límite del desarrollo de las riquezas estaba en el sistema social y no en los recursos naturales como hoy se sabe.

Los soviéticos no conocían el peligro ecológico, y en un territorio tan gigantesco y tan grande como el de la URSS era quizá difícil darse cuenta de ello; pero los desastres ecológicos que se descubrieron allí son iguales a los demás.

¿Y Chernóbil...?[1]

Lo de Chernóbil, la única tragedia que se ha producido con los tipos de reactores que no son por agua, sino de grafito, ha hecho efectivamente un destrozo tremendo. Pero antes de eso hubo ya otros desastres ecológicos: el destrozo que ha tenido lugar en México, en Centroamérica, en Suramérica; la selva del Amazonas, hay una disputa para ver cómo se salva, si se salva... El desastre ecológico es universal, no se le podría atribuir realmente sólo al Estado socialista.

Pero, por ejemplo, el mar de Aral: los soviéticos tomaron decisiones para desviar los ríos y el mar de Aral está desapareciendo por razones de gigantismo productivista.

Pero no es un problema exclusivo. Se discutió mucho, querían producir, desde Jruschov, Brezhnev... Por ejemplo, en Kazajistán desarrollaron la producción triguera, pero ellos eran libres y lo que hizo cada cual fue buscar un incremento de la producción. También buscaban cultivar las estepas de la sal en Uzbekistán —yo estuve allí—, entonces tomaron agua de unos ríos que venían de las montañas. Producían millones de toneladas de algodón. Fue una aplicación incorrecta de la técnica. No conocían, ni sospechaban siquiera, y creyendo hacer una gran cosa provocaron un gran desastre. Me acuerdo de Jruschov diciéndome ese tipo de cosas, el gigantismo, la conquista de nuevas tierras, la superproducción, y yo lo discutí. Y, bueno, prosperaba la agricultura, la siembra con el regadío, pero los problemas de los residuos salinos iban siendo mayores.

También nosotros estamos descubriendo cosas. La Revolución empleó herbicidas; si no empleaba herbicidas en un momento dado, no podía haber industria agrícola; fertilizantes, bueno, el fertilizante ha salvado a la humanidad; sin el fertilizante se habría muerto de hambre Europa y en general esta humanidad.

Sin embargo, André Voisin,[2] yo me acuerdo de un libro de Voisin que se titulaba *Hierba, suelo y cáncer* y analizaba el efecto del potasio en el desarrollo de determinados cánceres. Yo he leído todos esos libros —me gustaba mucho la agricultura—, el peligro del potasio. La papa, sin potasio…, los tubérculos en general lo necesitan; para el plátano o la caña es el nitrógeno, el fósforo; pero hay una serie de producciones de alimentos que necesitan el potasio y los agricultores han estado obligados a usarlo.

Hoy se conocen una cantidad de efectos indeseables increíbles. Hoy se estudian los genes; hace veinte años, de los genes se sabía bastante poco, se regía la genética por la ley de Mendel, aquellos descubrimientos a partir de los guisantes, se trabajaba muchísimo por la genética tradicional de los cruzamientos. No se conocía la ingeniería genética, no se habían hecho transferencias de fragmentos de una célula a otra. Nosotros trabajamos muchísimo la genética tradicional y después vimos las posibilidades de la ingeniería genética y desarrollamos la ingeniería genética; tenemos medicamentos producidos por ingeniería genética, vacunas o medicamentos que no tienen origen natural. Las de origen natural pueden estar contaminadas con otros elementos, así que hacer una vacuna sintética da mucha más seguridad que una vacuna natural.

La ciencia se ha ido desarrollando; pero se ha usado erróneamente muchas veces. Es decir, son cosas que no son exclusivas, ni mucho menos, de los soviéticos. Siga.

El estado lamentable de las infraestructuras, de las vías de comunicación, el ferrocarril, las carreteras, el teléfono, la electricidad, todo en muy mal estado.

Fíjese, yo no tengo interés en defender nada de lo malo que hicieron los soviéticos, debo aclararle esto. Yo llegué a creer que, como ellos se dedicaron a la industrialización acelerada… Eso los salvó en la guerra mundial, si no los derrotan. Sin industrialización acelerada no se salvan. Ellos transportaron las fábricas y las pusieron hasta en la nieve, empezaron a producir sin techo, hicieron una enorme proeza, quizá una de las más grandes en aquella guerra donde se cometieron tantos errores políticos previos; ahí es donde tengo las mayores críticas, y en otras cosas que debilitaron al país, pero la industrialización acelerada fue una necesidad casi vital.

Yo creía que a los soviéticos les sobraba la gasolina, y puede ser que haya bastante de cierto, porque había momentos en que había excedentes, la gasolina es lo que queda después de utilizar el fuel-oil, el diésel y todo aquello para la industria, para la agricultura; era para automóviles casi. Ellos no desarrollaron una sociedad de automóviles, creo que hicieron muy bien. Llegué a pensar que no tenían dónde echar la gasolina y la empleaban en los motores.

Pero, en realidad, tenían atrasos tecnológicos, y ésos son errores de carácter político cometidos por los que dirigen, porque era el país que más centros de investigación creó, más invenciones hizo, y menos las aplicó.

Era desesperante. Las carreteras muy chiquiticas; no sé si tendrían mentalidad de guerra de no desarrollar grandes autopistas, porque a ellos les ayudaba, incluso, y desde antes, un ferrocarril de distinta anchura —estoy especulando sobre cuáles fueron las causas—, desarrollaron mucho los ferrocarriles, ningún país desarrolló los ferrocarriles más que ellos; llegaron a tener buen desarrollo de transporte por ferrocarril. Tal vez el coche no era tan cómodo, pero el tren de Siberia llegaba a miles de kilómetros… Habría que calcular cuántas líneas hicieron; carreteras no hicieron.

Pero yo creo que una de las cosas que más impulsa la carretera no es el transporte en sí, es el transporte individual, el automovilismo. Yo me desesperaba, porque nosotros hacíamos aquí las carreteras mejores y no eran para el automovilismo; eran para ahorrar la distancia, para evitar accidentes, para llegar más rápido. Creo que los soviéticos pudieron hacerlas en otras direcciones, qué sé yo, de Moscú a Kiev, de Moscú a Minsk, las pudieron hacer, para facilitar el transporte, incluso de camiones y demás vehículos. No hubo el estímulo del automovilismo. Tardaron en desarrollar el automovilismo, les preocupaban más los camiones, sobre todo la industria de guerra es la que más se desarrolló.

Y la informática tampoco la desarrollaron, y eso que tenían miles de ingenieros, tenían alta capacidad. ¿Cómo lo explica usted?

Eso no tiene justificación, eso es falta de visión. Uno se asombraba, y los yanquis, en cambio, la desarrollaron a toda velocidad. En algunas cosas, los soviéticos fueron mediocres; sin embargo, no en las investigaciones, el problema estaba en la aplicación de las investigaciones. Ellos tenían más investigación, habían llegado al espacio antes, y no se llega al espacio sin informática.

En Cuba, ¿ustedes han evitado ese error? ¿Se preocupan por desarrollar la informática?

En nuestro país había momentos en que no se enseñaba computación ni en las universidades. Fuimos poco a poco, y empezamos por las universidades. Después hicimos ciento setenta Joven Clubs de computación, hace no mucho tiempo los duplicamos a trescientos, con doble número de máquinas. Pero lo esencial es que hoy, en nuestro país, la enseñanza de la computación se inicia en la edad preescolar. El ciento por ciento de los niños, desde preescolar hasta la universidad, cuentan con sus laboratorios de computación, y hemos descubierto las posibilidades enormes que eso brinda. También se utilizan exhaustivamente los medios audiovisuales. Para el uso de estas técnicas, los paneles solares, con un costo y gasto mínimos, suministran la electricidad necesaria al ciento por ciento de las escuelas rurales que carecían de ella.

Y entramos en la etapa masiva y trabajamos intensamente en otras cosas, de las que no hablamos mucho, pero se están formando por decenas de miles los programadores. Y hemos creado —ya va para el cuarto curso— una universidad de la ciencia informática con alumnos seleccionados entre los mejores de todo el país, donde ingresan dos mil alumnos por año; no serán, desde luego, los únicos, ahí se formarán analistas más que programadores.

Sigamos con la URSS. Cuando se derrumbó la Unión Soviética, surgió una especie de reino de mafias por todas partes; se descubrió una corrupción gigantesca; ellos no habían conseguido, precisamente, inocular valores éticos, sino que, al contrario, se había creado una especie de corrupción generalizada.

Yo le voy a analizar. El capitalismo es un creador de todo tipo de gérmenes, la mafia la inventó el capitalismo. Todos esos gérmenes de corrupción están presentes. En el socialismo los hay también, porque las personas tienen necesidades, tú tienes que sembrar valores, pelear. Nosotros peleamos —y todavía hoy peleamos muchísimo—, porque una revolución empieza acabando con todas las leyes. Yo recuerdo que descubrimos que había una cultura de los ricos y una cultura de los pobres. La de los ricos, muy decentes: compro, pago. La de los pobres: ¿cómo me consigo esto?, ¿cómo le robo al rico y al que sea?

Muchas familias humildes, buenas, patriotas, les decían al hijo que trabajaba, por ejemplo, en el sector hotelero: «Oye, llévate una sábana, llévate una almohada, tráeme esto, tráeme lo otro». Esas actitudes nacen de la cultura de la pobreza, y cuando se hacen los cambios sociales para cambiar todo eso, los hábitos perduran mucho más tiempo.

Si este socialismo desapareciera en Cuba, en virtud de que hubiéramos seguido los consejos de Felipe González[3] y de toda esa gente, aquí también, y en un altísimo grado, habrían rebrotado las mafias, y todo lo peor del capitalismo, incluido drogas y crímenes. Hay sectores completos en nuestra sociedad que nosotros no los hemos cambiado todavía, y el entusiasmo que tenemos es que vemos con toda claridad cómo pueden ser progresivamente cambiados mediante la educación.

En la Unión Soviética debe haber habido eso también; no sé en qué grado existió en la URSS, porque la URSS tenía bastantes escuelas, bastante estudio, y no eran malas las universidades.

De todas maneras, el hombre es el hombre, no podemos idealizarlo. Por suerte, yo parto de una confianza grande de que este ser humano, con todos sus defectos y limitaciones, tiene capacidades suficientes para preservarse y tiene inteligencia suficiente para mejorarse. Yo, si no creyera eso, no lucharía. Diría: «Miren, esto no tiene remedio, esto se va a fastidiar de todas maneras». De modo que tú te pones a hacer todas las comparaciones y yo creo que una razón u otra pueden explicar lo que no tiene justificación, hay fenómenos que son de otra naturaleza.

Ustedes no realizaron en Cuba aquello que se llamó, en tiempos de Gorbachov, la *perestroika*, la revisión general del funcionamiento del sistema. ¿Piensa usted que no era necesaria aquí una *perestroika* y que eso ayudó a preservar la Revolución?

Mire, lo que le puedo decir es que en la Unión Soviética tuvieron lugar fenómenos históricos que aquí no se han dado. El fenómeno del estalinismo no se dio aquí; no se conoció nunca en nuestro país un fenómeno de esa naturaleza de abuso de poder, de autoridad, de culto a la personalidad, de estatuas, etc. Aquí, desde muy al principio de la Revolución, se hizo una ley que prohibía poner el nombre de dirigentes a una calle, a una obra, a una estatua. Aquí no hay retratos oficiales en las oficinas públicas; siempre hemos estado muy en contra del culto de la personalidad. Eso no se ha conocido aquí.

Nosotros no tenemos por qué rectificar errores que se cometieron en otras partes. Aquí no hubo colectivización forzosa de tierras, ese fenómeno nunca se dio en nuestro país. Nosotros siempre hemos respetado un principio: la construcción del socialismo es tarea de hombres libres que quieran hacer una sociedad nueva. Nosotros no tenemos por qué rectificar errores que no existieron.

Si nosotros hubiéramos hecho esa *perestroika*, los norteamericanos estarían felices, porque, de hecho, los soviéticos se autodestruyeron. Si nosotros nos hubiéramos dividido en diez fracciones y empieza aquí una pugna tremenda por el poder, entonces los norteamericanos se sentirían las gentes más felices del mundo y dirían: «Ya nos vamos a liberar por fin de la Revolución cubana». Si nosotros nos dedicamos a hacer reformas de ese tipo, que no tienen nada que ver con las condiciones de Cuba, nos hubiéramos autodestruido. Pero nosotros no nos vamos a autodestruir, eso debe quedar muy claro.

¿Usted se interesó por los esfuerzos de Gorbachov para reformar la URSS?

Mire, yo tenía una pésima opinión de todo lo que estaba haciendo Gorbachov. Me gustó al principio cuando habló de aplicar la ciencia a la producción; avanzar por el camino de una producción intensiva, apoyado en la productividad del trabajo, y no un crecimiento extensivo de la producción sobre la base de más y más fábricas; ya ese camino estaba agotado y había que ir sobre la vía de la producción intensiva. Más productividad y más productividad, aplicación de la técnica, nadie podía discrepar de eso. Habló también de que se oponía a los ingresos no provenientes del trabajo.

Ésas fueron las primeras declaraciones de Gorbachov, lo hallábamos muy bien desde el primer momento, y también se opuso, incluso, al exceso de consumo de alcohol, y me pareció muy bien. Bueno, creo que allí no es tan fácil el manejo de ese problema, eso requería una prédica larga, porque los rusos hace mucho tiempo que saben cómo se produce el vodka, el aguardiente, en cualquier alambique. Incluso conversé de eso con él. Esas cosas me agradaban.

Yo le explicaba también la necesidad de que la URSS tuviera otros métodos de relaciones con los demás partidos; que fuera más amplio en las relaciones, no sólo con los partidos comunistas, sino con las fuerzas de izquierda, con todas las fuerzas progresistas.

Ellos tenían, con los demás partidos comunistas pro soviéticos, una actitud bastante hegemónica, ¿no?

Mire, yo no soy de los que se ponen a criticar a los personajes históricos satanizados por la reacción mundial para hacerles gracia a los burgueses y a los imperialistas. Pero tampoco voy a cometer la tontería de no atreverme a decir algo que tengo el deber de decir. Pues sí, en la Unión Soviética se creó un tremendo vicio de abuso de poder, de crueldad, y en especial el hábito de imponer la autoridad de un país, de un partido hegemónico, a los demás países y partidos.

Nosotros hemos estado más de cuarenta años manteniendo relaciones con el movimiento revolucionario en América Latina, y relaciones sumamente estrechas. Jamás se nos ocurrió decirle a ninguno lo que debía hacer. Íbamos descubriendo, además, el celo con que cada movimiento revolucionario defiende sus derechos y sus prerrogativas. Recuerdo momentos cruciales: cuando la URSS se derrumbó, mucha gente se quedó sola, entre ellas nosotros, los revolucionarios cubanos. Pero nosotros sabíamos lo que debíamos hacer. Estaban los demás movimientos revolucionarios en muchas partes librando su lucha. No voy a decir cuáles, no voy a decir quiénes; pero se trataba de movimientos muy serios. Ante aquella situación desesperada, el derrumbe de la URSS, nos preguntaron a nosotros si continuaban luchando, o si negociaban con las fuerzas opuestas buscando una paz, cuando uno sabía a qué conducía aquella paz.

Yo les decía: «Ustedes no nos pueden pedir opinión a nosotros, son ustedes los que irían a luchar, son ustedes los que irían a morir; no somos nosotros. Nosotros sabemos qué estamos dispuestos a hacer; pero eso sólo lo pueden decidir ustedes». Ahí estaba la más extrema manifestación de respeto a los demás movimientos. Y no el intento de imponer —sobre la base de nuestros conocimientos y experiencias y el enorme respeto que sentían por nuestra Revolución— el peso de nuestros puntos de vista. En ese momento no podíamos pensar en las ventajas o desventajas para Cuba de las decisiones que tomaran: «Decidan ustedes». Y así cada uno de ellos, en momentos decisivos, adoptó su línea.

¿Conoció usted a Boris Yeltsin?
Sí. Conocí a Boris Yeltsin. Era un destacado secretario del Partido en Moscú, con un montón de ideas buenas: el propósito de atender las necesidades de la ciudad, el desarrollo de la ciudad. Yo le hice mucho hincapié en que preservaran las partes históricas, que no las destruyeran. Tenía idea de crear invernaderos para abastecer a Moscú; era muy crítico y muy exigente con todos los cuadros, de modo tal que los discursos de Yeltsin nosotros los imprimíamos por el rigor con que criticaba deficiencias, fallas. Y yo allí le dije: «Cuiden los edificios patrimoniales, porque ustedes casi han hecho desaparecer el antiguo Moscú, han constru-

do otro». Él vino aquí con ocasión de una visita a Nicaragua; conversó mucho con nosotros.

Bien, un día que yo estaba en una visita allá en Moscú, ponen a Yeltsin de acompañante mío —siempre buscan a alguien para acompañarlo a uno, ir aquí e ir allá—, y yo le estoy hablando incluso de algunas cosas, de que es incomprensible que algunos de los productos mantengan los mismos precios de hacía cuarenta años, y escaseaban y daban lugar a algunos problemas. El caviar tenía el mismo precio que en la época de Stalin. Le digo: «Ustedes, además, algunos productos son tan baratos que los despilfarran. El pan está demasiado barato —le decía—, y mucha gente compra pan para producir pollo con el pan y venderlo en un mercado libre». Entonces, yo veía muchos gastos, muchas de esas cosas superbaratas, antieconómicas, y todo a partir de que tenían recursos suficientes.

Porque allí había una contradicción: aquel mercado libre que vendía al precio que le daba la gana, y también estaba la teoría —y los norteamericanos usaban ese argumento en defensa de la propiedad privada— de que no sé qué tanto por ciento de la papa la produce el koljosiano en pequeñas parcelas; no sé qué tanto por ciento del huevo y de lo otro, y lo que no decían es que el koljosiano producía huevo barato y carne barata porque utilizaba los granos de la granja del Estado, que eran muy baratos, y tú puedes criar en un área de quince metros por quince metros dos mil gallinas, tres mil gallinas, hasta cinco mil gallinas, y hasta vacas.

¿Ustedes han experimentado eso?

Sí. Una vez nosotros hicimos un experimento, en el cuarto de una casa, utilizando la luz eléctrica, sobre cuánta leche se podía producir por metro cuadrado usando cultivos de agua, sembrando, dando una masa, el número de kilogramos de masa verde que podía producir un metro cuadrado. Hicimos el experimento ese, porque tenía que ver la energía que gastaba esto, a partir de que, en una superficie de una hectárea, tú podías hacer, en la ciudad, un edificio de veinte plantas y esa hectárea convertirla en veinte hectáreas que podían producir lo de cincuenta hectáreas si tenías energía, agua, fertilizante y vacas. ¡No se sabe lo que da la vaca! La vaca se alimenta de vegetales; fácil, de vegetales, casi hasta sin granos. Nosotros tuvimos que estudiar mucho esos problemas en los primeros años de la Revolución. De modo que, en Moscú, discutíamos, Yeltsin y yo, él aún no era presidente de Rusia, hablábamos de todo eso.

¿De cómo funcionaban las cosas en la Unión Soviética?

Mire, cuatro centavos costaba el trolebús, el metro creo que cinco centavos, eso daba lugar a que la gente viajara demasiado de un lado para otro. Yo le explicaba a Yeltsin lo que nos pasaba a nosotros con relación a eso, porque él me dice en un momento dado: «Pienso que el transporte debiera ser gratuito». Y yo le respondí con el consejo de por qué no debía ser gratuito el transporte; debía tener un precio razonable, aunque sea para ahorrar la cantidad de viajes que la gente hace con el transporte gratuito, porque una vez, aquí, en Cuba, un secretario del Partido en una región —que era menos que una provincia y más que un municipio—, un compañero nuestro, le habíamos mandado unos ómnibus y había puesto el transporte gratis —de esos libretazos que hacía la gente en los lugares; puso gratis el transporte, por su cuenta—. Bueno, eso le costó una bronca tremenda.

El transporte aquí era casi gratis, pero la gente, en vez de caminar diez cuadras, siete cuadras, tomaba el ómnibus, a lo mejor ni lo pagaban, no daba tiempo, o lo pagaban por setecientos metros, por ochocientos metros, lo que multiplica el consumo innecesario. Así que fíjese lo que me dice Yeltsin, y yo le tengo que aconsejar que no podían poner gratis el transporte y no podían poner gratis nada, y que ya hacían muchas cosas casi gratis porque los precios eran inamovibles. De modo que a Yeltsin también lo vi.

¿Cómo eran sus relaciones con Gorbachov?

Hubo buenas relaciones con Gorbachov. Raúl lo conocía desde hacía años en ocasión de una visita que hizo a la Unión Soviética y tenía relaciones de amistad con él. Yo hablé mucho con él, lo conocí, conversé con él. Gorbachov era un hombre muy inteligente, ésa era una de sus características. Con nosotros fue muy amistoso, fue un amigo realmente, y mientras ejerció el poder en la Unión Soviética hizo todo lo posible por respetar los intereses de Cuba y las buenas relaciones con nuestro país. Un hombre de gran capacidad, con buenas intenciones, porque no tengo duda de que Gorbachov tenía la intención de luchar por un perfeccionamiento del socialismo, no tengo la menor duda de eso.

Pero no consiguió encontrar soluciones a los grandes problemas que tenía su país. Y desempeñó indiscutiblemente un papel importante en los fenómenos que se desataron en la Unión Soviética y en la debacle. No pudo evitar la desintegración de la Unión Soviética, no la supo preservar como gran país y como gran potencia. Nosotros le sugerimos, como le dije, que a los congresos, a las efemérides esas que ellos organizaban invitara no sólo a los partidos comunistas sino también a otras fuerzas de izquierda, progresistas… Y teníamos muy buenas relaciones. Vino un ciclón y nos mandó una ayuda, todo muy bien. Hicieron un plan, que era bueno, ya le digo, sobre la base de las ideas estas relativas a la producción intensiva que había que desarrollar.

Después empezó la política internacional, empezaron las concesiones, las concesiones en el armamento estratégico, en todo, y un día, incluso, bueno, piden los asesoramientos de Felipe González y del PSOE…

¿Ustedes, en algún momento, consideraron que su seguridad estaba garantizada por la potencia militar de la Unión Soviética?
Nunca. En determinado momento, llegamos a la convicción de que, si éramos atacados directamente por Estados Unidos, jamás los soviéticos lucharían por nosotros, ni podíamos pedírselo. Con el desarrollo de las tecnologías modernas era ingenuo pensar, o pedir, o esperar que aquella potencia luchara contra Estados Unidos, si éstos intervenían en la islita que estaba aquí a 90 millas del territorio norteamericano.

Y llegamos a la convicción total de que ese apoyo jamás ocurriría. Algo más: se lo preguntamos un día directamente a los soviéticos varios años antes de su desaparición: «Dígannoslo francamente». «No», respondieron. Sabíamos que era lo que iban a responder. Y entonces, más que nunca, aceleramos el desarrollo de nuestra concepción y perfeccionamos las ideas tácticas y estratégicas con las cuales triunfó esta Revolución y venció. Después de esa respuesta, más que nunca nos arraigamos en nuestras concepciones, las profundizamos y nos fortalecimos a un nivel tal que nos permite afirmar hoy que este país es militarmente invulnerable; y no en virtud de armas de destrucción masiva.

Cuando se derrumbó la URSS muchos predijeron también el derrumbe de la Revolución cubana. ¿Cómo resistieron ustedes?
El país sufrió un golpe anonadante cuando, de un día para otro, se derrumbó la gran potencia y nos dejó solos, solitos, y perdimos todos los mercados para el azúcar y dejamos de recibir víveres, combustible, hasta la madera con que darles cristiana sepultura a nuestros muertos. Nos quedamos sin combustible de un día para otro, sin materias primas, sin alimentos, sin aseo, sin nada. Y todos pensaban: «Eso se derrumba», y siguen creyendo algunos idiotas que esto se derrumba, y que si no se derrumba ahora, se derrumba después. Y mientras más ilusiones se ha-

gan ellos y más piensen ellos, más debemos pensar nosotros, y más debemos sacar las conclusiones nosotros, para que jamás la derrota pueda enseñorearse sobre este glorioso pueblo.

Estados Unidos arreció el bloqueo. Surgieron las leyes Torricelli[4] y Helms-Burton,[5] esta última de carácter extraterritorial. Nuestros mercados y fuentes de suministros fundamentales desaparecieron abruptamente. El consumo de calorías y proteínas se redujo casi a la mitad. El país resistió y avanzó considerablemente en el campo social. Hoy ha recuperado gran parte de sus requerimientos nutritivos y avanza aceleradamente en otros campos. Aun en esas condiciones, la obra realizada y la conciencia creada durante años obraron el milagro. ¿Por qué resistimos? Porque la Revolución contó siempre, cuenta y contará cada vez más con el apoyo del pueblo, un pueblo inteligente, cada vez más unido, más culto y más combativo.

18

El caso Ochoa y la pena de muerte

Una revelación de Navarro Wolf – Los negocios de MC –
Dólares y droga – Conexión colombiana – Fusilamiento del general
Ochoa – La Revolución y la pena de muerte –
Una moratoria de hecho

El caso Ochoa,[1] en 1989, suscitó innumerables comentarios. En esa ocasión ustedes aplicaron la pena de muerte, lo que causó una gran conmoción internacional y me imagino que también en Cuba.
Sí. Nosotros tuvimos que fusilar cuando la famosa Causa Uno, cuando descubrimos actos de traición. Mire, en eso no había alternativa, porque el país fue puesto en un grave riesgo, y nosotros teníamos que ser duros, teníamos que serlo más con gente de nuestras propias filas que cometieran un acto como ése. Era mucho más fácil demostrar que el ministro del Interior era cómplice. Lo que pasa es que yo lo conocía muy bien.

¿Habla usted del ministro Abrantes?
Sí, lo conocí cuando estaba en mi escolta y luchó. ¡Ah!, pero el poder es el poder. Quizá la lucha más importante que tiene que librar alguien que tenga poder es la lucha contra sí mismo, la lucha por autocontrolarse. Quizá sea una de las cosas más difíciles.

¿Contra la corrupción que favorece el poder?
Contra la corrupción, e incluso contra el abuso de sus facultades. Hace falta una conciencia muy bien formada y muy fuerte, porque he visto a la gente usar el poder... y las tendencias al uso del poder, tú tienes que observar mucho eso. A este compañero yo lo conocía muy bien, pero cayó en lapsos mentales. A veces los hombres caen en lapsos mentales.

¿De quién habla usted?

Estoy hablando, en este caso, del que fue ministro…

Abrantes.

Sí. Yo mando hacer una investigación porque estoy leyendo repetidamente ciertas noticias, y llegaban unos datos que me intrigaban… Le pido una investigación sobre denuncias de aviones que aterrizaban en Varadero, y le digo: «Investiga».

Mando a buscar a alguien de allá, de Colombia, que se llama Navarro Wolf[2] —está vivo, era del M-19, fue herido con una bomba, y fue curado aquí—. Vino. No lo pude ver. Porque muchas veces, hasta en cosas de mucha trascendencia, el agobio de trabajo me impide hacer cosas que son también importantes. Aunque yo personalmente trate de persuadirme… Pero el exceso de trabajo nos lo impide. Bueno, Navarro Wolf habla con algunos compañeros; yo no lo pude ver. Y el hombre regresa a Colombia.

Abrantes venía todos los días aquí, tenía relaciones constantes con nosotros, había estado de jefe de mi escolta y fue ascendiendo, viceministro, ministro… Se fueron desarrollando ambiciones… No quiero hablar de eso. Pero todos los días prácticamente venía, esperaba; siempre tenía un problemita y abordaba conmigo hasta los menores detalles, porque tenía mucho el hábito de consultarme, y a veces me robaba una hora, tenía yo que ver cualquier detallito, cualquier errorcito… No administraba yo totalmente mi tiempo, porque hay veces que en cinco minutos un problema se puede resolver.

Pero da la casualidad que cuando viene Navarro Wolf, yo le pregunto a Abrantes: «¿Ya vieron a Navarro Wolf? ¿Ha dicho algo de importancia?». Me dice: «No, nada de trascendencia». Y cuando en medio del juicio ya… Porque nosotros estábamos con el problema de Ochoa, un oficial con méritos históricos, «Héroe de la República de Cuba», invasor que vino con Camilo Cienfuegos… Ah, pero tuvo poder… Manejó fondos un día. Yo no puedo decir que Ochoa se robó fondos.

¿Ochoa se enriqueció personalmente?

Lo peor es que los que se metieron en esto partían de la idea de que ayudaban a la República. Como estábamos en un país bloqueado, y que a cada rato había que comprar una pieza de repuesto o algo, había unas empresitas que se dedicaban a luchar contra el bloqueo, para comprar alguna pieza muy importante para alguna industria, y la traían de contrabando. Sí, nosotros no aceptamos el bloqueo, es algo ilegal, genocida. Y ellos entonces, a veces, vendían tabacos o productos cubanos, y pagaban las piezas. Ellos hacían algunas operaciones, porque también cuando traían las piezas, las tenían que pagar, por supuesto, y se las vendían a una empresa determinada, y tenían algunos ingresos. Eran ingresos que se usaban para el ministerio, para comunicaciones, transporte... Siempre el país ha estado muy estrecho en eso. Ellos tenían algunas empresitas de esas, porque les habíamos prohibido ya que aquello se convirtiera en una empresa importante; pero tenían esas empresitas, tenían experiencia.

¿Tenían algunas de esas empresas en Panamá?

Sí, ellos tenían esa tendencia, pero las crearon contra el bloqueo, y entonces tenían facilidades con los guardafronteras, entrada, salida, y se les ocurrió un día la idea loca de entrar en contacto con algunos contrabandistas.

¿Con traficantes de drogas?

No sé cómo empezaría; bueno, se sabe, están todos esos datos de algunos contrabandos, y le entregaban el dinero al ministerio. El Ministerio del Interior administraba y lo invertía fundamentalmente en comprar piezas de repuesto. Pero ya también, cuando se anda manejando dinero así de esa forma, empiezan las boberías: a ponerle al carro unos cristales oscuros especiales, llantas llamativas, un radio con tocadiscos, empiezan poniéndole lujos al carrito Lada, empiezan a vestirse... Y no están guardando dinero en el banco.

Ochoa tenía una cuenta en el exterior de un dinero procedente de los sandinistas, que le habían entregado para que tratara de comprar algunas armas que ellos no podían obtener, algún tipo de armas, unas bazucas, o trataban de obtener comunicaciones..., y él había estado de asesor allí, en Nicaragua, era un hombre que había estado en el frente.

¿Había participado en la guerra de los sandinistas para derrocar a Somoza?

Sí, había estado allí, junto con los sandinistas... Pero espérese, antes he de decirle algo, le había mencionado a Navarro Wolf...

Sí, Navarro Wolf el colombiano, ex guerrillero del M-19.

Colombiano del M-19. Pero no le dije de qué nos informó. Cuando Abrantes me dice a mí: «Nada de trascendencia», ya era en el momento en que nosotros estábamos investigando faltas cometidas por Ochoa, que tenía una cuenta en el exterior y otras faltas, y tratando de que él se franqueara y buscar una solución que no fuera la más severa —él no se franqueó totalmente—, y llegamos a una situación en que tú no podías investigar más sin que él lo supiera. Teníamos que hablar con ayudantes… Algunas cosas. Pero no estábamos investigando nada de drogas, sino la irregularidad de la cuenta, y algunas irregularidades cometidas allá, de algún negocio, donde había tenido el pretexto de ayudar a las tropas.

¿En Angola?
En Angola, donde él había estado. No llega a franquearse. Hablo con él como tres o cuatro veces.

¿Personalmente?
Sí, cómo no, pero muy cuidadoso, y no lo logro. Tú no podías seguir investigando a un jefe importante.

¿Él tenía ambiciones personales políticas? Se habló de conspiración, se dijo que podía ser un rival de usted.
No, no había ningún peligro. Peligros políticos no había ninguno. El grado de disciplina, conciencia, movilización de nuestras Fuerzas Armadas no se basa en ningún tipo de caudillismo, ni en factores personales, sino en una educación política sólida.

Pero es del diablo, tú no te puedes poner ahí a investigar algo que está cometiendo un jefe, y entonces no quedó más remedio que arrestarlo. Fue un tipo de delito que tú no lo puedes conceptuar como político, porque Ochoa nunca tuvo ninguna manifestación de tipo político contra la Revolución. Y cuando se le arresta, porque no acaba de franquearse, de sincerarse sobre aquellos problemas, al hacerse un registro a un capitán ayudante de él, Jorge Martínez, aparece un recibo de un hotel en la ciudad de Medellín.

Medellín, en Colombia.
Sí. Entonces al hombre se le pregunta: «¿Qué significa eso?». Y dice que es que ha recibido instrucciones de este jefe militar, Ochoa, de viajar allá y hacer contacto con Pablo Escobar.

Uno de los principales jefes, en esa época, del cártel de la droga.

El más famoso traficante de drogas del mundo. Eso era de una enorme gravedad… Al país acusándolo de estar en cosas de droga… Era el riesgo de un oficial cubano visitando a Pablo Escobar.

¿Por qué ocurre aquello? Porque Ochoa, en Angola, tenía mucha amistad con el jefe de la misión encargada de la seguridad personal e inteligencia, y por éste se había enterado de algunas operaciones que estaba haciendo el hermano. ¿Quién era el hermano? Eran mellizos. Cumplieron tareas y misiones revolucionarias durante muchos años.

¿Los hermanos Patricio y Tony de La Guardia?

Exacto. Ya al cabo de un número de años eran muy amigos de Ochoa, estaban de jefes de esa empresita de que le hablé que se llamaba MC, que era la que se encargaba de aquellas operaciones.

¿Para encontrar divisas?

No divisas, sino comprar piezas y, de paso, vendían algunas cosas. Eran muy amigos de Abrantes también. Abrantes tenía la tendencia, cuando eran amigos, no a defender al amigo, sino a imaginarse que no eran capaces de hacer nada incorrecto.

Ahora, ahí es cuando mando a hacer la investigación y viene Navarro Wolf, y Abrantes me dice que las informaciones de Navarro Wolf no tenían trascendencia… Ya el juicio andando, porque ya se había arrestado a Ochoa, el 12 de junio, y estando Ochoa arrestado es cuando se descubren las conexiones con la droga, a través del capitán Martínez, que explica por qué tenía aquel recibo de un hotel de Medellín allí.

¿Ustedes se sorprendieron de descubrir eso?

Nos sorprende el fenómeno que se está produciendo… Ochoa ha mandado allá a cometer una falta seria, mientras el jefe de esa empresa, que es Tony de La Guardia, a quien conocíamos muy bien, está haciendo operaciones con los narcotraficantes. Ya le digo, no consta que ninguno estaba quedándose con el dinero, ellos estaban todavía con esa iniciativa para encontrar piezas, luchar contra el bloqueo… Aunque estaban malgastando, incluso había una serie de cantidades en metálico, que las tenían guardadas, porque hubo operaciones… tardaron en pagar y todo eso.

Pero ¿cuál es la clave? Que Navarro Wolf le cuenta al compañero que habla con él que había rumores en Colombia de que gente de Pablo Escobar tenía contacto con Tony de La Guardia, el jefe de esa empresa.

La empresa MC.

Ya le digo. A los hermanos de La Guardia los conocíamos de muchos años, tenían gran autoridad. Así que nosotros, haciendo una investigación, nos encontramos con otro asunto casi de mayor gravedad, y es necesario arrestar entonces a otras personas.

Bueno, hasta había algunas cantidades de dinero que estaban guardadas en casa de amigos. Había un escritor, que había escrito un libro sobre Hemingway, Norberto Fuentes,[3] que había estado allá, en Angola. En casa de Norberto Fuentes estaban guardados como doscientos mil dólares. En otros lugares también había dinero, creo que era una cantidad que les habían pagado, que les debían... Porque les pagaban mil dólares por kilogramo de droga. Claro, si llevaban quinientos kilogramos, eran quinientos mil dólares. Y quinientos mil dólares es mucho dinero.

¿Cómo procedían? ¿Cómo operaban?

Los pilotos se jugaban la vida. Esos pilotos no se detenían, volaban rasantes contra los peligros, no les hacían caso a ningún avión... Entonces los pilotos bombardeaban —todavía siguen haciendo eso—, lanzaban los paquetes a unas millas delante. ¿Qué ocurría? Tenían que ir a buscarlos, a menos que los que tenían relaciones con este MC... Había otro método, ya no tenían ni que bombardear. Venía una avioneta de allá, la avioneta aterrizaba en Varadero y, de allí, los del MC le entregaban la droga a algunos barcos que supuestamente traían mercancía y les vendían tabaco. Los del MC entraban y salían, tenían gran autoridad, por el papel, por sus funciones y autoridad dentro del ministerio.

Era mucho más cómodo que el avión aterrizara allí, de ahí entregaban la droga en un muelle a unos barcos rápidos, y así es como se origina la Causa Uno.

Pero Abrantes había dicho algo que para mí era clave. Si él dice en aquel momento... Porque yo conocía, le advertí, yo había ordenado una investigación, porque ya veía algunos cables... Y uno se vuelve experto en leer cables, sabe dónde está una verdad, sabe dónde están inventando y dónde puede haber algo de cierto, y le pido esa investigación. Y él manda a buscar...

Nosotros descubrimos como dos meses antes esa situación extraña, noticias de esos vuelos, esos aterrizajes en Varadero, y ya en medio del juicio a Ochoa es cuando venimos a descubrir lo del viaje a Medellín de aquel capitán Martínez. Yo hablo con un muchacho que era un oficial importante de tropas especiales y que había hablado con Navarro Wolf. Lo veo casualmente, porque vengo por la tarde a las reuniones que teníamos todos los días en el Ministerio de las Fuerzas Armadas —al muchacho lo conozco muy bien, tiene muchos méritos— y, como él había atendido aquello, le digo: «Oye, ¿qué fue lo que tú hablaste con Navarro Wolf?». Dice: «¿Usted no recibió un informe que yo le entregué al ministro?». Le digo: «No, ¿tienes copias?». Dice: «Sí». Lo tenía hasta en una computadora. Yo vengo conversando con él hasta Palacio, subo, me explica todo y lo mando desde allí a que busque en la computadora. Me trae la copia de lo que informa Navarro Wolf. Él participaba en las reuniones.

Y ese informe, ¿ese oficial se lo había entregado a Abrantes para que se lo diese a usted?
Se lo entregó a Abrantes, y Abrantes, que todos los papelitos me los traía y que todo lo discutía…

¿Ése no se lo trajo?
De ése no dice nada, y está discutiendo toda la operación y todas las investigaciones contra la droga en que tenía implicada gente de él. Lo mando a buscar y esa misma tarde le digo: «Oye, Abrantes, aquí tengo el informe que dejó Navarro Wolf, ¿qué tú hiciste? ¿Tú no tienes copia?». Le repito: «¿Tú no tienes copia?». Mandamos a buscar copia del informe y no lo tenía. «Pero ¿cómo tú no me entregaste este informe, Abrantes?» No había explicación.

Hay algo más, de ese informe él casi ni se acordaba. «Pero ¿cómo es posible que tú no hayas dicho nada?» Entonces le digo: «Busca, a ver, copias». No aparecen copias.

Ya él era un hombre que había actuado por el subconsciente… Y aquel informe comprometía a gente de su absoluta confianza, que él creía que eran campeones olímpicos de los negocios. Yo no sé si George Soros, tal vez, porque como negociante, o Bill Gates, eran más brillantes que ellos pagando unas piezas y vendiendo unos tabacos… Pero aquéllos se presentaban como los campeones del negocio. Incluso aquel dinero que estaba guardado y que de repente pagaron…

Ellos mismos querían esperar para ir entregando a un ritmo de que no aparecieran demasiadas cantidades. Eso llegó a tener unos tres o cuatro millones de dólares. Pero no estaban robando, yo estaba seguro de eso. Aquello lo que era es una locura y terminaba en eso. Y tenían bastante gente, entre ellos a Norberto Fuentes, y otros más. No se incluyó a todos, porque Norberto escribía, había publicado unos libros sobre Hemingway, había estado en Angola; hubo gente que no se incluyó en la Causa Uno, pero guardaban dinero... Realmente se sacó gente de aquella Causa, tenían muchas conexiones... Y así fue la famosa Causa Uno.

Le digo que ya Ochoa había llegado a ideas hasta de un barco... ¿Qué se le ocurre a Ochoa?, que Escobar mandara un barco con seis toneladas de droga y las lanchas rápidas las recogieran aquí al sur de Cuba y las llevaran a Estados Unidos. Una idea loca, y creían que estaban ayudando al país...

Así Cuba estaría participando en el tráfico de drogas.
Le digo yo: mire, un país cuyo comercio asciende a más de cinco mil millones de dólares, que está por encima en importación, suponiendo que importaran, qué sé yo, cincuenta mil kilogramos, ¿usted va a reunir cincuenta millones? ¿Usted cree que un país resuelve así el problema, como ellos pretendían? Y no eran tantas, no eran cincuenta toneladas, ni mucho menos, ellos deben haber trasegado de tres a cinco toneladas. Llevaban tiempo en eso. Se ordena esa investigación por esas razones.

Pero las penas, ¿no cree usted que fueron demasiado severas?
Hacía muchos años que no se aplicaba la pena capital por razones estrictamente contrarrevolucionarias, de carácter político, delitos de tipo contrarrevolucionario. Se aplicaba a un número de casos por delitos comunes, delitos horribles, asesinatos, pero no de otro tipo. La Causa Uno fue una mezcla. Eso fue en 1989.

Personalmente, para usted, la decisión, en definitiva, de mandar fusilar a compañeros... debió de ser muy dura, ¿no?
Sí, pero fue unánime. Fue unánime la decisión del Consejo de Estado de treinta y un miembros. Yo le explico cómo es eso. A la larga, el Consejo de Estado se ha convertido en un juez, es una prerrogativa bastante pesada, y lo más importante es que hay que luchar para que toda decisión se tome prácticamente con el consenso unánime de todos sus miembros. Cuando hay algunos que no están de acuerdo se discute y se discute, y son compañeros todos de muy buena preparación y muy preocupados por los casos. Casi tiene que ser unánime, y casi unánime en general han sido. Porque cuando ha habido objeciones, dos, tres, hasta una, pues se resuel-

ve discutiendo o sencillamente no se aplica la pena. Y aquella reunión del Consejo de Estado cuando la Causa Uno fue pública.

¿El tráfico de drogas está sancionado en Cuba con la pena capital?

Mire, en eso de la droga aquí ocurrieron cosas tremendas. Un español, por ejemplo, estableció una empresa mixta, y buscó mercados. Tenía tecnología, capital. Fabricaba unas figuritas muy bonitas. La materia prima la traía de Colombia; en unos contenedores podía traer hasta una tonelada. Venía aquí —parecía el más diligente de todos los empresarios—, descargaba la materia prima, cargaba el producto terminado y lo llevaba a España en los contenedores. Un día nos enteramos por una noticia: «Capturados —no sé si dos toneladas o tres— contenedores con cocaína que iban hacia Cuba». Parecía una importación de leche en polvo de Colombia o algo así. ¿Cómo es eso?, ¿qué ocurrió? Una actitud incorrecta del jefe de la policía. No informa. No nos dicen nada. Si nos hubieran informado, los capturábamos; pero los tipos, con la noticia, se fueron. Óigame, ¿sabe que están en libertad?

Les hemos mandado todos los informes para allá, hemos analizado los contenedores, deben haber mandado no muchos, pero unos cuantos contenedores rellenos, y hemos visto pruebas. Quiero que sepa que están en libertad.

¿En España?

Sí, no han sido sancionados, y han declarado que nosotros, para quitarles el timbiriche ese —había doce o catorce trabajadores—, los habíamos acusado de aquello. Y están impunes, aprovecho para decirlo.

Eso causó bastante disgusto, irritación. Nosotros dijimos: ¿cómo van a utilizar una empresa mixta para el transporte de droga a gran escala? Entonces se reunió la Asamblea Nacional y aprobó sanciones mucho más severas, que incluyen, en efecto, hasta la pena capital, por el intento de usar el territorio nacional para el transporte a gran escala de droga. Esa sanción está ahí establecida, y hay leyes que sancionan hasta a cadena perpetua con relación a ese delito.

¿Hay muchos casos de tráfico de drogas?

Bueno, la mayoría de los casos son pequeños. Hay gente que la traen en el estómago, o en determinados lugares, hay algunos que mueren, los perros no huelen ahí; pero los que atienden eso van adquiriendo experiencia, hay quien se hace sospechoso, se pone nervioso… Hay gente que incluso se operan y llevan un kilogramo. ¿Usted sabe lo que vale un kilogramo? Cincuenta mil, setenta mil dólares, qué sé yo a cómo lo venden al por menor, en Europa y en cualquier lado.

Una vez, un grupo —había algunos ingleses, unos canadienses—, en los forros con que envuelven los trajes pues traían hasta diecisiete kilogramos. Sé que hay cosas increíbles, algunos mueren; otros ocultan la droga en objetos de doble fondo y cada vez tienen más experiencia. Hay alrededor de ciento cincuenta extranjeros presos aquí por tráfico de drogas y la han ido introduciendo. Muchos la traen para llevarla después a Europa; pero hay un incipiente mercadito interno.

¿De dónde proviene?
Principalmente de los bombardeos que hacen en aviones. Por ahí está el canal de las Bahamas.

¿Lanzan la droga en alta mar?
Los guardacostas de Estados Unidos vigilan y también tienen aviones, y servicios de inteligencia; hay una cierta cooperación con nosotros, pero nunca han querido hacer un acuerdo. Los barcos de los traficantes se arriman a la costa y cuando están en peligro sueltan la droga.

Allí en Holguín, a veces me dicen: «Ha habido dos recalos». ¿Qué yo entiendo por «dos recalos»? Dos remesas de droga que han llegado. Paquetes de marihuana; pero un «recalo» puede ser un barco que ha soltado treinta o cuarenta paquetes.

Si se ve perseguido.
Si el barco se ve perseguido los sueltan, y las olas los traen, sobre todo en aquellas regiones, a veces un poco más allá.

Hay otro procedimiento: viene un barco grande, mercante, contacta... Todos éstos hacen contactos con lanchas rápidas de Estados Unidos, vienen y recogen los «recalos» que trae una embarcación o que tiran desde un avión. Claro, esos «recalos» son una de las fuentes principales que al surgir algún mercadito incipiente, por el turismo y eso... Más de cien mil cubanos venían todos los años de Estados Unidos, podían venir; claro, la mayoría de ellos se comportan de una manera correcta, pero hay algunos que traen su poquitico de droga, más algunos turistas, aunque el turismo es sano. Estamos estudiando esos casos, y tenemos un caso de transporte a gran escala de droga que con seguridad los tribunales no serán benignos con ellos, y que el Consejo de Estado no estará en estado anímico como para conmutar penas de personas que pueden hacer un daño terrible a la sociedad. Nos queda, desde luego, la cadena perpetua, que es una sanción fuerte.

Hay otras formas de tráfico a gran escala, cuando la droga la trae un yate. Hay miles de barcos de turismo. Aquí hay lugares donde vienen barcos privados, yates, y la gente que viene es mucha y entonces algunos traen droga. Se puede cultivar, pero no es la fuente principal. Los campesinos están bien organizados y tienen mucha conciencia. Los mayores suministros son los «recalos». Estamos en una lucha contra eso y tenemos que impedirlo, porque destruye cerebros. La droga tiene una cosa particularmente mala: enajena a la gente, destruye el cerebro. Lo sitúa a uno ante dilemas morales y éticos muy serios. Mire, el hombre que trafica con drogas por dinero se cuida, porque la sanción influye. Es uno de los casos en los que yo pienso que la pena capital puede ser eficaz.

En muchos países del mundo se está suprimiendo la pena de muerte. Todos los países de la Unión Europea la han suprimido, y muchas personas se preguntan por qué en Cuba, donde hay tantos progresos sociales, aún no se ha suprimido la pena de muerte.
Pienso que es un tema interesante y una pregunta interesante. Eso, como los problemas del medio ambiente y otros muchos, es algo sobre lo cual se ha ido discutiendo aquí durante mucho tiempo.

¿Nos cuestionábamos nosotros la pena de muerte cuando nos hicimos revolucionarios, o cuando luchábamos, o cuando triunfa la Revolución? No, no nos la cuestionábamos, realmente.[4] ¿Nos la cuestionábamos cuando aquellos años de invasiones, guerra sucia, atentados, sabotajes y todo eso? No, ciertamente no nos la cuestionábamos. Meditábamos sobre las formas, los procedimientos y los aspectos legales del tema, y hay un poco también la experiencia histórica.

¿Qué ha ocurrido? Que los movimientos políticos han tenido que defenderse. También los burgueses; tanto las contrarrevoluciones como las revoluciones se han tenido que defender a través de procedimientos de un tipo o de otro. Para nosotros lo esencial era defendernos a través de normas, de procedimientos legales y evitar injusticias, por encima de todo. Y evitar —como ya le expliqué— todo lo que fuera extralegal y extrajudicial, eso era algo que evitábamos.

No es que fuéramos felices por tener que aplicar la pena de muerte. Hubo un momento, incluso, en que se suspendieron las penas capi-

tales; pero lo que nos encontramos nosotros de planes terroristas, atentados... Llegó un momento en que se había suspendido, y, óigame, salvaron unos cuantos la vida, pero quedaban muchos por juzgar y se restableció otra vez la pena. Lo que nos esperaba a nosotros era cosa que
ni podíamos imaginarnos. También hubo ingenuidad en nuestra decisión de suspenderla, y así es como se restableció.

Mirábamos desde un ángulo, de una cuestión de vida o muerte, y
también partimos de ciertos criterios que se daban en los procesos revolucionarios, en las revoluciones, desde hace bastante tiempo. Por lo
general, los que participan en esas contiendas parten del principio real
de que es una batalla de vida o muerte. Entonces, si no te defiendes, tu
causa es derrotada y tienes que pagar con la vida.

Eso para nosotros era una idea clara. Y frente a los delitos más graves, decíamos: «Bueno, ¿cómo nosotros realmente los frenamos?». Si hay
mucho mercenarismo, no es cosa ideológica. Nosotros, afortunadamente,
no teníamos que luchar contra fanáticos de ideas o de causa. Tenemos
el privilegio de luchar contra gente que está movida principalmente por
ambiciones de tipo material, ambiciones de tipo económico y de tipo
social.

Simples mercenarios y no fanáticos de una causa.

De los fanáticos no nos habríamos podido librar, yo sí que no salgo vivo
de todos los planes de atentados. De fanáticos no escapa nadie; pero
nosotros tuvimos el privilegio de que no eran fanáticos los que luchaban contra nosotros, y, además, prevalecía en ellos ese espíritu de cálculo.
Entonces, los que crean que cometiendo actos de terrorismo y matando gente, asesinando maestros, sacrificando vidas de campesinos y vidas
de soldados, que eran obreros y campesinos que constituían nuestra
fuerza, van a tener después un premio... Ésa era la esperanza de ellos.

Claro, en esas circunstancias, los delitos más graves eran sancionados
con la pena capital. Era el pensamiento prevaleciente. Se fue librando,
se fue ganando aquella batalla que ellos hacían, de hecho, por motivaciones de tipo contrarrevolucionario. Llámese motivación política, que
es como lo llaman hace muchos años...

¿A muchos de ellos ustedes los han capturado?

Los hemos capturado, porque hemos logrado adoptar todas las medidas,
crear las organizaciones y todo, para anular totalmente la acción desde
el exterior. Métodos de penetración, los conocimientos, hasta métodos

técnicos. Nosotros también podemos saber de dónde está hablando alguien, por ejemplo. Eso cualquiera lo sabe, alguien alfabetizado técnicamente.

¿Y han sido condenados?
Esos que pusieron las bombas estaban sancionados a la pena capital, fue quedando realmente así. Que recuerde, fusilamiento por motivos contrarrevolucionarios, y creo que pueden ser más acreedores que otros, realmente, hace muchos años, yo podría decir que muchos años, trato de recordar, hace ya qué sé yo cuántos años que no se han realizado. A última hora van al Consejo de Estado. Hay un recurso de oficio en el Consejo de Estado... Ninguno de esos que han puesto bombas, y que están sancionados... Están sancionados, pero no han sido ejecutados.

¿Han sido condenados a la pena de muerte?
Han sido condenados a la pena de muerte.

Pero ¿no han sido ejecutados?
No, no han sido ejecutados. La pena capital fue quedando para los delitos comunes más horrendos. Ahí también hay un problema de opinión. Ha quedado para eso, fundamentalmente, sin que haya dejado de existir como ley. Esto no implica una renuncia, porque uno no sabe qué cosa bárbara puede hacerse. Este país, si le vuelan un avión con gente arriba, no aceptaría una amnistía para los culpables, ni un indulto; porque, en general, la posición de la opinión pública suele ser dura. Aunque no siempre un gobierno tiene que hacer lo que la gente pide.

Usted sabe que, en casi todas partes, la pena de muerte, en la población tiene más partidarios que adversarios. En la propia Europa hay muchos países que quieren la pena capital.

Sí, la opinión pública es favorable. En Francia sigue siendo mayoritaria.
Pero también es un factor que uno tiene el deber de no dejarse arrastrar, no seguir servilmente un criterio, aunque sea popular y dominante, pero que puede ser extremista, desde luego.

¿Aquí la opinión pública es mayoritariamente favorable a la pena de muerte?
La gente suele ser mucho más radical. Porque hay situaciones de unas

provocaciones tremendas. Si cuando disparaban y herían a alguien, o mataban a alguien desde la base de Guantánamo tú le hubieras preguntado a la gente... Pero no tienes por qué hacer, obligado, lo que la gente diga.

Cuando hay un crimen de esos, ¡no te imaginas qué difícil es! Cuando, incluso, por algún motivo determinado o por la juventud de alguna persona que cometió alguno de esos crímenes, hay más bien la tendencia a amnistiar. Entonces, los problemas con los vecinos, con los familiares y con la opinión son tremendos. No obstante, eso no es lo que determina la decisión final. Pero sí, no es nada fácil.

¿Lo más fácil no sería, como han hecho los países europeos, suprimir definitivamente la pena capital?

De la ley no la hemos sacado, de facto la pena capital no se ha utilizado desde abril de 2000 hasta este momento [enero de 2003],[5] pero no se renuncia. No creo que estemos viviendo en un mundo como para hacer eso. Bueno, ¿han suprimido acaso la fórmula de Ford? Nadie nos ha informado, no sabemos. Aquella decisión que tomó el presidente Gerald Ford de prohibir la participación de funcionarios norteamericanos en la organización, planificación y ejecución de asesinatos de adversarios. Nadie sabe en este momento, en que hay nuevas doctrinas y muy agresivas, si a eso la Administración Bush le ha puesto fin. Algunos pretenden que sí.[6]

Si empiezan a aplicar de nuevo un terrorismo contra nuestro país, cometen crímenes y matan niños en una escuela, yo le garantizo que sería muy difícil que en esas condiciones no se haga uso de las leyes más severas, originado en eso que llaman —porque yo no sé lo que es y ¿cómo se puede llamar poner bombas en una escuela?— «al servicio de una potencia o de un gobierno extranjero».

Bueno, los europeos no están bloqueados, ni les están poniendo bombas todos los días. Yo no sé lo que hicieron cuando tenían algunos grupos, como las Brigadas Rojas,[7] que he oído algunas historias de hechos que ocurrieron a algunos de los miembros de las Brigadas Rojas... También he oído hablar de algunas personas ejecutadas en el exterior, como es el caso, por ejemplo, de los vascos, algunas decenas...

¿Usted se refiere a los GAL,[8] por ejemplo?, porque en España ya no hay pena de muerte...

Bueno, no hay pena de muerte, pero ha ocurrido lo que nunca hemos hecho nosotros, que es ejecutar a alguien sin juicio previo; y en Europa han ejecutado a decenas de personas.

¿Extrajudicialmente?

Escríbase la historia de los miembros de las Brigadas Rojas ejecutados extrajudicialmente, o escríbase la historia real de los etarras ejecutados extrajudicialmente cuando no hay pena de muerte.

Aquí hay, pero no hay ejecuciones extrajudiciales. No hay un solo caso. Para que usted vea las apariencias y las diferencias, y dónde puede estar la verdad y dónde puede haber unas teorías demagógicas o hipócritas, de todo.

Nosotros garantizamos que aquí nunca habrá una ejecución extrajudicial; aquí nunca habrá tortura. Pueden preguntarles a los que pusieron esas bombas [en septiembre de 1997] si ellos dijeron alguna palabra sobre la base de tortura o si recibieron un golpe. Claro, no son fanáticos, son mercenarios; inmediatamente lo cuentan todo, basta que uno le demuestre técnicamente... Bueno, ellos mismos explican cómo trajeron el explosivo en un televisor chiquito; el plástico del color tal y más cual; y para que los perros no pudieran olerlo, un tipo de explosivo que le pasan por arriba; y dónde venían los fulminantes, en unos cablecitos; y el reloj que traían en la muñeca para hacerlo explotar. Podían poner la bomba en el hotel y hacerla explotar, si quieren, a los cinco minutos, o dentro de una hora, o dentro de noventa y nueve horas. Muy sofisticado.

Pero ésos cooperan. Inmediatamente lo cuentan todo, porque ellos lo que les han ofrecido es dinero... Y nosotros no les ofrecemos dinero. Ellos cooperaron; esos muchachos de los que le hablo cooperaron, con serenidad y sangre fría. Y de ésos hay potencialmente miles.

Después de todos los problemas y conflictos en América Central y en otras partes, gente dispuesta a hacer cualquier cosa por cinco mil dólares... Y hasta por mucho menos dinero. A algunos les ofrecían dos mil dólares por bomba, el pasaje y todo. Aprovecharon la facilidad del turismo, y eso es muy peligroso, porque en un avión... En un momento que se descuida la gente... Ningún aparato es totalmente seguro, te usan un explosivo de un tipo, y llevan un reloj que no tiene nada que ver, llevan un equipo médico cualquiera y llevan un radio si se lo dejan embarcar... Mire, ésos son los problemas que tienen los norteamericanos ahora, después del 11 de septiembre...

Bueno, estaremos observando para ver todas las nuevas experiencias de las cuales nos podamos beneficiar nosotros. Creo que todo el mundo se beneficia, en la medida en que se precisan formas para descubrir un plan terrorista, y también la droga. Son dos grandes problemas y toda la técnica que se desarrolle para combatirlos beneficia a todo el mundo.

¿Cuántas penas de muerte pronunciadas no se han ejecutado hasta ahora?

Ninguna de esa gente que puso bombas en acciones contrarrevolucionarias ha sido fusilada. No le puedo decir desde cuándo, pero debe ser desde hace muchos años. Con relación a los delitos comunes, estuvo aplicándose hasta el mes de abril del año 2000, y el número exacto no se lo puedo decir ahora, pero se puede preguntar, debe haber algunas decenas; y sanciones puede haber, yo no le puedo decir exacto, pueden ser veinte o veinticinco. No le puedo decir un número exacto.

¿Y desde entonces no se aplica?

No se aplicó ninguna [hasta el 11 de abril de 2003].

¿Desde abril de 2000?

Es una especie de lo que llaman moratoria. Pero yo sí quiero advertir sobre esto: no está abolida. Después, si quiere, le puedo dar mi opinión, pero no está abolida. Bueno, hay tantas formas de matar, y la ciencia o el arte de matar está muy sofisticado y no se puede decir ahora: «Vamos a renunciar». Hay dos casos muy graves de asesinato pendientes de juicio, entre ellos uno, que a un grupo de gente que visitaron de Miami, mataron a una familia completa, con niño y todo. Esos crímenes muy graves cometidos por delincuentes comunes crean un problema serio de opinión pública, y esos casos están por resolver. No es que nos guste, ni tenemos apuro ni deseos de ningún tipo; pero creo que tendrá que pasar algún tiempo antes de que se aplique una definitiva supresión de la pena capital para cualquier tipo de delito, que a nosotros nos agradaría mucho... Pero no hay un compromiso de moratoria definitiva.

¿Ustedes están estudiando esa posibilidad?

Yo le hablé de qué tipo de preocupaciones teníamos, y cómo se había ido disminuyendo la aplicación de la pena de muerte en actividades de tipo político; le conté el caso de aquellos mercenarios que pusieron bombas, y después le dije que hacía tiempo que no se aplicaba. Pero no se renuncia a ella, porque estamos en una época compleja.

En el caso de delitos comunes, de hecho, la pena de muerte no se aplicaba; pero no se ha renunciado tampoco, le expliqué, porque no quiero engañar a nadie, y nosotros consideramos que ni el pueblo está preparado totalmente, y aquí hay problemas de opinión. Aunque puede estar seguro de que, a cualquier precio, aquí no se comete una injusticia. Pero tampoco los que cometen graves hechos van a ser beneficiados por una generosidad con ellos que no entendería el pueblo realmente, y hace falta educación. Hay que hacer hasta una tarea educativa entre nosotros, pero la puede hacer la Revolución, sobre las reales condiciones mínimas para aplicar esa política.

Usted, personalmente, ¿qué piensa de la pena capital?

Yo tengo conceptos sobre la pena de muerte. Sí; tengo muchos conceptos, y yo pienso que la pena capital no resuelve, es relativa la influencia que tiene la pena de muerte.

Nosotros estamos ahora estudiando el delito y las causas del delito. Estamos haciendo estudios de todo tipo, científicos... Nosotros necesitamos profundizar, y yo estoy satisfecho de los trabajos que estamos realizando y de los estudios que estamos haciendo de todo tipo. Hubo casos de crímenes tan horribles que, sin duda, alguien que estudió derecho sabe que hay un principio en derecho que establece que el hombre enajenado es inimputable. Nosotros estamos estudiando todo eso. Estamos estudiando cuántos casos de enajenados mentales... En el propio Estados Unidos hay un enorme número de personas con afecciones mentales. Y hay un principio jurídico: hay que demostrar —¿y cómo se demuestra?— que una persona no ha cometido un delito bajo esas condiciones.

¿Cuántos estudios se han hecho acerca de las causas mentales del delito? Que bien pueden ser de origen genético, de tipo accidental, accidentes que provocan problemas en las personas y los hacen violentos... ¿Cuáles son los factores genéticos o accidentales que afectan al funcionamiento de la mente humana y que prácticamente convierten en monstruos a determinadas personas?

Nosotros hemos estado marchando a tono con esas realidades, con esa experiencia, con esos conceptos, y aquí jamás a nadie se le castiga por venganza. Entre las sanciones tenemos también las cadenas perpetuas, que es una alternativa a la pena capital...

Pienso que avanzamos hacia un futuro, en nuestro país, en que estemos en condiciones de abolir la pena capital. Así que un día estaremos entre esos países que han suprimido esa pena. Aspiramos a eso, a partir no de consideraciones simplemente filosóficas, sino de un sentido de justicia y de realidades. Ése es el estado actual de nuestros puntos de vista y nuestras posiciones con relación a la pena capital.

19

Cuba y la globalización neoliberal

El nuevo capitalismo − ¿Qué es el socialismo hoy? − Confusión ideológica − La tragedia ecológica − Preservar el medio ambiente − La batalla de ideas − Por una educación global

Hace algún tiempo, conversando con usted, le pregunté cómo pensaba evitar que los efectos de la globalización liberal se extendiesen a Cuba, y usted me contestó: «Esperaremos, con paciencia, que la globalización se derrumbe». ¿Sigue pensando lo mismo?

Cuando le contesté aquello todavía Stiglitz no había escrito ningún libro;[1] Soros,[2] lo que se oía hablar de él eran sus grandes operaciones especulativas; no había ocurrido la crisis argentina de diciembre de 2001, ni el conjunto de crisis que conocemos ahora.

Nosotros habíamos ido tomando conciencia de lo que era la globalización, y desde antes veníamos leyendo muchos artículos que nos llevaban a la conclusión de que se podía producir una situación más crítica que la de 1929, lo que nos llevó a estudiar la crisis del 29, invitar a Galbraith[3] y a otros economistas, y a estudiar las tesis, las ideas fundamentales del sistema capitalista de producción y preguntarnos incluso qué quedaba de aquel sistema; si quedaba algo, si aún había libre competencia en el mundo, si existía la libre empresa y todas esas «verdades» que se consideran como dogmas divinos. Usted ha utilizado otro nombre para calificar esa globalización, creo que lo llamaba el «pensamiento único»,[4] otros han hablado del «fin de la historia».[5] Sin embargo, yo tenía la convicción completa de que era a la inversa y que había que resistir. Ésa es la seguridad que tenía.

Usted se preguntaba qué quedaba del capitalismo. ¿Piensa usted que la globalización está destruyendo hasta el propio capitalismo?

Hoy no hay capitalismo, no hay competencia. Hoy lo que hay es monopolio en todos los grandes sectores. Hay algunas competencias entre varios países por producir televisores, o computadoras, hasta automóviles los ha puesto a producir el Banco Mundial, pero es que el capitalismo no existe ya.

Quinientas empresas globales dominan hoy el 80 por ciento de la economía mundial. Los precios no son de competencia, los precios a que se venden, por ejemplo, los medicamentos contra el sida... Los medicamentos constituyen uno de los más abusivos, extravagantes y explotadores renglones del mundo; la medicina que le venden a la gente vale, en muchos casos, diez veces los costos de producción. La publicidad casi determina lo que se vende y lo que no se vende, quien no tenga mucho dinero no puede hacer publicidad de ninguna clase para sus productos aunque sean excelentes.

Después de la última matanza mundial en la década del cuarenta, se nos prometió un mundo de paz, reducir la distancia entre ricos y pobres y que los más desarrollados ayudarían a los menos desarrollados. Todo resultó una enorme falsedad. Nos impusieron un orden mundial que no se puede sostener ni se puede soportar. El mundo es conducido hacia un callejón sin salida.

Ya ninguna de aquellas categorías en las cuales creíamos que se basaba el capitalismo existen; no existe, por lo tanto, la teoría que le enseñan los *Chicago Boys*[6] a la gente. Y por otra parte, la teoría y la práctica del socialismo están por desarrollar y por escribir.

Usted me dijo en otra ocasión que ya no había «modelo» en materia política y que nadie sabía muy bien actualmente lo que el concepto de socialismo significaba. Me contaba usted que en una reunión del Foro de São Paulo que tuvo lugar en La Habana, y que reúne a las izquierdas de América Latina, fue necesario ponerse de acuerdo para no pronunciar la palabra «socialismo» porque es una palabra que «divide».

Mire, ¿qué es el marxismo?, ¿qué es el socialismo? Eso no está bien definido. En primer lugar, la única economía política que existe es la capitalista; pero la capitalista de Adam Smith.[7] Entonces andamos haciendo socialismo muchas veces con aquellas categorías adoptadas del capitalismo, lo cual es una de las preocupaciones grandes que tenemos. Porque si uno utiliza las categorías del capitalismo como instrumento en la construcción del socialismo, obliga a todas las empresas a competir unas contra otras, surgen empresas ladronas, piratas que se dedican a comprar aquí y a comprar allá. Habría que hacer un estudio bien profundo.

Una vez el Che tuvo algunas polémicas acerca de las consecuencias del uso del financiamiento presupuestario, frente al uso del autofinanciamiento [véase cap. 11, nota 4, pp. 616-617]. Él, como ministro, había estudiado la organización de algunos grandes monopolios y aquéllos utilizaban presupuestos. En la URSS se empleaba otro método: el autofinanciamiento, y él tiene razonamientos fuertes en torno a eso.[8]

Marx hizo sólo un ligero intento en la *Crítica al programa de Gotha*[9] de tratar de definir cómo sería el socialismo, porque era un hombre demasiado sabio, demasiado inteligente y realista para imaginarse que se podría escribir una utopía de cómo sería el socialismo. El problema fue la interpretación de las doctrinas, y se han hecho muchas. Por eso estuvieron divididos los progresistas durante tanto tiempo, y las polémicas entre anarquistas y socialistas, los problemas después de la revolución bolchevique de 1917 entre trotskistas y estalinistas, o, digamos, para los partidarios de aquellas grandes polémicas que se produjeron, la división ideológica entre dos grandes dirigentes. El más intelectual de los dos era, sin duda, Trotski.

Stalin fue más un dirigente de orden práctico, como conspirador, no fue un teórico, y de vez en cuando, después, se quiso poner de teórico... Me acuerdo de unos libritos que se repartían en que Stalin estaba explicando qué quería decir el materialismo dialéctico, y usaba el ejemplo del agua... Quisieron convertir a Stalin en un teórico. Él era un organizador, de grandes capacidades, creo que era un revolucionario, no creo que haya estado al servicio del zar nunca. Luego cometió los errores que todos sabemos, la represión, las purgas y todo eso.

Lenin era el genio, murió relativamente joven, pero habría podido... No siempre la teoría ayuda. En la época de la construcción del Estado socialista, Lenin aplicó desesperadamente, a partir de 1921, la NEP [Nóvaya Economícheskaya Política], la nueva política económica... Ya hablamos de eso, y le dije que el mismo Che no simpatizaba con la NEP.

A Lenin se le ocurrió una cosa verdaderamente ingeniosa: construir el capitalismo bajo la dictadura del proletariado. Acuérdese que las grandes potencias lo que querían era destruir a la revolución bolchevique, la atacó todo el mundo. No se puede olvidar la historia de la destrucción que hicieron en aquel país subdesarrollado; Rusia era el país menos industrializado de Europa, y Lenin además creía, siguiendo la línea de Marx, que no podía haber revolución en un solo país y que la revolución tenía que ser simultánea en todas partes, a partir de un gran desarrollo de las fuerzas productivas.

Por eso el gran dilema, después que establece esa primera revolución: si sigue o no. Al fracasar el movimiento revolucionario en el resto de Europa, no le quedó a Lenin más que una opción: construir el socialismo en un solo país, Rusia. Imagínese la construcción del socialismo en un país con un 80 por ciento de analfabetos y en una situación en la que tenían que combatir contra todos los que los atacaron, y donde todos los intelectuales principales, todos, los que tenían más conocimientos, se fueron o los fusilaron. ¿Se da cuenta?

Fue una época bastante terrible, con intensos debates.
Hubo tantas polémicas... Yo, por ejemplo, veo en la Unión Soviética una pérdida colosal de tiempo en los diez años que aplicaron la NEP sin intentar siquiera cooperativizar poco a poco a los campesinos. Como la producción individual dio el máximo de lo que podía dar en aquellas condiciones, quisieron hacer luego una colectivización forzosa. Fíjese que nosotros nunca... En Cuba siempre hubo, en el campo, más de cien mil propietarios individuales. Lo primero que hicimos, en 1959, fue darles la propiedad a todos los que eran arrendatarios y precaristas.

¿Piensa que estamos actualmente en un momento de gran confusión ideológica?
Sí. Hay en la ideología una confusión colosal. El mundo en que vivimos es muy diferente del de antes. Hay muchos problemas que los grandes pensadores políticos y sociales no podían, a tan larga distancia, prever, aunque sus conocimientos fueron decisivos para convertirnos a nosotros en personas con ideas revolucionarias.

La gente lucha contra el subdesarrollo, las enfermedades, el analfabetismo, pero todavía lo que se puede llamar la solución global de los problemas de la humanidad no se ha hallado. Los problemas de la humanidad no tienen solución sobre bases nacionales porque la dominación hoy es sobre bases globales: la llamada globalización neoliberal. La OMC [Organización Mundial del Comercio], el Banco Mundial, el Fondo Monetario Internacional establecen las reglas de una situación de dominio-explotación de hecho, que puede ser esclavista, feudal.

Y mucha gente está buscando cómo librarse de esa dominación. Usted es testigo de cuánta gente ha ido al Foro Social Mundial de Porto

Alegre, o la que fue al de Bombay en 2004. Y no se sabe cuántos artículos sobre la globalización liberal he leído de su revista [*Le Monde diplomatique*]. También he leído los artículos de las publicaciones norteamericanas, las inglesas, yo leo todas.

Aquí los compañeros durante muchos años escogían, de revistas como la suya, de revistas de centro, de revistas de derecha también, durante toda la semana, los artículos fundamentales sobre los problemas económicos. De modo que sí, podemos decir que los problemas son muy difíciles que la gente los entienda, porque, en la mayoría de los países, no reciben una educación económica, no reciben una educación histórica, no reciben una educación política.

Sin embargo, ¿no tiene usted la impresión de que la globalización liberal ha recibido algunos golpes fuertes y ya es menos arrogante que hace unos años?

Sí, yo también tengo esa impresión, porque ha habido el caso de Argentina, la victoria en mayo de 2003 de Néstor Kirchner, y la derrota del símbolo de la globalización neoliberal que se ha producido allí, precisamente, en ese momento crítico, de crisis económica internacional. Ya no es sólo una crisis en el sudeste asiático, como la de 1997, es una crisis en el mundo, más la guerra de Irak, más las consecuencias de una enorme deuda, más el fatalismo de que el dinero escape.

Es mundial el problema, y por eso mundialmente también se está formando una conciencia y por ello será un día de gloria ese día en que otro mundo sea por fin posible. Fíjese que ha tomado fuerza esa frase que creo que usted mismo propuso: «Un mundo mejor es posible». Pero cuando se haya alcanzado un mundo mejor, que es posible, tenemos que seguir repitiendo: un mundo mejor es posible, y volver a repetir después: un mundo mejor es posible. Porque siempre habrá que mejorarlo.

Yo creo en las ideas y creo en la conciencia, en los conocimientos, en la cultura y especialmente en la cultura política, tengo una fe ciega en eso. Nosotros hemos dedicado muchos años a crear una conciencia, y tenemos una gran fe, digamos, en la educación y la cultura, sobre todo en la cultura política. Vivimos en un mundo carente de cultura política. Usted lo debe saber mejor que nadie, porque ha luchado por sembrar cultura política sobre problemas tan complicados como el nuevo orden económico, la globalización neoliberal.

Lo que se enseña, en casi todas las escuelas del mundo, son dogmas; incluso aquí se enseñaron dogmas.

¿Los dogmas le irritan?

Bueno, yo soy antidogma; soy antidogma, ya le he hablado de eso en otro momento. Y ahí sí le digo, ahí es donde está la fe de nosotros, en la fuerza tremenda que tienen las ideas, en lo que hemos aprendido en cuarenta y tantos años acerca del valor de las ideas y de los conocimientos. No obstante, hay peligros y nosotros siempre tratamos de educar, cada vez más, a las nuevas generaciones. Porque hoy el mundo globalizado obliga a tener mayores conocimientos y a encontrar soluciones globales.

¿Cuáles, por ejemplo?

Primero, para que la humanidad se preserve, porque no está asegurada de sobrevivir. Es la parte que conocemos de la historia, que es muy breve, en que menos está asegurada la supervivencia de la especie. La especie es bastante nueva, no tiene más de un millón de años, o un poco más, en sus distintas etapas de evolución.

Este hombre actual, con sus capacidades intelectuales, puede ser que tenga unos cien mil años. Se sabe que la evolución de la vida fue obstaculizada por un meteorito —es doctrina aceptada por todos—, que cayó en el istmo de Tehuantepec, mató a no se sabe cuántas especies de dinosaurios, las otras evolucionaron... Pero el hombre todavía no está evolucionado.

Entonces hay un problema, y sé que usted se ha interesado mucho por este problema, pero hay un nuevo peligro para el mundo industrializado: una población que tiene seis mil cuatrocientos millones de habitantes, que crece casi cien millones por año, ochenta por lo menos; tengo tres relojes que marcan más o menos lo que crece a diario la población. Y valga que China hizo esfuerzos heroicos para limitar su demografía; de lo contrario, ya estaríamos como en seis mil setecientos.

Todo el mundo sabe cuánto va a crecer, todo el mundo sabe la relación que hay entre analfabetismo, incultura y número de hijos en una familia. Todo el mundo sabe eso y mil cosas más en este mundo real. Hay una verdadera explosión demográfica en las regiones más pobres del planeta, donde no hay desarrollo, donde hay deudas.

Y la globalización sigue ignorando esas realidades explosivas. La reglas del FMI van a seguir conduciendo al abismo a muchos países y a muchas gentes porque esas reglas siguen con plena vigencia. Aunque al liberalismo le gusta proteger los intereses de las grandes empresas aun

a costa de fajarse con todo el mundo; Estados Unidos le pone un impuesto a cualquiera, hasta a Canadá un día le pusieron un impuesto del 30
por ciento para la exportación de la madera, afectando a un mercado de
siete mil millones de dólares.

Pero es que hay además un amo del mundo... Al acero impor-
tado, cuando quisieron reventar a unos cuantos países, Estados Unidos le puso tremendo impuesto... Pero a sus empresas chiquiticas, a
ésas les hacían todo tipo de concesiones. Nunca la política económica
norteamericana fue tan egoísta con relación al resto del mundo y a
sus propios aliados.

Por todo el mundo se están desarrollando sentimientos nacionales
fuertes. Y eso no es bueno; ya es hora de que las preocupaciones no sólo
sean nacionales, sino mundiales. Ahora, el mundo tiene que desarrollar
sentimientos internacionalistas, porque no seríamos internacionalistas, ni
poseeríamos una doctrina de solidaridad mundial si empezamos a culpar a los pueblos. Es como culpar a todo el pueblo alemán, y mire que
apoyaron una causa terrible...

La de Hitler y el nazismo.

Pero aquél había sido el pueblo que sufrió las consecuencias del Tratado de Versalles de 1919, que fue insoportable. Lo que le dio la mayoría
a Hitler en 1933 fueron los puntos acordados en el Tratado de Versalles,
que llevaron a aquel pueblo a una situación muy dura. Después de una
derrota, después de una guerra, aquel tratado los unió... Y votaron. Sí,
porque Hitler llegó al poder a través de unas elecciones, no dio ningún
golpe de Estado. Es verdad que él, en 1923, había tratado de hacer un
putsch allí en Munich, una aventura de esas, y hasta preso estuvo un tiempo... Y llevó a su pueblo, a través de una causa nacionalista, a una doctrina racista, absurda y criminal. Estuve en Auschwitz en 1972, y es difícil imaginar los crímenes horribles que allí se cometieron.

El crimen de los crímenes.

Durante miles de años la humanidad recordará el Holocausto, esos crímenes de Auschwitz y de los otros campos de exterminio, con horror
y repugnancia...

**Sin que nada sea comparable al horror de Auschwitz, hoy la globali-
zación favorece los grandes crímenes que se cometen contra el medio ambiente, que causan daños tremendos y que pueden tener con-**

secuencias nefastas para las generaciones futuras. ¿Es usted sensible al problema de la protección del medio ambiente?

Hace treinta años no se hablaba de lo que sabemos hoy sobre eso. Había los del Club de Roma,[10] se reunían unos cuantos y hacían profecías y hablaban de distintas cosas, los criticaban, les decían que eran «utópicos», catastrofistas, etcétera. Fueron los primeros. Yo creo que no tiene mucho más de treinta años. La cuestión ecológica se ha ido desarrollando verticalmente, a toda velocidad, en el último cuarto de siglo. Y quizá el drama verdadero está en la ignorancia sobre tales riesgos en que hemos vivido durante tanto tiempo.

¿Usted piensa que no se sabía, o que no se quería saber, porque había una confianza ciega en la ciencia y en la técnica?

Mire, yo creo que la totalidad de las personas que, veinticinco años después de finalizada —en 1945— la Segunda Guerra Mundial, tenían uso de razón y sabían leer y escribir, nunca escucharon una sola palabra sobre la ciega marcha humana, inexorable y acelerada hacia la destrucción de las bases naturales de su propia vida. Ninguna otra de las miles de generaciones que precedieron a la actual conoció tan amargo riesgo, ni cayó sobre alguna de ellas tan enorme responsabilidad.

Hace apenas treinta años, insisto, la humanidad no tenía la menor conciencia de la gran tragedia. Entonces se creía que el único peligro de extinción estaba en la cifra colosal de armas nucleares listas para ser disparadas en cuestión de minutos. Hoy día, sin que amenazas de esa índole hayan cesado en absoluto, un peligro adicional, aterrador y dantesco, la acecha. Seguro que usted mismo cuando estaba en la universidad oyó hablar de la capa de ozono y del cambio de clima muchos años después de haberse graduado. Son muchos problemas nuevos.

Hoy se sabe que el petróleo, que fue una maravilla de la naturaleza, y que tardó trescientos millones de años en formarse, la humanidad habrá liquidado las reservas probadas y probables en sólo ciento cincuenta años… Ese desastre es tan grande como el mayor de los desastres ecológicos, porque si de repente se quedan sin energía se paran todos los automóviles del mundo. Y todavía no existe el sustituto del petróleo; en un tiempo se creyó que era la energía nuclear.

Aquellos mismos del Club de Roma hablaban de que se necesitaban no sé cuántas miles de centrales nucleares, y los territorios contaminados ya aterrorizaban, pero ellos estimulaban lo nuclear.

Ustedes estuvieron en algún momento tentados por la energía nuclear, y hasta empezaron la construcción de una central en Cienfuegos, creo, que luego abandonaron.

Sí, ese proyecto se abandonó. No era una central abierta y de grafito como la de Chernóbil, sino cubierta y de enfriamiento por agua, es decir, la tecnología más usada y más segura del mundo. La energía nuclear ha resuelto el problema de la energía en algunos países como Francia, por su tecnología, y porque le hizo un favor a los vecinos, la puso allí, y cuando le sobra electricidad se la vende barato a los demás europeos que no construyeron centrales. Pero, sin duda, cuando en 1973 el precio del petróleo empezó a subir, que tampoco lo preveía nadie, porque todo el mundo creía que el petróleo era tan abundante como el mar Pacífico... Entonces ese aumento de los precios tuvo una cosa buena: obligó a desarrollar una tecnología más sobria en consumo de energía, en fábricas, en industrias, etcétera; utilizaban mejor la energía, automóviles, ómnibus, aviones, etcétera, para que durara, digamos, tres o cuatro años más. Obligó a un ahorro, y países como Francia y otros desarrollaron su industria nuclear; eso permitió menor contaminación de la que habría tenido si no se hubieran puesto caros los precios del petróleo.

Francia pudo desarrollar su industria nuclear, pero por ejemplo, Irán quiere hoy producir combustible nuclear, y Washington no se lo permite, y se origina una crisis mundial. ¿Qué opina usted de esta situación que se ha creado con Irán?

Irán reclama su derecho a producir combustible nuclear como cualquier nación entre las industrializadas, y no ser obligada a destruir la reserva de una materia prima, que sirve no sólo como fuente energética, sino como fuente para producir numerosos productos: fertilizantes, textiles, e infinidad de materiales que hoy tienen un uso universal. El imperio amenaza con atacarlo si Irán produce ese combustible nuclear. Combustible nuclear no son armas nucleares, no son bombas nucleares. Prohibirle a un país producir el combustible del futuro, es como prohibirle a alguien que explore en busca de petróleo, que es combustible del presente y llamado a agotarse. ¿A qué país en el mundo se le prohíbe buscar combustible, carbón, gas, petróleo?

Con más de 70 millones de habitantes, Irán se propone el desarrollo industrial y piensa con toda razón que es un gran crimen comprometer sus reservas de gas o de petróleo para alimentar el potencial de miles de millones de kilovatios/hora que requiere, con urgencia de país

del Tercer Mundo, su desarrollo industrial. El imperio quiere prohibirlo y está amenazando con bombardear. Hoy [diciembre de 2005] ya se
debate en la esfera internacional qué día y qué hora, o si será el imperio, o si utilizará —como utilizó en Irak— al satélite israelí para el bombardeo preventivo y sorpresivo sobre centros de investigación que buscan obtener la tecnología de producción del combustible nuclear.
Y veremos qué pasará si se les ocurre bombardear a Irán.

A ustedes los han acusado de estar ayudando con tecnología a Irán.
Sí, nos acusaron —a nosotros nos acusan de todo— de que estábamos
colaborando con Irán, transfiriendo tecnología con aquel objetivo. Y lo
que estamos construyendo, en sociedad con Irán, ¡es una fábrica de productos anticancerígenos! Eso es lo que estamos haciendo. Irán ha firmado el Tratado de No Proliferación Nuclear, como Cuba lo ha firmado.
Nosotros nunca nos hemos planteado la cuestión de la fabricación de
armas nucleares, porque no las necesitamos. Aunque fueran técnicamente
accesibles, ¿cuánto costaría producirlas? Y ¿de qué sirve producir un arma
nuclear frente a un enemigo que tiene miles de armas nucleares? Sería
entrar en el juego de los enfrentamientos nucleares. *Nadie* debe tener
derecho a fabricar armas nucleares. Y menos aún el derecho privilegiado que ha impuesto el imperialismo para imponer su dominio hegemónico y arrebatarles a los países del Tercer Mundo sus recursos naturales
y sus materias primas. Lo hemos denunciado mil veces. Y defenderemos
a rajatabla, en todas las tribunas del mundo, sin ningún temor o miedo,
el derecho de los pueblos a producir combustible nuclear. Debe acabarse
en el mundo la zoquetería, los abusos, el imperio de la fuerza y del terror. Cada vez son más los pueblos que tienen menos miedo, cada vez
serán más los que se rebelen y el imperio no podrá sostener el infame
sistema que aún sostiene. Un día Salvador Allende habló de «más temprano que tarde», pues pienso que más temprano que tarde ese imperio se desintegrará.

**En cierta medida, esta crisis es una primera consecuencia del agota-
miento actual del petróleo y de los cambios que eso está produciendo.**
Sí, porque un 80 por ciento del petróleo está actualmente en manos de
países del Tercer Mundo, ya que los otros agotaron el suyo, entre ellos
Estados Unidos, que tuvo inmensas reservas de petróleo y gas. Ya sólo
le alcanza apenas para algunos años, por lo cual trata de garantizar la po-

sesión del petróleo en cualquier parte del planeta y de cualquier forma. Esa fuente energética, sin embargo, como ya vimos, se está agotando, y a la vuelta de veinticinco o treinta años sólo quedará, para la producción masiva de electricidad —aparte de la solar, la eólica, la biomasa, etcétera—, una fuente de energía fundamental: la nuclear. Porque está todavía lejano el día en que el hidrógeno, mediante procesos tecnológicos muy incipientes, se convierta en fuente más idónea de combustible, sin el cual no puede vivir la humanidad. Una humanidad que ha adquirido determinado nivel de desarrollo técnico. Éste es un grave problema presente. Así anda este mundo.

Hay un montón de problemas ecológicos que ni siquiera se conocen, las catástrofes avanzan de una en una, y hay desastres mayores, como es el cáncer.

O el sida.
El sida no existía hace veinticinco años, y hoy hay cuarenta millones de enfermos o contagiados por el virus VIH del sida. Y los que poseen los mejores laboratorios están dedicados a la terapéutica, no a la prevención, no a las vacunas, porque un tratamiento —se conoce muy bien— que se vende a diez mil dólares por año y cada año el enfermo tiene que repetirlo, produce más beneficios. Sencillamente, produce mucho más beneficio la medicina terapéutica que la medicina preventiva. También apareció ahora el virus de la neumonía atípica, el SRAG [Síndrome Respiratorio Agudo y Grave], cuando nadie lo esperaba; o el de la fiebre del Nilo, que vino del noreste de Estados Unidos, evidentemente trasladada de algún otro lugar del mundo; o el dengue famoso, tan mencionado, que tiene cuatro formas diferentes de virus, y la combinación de unos y otros da lugar a complicadas enfermedades como el dengue hemorrágico; y puede surgir el virus de la gripe aviar y provocar una epidemia temible, inédita... Todos esos problemas no se conocían; hoy se tiene conciencia de que hay una relación fuerte entre todos esos temas: economía, industria, demografía, desarrollo, ecología...

En general, los países del ex campo socialista, ya hablamos de eso, se preocuparon poco por la cuestión ecológica. ¿En Cuba existe esa preocupación?
La preocupación por lo ecológico nosotros la hemos visto crecer; el cambio de clima lo hemos visto y medido aquí; el cambio de la subida del nivel del mar lo hemos visto y medido aquí; las contaminaciones las hemos visto

y medido aquí. Y de verdad que hay fiebre por la ecología, los niños todos han sido educados en eso. Se está educando a la gente, aquí hay programas televisivos constantemente, y los niños son los principales defensores del medio ambiente.

La humanidad en sólo cien años creció de aproximadamente mil quinientos millones a más de seis mil trescientos millones de habitantes. Tendrá que depender por entero de fuentes de energía que aún están por investigar y desarrollar. La pobreza crece; viejas y nuevas enfermedades amenazan con aniquilar naciones enteras; la tierra se erosiona y pierde fertilidad; el clima cambia, el aire, el agua potable y los mares están cada vez más contaminados.

Se le arrebata autoridad, se obstruye y destruye la Organización de Naciones Unidas; se disminuye la ayuda al desarrollo; se exige al Tercer Mundo el pago de una deuda de 2,5 millones de millones de dólares que es absolutamente impagable en las condiciones actuales; se gasta en cambio un millón de millones de dólares anualmente en armas cada vez más sofisticadas y letales. ¿Por qué? y ¿para qué?

Una cifra similar se emplea en publicidad comercial, sembrando ansias consumistas, imposibles de satisfacer, en miles de millones de personas. ¿Por qué? y ¿para qué?

Nuestra especie, por primera vez, corre real peligro de extinguirse por las locuras de los propios seres humanos, víctimas de semejante «civilización». Hace unos quince años, cuando casi ningún político hablaba de eso, lo dije en un discurso ante la Cumbre Ecológica de la Tierra que se efectuó en Río de Janeiro en 1992, convocada por las Naciones Unidas, y muchos pensaron que exageraba y me tildaron de «catastrofista». Dije allí que una especie zoológica estaba en peligro de desaparecer: el hombre. El tiempo me ha dado la razón, desgraciadamente cada día con mayor claridad.

¿Establece usted alguna relación entre la globalización liberal y la aceleración de la destrucción del medio ambiente?

Yo pienso que todo esfuerzo por preservar el medio ambiente es incompatible con el sistema económico impuesto al mundo, esa despiadada globalización neoliberal, con las imposiciones y condicionamientos con que el FMI sacrifica la salud, la educación y la seguridad social de miles de millones de personas. Y con la forma cruel en que, mediante la libre compraventa de divisas entre las monedas fuertes y las débiles monedas del Tercer Mundo, le arrebatan a éste sumas fabulosas cada año.

Para decírselo en síntesis, yo creo que preservar el medio ambiente es incompatible con la política de la OMC, diseñada para que los países ricos puedan invadir al mundo con sus mercancías sin restricción alguna, y liquidar el desarrollo industrial y agrícola de los países pobres, sin más futuro que suministrar materias primas y mano de obra barata; con el ALCA [Área de Libre Comercio de las Américas] y otros acuerdos de libre comercio entre los tiburones y las sardinas; con la monstruosa deuda externa, que en ocasiones consume hasta el 50 por ciento de los presupuestos nacionales, absolutamente impagable en las actuales circunstancias; con el robo de cerebros, el monopolio casi total de la propiedad intelectual y el uso abusivo y desproporcionado de los recursos naturales y energéticos del planeta.

La lista de injusticias sería interminable. El abismo se profundiza, el saqueo es mayor...

Cuba no es una sociedad consumista, el consumo es más bien austero, y algunas personas aquí mismo lo lamentan. ¿Usted qué les diría a los que se quejan de no disponer de los productos de las sociedades capitalistas de consumo?

Mire, yo les diría que la sociedad de consumo es uno de los más tenebrosos inventos del capitalismo desarrollado y hoy en la fase de globalización neoliberal. Es nefasto, porque trato de imaginarme a mil trescientos millones de chinos con el nivel de motores y de automóviles que tiene Estados Unidos. No puedo imaginarme a la India, con mil millones de habitantes, viviendo en una sociedad de consumo; no puedo imaginarme a los quinientos veinte millones de personas que viven en el África subsahariana, que no tienen ni electricidad y en algunos lugares más del 80 por ciento no sabe leer ni escribir, en una sociedad de consumo.

Bajo un orden económico caótico, las sociedades de consumo en cinco o seis décadas habrán agotado las reservas probadas y probables de combustibles fósiles... No existe siquiera una idea coherente y clara sobre la energía que, dentro de cincuenta años, moverá los miles de millones de vehículos motorizados que inundan ciudades y carreteras de los países ricos, e incluso de muchos del Tercer Mundo. Es la expresión de un modo de vida y de consumo absolutamente irracional, que no podrá servir jamás como modelo a los diez mil millones de personas que se supone habitarán el planeta cuando la era del petróleo haya concluido.

Tal orden económico y tales modelos de consumo son incompatibles con los recursos esenciales limitados y no renovables del planeta y con las leyes que rigen la naturaleza y la vida. Chocan también con los más elementales principios éticos, la cultura y los valores morales creados por el hombre.

Pero el ciudadano también necesita bienes materiales, ¿no cree usted?
Por supuesto. No disminuyo, ni mucho menos, la importancia de las necesidades materiales, siempre hay que colocarlas en primer lugar, porque para poder estudiar, para adquirir otra calidad de vida hay que satisfacer determinadas necesidades que son físicas, que son materiales; pero la calidad de vida está en los conocimientos, en la cultura. Los valores sí constituyen la verdadera calidad de vida, la suprema calidad de vida, aun por encima de alimento, techo y ropa.

Sigue usted siendo un incorregible soñador.
Los soñadores no existen, se lo dice un soñador que ha tenido el privilegio de ver realidades que ni siquiera fue capaz de soñar.

¿Hay que desesperar del ser humano? ¿O aún podemos conservar un poco de esperanza en su capacidad de detener la carrera hacia el abismo?
Bueno, hoy sabemos lo que ocurre. Desde mi punto de vista, no hay tarea más urgente que crear una conciencia universal, llevar el problema a la masa de miles de millones de hombres y mujeres de todas las edades, incluidos los niños, que pueblan el planeta. Las condiciones objetivas y los sufrimientos que padece la inmensa mayoría de ellos crean las condiciones subjetivas para la tarea de conciencia. Todo está asociado: analfabetismo, desempleo, pobreza, hambre, enfermedades, falta de agua potable, de viviendas, de electricidad; desertificación, cambio de clima, desaparición de los bosques, inundaciones, ciclones, sequías, erosión de los suelos, biodegradación, plagas y demás tragedias que usted conoce bien.

¿Qué resultados hemos alcanzado desde la Cumbre de Río en 1992? Casi ninguno. Al contrario. Mientras el Protocolo de Kioto es víctima de un arrogante boicot, las emisiones de dióxido de carbono, lejos de disminuir, han aumentado un 9 por ciento; y en el país más contaminador —Estados Unidos—, ¡en un 18 por ciento! Los mares y ríos están hoy más envenenados que en 1992; quince millones de hectáreas de bosques son devastados cada año, casi cuatro veces la superficie de Suiza...

La sociedad humana ha cometido colosales errores y aún los sigue cometiendo, pero yo estoy profundamente convencido de que el ser humano es capaz de concebir las más nobles ideas, albergar los más generosos sentimientos y, superando los poderosos instintos que la naturaleza le impuso, es capaz de dar la vida por lo que siente y lo que piensa. Así lo ha demostrado muchas veces a lo largo de la historia.

En Cuba, ¿han tomado algunas iniciativas que usted pudiera citar para ayudar a preservar el medio ambiente?
Mire, nuestro país, bloqueado durante más de cuatro décadas, al derrumbarse el campo socialista y verse obligado a enfrentar una situación sumamente difícil, pudo, por ejemplo, producir y está produciendo, en espacios disponibles dentro de las ciudades, más de tres millones de toneladas de vegetales [hortalizas] al año en cultivos organopónicos, con empleo de pajas y desechos agrícolas, utilizando riego por goteo o microjet, con un gasto mínimo de agua, dando empleo adicionalmente a unos trescientos mil ciudadanos y sin emitir un gramo de dióxido de carbono a la atmósfera.

Cuba produce tabaco, y hoy muchas asociaciones de consumidores denuncian que el tabaco produce cáncer. Usted mismo fue un famoso fumador de puros pero ha dejado de fumar. ¿Cómo ve este problema?
Bueno, es conocido que nosotros somos históricamente productores de tabaco, y no podemos renunciar a él, y mucho menos bloqueados. Pero cuando le regalamos una caja de puros a un amigo le decimos: «Con ella, si fumas, puedes fumar; si algún amigo fuma, le puedes brindar, pero lo mejor que puedes hacer con esa caja es regalársela a tu enemigo».

Cuba es productora y exportadora de tabaco y sin embargo hace campaña contra el hábito de fumar. Cuba es también productora de ron de cierta calidad, y no lo recomiendo, pero si alguien puede probarlo… A las mujeres embarazadas lo que les recomiendo es que no lo consuman, que no consuman alcohol ni tabaco. Sabemos el daño que el alcohol y el tabaco producen en una mujer gestante.

Ustedes apuestan por lo que llaman la «batalla de ideas». ¿Qué entiende usted por «batalla de ideas»?
La batalla de ideas es lo que nosotros estamos haciendo. Hay cosas nuevas, pero muy nuevas; hay cosas que yo las podría calificar, sin preocupación, de extraordinarias. Hemos aprendido mucho, mucho; pero, so-

bre todo, eso ha venido a culminar —y ha sido un privilegio— en los últimos años.

Ustedes contribuyeron también, porque su libro sobre la cuestión de la invasión cultural[11] y los datos que dio acerca del monopolio transnacional de los principales medios de comunicación, nosotros lo estudiamos, lo discutimos y lo planteamos en un congreso de cultura. Antes de la batalla de ideas, la primera batalla en la que entramos fue: ¿cómo se salva la cultura del país? Y los intelectuales recuerdan una frase que yo dije cuando el «período especial» en que todo estaba en peligro, una frase, de la forma más natural del mundo: «Hay que salvar la cultura».

Tuvimos un congreso de la UNEAC [Unión de Escritores y Artistas de Cuba] unos cuantos meses antes, y ese congreso se prolongó muchos días, y ya estábamos hablando de la «invasión cultural» y allí había datos que estaban en otro libro suyo que después nosotros editamos.[12] Pero también los periodistas hicieron otro congreso, y después esos debates se repetían casi cada seis meses. Tomamos conciencia.

Usted mismo ha puesto en evidencia muchos de estos problemas de la famosa globalización neoliberal. ¿Desde cuándo han tomado conciencia de ese problema los sectores intelectuales, los estudiosos y los economistas del mundo? Yo pienso —porque soy optimista— que este mundo puede salvarse, a pesar de los errores cometidos, a pesar de los poderíos inmensos y unilaterales que se han creado, porque creo en la preeminencia de las ideas sobre la fuerza.

Son las ideas las que iluminan al mundo, y cuando hablo de ideas sólo concibo ideas justas, las que pueden traer la paz al mundo y las que pueden poner solución a los graves peligros de guerra, o las que pueden poner solución a la violencia. Por eso hablamos de la «batalla de ideas».

Ustedes apuestan por lo que podríamos llamar una «educación global», un aumento general del nivel de conocimientos, de educación y de cultura de todos los ciudadanos. Una socialización del saber. Del saber como bien común. ¿No es así?

Nosotros tardamos en descubrir lo siguiente. Uno piensa que el dinero es lo decisivo. Error. El nivel de conocimientos y de educación que tienen las clases es lo decisivo. Muchas personas que poseían alto conocimiento y educación se fueron para Miami, y la Revolución ha graduado alrededor de ochocientos mil profesionales e intelectuales.

¿Y qué hemos descubierto, con dolor? Que aquellos que tienen más conocimientos y más cultura en el seno del núcleo familiar van a las mejores escuelas porque se entra en esas escuelas por expediente, y obtienen las mejores posiciones y los mejores cargos. Y tiende así a perpetuarse el sector que produce a los dirigentes y a todos los principales cuadros. Mientras que los pobres, cuyo núcleo familiar tenía poca educación, tienden también a perpetuarse, hijos de obreros, hijos de afrocubanos...

Fíjese que no estoy hablando de una diferencia de clases desde el punto de vista económico; el problema de la construcción de una sociedad nueva es mucho más difícil de lo que pueda parecer, porque son muchas cosas las que se van descubriendo por el camino.

Entonces, para responder a eso, en la sociedad socialista nuestra, al cabo de un montón de años, y cuando ya no había analfabetos, donde todo el mundo tenía un mínimo de noveno grado, tú te encontrabas que un sector, digamos, privilegiado, tendía a perpetuarse, y otro sector, más marginalizado, también tendía a perpetuarse.

Nosotros, después de 1959, cambiamos todo el sistema de educación, ya no hay analfabetismo, ya no hay niño sin escuela, pero está todo el sistema escolar, y la universidad, adonde se llega por expediente y por exámenes, por selección; y ahí, todo un sector social tiene todas las ventajas sobre otro sector donde se encuentran negros, los más pobres, o blancos, los más pobres. El nivel de escolaridad de los padres, aun cuando se haya hecho una Revolución, sigue influyendo tremendamente en el destino ulterior de los niños. Y tú ves que los niños cuyos padres vienen de los sectores más humildes, o con menos conocimientos, no sacan las notas necesarias para acceder a las mejores escuelas. Y eso tiende a perpetuarse a lo largo de decenas de años. Y, si se dejan las cosas como están, se puede predecir que los hijos de esas personas nunca serán directores de empresas, gerentes, u ocuparán posiciones importantes porque hoy nada puede ser dirigido sin un nivel universitario. Les esperan, en primer lugar, las prisiones.

¿Y cómo cambiar ese determinismo social?

Para tratar de corregir eso, nosotros estamos haciendo ahora una verdadera revolución. Estamos revirtiendo todo eso. Y no es quitándoles oportunidad a los que acceden a las mejores escuelas, que son también revolucionarios. Estamos extendiendo la facultad universitaria a todo el país, tomando a todos aquellos muchachos de diecisiete a treinta años que tenían noveno grado [segundo de bachillerato] y no estudiaban ni trabajaban por distintas causas, y les damos un estipendio económico y los ponemos a estudiar.

Fíjese, empezó en septiembre del año 2001, y en septiembre de 2005, más de cuarenta y cinco mil estudiantes de esos ingresaron en las universidades. Van a ser los más revolucionarios, esto es para ellos una segunda oportunidad en la vida, porque ¿sabe qué les tocaba?

No, ¿cuál hubiera sido su destino?
Ya le dije: las prisiones. Fuimos a ver, pedí que investigaran la situación de todos los presos entre veinte y treinta años, su opinión, las causas por las cuales estaban presos, etcétera, persona por persona. Y descubrimos, es increíble, que sólo el 2 por ciento de los presos por algún delito son hijos de profesionales o de intelectuales. Te vas a las mejores escuelas y allí, a la inversa, la inmensa mayoría son hijos de profesionales, y muy pocos hijos de alguien de los barrios pobres. Bueno, ya le di todos esos datos.

Ahora estamos revolucionando eso. De los doce mil estudiantes de las escuelas de instructores de arte, están todos por encima de la composición social, y no sólo en danza, que puede una etnia tener más facilidad para esa actividad; en teatro, en música, en pintura y en danza. Y eso me ha dado una gran satisfacción. Estos que no estudiaban ni trabajaban, ahora en todas estas escuelas empiezan setenta y cinco mil estudiantes más. Estamos extendiéndolo, porque si ya tenemos las escuelas, la televisión, las computadoras, no hay que hacer una escuela nueva, lo que se necesita es el profesor de geografía o de matemáticas de primer año, segundo, etcétera, y hoy buscamos al mejor profesor, filmamos una clase con él, y hacemos cincuenta mil o cien mil casetes.

La mejor clase la da el que más sabe, y el que mejor enseña, porque ya tú tienes todas esas condiciones. En las escuelas están los laboratorios de computación, de medios audiovisuales, y a estudiar computación, a estudiar idiomas. Eso ha dado excelentes resultados...

¿Hay que «racionalizar» a alguien porque se reduce la plantilla en tal o tal actividad? Páguele el salario y póngalo a estudiar. En las condiciones nuestras, cuesta más algo que se esté produciendo de manera ineficiente, como la caña de azúcar, que lo que se necesita para darle el ciento por ciento del salario al trabajador que estaba en esa actividad.

¿Cuántos estudiantes hay en Cuba?
En la actualidad hay más de 500.000 estudiantes en nuestras universidades, de todas las ramas de la ciencia, y que son calificables y recalificables, pueden pasar de una a otra actividad y serán capaces de muchas

cosas. Entre los estudiantes, más de 90.000 eran jóvenes que no poseían matrícula ni empleo, muchos de ellos de extracción humilde, que hoy están teniendo excelentes resultados en los estudios universitarios. Existen ya 958 sedes universitarias. Hay 169 sedes universitarias municipales, del Ministerio de Educación Superior; hay 84 sedes universitarias en bateyes azucareros; 18 sedes en prisiones, sedes de estudio superior que tienen centenares de matriculados en licenciatura de estudios socioculturales. Eso es nuevo: sedes universitarias en las prisiones. Existen, por otro lado, 169 sedes universitarias municipales de salud pública, 1.352 sedes en policlínicos, unidades de salud y bancos de sangre, en los que se estudian distintas licenciaturas asociadas a la salud pública. Y hay casi 100.000 profesores entre titulares y adjuntos. Muchas personas que estaban en el aparato burocrático de los centrales azucareros y en otros lugares hoy están dando clases, son profesores adjuntos. Entre los dos, estudiantes y profesores —y no hablo de otros trabajadores de las universidades—, suman alrededor de 600.000.

20

La visita del presidente James Carter

*Torrijos y la cuestión del canal de Panamá – Carter y la crisis de
Mariel – Primeros encuentros – Los presidentes de Estados Unidos –
El proyecto Varela – ¿Cambiar la Constitución? – La respuesta*

**Usted invitó, el año 2002, al ex presidente de Estados Unidos James
Carter, que luego obtuvo el premio Nobel de la Paz, a visitar Cuba.
¿Qué es lo que motivó esa invitación?**

Primero, yo siempre tuve buena opinión de Carter como un hombre
de ética. Su política fue constructiva con relación a Cuba y fue uno de
los presidentes más honorables. Tenía una ética, una moral. Recordaba
la vez que le hicieron, en 1976, la famosa entrevista de *Playboy*[1] en la que
él respondió con un espíritu muy sano.

¿Es usted lector de *Playboy*?

No, pero como venía una entrevista de Carter, entonces leí un artículo
muy interesante, que le preguntaron de todo, hasta la pregunta de que
si él había sido siempre fiel o no a su esposa y si había cometido alguna falta, y él responde: «Bueno, de pensamiento»... Tuvo la honestidad
de decir aquello. Carter no era capaz de decir una mentira. Entonces le
voy a decir, yo adiviné en Carter, desde antes de que fuera electo, que
era un hombre con una ética.

**Durante su presidencia, de 1977 a 1981, cuando Carter gobierna, ¿no
hubo crisis particulares?**

No, cuando yo me di cuenta de que iba a ganar las elecciones en 1976,
estaban pendientes problemas importantes como el de Panamá y el riesgo de que Torrijos,[2] que era un hombre muy decidido, muy patriota,
tomara alguna acción, porque él públicamente más de una vez había
dicho que si no le devolvían el Canal lo iba a tomar por la fuerza. Yo

comprendía perfectamente las consecuencias que podía tener una acción de esa naturaleza, yo tenía mucha simpatía con Torrijos y teníamos contactos. Él fue de los que lucharon para empezar a romper el aislamiento de Cuba cuando todas las relaciones estaban rotas, y eso apoyándose en varios Estados caribeños.

Torrijos estaba reclamando la devolución del Canal, el acuerdo sobre el Canal. Entonces yo me doy cuenta, a partir de las declaraciones de Carter, su discurso —no conocía mucho, pero uno se ha habituado casi desde lejos y por algunos rasgos a conocer a las personalidades—, de que era un hombre de ética. Pero me daba cuenta también de que Torrijos, con aquellos pronunciamientos, podía verse comprometido a una acción militar que habría sido funesta para un país tan pequeño como Panamá... Entonces yo le sugerí que tuviera paciencia.

Aún estaba Ford[3] de presidente de Estados Unidos. Gerald Ford no era muy agresivo, pero era un hombre que estaba con carácter provisional, transitorio, después de Nixon. Le dije a Torrijos dos cosas: «Tengo la convicción de que Carter va a ganar las elecciones» —ésa la saca uno del conjunto de factores de aquel momento—, y le digo: «Y es un hombre que sería capaz de comprender el problema, con él se podría llegar a algún arreglo con relación al Canal». Ésa es la verdad. Se lo sugerí más de una vez... Él lo contó, yo estoy diciendo algo que él dijo un día.

¿Que el propio Torrijos contó?

Sí. Más bien no contó lo que yo dije; él contó lo que yo le decía con relación a la idea de tomar el Canal por la fuerza y hasta expresó su agradecimiento en una visita que hizo aquí a Cuba. Así que yo percibí a ese hombre, Carter... Luego él no sólo ganó las elecciones, sino que tuvo una mejor actitud con relación a Cuba, deseaba cambiar. A él se debe la Oficina de Intereses.[4]

¿Esa oficina se creó en ese momento, durante la presidencia de Carter?

Sí, en ese momento. Había surgido además el problema del mar territorial y las trescientas millas; nosotros pescábamos a doce millas de las costas de Estados Unidos y de Canadá. Nosotros, que habíamos defendido el derecho a las trescientas millas por solidaridad con Chile, con Perú y con los países del Tercer Mundo, resulta que cuando teníamos ya una flota excelente, nos quedamos sin mar donde pescar. Uno de nuestros principales lugares de pesca eran los mares de Estados Unidos. Pero discutimos, Carter incluso estuvo dispuesto a discutir los acuerdos de fronteras marítimas y en disposición a dar permiso y todo para que se continuara pescando, como hicimos con Canadá. Aunque, desde luego, ya los permisos esos eran bastante discutidos y muy reducidos.

Los acuerdos Torrijos-Carter, varias de las medidas, la creación de la Oficina de Intereses, todo eso eran pasos positivos. Había una situación en aquel momento difícil, que era la guerra de Angola, que ya venía de detrás, desde 1975, pero Carter era un hombre que quería arreglar los problemas con relación a Cuba.

Pero hubo la crisis migratoria de Mariel, ¿no?
Sí. Eso fue en 1980, ya lo hemos evocado. Pero Mariel cesa, precisamente porque estaba Carter, había tenido una buena conducta, en general, y nosotros no queríamos contribuir al triunfo de Reagan y de la extrema derecha. Ya Carter había conocido la tragedia de Irán.[5] Y lo de Mariel, bueno, fue por la gente que se metía en las embajadas.

En la embajada de Perú, ¿no?
De Perú y de Venezuela. Las embajadas los devolvían, incluso, para sus casas; pero decidieron, hasta a algunos que habían ya devuelto, recogerlos y llevarlos otra vez… ¡Estas embajadas…! Que eran pocas entonces, porque no eran muchas las naciones latinoamericanas que tenían relaciones con nosotros. Éstos decidieron traerlos de la calle; entonces, los tipos meten un ómnibus a la fuerza, y los reciben. Muere un policía.

Al otro día le retiramos la escolta que custodiaba la embajada, y la gente entendió enseguida lo que era retirar la escolta: se les llenó la embajada. Ahí la propaganda engañó a Carter, le hicieron creer que el «pueblo esclavizado» quería irse para Estados Unidos, y en realidad los que se metieron allí eran lumpen.

¿Sólo lumpen?
La inmensa mayoría, siempre hay alguno que no lo es.

Se metieron miles, ¿no?
Fueron como diez mil.

¡Diez mil! Pero no habría ni sitio…
Sí, ya no cabían. Y allí es cuando Carter tuvo la mala idea de decir que

en Estados Unidos serían «recibidos con los brazos abiertos». Ahí vino Mariel. Se repitió lo de Camarioca [véase el cap. 16, «Las crisis migratorias con Estados Unidos»].

Carter, que había sufrido un golpe fuerte con lo de Irán, cometió entonces lo que yo considero, realmente, que fue un error.

¿Usted se lo recordó cuando él estuvo aquí?

No se lo pude sacar en cara. Aquello contribuyó mucho a que él no fuera reelegido... Se produce primero lo de Irán. El hecho es que aquello debilita mucho a Carter. Carter como aspirante a un segundo mandato tiene un fracaso, manda una expedición a Irán...

Y fracasa aquella expedición militar para recuperar a los rehenes americanos de la embajada de Teherán, se cae un helicóptero.

Sí, y a Carter le toca también la inflación de dos dígitos, los precios del petróleo se ponen por las nubes, y eso dio lugar a que se abrieran paso corrientes derechistas, la gente de Reagan.

El hermano de Kennedy, el senador, estaba de candidato demócrata y venía barriendo en las primarias, un tipo muy capaz, muy buen comunicador.

Edward, ¿no?

Edward. Era una leyenda. De modo que, a pesar de la catástrofe del Chappaquiddick,[6] el accidente donde se ahoga la muchacha, el hombre estaba levantando tremenda fuerza dentro de los demócratas. Lo de Irán interrumpe aquel proceso y entonces se une la gente. Carter se convierte en el mejor candidato. Yo tengo la convicción de que el único que, en aquel momento, podía derrotar a Reagan era Ted Kennedy. Ya estaba medio olvidado lo de la tragedia del Chappaquiddick. Peor tragedia tuvo..., o no peor, alguna tragedia tuvo también Clinton...

¿Se refiere al asunto Monica Lewinsky?

Sí, y lo más trágico es que eligieron a éste [George W. Bush] y lo eligieron mediante fraude.

¿Ustedes pararon el éxodo de Mariel para no crearle problemas a Carter en su reelección?

Sí. Mire, cuando paramos lo de Mariel pudimos haber discutido la Ley de Ajuste, por ejemplo, pero no lo hicimos, porque no quisimos perder

tiempo y hacerle daño a Carter. Incluso le resolvimos entonces los secuestros de aviones, porque ya le conté que a los secuestradores que
venían con aviones secuestrados en Estados Unidos nosotros los sancio-
nábamos con penas cada vez mayores, hasta veinte años de cárcel.

**En ese momento es cuando ustedes deciden devolver sistemáticamen-
te a los secuestradores de aviones norteamericanos...**
Las sanciones no paraban a los secuestradores, y entonces, en aquella
época... Es decir, Carter termina en enero de 1981, y luego toma posesión Reagan. Pues el 18 de septiembre de 1980 fue cuando devolvimos
por primera vez a los secuestradores. Se los devolvimos a Carter.

Realmente, con Carter hicimos dos cosas: paramos lo de Mariel y
le devolvimos los dos primeros secuestradores, que dolorosamente eran
cubanos; de esos que habían ido ilegales allí. Y que se volvían. Porque
esos mismos a veces secuestraban un avión para regresar, no obstante las
sanciones... Pero lo hicimos con Carter, era mucho más fácil porque
Carter tenía una posición más constructiva.

Creo que los condenaron a cuarenta años. Pero esto lo advertimos
nosotros, porque, realmente, aparecía un avión, cualquier loco... siempre hubo el riesgo de una catástrofe —las sanciones no bastaban—, y
entonces tomamos la decisión de entregarlos a las autoridades norteamericanas. Ésa es la historia real, son los datos.

Usted no sintió nunca a Carter como excesivamente hostil con Cuba...
Carter era un hombre que me percaté, ya le digo, que tenía una ética.
Hasta lo que leía de él, las declaraciones, las entrevistas, todo eso mostraba que era un hombre bueno, decente, lo más que puede serlo alguien
que está gobernando un país con tantos intereses, tantos privilegios,
tantas prerrogativas y tanto poder.

Y con tantas presiones.
Y aun en medio de una guerra fría. Pero yo diría que fue el mejor presidente de los que he conocido, independientemente de la apreciación
que tenga sobre cada uno de los demás... Tengo opinión sobre Kennedy,
tengo sobre Clinton. Sobre todos tengo que tener alguna opinión, ya
que todos los días estoy leyendo noticias y cables.

Usted los ha tenido a todos desde Eisenhower, efectivamente, como adversarios o, en todo caso, como presidentes del país que más difíciles relaciones tiene con Cuba.

Nosotros somos gente muy apasionada, pero no albergamos odios, que es otra cosa. El odio no se sabe de qué nace, puede estar en la naturaleza humana. Hay personas que son capaces de ser más serenas y otras se apasionan; se puede sentir desprecio, desdén, se puede tener una pésima opinión sobre un sistema político. Pero no odio contra las personas.

Una prueba de que no albergamos odio... Por doctrina no albergamos odio. Hay que tener determinada concepción del ser humano, y lo otro es personalizar los problemas, echarle la culpa a un hombre que a lo mejor lo llevaron a una posición determinada y no puede hacer ninguna otra cosa, a lo mejor no puede ser ni honrado.

En ese gran y colosal país, en ese gran y colosal imperio, como el romano, que tuvo algunos emperadores inteligentes, brillantes, y tuvo otros que eran... Bueno, ahí hubo uno que, según cuenta Suetonio,[7] hizo cónsul a su caballo.

El emperador Calígula.

Toda la historia de Roma se sabe; lo que se dice que es la historia, porque la historia está llena también de anécdotas.

Hay presidentes de Estados Unidos que son diferentes: algunos se han jactado de no haber leído un libro, o más de uno; hay otros que han leído muy poco; y otros han leído mucho. John Kennedy, por ejemplo, era un hombre que había leído mucho, era un hombre culto y escribió su famoso libro *Perfiles*.[8] Fue un combatiente, además, de la Segunda Guerra Mundial al mando de una lancha torpedera en el Pacífico, y en acción de guerra ayudó a salvar a algunos compañeros; le condecoraron.

¿Usted sitúa entre los cultos al presidente Carter?

A mi juicio, Carter fue lo más honrado que podía serse dentro del cargo de presidente de Estados Unidos. Le tocó, además, que había ocurrido la guerra de Vietnam, que habían gastado casi todo el dinero, quinientos mil millones de dólares; las reservas en oro habían disminuido de treinta mil millones de dólares en onzas, cuando estaba a treinta y cinco centavos de dólar la onza, ya sólo les quedaban diez mil millones. Eso había llevado a Nixon a suprimir en 1971 la conversión del dólar en oro, con lo cual hizo un colosal negocio, porque el oro subió, y eso estuvo asociado a la crisis del petróleo, la gente buscó el oro como algo seguro, no tenían confianza en los papeles, entonces la onza subió a trescientos dólares, o más, y los diez mil millones que les quedaron se convirtieron en trescientos mil millones.

En la época de Bretton Woods,[9] en 1944, lo que tenían eran treinta mil millones, al precio aquel de treinta y cinco dólares la onza. Ha habido fenómenos de esos que se olvidan, son tantos que se olvidan, Ramonet. Yo le digo que tuve siempre una buena opinión de Carter. Usted me ha preguntado cómo fue. Cómo lo conocí. Eso fue en el sepelio de Trudeau a principios de octubre del año 2000. Muere Pierre Trudeau, que fue gran amigo y una personalidad extraordinaria.[10]

Él había sido primer ministro de Canadá y mantuvo siempre buenas relaciones con Cuba a pesar de las presiones de Estados Unidos.
Sí, era un hombre muy noble. Me acuerdo que vino, y fue trágico, porque vino cuando el hijo de él,[11] que después murió en un accidente, tenía unos tres o cuatro meses y entonces lo llevamos a un cayito donde yo solía ir por allá, donde lo único que había era la casa del farero, vieja, tenía más de ciento cincuenta años, o casi ciento cincuenta, se le había puesto techo, y allí durmió él con su esposa y el niño. Allí conversamos mucho. Era un hombre al que yo le tenía realmente afecto. Más de una vez vino. Era deportista, le gustaba andar por los ríos, se quedó con un batiscafo, o un equipo de esos, buscó allá, frente a las costas de Irlanda, los restos del *Lusitania*.[12] Era ese tipo de hombre que le gustaba el deporte, un hombre muy sano. Quizá un poco, Carter en Canadá hubiera podido ser como Trudeau; en Estados Unidos no era posible.

¿Usted fue al entierro de Trudeau y ahí se encuentra a Carter?
Sí, allí en Ottawa, en octubre de 2000. Ya yo lo conocía, no sé si alguna vez en otro momento me había encontrado con él, pero es lo que más recuerdo, porque ya él siguió su política, después la cosa de las fundaciones y eso. También la ética de él nace no de una teoría política, sino de sus concepciones religiosas, a partir de una posición religiosa. La base de su ética parte de su fondo religioso.

Carter es pastor protestante, ¿no?
Sí. Entonces, en el sepelio de Trudeau nos vimos, conversamos. ¡Ah!, ya lo había visto una vez, creo que en una toma de posesión, antes, cuando Carlos Andrés Pérez tomó posesión en enero de 1989.

En Venezuela.
Era la segunda vez, porque Carlos Andrés se mantuvo activo y había vuelto a ser elegido presidente. Esa vez conocí a Carter allí en Caracas, hablé con él, conversé con él y también con la viuda de Robert Kennedy; porque los Kennedy, la familia, después del asesinato de John Kennedy, hicieron contactos con nosotros y desarrollamos relaciones e intercambios realmente amistosos. Son pruebas de que uno no se deja llevar por el odio.

¿El hijo de John Kennedy también vino?
En una de las últimas visitas, vino aquí el hijo, el que era niño...

John-John Kennedy, que tenía dos o tres años cuando mataron a su padre.
Dirigía una revista, *George Magazine*. Cenó conmigo, hablamos dos o tres horas, y, al poco tiempo, en julio de 1999, vivió una tragedia con su avión, el accidente mortal... Aquello fue una tremenda tragedia. Bueno, las de los Kennedy, ha habido unas cuantas.

Unas cuantas, sí.
Pero en aquella ocasión fueron a Venezuela, y allí conocí a la viuda de Robert Kennedy; he conocido también a la hermana, Eunice,[13] la que estaba casada con Sargent Shriver, el que organizó los Cuerpos de Paz en 1961, y conozco a varios de los hijos de Bob Kennedy.

Allí, en 1989, se encuentra usted por primera vez con Carter.
Sí. Aquella vez, en Caracas, en unas torres gemelas que había allí... Conversamos un poco, porque él quiso arreglar, de cierta forma... Alguna gente vino de Estados Unidos y nos visitó; pero siempre ha habido una demanda. Estaba el gran rollo de Angola, es decir, esos problemas, esos obstáculos, pero había un hombre allí que quería cambiar la política y ese hombre era Carter.

Fue la época de la inflación de dos dígitos en Estados Unidos, consecuencia de la guerra de Vietnam, de su costo. Se produce también la revolución islámica en Irán en 1979 —todo eso influyó, como le dije, después en su no reelección—, y el gendarme más poderoso es derrotado, se puede decir, por un movimiento de masas... Un ejemplo extraordinario de que los pueblos, en determinados momentos, pueden derrotar al más poderoso ejército, sobre la base de sentimientos, de ideas y de heroísmo, prácticamente, sin disparar un tiro. Ese de Irán es un ejemplo histórico también.

Eso fue fatal para la reelección de Carter.
Fue fatal. Bueno, es que ya a Carter le era muy difícil. Fue fatal para la elección de un demócrata. Recuerdo, como le decía, que por aquellos días surgió Edward Kennedy. Ante los problemas que habían afectado a Carter, que eran —le repito—, primero: aquello que sucede en Irán, el intento baldío de rescate, en una operación que, realmente, no se sabe cómo se le convenció, porque Carter era un hombre con ética, un político inteligente, pero no sé cómo se concibió, puede haber sido una especie de operación como Girón, o algo de eso, la cuestión es que aquel fracaso militar le afecta; y los rehenes americanos en la embajada de Teherán lo afectaron también, y es el hombre que va a la reelección y pierde. Segundo: la inflación de dos dígitos. Más la explosión de los precios petroleros, no hay que olvidarse que fue casi con el gobierno de él cuando los precios se ponen hasta treinta y cinco dólares el barril.

Todas esas cosas se unieron en el gobierno de él, y surgió, como ya le dije, en las primarias, un candidato que tenía fuerza, estaba barriendo, que era Edward Kennedy, un hombre, indiscutiblemente, de gran talento. Se decía, incluso, que era el más político —así lo han descrito sus familiares— de la familia de los Kennedy, iba barriendo. Pero al crearse el problema de Irán —cada vez que se produce un fenómeno de política exterior, es una ley casi física, tiende a unirse la opinión, y ese fenómeno se produce en medio de las elecciones primarias en las que Kennedy iba subiendo—, entonces, de repente, aquella situación cambia, y se produce una unión en torno al presidente Carter.

Todos esos hechos, en general, suelen magnificarse, no sólo por la importancia en sí mismos, sino porque tienen una enorme repercusión dentro de Estados Unidos. Lo de los rehenes era importante, pero era un problema que podía resolverse; es verdad que no iba a ser en dos días o dos minutos, pero eso mostraba la impotencia de una gran potencia que de repente tenía a un grupo de ciudadanos suyos detenidos, prisioneros en la embajada de Estados Unidos en Teherán.

Eso ridiculiza un poco a la superpotencia.
Eso tiene gran repercusión y se cambia la tendencia. Entonces Carter, que estaba compitiendo con Edward Kennedy y estaba por detrás en

las encuestas, en las primarias del Partido Demócrata, empieza a subir y queda como candidato. En aquel momento, esa segunda elección no la podía ganar Carter. Pero sí la podía ganar Kennedy, curiosamente. Ya habían pasado aquellos episodios en los que estuvo mezclado Edward Kennedy, aquella historia de Chappaquiddick estaba prácticamente olvidada, y él era muy brillante. Él fue quien pronunció el discurso de la proclamación de Carter como candidato, y fue un brillante discurso.

Quien podía ganarle a Reagan, en 1980, se llamaba Edward Kennedy. Hay mucha gente que ni habla de eso, o no ha meditado sobre eso. Con algunos he conversado y hasta lo cuestionan.

Pero yo estoy convencido de que el hombre que le podía haber ganado, precisamente a Reagan del que ya se sabía su política, ese hombre era Edward Kennedy; para que usted vea cómo hay factores...

De política internacional.
Sí. Si Edward Kennedy hubiera sido el candidato, habría ganado las elecciones... Pero quedó siempre, como le digo, la imagen de aquel hombre que es Carter.

Después lo conocimos. Conozco también su grado de experiencia, de agudeza, su habilidad diplomática, y conozco también los puntos en que las cosas no son tan claras para él, los puntos en que puede haber un poco de ingenuidad.

Usted, cuando lo invita, ¿cuál es el motivo de hacerle esa invitación?
Ya habíamos tenido aquel encuentro en Venezuela, y luego en Canadá, habíamos hablado y yo mismo le había dicho que alguna vez debiera visitarnos. Porque, realmente, si se conoce un país nada más que por todo lo que se ha escrito, y lo que han escrito los adversarios, o porque ya son ideas casi dogmáticas acerca de lo que es un país... Yo dije: «Bueno, es mejor un contacto, que conozca un poco».

Siempre llegaban algunas noticias de él en sus actividades, y cuando voy a Ottawa, en ocasión del sepelio de Trudeau, estamos allí en una de las ceremonias —creo que en una iglesia o antes de entrar a la iglesia—, y allí estuve hablando unos minutos con él, lo saludé, le recordé las conversaciones que habíamos tenido en Caracas, y le digo: «Estamos esperando que nos visite». Se lo vuelvo a recordar. Y me dijo entonces: «Sí, pronto iré». Y así es como un día llegan las noticias de que él ha tomado la decisión de visitarnos.

Y, desde luego, como hacemos con todos los visitantes, propusimos que hiciera él su programa y decidiera sobre todos los temas, que hablara de lo que quisiera, con quien quisiera, y en la universidad: «Hable, exponga sus ideas», que no coincidían absolutamente, ni mucho menos, todas, con las nuestras. Eran dos concepciones diferentes de la vida, de la sociedad, del sistema de producción, del sistema político, de partidos y todas las demás cosas.

El discurso de Carter en la universidad, yo lo seguí en directo por CNN, me pareció atrevido y honesto, expuso sus desacuerdos de manera bastante franca y directa. ¿Eso le sorprendió a usted?

En la universidad yo lo acompañé. Él hace un discurso fuerte allí en la universidad sí, y algunos estudiantes debatieron con él. Cuando terminó me levanté, fui y lo saludé, porque nos íbamos después a un partido de béisbol, y estaba el estadio lleno, repleto. Entonces yo allí lo convenzo; fue posible y convenzo, primero, al jefe de su escolta. Le digo: «Oiga, vamos a salir al campo», le hablamos de que tirara la primera bola. Entonces le digo a Carter: «Vamos a salir al campo, pero me gustaría que saliéramos usted y yo solos». Había sesenta mil personas.

Sin guardaespaldas, sin nada.

No, no, estábamos solos. Ya yo había hablado, sondeado, a ver si el jefe de su escolta era un hombre que podía ser convencido de eso. A mí no me resulta fácil, pero le puedo dar al final una orden a mi escolta y tiene que obedecerla, porque tú dices: «¡Esto es una orden!». Entonces discutimos con ellos y le digo: «Ya he logrado esto, vamos a salir solos. Cuando salgamos del *dugout* aquel, hay que caminar como cien metros hasta el *home* y pasar por donde está esa multitud, vamos solos».

Hasta el centro del campo.

Hasta donde está el montículo de lanzamiento. En los graderíos había una masa enorme, y fuimos solos. Yo después bromeé con él, porque unas cuantas gentes se pusieron bravas por las cosas que él había dicho en la universidad.

Vamos a hablar de ello.

Y hubo debates. Yo seguí conversando con él después. Todo normal; pero yo le dije al final de la conversación que tuvimos aquí, amistosa, racional, un intercambio de ideas, de opinión, le digo: «Óigame, suerte que tuvimos nosotros de que toda la gente que estaba en el estadio aquel, estaban allí en el momento que se estaba difundiendo su conferencia en directo y no lo oyeron, de lo contrario, nos habríamos buscado un dolor de cabeza». Porque aquella gente nos recibió a los dos con unos aplausos, una alegría y una amistad tremendas. Pero yo le dije: «Suerte que aquella gente no había oído su discurso en la universidad». Porque eso fue motivo de polémicas aquí.

¿El discurso de Carter se difundió en directo aquí?
En directo todo. Pero si nosotros lo hemos dicho: «El que quiera venir...». Le llenamos la plaza a Bush... Porque él va a Miami y hace un discurso...

¿Usted también está invitando al presidente Bush a que venga aquí?
Nosotros le dijimos a Bush que estamos dispuestos a discutir, le reunimos a toda la ciudadanía. También nosotros invitamos a todos los militantes, a todos los jefes y a todos los cuadros.

Permítame decirle que la inmensa mayoría del pueblo apoya el proceso revolucionario sin vacilación. Si es cuestión de ideas, estamos dispuestos a discutir, en la plaza de la Revolución, con el que quiera venir a discutir aquí para convencer al pueblo. Si lo necesitan, le ponemos todos los altoparlantes y todo el tiempo que quieran para que le expliquen al pueblo y para que discutan. Porque no es cuestión de vivir de los dogmas, es cuestión de sostener lo que se piensa o se defiende sobre la base de argumentos y de razones.

Es decir, que el propio presidente George W. Bush podría venir aquí a exponer sus argumentos y a discutir. ¿Ustedes lo permitirían?
Nosotros sí. Pero no lo van a dejar.

No, probablemente no lo van a dejar.
Pero si lo desean sí. Aquí, reunidos en la plaza, y estará más seguro que en Washington, porque éste es un pueblo que tiene una cultura política. Este pueblo no es un pueblo fanático, no ha sido educado en el fanatismo ni en el odio. Si tuviéramos un pueblo educado en el odio no sería nada. Uno puede tener fortaleza perenne y creciente en una causa, en la medida en que se sustenta en ideas y en convicciones, no en fanatismo.

Jamás en la Revolución se culpó al pueblo norteamericano, aunque en determinado momento, una gran mayoría de ciudadanos norteame-

380

ricanos estaba persuadida de todo lo que se dijo contra Cuba, y que éramos un peligro para la seguridad de Estados Unidos, etcétera. Y como había habido episodios, primero lo de Girón, después la crisis de octubre, que fue un resultado de lo de Girón y de toda la política que se siguió, entonces se dijo eso. El país donde mejor se recibe a un ciudadano norteamericano es Cuba.

¿Con más seguridad?

Con más amistad. Porque no se ha sembrado odio. Es estúpido culpar a un pueblo de lo que le han hecho creer, incluso, ya sea a través de medios de información, mentiras o calumnias.

Nunca se predicó odio contra nadie. Éste no es un pueblo de fanáticos. Habla usted de la seguridad. Aquí se le puede brindar esa seguridad a un visitante norteamericano porque es todo el pueblo, no sólo los cuerpos de seguridad, es todo un pueblo consciente, que cuida y respeta al visitante, discute y escucha en silencio.

Nosotros tenemos dos ejemplos: cuando el papa Juan Pablo II estuvo en la plaza de la Revolución en 1998. Allí el Papa pronunció sus discursos y sus cosas. Lo que él predicaba no era coincidente con el pensamiento y las doctrinas de la Revolución, independientemente del criterio que uno pueda tener sobre la persona, los méritos del Papa, que era una personalidad extraordinaria, sin lugar a dudas. Sus propios pensamientos se los he explicado al pueblo, sus posiciones muy duras contra el socialismo; pero ahí estaba…

Hubo también, en Santiago de Cuba, un acto en presencia del Papa, y estaba todo el pueblo allí, y allí se pronunció un discurso duro, duro, por parte de uno de los que habló, y entonces la gente se fue yendo poco a poco, se quedó vacío, se quedó el 10 por ciento de la gente. Yo lo vi por la televisión, la televisión tuvo que buscar ángulos… Allí estaba Raúl, yo le pedí que estuviera en Santiago. Pero no hubo un grito. A la gente se le dijo: «Ni un letrero, ni un cartel, ni una consigna en contra, ni un grito; no importa si están en desacuerdo con cualquier cosa».

Éste es un pueblo con una educación política, y comprendía que ésa era la forma. Y al Papa lo recibieron, no sólo los creyentes, lo recibió el pueblo. Además, yo mismo hablé por televisión dos veces, porque había que garantizar que la gente entendiera bien la personalidad, quién era, y podemos contar con ese apoyo.

Por eso es que dije: «Bueno, si aquí podemos llenar la plaza, vengan y persuadan a la gente. Convénzanla de que la Revolución no sirve y por qué no sirve; sostengan los argumentos, polemicen. Les ponemos el pueblo y todas las televisoras del país, todos los canales». Entonces los invitamos.

Usted ha hecho alusión al discurso de Carter en la universidad, discurso que se difundió en directo y en el que el presidente Carter aludió al Proyecto Varela, y que, según he leído, es una iniciativa que se apoya en un artículo de la Constitución cubana que estipula que la iniciativa de las leyes no es un monopolio del Parlamento, sino que los ciudadanos, a condición de que sea la voluntad de, por lo menos, diez mil de ellos, creo, pueden hacer avanzar un proyecto de ley.

Una iniciativa de ese tipo fue firmada al parecer por más de once mil ciudadanos, y el presidente Carter evocó ese caso delante de usted, la prensa escrita difundió íntegro su discurso, y yo, a ese propósito, quería preguntarle: ¿usted consideró que aludir a ese Proyecto Varela era finalmente una falta de tacto, una incorrección, una ofensa por parte del presidente Carter?

En absoluto. Él vino, ya le digo, él decidía su programa, se reunía con todos los que quería reunirse, con absoluta libertad, no hubo ninguna ofensa. ¿Cómo nosotros le vamos a decir a Carter que venga a Cuba y ponerle limitantes, por aquí o por allá, de qué hablar? Así que no, de ninguna manera es una ofensa.

¿Qué opinión tiene usted de ese Proyecto Varela?

Puede hacer usted un análisis político y puede hacer un análisis jurídico de esa iniciativa, y quiero hablar de esto sin pasión de ninguna clase.

Podríamos decir que ése fue el último invento de las decenas que ha hecho Estados Unidos, o la política de Estados Unidos. El último, uno más, esto de acudir a Félix Varela, que fue un sacerdote cubano, de un pensamiento avanzado. Era enemigo, por ejemplo, de la esclavitud, así que tenía una serie de ideas que podríamos llamar, en los tiempos en que vivió, humanas. Fue de los primeros que habló de independencia, pues todavía en aquella época no se hablaba mucho de independencia, le hablo de principios del siglo XIX. Era un cubano, en la época aquella de la colonia, un intelectual prestigioso, un hombre noble, de los que albergaba sentimientos patrióticos entre los grupos muy aislados de ciudadanos, porque ya le dije que teníamos una sociedad esclavista, con cientos de miles de esclavos.

En ese siglo surgieron unos cuantos pensadores, también José de la Luz y Caballero, que fue un gran pedagogo; distintas personalidades, entre aquel grupo, que se expresaban en favor de unos cambios, o de alguna autonomía, o de algunas mejoras dentro del sistema colonial aquel que padecía nuestro país. Varela es uno de aquellos intelectuales cubanos y es sacerdote.

Varela después emigra hacia Estados Unidos. Una figura muy respetada, reverenciada, entre los grandes, como Luz y Caballero. Martí es la cumbre de ese pensamiento y hay otros muchos; pero Varela fue de los principales, fue de los primeros. En el Aula Magna de la Universidad de La Habana están las cenizas de Varela, uno de los precursores de un pensamiento que después va evolucionando hacia el antiesclavismo y hacia la independencia. Ésta es la historia. Varela tiene una bella historia humana.

Ahora, después surge la idea, en los últimos tiempos, de la santificación de Varela. Nosotros respetamos y admiramos a Varela; claro, lo vemos como una personalidad civil, laica. Entonces, como hubo algunos conflictos en determinados momentos, ya hablamos de eso, al principio, en los primeros años de la Revolución, con la Iglesia católica. Estados Unidos —se sabe— trató de utilizar eso también y de crear oposición religiosa, presentar la imagen de una revolución contra la religión. Hubo un intento de utilizar también a la Iglesia.

Yo ignoraba que la Iglesia quisiera canonizar al padre Varela.
Cuando surge la idea de la canonización de Varela, muchos de nosotros fuimos suspicaces, veíamos casi un intento de convertir una figura laica, respetada y admirada, en una figura religiosa, en un santo. Bueno, yo estaría de acuerdo, pero —lo digo con respeto— también habría que santificar a otros muchos cubanos.

Habría, por ejemplo, que santificar al Che, porque si tú vas a santificar a la gente por su bondad, por su espíritu de sacrificio, por su capacidad de ser mártir de la humanidad y morir por una causa, entonces habría muchos. Muchos de los combatientes del Moncada también tenían una religión u otra y murieron luchando contra la tiranía, murieron luchando contra un régimen represivo; y otros murieron luchando por la patria en Girón.

No me quiero meter en ninguna de las cosas de la Iglesia; pero tenía un poco de suspicacia y, sin embargo, nunca ni siquiera hicimos la menor protesta, ni siquiera nos pusimos a reclamar. Realmente, Varela era una figura laica, un patriota, y más vale mantenerlo en esa condición.

¿Vamos a convertir a Varela, que es una figura que pertenece a todos, en un santo sólo de una Iglesia muy respetada y muy respetable y que nosotros respetamos? No nos sentíamos satisfechos.

Lo del Proyecto Varela fue un invento más que se hizo de los últimos; pero cada uno de ellos ha tenido una enorme publicidad.

Yo he tenido que extenderme, para decirle cosas que es necesario que la opinión conozca. Me parecía necesario que conociera quién es Varela, y por eso me tomé unos minutos. Ahora estoy en disposición de contestarle los detalles que más le interesen de su pregunta sobre ese llamado Proyecto Varela.

¿A usted le molesta particularmente que la oposición utilice nombres de personalidades como el padre Varela o el mismo José Martí?
Lo que usted llama «oposición», si se refiere a los de Miami que han utilizado el nombre de Martí, es en realidad una mafia terrorista. En cuanto a Varela, este personaje histórico, respetado por todos los cubanos, ha sido utilizado para esta nueva maniobra. Del mismo modo que el nombre de José Martí, la personalidad más admirada, más sagrada de nuestro país, ha sido utilizado nada menos que para una estación de radio ilegal, subversiva y desestabilizadora.

¿La que está instalada en Miami?
La más grande fábrica de mentiras que se ha construido en los últimos tiempos. Y, además, ese mismo nombre ha sido utilizado para una estación de televisión igualmente ilegal, que transmitía mediante un globo que está como a tres mil metros de altura, y ahora desde un avión que vuela muy cerca del espacio aéreo cubano, para envenenar a la opinión pública internacional, al servicio de la mafia terrorista de Miami. Y son órganos oficiales del gobierno de Estados Unidos.

Volviendo al Proyecto Varela, el Parlamento cubano, ¿qué va a hacer con esa petición de once mil firmas?, ¿le va a dar una respuesta?
Usted hablaba de un aspecto legal, de que con diez mil firmas se podía hacer una iniciativa.

Una proposición de ley.
Una proposición. Nuestra Constitución, me imagino que como todas las demás, establece quiénes pueden tener iniciativa para proponer algo. Entonces, hay mucha gente que tiene iniciativas. Por ejemplo, las organiza-

ciones de masas, los sindicatos, las mujeres, los jóvenes, los estudiantes, los diputados, dirigentes, ministros… Es decir, son innumerables las personas que pueden proponer una iniciativa de ley. Yo no puedo decirle cómo es en Estados Unidos, por ejemplo, o cómo es en México, o cómo es en los demás países latinoamericanos; pero la nuestra establece que diez mil personas pueden proponer una iniciativa. Bien, ese mecanismo constitucional es el instrumento legal en que se basa la maniobra.

Entonces, ¿qué ha ocurrido? Han estado un año creo hablando de eso, se deben haber tardado, por lo menos, un año hablando, tratando de recoger las diez mil firmas. Sobre eso hay una historia de la que no me interesa especialmente hablar; pero debo añadir que ahí hubo de todo.

¿Para recoger las firmas?

Mire, promesas de visas para viajar a Estados Unidos, a gente a las que no les dan. Todo eso apoyado por las organizaciones que están en Estados Unidos, con recursos económicos… Ahí ha habido dinero, igual que se hacen las campañas electorales tradicionales, algo que ha desaparecido de Cuba hace rato.

¿Usted está diciendo que algunas de esas firmas han sido compradas?

De todo hay, sobornos hay. Además, algunas firmas que hay que comprobar, porque tú tienes que comprobar que fulano tiene derecho a votar; tienes que comprobar… Once mil son bastante pocas, ¿no?; ocho millones se recogieron…

¿En una votación oficial?

No en una votación; sino después del discurso de Bush en Miami, el 20 de mayo de 2002, en que prácticamente exigió un cambio de Constitución y la abolición del sistema socialista en Cuba, leyes, condiciones de todo tipo, y una verdadera arenga a sus amigos en Miami, que fueron los que decidieron su primera elección presidencial, algo que todo el mundo conoce, como conoce también cómo se hizo esa elección de noviembre de 2000: métodos politiqueros, porque hasta los muertos votaron para que Bush fuera elegido. Sectores afronorteamericanos completos no pudieron votar porque les prohibieron llegar al colegio… Hicieron trampas técnicas, cambiaron el orden de los electores. De modo que uno de los candidatos que no sacaba ni cien votos allí, sacó miles de votos, simplemente por el cambio técnico… Gente que trató de rectificar cuando se dio cuenta, y sus boletas fueron anuladas. Calculo en unos cuarenta mil o cincuenta mil el número de votos que no pudieron ejercerse por esta vía.

Que le hubieran dado la victoria a Al Gore.
Y donde la victoria de Bush se obtiene por unos miles. Y nuevos ministerios y cargos clave en Relaciones Exteriores, hasta en el Consejo de Seguridad, a algunos personajes conocidos. Este mismo señor que nombraron un tiempo subsecretario para América Latina.

¿Otto Reich?
Sí. Un hombre, ya hablamos de él, relacionado con la guerra sucia de Nicaragua, cuando se incumplieron las decisiones del Tribunal Internacional de La Haya que había condenado, en 1987, a Estados Unidos por sus agresiones constantes contra la Revolución sandinista; también tuvo Reich responsabilidades en el asunto Irangate y todas aquellas cosas... La historia no puede ignorar todo eso. Realmente, ellos decidieron la elección presidencial. Dio la casualidad, no es que tengan tanto poder, pero ahí el azar ayudó mucho a aquel estado de Florida que se volvió decisivo y le daba la mayoría de votos en esa votación de segundo grado, de los que eligen al presidente. Se decidía allí y por unos mil votos, mil y tantos, porque después siguieron llegando votos de militares que estaban fuera, ganó Bush. Hubiera bastado con que, en unos cuantos colegios electorales, se repitiera la elección, y ya no había presidente Bush. No creo ni siquiera que hubo una estrategia inteligente por parte de los adversarios de Bush.

En ningún momento se les ocurrió pedir una repetición de elecciones, cuando tenían todos los fundamentos legales para pedirla, y nadie podía decir que no era democrático.

Ellos pidieron que se recontaran los votos.
Lo que pidieron fue un recuento, y lo que tenían que haber pedido es la repetición de las elecciones en aquellos lugares donde hubo irregularidades conocidas por todo el mundo. ¿Acaso una democracia tan «perfecta» y tan «brillante» como la norteamericana no puede repetir las elecciones en algún distrito, no en todo Estados Unidos?

¿Cuánto cuesta eso? Bastaban unos cuantos distritos y ya la diferencia a favor del candidato contrario Al Gore habría sido de decenas de miles de votos, allí donde pudieran votar. Aparte de que allí está muy restringido el voto de la gente más pobre, de los afronorteamericanos, porque son los que más se envían a las prisiones, por unas razones o por otras, y muchas son políticas, o son, por lo menos, sociales... Son los más pobres los que menos oportunidades tienen de ir a las universidades y acceder a importantes cargos en empresas privadas o en funciones estatales. Y el que ha estado en prisión alguna vez...

Ya no tiene derecho a votar.
En muchos países, el que está en prisión no tiene derecho a votar, pierde los derechos por un período de tiempo. En Estados Unidos los pierden de por vida, en muchos estados, no puedo asegurar si es en todos; pero en muchos estados, usted debe conocerlo mejor que yo, lo pierden de por vida. Pero en Florida, en la elección de 2000, ni siquiera dejaron votar a los que tenían derecho a votar.

Es así como se decide la elección en Estados Unidos. Los cubanos que se fueron de aquí para allá, en 1959-1961, habían sido campeones en el fraude electoral en época de Batista, introdujeron cosas que ni existían en Estados Unidos, como el hacer que los muertos voten. Así se obtiene la elección de Bush. En Cuba no hay eso.

Fíjese si lo del Proyecto Varela tiene trastienda y fondo. Los métodos politiqueros esos se usaron durante un año para promocionar el Proyecto Varela, con el apoyo de publicidad, de recursos de la Oficina de Intereses de Estados Unidos, ese permiso que les dan a todos los que vienen a organizar grupos de los llamados disidentes, a traer recursos y a realizar todas las actividades que se realizan a través de la embajada, con publicidad en el exterior, por todas las vías posibles...

Quiero decirle lo siguiente: que nuestras leyes sancionan las campañas calumniosas que se hacen contra el Estado, las campañas que fortalecen los argumentos de nuestros agresores, que justifican el bloqueo, aunque digan que están contra el bloqueo; que justifican toda la filosofía de la agresividad contra Cuba, el bloqueo económico, la guerra económica contra nuestro país... Es decir, ésos son delitos bien calificados y bien definidos en las leyes.

Los promotores de ese proyecto han violado un montón de leyes en toda esa campaña. Más bien se puede caracterizar la posición del gobierno nuestro por una gran tolerancia. ¿Por qué lo hacemos? Porque la Revolución es fuerte.

Pero en definitiva, ¿qué hicieron ustedes con el Proyecto Varela?
Dejando a un lado toda consideración acerca de las firmas, la legitimi-

dad de equis número de firmas, dejándolo a un lado y asumiendo que se tratara de once mil personas con derechos legales y constitucionales a suscribir una solicitud, se le dio tratamiento, se recibió la solicitud, fue analizada por la comisión correspondiente de la Asamblea Nacional y se le dio respuesta.

¿Y cuál fue la respuesta?
Yo no tengo aquí el documento.

Pero en síntesis.
Sencillamente se rechazó la iniciativa. Se rechazó la idea de proponer un cambio constitucional, con mucha más lógica, creo que ya lo mencioné, si se tiene en cuenta que unas semanas antes, más de ocho millones de personas, el 99,25 por ciento de las personas con derecho a votar, habían suscrito un documento y lo habían presentado a la Asamblea Nacional declarando «irrevocable» el carácter socialista de la Revolución.

Eso también abría un procedimiento de cambio constitucional, y podía ocurrir, porque es una de las facultades de la Asamblea, lo que plantean esos ocho millones de firmas, o lo que plantea más del 99 por ciento de las personas registradas, con su firma. Aunque hubo que hacer cálculos, hubo que hacer un cálculo del número total, puesto que hacía diecinueve años que no hacíamos un censo, y esas mismas firmas, recientemente lo expliqué, de un 99,25 por ciento bajaron a 98,05 por ciento, por algunos datos, puesto que había muchos factores: salidas clandestinas, personas que están de viaje que aparecen y que no han regresado. Los datos estadísticos se van a saber con toda exactitud, para ver si es una fracción más o menos, tan pronto se publiquen los datos del censo que acaba de realizarse en el país. En este momento está procesándose.

Ese número de personas, ocho millones, planteó modificar un artículo de la Constitución, plantearon una reforma constitucional en la que le quitaban a la Asamblea Nacional el derecho a modificar la Constitución en un aspecto, y se respetaron todos los derechos establecidos de la Asamblea Nacional, excepto el de revocar el carácter socialista de la Revolución, que está contenido en esa Constitución. Era la respuesta a la exigencia del presidente Bush de Estados Unidos, expresada en su discurso del 20 de mayo de 2002, en Miami —ya le mencioné esto. La reforma fue presentada por todas las organizaciones de masas, suscrita por esa cifra de ciudadanos, con su puño y letra, porque aquí todo el mundo sabe firmar, leer y escribir. Algunas personas pueden estar ciegas o tener algún problema, entonces hay uno que autoriza allí, él, en persona, para que firme por él si tiene algún impedimento físico para hacerlo. Así se hizo, y creo que eso es digno de respeto.

Ésa, en definitiva, es la respuesta oficial al Proyecto Varela.
Ésa fue la respuesta no a lo de Varela.

Sino también al presidente Bush.
Si cien mil suscriben el Proyecto Varela, puede haber ocho millones o siete millones y medio que se opongan.

¿Usted piensa que esa respuesta, ese tipo de respuesta va a ser aceptada por los oponentes?
Nosotros hicimos una enorme movilización, como respuesta a las exigencias del presidente de Estados Unidos. Eso no tenía nada que ver con el Proyecto Varela, eso es estar matando mariposas a cañonazos, tomeguines[14] a cañonazos. El país no se moviliza por ese proyecto así, como se movilizó por millones. Un día desfilaron ocho millones de personas en todo el país, es la más grande movilización que se hizo jamás, y queda constancia fílmica de todo eso.

Claro, eso los medios internacionales lo ignoran, entre tantos problemas que tiene el mundo… Pero para nuestro pueblo tiene mucha importancia, y es así. No tiene nada que ver con el Proyecto Varela, eso es cuestión de una comisión. Por ejemplo, ¿qué hace falta en Francia para cambiar la Constitución?

Hace falta que, por lo menos, los dos tercios de las dos cámaras reunidas estén de acuerdo para cambiarla.
¿Quiénes tienen iniciativas legales en Francia, que puedan proponer un cambio?

El gobierno puede proponer un cambio y puede haber un referéndum, pero no se contempla la posibilidad de que los ciudadanos, firmando una petición, puedan cambiar la Constitución.
Bueno, pues es más democrática nuestra Constitución que la de ustedes. Aquí muchas organizaciones, los sindicatos, hasta los ciudadanos

pueden proponer; pero proponer no quiere decir que esa ley se tenga, sencillamente, que pasar a discutir en la Asamblea Nacional.

Eso no quiere decir que hay que cambiar la Constitución de la República, mucho menos cuando se plantea el cambio del carácter socialista de la Revolución.

Entonces, sencillamente, ese Proyecto Varela lo recibió la comisión, lo estudió, le respondió y lo que ocurrió es que sus promotores no quisieron recibir la respuesta. Todo eso es materia prima para publicidad. Lo que tienen gratis y abundante es una posibilidad de que los medios internacionales hablen de ellos, pero es una realidad virtual.

Cualquier persona puede venir a este país y ver lo que pasa en este país, qué fuerza tienen las organizaciones y qué fuerza tienen los pequeños grupos de los llamados disidentes que están, incluso, divididos. Este proyecto ha sido más hábil en el sentido de que plantea que no haya terrorismo y que sea pacífico el cambio.

Y denuncia el bloqueo también.

Claro. Es que hoy, realmente, en este país no hay nadie que encuentre el apoyo de diez personas que estén de acuerdo con el bloqueo; pero, bueno, hace un tiempo ya, cuando en el propio Estados Unidos se ha puesto de moda oponerse al bloqueo.

Pero si tú apoyas todo, si tú suscribes todas las calumnias, todas las mentiras y todas las campañas sobre las cuales se sostiene el bloqueo y la justificación del bloqueo, tú puedes oponerte de palabra al bloqueo; pero estar haciendo exactamente lo que ellos necesitan para tratar de justificar un bloqueo, aunque ya no lo justifique nadie en el mundo. Es lo que yo sé, porque lo he preguntado.

Yo lo que le quería decir es que este país está en medio de una gran batalla, decisiva, de cosas fundamentales. Otras cosas tienen su importancia relativa. La magnificación de ese proyecto obedece a toda una campaña mediática, eso que usted conoce muy bien. Es una campaña mediática.

No sólo mediática, porque el iniciador de este Proyecto Varela, Osvaldo Payá,[15] recibió el premio Sajárov, por los derechos humanos, y vino a Francia a recibirlo, a Estrasburgo. Muchos comentaristas y también algunos intelectuales dijeron que él no podría salir de Cuba para recibir su premio; pero salió y regresó con bastante normalidad. Y ese

proyecto tiene apoyo también en muchos sectores políticos, asociativos, religiosos. ¿Usted piensa que Europa está participando en una campaña contra Cuba?

Europa no sabe nada de esto, es lo que le puedo decir, Ramonet. También el presidente de Francia hasta mandó un mensaje, porque se había dicho que Payá no iba, que no le habían dado permiso y no sé qué trabas hubo ahí. Eso no tiene sentido, si nosotros, en general, los dejamos viajar; pero si todos los jefes y todos los cabecillas de todos los grupos contrarrevolucionarios, que están contra la Revolución, son organizados por la Oficina de Intereses de Estados Unidos.

Usted no se imagina hasta qué grado la Oficina de Intereses de Estados Unidos interviene en los asuntos internos, los reúne allí, les envía literatura, les envía dinero, y con un dólar aquí se pueden comprar cien litros de leche. Por un dólar, al cambio de veinticinco pesos por dólar, las cantidades de productos que se compran aquí...

Todos estos llamados disidentes no van a Miami, a que los curen allí. Si por un dólar pueden comprar cien litros de leche dentro de ciertos límites, con cien dólares en este país adquirirían dos mil quinientos pesos, y si no pagan vivienda; si no pagan impuestos por ser dueños de la vivienda; si lo que se paga de alquiler aquí es simbólico en aquellas viviendas que no se les ha dado la propiedad porque son una necesidad de las fábricas o de las industrias; si reciben sus hijos los mejores servicios educacionales del mundo, excelentes servicios de salud; si sus hijos tienen garantizada la vida, un altísimo nivel de supervivencia, cualquier tratamiento médico, aunque sea una operación cardíaca, a corazón abierto o cirugía cardiovascular, que puede costar cincuenta mil dólares; o un trasplante de corazón, que puede costar cien mil; o de riñón. Jamás se le ha preguntado a nadie, para curarlo en un hospital, si es revolucionario, si simpatiza o no, si es disidente o no.

Puede haber un caso en que alguien lo favorezca porque tenga dólares que reciba de allí y promueva determinada corrupción cuando puede tratarse de un producto escaso. Pero jamás se ha favorecido a tal o cual categoría social, ¡búsquese una prueba! Los llamados disidentes tienen todas esas garantías cuando esas organizaciones les mandan cien dólares. Los norteamericanos han declarado cuántos millones van a mandar aquí para ayudar a unos disidentes de una existencia virtual, absolutamente virtual.

Lo que hay que preguntarle a cada uno de ellos es qué ha producido, en qué trabaja, y cuánto dinero reciben por vía de premios, artículos... Hacen cualquier artículo —artículos calumniosos—, los envían a esos medios, a emisoras... Cosa que está sancionada por las leyes; son leyes vigentes y, sencillamente, no aplicadas, porque es potestad del Estado, de la Fiscalía de la República aplicarlas o no.

Uno no puede ponerse al servicio de una potencia enemiga en ninguna parte del mundo, ni trabajar a las órdenes de un gobierno extranjero en ninguna parte del mundo, no importa que uno lo disfrace de una cosa o de otra. Nosotros tenemos montones de pruebas.

Todos esos llamados disidentes son una realidad virtual, no existen, es un número insignificante y, además, dirigidos por la Oficina de Intereses de Estados Unidos.

Tienen divisiones, porque unos dicen que quieren negociar con el gobierno y otros no. Pero nosotros no estamos obligados, tendrían que expulsarnos, declararnos unos imbéciles y unos incapaces, si nos dedicamos a atender o a hacer aquí un debate parlamentario porque diez mil personas lo deseen, o pueden ser cien mil...

Pero diez mil es lo que fija la Constitución.
Sí. Tienen derecho a presentarlo, y nosotros, en este caso, tenemos detalles suficientes y sabemos... Pero para nada se tomaron en cuenta esos detalles: firmas repetidas; a veces, si faltaba un apellido se estaban recogiendo firmas otra vez. Todos nosotros lo sabemos, pero ése no es el tema a discutir.

Hemos partido de la posición de que esas firmas existen, que son reales, que cada uno tiene derecho a firmar, que todas fueron espontáneas, que no medió interés, ni favores, ni nada. Nos olvidamos de todo eso. Partimos de la presunción de que fuera honesto. Recibieron el trámite legal correspondiente y la comisión parlamentaria ejerció los derechos, absolutamente legales y constitucionales que ejerce una comisión. Ya le digo, es como en otros lugares.

Si Europa analiza toda su historia y sus Constituciones y lo que ha pasado allí, entonces no se pondría tan asombrada de que una comisión de la Asamblea de Cuba decida. Hay montones de comisiones, la analizó la comisión correspondiente, no son dos o tres diputados; son decenas de diputados... Nosotros hemos cumplido nuestras leyes estrictamente. ¿Por qué tanto asombro con todas esas cosas?

Eso es todo lo que ha pasado con eso, y nada más. Eso es lo que ha ocurrido, la situación que hay, ya que estaba usted interesado en ese tema.

El señor Payá fue y vino. ¿Está libre?

Él tiene un método: todos los días buscar algún pretexto de cualquier cosa, «que si me retrasaron»… Muchas veces no hacía ni los trámites correspondientes. Buscan, incluso, cualquier pretexto que sirva de materia prima para publicidad y declaraciones de todas clases. Cada uno de ellos tiene una técnica.

La Comisión cubana de Derechos Humanos publicó un documento, en enero de 2003, en el que decía que en esa fecha había doscientos veintitrés disidentes en las cárceles de Cuba.

Óigame, pues parece que hay, según la cifra que le cité, un poco más del 1 por ciento de los que en un tiempo hubo, después de lo de Girón, los quince mil que le dije [véase el cap. 12], y a los cuales pusimos en libertad. Pero hay algo más, les garantizamos el viaje a Estados Unidos, todos los que pasaron por las prisiones, más del 95 por ciento casi, están allá, porque eso equivalía a una visa para entrar en Estados Unidos. Ellos fueron los que los introdujeron en todo eso, los inspiraron…

En ese tiempo hubo todas esas cantidades en las prisiones, como le digo. Si ahora dicen que hay doscientos tres en la cárcel, casi hay que levantarle un monumento a la Revolución.

Doscientos veintitrés.

Nosotros pudiéramos sacar la cuenta de los miles que pusimos en libertad, incluso, algunos de los que, como, por ejemplo, Rolando Cubela, había recibido todas las armas; era un muchacho que era estudiante, se había destacado, creo que había ejecutado a algún jefe militar batistiano, estuvo de guerrillero una parte del tiempo, bueno, éramos amigos todos. Pero él fue persuadido, en un momento dado, y se puso a conspirar. Fue arrestado y sancionado, y no estuvo mucho tiempo en prisión.

Ahora, ¿por qué fue sancionado? Allá lo entrenaron, le dieron una mirilla telescópica, le dieron todo —eso fue oficial, no fue inducido ni mucho menos— para un atentado contra mí. No estuvo mucho tiempo preso, lo pusimos en libertad.

Decenas de individuos que han participado en planes de atentado fueron puestos en libertad, fueron enviados al exterior, y muchos siguieron en el negocio, porque se convirtió en un negocio, como una agencia de turismo, ellos tenían la agencia de preparar planes de atentado. Ésa ha sido la historia. ¿Qué sacan, doscientos dos?

Doscientos veintitrés.

Ahora, tengan la seguridad de que esa gente ha violado leyes, y ya le digo, si hubiésemos juzgado a todos los que, en contubernio, en complicidad con la Oficina de Intereses y pagados por Estados Unidos, se han dedicado al oficio de «disidentes», si hubiéramos sancionado a todos los que han violado leyes, no serían doscientos veintitrés, eso viene a ser más bien una prueba de la generosidad de la Revolución. Son pocos, cuando vino el Papa había más.

¿Juan Pablo II le pidió la liberación de algunos presos?

Al Papa le dieron una lista, desgraciadamente muy mala, había muchos que ya estaban en libertad; es que la lista se la dieron al Papa al final. El Papa, en todos los planes de preparación de su visita, nunca habló de listas y, al final, presentó una lista, pésima lista, desgraciadamente. No tuvieron ni consideración, a veces teníamos un nombre nada más, un apellido, para identificar la lista del Papa y tratar de satisfacer lo que solicitaba el Papa. Pero muchos estaban en libertad, otros habían emigrado ya. Le dieron una mala lista al Papa, que no había hablado de eso.

Dijimos: «Bueno, nosotros estamos dispuestos…». Dijo el canciller: «No, no importa, no tienen que ser sólo presos que tengan motivaciones de carácter político». Nosotros les llamamos contrarrevolucionarios, pero no negamos que la contrarrevolución es una acción política, aunque Jiménez de Asúa decía que no, aquel gran jurista español. Decía que eran «presos políticos» aquellos que eran arrestados por promover cambios y avances revolucionarios en la sociedad, y que los que querían hacerla retroceder no eran presos políticos. Yo estaría muy de acuerdo con él, pero los conceptos son los conceptos. Nosotros siempre hemos usado la palabra contrarrevolución, pero todos han parado en presos políticos o presos por ser «disidentes». Lo que sostengo es que todos cometieron violaciones de la ley, y que hay muchas más, y la Revolución tiene leyes, pero no las aplica, así que casi merece un monumento por eso.

Me ha dado usted una idea ahora hablando: pedirles a los compañeros que saquen las listas de todos los que fueron puestos en libertad cuando apenas habían cumplido la mitad de la sanción. Y no sólo eso, se les dio oportunidad de trabajar, régimen casi abierto, en la construcción de instalaciones escolares, se les pagaba el salario sin descontarles nada, cuando había miles.

Yo me reuní con ellos, cuando estaban muchos en la isla de la Juventud, pasé, estaban con picos, palas, trabajaban... Yo he conversado con muchos de ellos. En los primeros años no, desde luego, pero en un momento determinado trabajaban, se les pagaba, incluso se ayudó a familiares; era masivo en ese período el número de presos contrarrevolucionarios.

Voy a pedir que se haga un estudio, una lista, cuántos y a través de quiénes se pusieron en libertad, a veces a través de la misma Iglesia católica en Estados Unidos. Les decíamos: «Consíganle la visa». Porque usted comprenderá que, en este ambiente, un contrarrevolucionario para buscar trabajo y facilidades..., era muy hostil la gente. Y, bueno, decidimos: «Que viajen al exterior», y les conseguían la visa. Y así deben haber sido decenas de miles, porque había algunos que cumplían la sanción, pero se hacían rebajas de sanciones, aparte de ponerlos en libertad se rebajaban las sanciones; y después todos, como sabían que aquéllos les debían favores, insistían.

A los que habían estado en prisión, ¿ustedes los dejaban marcharse a Estados Unidos?
Cuando aquí no había acuerdo migratorio con Estados Unidos, todos los que habían estado en prisión tenían el derecho a solicitar visa, y muy pocos eran rechazados. El mejor expediente para garantizar la visa en Estados Unidos es haber sido contrarrevolucionario y haber estado preso en Cuba. Hoy hacen sorteos —una cosa un poco extraña a veces los sorteos— y hay una cuota de veinte mil visas por año.

La respuesta que yo le doy —puede haber doscientos veintitrés, pueden ser doscientos cincuenta o trescientos— es que ninguno está preso si no ha violado una ley...

Había aquí cuatro famosos «disidentes».[16] Las cosas que hicieron... Yo realmente casi me quejé al Ministerio del Interior cuando leí la lista de todo lo que habían hecho contra el país, saboteando las inversiones, mandándoles cartas a los inversionistas, amenazándolos con que serían confiscados, casi me indigné de que pudieran hacer todas esas cosas. Un día están arrestados... Bueno, cuatro arrestados y fueron sancionados a penas ligeras, ni se crea que graves, porque fueron actos graves.

En medio del «período especial» hay un montón de gente que se ha dedicado a sabotear los esfuerzos del país. Cuando ya llegan a determinados extremos y no queda otra alternativa, se les arresta; pero el Ministerio del Interior no actúa ni por temor, ni se guía por una política de represión; tiene facultades, y no hace uso de severidad, ni mucho menos.

Ahora, ésta es una Revolución que se defiende y se ha defendido, y si no se defiende no estaría aquí, y si está no es porque tengamos armas nucleares, ni porque seamos ricos. Hemos resistido un bloqueo de cuarenta y seis años, la hostilidad, la agresión, la guerra económica y encima de eso un «período especial» bien duro. Ningún país hubiera resistido eso sin el apoyo del pueblo, sin el consenso del pueblo, sin una conciencia política. Es lo que yo puedo decir a los que nos acusan de violación de los derechos humanos y de todo eso, y de los presos estos que nosotros llamamos contrarrevolucionarios y ellos llaman «disidentes». Es la respuesta.

21

Arresto de disidentes en marzo de 2003

James Cason en La Habana − Reuniones en la Oficina de Intereses de Estados Unidos − ¿Una guerra contra Cuba? − El caso Raúl Rivero − El asunto Valladares − La pena de muerte

Prolongando el tema anterior, quisiera evocar los arrestos de varias decenas de disidentes en marzo de 2003 y las ejecuciones de tres secuestradores de un barco en abril de ese mismo año. Yo leí la declaración y la conferencia de prensa de Felipe Pérez Roque,[1] la intervención de usted el 25 de abril de 2003, y también su discurso del Primero de Mayo de ese año; por consiguiente, globalmente, conozco las explicaciones de ustedes sobre esos acontecimientos.

La pregunta es: ¿por qué se decide arrestar a los disidentes en ese momento? Es decir, antes del inicio de la guerra de Irak. ¿Qué es lo que motiva a las autoridades cubanas a detenerlos en ese preciso momento? Los primeros arrestos son el 15 de marzo, creo.

Exactamente. En estos hechos tiene una importancia decisiva la llegada de un nuevo jefe de la Oficina de Intereses de Estados Unidos,[2] James Cason. Ya el hombre había sido anunciado desde septiembre del año 2002, incluso había realizado algunas visitas previas explorando el terreno.

Era un hombre de Otto Reich, se habían conocido en los tiempos aquellos de la guerra sucia contra Nicaragua, desempeñaba un cargo en uno de los países, no sé si Honduras o El Salvador, en la misma área donde estaba la dirección de toda esa guerra sucia. Había allí una serie de personajes, pero entre esos personajes estaba Otto Reich dirigiendo las operaciones. Una de las tareas de Otto Reich era redactar proclamas y manifiestos a nombre de los grupos organizados por ellos y que llevaban a cabo la guerra sucia. En la parte publicitaria, para todas las declaraciones que hacían, tenía un papel, entre otros, que le correspondía a

Otto Reich, redactaba manifiestos en cualquier lugar a nombre de todos aquellos supuestos jefes contrarrevolucionarios y los lanzaba a la publicidad.

Esto, desde luego; el escándalo aquel del «Irán-Contra»,[3] los procedimientos y la mala fama dieron lugar a que en 2003 el Senado de Estados Unidos, aun con una mayoría republicana, no quisiera apoyar a Otto Reich, y así estuvo sin ocupar el cargo de subsecretario de Estado para Asuntos de América Latina durante mucho tiempo, hasta que en un momento de receso del Congreso... El Senado se oponía a designar a Otto Reich, no pudo el presidente Bush elegirlo a través de los mecanismos normales, y lo que hizo fue que, en un momento de receso, lo nombra en ese cargo de subsecretario para atender a América Latina.

Luego lo nombraron consejero del presidente Bush, especialmente para la isla de Cuba, un puesto que no requiere ratificación del Congreso; ya no es subsecretario de Estado.[4]

Reich debía mantener una provisionalidad en espera de que lo ratificaran. Entonces este hombre que envían, James Cason, como jefe de la Oficina de Intereses de Estados Unidos, es un hombre de él. Sustituye a la señora Vicki Huddleston, que fue muy hostil con nosotros, como se correspondía con la política que sigue el gobierno de Estados Unidos; estaba allí desde antes incluso de la toma de posesión de George W. Bush, pero no era una enviada precisamente a desempeñar una misión. Cason ya viene designado. Se sabía que vendría un sustituto; nos imaginábamos que ese sustituto sería más o menos similar a la persona que estaba, con la misma política hostil. Pero no, fue peor, a Cason lo eligieron especialmente, lo eligió Otto Reich y le dan todas las instrucciones.

¿Cuándo llega el señor Cason a La Habana?

Él viene en septiembre de 2002, hace algunos viajes de exploración; se caracteriza por una serie de declaraciones previas, antes de asumir en noviembre como jefe de la Oficina de Intereses. Lo han nombrado, hay que distinguir el momento en que lo nombran, que es el 10 de septiembre, y el momento en que toma posesión. Él hace visitas previas, estudiando todo. Viene con un plan concebido, muy provocador. En los primeros tiempos se dedicó a recorrer el país, hacer contactos.

Nosotros estábamos enfrascados en una serie de actividades, como siempre; ese final del año 2002 y principios de 2003, además de las muchísimas actividades que desempeñamos internamente, estaban los problemas internacionales complicándose cada día más. Había unas actividades a fines de año, cuando tuve que hacer unos viajes, sobre todo, a final de noviembre de 2002, a Quito, donde se inauguraba la Capilla del Hombre, de Guayasamín.[5] Fueron distintos dirigentes, y conversé con ellos. Era un viaje breve, pero muy intenso. Después, en diciembre, tengo unos días en que por primera vez no puedo asistir a la Asamblea Nacional, porque tenía el problema de una lesión en una pierna...

Sí, me acuerdo, a causa de unos mosquitos, al parecer.
Posiblemente, porque es que no fue un golpe; pero sí que parece que con la uña me hice una lesión y se me produjo un comienzo de linfangitis, que eso no tiene más remedio que el reposo. Te puedes comunicar por mensajes. No puedo ir a la reunión de la Asamblea Nacional de diciembre, fue el período previo a las elecciones. Las elecciones fueron el 19 de enero de 2003.

Estaba todo eso; pero antes de llegar ahí hago un esfuerzo especial de reposo para estar en condiciones de participar en la toma de posesión de Lula en Brasil, el 1 de enero de 2003, y por eso no pude estar en la Asamblea Nacional. Viajé allí, a Brasil, estuve el mínimo de tiempo, tres días. Después, creo que fue a principios de enero, tuve la visita del que estaba de presidente de Ecuador, Gustavo Noboa, tuve que atenderlo, y salgo también para Quito, para la toma de posesión de Lucio Gutiérrez el 19 de enero.

Se producen las elecciones y después de las elecciones vienen las sesiones de la Asamblea Nacional,[6] viene la reunión en que se elige al Consejo de Estado y eligen al presidente del Consejo de Estado, que se elige por el voto de toda la Asamblea.

¿Todas esas actividades hacen que usted no preste demasiada atención a lo que hace el señor Cason aquí?
Tengo tal cantidad de tareas en esos días, que es probable que no esté ni muy informado. Tal vez me deben haber llegado algunos informes habituales, pero uno selecciona.

Yo no me percato en realidad de qué está haciendo y en qué está trabajando. Bueno, como estamos tan habituados, casi no se le había prestado mayor atención a esta actividad de organización de grupos y de promover actividades contra la Revolución. Sí se había comportado de una forma anómala haciendo declaraciones allá antes de tomar posesión, y después de tomar posesión iba y venía, en contacto allá, en la Florida, con la gente de la mafia extremista, terrorista, que fueron los que desempeñaron el papel decisivo en la elección de Bush.

Eran cosas serias, un poquito más allá de las normales, sus declaraciones, pero no extraordinarias. En esas actividades, llega el 24 de febrero de 2003, que es un día de festividad patriótica en Cuba, se conmemora el inicio de la última guerra de Independencia contra España en el año 1895. En esa fecha, Cason convoca una multitud.

¿En la Oficina de Intereses?
No, en un apartamento… En casa de una de las cabecillas más activas. Va allí, allí es donde reúne… Digo una multitud…, vaya, algunas decenas, unas veinte o treinta personas, no recuerdo ahora el número exacto, en una fiesta. Eso se correspondía con el pretexto de la fecha, invita a los amigos.

¿Qué importancia tenía esa reunión?
La importancia de esa reunión fueron las declaraciones. Él hace allí, el 24 de febrero, unas declaraciones bien insolentes y bien ofensivas de carácter público. Cason está hablando, además, de un programa de seis mil millas de recorrido por el país. No acudió ningún otro diplomático, fue él solo, y al preguntarle si él no tenía miedo de estar allí… dijo horrores, incluso ofensas de tipo personal, ataques personales, insultantes, realmente intolerables.

¿Contra usted?
Sí. Yo estoy en tantas cosas y en tantos programas, que ya a eso ni le presto mucha atención. Pero unos días después, el 6 de marzo, tenemos la reunión en la Asamblea Nacional y entonces me entero de esas declaraciones.

Transcurren los días entre el 24 de febrero y el 6 de marzo, y yo no he hablado en público, pero ya he leído todas sus declaraciones, las de aquí y las de Miami,[7] porque él iba y venía, una cosa abierta, provocadora. Era evidente. No sé si él está loco y creía que eso se podía permitir o, deliberadamente, como piensan muchos, lo que él quería era crear un conflicto. Todo esto preocupaba mucho a nuestros amigos en Estados Unidos y en todas partes, que nos decían que no nos dejáramos provocar.

¿Porque podía ser una trampa?

Pero, bueno, en qué dilema le ponen a uno, un hombre que empieza a recorrer toda la isla, estaba organizando, incluso... El pretexto era el monitoreo de la gente que los norteamericanos capturan en el mar y que envían aquí de regreso. No a todos, sino a una parte, porque no cumplen, nunca han cumplido el acuerdo migratorio del que le hablé, realmente siempre se quedan con algunos. Un número de los que, en el mar, podían capturar, los devolvían. Pero esta gente, muchas veces, en el mar y sabiéndose apoyados por los grupos de Miami, ni obedecían las órdenes. Y buscaron conflictos con los propios guardacostas norteamericanos, que eran acusados por el *lobby* anticubano de Miami como «perseguidores de patriotas cubanos». Ya le expliqué que la mayoría de los que se marchaban no tenían nada que ver con la política, porque los que se querían marchar por razones políticas era gente que recibían una visa, según el acuerdo migratorio.

El sentido de la pregunta que yo le hacía al principio es el siguiente, independientemente de la respuesta técnica: en ese momento el mundo está a la víspera de la guerra de Irak...

Bueno, no estaba tan cerca todavía. La guerra de Irak empieza el 19 de marzo y las cosas más provocadoras de Cason se producen el 24 de febrero.

Le explico. Él hace una declaración. Bueno, aquello era ya intolerable. Otros diplomáticos recibieron invitación para aquella reunión del 24 de febrero y no fueron. Cason da ahí una entrevista de prensa. Cuando le pregunta un periodista si su presencia no confirma la acusación del gobierno cubano, Cason dice: «No, porque yo creo que aquí han invitado a todo el cuerpo diplomático, y nosotros como país siempre apoyamos la democracia», etcétera, etcétera, «y yo estoy aquí invitado», entonces dice: «No tengo miedo».

Respondió escuetamente a otra pregunta, pero de forma grosera... Añadió en perfecto español: «Infelizmente el gobierno cubano sí tiene miedo: miedo a la libertad de conciencia, a la libertad de expresión, miedo a los derechos humanos; los grupos están demostrando que hay cubanos que no tienen miedo», etcétera, etcétera, toda una arenga. Y finalizó la declaración: «Estoy como invitado y voy a ir a todo el país visitando a todas las personas que sí quieren libertad y justicia».

Bueno, yo no sé qué habrían hecho los franceses o los europeos si alguien hace declaraciones de este tipo. Cualquier ciudadano comprende

401

que se trata de una provocación ya... Fíjese que se va creando esta crisis con independencia total de los acontecimientos internacionales.

Y la crisis con la Unión Europea, ¿tiene algo que ver con algún problema internacional o tiene que ver con una decisión que se toma? Nosotros tenemos muchas cosas que hacer, grandes actividades, no estamos interesados en andar creando problemas. Pero ¿le podemos permitir a la Unión Europea que haga esa declaración?,[8] ¿después de la guerra de Irak?, y cuando estamos en una lista de «países terroristas» y, por lo tanto, debemos ocupar los primeros lugares entre los «sesenta o más», de los que habla el señor Bush, que pueden ser atacados de forma preventiva y sorpresiva. ¿Se nos puede reprochar que nosotros veamos en eso un gran peligro? ¿Tenemos ahora que ponernos a discutir diplomáticamente con la Unión Europea? A nosotros nos basta que se haya hecho una felonía semejante para responder como hay que responder. Los que no responden, los que no luchan, los que no combaten, ésos están perdidos de antemano, y en nosotros nunca encontrarán ese tipo de gente.

Con Cason pasó igual, eso nunca lo hizo ningún funcionario de ninguna embajada, y lo hace en la casa de una cabecilla contrarrevolucionaria, y reunido con un grupo allí, celebrando la fecha de la Independencia; porque si hay un pueblo que ha defendido su independencia es éste, pero quieren anexar a Cuba a Estados Unidos, convertir esto en un apéndice de la Florida. Si hay muchos países hasta grandes que están convertidos en apéndice de Estados Unidos, dígame usted, ¿en qué se convertiría Cuba si gente como ésta, asociada a bandidos como los que dirigen a este señor, Otto Reich y compañía, y la extrema derecha de Estados Unidos, pudieran manejarla? ¿Qué sería de Cuba? Ahora, ¿cómo este grupo de vendepatrias pueden estar celebrando el día de la Independencia de la patria?

Entonces yo digo: «Resulta tan extraño, que cualquiera tendría derecho a preguntarse qué cantidad de bebida se consumió en ese "patriótico" acto». Y digo —y ésa es la ironía—: «Como Cuba realmente tiene muchísimo miedo, se tomará toda la calma necesaria para decidir la conducta a seguir con este extraño funcionario. Tal vez los numerosos miembros de la Inteligencia norteamericana que trabajan en esa Oficina de Intereses le expliquen que Cuba puede prescindir tranquilamente de tal oficina, incubadora de contrarrevolucionarios y puesto de mando de las acciones subversivas más groseras contra nuestro país. Los funcionarios suizos que los representaron largo tiempo realizaron durante años un excelente trabajo y no hacían labores de espionaje ni organizaban la subversión». Entonces decía: «Bueno, que vengan los suizos y los representen de nuevo».

«Si eso es realmente lo que desean provocar con tan insolentes declaraciones, es mejor que tengan la vergüenza y el valor de decirlo. Algún día, no importa cuándo, el propio pueblo de Estados Unidos enviará a un verdadero embajador...» Eso es lo que yo digo el 6 de marzo, cuando se confirma que nuestros cinco héroes[9] detenidos en Estados Unidos habían sido transferidos a unidades especiales. Toman duras medidas contra ellos, algo muy sensible aquí, los cinco son ídolos populares, han sido designados «Héroes de la República», y allí los encierran en el «Hueco»,[10] por nada, por gusto, por venganza, hostilidad, ofensa. Se crea una bronca porque los han metido en un sepulcro, de manera cruel, despiadada. Al otro día se confirma que están metidos allí. Nosotros diciendo los discursos, y ellos están haciendo eso.

El 10 de marzo, el MINREX entrega una nota diplomática al jefe de la Oficina de Intereses. Usted la tiene.

La tengo, y la he leído.
Usted la tiene, bien. Pero lo que importa es lo que viene después. A este señor Cason, que dice que va a recorrer toda la isla, le indicamos dos cosas: primero, el monitoreo de los balseros devueltos no está en los acuerdos migratorios, es un gesto que hemos tenido con ellos, y no hay un solo caso, en diez años, de violación por parte nuestra de esos acuerdos.

¿Esos acuerdos indican que los balseros devueltos por las autoridades estadounidenses regresan a su vida normal, a su trabajo?
Sí. Y a veces no es fácil, algunas veces hemos tenido que poner a estos balseros en otro trabajo, porque los que trabajaban con ellos se niegan a que tomen de nuevo tranquilamente su trabajo. En el caso, por ejemplo, de alguna universidad, de alguno que trabajaba allí, uno no va a ocupar una universidad, no va a entrar en guerra con la gente para que acepte al balsero devuelto, pero, bueno, se le puede buscar un trabajo más o menos similar.

Ya Cason, realmente, recorría la isla, porque ésos, los balseros, se han agrupado en una organización de ex balseros.

¿Hay una organización de ex balseros?
Son balseros devueltos que están aquí, con los cuales Cason se reúne, ya casi los organiza; organiza grupos con los propios balseros, a título de

monitoreo. Entonces, no es una obligación, fue una gentileza nuestra, igual que con un gran número de balseros que tenían en Guantánamo, cuando la crisis de 1994, más de diez mil tenían allí, estaban «empachados». Les dimos una parte de las veinte mil visas para que los fueran sacando. Ellos después dieron un número un poquito mayor, pero aquí no estábamos discutiendo si visas más o visas menos; pero hasta eso hicimos, y no tenían derecho a monitorear. Se lo dijimos, que eso no estaba en los acuerdos.

Y segundo, les dijimos además que los diplomáticos norteamericanos no podían viajar. Restringidos. Ellos antes tenían la obligación de avisar que viajaban para esto o para cualquier cosa, avisarnos setenta y dos horas antes. También era una obligación para nuestros diplomáticos allí en Washington, pero ésta es una islita chiquita, aquél es un país inmenso, ellos tienen aquí en su Oficina de Intereses como diez veces más gente que nosotros allá. A veces, lo que ellos pueden hacer con ese derecho... En esto no puede haber reciprocidad ninguna. No se puede comparar. El número de gente nuestra allá con el tamaño de aquel país, y el número de gente que ellos tienen aquí con el tamaño de este país... Para visitar no basta informar, tienen que solicitar permiso con setenta y dos horas de anterioridad y, desde luego, al caballero no le íbamos a dar permiso.

Ellos lo aplicaron también allá, pero, bueno, no era comparable la situación. ¿Qué hacemos? Se le informa que no puede viajar. Entonces Cason hace dos reuniones. Después de aquélla del 24 de febrero, nuevamente... Tienen dos reuniones más, el día 12 de marzo una, y el día 14 la otra.

¿Usted considera esas reuniones como una respuesta a su declaración del 6 de marzo y a la decisión de limitar sus desplazamientos?
Mire, yo hablo el 6, he dicho esto, que podemos prescindir de la Oficina de Intereses, que no se va a acabar el mundo ni nada de eso... Y el día 12 de marzo de 2003 se realiza, en la residencia de Cason, esa actividad con un grupo de dieciocho contrarrevolucionarios. Les dejó la casa, el hombre que ya no puede hacer las seis mil millas de viaje contrarrevolucionario e injerencista utiliza ya su casa para una reunión con dieciocho llamados «disidentes». Toda esa gente organizada, estimulada y pagada, porque, óigame, ahí están todos los papeles. Nosotros tenemos todas las pruebas, y podíamos haber sido mucho más rigurosos en cuanto a eso.

He leído el libro *Los disidentes*[11] que ustedes han publicado.

Bien. Se reúnen también el 14 en la casa de Cason. La nota dice: «14 de marzo. Nuevamente tiene lugar en la residencia del jefe de la Sección de Intereses de Estados Unidos en La Habana una reunión de cabecillas», ya era prácticamente cada dos días. Se trataba de un «taller de ética» sobre supuestos periodistas cubanos, y de los treinta y cuatro esos sólo hay cuatro que alguna vez estudiaron algo; pero todos son «periodistas» titulados por Cason y la propaganda.

Ese día 14 de marzo me reúno yo como a las once de la noche, preguntando los detalles: ¿qué pasó?, ¿qué ocurrió ese día? Porque no se podía tolerar más. ¿Qué teníamos que esperar? ¿Una guerra que podía durar seis meses? No se sabía lo que iba a durar todavía, incluso. Esto era una cosa que ya no se podía tolerar. Los amigos allá, en Estados Unidos, diciendo: «Oigan, no se dejen provocar», preocupados.

¿Por qué no expulsaron al señor Cason?

Nunca hemos expulsado a un diplomático norteamericano. Ellos en cambio han utilizado lo de la expulsión. Además, Cason no estaba cometiendo ningún delito, sólo estaba violando las normas internacionales. No puede ir al TPI [Tribunal Penal Internacional] porque no se trata de un criminal... Está creando las condiciones para el genocidio, pero no está participando todavía en un genocidio.

¿Podíamos permitir esto? Entonces, no va a exigírsele responsabilidad legal, diplomática, a un señor que es inmune. Pero él no puede hacer nada de eso. Y esta gente, llena de aliento, ya se estaba organizando abiertamente, descaradamente. Yo no sé lo que habrían hecho los franceses, los conozco bien, los franceses tienen un sentido muy elevado de la dignidad.

Bueno, tampoco nadie sabía qué día iba a empezar la guerra de Irak, y dijimos: «Hay que proceder contra los principales cabecillas». Porque estaban muy activos, entre ellos estaba la señora Martha Beatriz Roque, que ya había organizado en su casa la reunión del 24 de febrero. ¿Impunidad total? ¡No podíamos permitirlo! Ni podíamos permitírselo a un hombre que representa a un país cuyos planes conocemos, porque cometen muchas indiscreciones. Sabemos lo que están pensando, lo que quieren probar. Ya nosotros sabíamos, y había habido declaraciones, sobre la idea de desatar una emigración masiva, que sería el argumento para una agresión al país. Ya estábamos peor que en los días anteriores a aquel 5 de agosto de 1994, en cuanto a clima...

Entonces, esta conducta abierta ya estaba vinculada a ideas de agresión, eran provocaciones.

Dice usted «provocaciones». ¿No piensa usted que el comportamiento de Cason era precisamente una provocación, y responder con los arrestos era caer en la provocación?
¿Cuál es el concepto de provocación? El que uno tiene, habrá que buscar tal vez un diccionario: son acciones que se realizan en busca de un objetivo. Entonces, hay provocaciones que pueden ser un insulto, a veces gratuitas. A veces la gente provoca a otro para que se faje y que se pelee. De provocaciones está lleno el mundo; pero hay provocaciones y provocaciones. Nosotros entendíamos lo que nos pedían nuestros amigos en Estados Unidos y en otras partes: que no nos dejáramos provocar. No querían que expulsáramos a Cason.

Ahora, si a ti te van a entrar a tiros, están creando todas las condiciones para entrarte a tiros, ya no veo de qué forma lo puedes evitar, ¿dejándote matar?

Pero había un contexto. Esas provocaciones, en cierta medida, mucha gente las ha analizado como bien calculadas en el contexto internacional de vísperas de la intervención norteamericana en Irak. Existía una repulsa en muchos movimientos sociales contra el presidente Bush y contra sus aliados. Había un contexto en el que, internacionalmente, el señor Bush aparecía realmente como la personalidad política más criticada. Y en ese momento, al producirse los arrestos aquí, se crea una diversión, se le da un argumento a la Administración norteamericana, que puede decir: «Miren lo que está pasando también en Cuba, donde arrestan a opositores no violentos». Entonces, los propios amigos de Cuba que habían protestado contra Bush, encontraron una dificultad, y muchos de ellos, como sabe usted, se vieron presionados y obligados a decir: «Lo que hace Bush en Irak no está bien, pero lo que pasa en Cuba tampoco está bien». Como si fuese el mismo nivel de infamia. Ese contexto contribuyó a que se debilitase el apoyo a Cuba.
Correcto, y nosotros lo comprendíamos. No estábamos pensando tanto, realmente, se lo digo con franqueza, en los problemas que se pudieran crear en el exterior, porque cuando estás haciendo algo, tú estás partiendo de una convicción total y absoluta. Uno no actúa sin convicciones profundas: hay que defender el país, el país está corriendo ries-

go, el país está siendo amenazado, es injusto todo eso, es insolente todo eso.

Estábamos pensando en el adversario norteamericano. Nuestro problema no es con los europeos, no es con nadie, nosotros estamos pensando en éste, que es el que directamente nos amenaza, el que directamente nos provoca, el que directamente nos crea un peligro. Y son muchos los que allí, en Estados Unidos, luchan, luchan todavía en condiciones más difíciles que los de Europa, porque un europeo no tiene peligro aunque sea gente progresista; defiende, desde luego, sus argumentos, parte de una serie de principios.

Ahora, en el caso de nuestros amigos de Estados Unidos, ellos mismos nos decían: «No expulsen»; pero nosotros tampoco veíamos en la expulsión el camino. Porque la batalla se está librando no en Europa, no en Japón, no en ninguna otra capital, la batalla se está librando aquí, frente a un vecino que lleva cuarenta y seis años hostigándonos.

Bien, ya se llega a una situación que es intolerable. Bueno, si lo hubiéramos expulsado era una acción diplomática simplemente... Pero yo no creo que nosotros, se lo debo decir honestamente, hubiésemos meditado mucho en lo que iba a suceder. Aunque lo sabíamos, no es que uno se detenga a meditar o a adivinar todo cuanto va a ocurrir, porque nadie es adivino. Es más fácil analizar las cosas después que han ocurrido y no antes. Entonces decimos: «Bueno, esto hay que cortarlo».

Ellos tienen a los cinco héroes allí y el pueblo indignado aquí porque los tienen presos, en una causa injusta totalmente, eso en primer lugar. Segundo, ellos tienen todos los planes que le he estado mencionando, están realizando estas cosas aquí sin que nadie los pare, sin que haya manera de pararlos. Uno analiza, bueno, ¿estaré cometiendo un delito, incluso? No. ¿Quiénes están cometiendo un delito? Precisamente, toda esa gente.

Allá tienen presos injustamente a cinco personas que buscaban información, porque nosotros hemos estado recibiendo bombas, ataques piratas, sabotajes, planes de atentados, bombas en los hoteles... Y esos cinco están presos no ahora, sino hace ya más de siete años, desde el 12 de septiembre de 1998.

En plena ofensiva terrorista, porque después del 11 de septiembre de 2001 hubo una gran campaña contra el terrorismo y todo eso. Y en el momento en que arrestan a aquellos cinco compañeros, el 12 de septiembre de 1998, también fue en medio de una campaña antiterrorista, porque se habían producido, el 7 de agosto de 1998, los terribles atentados contra las embajadas norteamericanas en tres países de África oriental que hicieron cerca de trescientos muertos. Y el papel fundamental de esos compañeros nuestros era la penetración y conocer la información sobre las actividades terroristas.

¿Ellos trataban de detener las acciones terroristas contra Cuba?

Sí. Una paradoja tremenda en la mente de nuestros ciudadanos, entre aquellos cinco presos allí que los han metido en un sarcófago, y por otro lado, todos estos amigos de Cason gozando aquí de impunidad total. Y, además, las leyes durísimas que hicimos, simplemente, en condiciones normales, no se aplicaban. Incluso, una vez que los sancionamos hubo grandes presiones pero no se cedió a las presiones, cumplieron las sanciones según el comportamiento, como ahora.

Yo le confieso que ningún otro razonamiento había prevalecido en estas condiciones sobre la necesidad, porque tú estás amenazado de guerra, tú no puedes permitir que te organicen una quinta columna en que te involucren, que eso es lo que hicieron, incluso, con el potencial delictivo. Hay teóricos que no aceptan, Jiménez de Asúa,[12] ya le dije, uno de los grandes penalistas españoles, no aceptaba que los actos de este tipo, contra un proceso de progreso, pudieran ser calificados de «delitos políticos». Nosotros les llamamos «delitos contrarrevolucionarios»; pero están indiscutiblemente asociados a la política y, en este caso, a la política internacional.

Esa gente sabe que, aunque hay cierto sufrimiento en el pueblo, la Revolución ha tenido y tiene, y en los últimos años mucho más, el apoyo casi unánime de la población, y las motivaciones que tiene las conocemos también. Entonces, digo: «Bueno, señores, se acabó la tolerancia y la impunidad, hay que responderles». No los íbamos a botar, si ellos quieren marcharse que se vayan, hay que arrestar a los principales, y ni siquiera a todos, sino a los que habían estado más activamente en estos programas directos: la reunión en casa de la señora Martha Beatriz donde Cason hace las declaraciones del 24 de febrero, los cursos aquellos de «ética periodística», y las otras reuniones de ese carácter.

Yo estuve con los compañeros allí como hasta las once de la noche analizando todos los datos, todas las cosas, las noticias, la confirmación de que estaban todas aquellas condiciones, y dijimos: «Bueno, la única decisión que puede tomarse es ésta, a pesar de su costo».

¿Ustedes calcularon el costo que iba a tener eso, en términos de imagen para Cuba?
El costo, pero principalmente para el enemigo que nos estaba provocando y organizando todo esto. La respuesta era para ellos, no era para nadie más. Ahí es donde estamos en un conflicto político con ellos y en un riesgo de un conflicto militar con ellos. Nosotros no tenemos la mente en otro lugar; para nosotros lo principal, lo esencial, lo fundamental, lo vital, cuestión de vida o muerte, realmente, es la lucha con ellos.

Nadie nos va a atacar de Europa, a menos que sea algún loco; así que nosotros estamos concentrados en eso, y yo estoy convencido, no sólo yo, los demás compañeros con quienes analizamos la situación también, que no había otra alternativa que esa respuesta. Porque nosotros estábamos pensando que había algo mucho más preocupante: la posibilidad de una guerra. No se había producido todavía ni siquiera el ultimátum, pero se podía percibir por la propaganda y por las discusiones, que eso venía. Ahora, uno no podía saber si eso era dentro de un mes.

¿Una guerra contra ustedes?
Sí. Nuestra decisión se hubiera podido producir antes si este material del 24 de febrero, unido a todo lo que venía haciendo Cason, yo lo veo antes. Pero, como le digo, yo estaba en todo un montón de actividades, papeles de esos que llegan todos los días, pero de repente ves uno que no se parece a ningún otro y que llega a extremos que son absolutamente intolerables, y no por ofensa personal. A mí no me importa que me digan millones de cosas, porque estoy habituado a los ataques, y a veces llegan ataques de todo tipo, y algunos más infames que producen a veces náusea.

La lucha lleva este camino y hay que responderle. Hay un momento que te desembarcan en las costas. Tú dices: «Bueno, una provocación», pero tú no puedes dejar de disparar. ¿Dónde una provocación que busca tales objetivos se puede contener, y cuál es el punto en que no se puede contener? Ellos estaban decididos a hacer lo que fuera para provocar situaciones… Entonces llegó el punto en que, a nuestro juicio, más allá no se hubieran podido contener. Ése es el elemento que determina nuestra reacción y lo demás es coincidencia.

Realmente, ¿ustedes pensaron que Estados Unidos estaba preparando una trampa para desencadenar una guerra contra Cuba?
Mire, esto de la guerra no se ha producido, nadie sabe cómo se va a desenvolver, aunque uno sabe, porque ha pensado mucho cómo sería una

guerra contra el país, cuántas bajas habría, cuánta destrucción tendría lugar. Dante no habría podido imaginar el costo de una agresión aquí; no se sabe cuántas veces mayor que la de Irak. Nosotros lo hemos pensado mucho, porque ya hubo guerra en Vietnam, sabemos las cosas que ocurrieron allí; ya hubo guerra en Kosovo; ya hubo una guerra anterior, la del Golfo, en el propio Irak... Si uno tiene una situación en que la vida del país, la vida de millones de personas peligra, se puede comprender perfectamente que ese país esté preocupado por eso mucho más que por cualquier otra cosa, que priorice por encima de todo lo que le interesa.

¿La defensa del país?

Sí. Permítame decirle que aquí hay millones de cubanos preparados para la guerra de todo el pueblo. He dicho alguna vez que habíamos alcanzado la «invulnerabilidad militar», que ese imperio no puede pagar la cuota de vidas, no imaginada y tal vez tantas o más que en Vietnam, si trata de ocuparnos. Y además ya la sociedad norteamericana no está dispuesta a concederles a sus gobernantes el crédito de decenas de miles de vidas para aventuras imperiales. Pero no vaya a creer que disponen de abundantes reservas de soldados. Como lo estamos viendo con la guerra en Irak, ya cada vez menos norteamericanos se inscriben. Han convertido el enrolamiento para el ejército en una fuente de empleo, contratan desempleados, y muchas veces tratan de contratar el mayor número de negros para sus guerras injustas. Pero han llegado noticias de que cada vez menos afronorteamericanos están en disposición de inscribirse en el ejército, a pesar del desempleo y la marginación a que son sometidos; porque tienen conciencia de que los están usando como carne de cañón. En los guetos de Luisiana, cuando azotó el ciclón Katrina, a finales de septiembre de 2005, el gobierno gritó sálvese quien pueda, y abandonaron a miles de ciudadanos —y entre ellos a muchos afronorteamericanos— que perdieron la vida ahogados, o en los asilos de ancianos, o en los hospitales, y a algunos se les aplicó hasta la eutanasia por temor del personal facultativo de verlos morir ahogados... Son historias reales que se conocen y sobre las cuales debiera meditarse.

Buscan, para sus guerras, latinos, inmigrantes que, tratando de escapar del hambre, cruzaron la frontera, esa frontera donde están muriendo más de quinientos inmigrantes cada año, muchos más, en doce meses, que los que murieron durante los veintiocho años que duró el muro de Berlín. Del muro de Berlín el imperio hablaba todos los días; del que se levanta entre México y Estados Unidos, donde mueren centenares de personas al año, pensando escapar de la pobreza y el subdesarrollo, no hablan una sola palabra. Ése es el mundo en que estamos viviendo.

Un mundo en el que hay que saber defenderse.
El enemigo también hace una lucha psicológica; si el enemigo cree que uno lo tolera, si el enemigo cree que uno no hace nada, se le desata lo que biológicamente se pudiera llamar el instinto de persecución.

Los domadores de leones, porque a veces dan la espalda al león, usan el látigo, el fuete, que hace ruido y de vez en cuando hacen así, saludan, los aplausos, y se mueven otra vez para allá, porque si no, reacciona el león, por instinto de persecución. Hasta un perrito faldero, de esos mansos, empieza a ladrarle, si uno huye, sale corriendo detrás y hasta le puede morder el pantalón. Pero si uno se vira, el perrito va para atrás. A mí me ha ocurrido en el mar con las barracudas, los tiburones, cuando uno les hace frente, entonces viene el instinto de conservación de ellos que los hace retroceder. No hay nada peor que darle la espalda al enemigo, porque desarrolla ese instinto de persecución, eso es de las fieras, y un imperio es mucho más que una fiera, y la psicología de los que dirigen un imperio y manejan sus armas es la de las fieras.

Y ustedes no quieren ser presa de ninguna fiera.
No. Las fieras hay que enfrentarlas. Primero, el imperio tiene que saber que va a haber lucha y que el precio será alto. Segundo, debieran sospechar que todo puede terminar como han terminado estas aventuras y como estoy seguro de que terminaría una aquí; mas, fíjese bien, no lo deseamos ni mucho menos; no lo podemos desear.

Entonces, es nuestra pelea, fíjese, y es nuestra respuesta, y la encontrarán siempre, no de la forma que se imaginan, porque otra de las cosas que tiene que hacer el que es más débil es usar la inteligencia, la psicología, la astucia. Es decir, estoy hablando de cosas limpias, porque jamás, dentro de los medios de lucha, nosotros contemplamos lo inmoral. Nunca serán procedimientos que estén contra nuestra ética y contra nuestros principios. Porque, ¿desde cuánto tiempo estuvieron planeando asesinarme? Y sin embargo por la mente de ningún cubano, en este país, no pasó jamás la idea de responder con un plan de asesinato del presidente de Estados Unidos. Y eso duró años, y ésa fue la base por la que algunos pensaron si Cuba tenía algo que ver con la muerte de Kennedy o la de los otros. Se sabe la historia. Eso no está de acuerdo con

411

nuestra ética. Tampoco es político hacer eso. Frente a los problemas, hay que defenderse.

La batalla esa hay que ganarla dificultando que ellos alcancen los objetivos en lo político también, lo otro puede ser un disparate. Bueno, la esencia es que estábamos enfrascados en esa batalla.

Sobre esto, quisiera hacerle dos preguntas. Primero, ha sorprendido, yo diría hasta entre los amigos de Cuba, que esos disidentes hayan sido condenados a penas tan elevadas, cuando se trata, en definitiva, de opositores no violentos y que ustedes hablan frecuentemente de la «batalla de ideas». Segundo, entre los disidentes arrestados había un poeta y hay unanimidad hasta en Cuba para considerar que se trata de un gran poeta, Raúl Rivero.[13] ¿No piensa usted que es negativo, como imagen, para un país, encarcelar a un gran poeta?

Es lamentable. Es lamentable pero, dentro de una línea de justicia, el oficio que pueda tener una persona no debe ser causa de impunidad. Yo, realmente, no he leído ni he oído decir que era un gran poeta. Dicen que, de poetas y de locos, todos tenemos un poco. Pero, para mí, por ejemplo, un gran poeta es García Lorca.[14]

Habría que definir, incluso, qué es un «gran poeta». Si un gran poeta puede ser alguien que esté divorciado de la ética, que esté divorciado de la patria, que viva del dinero de los que bloquean a su país, de los que quieren matar de hambre a su país, de los que fraguan planes para destruirlo, entonces, puede haber alguien que técnicamente organice y elabore palabras pero para mí nunca será un gran poeta. Para mí un gran poeta es José Martí, que da su vida; Antonio Machado,[15] García Lorca, Miguel Hernández,[16] aquellos que murieron acosados o fusilados por el fascismo, porque hace falta algo más que bellas y armoniosas frases.

A Raúl Rivero no lo he leído, no puedo juzgarlo.

¿Usted no ha leído a Raúl Rivero?

No, pero óigame, mire que yo tengo cantidad de poetas que leer. En este país hay miles de buenos poetas; ahora, no han tenido la suerte de la publicidad mundial o la conveniencia de hacerles una estatua como «grandes poetas». Técnicamente no lo puedo juzgar, éticamente lo puedo juzgar, y entonces tengo el derecho también a decir que no hay poesía donde no hay ética, realmente. Porque la poesía es algo más ético, incluso, que la novela. La novela es un argumento histórico, pero la poesía yo la asocio con la ética, con un sentimiento. Recuerdo, por ejemplo, el caso de Valladares.[17] De repente aparece un «poeta en el mundo»…

Armando Valladares, un caso célebre, estaba encarcelado aquí.
Sí, estaba preso por actos de terrorismo puro, de colocación de bombas. Había dos, uno era más nuevo y no lo sancionamos, porque no tenía la edad, pero a Valladares le correspondía una sanción. Eran los días posteriores a Girón, cuando estaba el famoso Plan Mangosta, que incluía decenas de planes de atentados, actos de terrorismo por miles, ¡por miles!, y entonces Valladares, en uno de esos actos, es que cae. En un momento dado se hace pasar por paralítico, engaña a todo el mundo, porque hay una enorme campaña.

Había una enorme conmoción en el mundo porque se decía que ustedes tenían preso a alguien que los medios presentaban como un poeta y además estaba paralítico y se suponía que era consecuencia de los malos tratos en la cárcel.
Se hace un libro de poesías, *Desde mi silla de ruedas*, y se publica sobre un «poeta preso» —un terrorista de petardos y de dinamita, no es un terrorista económico, sino de petardos y dinamita—, y Valladares se convierte en un conocidísimo personaje, con libros escritos en el exterior, y «paralítico». Bueno, usted conoce a Régis Debray, como lo conozco yo, trabajando en aquella época de asesor del presidente francés François Mitterrand; viene a Cuba a abogar por Valladares, me dice prácticamente que se cae el gobierno de Mitterrand si no se libera al «poeta preso».

Una gran responsabilidad…
Ahora, ¿qué ocurría? Hay un eminente médico, y yo le digo: «Mira, chico, ¿realmente qué es lo que tiene?». Porque había mucha bulla y mucha campaña, y me dice: «No tiene nada». Digo: «Pero ¿cómo es que no tiene nada? Eso no puede ser». Insiste: «No tiene nada».

Valladares estaba en una silla de ruedas.
Sí. Y me dice: «Compruébenlo». Ah, bueno, comprobar es sencillamente utilizar un medio audiovisual para chequear sus actividades. Eso no se había hecho nunca aquí, ni nada parecido. Se hace eso, se chequea, y se obtiene toda la grabación de lo que hacía. Porque hay que darle un premio olímpico de simulación a Valladares, fue capaz de engañar a todo

el mundo. En cuanto estaba solo, miraba —por ahí están los filmes—, se ponía de pie, iba al baño, y allá en el baño, hacía todo tipo de ejercicios, estaba mejor que usted, que yo y que un atleta, perfectamente saludable.

Simulaba.
Ya le conté lo que me dijo Régis Debray. Llamamos a Debray y lo llamamos a él.

A Valladares.
Sí. Antes de dar la respuesta definitiva, llamamos a Valladares y le presentamos el filme que teníamos acumulado de sus excelentes ejercicios —él puede escribir un manual para ejercicios que mantengan a las personas en excelentes condiciones y hacer el papel de estar paralítico—, y su reacción, cuando lo vio: se levantó como un resorte.

Entonces, se lo mostramos a Régis Debray, y después se le dijo a Valladares: «Mira, tú vas a ser puesto en libertad —había cumplido una parte importante de su condena y había sido instrumento de una feroz campaña—, sólo ponemos una condición, de que tú te subas en el avión caminando y tú te bajes del avión caminando». Debray sabía ya que la única condición que nosotros íbamos a poner es que subiera y bajara, y que renunciara a ese papel de paralítico. Ni lo critico, porque el que está preso inventa cualquier cosa para salir.

Tiene derecho a hacerlo.
Sí, yo diría que tiene derecho a inventar cosas; pero nosotros lo captamos. Fíjese si fue hábil, que engañó a muchos médicos, yo estaba incrédulo. Mandamos a un especialista eminente y dijo: «No tiene nada».

¿Usted personalmente pensaba que él tenía una parálisis, realmente…?
Yo pensaba que tenía algún problema y quería saber qué tipo de problema y por qué él tenía ese problema. Además porque llevaba años de campaña mediática… Nosotros no cederemos jamás a presiones. Ése es un principio tan invariable como el respeto a la persona humana, como los principios que han guiado a nuestra Revolución. Hay uno de ellos: por la fuerza no se obtiene nada en este país, de otra forma se pueden obtener muchas cosas.

Volviendo a Raúl Rivero, hoy excarcelado desde noviembre de 2004, él no había actuado usando la fuerza, no había puesto bombas, y además era el discípulo preferido de Nicolás Guillén, que usted sí considera como un gran poeta.

También el hijo de Blas Roca, Vladimiro, era el hijo preferido de Blas Roca, jefe del Partido Comunista durante mucho tiempo.

Pero Vladimiro Roca, en la oposición, no fue detenido, ni él, ni Osvaldo Payá, por ejemplo, ni Elizardo Sánchez. ¿Por qué ha habido esa diferencia entre algunos que estaban en las mismas actividades y otros?

Realmente no hay diferencias.

Pero éstos no fueron detenidos.

Ha habido una diferencia en el tratamiento. Éstos vienen delinquiendo hace rato, y vienen delinquiendo gravemente, y los conocemos exhaustivamente. Pero esa vez, la acción se dirigió, fundamentalmente, contra los hechos recién ocurridos, y entonces eso fue lo que determinó quiénes eran los que tenían más responsabilidades. Y algunos de éstos podían ser motivo de tanto escándalo como cualesquiera de los otros, fíjese.

Hay dos hechos que podrían responder a la primera pregunta que usted planteaba sobre que las medidas habían sido severas, y yo le iba a decir que no fueron tan severas, por cuanto las sanciones aprobadas por la Asamblea Nacional para ese tipo de delito, que es «traición a la patria», la hacen, dentro de nuestro código penal, acreedora, incluso, a pena capital, a la cadena perpetua o a treinta años, y hay algunas de las pronunciadas ahí que han sido de acuerdo con la gravedad de las circunstancias, y ha habido otras que son las mínimas, cinco años. Han girado entre cinco años y veintiocho años.

Hay personas con responsabilidades graves, y no son sólo los mencionados, que, sin embargo, no fueron sometidas al proceso judicial, pero tenían méritos de sobra para serlo, y, además, nadie puede pensar que tengan derecho a hacer lo que están haciendo o que el Estado se cruzará de brazos. Si resultare una necesidad proceder contra los que usted ha mencionado y unos cuantos más, procederíamos. No caímos en los extremos, porque fue relativamente moderada la acción.

Usted lo pregunta y yo se lo explico: nadie tiene impunidad garantizada, y todo dependerá del desarrollo de los acontecimientos y cuando haya que tomar una medida la tomaremos, puesto que las cosas que estamos defendiendo, para nosotros, están por encima de todo lo demás. Nosotros, cuando sea imprescindible tomar medidas, las tomaremos, pase lo que pase y cueste lo que cueste.

Le digo esto porque usted me ha preguntado, casi me ha obligado a que le responda, como amigos que somos. Usted me hace las preguntas lógicas, pero lo que sí quiero decir es que no deseo que se tome esto como una amenaza. No le voy a mentir, tengo que responderle y le he respondido con toda sinceridad, pero deseo muy sinceramente que nadie tome esto como una amenaza, sino en los términos, las condiciones y dentro de las circunstancias que he planteado. Pero es un derecho, una potestad ejercer... Hemos tenido paciencia un montón de tiempo, esas leyes están aprobadas hace unos cuantos años.

¿No se habían aplicado hasta entonces?
No se habían aplicado estas leyes, que están ahí vigentes, las conoce todo el mundo y las aprobó por unanimidad la Asamblea Nacional de Cuba. Los que crean que la Asamblea Nacional es un conjunto de personas idiotas, incondicionales y todo, ¡allá ellos con sus creencias! Pero nosotros tenemos un concepto muy alto de las mujeres y de los hombres que están en esa Asamblea Nacional, y nosotros respetamos sus criterios.

Por ejemplo, hay un grupo de religiosos en la Asamblea que están contra la pena capital. Ninguna ley de esas ellos la apoyan; por eso algunas de estas leyes donde pueda estar la pena capital no han sido aprobadas por unanimidad. Hay algunas excepciones en eso, y nosotros las respetamos totalmente, porque expresan la voluntad de la inmensa mayoría de la Asamblea Nacional, y, por lo general, algo que es más difícil incluso en esta cosa de la pena de muerte, que son las opiniones públicas.

Entonces vamos a hablar de ello.
Si usted cree que hemos terminado con esto...

Sí. La lógica de la pregunta es: en Europa, ningún país de la Unión Europea tiene ya la pena capital. ¿Cuál es la pena máxima que sustituye a la pena capital y que se aplica por los peores crímenes? Es cadena perpetua. Que corresponde, en la práctica, en general, a una pena máxima de unos veinte años de cárcel efectiva. Entonces, evidentemente, una parte de la opinión pública en Europa se interro-

ga: ¿por qué a opositores que, en definitiva, no son violentos, que no han cometido crímenes de sangre, se los condenó a penas tan largas?

Yo no sabía que era la pena más alta.

Máxima. En Europa nadie puede estar, en principio, más de veinte años en prisión.[18]

¿Incluso los códigos militares?

En los códigos militares, en Europa, tampoco hay pena de muerte en tiempo de paz.

No hay pena de muerte, pero ¿ponen veinte de mínima en el acto de traición al país, en el código militar? En caso de guerra, incluso, ¿cuáles son las leyes que rigen?

No lo sé. La pena máxima es cadena perpetua; por ejemplo, no se puede extraditar a alguien que corra el riesgo de ser condenado a muerte o a más de veinte años de prisión efectiva en su propio país. Entonces, por eso hay una gran conmoción en Europa de ver que a algunos de estos opositores pacíficos los han condenado hasta a veintiocho años...

Bueno, y los etarras asesinados allá en Francia, ¿fue con el conocimiento o sin el conocimiento de las autoridades?

Ése es otro problema, ya lo hemos abordado. Ya hablamos de la pena capital y usted me había dicho su oposición filosófica, y que usted pensaba que en Cuba se podía avanzar hacia su supresión.

Sí, y lo ratifico. Yo entiendo, y le agradezco ese dato que usted me da, de que no sólo en Europa tienen erradicada la pena capital, sino que o no tienen la cadena perpetua o no pueden pasar de veinte años.

En principio, aunque puede haber excepciones, nadie puede pasar más de veinte años en prisión.

Usted sabe que nosotros en determinado momento tuvimos que hacer y modificar leyes, porque estaban un poco inspiradas en la ilusión de que el derecho internacional existía, de que ningún país se tomaría el derecho de invadir a otro, aunque había uno, pero excepcional, como el vecino del Norte que un día, en 1983, invade Granada —porque había unos estudiantes norteamericanos allí, que por lo demás no corrían nin-

417

gún peligro—, y porque fue un desquite de una acción que habían realizado contra Estados Unidos en otro lugar; que, en 1989, invade Panamá... Entonces no existía un mundo unipolar, una superpotencia hegemónica, había dos.

La situación misma de Cuba, desde el punto de vista de la seguridad era mucho mayor de lo que es hoy. La situación económica, aun en medio del bloqueo, era soportable en el sentido de que materias primas, combustible, una cantidad importante de alimentos y de otras cosas eran seguras, nuestro azúcar se vendía a un precio razonablemente beneficioso... Pero todo aquello cambió.

Ahora, yo pienso que hubo ilusionismos entre los compañeros que trabajaron en aquella época, en 1976, elaborando la Constitución[19] y elaborando todas esas leyes, de modo tal que la pena de muerte siempre existió y no se discutió, precisamente, en razón de una historia de treinta años de actos de agresiones, amenazas de guerra, peligros hasta de guerra nuclear, bloqueo, miles de personas muertas, como las que murieron en actos terroristas que se cometieron durante mucho tiempo, y se siguieron cometiendo hasta hace muy poco, oficialmente por parte del gobierno de Estados Unidos y después extraoficialmente, es decir, tolerados, permitidos e incluso impulsados, de acuerdo con las circunstancias, por las autoridades de Estados Unidos.

Se tomaban en cuenta, por ejemplo, los más de seiscientos planes de atentados para eliminarme, unos directos, otros inducidos, de los que ya le hablé. La gente es muy ingenua y tiende a simplificar las cosas, pero de todas maneras es matar, o porque uno organice una conspiración para matar a alguien, o elabore y cree todas las condiciones y todas las circunstancias psicológicas para inducir a mucha gente a que mate. Estoy hablando de los planes inducidos, toda una propaganda induciendo, induciendo e induciendo.

Estoy seguro de que en Europa ustedes no aceptarían, pienso, una propaganda por todos los medios masivos induciendo a matar. Y que diga: «Oiga, mate al que le robe en su casa»; «mate al que ofenda a un hijo», «mate al que ofenda a su mujer», o «mate a la mujer porque la mujer no se ha atenido a todas las reglas del compromiso matrimonial». Ustedes dirían: «Esto hay que prohibirlo». Pero Estados Unidos, digamos los responsables de la política de ellos, se han pasado el tiempo induciendo el asesinato. Yo le hablo con todos esos antecedentes. Y por mí no tengo ninguna preocupación, se lo aseguro, pero le quiero decir que, en la primera etapa, la invasión de Girón, atacar el país con aviones que llevaban las insignias de Cuba siendo aviones de otra potencia, es calificado como una de las cosas peores.

La pena de muerte quedó como disociada de todo lo que se refiere a las sanciones penales, se puede decir que desde el principio hubo una suspensión y tuvo que reanudarse otra vez, porque se iban descubriendo una cantidad de crímenes, se crea una situación política seria. Pero, en realidad, había una suspensión de la aplicación de la pena capital al principio de la Revolución.

Porque yo me imagino que, como ustedes no están en guerra, no tienen casos similares a los casos que tenemos, nadie quiere subvertir el orden en Europa, la guerra fría se acabó. La existencia de ustedes no está en peligro, la muerte de decenas de millones de europeos, hablo a nivel de ustedes...

No está anunciada.
No está anunciada, no se ve, hay OTAN, superOTAN, desaparición de la llamada «guerra fría», nada los amenaza. Aunque ha habido terribles atentados, en Madrid, en Londres... Yo le pregunto: ¿desde qué año ustedes ya lograron suprimir la pena capital?

En Francia, hace más de veinte años la suprimió el presidente François Mitterrand en 1981. La opinión pública estaba a favor de la pena de muerte; pero el presidente Mitterrand mantuvo su decisión, y nosotros, quiero decir, como intelectuales, como ciudadanos militamos, apoyamos para que se aboliera la pena de muerte. Se suprimió, en particular, porque hubo un juicio en el que dos presos, Buffet y Bontemps, que estaban en una cárcel en 1971 cogieron como rehenes a un guardia y a una enfermera, y los degollaron; los dos presos fueron juzgados por «asesinato» y los dos fueron condenados a la pena capital y se les guillotinó en 1972; pero surgió una polémica enorme, porque uno de los dos degolló, pero el otro no degolló. Entonces se dijo: «¿Cómo se va a condenar a muerte a alguien que no ha matado?», uno de los dos mató y el otro puede ser cómplice pero no mató, luego no debió ser condenado a muerte. Hubo una polémica muy importante y hubo además otros dos o tres casos polémicos; y a partir de esas polémicas se estableció que la pena de muerte había que suprimirla. Y, finalmente, Mitterrand en 1981 decidió que la abolía.
¿Fue en Francia primero, y después los demás?

No, otros países ya la habían suprimido, no recuerdo la cronología;[20] España la suprimió más recientemente.
¿Cuándo se eliminó?

En España, en la práctica, se suspendió a partir de la Constitución democrática de 1978. Y oficialmente se abolió en 1995.
¿Y qué países de Europa mantienen hoy la pena capital?

Ninguno, en el seno de la Unión Europea ninguno.
¿Y de los que van a ingresar?

Los que van a ingresar, si la tienen no pueden mantenerla porque el protocolo n.º 6 del 28 de abril de 1983 de la Convención Europea de Derechos Humanos exige la supresión de la pena de muerte.
Pero ¿la tienen?

No creo que la tengan, y si la tienen, aunque sea oficialmente, tienen que suprimirla para poder integrarse en la Unión Europea.
¿La República Checa[21] la tiene? ¿Hungría[22] la tiene? ¿Polonia[23] la tiene?

El Consejo de Europa de Estrasburgo exige que, en función del respeto de los derechos humanos, se suprima. Entonces, para ser miembro de la Unión Europea hay que abolir la pena de muerte. Ése es uno de los problemas que tenía Turquía. Turquía tenía pena de muerte, pero como aspira a ser miembro de la Unión Europea se le pidió que la suprimiera. Por ejemplo, ¿recuerda usted?, cuando detuvieron a Abdullah Ocalan, el jefe del PKK, el Partido Kurdo de los Trabajadores —que había sido el jefe de un grupo que había cometido muchos atentados—, Europa le pidió a Turquía que no se le condenara a muerte.[24]
Yo terminaba de explicarle eso, que la cuestión de la pena de muerte en todo ese período nunca dejó de existir, porque estaba muy asociada a la historia que le hice.

Empieza a surgir una especie de corriente…, no estaba asociada a actividades políticas, estaba asociada estrictamente a los delitos de carácter común. Empieza por ahí, se dejó de aplicar la pena de muerte por razones asociadas a las actividades contrarrevolucionarias. Debe hacer por lo menos más de diez, o mucho más de diez años, pueden ser veinte, veinticinco años.

Usted me lo dijo, que prácticamente no se aplica.
Yo tendría que ver exactamente. Se aplicó, algo que han tratado de presentarlo como político y no fue realmente político.

¿Lo de Ochoa?
Sí, lo de Ochoa. Ya le conté que era una actividad delictiva de carácter común. Sólo que aquellas actividades realizadas por personas que tenían responsabilidades muy importantes, incluso grandes méritos, porque Ochoa era un hombre que tenía grandes méritos en misiones de la Revolución, en misiones internacionalistas, de facto se vuelven un acto de traición, y el país estuvo expuesto a acciones sumamente delicadas, y hasta sorpresivas, que podían ser de carácter político, destructoras, o podían ser hasta de carácter militar, aunque fuera limitado. Se consideró que en nuestro país, en esas condiciones, personas de una responsabilidad tal, además del carácter de esas responsabilidades, que realizaran un acto de esa naturaleza sería conceptuado como un acto de traición; no tenía un sentido político, pero se correspondía con un acto inconcebible. Por eso se consideró un acto de traición hacer aquello.

¿Por eso fue juzgado por un tribunal militar?
Sí, porque él y los otros eran oficiales de las Fuerzas Armadas y de los cuerpos de seguridad del Estado. Mire, yo pienso que a poca gente le dolió tanto como a todos nosotros lo que ocurrió con esos fusilamientos de Ochoa, de Tony de La Guardia y de los otros dos. Usted sabe que la propaganda enemiga, la propaganda de Estados Unidos, trató de presentar aquel problema como un problema de rivalidades, de lucha por el poder. Cada vez que ocurre algo aquí, inevitablemente es asociado a la mentira, a ambiciones, a temores, a rivalidades. Así que, a lo largo de cuarenta y seis años, cada una de las cosas que ocurren, de cualquier tipo, es utilizada en un sentido político.

Y ustedes, por causas políticas, ¿ya no aplican la pena capital?
Por hechos contrarrevolucionarios no se aplica. No sé qué habría pasado aquí si a Posada Carriles o a alguno de esos que pusieron bombas y cometieron tantos atentados lo capturan. Pero quiero que usted sepa que nos hemos encontrado con la inconformidad de mucha gente, incluso casos de contrarrevolucionarios que desembarcaron con armas, casos en que incluso ha habido pérdidas de vida, y hemos sido sumamente tolerantes para no llegar a la aplicación de la pena capital.

Los hechos no sólo tienen equis gravedad intencional, fueron actos graves, es decir, no como una cuestión de acto inmoral, de acto cínico, de acto bajo, yo creo que esa gente no tenía que haber desembarcado, ésos eran acreedores de la pena de muerte, según la ley y según la opinión de la inmensa mayoría de la población, y nosotros hemos tenido hasta dificultades de carácter político por no aplicar la pena capital a esas personas.

Pero lo que yo quería decirle ahorita es que no tenía esa trascendencia. Hay hechos que, independientemente de las intenciones, tienen más trascendencia o menos trascendencia; cuando tienen más trascendencia, las dificultades para adoptar una opción u otra son mucho mayores. Ése es un aspecto que no se debe olvidar.

Porque, realmente, una pena capital de oficio es elevada al Consejo de Estado, de donde convierte al Consejo de Estado en Tribunal Supremo colectivo. Creo que ése es uno de esos inventos, porque esa responsabilidad podía tenerla una persona, podía tenerla alguien, pero es colectiva, son treinta y uno los miembros del Consejo de Estado, y entonces los delitos acreedores de la pena de muerte son precisamente aquellos delitos comunes que resultan repugnantes, monstruosos, el asesinato, una niña violada; violar a una niña y asesinarla es algo que la gente aquí lo que se crea con eso son problemas serios, de tipo político; se vuelven problemas de tipo político ante la población.

Usted sabe que aquí no hay publicidad sobre los hechos de sangre; no existe ninguna publicidad, aquí no existe lo que se llama la «crónica roja» esa, los reportajes, y no hay escándalos de ese tipo. Antes era muy habitual: un descuartizado, una publicidad tremenda, y después, al poco tiempo, había otro descuartizado con métodos todavía peores; locos, gente con tendencia enajenada totalmente, que existen, y la publicidad de todos esos hechos incita, en un grado relativamente grave, a la comisión de ese mismo tipo de delito.

Ahora, cada vez que había una sanción, silencio —desde el año 1976, así que han transcurrido casi treinta años—, y lo más amargo de la tarea que tenían los miembros del Consejo de Estado era cada vez que les llegaba, por vía de oficio, la apelación sobre la aplicación o no de esa pena, y tú veías a los treinta y un miembros del Consejo de Estado rompiéndose la cabeza, porque le puedo asegurar que a ninguno le gusta la pena capital, no siente ningún placer. Ahora, ponderan la situación, la gravedad de lo ocurrido, los estados de opinión que todo eso suscita. De modo que no hay un caso que, aunque uno no haya publicado las características monstruosas de ciertos hechos, la gente no conozca. El hombre se comunica mucho, simplemente, aunque no se haya hecho una «crónica roja», no se haya excitado tampoco el odio; pero se conoce, las cosas se saben.

Y hay que ver las quejas de la gente… Siempre fue un dolor de cabeza doble y hasta triple: uno, la repugnancia del crimen; dos, la decisión que pareciera más correcta y más adecuada dentro de la idea de que los castigos existen sobre la base de que son instrumento de contención del delito, sobre esa base se aplican.

Pero ¿el Consejo de Estado establece una diferencia entre un delito de tipo político y un delito común?
Se ha estado haciendo la distinción entre un tipo de delito y otro. Para los que se han opuesto a la pena capital, entre otros argumentos, está el de que esa pena no impide que ese delito se repita, se reproduzca.

Viendo todas estas situaciones inicialmente se dilataba el proceso y el análisis, y después se empezó conscientemente a dilatar el proceso de aplicación de la sanción. Era un movimiento incipiente a lo largo de años.

También está presente la conciencia de que la oposición a la pena capital se va convirtiendo en una oposición cada vez más generalizada en el mundo; hay un rechazo natural, el rechazo de personas que no están educadas en el odio, en pasiones o espíritu de venganza que no es concebible en un dirigente político. Por lo menos nosotros no concebimos espíritu de venganza; en nosotros está la experiencia de la guerra, ya le conté de cuando hubo un principio de bandidismo en el Ejército Rebelde, y hubo que aplicar las leyes revolucionarias y fusilar. Muy pocos casos. Pero se cortó aquello. Nunca más se produjo.

Esto es independiente de los sentimientos, que pueden ser filosóficos, pueden ser religiosos, y, a mi juicio, son argumentos mucho más fuertes que el argumento, discutible, de si tiene o no un efecto. Yo pienso que hay tipos de delitos en que la pena de muerte no tiene ningún efecto en realidad, y pienso que hay determinadas circunstancias en que una pena drástica de esa naturaleza sí tiene un efecto y puede tener un efecto duradero.

22

Los secuestros de abril de 2003

Piratería aérea – ¿Hacia una nueva explosión migratoria? – Secuestro
de una lancha de Regla – La negociación – Actitud de las autoridades
estadounidenses – Revolución, socialismo y delincuencia – Ejecución de
tres secuestradores – Una declaración de José Saramago

A propósito de todo esto, yo le quería preguntar sobre esas tres ejecuciones que hubo en abril de 2003. Ha sorprendido que se haya condenado a muerte y que hayan sido ejecutadas tres personas que, a pesar del secuestro de una embarcación y de lo que hicieron, en realidad no mataron ni hirieron a nadie. Entonces también realmente sorprende que se les haya aplicado la pena de muerte a esas personas.[1]

Este secuestro es uno de esos casos. Había el riesgo bien peligroso de que se desatara una ola de secuestros, asociada al pretexto seguro de agresión, de guerra al país, dentro de toda esta filosofía de la «guerra preventiva»...

Ya se habían producido los actos terroristas de Nueva York del 11 de septiembre de 2001 y se había declarado una filosofía guerrerista que nosotros calificamos de *nazifascista*. Es bueno que hayamos hablado del 5 de agosto de 1994 [véase p. 303], recuerdo el caso aquel porque entonces habíamos llegado a una situación en que se produce la ola migratoria; ya no había embarcaciones seguras, lanchas seguras en la bahía de La Habana, actividad marítima segura de turismo, de pesca, de lo que fuera.

Había una situación económica apretada, ya llevábamos como tres años de «período especial», en el año 1994, escaseces muy grandes; el espíritu de la gente, ampliamente mayoritario, era defender la Revolución, pero el número de los que se sentían incitados a viajar hacia Estados Unidos —ya le dije que había un acuerdo migratorio que no se cumplía— era mayor. Le dije que los que querían emigrar por otras vías lo podían hacer y que, en general, los que hacían este tipo de actividad eran gente lumpen, personal delictivo y siempre la mayoría con antecedentes penales.

Entonces, ¿qué querían provocar esta vez, en abril de 2003? Una situación como la que se produjo en agosto de 1994, cuando ellos mandan los barcos, cuando no daban visas. ¿Cómo? No dando visas —desde septiembre de 2002 no se daba una visa—, sin cumplir el acuerdo. Se estaba creando una situación...

Como de una olla de presión.

Sí, sí. Tenían que haber dado diez mil visas en una fecha y habían dado alrededor de mil; habían reducido un 90 por ciento las visas. Y los extremistas, los Otto Reich, los Roger Noriega y todos esos bandidos habían concebido un programa de crear las condiciones para que tuviera lugar una ola migratoria.

Ésas eran las ideas que teníamos, aunque no conocíamos todavía muchos detalles o cómo iban a provocar eso. De modo que ellos tenían un plan de estas características. A mi juicio, moralmente, son más graves los delitos de los llamados «disidentes» que conspiran y reciben salario de Estados Unidos, que el delito de esas personas que fueron sometidas a la pena capital, que es lo que usted quiere saber por qué. Porque dice que no había habido sangre, no había habido muertos.

Ese secuestro de la embarcación en ese momento estaba asociado a la situación que le estoy explicando, era muy grave, era gravísimo; pero no tan grave, fíjese bien, no tan grave si no hubiese ocurrido lo que ocurrió con anterioridad. Dos horas antes de iniciarse la guerra en Irak, a las siete de la noche, ocurre algo que no había ocurrido en diez años, casi desde que se habían firmado los acuerdos migratorios.

¿No había secuestros desde hacía diez años?

Aquí, durante mucho tiempo, hubo robos de barcos, delitos, robos de naves de fumigación, de naves productivas... Pero hacía diez años, desde los acuerdos de 1994, que no se producía un secuestro de avión con pasajeros a bordo. Y, de manera extraña, aproximadamente dos horas antes de comenzar la guerra en Irak, el miércoles 19 de marzo de 2003, un avión de la isla de la Juventud, que está entre ochenta y cien kilómetros al sur, haciendo el último viaje del día, llegando al aeropuerto de Boyeros, cerca de La Habana, informa que ha sido secuestrado. Seis individuos con armas blancas penetran en la cabina, y al piloto y al copiloto les ponen el cuchillo en el cuello; lo secuestran de una forma exactamente igual que secuestraron los aviones que se estrellaron contra las Torres Gemelas de Nueva York. Es bastante extraño eso.

¿Querían marcharse a Estados Unidos?
Sí. Bueno, llevaban combustible para aterrizar en Cayo Hueso, Estados Unidos —en principio era combustible para su viaje, porque son aviones de cuarenta y tantos pasajeros—; llegan allá, aterrizan. Tenían varios cómplices, lo habían planeado hacía meses: hicieron viajes, vinieron, mucha observación, cómo burlar la vigilancia, las medidas, tirando fotos. Había un poco de descuido, porque era lo normal, la rutina, porque hacía, ya le digo, diez años que no ocurría eso.

Los reciben en Estados Unidos, ¿qué hicieron las autoridades? Arrestaron a los seis de los cuchillos; a los cómplices les dieron de inmediato residencia, en virtud de la Ley de Ajuste Cubano. Se inician investigaciones, retuvieron a una parte de la tripulación nuestra mientras hacían investigaciones. Dejaron el avión allí, y allí están todas las condiciones para que toda la mafia esa confiscara el avión; y confiscaron el avión. Así que todo fue maltrato al resto de los pasajeros, forma grosera, incitación a que se quedaran, todas las basuras y todas las porquerías que se podían hacer las hicieron con relación a ese avión.

Aviones norteamericanos no se secuestran desde una medida, ya le dije, que tomó Cuba hace más de veinte años y que resolvió para siempre los secuestros de aviones norteamericanos, que a veces llegaban aquí con doscientos y hasta trescientos pasajeros. Los secuestraban con una botella de agua, que le ponían una mecha y decían que era un cóctel Molotov; gente desequilibrada, no era ni siquiera por cuestiones políticas..., algunos que huían de la justicia, o algún aventurero, o enfermos psicológicos. A veces pasaban varias semanas sin que se produjera un hecho, se producía uno y en esa misma semana se producían tres o cuatro, como una especie de contagio psicológico entre los que tuvieran algún problema de esos.

Nosotros tratábamos de cuidar los aviones, y a los pasajeros también; y se les abastecía de combustible si hacía falta y se les devolvía inmediatamente el avión y los pasajeros. Fueron decenas y decenas. Mientras que ellos inventaron esa técnica contra Cuba en los primeros años de la Revolución: acoger a los secuestradores de aviones, y divulgarlo mucho. Para provocar imitaciones. Así se inicia el fenómeno de los secuestros de aviones cubanos.

427

Cuba les había resuelto a ellos el problema. En cambio, ellos no castigaban al que se robaba un avión o un barco nuestros. Pero nadie concebía que un avión de pasajeros, existiendo el acuerdo migratorio de 1994, se lo llevaran e hicieran lo que hicieron.

Se creó aquí mucha indignación con el secuestro de ese avión; pero lo grave fue que, a los pocos días, un juez de Miami decreta la libertad provisional de los seis secuestradores, no sé si mediante una fianza. ¡Ah!, porque no los consideraban peligrosos. Además, creen que aquí esos secuestradores son como «disidentes», cuando su motivación no tiene nada que ver con la política. Utilizan la situación política, pero no suelen ser activistas políticos. Uno analiza la motivación de muchos secuestradores y se encuentra gente con antecedentes penales casi todos, o con problemas legales, o gente que por vagancia o porque le han llamado la atención o por crear reyertas, no todos, pero hay gente sancionada. Es de ese tipo de gente que no trabaja, que vive de actividades antisociales; en fin, tienen el lugar ideal para eso. Son aventureros...

Y sin embargo estamos haciendo un trabajo, lo hemos venido haciendo en los últimos tiempos, con los trabajadores sociales, para que los que salen de las prisiones se reinserten en la sociedad, puedan conseguir un trabajo, que les den un empleo, y que lo mantengan allí, porque en realidad si alguien dice que tiene tal y más cual delito, tal antecedente, es difícil buscarles un empleo...

¿Qué pasó cuando aquí la gente se entera de que han soltado en la Florida a los seis secuestradores del avión?

Se conoce esa noticia el día 29 de marzo —ya la guerra de Irak tenía diez días— y muy pronto, el día 31, secuestran otro avión con mayor número de pasajeros, también venía de la isla directo, pero éste tenía una capacidad un poco mayor, como cuarenta y cinco pasajeros.

Un individuo con una granada —simulaba tener una granada— decía que la iba a hacer estallar, estaba en la cola. Quería que lo llevaran a Miami, el combustible no alcanzaba y el piloto aterriza —no quería llevarse el avión, él decía que cualquier cosa, pero no perder el avión, y aterriza—, pero aterriza en medio de la pista, interrumpida la pista, desde ese momento, toda la noche. Entonces pudimos comprobar que en Estados Unidos había gente que no quería que el avión fuera a la Florida. Estaban interesados, se movieron; nosotros les informamos en el acto de lo que estaba ocurriendo, y entonces las autoridades mandaron una declaración que se oponían, hasta pidieron que se publicara, hablaron con nosotros.

Ese segundo avión fue secuestrado más o menos a la misma hora que el otro, durante el último viaje que viene de la isla de la Juventud. Pero ahí se buscaron los datos y se trató de persuadir al individuo, se le informó al Departamento de Estado en Washington, se despertó al responsable. Entonces enviaron un mensaje bastante positivo, que se oponían, que estarían en contra.

Cuando ellos dijeron eso, nosotros les dijimos incluso que enviaran a alguien a que se lo dijera al secuestrador. Enseguida enviaron al jefe de la Oficina de Intereses, el tal James Cason, a que se lo comunicara al secuestrador, y, cosa extraña, a pesar de los antecedentes de este hombre, Cason cumplió las instrucciones. En el aeropuerto lo recibieron y, bueno, se comunicó con el piloto. La única forma de comunicarse era con el piloto, el secuestrador no quería hablar —el de la granada—, dijo que no, que cómo se demostraba que era verdaderamente Cason, y éste le dijo que estaba dispuesto a mandarle su pasaporte e hizo todo lo posible por identificarse y parar aquello.

Entonces, surgió la idea incluso de que no aterrizaran en la Florida, sino que aterrizaran en otro Estado, porque en la Florida ellos sabían el problema que se creaba, porque allí la mafia anticubana domina todo, el poder judicial, etcétera. Pero el problema es que el avión no tenía combustible suficiente, y el que se le podía añadir no daba para aterrizar en otro Estado. Fue una lucha larga, eso duró toda la madrugada.

¿Usted personalmente estuvo en las operaciones?
Sí. Bueno yo no estuve cuando vino el señor Cason, yo no quería ver a ese señor ni a una legua de distancia, pero los compañeros del IACC [Instituto de Aeronáutica Civil de Cuba] estaban por allá, los que tienen que ver con la aviación, haciendo esfuerzos en eso; los de Relaciones Exteriores también, un funcionario de Relaciones Exteriores acompañó a Cason cuando los de Washington le dijeron que fuera —creo que el hombre estaba durmiendo, era como la una de la madrugada o una y media—; fue hasta al lado del avión, porque allí había una posibilidad de una comunicación directa que no fuera a través del piloto, y el secuestrador, el hombre de la granada, lo rechazó, dijo que no y que no.

Se veía que había dos tendencias. El «embajador» norteamericano como a las dos y media se fue a dormir, yo me quedé allí en la tarea de persuadir.

429

¿Usted no habló con el secuestrador?

No, hablé con el piloto; con el secuestrador no. En un momento dado le digo al piloto que me conecte por los altoparlantes y le hablo a la tripulación, les dije que no se dejaran llevar por el pánico; porque el tipo mandaba, y acuso al tipo. Digo: «Ése es un irresponsable», porque hacía cosas que uno estaba viendo ya, que es bueno conocer psicológicamente. El secuestrador echa a los hombres delante, a un compartimento de carga, y a las mujeres y los niños los lleva para atrás. Él estaba atrás.

¿Él estaba solo o tenía algún cómplice?

Era uno solo, pero llevaba dos granadas, las tenía apretadas ahí y amenazaba. Decía: «En tantos minutos, si no me echan la gasolina, vuelo el avión». Entonces hacía cosas, yo le daba instrucciones al piloto: «Dile esto, dile lo otro». Cuando amenazaba, entonces yo le respondía fuerte: «Usted está absolutamente loco si hace eso», una cosa de esas. Si eran veinte minutos, entonces los esperaba. Todas las preguntas iban dirigidas a estudiar el grado de peligrosidad del individuo.

Bueno, amaneció. Cason dormía, pero mientras tanto el avión tenía que llegar a la Florida cuando lo dejáramos salir, no podía ir a otro lado. Larga lucha. Hay un momento en que se abre una puerta para que los hombres pudieran salir, pero como había algunas mujeres y ellos tenían eso de caballeros, dijeron que no. También había que ver cómo se echaba la gasolina, buscar la forma de echar la gasolina.

Así se va discutiendo. Nosotros habíamos dicho que no queríamos. El mismo piloto se negaba a volar, porque él decía que no estaba dispuesto a que le confiscaran el avión. Yo, por supuesto, le decía: «Oye, tú vas a cumplir las órdenes que te demos», con toda la energía posible, él cortaba eso, y yo repetía: «Usted hará lo que se le diga», porque estaba en huelga el piloto.

En un momento dado —yo voy ya estudiando al individuo, las cosas que va haciendo, y cuando mete a las mujeres y al hijo para allá, y a los otros para acá—, le digo a Rogelio Acevedo [presidente del IACC]: «Acevedo, dirige por el altoparlante ese una arenga a la gente, diles que ése es un criminal». Se lo explica calmándolos, pero era un mensaje más bien atacándolo a él.

Desde luego, el mensaje de Acevedo tenía que ser un mensaje en medio minuto, y le digo: «Oye, todo lo que has dicho y la forma en que lo has dicho era lo más propicio para que el hombre hiciera todo lo contrario». ¡Ah!, pero, ya le digo, tengo que decidirme a hablarle a la tripulación, a toda la gente, a los pasajeros.

¿Usted se dirigió a los pasajeros?

Sí, les digo: «Ustedes conocen mi voz, la han escuchado —desde luego, calmado, sosegado—; este individuo pone en peligro la vida de mujeres y niños, y se ha empecinado en eso. Hay el riesgo», y los exhortaba a que, si percibían un riesgo de lanzar la granada, le quitaran la granada, se lo impidieran. Yo estoy exhortándolos y dándoles instrucciones a ellos, que no les estábamos prometiendo nada, pero que estábamos discutiendo una solución; que los norteamericanos no querían que ese avión fuera para allá. Que el secuestrador se negó a hablar, incluso, con el jefe de la Oficina de Intereses; que tenía una posición miserable. Pero duro, para ablandarlo a él y alertar a estos pasajeros para que, a última hora, ante un peligro... Todo el problema era estudiar bien la peligrosidad del individuo, para seguir una línea en la idea...

De que soltara a la gente, ¿no?

Sí, que soltara a la gente, echarle gasolina y que aterrizara en otras regiones. A esa hora de la madrugada tuvimos que llamar hasta a geógrafos para que vieran los mapas, pero los mapas de aviación no dan para eso. Llamamos: «Busquen los mapas y llamen a ver qué distancia exacta a tal punto, hasta tal aeropuerto», para saber a dónde podía llegar. Le faltaba por lo menos como cien kilómetros o más para llegar al bordecito de la frontera donde estaba el otro aeropuerto. No había forma, hicimos todos los cálculos.

Hay un momento en que el tipo, desesperado, le dice a Acevedo: «Diles que dejen ir el avión». Y él le contesta: «La gasolina no llega a Bahamas». A Bahamas sí podía llegar, y nosotros podíamos llamar a los responsables allí. No sabíamos cómo reaccionarían, pero Bahamas es tan vulnerable, y significa mucho para ese país un acuerdo que tenemos sobre los inmigrantes ilegales... Ellos los devuelven, pero tienen un montón de islas, y esta gente no respeta ninguna soberanía...

Ahora, se podía llamar —no hacía mucho que había habido una reunión de los dirigentes del Caribe— y pedir que si el avión iba para allá arrestaran al pirata y lo devolvieran. Pero ¿qué inconveniente tenía aquello? Primero, localizar al primer ministro, ver si estaba, persuadirlo y todo eso; segundo, no tenía ningún sentido lo que estábamos haciendo porque lo que valía realmente es que los norteamericanos cumplieran, que no confiscaran el avión allí, que no retuvieran a la tripulación, no queríamos la confiscación del avión, y no queríamos que un cómplice, si lo tenía, se quedara. Claro, todas esas condiciones estábamos poniéndolas nosotros, estábamos planteándolas, y ellos se veían con la disposición de que no ocurriera lo que ocurrió.

En Bahamas había otra cosa, le echaban gasolina y tampoco podía llegar a Estados Unidos o a Jamaica. Porque se podía haber resuelto en Bahamas el problema. Podíamos haber dicho: échenle gasolina para que siga a uno de esos Estados, pero ¿qué es lo que temíamos? Que a pesar del lleno de gasolina en Bahamas no llegara a ninguno de los dos Estados y se cayera al mar. Se planteó que quizá podía llegar hasta Jamaica, a duras penas, porque los pilotos siempre tienen una reserva, ahorran un tiempo; a duras penas llegaban a Jamaica, y el lío entonces hubiera sido para los jamaicanos, que iban a reclamar, etc. Y se decidió que no y que no. A él se le dijo que no, porque en Bahamas había que resolver un problema, y eso no se podía resolver en unos minutos; y en Jamaica por el riesgo de caerse.

Bueno, teníamos el carro-pipa [camión cisterna], carros de bomberos también, todos los medios, por si estallaba la granada.

¿Ustedes habían identificado al secuestrador?

Bueno, estuvimos buscando quién era el supuesto tipo entre los distintos pasajeros, porque había una mujer y una niña... Vaya, hay un error inicial, aparecía una persona razonable, un médico con su esposa que venían de viaje, y por un momento la apreciación de quién era el secuestrador del avión fue errónea. Durante tres o cuatro horas se trabajó sobre la teoría de que era otro, y entonces llega por la mañana la información de que no era ése, que era otro.

Se identificó su domicilio. Y se descubrió que él tenía en su casa hasta unos moldes de granadas, para fabricar las granadas en yeso; pero ésa podía haber sido la operación antes de fundir una granada, y no sabíamos si el tipo fundió o no... Y también creo que se descubrieron unas cosas como de plástico que tenía, que se podía sospechar, no teníamos ciento por ciento la seguridad de si tenía o no una granada de verdad. Cada vez yo me inclinaba por que no la tenía, analizando todas las respuestas, todas las reacciones y todas las circunstancias.

Descubrimos que el hermano de él era un hombre del Ministerio del Interior, que vino también al aeropuerto y ayudó. Digo: «Que venga también a ver si convence al hombre». Vino a ver si podía hacer un arreglo con él, una sanción. A todos se les dijo que sería sancionado, y ahí, con el hermano se podía haber buscado… Luchábamos por eso. Mientras tanto, esperábamos noticias de Estados Unidos.

Entretanto, ¿Cason había vuelto al aeropuerto?

Le habíamos dicho a Cason, casi al amanecer, que la gasolina no alcanzaba para ir a ningún otro Estado más que la Florida, que pensara en un lugar, una base aérea, donde pudieran llevarlo, que le diera más facilidades, para devolver el avión con los pilotos y con la gente. Estuvieron analizando, parece ser que esa mañana discutieron bastante.

Esos argumentos se iban utilizando, pero ya se negociaba con el tipo para que bajara, después de las arengas y todas esas cosas. Empezamos a negociar sobre la base de que se le iba a dar el combustible para que siguiera, pero se le explicaron distintas dificultades, tratando de ganar tiempo, esperando la respuesta del Departamento de Estado, y eso tenía que ser como a las once. Mientras tanto, nosotros ganando tiempo para bajar un número de personas y echar la gasolina. En esa lucha, el tiempo y el cansancio del tipo y todas esas cosas, agua para los niños, en un momento dado se logra que bajen. Se bajaron veintidós personas. Al bajarse veintidós, con menos peso ya teníamos toda la gasolina.

En un momento dado, cuando ya tenía el combustible, se llama a Cason: «¿Hay noticias?». «No.» De nuevo: «¿Hay noticias?». «No», sobre el lugar definitivo donde le iban a autorizar a aterrizar. Entonces, le informamos que habíamos conseguido bajar a veintidós, y ya podía ir a cualquiera de los Estados. Consulte, que puede llegar, que ya no hay riesgo. Entonces, se le dio bastante tiempo, porque este arreglo —la bajada de los veintidós— lo logramos como a las nueve de la mañana, le damos dos horas más y todavía nada… Esperamos: «¿Ya hay respuesta?». «No.» «¿Hay respuesta?» «No.» Llegaban las once, y con el hombre se había negociado acercar el carro y después echar gasolina; se tenía calculado el tiempo que se podía estar echando gasolina, que podían ser veinte minutos o una hora o una hora y media, todo el tiempo, para eliminar el riesgo de la cuestión de la granada y lograr el objetivo de que fuera a otro Estado, y ver si había realmente voluntad por parte de las autoridades norteamericanas, de cambiar de política. Y creo que se veía que allí había dos políticas.

¿Dos tendencias se oponían en Washington?

Sí. Allí había sin duda dos líneas y no sabíamos cuál se iba a imponer.

Mientras tanto, el hombre tenía que arrancar como a las once, hubo que buscar pretextos y cosas, el hermano que llegaba, que viene también, que ya se ha llamado, están todas las gestiones en camino. El avión que traía al hermano salió de Varadero, un avión o un helicóptero, no recuerdo, y yo mirando con impaciencia la hora; se tardaron un poco más, pero llegaron, creo que llegó casi a esa hora el hermano. Ah, ya el secuestrador estaba pidiendo agua, todo lo necesario para él y para la gente; dinero, vaya —¡era una mentalidad!—, que necesitaba que le hiciéramos un préstamo de mil dólares para darle algún dinerito a la gente allí cuando se bajara... Y nosotros esperando la respuesta de Washington. Ayudó que el avión del hermano llegó retrasado, y al fin llegó el hermano. Habla con él, pero el otro muy desconfiado de todo. Así se fue ganando tiempo, y aquéllos, a las 10.55: «¿Tienen respuesta?». «No.» ¿Dónde aterrizar? No se sabía.

¿A Cason lo tenían ustedes informado de todo el proceso, de la evolución de la situación?

Cada paso que dábamos se lo explicábamos a Cason. «Mire, hemos hecho esto, se ha hecho esto, se ha hablado, se ha logrado bajar a tantos, ya llega el hermano, etc.» Toda la información. Ahora, se cumplió la hora de salida. «Vamos a ganar un poco más de tiempo», con el hermano, con el otro, unos sándwiches que había que hacer, el dinero. El jefe de la aviación, Rogelio Acevedo, tenía muy pocas ganas... Le digo yo: «¿Tú tienes ahí dinero?». Él estaba sublevado. Vaya, no es que estaba sublevado, sino sufriendo. Le digo: «Mira, ¿tienes dinero en efectivo ahí?». «Sí.» Digo: «Bueno, vamos a mandarle quinientos dólares. No vamos a darle mil, vamos a darle quinientos dólares», para que él siguiera ahí, para ganar tiempo. Se le entrega el dinero. Pero él: «¿Ya terminaron? ¿Cuándo salimos?», se veía enérgico. «No, que ya.»

Entonces le dijimos al de la pista: «Mira, ve despacito». Iban despacito. Pusimos dos pilotos, dos copilotos. Entraron por la puerta delantera, por donde los pilotos se bajan, de manera que no los viera. En realidad había dos pilotos que llevaban toda la noche y el viaje. No llegaba la respuesta. Bueno, les dijimos a los pilotos: «Prepárense», y vinieron a arrancar como a las 11.54, una hora después del compromiso, y los de la Oficina de Intereses seguían sin tener respuesta. Digo, bueno, esperen un poco en el aire. Y cuando está en el aire el avión, Cason recibe la respuesta: que aterrice en el aeropuerto de Cayo Hueso... ¡el peor de todos! Era peor que cualquier otra base corriente.

Allí maltrataron de nuevo a nuestra gente tremendamente. Al tipo lo arrestaron. Ah, también él llevaba una mujer y un hijo, que no era de él, un hijo que tenía la señora; pero al otro día soltaron a la señora y al niño. No era buena, porque era cómplice, había participado en la introducción de la granada o determinados componentes plásticos de la granada, los mecanismos estos no de acero.

¿Para que no se detectase?
Sí. Pero ya ellos sueltan a la señora al día siguiente. El secuestrador permanece allí. Investigación abierta, maltrato a todos los pasajeros, esfuerzo por que se quedara en Estados Unidos alguna gente, presión; quedan de la tripulación gente esperando allí las investigaciones pertinentes, dejan el avión, confiscan el avión. Y hacen todo lo contrario de lo prometido.[2]

Al día siguiente, 1 de abril de 2003, se produce en la bahía de La Habana el secuestro de un barco lleno de pasajeros y hasta con algunos turistas a bordo.
Cosa muy extraña, en efecto, al día siguiente, noticia por la mañana: la lancha que va a Regla ha sido secuestrada por unos tipos con pistola y cuchillos... Bueno, aplicamos el principio: nadie trata de interceptarla. Y salen. Pero se comunicaban por la fonía, y cuando estaban como a seis o siete millas exigen un barco para llevar a la Florida a toda aquella gente. Dicen: «Llevamos cincuenta pasajeros —dijeron cincuenta, eran un poquitico menos—. Llevamos equis niños».

El jefe de los secuestradores dice que lleva un número de niños y que lleva un número de turistas extranjeros. De seis a ocho niños y de cinco a seis turistas. Exageraron un poquito; niños realmente, al final, era sólo uno. Es raro que no hubiera habido más, siempre hay un grupo de niños.

Ese barco ¿adónde iba?
Es un barco transbordador, tiene una capacidad de cien asientos, y lleva, a través de la bahía, a gente que vive en la zona de La Habana Vieja y viaja del otro lado de la bahía.

¿Al barrio de Regla?
Sí. Es un barco para aguas tranquilas. Son de fondo plano esos barcos, no pueden navegar en aguas agitadas. Entonces lo secuestran, dicen que llevan cincuenta pasajeros, y se lo llevan de madrugada. Yo vine a saber

eso ya a media mañana; ya habían lanzado la primera amenaza. Piden un barco más rápido, y amenazan, si no le mandan el barco, de ir lanzando rehenes al agua. Es una primera amenaza, además la reiteran, hablan por fonía abierta. Pregunto, y me informan que ya están avisados, como siempre, los guardacostas.

¿Eso era cuánto tiempo después del avión del que hablábamos?
Veinticuatro horas después.

Usted acababa de salir de la precedente negociación del avión.
El avión fue secuestrado el 30 de marzo, el 31 son todas las negociaciones, y en las primeras horas de la madrugada del 1 de abril se produce este secuestro de la lancha en virtud del mismo mecanismo... Ya de lo del avión ese se había informado, posiblemente el día 31, a la población. Es probable que cuando se difundió la primera noticia de que en la Florida habían decretado la libertad condicional para los secuestradores del primer avión —aquellos de los cuchillos, el 19 de marzo de 2003— tienen éstos que haber empezado a planear el secuestro de la lancha. Porque tuvieron una reunión la noche previa, se reunieron en una casa todos ellos, improvisaron bastante. No le puedo decir exactamente, pero seguro que ya aquella noticia del avión los indujo al plan, pero esta vez era la lancha de Regla.

¿Ellos eran nueve?
Era numeroso el grupo, realmente, todos cómplices. Pueden haber sido de once a doce, había algunas mujeres. La mujer del niño estaba en la conspiración.

¿Usted pensaba que estos acontecimientos, el secuestro de la lancha, añadido a los dos secuestros precedentes de aviones y demás, podían desencadenar una nueva ola migratoria, una nueva crisis migratoria?
Era obvio, era probado, porque al robarse la lancha de Regla, ése es el símbolo de que no se puede viajar, y eso las autoridades norteamericanas lo estimulan.

El 19 de marzo es el primer secuestro, y los norteamericanos reciben a los secuestradores y hacen todo lo que hicieron; más no han podido decir: «Vamos a ponerlos en la calle». Se vio también que mientras el juez decretaba eso, la fiscalía —a no ser que sea una gran hipocresía— planteaba que no se los liberara, recurre al tribunal de Atlanta que tiene jurisdicción superior sobre los de Miami; pero Atlanta concede los derechos pertinentes a los jueces. Es decir, ahora, después de los atentados del 11 de septiembre, se ven algunos esfuerzos... porque están en una situación muy embarazosa, para que a los piratas los puedan soltar. Pero a la larga no lo pueden ni impedir...

Aquí, ya le dije, los que salían ilegalmente, el 90 por ciento eran personas que las venían a buscar de la Florida. Sólo un 10 por ciento buscaba una balsa, o se robaba un barco. Y eso ha costado muchas vidas, por lo que le conté de que esos barcos iban sobrecargados de personas, haciendo tráfico de inmigrantes ilegales... Y cuando llegaban allá, las autoridades norteamericanas no sancionaban. Nosotros tuvimos que tomar medidas duras, sanciones duras. Bueno, luego ellos, los presidentes, ya han ido cambiando los métodos.

Con el presidente Bush, ¿se ha vuelto a degradar el problema migratorio?
¿Qué hicieron? Suspenden la entrega de visas, lo mismo que había pasado en la época de Reagan, con pretextos, siempre hay pretextos, pero la suspenden. Y poco después es cuando viene James Cason y se produce el extraño hecho del 19 de marzo —dos horas antes de empezar la guerra en Irak...— que aquellos, con unos cuchillos, secuestran un avión lleno de pasajeros. Y empiezan a ocurrir toda una serie de hechos...

El día 1 de abril, en horas de la madrugada, lo de la lancha de Regla. Y días después, ya hasta asaltan a un soldado, le quitan el arma... Se impidió un tercer secuestro, y más de treinta proyectos, cometidos por gente que no alega motivos políticos. Todos los casos, todos, eran del potencial delictivo del 5 de agosto de 1994, cuando se crearon los disturbios en La Habana y se originó una situación que nos obligó prácticamente a decirles a los norteamericanos: «No les vamos a cuidar la frontera», y nos declaramos en huelga. Que es cuando se produce el éxodo masivo de los balseros, al que temen. Ahora, en las circunstancias de aquel momento, con la guerra de Irak empezando, lo han considerado el mejor pretexto para crear aquí una situación que justificara la agresión.

¿Cómo se termina el secuestro de la lancha de Regla?
Bueno, a los que se llevaron el barco, en un momento dado se les acaba el combustible. Nosotros, ¿qué hicimos? Mandamos para allá al ministro del Interior, Abelardo Colomé Ibarra. El jefe de guardafronteras va para allá también. Hablo con un ayudante, y le digo: «Mira, localiza

y que envíen para allá un transportador de combustible, equis lanchas más...». Para evitar cualquier naufragio trágico como el del 13 de julio de 1994 [véanse pp. 307-309].

Porque se ha producido una situación que hay que tomar en cuenta. Los guardacostas de la Florida dicen que mandan unos barcos, como siempre... Siempre venían a acercarse cada vez que les informábamos que alguien se iba ilegal. Y de repente informan que han dado órdenes de que sus barcos viren, que hay una ley de no sé qué año —no sé si hablaban de 1988— que establece que, en esos casos, es el país de la bandera de la embarcación el que tiene que resolver el problema. Dicen que tiene que resolverlo Cuba.

Ellos saben que hay una lancha secuestrada, rehenes, y unos tipos peligrosos allí, y ellos podrían haber dicho: «Bueno, no los vamos a dejar entrar, enviamos un barco y los vamos a devolver con la garantía que les hemos dado a todos», a pesar de que nunca han cumplido, a veces dejan el 20 por ciento allá, cuando les da la gana, un poco para satisfacer a los de la mafia de allá, que se opone a toda devolución.

Nos envían una comunicación en la que dicen que ellos no harán lo que hacían siempre: esperar, venir, irlos escoltando, y ya en aguas norteamericanas decidir. Se supone que ellos quieren cumplir un convenio, y lo que hacen es decir: «Ocúpense ustedes». Tenemos que ocuparnos nosotros.

Bien, han sido secuestrados una serie de ciudadanos, hay niños, hay extranjeros. Las instrucciones mías son: «Envíen más medios». El mar fuerza tres, cada vez peor. Yo, antes de que llegaran a veintidós millas, más o menos, ya había pedido: «Envíen varias lanchas, el combustible y todo». Claro, no íbamos a asaltar la lancha, era estúpido; había que asegurar que no se hundiera. Por eso mandamos al ministro... Las instrucciones eran —teníamos allí como tres barcos—: «Uno a la derecha, a cien metros; otro a cien metros a la izquierda, y coloquen uno detrás, a un kilómetro aproximadamente; vayan escoltándola por si se produce algún accidente inmediatamente socorrerlos. Y mantienen esa situación, lo escoltan hasta que llegue a aguas jurisdiccionales norteamericanas. Cuídenla hasta que lleguen allí».

Las autoridades norteamericanas, con bastante cinismo, declararon que eso era cosa nuestra, que ellos sabrían lo que harían cuando llegaran allá, pero que ésta era cosa nuestra, es lo que mandaron a decir. Cuando al barco se le acaba el combustible, queda al pairo. Habíamos mandado creo hasta un remolcador. No era equipo de combustible, era un equipo de auxilio, un remolcador.

Los secuestradores seguían amenazando a un grupo de mujeres con cuchillos al cuello. Siempre ponían el cuchillo en el cuello de algunas de las mujeres, y de las turistas también; ellos sabían bien, estaban conscientes de que hacían daño con todo eso. Cuando se quedan sin combustible, aceptan que los remolquen.

Aquello no se hundió de milagro, si usted ve la escena… Era un barco plano, para aguas interiores; eso lo sabían los del lado de allá también, y se niegan a aceptarlos. Al acabarse el combustible, los secuestradores se comunican con nosotros y aceptan que un remolcador le ponga una soga a la lancha en la proa, pero ellos no deponían su actitud… Y así llegan al puerto de Mariel, arribaron a un muelle, pero no se arriman al muelle, se amarran al muelle con una soga de varios metros.

Claro, vienen a buscar combustible, igual que el avión que pidió combustible, con una desconfianza tremenda.

¿También eso lo siguió usted personalmente?

También me ocupo del asunto. Le voy a decir por qué. En medio de todo el trabajo, ya iban siendo como las once de la noche y ya estaban todas las fuerzas, los guardafronteras… Lo que hacen en todas partes cuando hay un avión secuestrado, que usted sabe que ha habido un montón de casos, en Europa y en todas partes, y sabe lo que hacen muchos gobiernos con un avión secuestrado, no se andan con limitaciones de ninguna clase, asaltan, disparan, matan.

Ahí había gente de tropas especiales, los guardafronteras, y la idea que tenían era liberar el barco. Yo lo primero que hago es decirles que no procedan a ninguna acción.

¿Usted se desplazó a Mariel?

Les mando decir por teléfono, y cuando terminé con unas actividades, me moví rápido, antes de la hora en que se suponía que iban a tomar medidas allí para liberar a los rehenes. Entonces, cuando estoy llegando —falta como media hora para las doce de la noche—, me piden que nos detengamos, casi coincidía con el momento en que las fuerzas de seguridad iban a proceder.

Ellos tenían las instrucciones que les habíamos dado, que se pusieran a los lados, los refuerzos; pero ya estaba el barco… Bueno, tenían la esperanza de que una vez allí los secuestradores entraran en razones. Por eso yo decido ir, preocupado… Doy la orden de que no hagan ninguna de esas acciones, por las consecuencias que suelen tener para pasajeros, para secuestradores y para todo el mundo. Un poco antes de las doce, ya tenían parado el barco. A todo esto, estoy comunicando con un telefonito celular; para las comunicaciones tengo que cuidarme mucho, en cuanto hago una comunicación, en Estados Unidos todo lo saben.

Le oyen todo.

Digo: «Díganles que no hagan nada». Están preparando las condiciones de qué hacer, las medidas a tomar, cómo iban a liberar a los rehenes, están más bien planificando, y yo llego, y observo toda la situación aquella, y les recomiendo que no hagan nada. No había llegado aún la lancha, había hasta algún mercante en el muelle, y les digo: «No hagan ninguna acción», porque es peligroso, cualquier accidente… Hay que buscar una solución que no sea cruenta, que no se produzca ninguna víctima.

Realmente, esa noche y a través de la fonía de uno de los patrulleros, estuvimos estudiando al personaje que estaba de jefe; el personaje era peligroso, al revés del otro, el de la granada en el avión.

¿Ustedes conocían la identidad de ellos?

Nunca se conoce, hay que mandar a averiguar; ahí lo que tú estás viendo es el comportamiento, cómo habla, qué dice, cómo argumenta, qué nivel tiene. Se veía una gente primitiva. Y la posición donde tenía las pistolas, pegadas a los rehenes. Escogía, precisamente, a las francesas; eran dos nórdicas y dos francesas, cuatro mujeres.

Cuatro turistas.

Ese jefe era peligroso, es la conclusión que se sacó, y entonces se fue abordando todo el problema. Estuve allí observándolo todo; era gente que estaba agotada, no habían dormido desde la una de la madrugada, ya habían pasado veinticuatro horas, y no se sabía quién necesitaba más descanso, si los secuestradores o la gente nuestra. Digo: «A descansar todo el mundo». Se logró una especie de tregua para que ellos durmieran. Se les mandó agua a los niños, hablaban como de «cuatro o seis niños chiquitos»; se les mandó leche; agua para los rehenes, y se logra comprometerlos en una negociación para buscar una solución.

Yo me voy y duermo unas pocas horas, siguiendo el problema. El que estaba de jefe ha acordado que iba a mandar a uno de sus compañeros a tierra. Fueron negociando.

El hombre que mandó, llegó en un plan muy insolente, muy endurecido, cuando se había logrado cierto aflojamiento. Se habían puesto duros y exigentes, y amenazantes. Dando ultimatos. En aquella situación cambiamos de táctica, no se le respondió más a las llamadas y se empezó a pensar en cómo resolver el problema, porque ya no había forma de establecer siquiera una negociación. Había que buscar variantes, porque los rehenes estaban sufriendo mucho. Ahí empiezan una serie de tácticas, más bien de tipo psicológico. Había procedimientos de fuerza que se podían utilizar, pero rechazamos utilizar algunos, a pesar de que el jefe principal, el más peligroso, era vulnerable...

¿Pensaban ustedes en una intervención?

Sí. Él tenía a las turistas con la pistola puesta a la cabeza, el gatillo levantado y sin seguro. Eso lo supimos después, porque cuando en el agua se encontró la pistola, al buzo que la está sacando se le dispara un tiro. Toda la situación era peligrosa, realmente, era un individuo que podía usar el arma.

Pero a él no se le castiga por eso, ése no era el problema; realmente era peligroso, hubo que adaptarlo todo. No se usó ninguna violencia, se usaron métodos psicológicos de distintos tipos. Ya estaban todas las condiciones tomadas, de forma que casi se reduce a cero el riesgo. Pero dio resultado. Había una tropa delante, como elemento psicológico, y una de las francesas entra como en comunicación, le hace seña a la tropa nuestra de que ella... A ella la tenían encañonada con una pistola. El tipo, además, estaba un poco agotado, exaltado, porque las comunicaciones se habían cortado, hacía una hora que no había comunicaciones.

Para estudiar su comportamiento, se hizo entonces una comunicación... Le digo al ministro: «Dile que la única garantía que tiene es que suelten a los rehenes». Llega un momento ya, en horas de la tarde, y próximo a utilizar otro de los recursos posibles, para garantizar una solución sin violencia, cuando ocurre lo de la francesa... La muchacha le hace seña a una escuadra de hombres de tropas especiales que están allí, consultan, y decimos: «Sí, sería lo más inteligente. Estimulen la fórmula de tirarse al agua». Y entonces las dos francesas se tiran al agua. Hay una más decidida, que era la que más peligro corría; hay otra que está un poco más amedrentada. Las dos fueron audaces, no sé qué pretexto usaron, se tiró una y después se tiró la otra, e inmediatamente hasta uno de los que estaban con el jefe de los secuestradores, un poco oportunistamente. Él se mueve con la pistola para ver lo que está pasando allá. Hay uno que era miembro del Ministerio del Interior, que estaba allí entre los secuestrados, se abraza con él, forcejean y se tiran al agua, cae primero, incluso, la pistola; los dos caen al agua, y por eso la pistola hay que buscarla, y apareció; como treinta horas después la sacaron. En el agua se dispara la pistola. Él la tenía cargada, era peligroso dominarlo; pero él cayó al mar y todo el mundo hizo así: para el agua.

¿Nadie resultó herido?
No, nadie. Claro, nosotros hicimos operaciones psicológicas. Él se intimidaba mucho cuando una lancha se acercaba. Ahora, no tenía de qué quejarse, la lancha daba vueltas; de todo hacíamos, lo poníamos en situación de tensión; estaba agotándose ya; pero la muchacha francesa es la que promueve el desenlace, y se lanzan todos al agua, y ellos también, todos se lanzaron al agua y fueron recogidos.

Yo después los vi, hablé con las turistas francesas, les pregunté todo, hablé con los distintos rehenes. Con él no hablé, realmente con los demás sí y, en general, fui preguntándoles algunas cosas. Entre los cuarenta había algunos cómplices, ellos tenían alrededor de doce, había algunas mujeres; la propia señora que tenía el niño era cómplice; pero no tenían implicación alguna por lo menos veintiocho pasajeros.

Ustedes, en las negociaciones con ellos, ¿les prometieron algo, no sé, la libertad, un visado para Estados Unidos, o algo así, si soltaban a los rehenes sanos y salvos?
Mire, ya ellos habían creado el problema. Es que incluso el intento de persuadirlos era muy complejo. A mí no me gusta, y dije: «Diles que serán castigados en dependencia de su comportamiento». Si ellos cooperaban para resolver el problema, y sinceramente se les habló de priorizar la negociación para resolver aquella situación en concreto, mientras se buscaba cómo resolver lo que ya se había creado con la posición adoptada por las autoridades de Estados Unidos.

Ya en esa situación era realmente indispensable buscar una solución, como la que se adoptó cuando los secuestros de los aviones norteamericanos. Al devolver a aquellos secuestradores que se traían aviones de Estados Unidos. En veinticuatro años no se ha vuelto a producir un solo secuestro. Ahora todo el mundo, locos, medio locos, tienen en cuenta que no consiguen el objetivo, porque los devolvemos; y es lo que no quisieron hacer las autoridades norteamericanas con ninguno de estos casos, que con sencillamente devolverlos se podía tener la esperanza de resolver el problema.

No bastaba, incluso, una sanción drástica, eso no era suficiente, había que asumir riesgos adicionales, advertir que bajo ninguna circunstancia un secuestrador de barco o de avión recibiría una gota de combustible, y que no recibirían petróleo ni ninguna cooperación, ni barco ni avión.

Lo tercero es que quienes realizaran tales hechos serían sometidos al mismo procedimiento, y que el Consejo de Estado no tendría clemencia.

Así que de hecho, a causa de la actitud de las autoridades norteamericanas, se arriesga aquí a eventuales rehenes. Entonces, yo digo: bueno, ¿quién tiene la responsabilidad si un avión de línea, un avión con cien pasajeros, es víctima de una explosión en el aire? ¿Quién tiene la responsabilidad de esas muertes? Los que están estimulando desde allá ese tipo de acciones. Por eso yo les digo a muchos de nuestros amigos que a veces nos critican que traten de comprender las circunstancias en que el país tiene que defenderse.

Pero, aun en esas circunstancias, los autores podían haber sido castigados a penas severas, en cualquier otro país lo hubiesen sido; pero ¿por qué a la pena capital y con una ejecución tan inmediata?

No bastaba, de hecho, ni siquiera la sanción ejemplar. Habría sido para nosotros muy complicado y estábamos dispuestos, no obstante, a hacer con éste, con el que estaba de jefe, si tenía la jefatura de verdad, algún compromiso de sanción, y se les había dicho: «Serán sancionados, pero la sanción dependerá de que cooperen o no». Realmente se hicieron grandes esfuerzos para que el hombre cooperara. Pero de todas formas nos colocaba ya en una situación muy difícil; porque cuando se está celebrando el juicio, ya se había producido el intento de robar un arma para secuestrar otro avión; ya eran decenas, eran más de treinta proyectos, por todas partes llegaban noticias de intentos de secuestro de aviones y de secuestro de barcos por parte de ese tipo de gente, que son audaces, que no temen.

El problema en ese momento, los norteamericanos ya lo habían creado. Y uno sabe, por las circunstancias en que operan, que ésa es una prueba de que el problema no se resuelve de ninguna manera. Bastaría con que dijesen que devuelven todo avión que se secuestre; el día que devolvieran un solo secuestrador, el problema se acababa. Nosotros les resolvimos a ellos el problema, pero ellos no nos lo resolvieron a nosotros. Quedó la Ley de Ajuste Cubano, quedaron los secuestros de naves, robos, piratería de naves agrícolas, pero no de naves de pasajeros. Nadie pensaba siquiera que se podía producir, fue realmente una gran sorpresa.

Y piense usted que el secuestro del primer avión se produce en vísperas de iniciarse la guerra contra Irak, de donde surge la cuestión de la necesidad imperiosa, desde nuestro punto de vista, de parar aquello, y para nosotros había que parar aquello y no veíamos otro camino de parar la ola de secuestros. Hubo que hablar después y explicar, pero es que había que decir: «Política: ni una gota de gasolina». Así que podían aterrizar de una forma o de otra, y no habría una gota de gasolina; es decir, nadie obtendría gasolina hiciera lo que hiciera. Y, además, las otras medidas.

De modo que, al desaparecer realmente la posibilidad de que puedan obtener el objetivo —aunque sí podían llevarse una lancha por ahí—, de esa manera el secuestro de barcos y aviones con toma de rehenes, esa posibilidad ya no la tienen, no existe en este momento.

Ahora, fíjese, los elementos que le doy: desde septiembre de 2002 los norteamericanos cortan el convenio de un acuerdo que venía cumpliéndose durante diez años. No fue después que les hablamos del monitoreo, fue seis meses antes de que se produjera la prohibición de viajar, seis meses antes —vaya a saber por qué—, cortan la entrega de visas y crean ya la misma situación que se había producido en el mes de agosto de 1994. Hubiesen creado una situación de caos si aquí empiezan a robarse barcos y aviones. Figúrese la importancia que nosotros teníamos que darle a eso, casi por encima de todo.

Entonces, cuando secuestran el primer avión de una manera extraña, nadie se explica; ni siquiera la guerra contra Irak había comenzado, y eso estaba planeado de antes, porque hicieron varios viajes. Nadie sabe quiénes son esos tipos, lo que saben, si los indujeron, que es posible y creo que hasta probable, porque basta uno, basta un jefe, no va a ser una enorme casualidad. Ya tienen planeado eso, ya vienen suspendiendo las visas hace un montón de meses, ya tienen planes para hacer algo. Ya han logrado el secuestro de un primer avión, y ellos saben, igual que nosotros, qué potencial hay.

Cuando volvió Oliver Stone,[3] nos reunimos Oliver y los que venían con él, Felipe Pérez Roque también estuvo, y los ocho tipos que asaltaron a un soldado y le quitaron el fusil con la intención de ocupar un avión y secuestrarlo. Ésos están sancionados, aunque se pudo evitar el secuestro. Ya estaban en el aeropuerto, tenían todo el plan. Desde luego, ninguno por motivos políticos. Todos contaron su historia; cada uno, sus motivaciones. Estábamos todos conversando, casi como estamos conversando aquí: «¿Ustedes por qué hicieron esto?». «Por tal cosa.» Todos con noveno grado, porque todos tienen el noveno grado —hay uno que tenía un poquito más—, porque ésta es una población que lee y los delincuentes aquí, la mayoría, tienen noveno grado.[4] Ahí están todos tomados y filmados, una conversación donde está Oliver y su equipo, Oliver preguntando además, y yo también les pregunté, y hasta les expliqué: «Ustedes tendrán que ser castigados; pero, afortunadamente, ustedes no lograron realizar el secuestro».

Ellos explicaron, uno por uno, por qué habían decidido ese secuestro y cuándo. Un día dijimos: «Vamos a verlos». Estaban aquí, porque el lugar del delito está en la jurisdicción del tribunal de La Habana. Nada de esto se ha publicado, y ellos hablaron como hablamos usted y yo.

¿Y dijeron por qué se querían marchar?
Todo, explicaron eso. Pero es que hay, además, más de treinta casos…

Que se estaban produciendo ya.
Sí, treinta proyectos de secuestro, y ahora casi han desaparecido.

¿Usted considera, por consiguiente, que la aplicación de la pena capital ha sido en este caso eficaz?
Éste es el caso en que yo digo que una medida de esta naturaleza corta el problema. Y el antecedente lo tenemos en el hecho de que en veinticinco años, de ese país, de Estados Unidos, donde hay tantos locos y todo tipo de desquiciados, nadie se ha llevado un avión, cuando antes se llevaban decenas de aviones cargados de pasajeros, a pesar de las sanciones que nosotros les íbamos poniendo. Sólo una: devolverlos. Si ellos devolvieran, se acababa el problema. Si ellos quitan su Ley de Ajuste Cubano no hay ningún problema de este tipo, Ramonet. Ésa es la historia, se la he contado entera, me he olvidado de que estábamos en una entrevista.

¿Qué sentimientos le inspiran todas las protestas contra esas tres ejecuciones?
Respetamos totalmente las opiniones de los que por razones religiosas, filosóficas o humanitarias se oponen a la pena capital. Los revolucionarios cubanos también la aborrecemos, por razones más profundas que

las que han sido abordadas por las ciencias sociales sobre el delito, hoy en proceso de estudio en nuestro país. Llegará el día en que podamos acceder a los deseos de todos aquellos amigos, y usted entre ellos, que nos aconsejan abolir esta pena. Debo decir que hemos sufrido, en particular, por no haber podido responder positivamente, sobre este asunto, a la noble intervención del papa Juan Pablo II.

Hacia ese Papa sentía un sincero y profundo respeto. Comprendí y admiré su noble lucha por la vida y por la paz. Nadie se opuso tanto y tan tenazmente como él a la guerra contra Irak. Estoy absolutamente seguro de que nunca habría aconsejado a los iraquíes dejarse matar sin defenderse; tampoco hubiera aconsejado algo parecido a los cubanos. Él sabía perfectamente bien que éste no es un problema entre cubanos; es un problema entre el pueblo de Cuba y el gobierno de Estados Unidos. Ni siquiera Cristo, que expulsó a latigazos a los mercaderes del templo, dejaría de optar por la defensa del pueblo.

¿Le sorprendió la declaración de José Saramago?[5]

Sí. Nos dolió bastante. Creo que se precipitó un poco. Sin conocer a fondo la situación, ni las circunstancias. Pero respeto sus convicciones. Muchos amigos nuestros se molestaron por esas ejecuciones. Nosotros respetamos sus principios. Pero ha habido mucha propaganda y eso ha creado una gran confusión. Algunos amigos, que habían hecho unas declaraciones críticas, como Eduardo Galeano, han rectificado su primera actitud. Nosotros hemos apreciado mucho que algunos amigos nuestros hayan tenido en cuenta, por lo menos en parte, nuestras explicaciones.

23

Cuba y España

Felipe González – José María Aznar – Los socialistas españoles y la Revolución cubana – La izquierda española – La ruptura con Felipe González – Franco y Aznar – El rey Juan Carlos – El príncipe Felipe – Manuel Fraga

Después de los arrestos de disidentes en marzo de 2003, el ex presidente del Gobierno español Felipe González hizo unas declaraciones muy agresivas contra usted.[1]

Una estupidez. Está muy bravo por lo que yo dije sobre las ejecuciones extrajudiciales de los vascos de ETA en España. Porque denuncié[2] que bajo el mandato de un jefe de Gobierno español —Felipe González— decenas de etarras fueron ejecutados extrajudicialmente sin que nadie protestara ni lo denunciara ante la Comisión de Derechos Humanos de Naciones Unidas. Y también dije que otro jefe de Gobierno —José María Aznar— en un momento difícil de la guerra de Kosovo, aconsejó al presidente de Estados Unidos arreciar la guerra, multiplicar los bombardeos y atacar objetivos civiles, que causarían la muerte de centenares de inocentes e inmenso sacrificio a millones de personas. La prensa sólo dice: «Castro arremetió contra Felipe y Aznar». Del contenido real ni una palabra.

Y yo lo he dicho con toda claridad. El gobierno de la época está implicado en eso. Y su presidente, Felipe González, no puede haberlo ignorado. Eso de que él no sabía no lo cree nadie, alguien que tenga un mínimo de noción de Estado sabe que tal operación no se puede realizar sin complicidad. Sus colaboradores más íntimos, el ministro del Interior, el jefe de la policía, evidentemente, recibían órdenes. Esos colaboradores fueron juzgados y sancionados,[3] pero él no. Lo primero que tiene que hacer un dirigente es asumir lo que pasó. Si yo me comportara de esa manera, yo no podría dar una orden a nadie más aquí.

Usted tenía con Felipe González una larga amistad, ¿verdad?

A Felipe lo conocí desde la época de la apertura democrática en España, en el año 1976, mucho antes de que el Partido Socialista Obrero Español [PSOE] fuera una gran fuerza en el país. Antes de las primeras elecciones de 1977, cuando fue elegido diputado. Visitó Cuba en junio de 1976 y conversamos bastante con él. Después, cuando él recorría América Latina, hacía a menudo escala en Cuba. Iba a Panamá, tenía buenas relaciones con Omar Torrijos, iba a distintos lugares porque él siempre se interesó mucho por América Latina. Él venía aquí, le gustaba el mar, le gustaba la pesca, sentía una verdadera pasión por la pesca de cordel. Una vez estuvimos dos días en el mar. Y tuvimos con él muchas conversaciones amistosas. Vino García Márquez, vino Guayasamín, estaba el escritor peruano Alfredo Bryce Echenique, y también Javier Solana que luego fue ministro de Cultura, creo, y después se convirtió en «gran mariscal», secretario general de la OTAN, y hoy es una especie de ministro del Exterior de la Unión Europea. Reunimos distintas personalidades y estuvimos en familia conversando de todos los temas, de manera muy positiva, muy constructiva.

Luego la prensa lo atacó en España porque aquí estaba preso el que era entonces jefe de una organización terrorista y que era de origen español.

¿Eloy Gutiérrez Menoyo?[4]

Sí. Gutiérrez Menoyo, que nosotros decidimos liberar. Ya había cumplido prácticamente su condena. No queríamos que eso le causara trastornos a Felipe. Él nos había hablado, con mucho cuidado, muy respetuoso, de ese problema. Y nosotros tomamos la iniciativa de liberar a Gutiérrez Menoyo.

¿Usted mantuvo buenas relaciones con Felipe González cuando él llegó al poder en octubre de 1982, cuando fue nombrado presidente del Gobierno?

Nosotros mismos deseábamos el triunfo de Felipe porque, con todos sus defectos, era un individuo con el que tú podías discutir, hablar, mantenía algunas formalidades y algunas formas de decencia. Ya cuando él es presidente del Gobierno es otra cosa, y hubo algunas diferencias, porque a nosotros nos parecía que el papel de España, dentro de aquella situación de guerra fría, era positivo en las relaciones con todo el mundo, porque era una situación privilegiada, era una situación de comercio y de paz, y no éramos partidarios de su ingreso en la OTAN, sencillamente.

Se estaba discutiendo por aquellos tiempos la cuestión, porque yo hice unas declaraciones... Ya él había ganado las elecciones. Yo comprendía perfectamente la cuestión de la integración económica en el seno de la Unión Europea, que se hizo en 1986, porque ésa era la conveniencia de Europa y, por tanto, de España. Pero discrepábamos totalmente en la cuestión de la OTAN, y yo hice unas declaraciones abiertas, francas, antiOTAN, sobre qué papel yo le veía a España con la apertura diplomática y el papel que podía desempeñar en el mundo España, dentro de aquella situación —en vez de enrolarse en la OTAN, algo que Felipe González había prometido que no haría—, y yo di mis opiniones: por ahí se pueden encontrar, en una larga entrevista, con relación al ingreso de España en la OTAN en mayo de 1982.

Esa cuestión de la OTAN, ¿enfrió las relaciones entre ustedes?
Bueno, Felipe cambió bastante. Pero éramos partidarios del triunfo de Felipe en las elecciones de 1993 contra Aznar. Yo seguía los debates, observaba a Aznar; era un robot, una máquina, que en la cabeza se ponía una serie de datos y de cifras. Tiene el debate televisivo con Felipe; Felipe no quedó muy bien en aquel primer debate. Vi la táctica de Aznar, su psicología, su forma de atacar, de acusar, de repetir como una máquina y, a pesar de eso, Felipe, muy confiado, no le prestó mucha atención a aquel primer debate y realmente los resultados, en esas encuestas que se hacen después de los debates televisados, le fueron adversos. Hasta yo mismo hice con él algunos comentarios y le advertí de la necesidad de tomar en serio el segundo debate y de prepararlo bien. Como él tiene más cultura que Aznar, más experiencia, más habilidad... Y ya en el segundo debate ganó ampliamente Felipe, desconcertó al otro; Aznar no tenía guión, se quedó sin guión, porque Felipe lo sacó del guión, y ganó.

Pero, bueno, todo el mundo sabe las cosas que ocurrieron en España durante el gobierno de Felipe González: hubo corrupción, gente que se hizo millonaria, la historia incluso de aquella casa que se construyó uno que tenía creo cuarenta bidés, y así mucha gente se hizo rica, se hicieron negocios de todas clases. Hubo un proceso de corrupción, de enriquecimiento, de pérdida de la moral.[5]

Recuerdo que, en los primeros años después del triunfo de Felipe, en una cena, en la embajada de España en La Habana, se discutía el número de años que podía estar el Partido Socialista en el poder, y yo dije que el Partido Socialista podía estar en el poder un tiempo sin límites, con una política honesta, mínimamente sincera. Yo no veía qué posibilidad podía haber en España de arrebatarle el poder.

La derechización de la política de Felipe, a mi juicio, condujo al desgaste, a la corrupción y a todas aquellas cosas. Nuestras relaciones fueron en un tiempo buenas y después fueron siendo cada vez peores. En un momento dado —habría que averiguar—, creo que se iniciaron las Cumbres Iberoamericanas, y, bueno, Felipe iba a las cumbres y nos tratábamos normal y respetuosamente. Pero él se comprometía cada vez más con la política de Estados Unidos, de la OTAN y todo. Felipe se desgastó, realmente se desgastó, y luego ganó Aznar.

Cuando se derrumbó la URSS, ¿le dio Felipe González algún consejo sobre las reformas que había que hacer en Cuba para evitar un derrumbe semejante?

Recuerdo muy bien, cuando se hundió la URSS, la cantidad de gente que me cayó a mí arriba para que nosotros hiciéramos las mismas porquerías que hicieron los demás. Entonces, tú ibas a una reunión, una toma de posesión, allí siempre se reunían algunos, Carlos Andrés Pérez,[6] Felipe González, y se reunían otras personalidades latinoamericanas a aconsejarme a mí lo que teníamos que hacer para que Cuba pudiera sobrevivir...

Yo, con mucho respeto, los escuchaba; discutía, en la medida que valía la pena discutir sobre eso, y me mantenía inflexible. Entonces Felipe dijo que ésa era una «posición numantina», aquello de Numancia[7] y Maguncia, como diciendo: «Bueno, eso conduce a esto»; pero preferimos esto.

Discutíamos sobre el tema, yo le decía que era un gran admirador de aquella gente, de los numantinos, por lo valiente y la actitud que tenían. Pero mi oposición completa a hacer las concesiones que estaban exigiendo y que fueron las que hundieron, uno por uno, a todos estos, a Felipe, a Carlos Andrés y a la URSS, en primer lugar.

Creo que también vino el que había sido ministro de Economía de Felipe González, Carlos Solchaga, ¿verdad?

Sí, porque en aquellos días Felipe González quería «ayudarnos», figúrese, como si nosotros fuéramos unos tontos y no conociéramos a España. Pero él quería «ayudarnos», tanto que nos ofrece un asesor, y con la mayor calma del mundo le dimos las gracias. Le digo: «Te agradecemos mucho»; es decir, no le hicimos un rechazo.

Ustedes escucharon con educación.

Felipe no había dicho todavía a quién iba a mandar, pero sabíamos muy bien que el PSOE había estado asesorando a Gorbachov. Los primeros consejeros de Gorbachov fueron la gente de Felipe, y un día Gorbachov, hablando conmigo, por teléfono o en una carta, me hablaba con admiración de Felipe González: «Felipe, un socialista». Yo hacía rato que me sabía de memoria que Felipe no tenía nada de socialista, en absoluto. Y Felipe feliz, estaba mandando a su gente a asesorar allá a Gorbachov.

Hay que hacerle un monumento al PSOE por lo mucho que contribuyó a que la URSS sea lo que es hoy. Hasta un poco de la gente que muere al desaparecer los servicios médicos —que nunca fueron óptimos—, al elevarse la mortalidad infantil, acortarse las perspectivas de vida, llegar a las situaciones terribles que hay hoy en ese país.

Según usted, ¿el PSOE tiene cierta responsabilidad en eso?

Sí, el PSOE la tiene por mandar a esos consejeros; después llegaron a Moscú los norteamericanos. Cada vez eran más y más, y cada vez más y más las concesiones, y, sencillamente, se desintegra la URSS.

¿Esos mismos consejeros son los que le envía a usted Felipe González en un momento dado?

Sí. Lo que le quería decir es que de sobra me sabía yo los consejos que me iban a dar. Las ideas de Felipe no se parecían en nada a los conceptos que nosotros tenemos; incluso una vez había un montón de miles de médicos sin empleo en España y le dije: «Por qué no hacen lo que nosotros estamos haciendo, formando médicos y creando el médico de la familia en la comunidad, los servicios tremendos en todas esas aldeas, en todos esos lugares». El costo es tanto; discutí hasta el costo de darles empleo a algunas decenas de miles de médicos y lo que valían esos servicios para la población.

¿Y qué le contestó?

Bueno, lo oía con mucho interés. En noviembre de 1986 vino de nuevo Felipe, fuimos al mar de pesquería, estuvimos un día en el mar, regresamos; fuimos a Tropicana. Allí también había ido Raúl Alfonsín, que era presidente de Argentina. Felipe quiso ir a Tropicana y allí le prepararon el gran *show*. Con unas mujeres muy bellas, afrocubanas en su inmensa mayoría, y muy buenas artistas, en ese *show*.

Me acuerdo que con Felipe fuimos a saludarlas a la tribuna, y allá tomaron todas las fotos que quisieron, todo el mundo muy afectivo. Y hay una muchacha muy buena, cantante, que se llama Linda Mirabal, que por fin después se nos quedó en España, porque ustedes los europeos roban cerebros…

Cerebros y cuerpos también, si entiendo bien.
Sí, se fijan primero en el cuerpo, pero estoy hablando de cerebro artístico. El cerebro artístico muchas veces está alojado en cuerpos muy bellos, de acuerdo con el tipo de arte que se trate.

Le sacaron a Felipe una foto en que está así; la mujer aquella, muy bella y muy revolucionaria, es la que tiene a Felipe así por el cuello, y él mirándola así a aquella mulata por aquí… Y en una revista, no sé cuál de esas en las que ustedes gastan no se sabe cuánto papel, dinero en papel lustrado, que recogen toda la chismería de Europa y de aquellas sociedades, dicen: «Castro y Felipe, la gran francachela», «Fiestón con el dictador en La Habana». Daba gracia porque Linda estaba con Felipe, y estaba simpática la foto aquella.

Creo que en ese mismo periódico salió el hijo del rey Juan Carlos, cuando estaba dando la vuelta al mundo como cadete, hubo como dos hojas consagradas al hijo del rey. A Felipe y a mí, pero principalmente a Felipe, la revista esa le dedicó: «El fiestón con el dictador», porque había ido a Tropicana.

Más o menos hubo todo un período bien… Pero estaban en ese clima después de la desaparición de la URSS, y estábamos aquí en el «período especial», y ellos se reunían conmigo para aconsejarnos cosas que habrían liquidado a esta Revolución en seis meses. Es decir, que era una broma realmente; para nosotros y en el interior de nosotros…

No siguieron esos consejos, pero algunas reformas hicieron, ¿no?
Desde luego, sí, nosotros tuvimos que tomar algunas medidas. Tuvimos que aceptar las tiendas en divisas, cosa que odiábamos, porque sabemos lo que significaba; aquellos que tenían posibilidades de recibir divisas era por muchos de los que se habían ido. Pero determinadas circunstancias nos obligaron a tenerlas.

Bueno, la idea de empresas mixtas la teníamos desde antes o, mejor dicho, el desarrollo del turismo.

¿La idea del turismo la tenían de antes ya?

Sí, y la idea de algunas empresas mixtas también antes de eso; pero entonces fundamentalmente lo que hicimos fueron algunas medidas económicas moderadas, tú no te puedes lanzar detrás de una aventura de esas. Hicimos empresas mixtas, estudiamos las características, dónde era conveniente, dónde no era conveniente. Soportamos el dolor de las tiendas en divisas. Comprendíamos los inconvenientes del turismo. No sólo los hay, porque puede introducir costumbres…. Hay que luchar contra corrupciones, drogas pueden venir, aunque hemos tenido, por suerte, en general, un turismo de personas sanas, canadienses y de muchos países europeos.

Casi todos los hoteles los hemos construido nosotros, y entonces aparecía: «Una empresa tal… El hotel tal en La Habana», parece que tal empresa extranjera se gastó el dinero, lo construyó. No. Los hemos construido nosotros, y como algunas empresas extranjeras tienen experiencias en turismo y en técnicas, pues el hotel era nuestro con un contrato de administración con ellos. Son muy pocos los hoteles edificados con capital mixto; unos cuantos, con dinero parte nuestra y parte de ellos.

Nosotros, además, en la construcción de esos hoteles empleamos muchos materiales que los producimos en el país, no significa un desembolso. Ahora, a medida que van adquiriendo más calidad y más calidad, usted tiene que ir incluyendo elementos importados. Pero el 80 por ciento de la capacidad hotelera, por lo menos, ha sido creada por Cuba con nuestros propios recursos.

Hubo empresas extranjeras, incluso, que después no les alcanzó el dinero y tuvimos nosotros que terminarlos. Ahora, en contrato de arrendamiento; pero el 80 por ciento es cubano. El país se ha salvado fundamentalmente con su trabajo. Y por los recursos, por su sacrificio, aunque hemos hecho algunos buenos acuerdos con algunas buenas empresas; quiero decir, empresas serias. Claro, si tú discutes, si tú sabes lo que buscas, porque, de lo contrario, te compran la república por un dólar.

También tuvimos que enfrentarnos, porque hubo empresas grandes, empresas medianas y empresas pequeñas, no fue perfecto, en las cuales estábamos asociados… Y tenemos ideas bien claras en que tú debes mantener el ciento por ciento del control, y entramos en electricidad, en el petróleo y en todo; pero nosotros no privatizamos un hospital.

¿Cómo ocurrió la ruptura con Felipe González? ¿Por qué él tiene ahora esa actitud tan crítica?

Bueno, porque todo empezó muy bien en una época en que existía el campo socialista, la URSS y todo, y Cuba no estaba apretada. Entonces había una cierta amistad. Luego, cuando desaparece la URSS, como le dije, Felipe y sus amigos nos quieren «salvar» con consejos que todo el que los ha seguido se ha hundido, que son consejos como la globalización neoliberal. Todos los que los han seguido se han hundido. Todos esos consejos, en el orden político y en el orden económico, han hundido a los países. Nosotros teníamos convicciones muy sólidas y muy firmes sobre nuestras ideas, nuestro propósito, nuestro objetivo, dónde se podía hacer una concesión y dónde no, y cada vez con más experiencia.

Por ejemplo, con las empresas mixtas de las que hablábamos, a veces tú te encuentras que una máquina cuesta un millón de dólares, o un millón y medio, y se paga en un año o año y medio. Tú no debes hacer ninguna empresa mixta en la que alguien pone una máquina, tú pones otra cosa y lo que se amortiza en un año va a estar veinte años produciendo.

Ahora, si tú tienes que perforar en el mar, si tienes que extraer el petróleo, hacer el estudio, todo eso y ésa es una rama que por los fenómenos monopólicos tiene un precio, los precios en el mercado son muchas veces el valor de costo, dispones de una enorme cantidad de capital, puedes hacer contratos a riesgo y tú no tienes la tecnología, ni tienes el capital. Lo que debes conocer muy bien son todas las normas internacionales que rigen esos acuerdos, discutir al detalle y con firmeza. Aquí las empresas se aprueban centralmente, eso es altamente conveniente hacerlo. Hemos conocido algunas empresas mixtas altamente convenientes. Y también hemos conocido algunos negocitos, timbiriches.

¿A qué le llama usted negocios «timbiriches»?

Ya le conté la historia de aquellos dos españoles que vinieron con una inversión de ciento y pico mil dólares, y que organizaron un mecanismo de tráfico. Compraban la materia prima en Colombia, y el mercado era España. Parecían los más eficientes administradores: cuando llegaba un contenedor lo esperaban en el muelle, lo llevaban hasta allí; cuando embarcaban la producción para España, en esos mismos contenedores, la acompañaban hasta allí… Y, como le dije, luego descubrimos que se trataba de contenedores que tenían un relleno que ¡llenaban de droga! Producían unos objetos; tenían unos doce o trece trabajadores —eso sí, eran muy amables con mucha gente, después lo supimos—, y de ahí el contenedor para España con las figuras dentro… y la droga para venderla allá en Europa o para mandarla a Estados Unidos.

En un momento se descubre, allí mismo, en Colombia, y lo que hicieron fue que advirtieron a los tipos que se quedaron por allá en España. Allá los tipos fueron acusados y alegaron que no, que lo que pasaba era un problema con Cuba, porque Cuba lo que quería era «apoderarse de su fábrica, de su producción» y que ellos eran unos inocentes. Y están libres, ya le dije, a pesar de que todo el mundo sabe, en Colombia y en Cuba, que fueron intentos de tráfico de droga a gran escala. Oiga, de verdad que nos sentíamos insultados, y andan libres los tipos, en España, sin ninguna consecuencia, lo sabe todo el mundo.

En la televisión,[8] le he visto a usted muy enfadado contra el señor Aznar. Tengo la impresión de que no le tiene usted una simpatía gigantesca al ex presidente del Gobierno español.
Por suerte. Pero yo no creí haberme irritado, porque yo estaba tranquilo, puede ser que tuviera hasta indignación frente a esa declaración tan inoportuna de los europeos cuando todo el mundo ha visto los bombardeos en Irak, las bombas esas cayendo, cuando saben que millones de gentes han quedado traumatizadas para toda la vida. Muchas veces hay que tenerles más envidia a los que mueren que a los que sobreviven, sobre todo cuando tienen mutilaciones. Y cuando hablo de mutilaciones, hay que pensar en las mutilaciones mentales: los mutilados mentalmente, los traumatizados por toda la vida, los niños esos que tienen cinco, seis, siete años, las personas de treinta, de sesenta, de ochenta si van a vivir hasta noventa años, millones de personas psíquicamente afectadas y traumatizadas por aquellos bombardeos cuyas víctimas no se pueden medir, sencillamente, porque hubo tantos heridos y tantos muertos. El trauma psicológico de ver perdidas todas las riquezas, la cultura, los museos.

Entonces, la gente acaba de ver eso, que dio lugar a que en España el 92 por ciento de los ciudadanos se opusieran a esa guerra de Irak, y en Francia y en todas partes del mundo estuviesen contra la guerra. Nuestro pueblo vio lo mismo también, y está amenazado de que le hagan lo mismo. Entonces, cuando aparece una declaración de la Unión Europea[9] en que se está dando el arsenal de argumentos con que el gobierno de Estados Unidos quiere imponer su ley en el mundo y aplastar a nuestro país, ofendido, insultado, herido en su orgullo porque hemos resistido, porque no hemos obedecido sus órdenes... La indignación era muy grande.

Yo puedo por dentro... pero después vi la emisión de que usted habla. Y bueno, había indignación… Ahora, niveles de exaltación o de rabia no.

Lo encontré bastante duro.

Fui duro, puede ser que mi rostro fuera duro; pero también empleé mucho el humor, la ironía. Yo prefiero la ironía y el humor, a la rabieta o a la mala cara. Entonces, realmente, yo no estaba irritado en esa emisión. Yo no creía, por lo menos. A usted le dio esa impresión; a los demás, puede ser porque estuvieran más bravos que yo o más indignados que yo, no les pareció. Yo siempre les pregunto y ellos me dicen, y yo sé que tiene mucho más efecto la serenidad.

Claro que a veces tengo que decir las cosas con cierta pasión. A mí me parece que yo hablaba con cierta pasión, cierta vehemencia, más que furia o más que ira. Pero la reacción de todo el pueblo, que se vio al otro día,[10] estuvo determinada, realmente, por la indignación que resulta, el peligro que significa ese tipo de declaración que ninguno de esos países europeos ha podido justificar.

Bueno, que tenemos un partido, que hay disidentes, que hay presos; no somos el único partido, ni el único país del mundo… ¿No podemos tener un partido? ¿Tenemos que tener disidentes de todas maneras? ¿No podemos aplicar ninguna ley?… Hay una serie de preguntas a las que ningún gobierno de Europa podría responder, con relación a la doble moral, al doble rasero, a la discriminación cuando se trata de un pequeño país.

En esa intervención, usted calificó al señor Aznar de «führercito», y entre otras cosas le llamó «cobarde». ¿Usted piensa que la actitud del señor Aznar, en particular, es la que condujo a la Unión Europea a tomar medidas contra Cuba?

Fue el principal cabecilla. Mire, Aznar es amigo de la mafia terrorista esta cubano-americana de Miami; le dieron dinero para su campaña electoral, viajaba en aviones de toda aquella gente.

¿Los amigos de Jorge Mas Canosa[11] y la Fundación Nacional Cubano-Americana?

Sí. Aunque hay que decir que Felipe González ya comenzó también haciéndoles concesiones de tipo económico. Pero Aznar era íntimo amigo de toda esa gente, con el avión personal de Mas Canosa era con el que se movía por ahí cuando iba por América Central; también lo ayudaron en la campaña de las elecciones generales de 2000, y así obtuvo el triunfo.

Aznar llega al gobierno, en 1996, lleno de prejuicios, de odio reaccionario, porque Aznar es un reaccionario de pensamiento. Aznar es un hombre conservador, reaccionario.

Ocurrió también un factor que le favoreció, que fue el atentado que le hicieron en abril de 1995 antes de las elecciones, con lo cual, realmente, le ayudaron a ganar las elecciones. Tuvo un gesto, lo puedo apreciar así, se comportó —según he leído— con valentía. Fue a visitar inmediatamente a los que habían sufrido alguna herida, y eso al pueblo siempre le agrada. Tuvo ese gesto, es decir, explotó a fondo el atentado aquel, sumado a todos los errores, incongruencias, contradicciones y divisiones de la propia izquierda. Por eso, creo, pensó que podía explotar de nuevo el atentado horrendo del 11 de marzo de 2004 en Atocha, en Madrid. Pero ahí le salió el tiro por la culata, y su partido perdió las elecciones. Ganó José Luis Rodríguez Zapatero, retiró las tropas españolas de Irak, nos alegramos.

¿La izquierda española está demasiado dividida, según usted?

Ahí hay que decir la verdad, yo no soy un apologista de la izquierda española, hemos tenido relaciones con Izquierda Unida, pero han estado muy divididos. No puedo culpar a aquella izquierda de la división, porque el que más se oponía, intransigentemente, a buscar alguna forma de acuerdo con el resto de la izquierda era el PSOE.

Lo de cómo pensaban Aznar y su partido, lo sabía todo el mundo. Y desde luego, no teníamos ninguna simpatía por él, ni deseos de que ganara las elecciones, porque sabíamos más o menos las consecuencias a partir de sus pensamientos y de sus relaciones con la mafia de Miami; era un hombre de la mafia, quiero decir, que recibió gran apoyo, y aquéllos tenían muchas esperanzas en la política de Aznar.

Él, cuando llega al poder en 1996, muy pronto empieza a hacer críticas bastante sistemáticas contra Cuba.

Se entablan polémicas fuertes en el Congreso de Madrid por su política, porque nombra a un embajador, José Coderch, que normalmente debe esperar a que se le dé el *agreement*, y aquel embajador empieza a hacer declaraciones de lo que haría y desharía aquí en Cuba, y sencillamente le quitamos el *agreement* al hombre. Dijimos: «A tal señor no lo aceptamos como embajador y le retiramos el *agreement*, búsquense a otro». Todo esto dio lugar a grandes debates en el Parlamento de Madrid.

En esa intervención en la televisión, cuando criticó la posición del señor Aznar, creo —de memoria— que dijo usted algo así como que «hasta Franco, finalmente, había tenido una actitud más correcta con Cuba».

Por lo menos más digna.

¿Más digna? ¿En qué sentido?

Se lo digo. Nosotros, por doctrina, éramos antifranquistas rabiosos cuando triunfa la Revolución. Y los yanquis empiezan a tomar medidas de todo tipo contra nosotros y Europa entera también. Aquella vez ya la Revolución se desarrolló sin Europa, y podría demostrarse que puede avanzar perfectamente bien sin Europa, porque en aquella época, en el año 1960, no había transcurrido tanto tiempo después de la guerra y estaba la OTAN, la guerra fría y todo aquello, el bloqueo...

Estados Unidos le impuso la ruptura con Cuba a casi todos los países de América Latina y también lo exigió de sus aliados europeos, y nosotros criticando a Franco y atacando a Franco, y él era el único que no se plegaba al pedido de Washington. La nuestra fue una posición absolutamente doctrinaria. Yo no había un lugar en que no hiciera un ataque contra Franco.

Una vez, creo que fue en enero de 1960, un embajador de España, Juan Pablo de Lojendio, era un marqués, era un miura... En aquella época las medidas nuestras de organización no eran muchas, la seguridad tampoco. Eran como las doce de la noche y en el edificio de Telemundo donde yo estaba hablando por la televisión y criticando a Franco, se siente un bufido y entra una especie de toro miura que avanza como un tanque, porque era medio gordo también, y ha dado un escándalo colosal, de insultos y todo... Entonces, no sé qué cosa le dije, más bien porque tenía que protegerme, digo: «¡Saquen al malcriado este de aquí!», y no conseguían sacarlo. El hombre fue valiente, tengo que reconocerlo. Yo no estaba ni muy ofendido, porque, bueno, después de la audacia de ese embajador me reía casi de aquello. Pero hubo que expulsarlo, no quedó más remedio.

Pero no se rompieron las relaciones, ¿verdad?

No, las relaciones con Franco no había quien las rompiera. Ahora, el tabaco nuestro quien lo compraba era España; el azúcar cubano lo compraba España; el ron cubano, España; y sin embargo, realmente, nosotros lo que teníamos era una fiebre y una crítica incesante contra Franco.

Y además, relaciones ostensibles con comunistas españoles, Santiago Carrillo, La Pasionaria, con todo el mundo.

Algunos de los que habían estado en la guerra civil española y después se habían ido para Rusia vinieron, que eran militares como el general Enrique Líster, o tenían experiencia, a ayudarnos a organizar las milicias y todas esas cosas. Y Franco no rompió.

Fue una actitud meritoria que merece nuestro respeto e incluso merece, en ese punto, nuestro agradecimiento. No quiso ceder a la presión norteamericana. Actuó con testarudez gallega. No rompió relaciones con Cuba. Su actitud fue firmísima.

¿Cómo lo explica usted?
Bueno, hay algunas explicaciones: Franco era del Ferrol, la escuadra de Cervera era la gente de allí del Ferrol.

El almirante Cervera de la batalla de Santiago de Cuba, en 1898.
De aquella batalla que fue un disparate, un sacrificio inútil. Cervera debió haber dejado aquellos barcos y poner a los marinos a combatir como infantería. Usar los cañones para defender la ciudad, la infantería para defender la ciudad. Le dan una estúpida orden, esa que dan esos políticos que no saben nada de guerra, porque, óigame, ni Aznar sabía nada de guerra ni Bush tampoco. Pueden dar órdenes —en general, éstos, los gobiernos norteamericanos, se atienen más a la experiencia—, y los militares se encargan de hacer la guerra.

Allá, en Madrid, un político le dio la orden a la escuadra de salir de la bahía de Santiago, y fue fusilada, barco a barco. Una de las cosas más crueles, a uno le duele; admirable el valor de aquellos marinos españoles. Se demostró allí el quijotismo y el heroísmo español en un grado muy alto. Nosotros los honramos, les rendimos tributo a aquellos hombres. Entonces, dicen que Franco era de allí, del Ferrol, de donde era la escuadra, y aquello fue un trauma muy grande, lo de Cuba fue un enorme trauma para los militares españoles.

Porque en esas circunstancias, Estados Unidos lleva a cabo, contra España, una guerra oportunista, muy desigual, y le inflige una de las mayores humillaciones de la historia. Le destruyó toda su escuadra en una batalla fácil. Fue una enorme humillación para el orgullo militar y para el orgullo nacional español. Y eso ocurrió cuando Franco era niño en Ferrol. Franco tiene que haber crecido y haberse educado con aquella amarga experiencia, en una atmósfera de abatimiento y sed de revancha. Quizá asistió al retorno de los restos de la escuadra vencida, de los soldados y oficiales humillados y frustrados. Eso debe haberle marcado profundamente.

Y lo que hizo la Revolucion cubana, a partir de 1959, resistiendo a Estados Unidos, rebelándose contra el imperio y derrotándolo en Girón, puede haber sido visto por él como una forma de revancha histórica de España.

En definitiva, los cubanos, en la forma en que hemos sabido enfrentarnos a Estados Unidos y resistir a sus agresiones, hemos reivindicado el sentimiento y el honor de los españoles. Ese factor histórico, casi sentimental, tiene que haber influido en la actitud de Franco. No creo en razones económicas, ni creo en razones de otro tipo.

Después Franco participa en una guerra colonial, la de Marruecos, en los años veinte, donde el ejército tiene enormes bajas, hay una batalla, la de Annual, en 1921, en la que tienen como tres mil bajas. Yo me he leído completa la historia de aquella guerra. Franco se destaca como jefe militar allí, adquiere fama de hombre valiente y ya lo usaban, tenía prestigio entre los militares. En Asturias, en 1934, lo usan para reprimir las huelgas de los mineros, va adquiriendo prestigio entre los sectores de la reacción. Era, sin duda alguna, astuto —no sé si eso será por la cosa de los gallegos, que los acusan de ser astutos—, y, bueno, todo el mundo sabe la historia, no hay que repetirla: la participación de Mussolini y de Hitler en la guerra civil española, Guernica, la batalla aquella de Guadalajara, donde los italianos fueron derrotados. Todo el mundo sabe cómo ocurrió. Franco fue astuto, porque después lo querían meter en la guerra mundial.

Mussolini entra en la guerra, después de que los alemanes derrotan a los franceses, invaden exitosamente Francia y desalojan a los ingleses, Mussolini declara la guerra; pero Mussolini creía que tenía las legiones romanas. Él se había olvidado de que las legiones romanas, al final, estaban constituidas por las tribus bárbaras y que el romano de los primeros tiempos aquellos, de la época de Julio César, con los mejores militares, ya no existía. El italiano era un pueblo pacífico, con otra cultura, otra mentalidad, no tenía aquellas tradiciones bélicas que los romanos tuvieron siempre —los alemanes las mantuvieron—, entra en la guerra y usted sabe, conoce derrota tras derrota: en Etiopía lo barrieron, en Libia lo barrieron, de El-Alamein lo barrieron, acabaron por convertirse en un gran estorbo para los propios alemanes en la guerra, y tuvieron que mandar a Rommel. Rommel se hizo famoso, no tuvo fama de tipo represivo; era, parece, un militar caballeroso, al final incluso.

Pero bien, está Hitler en pleno poderío, se entrevista, en octubre de 1940, en Hendaya, con Franco y no logra persuadirlo. Franco es astuto.

Prudente, no se mete en esa guerra.

Entonces él se compromete a mandar una división —la División Azul— pero no se mete en la guerra mundial y soporta la situación hasta el final. Después, los norteamericanos, siguiendo su tradición de «profundas convicciones» por las cuales hacen la guerra, se asocian a Franco y se alían a Franco. Y Franco fue entonces protegido también por Estados Unidos a partir de 1953.

Si se analiza la vida de Franco, bueno, la cantidad de gente que mató, la cantidad de represión que aplicó en España... De hecho, trajo de Marruecos a los moros, aquellos mismos contra los cuales guerreó; los trajo, fueron las primeras tropas que llegaron, y los mantuvo como su guardia personal durante todo el tiempo.

No creo que Aznar, en el lugar de Franco, hubiera sido menos cruel. Pienso que habría sido hasta más cruel; lo más probable es que se hubiera embarcado en la guerra, como hizo Mussolini, en la Segunda Guerra Mundial. Sin tener necesidad de entregarse a los yanquis, Aznar se entregó a los yanquis y se convirtió en un criado de Estados Unidos.

¿Usted considera que tenía menos visión política que Franco?

Óigame, estaba muy por debajo de Franco, como personalidad, como capacidad, como estadista, es lo que quiero decir. Aznar es la chancleta de Franco como personalidad, como capacidad política; en definitiva, Franco demostró que la tenía. Aznar habría sido más incondicional y, además, tal vez más cruel, porque es un tipo de odios.

Franco era un individuo de ideas reaccionarias... A lo largo de su vida adquiere un lugar, y Aznar es un heredero de Franco, porque se sabe que el Partido Popular surgió de esas filas, no de las filas socialistas. Aznar no procedía de las filas de los simpatizantes de Carlos Marx, procedía de las filas de los franquistas, y su mentalidad era franquista.

Ahora, no oí decir que Franco se apoderara de tanto dinero como se han apoderado otros. Eran ricos los que le apoyaban, pero, al parecer, era una administración menos corrupta. Si hacemos una especie de *Vidas paralelas*... Podía aparecer alguien que hiciera *Vidas paralelas* y pusiera a un lado a Franco y pusiera por otro lado a ese «caballerito».

Franco tenía los periódicos; Aznar hizo más o menos lo mismo, pero simplemente comprándolos. En España, los medios masivos nacionales fundamentales, los grandes canales de televisión, estaban controlados por Aznar y su grupo. ¿Dónde están las diferencias?

Luego, a mí me parece que Franco no era un hombre —aunque era un hombre bajito— de complejos, y no por cuestión de estatura ni nada; en todo caso es estatura moral y estatura política, que Aznar era de muy baja estatura moral y muy baja estatura política. Yo aprecié, la primera vez que me encontré con el individuo Aznar, complejos extraños; gente con poca confianza en sí mismo, y una cambiadera de corbatas y cosas —estaba un poco desconcertado—, y pude observar, a partir de eso, un hombre de complejos.

Hay un período muy malo inicialmente, en las relaciones entre Cuba y el gobierno de Aznar, que es cuando se dan los debates en las Cortes. Entonces, un día, se pusieron de acuerdo con el ministro de Relaciones Exteriores y lo arreglaron; que Aznar me iba a hacer una llamada. Espero una hora por la mañana y llama Aznar, llama en tono amable —en ese momento la crisis estaba fuerte, porque no dábamos *agreement* al embajador, estaba el debate aquel—, y entonces él conversa, usa el tono amable —parece que puede usarlo cuando quiere, sin que siempre pueda—, y habla del problema, que quieren mejorar las relaciones, que iban a nombrar a un nuevo embajador, y entonces en esa conversación se crea un clima normal de relaciones entre los dos Estados. Pienso: «Bueno, habrá recapacitado; tal vez se haya dado cuenta de que a Cuba no se le puede tratar con la punta del pie ni poner nada por arriba», y nosotros fuimos asequibles, recibimos al nuevo embajador, Eduardo Junco Bonet. Claro que nos mandó un franquista, no podía mandar otra cosa, un hombre de pensamiento franquista total,[12] pensamiento fascista, y viene.

Todo ese tiempo, pero también antes, la embajada de España en Cuba estuvo como instrumento de conspiración, al servicio... No puedo decir lo mismo en época de Felipe González, había uno u otro, y el mismo Felipe, en determinada etapa, a medida que iba degenerando en sus ideas, en su pensamiento, en la misma medida que uno sabe sus aspiraciones cuáles son y dónde son, etcétera, él ya colaboraba con los yanquis.

La embajada española estuvo cooperando con Estados Unidos, en la conspiración esta de James Cason y de los llamados «disidentes», etcétera. Y las embajadas europeas, más de una ha fastidiado. Ya no le voy a mencionar a la checa, porque no la considero europea, o la polaca. Los nórdicos, las izquierdas, el Partido Socialdemócrata ya no es el partido de Olof Palme, que era un hombre excelente, un buen amigo, preocupación sincera por los problemas del Tercer Mundo, que no es hoy ni mucho menos; han ido involucionando hacia la derecha, casi tanto como el señor Blair, el hombre de la «nueva vía», el líder del Partido Laborista en el período posThatcher, que fue el período de la liberalización por excelencia de la economía, y entonces ahora vemos...

¿Ha conocido usted a Tony Blair?
Yo a Blair lo vi una vez en Ginebra, en una reunión de la OMS [Organización Mundial de la Salud], lo observé: porte altanero, orgulloso, como que mira a los demás por encima del hombro. Tuve algunas palabritas de intercambio breves, porque yo hice una referencia... Realmente, yo estaba pensando con cierto aborrecimiento hacia aquella política de entendimiento con Estados Unidos, fue por los días en que negociaron que los yanquis no aplicarían determinadas medidas de la ley Helms-Burton y, en cambio, los yanquis le dan permiso para algunas inversiones en Libia en petróleo, o en algunos otros lugares, Oriente Próximo, o tal vez Irán. Hicieron un pacto de conveniencia, absolutamente inmoral.

¿Entre británicos y norteamericanos?
Entre todos, europeos también, pero un embajador norteamericano discutía todo esto con Blair. Cuando lo veo allí, no estoy realmente muy... Siento el rechazo de lo que hicieron, como un acto de traición, un entendimiento sin moral y sin principios.

Él había estado hablando de los niños trabajando y yo, realmente, le dije: «Mire, yo observé que usted habló de los niños trabajando, pero tengo entendido que en Inglaterra hay como dos millones de niños que trabajan». Así le dije. Óigame, le pareció una insolencia de un tontuelo y de un ignorante del Tercer Mundo, pero le dije la verdad:[13] «Tengo entendido...».

Blair era primero allí, en aquel lugar, mucha gente iba y venía, se trataban con naturalidad. Clinton sí había salido, pero Clinton no habría hecho eso, lo que hizo Blair. Pero yo veía en Blair... Se veía orgulloso, arrogante, pero nada más. No tengo que meterme si un individuo... puede caerme más simpático o menos simpático, eso no tiene que ver; no, a mí me interesa lo que piensa la gente, lo que hace la gente.

Leí el libro de Anthony Giddens, donde está la teoría de la que se supone que surgió la supuesta «Tercera Vía».[14] No tiene nada de tercera vía, es una vía recorrida por todos los tránsfugas de este mundo. Ah, ya veía que se dirigía contra el estado de seguridad social alcanzado por los europeos: menos recursos para jubilaciones, menos ayuda a los desempleados. En fin, porque a aquéllos los convertía —según esas teorías— en vagos, que después no trabajan, había que obligarlos de cierta forma. Bueno, admito, hay que educar a la gente, no hay que obligarla a nada con mecanismos económicos, y yo lo veía de esa escuela.

Pero Blair veía en Clinton un álter ego. Vaya, Clinton es un hombre culto, un hombre inteligente, de pensamiento. Me parecía ver en aquel británico alguien que rendía culto, pero jamás hubiera sido capaz de imaginarme que un día Blair convertiría a Bush en un álter ego. Eso es lo que ha hecho Blair, ha convertido a Bush en un álter ego.

Yo he sido cuidadoso, no me gusta estar haciendo ataques y cosas, pero contando verdades y hablando de estos temas, recuerdo eso.

Sin embargo, Blair me parece un hombre más franco que ese franquista, ese heredero de Franco que es Aznar, por eso veo en los dos... Además, en Inglaterra no hubo un Franco. Se sabe que hubo a lo largo de la historia muchos errores, abusos, de todo; pero veo diferencias entre Blair y Aznar. Veo en Aznar, como en Silvio Berlusconi, dos grandes lacayos, dos grandes herederos del fascismo, porque eso son.

Berlusconi es dueño también de todos los medios y los maneja, y por eso está ahí, porque ya han descubierto, perfectamente, que el dueño de los medios crea opiniones, impone opiniones y son fuertes los medios masivos. Berlusconi es eso, allí tiene todos esos medios y con esos medios ha llegado, hace y deshace, y destruye.

Siguiendo con España y la política española. Usted ha sido, en cambio, muy elogioso con el rey de España. ¿Considera usted que él ha tenido una postura correcta en sus relaciones en general con Cuba?
Sí. Pienso que en todo. Yo empiezo por apreciar al rey Juan Carlos, un rey que usted sabe que lo formaron en la época de Franco. Se le puede atribuir determinado mérito a Franco, por lo menos estableció un método mediante el cual el rey se educó. Bueno, adquirió conocimientos militares, navales, todo eso. Empleó un buen método para formar a un rey en España, y un rey, sin duda, que es un caballero.

¿En sus relaciones con usted?
Yo creo que, en general, él es un caballero, porque, mire, nadie lo apreciaba de manera especial, no había motivos. Estaba de rey y todo el mundo sabía la razón por la cual estaba de rey, pero le prestó un servicio extraordinario a España cuando se produce el disparate del golpe de Estado aquel.

El golpe de Estado del 23 de febrero de 1981.
Y la conspiración. El rey con el apoyo de algunos militares inteligentes —no recuerdo ahora el nombre de todos— logra establecer la disciplina e impide el triunfo de un golpe de Estado que habría tenido funestas consecuencias. Y esto, después de lo de Grecia, porque en Grecia hubo también un golpe de Estado en 1967, de los militares que fue un desastre. No habría podido sostenerse a la larga.

Eso le costó el trono a su cuñado, el rey Constantino de Grecia.
¿Quién?

El rey de Grecia que apoyó aquel golpe de Estado en Atenas, Constantino, es hermano de la reina Sofía, y cuñado del rey de España. Después quiso derrocar a la Junta Militar y fracasó, perdió el trono, y los coroneles, en 1973, instauraron la república. Se supone que Juan Carlos saca ahí la lección de lo que no hay que hacer en esas circunstancias, que no hay que apoyar a militares golpistas.
Yo estaba creo que en una reunión, en un congreso en Moscú, allá supe del golpe de Estado de Tejero, después leí bastante, toda la historia del papel que jugó cada cual, y, realmente, el rey demostró carácter, convicción, demostró capacidad y autoridad. Le prestó un enorme servicio a España, porque no se sabe lo que le ahorró a ese país. A partir de eso, todo el mundo —no teníamos ninguna razón para tener mala opinión de él— empezó a sentir aprecio por ese rey.

Ese día, Juan Carlos se hizo rey de España; antes lo habían hecho rey, en ese momento él se hizo rey, y ha tenido una conducta caballerosa, respetuosa, nunca lo he visto extralimitarse, a pesar de su enorme prestigio. Ha sido superrespetuoso con las normas, la Constitución… Es una persona decente. Podría decir también que, en determinados momentos, algunos han tratado de chantajearlo.

¿Chantajearlo?
No digo nada más, pero hay gente que ha tratado de hacer presiones sobre él, para quitarle su autoridad, su prestigio. Vaya, no les gusta que haya un rey con autoridad y con prestigio, y tan respetuoso.

Fíjese que cuando a él le preguntaron: «¿Irá a Cuba?». Dijo: «Bueno, me gustaría volver», pero él no ha vuelto a Cuba porque…

El señor Aznar no se lo permitió.

Está claro. Es lo que está establecido y Aznar no quería, porque contestó: «Bueno, irá cuando le toque». Es una forma un poco grosera de decirlo.

Después lo he conocido, hemos conversado muchas veces, es un hombre simpático, hace cuentos, tiene carisma personal. Ha educado al hijo. Porque a la monarquía en Gran Bretaña le critican que no ha educado al príncipe; no se puede decir eso del rey de España, porque, por lo menos, al príncipe Felipe ha tratado de educarlo. Pasó también la escuela, tiene conocimientos militares, navales, es un muchacho muy correcto; lo he visto también en las reuniones, en las cumbres. Y digo que el rey Juan Carlos tiene ese mérito también, que ha educado al hijo; lo envía en su nombre a muchas actividades internacionales. Es por eso que tengo un alto concepto del rey.

Es por eso también que yo veo en aquellos soldados españoles que en mayo de 2003 murieron en ese trágico accidente de avión en Turquía,[15] que España no tenía nada que hacer en esa guerra, como no sea ejercer el papel de lacayo y hacerse el importante.

Eso es como cuando, en 1991, el presidente argentino Carlos Menem mandó un barco de guerra al golfo Pérsico para ver por televisión las guerras en Irak. Bueno, Aznar los mandó allá, a Afganistán.

Fíjese cómo es la cosa y el interés que tienen los yanquis en embarrar a todo el mundo, que soldados de Honduras, de Nicaragua, de El Salvador y de la República Dominicana, dirigidos por oficiales españoles, estaban de policías o limpiando minas, o de no sé qué cosa por allá por Irak. ¡Es el colmo! Digo, bueno, es el siglo XVII.

Los españoles dirigiendo a soldados latinoamericanos —eso parecía de *Las mil y una noches*, ¿no?— allá, como policías en Irak, para ver si morían latinoamericanos y españoles. Esa gente no tenía que haber estado allí, en primer lugar. En segundo lugar, los habían montado en unos aviones que todo el mundo sabía que eran aviones de compañías que se han creado buscando dinero por todas partes, y yo creo que España tiene recursos y aviones suficientes.

Cuba es mucho más pobre, tiene muchos menos recursos y en quince años... Tuvo su parte también en pérdida de vidas, porque un accidente se puede producir a pesar de todas las medidas, pero está claro que, en quince años en que nosotros transportamos por aire cientos de miles de combatientes a África, no hubo un solo accidente. En gran parte se debe a las medidas que tomábamos para asegurar esos viajes.

Eso de alquilarle a una compañía cualquiera unos aviones... Compañías que debía saber muy bien todo el mundo allí cómo son, que lo que quieren es ahorrar dinero; si pueden ahorrar en piezas, ahorran en piezas, porque están guiadas por un desesperado afán de dinero. Los contrataron y mandaron a los militares en esos aviones... Así que hay una responsabilidad ahí, yo no tengo la menor duda.

Usted le mandó un telegrama de pésame al rey de España, pero no al señor Aznar.
Sí, porque veía a esos oficiales y a esos militares como unas víctimas. Ellos fueron allí porque los mandaron, ellos no pidieron ir. Toda la gente nuestra que fue a misiones internacionalistas fueron como voluntarios. Mientras que estos militares españoles cumplieron órdenes... Y ¿qué hacían en Irak? ¿Qué le hizo Irak a España?

No, estos militares del accidente estaban en Afganistán.
¡En Afganistán! Más lejos todavía, yo no sé si muchos de ellos sabrían en el mapa dónde estaba Afganistán; porque en realidad cuando les preguntaron a los jóvenes norteamericanos dónde estaba Afganistán, creo que apenas un 12 por ciento lo sabía; o sea, a los jóvenes los mandan a combatir a países que no saben dónde están en el mapa, si acaso han oído hablar de ellos.

Por eso me pareció correcto enviar un pésame. Yo no le iba a mandar un telegrama al farsante de Aznar, que era el culpable de la muerte de esos militares, y se lo mandé al rey. Suerte que había un rey, porque si no yo no tengo a quién mandarle un telegrama sincero...

En España usted tiene también muy buenas relaciones con Manuel Fraga, el ex presidente de la Xunta de Galicia.
Sí, es un gallego astuto, inteligente. No vaya a creer que lo hago porque tengo la mitad de gallego, no; Fraga se ha ocupado mucho de los amigos, él trata de buscar a todos los gallegos. Ha hecho cambios, ha trabajado por España, ha sido un buen administrador. Yo tengo parientes allí también, en Galicia, y hablo con ellos.

Claro, no es totalmente educado, porque, por ejemplo, es muy amable por un lado y luego hace algunas cosas que son incorrectas.

¿En qué sentido?
Fraga es de los que, junto con Felipe González y otros y otros —no quiero mencionarlos a todos—, formaba parte también del concierto que

me quería a toda costa aconsejar cuando se derrumbó la URSS. A mí me llevó a un restaurante allí muy elegante, por la noche —fue en 1992, en la época de la Olimpiada—, también a proponerme fórmulas. ¿Sabe cuál me propone? —que me perdone don Manuel Fraga—, ¿sabe cómo define la fórmula para Cuba que me dio él? «La fórmula para Cuba es la fórmula de Nicaragua», así, textualmente. Que me perdone don Manuel, yo le tengo aprecio, respeto.

¿Y qué significa esa frase?

Pues que todo lo que hicieron en Nicaragua después de los sandinistas había que hacerlo en Cuba... Todo eso que hicieron y que ha conducido a Nicaragua a un abismo sin fondo, de corrupción, robo, entrega, ¡terrible! Ésa era la fórmula... Mire a ver qué tipo de fórmula; como si me ponen la rusa, la que Felipe y sus asesores de élite aconsejaron a Gorbachov, y otros aconsejaron a otros por ahí, y no queda nada. Todos esos que aconsejaron el neoliberalismo a ultranza, la privatización, el cumplimiento estricto de las reglas del Fondo Monetario Internacional que han conducido al abismo a todos esos países y a sus habitantes.

¿Cuándo piensa usted regresar de visita a España?

Bueno, no era posible mientras estaba este caballerito Aznar... Pero, ahora que ya no está ya habrá alguna probabilidad. Yo, la primera vez que estuve en España fue en una escala técnica, en febrero de 1984, veníamos de Moscú con Daniel Ortega, del funeral de Yuri Andropov.[16] Estaba Felipe González en la presidencia del Gobierno. Aterrizamos en Madrid y había una neblina tremenda. A pesar de la neblina nos llevaron a La Moncloa en helicóptero. Hablé con el rey Juan Carlos por teléfono. Nos recibió Felipe, un buen anfitrión, y como él es sevillano de pura cepa, nos sirvieron jerez, jamón de jabugo, queso manchego... Luego fuimos a la residencia para el almuerzo, y el jerez me había abierto el apetito... Recuerdo que sirven el almuerzo, un vegetal, una pechuguita de codorniz que yo pensaba que era la entrada, y de repente ¡ya me sirven el postre! Fue divertido. Ésa fue la primera vez que estuve en España. Casi no vi Madrid. Fueron sólo unas horas. Después volví con más tiempo, y entonces fui a Galicia.

24

América Latina

El subcomandante Marcos – Las luchas de los indígenas –
Evo Morales – Hugo Chávez y Venezuela – El golpe de Estado
contra Chávez – Militares progresistas – Kirchner y el símbolo
argentino – Lula y Brasil

Quiero hacerle una pregunta sobre el subcomandante Marcos. En enero de 2004 se cumplieron diez años de la irrupción de los zapatistas en Chiapas con ocasión de la entrada en vigor del Tratado de Libre Comercio de México con Estados Unidos y Canadá. Me gustaría saber lo que usted piensa de esa personalidad tan particular y que tan popular se ha hecho en el seno del movimiento altermundialización. ¿Lo conoce usted, ha leído sus textos?

Yo no puedo juzgarlo, pero sí leí algunos materiales de usted sobre Marcos[1] y lo que él le dice es realmente muy interesante, ayuda a comprender su personalidad, algunas cosas, incluso por qué se puso ese grado de subcomandante... Antes, todos los que andaban en guerras o en campañas eran generales. Desde la Revolución cubana se estableció una costumbre, que los jefes eran «comandantes». Bueno, ése es el grado que yo tengo y no he ascendido nada. Creo que después, en verdad, como era comandante jefe del Ejército Rebelde, entonces era comandante y jefe, no «comandante en jefe», sino comandante y jefe. Adquirí unos grados porque, en la Sierra, teníamos que asumir una organización militar, no podíamos decir «secretario general de las columnas guerrilleras», la terminología era ésa; el grado de «comandante» era el grado más modesto en el ejército tradicional y tenía una ventaja, que se le podía añadir lo de jefe, efectivamente.

Nunca más, desde aquella época, ningún movimiento revolucionario utilizó ya el título de general. Sin embargo, Marcos se puso subcomandante. Yo nunca lo había entendido bien.

Sí, él dice: «El comandante es el pueblo; yo soy el subcomandante, porque estoy a las órdenes del pueblo».

Hay que explicarlo: él es el subcomandante del comandante pueblo... Muy bien. Por ese libro de usted, de conversaciones con él, me enteré, digo, de muchos detalles, cosas, ideas, concepciones suyas. Su lucha por la causa indígena. Lo leí con mucho respeto, me alegré mucho de poder tener una información de ese tipo sobre la situación allá en Chiapas.

Hubo audacia, sin duda, cuando luego estuvo en el viaje aquel. Es discutido si fue correcto o no hacerlo, pero de todas maneras lo he seguido con mucho interés...

Usted se refiere a la «marcha por la paz» sobre México que Marcos hizo en abril de 2001.[2]

Sí. Con mucho interés he observado todo. Veo en Marcos integridad, es indiscutible que es un hombre de gran integridad, concepto, talento. Es un intelectual, sea o no el que dicen. Pero eso no tiene importancia, lo que importa son las ideas, la constancia, los conocimientos que una persona tiene.

Ahora me explico que puede surgir un Marcos, dos, cien, porque conozco, he tenido muchos contactos con los indígenas a lo largo de todos estos años, y los he conocido en Bolivia, los he conocido en Perú, los he conocido en Ecuador, y le digo la verdad, que siento sincera simpatía política, humana, revolucionaria, por ese sector de nuestras sociedades que tanto ha sufrido.

¿Usted sigue con interés el combate de los pueblos indígenas en América Latina?

Con mucho interés. Yo, como sabe, era muy amigo del pintor Guayasamín. Tenía gran admiración por él, conversé mucho con él, y me habló muy a menudo de los problemas y de las tragedias de los indios. Además, por lo que uno conoce de la historia, ha habido un genocidio de siglos, pero ya va apareciendo una mayor conciencia de esos sectores. Y la lucha de Marcos y de los indígenas de Chiapas es un testimonio más de esa nueva combatividad.

Es lo que puedo decirle respecto a Marcos. Observamos, con mucho respeto, la línea que sigue, como respetamos la línea de cada organización, de cada partido progresista, de cada partido democrático. Pero no he tenido oportunidad, nunca ha habido la posibilidad de una conversación personal con Marcos, no lo conozco personalmente, lo conozco sólo por todas las noticias y referencias que de él he visto, y sé también de muchas personas, intelectuales, que sienten gran admiración por él.

En Ecuador también hay un movimiento indígena fuerte, ¿verdad?
Admiro, cómo no, la organización de los indios en Ecuador, la Confederación de Nacionalidades Indígenas (CONAI) y Pachacutik [Nuestra tierra], su organización social, su organización política y sus líderes, tanto hombres como mujeres. He conocido a dirigentes muy valiosos también en Bolivia, donde hay una combatividad formidable, y conozco al líder principal boliviano, que es hoy Evo Morales, un hombre destacado, una persona muy destacada.

Me imagino que se alegraría usted de la victoria de Evo Morales en la elección presidencial de Bolivia, el 18 de diciembre de 2005.
Mucho. Esa elección de Evo Morales, contundente, indiscutible, conmovió al mundo, por ser la primera vez que es escogido un presidente indígena en Bolivia, lo cual es extraordinario. Evo posee todas las cualidades para dirigir a su país y a su pueblo en esta hora difícil que no se parece a ninguna otra.

Ubicada en el corazón de América, Bolivia toma su nombre del libertador Simón Bolívar. Su primer gobernante fue el mariscal Antonio José de Sucre. Es un país rico por sus gentes y su subsuelo, pero hoy clasifica como la nación más pobre de la región, con una población de alrededor de siete millones de habitantes, distribuidos por un territorio esencialmente montañoso de más de un millón de kilómetros cuadrados.

Ése es el marco, y en ese marco, Evo Morales se proyecta hacia el futuro como una esperanza para la mayoría de su pueblo. Encarna la confirmación de la quiebra del sistema político tradicionalmente aplicado en la región, y la determinación de las grandes masas de conquistar la verdadera independencia. Su elección es la expresión de que el mapa político de América Latina está cambiando. Nuevos aires soplan en este hemisferio.

Inicialmente no había seguridad sobre la ventaja que tendría Evo en la elección del 18 de diciembre, y existía preocupación porque podían producirse manipulaciones en el Congreso. Pero al triunfar con casi el 54 por ciento de los votos ya en la primera vuelta, y ganar también en la Cámara de Diputados, eso eliminó toda clase de polémicas.

Ha sido la elección milagro, la elección que estremeció al mundo, que estremeció al imperio y al orden insostenible impuesto por Estados Unidos. Demuestra que Washington ya no puede acudir a las dictaduras como en otras épocas, ya el imperialismo no tiene los instrumentos de antes, ni pueden aplicarlos.

Cuba fue el primer país que visitó Evo Morales, el 30 de diciembre de 2005, justo después de ser elegido presidente, y antes mismo de su toma de posesión el 22 de enero de 2006. ¿Piensa usted que esa visita le ha creado problemas con Washington?

La visita amistosa del hermano Evo, presidente electo de Bolivia, se inserta en el marco de las históricas y profundas relaciones de hermandad y solidaridad entre los pueblos cubano y boliviano. Nadie puede molestarse por eso. Ni tampoco por los acuerdos que se han firmado.[3] Son acuerdos por la vida, por la humanidad, no son un delito. No pensamos que lo sea ni siquiera para los norteamericanos. ¿Como podría ofenderse el gobierno de Estados Unidos si Cuba ayuda a aumentar la esperanza de vida al nacer de los bolivianos? ¿Puede acaso la reducción de la mortalidad infantil o la erradicación del analfabetismo ofender a alguien?

¿Cree usted que en otros países latinoamericanos habrá que contar ahora con el componente indígena?

Hay situaciones sociales bastante críticas en otros dos países, donde hay una gran fuerza y un gran componente indígena: Perú y Ecuador. Hay un gran componente también en Guatemala, pero allí el curso ha sido diferente al de los demás países. En cuanto a componente indígena, claro, los mexicanos también tienen bastante. Simplemente puedo decir que, en este hemisferio, se explica perfectamente que haya un Marcos luchando por los derechos de los pueblos indígenas, como puede haber diez, o como puede haber cien. Me impresiona, en particular, la seriedad de los dirigentes indígenas que conozco. Yo he hablado mucho con los ecuatorianos. Hablan con seriedad. Inspiran respeto, inspiran confianza, son de una gran integridad. Y en Ecuador, como en Perú, y en otros países habrá que contar con ellos.

Usted ha dicho que siente también gran admiración por Hugo Chávez, el presidente de Venezuela.

Bueno, sí, ahí tenemos a otro indio, Hugo Chávez, un nuevo indio que es como él dice, «mezcla de indio», mestizo, él dice que un poco de blanco. Pero tú estás mirando a Chávez y estás mirando a un autóctono hijo de Venezuela, el hijo de esa Venezuela que fue mezcla, pero tiene todos estos nobles rasgos y un talento excepcional, pero excepcional. Yo suelo escuchar sus discursos, y él se siente orgulloso de su origen humilde, de su etnia mezclada, donde hay de todo un poco, principalmente de los que eran autóctonos o esclavos traídos de África, con mezcla de origen indio. Ésa es la impresión. Puede ser que tenga algunos genes de blancos, y no es malo, la combinación siempre es buena, enriquece a la humanidad, la combinación de las llamadas etnias.

¿Usted ha seguido de cerca la evolución de la situación en Venezuela, en particular las tentativas de desestabilización contra el presidente Chávez?
Sí, hemos seguido con mucha atención los acontecimientos. Chávez nos visitó cuando salió de prisión antes de las elecciones de 1998. Fue muy valiente porque le reprocharon mucho que viajara a Cuba. Vino y conversamos. Descubrimos a un hombre culto, inteligente, muy progresista, un auténtico bolivariano. Luego ganó las elecciones. Varias veces. Cambió la Constitución. Con un formidable apoyo del pueblo, de las gentes más humildes. Los adversarios han tratado de asfixiarlo económicamente.

De Venezuela, en los cuarenta años famosos de la democracia que precedió a Chávez, yo calculo que deben ser alrededor de doscientos mil millones de dólares los que se han fugado. Venezuela podía estar más industrializada que Suecia y tener la educación de Suecia si de verdad hubiera habido una democracia distributiva, si esos mecanismos hubieran funcionado, si hubiera algo de cierto y de creíble en toda esa demagogia y toda esa publicidad.

De Venezuela, desde que llegó el gobierno de Chávez al poder hasta que se estableció el control de cambios en enero de 2003, se han fugado alrededor —calculamos— de unos treinta mil millones de dólares, fuga de capital. Entonces, todos esos fenómenos son fenómenos que hacen, como planteamos nosotros, insostenible este orden de cosas existente en nuestro hemisferio.

El 11 de abril de 2002 hubo un golpe de Estado en Caracas contra Chávez, ¿siguió usted aquellos acontecimientos?
Cuando nos enteramos que la manifestación aquella de la oposición había sido desviada y se acercaba a Miraflores,[4] que había las provocaciones, los tiros, las víctimas, y que algunos altos oficiales se habían amo-

tinado y pronunciado públicamente contra el presidente, que la guarnición presidencial se ha retirado, y que ya el ejército iba a venir a arrestarlo, yo llamo a Chávez porque sé que se encuentra indefenso y que es un hombre de principios y le digo: «¡No te inmoles, Hugo! ¡No hagas como Allende! Allende era un hombre solo, no tenía un soldado. Tú tienes una gran parte del ejército. ¡No dimitas! ¡No renuncies!».

¿Usted lo estaba alentando a resistir con las armas en la mano?
No, al contrario. Eso fue lo que hizo Allende y lo pagó heroicamente con su vida. Chávez tenía tres soluciones: atrincherarse en Miraflores y resistir hasta la muerte; hacer un llamado al pueblo, a la insurrección y desencadenar una guerra civil; o rendirse, sin renunciar, ni dimitir. Nosotros le aconsejamos la tercera. Que fue lo que él también había decidido hacer. Porque además, eso lo enseña la historia, todo dirigente popular derrocado en esas circunstancias, si no lo matan, el pueblo lo reclama y, más tarde o más temprano, regresa al poder.

Ustedes, en ese momento, ¿trataron de ayudar de alguna manera a Chávez?
Bueno, nosotros sólo podíamos actuar usando los recursos de la diplomacia. Convocamos en plena noche a todos los embajadores acreditados en La Habana y les propusimos que acompañaran a Felipe [Pérez Roque], nuestro ministro de Relaciones Exteriores, a Caracas para rescatar a Chávez, presidente legítimo de Venezuela. Propusimos mandar dos aviones para traerlo en caso de que los golpistas decidieran enviarlo al exilio.

Chávez había sido hecho prisionero por los militares golpistas y se había perdido su rastro. La televisión difundía una y otra vez la noticia de su «dimisión» para desmovilizar a sus partidarios, al pueblo.

Pero, en un momento, a Chávez le permiten hacer una llamada telefónica, y puede hablar con su hija María Gabriela. Y le dice que él no ha dimitido, que no ha renunciado. Que es un «presidente arrestado». Y le pide que difunda esa noticia. La hija tiene entonces la idea audaz de llamarme y me informa. Me confirma que su padre no ha dimitido. Nosotros decidimos entonces asumir la defensa de la democracia venezolana, ya que teníamos constancia de que países como Estados Unidos y España —el gobierno de José María Aznar—, que tanto hablan de democracia y tanto critican a Cuba, estaban apoyando el golpe de Estado. Le pedimos a María Gabriela que lo repitiera y grabamos la conversación de ella con Randy Alonso, el conductor del programa *Mesa redonda* de la Televisión cubana que tuvo una gran repercusión internacional. Además convocamos a toda la prensa extranjera acreditada en Cuba —¡debían ser las cuatro de la madrugada!—, les informamos y les hicimos oír el testimonio de la hija de Chávez. Inmediatamente, la CNN lo transmitió, y en toda Venezuela la noticia se difundió como reguero de pólvora.

Y eso, ¿qué consecuencias tuvo?

Bueno, eso lo oyeron los militares fieles a Chávez que habían sido engañados con la mentira de la renuncia, y entonces se produce un contacto con un general que está a favor de Chávez. Yo hablo con él por teléfono. Le confirmo personalmente que lo que ha dicho la hija es cierto y que ya el mundo entero sabe que Chávez no ha dimitido. Hablo largamente con él, me informa de la situación militar, de qué oficiales superiores están con Chávez y quiénes no. Yo entiendo que nada está perdido, porque las mejores unidades de las Fuerzas Armadas, las más combativas, las mejor entrenadas, estaban a favor de Chávez.

Le digo a ese oficial que lo más urgente es saber dónde se encuentra detenido Chávez y enviar allí fuerzas leales a rescatarlo. Me pide entonces que hable con su superior jerárquico, y me lo pasa. Le repito lo que ha afirmado la hija de Chávez, y que éste sigue siendo el presidente constitucional. Le recuerdo la lealtad necesaria, le hablo de Bolívar y de la historia de Venezuela…Y ese alto oficial, en un rasgo de patriotismo y de fidelidad a la Constitución, me afirma que si es cierto que Chávez no ha dimitido él sigue siendo fiel al presidente arrestado.

Pero en aquel momento aún no se sabe dónde está Chávez, ¿verdad?

Entretanto, Chávez ha sido conducido a la isla de Orchila. Está incomunicado. El arzobispo de Caracas, Baltazar Porras, lo viene a ver y le aconseja que dimita. «Para evitar una guerra civil», le dice. Le hace un chantaje humanitario. Le pide que escriba una carta diciendo que dimite. Chávez no sabe lo que está pasando en Caracas, ni en el país. Ya han intentado fusilarlo, pero el pelotón de soldados encargado de disparar se ha negado y ha amenazado con amotinarse. Muchos de los militares que custodian a Chávez están dispuestos a defenderlo y a evitar que lo asesinen. Chávez trata de ganar tiempo con el obispo. Hace borradores de una declaración. Teme que una vez la carta escrita, se las arreglen para eliminarlo. No piensa renunciar. Declara que tendrán que matarlo antes. Y que no habrá entonces solución constitucional.

¿Entretanto ustedes seguían con la intención de enviar aviones a rescatarlo para llevarlo al exilio?

No, después de esa conversación con los generales venezolanos, nosotros cambiamos de plan. Suspendimos la proposición de Felipe de viajar con los embajadores a Caracas. Es más, en un momento nos llega el rumor de que los golpistas están proponiendo expulsar a Chávez hacia Cuba. Y nosotros inmediatamente anunciamos que si mandan a Chávez para aquí, lo reenviamos para Venezuela por el primer avión.

¿Cómo regresa Chávez al poder?

Bueno, en un momento, se produce de nuevo un contacto con el primer general con el que yo había hablado y me informa que ya han localizado a Chávez, que está en la isla de Orchila. Conversamos sobre la mejor manera de rescatarlo; con mucho respeto, le aconsejo tres cosas fundamentales: discreción, eficacia y fuerza muy superior. Los paracaidistas de la base de Maracay, la mejor unidad de las Fuerzas Armadas venezolanas, fiel a Chávez, se encargan del rescate.

Entretanto, en Caracas, el pueblo está movilizado pidiendo que vuelva Chávez, la guardia presidencial ha vuelto a reocupar Miraflores y también exige el regreso del presidente. Procede a la expulsión de los golpistas del palacio. El propio Pedro Carmona, presidente de la patronal y brevísimo presidente usurpador de Venezuela, casi es arrestado allí mismo en el palacio. Por fin, ya de madrugada, el 14 de abril de 2002, rescatado por los militares fieles, Chávez llega a Miraflores en medio de una apoteosis popular. Yo casi no dormí en esos dos días que duró el golpe de Caracas, pero valió la pena ver cómo un pueblo y también unos militares patriotas defendieron la legalidad. No se repitió la tragedia de Chile en 1973.

Chávez es un representante de los militares progresistas, pero en Europa y también en América Latina, muchos progresistas le reprochan precisamente que sea un militar. ¿Qué opinión tiene usted sobre esa aparente contradicción entre el progresismo y lo militar?

Mire, ahí tenemos, en Venezuela, un ejército jugando un importante papel con esa revolución bolivariana. Y Omar Torrijos, en Panamá, fue ejemplo de un militar con conciencia. Juan Velasco Alvarado,[5] en Perú, también llevó a cabo algunas acciones de progreso notables. No hay que olvidar, por ejemplo, que entre los propios brasileños, Luis Carlos Prestes fue un oficial que realizó una marcha en 1924-1926 casi como la que hizo Mao Zedong en 1934-1935.

Jorge Amado[6] escribió de la marcha aquella de Luis Carlos Prestes, una bella historia, *El caballero de la esperanza*, entre sus magníficas novelas —yo tuve oportunidad de leerlas todas—, y la marcha aquella fue algo impresionante, duró más de dos años y medio, recorriendo inmensos territorios de su país sin sufrir jamás una derrota. Es decir, que hubo proezas que salieron de los militares.

Digamos, voy a citar a un militar de México: Lázaro Cárdenas, un general de la revolución mexicana, que es el que nacionaliza el petróleo, tiene un valor muy grande, hace reformas agrarias y conquista el apoyo del pueblo. Cuando se habla de las cuestiones de México no hay que olvidarse de papeles jugados por personalidades como Lázaro Cárdenas, y Lázaro Cárdenas era de origen militar.

No habría que olvidar que los primeros que, en el siglo xx, se sublevaron en América Latina, en los años cincuenta, un grupo de jóvenes que se sublevaron, eran jóvenes oficiales guatemaltecos, en torno a Jacobo Arbenz, que participaron en actividades revolucionarias. Bien, no se puede decir que sea un fenómeno general, pero hay unos cuantos casos de militares progresistas. Perón, en Argentina, era también de origen militar, hay que ver en el momento en que surge, en 1943 lo nombran ministro del Trabajo y hace tales leyes que cuando lo llevan a las prisiones el pueblo lo rescata, y era un jefe militar.

También hay un civil que tuvo influencia en los militares, estudió en Italia, donde también había estado Perón, que fue Jorge Eliécer Gaitán, y eran líderes populares. Perón era agregado de embajada, estuvo allá en Roma en los años treinta en la era mussoliniana, y algunas de las formas y métodos de movilizaciones de masas que vio le impresionaron, hubo influencia, incluso en algunos procesos; pero en estos casos que he mencionado esa influencia Gaitán y Perón la utilizaron en un sentido positivo, porque hay que ver que Perón hizo reformas sociales.

Perón comete, digamos, un error: ofende a la oligarquía argentina, la humilla, le quita el teatro simbólico y algunas instituciones simbólicas; trabajó con las reservas y los recursos que tenía el país y mejoró las condiciones de vida de los trabajadores, y los obreros son muy agradecidos, y Perón se convirtió en un ídolo de los trabajadores.

En Argentina, Perón y el peronismo siguen teniendo una influencia política considerable. Una Argentina donde, en cierta medida, en diciembre de 2001 el modelo neoliberal se derrumbó estrepitosamente. ¿Qué opina usted de los acontecimientos recientes de Argentina?
Cuando en mayo de 2003 llegaron las noticias del resultado electoral en Argentina anunciando la victoria de Néstor Kirchner y la derrota de Carlos Menem sentí gran satisfacción y júbilo. ¿Por qué? Fíjese, hay una razón muy grande: lo peor del capitalismo salvaje, como diría Chávez, lo peor de la globalización neoliberal, el símbolo por excelencia del neoliberalismo fue derrotado... Mi opinión es que el símbolo de la globalización neoliberal ha recibido un colosal golpe.

Los argentinos no saben el servicio que le han prestado a América Latina; el servicio que le han prestado al mundo al hundir en la fosa del Pacífico, que tiene más de ocho mil metros de profundidad, el símbolo de la globalización neoliberal. Le han insuflado tremenda fuerza al número creciente de personas que han ido tomando conciencia en toda nuestra América sobre qué cosa tan horrible y fatal es eso que se llama globalización neoliberal. Y en América Latina se produce un movimiento de avance.

Si se quiere, podíamos partir de lo que el difunto papa Juan Pablo II dijo muchas veces y cuando estuvo de visita en nuestro país en 1998, cuando habló de la «globalización de la solidaridad». ¿Alguien estaría en contra de la globalización de la solidaridad en el más cabal concepto de la palabra, que abarque no sólo las relaciones entre los hombres y mujeres dentro de la frontera de un país, sino dentro de las fronteras del planeta, y que la solidaridad la ejerzan también aquellos que derrochan el dinero y destruyen y malbaratan los recursos naturales y condenan a muerte a los habitantes de este planeta?

No se alcanza el cielo en un día, pero créame que los argentinos han asestado un descomunal golpe a un símbolo, y eso tiene un enorme valor.

América Latina sigue teniendo el problema de la deuda externa.
Esa deuda, en el mundo, ha crecido en relación proporcional a la población. ¡Ahora la deuda externa total son 2,5 o 2,6 millones de millones de dólares! Los países desarrollados ofrecerán este año a los países del Tercer Mundo, como ayuda oficial al desarrollo, unos cincuenta y tres mil millones de dólares. A cambio, les cobrarán, por concepto de intereses de la deuda externa, ¡más de trescientos cincuenta mil millones de dólares! Y al final del año, la deuda externa del Sur habrá crecido...

En América Latina esa deuda ha ido creciendo sin parar y ahora es como de unos ochocientos mil millones de dólares, por ahí están estudiadas todas las causas. Nadie la puede pagar, y eso impide toda política seria de desarrollo. Y los países ricos se niegan a ver el problema. No podrá eliminarse el hambre en América Latina mientras los gobiernos tengan que seguir dedicando la cuarta parte de sus ingresos por exportaciones a pagar una deuda que ya han pagado casi dos veces y es ahora casi el doble de lo que era hace diez años...

Ahora Estados Unidos propone como solución el ALCA, el Área de Libre Comercio de las Américas. ¿Qué piensa usted del ALCA?

Qué le puedo decir, un desastre. Pero un desastre que se va a poder evitar. Porque fuimos testigos de la colosal batalla librada allá en Mar del Plata, los días 4 y 5 de noviembre de 2005, con ocasión de la llamada «Cumbre de las Américas». Hubo una grandiosa batalla contra el ALCA, bueno hubo dos, una en la calle y el estadio, y otra en el recinto donde estaban reunidos los jefes de Estado. Participó en la primera toda una fuerza revolucionaria cubana de primerísima clase, con Abel [Prieto, ministro de Cultura de Cuba] al frente, y también estaban Diego Maradona y Adolfo Pérez Esquivel, el premio Nobel de la Paz, y muchos intelectuales y personalidades prestigiosas en aquella marcha gloriosa de decenas de miles de ciudadanos del mundo y fundamentalmente argentinos, a los que el emperador [George W. Bush] ofendió llevando un ejército de escoltas y empleando miles de agentes de custodia.

Nadie se iba a meter físicamente con él. Si precisamente lo que él deseaba era que le tiraran un huevo podrido. No, él no merece tan «altos honores» de ninguna forma... Fue una manifestación pacífica, ni un hollejo lanzarían, y al movilizar bajo aquella fría llovizna a tanta gente, marchar durante horas hacia el estadio y constituir allí una enorme masa en ese estadio, le dieron una lección inolvidable al imperio, porque le demostraron que son personas, son pueblos que saben lo que hacen y quien sabe lo que hace marcha hacia la victoria, es absolutamente seguro. Y los que no saben lo que hacen son aplastados por los pueblos.

En Mar del Plata el nefasto proyecto del ALCA salió definitivamente derrotado. El ALCA es abrir todas las fronteras de países que tienen un nivel muy bajo de desarrollo técnico a los productos de aquellos que tienen los más elevados niveles tecnológicos y de productividad, de aquellos que fabrican aviones del último modelo, de aquellos que dominan las comunicaciones mundiales, de aquellos que quieren obtener de nosotros tres cosas: materia prima, fuerza de trabajo barata y, además, clientes, mercados. El ALCA sería un tremendo desastre para nuestros países. Una forma nueva de colonización despiadada.

¿Piensa usted que eso puede aumentar la dependencia de América Latina con respecto a Estados Unidos?
Mire, si América Latina fuese devorada por el imperio; si nos tragara, como la ballena aquella se tragó al profeta Jonás, no puede digerirla. Tendría que expulsarla un día, nacería otra vez en nuestro hemisferio... Pero no creo que sea fácil de tragar y tengo esperanzas de que no pueda ser devorada. Los acontecimientos en los últimos años lo van demostrando: no se puede gobernar el mundo de seis mil cuatrocientos millones de habitantes, ni este hemisferio, con un soldado y una bayoneta en cada escuela, en cada casa, en cada parque, en cada organización no gubernamental. Es imposible, porque se multiplican hasta el infinito. En eso tengo la convicción, e incluso soy optimista, creo que los pueblos se librarán.

Siempre digo que hay que contar con los propios norteamericanos, con los intelectuales norteamericanos y canadienses, y con el pueblo norteamericano. Ese pueblo puede ser engañado, pero cuando conoce la verdad, como en el caso del niño Elián,[7] apoyó la causa en más de un 80 por ciento. Ese pueblo hoy se opone al bloqueo de Cuba. Ese pueblo, en número creciente, se opone a la doctrina de la guerra sorpresiva, interventiva, a pesar de que recibió un golpe artero y terrible con el ataque terrorista de Nueva York el 11 de septiembre de 2001. Hay que contar con él.

También hay que contar con los intelectuales europeos, porque ustedes han estado haciendo enormes esfuerzos por crear una conciencia y han contribuido notablemente a la creación de esa conciencia.

Además hay ahora una serie de gobiernos, en Venezuela, en Brasil, en Argentina, en Uruguay, en Bolivia y en otros países, donde se están aplicando medidas progresistas. ¿Cómo ve usted lo que está haciendo Lula en Brasil, por ejemplo?
Obviamente yo veo las reformas que está haciendo Lula con la mayor simpatía. Él no cuenta con una mayoría suficiente en el Parlamento; ha tenido que apoyarse en otras fuerzas, hasta conservadoras, para hacer avanzar algunas reformas. Los medios de comunicación han dado gran publicidad a un escándalo de corrupción de parlamentarios. Pero no han

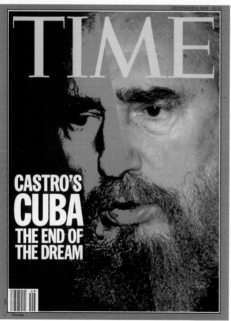
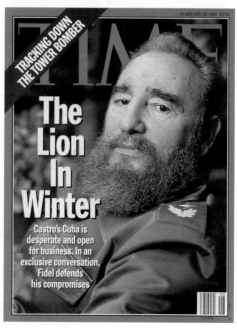

Portadas de la revista norteamericana *Time* (1959, 1965, 1993, 1995).

Con el vicepresidente Richard Nixon, en Washington, abril de 1959.

Con el escritor Ernest
Hemingway a finales de
1959 en Cuba.

Con su amigo el presidente de Chile Salvador Allende en Santiago de Chile, 1971.

Con Leonid
Brezhnev, 1965,
en tiempos de
buenas relaciones.

Con Indira Gandhi, primera ministra de la India.

Marzo de 1976 en Yugoslavia, con el primer ministro Josip Broz, Tito.

1 de abril de 1989.Visita a Cuba del presidente soviético Mijaíl Gorbachov.

Fidel Castro con el presidente sandinista de Nicaragua, Daniel Ortega.

Con el presidente de la República Francesa, Mitterrand, el 13 de marzo de 1995 en París.

Con el dirigente palestino Yasser Arafat en Durban (Sudáfrica), durante un receso en la Conferencia Mundial contra el Racismo, 31 de agosto de 2001.

30 de agosto de 2002. Discurso de Fidel Castro.

Con el presidente sudafricano Nelson Mandela.

Enero de 1998. Con Juan Pablo II, en el aeropuerto José Martí de La Habana.

Conversando con
el Premio Nobel de
Literatura Gabriel
García Márquez,
en La Habana, 4 de
marzo de 2000.

En la Cumbre
Iberoamericana celebrada
en Portugal, con el premio
Nobel de Literatura José
Saramago, en 1998.

Jugando al béisbol con el ex presidente de Estados Unidos, James Carter, en mayo de 2002.

Con el intelectual norteamericano Noam Chomsky en 2004.

Con el rey de España, Juan Carlos I, durante la VI Cumbre Iberoamericana, Chile, 1996.

Fidel Castro recibe en el Palacio de la Revolución, La Habana, al presidente de la Xunta de Galicia Manuel Fraga.

14 de noviembre de 1999. Con José María Aznar, presidente del Gobierno de España, en La Habana.

Con el Presidente de Venezuela Hugo Chávez Frías, en Pampatar, cerca de Caracas, 11 de diciembre de 2001.

Fidel Castro y Lula da Silva, presidente de Brasil, escuchan el himno nacional en La Habana. 27 de septiembre de 2003.

Con Evo Morales, presidente de Bolivia, el 30 de diciembre de 2005 durante un acto público en Cuba.

Castro en un encuentro con «trabajadores sociales», voluntarios dedicados a combatir la corrupción en algunos sectores económicos. La Habana, 1 de enero de 2006.

—Creo que he abusado de su tiempo.

—No. Hemos trabajado unas diecisiete o dieciocho horas diarias y estamos bien. Está demostrado que está muy en forma, porque creo que ha trabajado más que yo.

—Estoy interesado escuchándole.

—Yo también. Yo estoy interesado como usted en todos esos temas, y siempre tendrá las puertas abiertas de nuestro país a cualquier interés, cualquier interrogante, a cualquier pregunta.

Fidel Castro con Ignacio Ramonet tras finalizar más de cien horas de entrevistas.

podido implicarlo a él. Lula es un dirigente popular. Lo conozco desde hace muchos años, hemos seguido su itinerario, hemos conversado mucho con él, un hombre de convicciones, inteligente, patriota, progresista, de origen muy humilde y que no se olvida de sus orígenes, del pueblo que siempre lo apoyó. Y creo que todo el mundo lo ve así. Porque no se trata de hacer una revolución, se trata de ganar un desafío: hacer desaparecer el hambre. Puede lograrlo. Se trata de hacer desaparecer el analfabetismo. También puede conseguirlo. Se trata de darles tierras a los sin tierra. Y también puede hacerlo. Y creo que todos debemos apoyarlo.[8]

¿Piensa usted que ya la era de las revoluciones y de la lucha armada se terminó en América Latina?

Mire, nadie puede asegurar que se van a producir cambios revolucionarios en América Latina hoy. Pero nadie puede asegurar tampoco que no se produzcan en cualquier momento en uno o varios países. A mí me parece que si uno analiza objetivamente la situación económica y social en algunos países, no puede tener la menor duda de que es una situación explosiva. Mire, el índice de mortalidad infantil está en 65 por mil, el nuestro está en menos de 6,5; es decir, que mueren diez veces más niños en América Latina, como promedio, que en Cuba. La desnutrición alcanza el 49 por ciento de la población latinoamericana, el analfabetismo sigue siendo muy elevado, el desempleo afecta a decenas de millones de personas, y existe también el problema de los niños abandonados: hay treinta millones de niños abandonados. El presidente de Unicef me dijo un día que si América Latina tuviese el nivel de asistencia médica y de salud que tiene Cuba, setecientos mil niños se salvarían cada año… La situación general es terrible.

Si a esos problemas no se les halla solución urgente —y el ALCA no es una solución, y la globalización neoliberal tampoco es una solución— puede ocurrir más de una revolución en algún país de América Latina cuando menos se lo imagine Estados Unidos. Y no podrá culpar a nadie de promover esas revoluciones.

25

Cuba hoy

*Derechos humanos – El embargo económico – La prensa y la
información – Libertad de prensa y publicidad – Los atentados del
11 de septiembre de 2001 – La agresividad del presidente Bush –
La guerra de Irak – ¿Una «guerra preventiva» contra Cuba? –
¿Un atentado contra Fidel? – Sobre el terrorismo*

¿Cuáles son las principales preocupaciones que, como jefe de Estado, tiene usted actualmente?

Hoy la atención nuestra se concentra en la lucha contra el terrorismo, en la lucha contra el espionaje. Se concentra nuestro país en la lucha por la liberación de los cinco héroes, que están presos en Estados Unidos. En lo interno, estamos enfrascados en una lucha contra diversas manifestaciones de corrupción, en una fuerte campaña por promover el ahorro energético, y por transformar todo el sistema de generación de energía en el país —lo que hemos calificado de una verdadera revolución energética— por mejorar aún más la calidad y eficiencia de nuestros sistemas de educación y salud. Hemos dedicado mucha atención y energías al desarrollo de nuevos programas de colaboración internacionalista, como la presencia de miles de médicos y personal cubano de salud en muchos lugares del mundo. En Pakistán, por ejemplo, después del terremoto que ha provocado tanta muerte y destrucción. O como la Operación Milagro que está teniendo ya resultados espectaculares.[1] Se preocupa el país por la crisis económica internacional; se preocupa el país por los problemas del petróleo, por contrarrestar todas las medidas de guerra económica y de guerra política; se concentra el país en las batallas, allá en Ginebra, en la Comisión de Derechos Humanos de la ONU, donde todo el mundo sabe el *show* que tiene lugar año tras año, las mentiras y las calumnias que allí se dicen contra nosotros. Al mundo no se le cuenta que el 80 por ciento de las medidas en defensa de los derechos humanos que aprueba esa comisión son propuestas de Cuba.

¿En la Comisión de Derechos Humanos, de Ginebra?

Sí. Propuestas hechas por Cuba, apoyadas a veces por todos los países menos Estados Unidos, siempre por treinta, treinta y cinco, cuarenta votos. Hay un solo tema en que Estados Unidos se empeña, presiona, amenaza.

El de Cuba.

Es el de Cuba. Para condenar a Cuba por «violaciones de los derechos humanos». No hay protesta de ningún tipo por eso, al contrario, suministro de argumentos para que Estados Unidos allí condene a Cuba. Y hay una batalla anual fuerte.

Hay otra que es en la Asamblea General de Naciones Unidas, donde cada vez Cuba obtiene más votos contra el bloqueo, este año [2005] rebasó la cifra de ciento ochenta; sólo cuatro países votaron en contra: Estados Unidos, por supuesto, Israel, su incondicional aliado, y dos minúsculos estados insulares del Pacífico cuya subsistencia depende enteramente de Estados Unidos, Islas Marshall y Palau; es decir, más del 90 por ciento.

¿El 90 por ciento de los países de la ONU apoyan la denuncia de Cuba contra el embargo económico?

Sí. Hay algunos que se abstienen y, ya le digo, sólo tres apoyan a Estados Unidos: las islas Marshall,[2] unas islitas —aunque yo respeto el tamaño de cualquier país, pero ésas son unas islitas del Pacífico que eran protectorado yanqui—, Palau, e Israel, que, desgraciadamente, incurre en el inglorioso papel de socio de Estados Unidos, apoyando el bloqueo contra Cuba y contra la opinión de más del… Bueno, del ciento por ciento, porque los que se abstienen realmente se abstienen no porque estén de acuerdo con el bloqueo, se abstienen por los problemas que se buscarían.

Hay que mirar con admiración decenas y decenas de países que tienen pendiente un crédito en el Fondo Monetario, o en el Banco Mundial, o alguna necesidad económica, que dependen de Estados Unidos, y que votan contra el bloqueo allí. No es votación secreta, es votación pública; si las votaciones allí fueran secretas, si en Ginebra las votaciones fueran secretas…

Desde luego, hay que decir, en «honor de Europa», que vota en Ginebra como una mafia junto a Estados Unidos siempre. Debo decirlo, es mi deber. Pero nunca se ha cuestionado. La OTAN entera vota, y quienes no son de la OTAN. Cuando el campo socialista existía no prosperaba ninguna maniobra de esas; pero hubo cambio de camisa, cambio de bando, se pasaron al lado de allá, y aun así hace cinco años se descuidaron un poco y se quedaron en minoría.

Nunca había pasado lo que le pasó a Estados Unidos; los que eligen precisamente a los miembros de la Comisión de Derechos Humanos no eligieron a Estados Unidos. Se han pasado meses averiguando quiénes demonios pueden ser los que, en votación secreta, votaron en contra, pero se quedaron en minoría, y ahora no se arriesgaron a una votación secreta, sino buscaron un candidato que renunciara para que, de facto, el candidato propuesto ganara. Es decir, tuvieron que pedir la renuncia de un candidato. Y así es como se hacen las cosas allí, y todas estas campañas se han venido haciendo, y son muchas; no ha faltado una a lo largo de cuarenta y seis años, una y otra, otra y otra.

El reproche que más frecuentemente le hacen a Cuba es de encarcelar a los opositores políticos.

¿Quién ha puesto en libertad, antes de cumplir la sanción, a miles y miles de contrarrevolucionarios? El gobierno de Cuba. No fue el gobierno de Estados Unidos. Estados Unidos ha utilizado cualquier arresto que se produce aquí en virtud de la aplicación de leyes, simplemente para hacer campañas de propaganda contra nosotros.

Mire, ustedes en Europa tienen leyes muy duras, mucho más duras que las nuestras, contra los delitos políticos. En Inglaterra, las cárceles estaban llenas de presos irlandeses que tenían motivación política y patriótica. Hubo una vez una huelga de hambre, recuerdo, en la que los ingleses dejaron morir a numerosos presos irlandeses. Los españoles utilizan leyes muy duras contra los presos vascos que luchan allí por razones políticas. El gobierno italiano aún tiene encarcelados a gente de las Brigadas Rojas que actuaron en los años setenta... El gobierno alemán sabemos cómo fue de duro con los miembros del grupo de Baader,[3] que casi todos murieron en prisión. En Francia, cuántas decenas de prisioneros corsos hay que luchan por razones políticas.

Y Estados Unidos, ¿por qué no pone en libertad a los puertorriqueños que luchan por la independencia de Puerto Rico?[4] ¿Por qué no pone en libertad al periodista Mumia Abu-Jamal que lleva más de veintitrés años preso? ¿Por qué no libera al dirigente indígena Leonard Peltier que lleva en prisión más de veinticinco años?

Nosotros, ya le conté que, después de Girón, fueron mil doscientos prisioneros de una sola vez que pusimos en libertad. Aquella vez, en los primeros años de la Revolución, había alrededor de trescientas organizaciones contrarrevolucionarias, y era la época del terrorismo y del sabotaje a montones, y llegaron a existir en el país alrededor de quince mil presos...

¿Quince mil presos políticos, después de la Revolución?

Llámeles usted políticos, si quiere. Sí, ya le hablé de los años aquellos de Girón, crisis de octubre, Operación Mangosta. Hubo decenas de operaciones contra nosotros que dieron lugar a miles de sabotajes y actos de terrorismo, que costaron montones de vidas. Bandas armadas, guerra sucia, que nos costaron más vidas que la propia guerra nuestra.

Hubo también aquel atentado en 1976 contra un avión civil cubano que estalló en el aire.

Y todos murieron. Están las fotos de un millón de personas protestando. Y el autor de ese crimen, un terrorista internacional convicto y confeso, Luis Posada Carriles [véase la nota 9, del cap. 11, pp. 617-618], ha sido acogido en marzo de 2005 en Estados Unidos. ¡En plena pretendida «guerra contra el terrorismo internacional» le han dado asilo a uno de los más grandes terroristas internacionales! ¿Habrá acaso dos terrorismos? ¿El bueno y el malo? Nosotros le hemos hecho muchas veces al presidente Bush, a «Bushecito», una sana pregunta bien sencilla: ¿por dónde entró Posada Carriles a Estados Unidos? ¿En qué barco? ¿Por qué puerto? ¿Cuál de los príncipes herederos de la corona lo autorizó? ¿Sería el hermanito gordito de Florida [el gobernador Jeb Bush]? Y que me perdone lo de «gordito», no es una crítica, sino la sugerencia de que haga ejercicios y guarde dieta, lo digo por la salud del caballero. ¿Quién recibió a Posada Carriles? ¿Quién le dio permiso? ¿Por qué quien tan desvergonzadamente lo llevó a Estados Unidos se pasea por las calles de la Florida y de Miami? Y el muy desvergonzadito de «Bushecito» no ha querido responder todavía, está ahí calladito. Las autoridades de nuestro hermano país, México, tampoco han tenido tiempo —parece que tienen «mucho trabajo»— de responder a la pregunta.

Vea si son descarados, dicen todas las mentiras del mundo, y cuando les hacen una ingenua preguntica, una sencilla preguntica, pasan meses y no responden una palabra. Así que, en Cuba, frente a tantas agresiones, y tantas complicidades, en todos esos años, ¿qué podíamos hacer nosotros? Y había leyes, las leyes eran rigurosas. Sí, lo que no se ha producido nunca aquí es la muerte de un prisionero, una ejecución extrajudicial. Pero teníamos que defendernos. Yo no creo que sea un delito defenderse, y no hay ningún proceso histórico de transformación social que no se haya defendido, de una forma o de otra. Es lo más legítimo que pueda hacerse, porque si no, habría que renunciar e irse para el diablo, convertirse en un predicador, hacerse pastor, predicar exclusivamente los Evangelios, contra los cuales no estoy porque tienen muchas cosas positivas, pero nosotros no escogimos una carrera de pastor o de predicador, sino de política revolucionaria dentro de una ética.

Al presidente Chávez de Venezuela también lo han atacado.

Usted lo conoce bien, y lo conoce el mundo, el Estado que no se defienda lo hacen trizas. En Venezuela, ya hablamos de eso. No hay hombre que haya respetado tanto los derechos democráticos y humanos como Chávez. Le han dado un golpe de Estado, han secuestrado al presidente, ha corrido peligro su vida. Han nombrado a un hombre que a las pocas horas había pisoteado todos los derechos políticos, humanos, las libertades, había disuelto el Parlamento, el poder judicial, había cerrado radios, arrestado a patriotas, un fascista ahí, Carmona, que era el presidente de Fedecámaras, la patronal... Después metieron una huelga petrolera. Y allí no hay un solo preso político.

¿A usted le irrita particularmente la acusación de violación de los derechos humanos que regularmente se formula contra Cuba?

Mire, creo que no hay un país con un historial más limpio en materia de derechos humanos que Cuba. Lo que la Revolución ha hecho por nuestra población se puede expresar en cifras que ningún otro Estado es capaz de exponer. En estos cuarenta y seis años desde la Revolución, se les ha salvado la vida a no menos de cuatrocientos cincuenta mil niños, que habrían muerto aquí sin los progresos aportados por la Revolución. La perspectiva de vida de los ciudadanos en Cuba ha alcanzado casi dieciocho años por encima de la que tenía en 1959, al triunfo de la Revolución.

Hemos brindado posibilidad de alfabetizarse, de ir a la escuela a todos los niños, y la posibilidad de estudiar a todos los ciudadanos. En el terreno de la educación y de la salud no hay ningún país en el Tercer Mundo, y hasta en el mundo capitalista desarrollado, que haya hecho lo que nosotros hemos hecho. La mendicidad, el desempleo fueron erradicados. Los vicios, el consumo de droga, el juego también desaparecieron. Usted no encontrará aquí niños pordioseros o limosneros, o niños durmiendo en la calle, o niños descalzos o desnutridos, o niños sin escuela.

Y no quiero extenderme sobre la ayuda que hemos aportado a decenas de países del Tercer Mundo; hay médicos cubanos en más de treinta países trabajando gratuitamente y que han salvado miles de vidas humanas. Nosotros hemos atendido y dado tratamiento gratuito a miles de niños de Chernóbil que ningún país extranjero acogió. Creo que en ningún otro lugar del mundo se ha igualado la generosidad con el ser humano como en Cuba. ¿Y éste es el país que se pretende condenar por violación de derechos humanos? Sólo con la mentira y con la calumnia se pueden formular acusaciones tan profundamente deshonestas.

No pienso que se critique a Cuba por su política de salud, es quizá, al contrario, algo que se valora generalmente. Aunque sí creo que se conocen mal las cifras, y también lo que dice usted de la ayuda a países del Tercer Mundo. ¿Podría usted dar algunos datos?

En política de salud, Cuba muestra un índice de mortalidad infantil menor de 6 por cada 1.000 nacidos vivos en su primer año de vida, debajo de Canadá por escaso margen, se encamina a menos de 5 y tal vez a menos de 4 en un futuro no lejano, para ocupar el primer lugar del continente. A su vez tardará la mitad del tiempo que empleó Suecia y Japón para elevar de setenta a ochenta años su perspectiva de vida, que hoy alcanza los 77,5 años. Sus servicios médicos han elevado esas perspectivas en casi dieciocho años, a partir de aproximadamente sesenta al triunfo de la Revolución en enero de 1959.

Hoy nuestro pueblo tiene a su disposición, por lo menos, quince médicos, y mucho mejor distribuidos, por cada uno de los que quedaron aquí en el país en 1959. Tiene decenas de miles en el exterior prestando servicios solidarios. Cuba tiene ya más de 70.000 médicos. Hay en este momento —le doy la cifra exacta— 25.000 estudiantes de medicina. No le hablo de las decenas de miles de estudiantes de otras ciencias médicas. Si se incluye a todos los que están estudiando licenciatura en enfermería, y a todos los que estudian carreras relacionadas con la salud, tenemos la idea de que estén estudiando, en el área de la medicina, alrededor de 90.000 estudiantes.

Habrá muchas escuelas de medicina, en otras ciudades de Cuba, de 400 o 450 alumnos, alojados en casas de familias serias, con preparación profesional y cultura, cuyo perfil psicológico ha sido estudiado, así como el perfil del estudiante y de la familia del estudiante; una experiencia nueva y única. Escuelas con excelentes condiciones materiales, el equipamiento necesario para los estudios, medios audiovisuales, programas interactivos. Eso significa que un médico, en seis años de estudios, va a tener los conocimientos que a través de los métodos tradicionales habría necesitado veinte años para adquirirlos.

Estamos luchando por crear el mejor capital médico del mundo. Y no sólo para nosotros, sino para los pueblos de América Latina, y otros pueblos del mundo. Habrá 12.000 estudiantes en la ELAM [Escuela Latinoamericana de Medicina], y hay ya 2.000 jóvenes bachilleres bolivianos aquí. Ya muchos países están solicitándonos que les formemos médicos, tenemos con qué formarlos, y nadie los puede formar mejor. Hemos desarrollado métodos pedagógicos con los que ni siquiera soñábamos. Ya lo veremos, y rápido. Tendremos decenas de miles de estudiantes latinoamericanos en escuelas de medicina. Y nuestro país deberá formar, en los próximos diez años, unos 100.000 médicos latinoamericanos y caribeños, bajo los principios del ALBA [Alternativa Bolivariana para las Américas], suscritos entre Cuba y Venezuela, que aportará igual cifra, en marcha decidida hacia la integración de nuestros pueblos.

Con el presidente Hugo Chávez, en nombre de los dos pueblos, nos hemos comprometido con importantes programas sociales y económicos de gran contenido humano e integrador en nuestra área. En particular, el apoyo a la alfabetización, la educación, Petrocaribe, Electrocaribe, la lucha contra el virus VIH del sida, y la salud.

También decidieron lanzar la Operación Milagro.

Sí. En este marco, se lanzó la Misión Milagro, la ingente tarea de preservar y devolver la vista a no menos de seis millones de latinoamericanos y caribeños, y de formar a 200.000 profesionales de la salud en diez años que no tiene precedentes en el mundo. Se empezó por Venezuela, y decidimos extender la Misión Milagro a los países del Caribe. En septiembre de 2005, el número de caribeños operados de la vista en nuestro país ascendía ya a 4.212, y el de venezolanos a 79.450, que sumados alcanzaban la cifra de 83.662.

Y Cuba está enviando también brigadas de médicos a lugares donde se producen catástrofes, ¿no es así?

Así es. Hemos creado un Contingente Internacional de Médicos Especializados en Situaciones de Desastre y Graves Epidemias, el contingente

Henry Reeve. Ningún otro país podría enviar a un hermano pueblo de Centroamérica golpeado por un ciclón 1.000 médicos, como los que enviamos en otoño de 2005. O como los que en este momento [invierno de 2005] se hallan al otro lado de la Tierra, a dieciocho horas de vuelo de La Habana, enfrentándose en Cachemira, Pakistán, al dolor y a la muerte, frente a la más grande tragedia natural ocurrida en nuestro mundo en mucho tiempo. No recuerdo otra, por el lugar en que se produce, por el pueblo humilde que golpea, pueblo de pastores que viven en altísimas montañas, y en vísperas de un invierno, allí, donde el frío es muy intenso, y la pobreza muy grande.

Una por una, a cada una de esas brigadas, les he hablado, las he despedido. Conocemos lo que están haciendo nuestros compatriotas en todas partes, estamos en permanente comunicación con ellos, los del contingente Henry Reeve y otros muchos. Hay toda una hermosa historia, que en este momento se desarrolla, como nunca antes en la historia y en la vida de nuestra Revolución.

Usted me mostró la impresionante documentación que lee y consulta cada mañana para seguir de cerca los acontecimientos del mundo; decenas de cables y de artículos traducidos de la prensa internacional. Y a este respecto quisiera que hablásemos de la información en Cuba. La impresión que se tiene es que, aunque hay excelentes periodistas, hay muy poca información crítica sobre lo que pasa en Cuba. ¿Cuál es su opinión sobre esto?

Mire, sinceramente, nuestros órganos de prensa no están en manos de los enemigos de la Revolución, ni en manos de agentes de Estados Unidos. Están en manos de revolucionarios. Nuestra prensa es revolucionaria; nuestros periodistas, en la radio, en la televisión, son revolucionarios. Nosotros tenemos muchos periódicos, cada organización tiene su órgano de prensa: los trabajadores, la juventud, el Partido, los campesinos, las Fuerzas Armadas. Hay decenas de periódicos, y todos son revolucionarios.

La impresión que se tiene al leerlos, o al escuchar la radio o ver el noticiero de televisión, es que todo va bien, que sólo se consiguen éxitos, victorias, que no hay problemas, que nadie está descontento. Es un poco extraño porque me imagino que en el propio seno del Partido debe haber debates, y discrepancias y discusiones con mayor fuerza crítica.

Mire, aquí ha habido durante bastante tiempo la tendencia a suponer que los señalamientos críticos, la denuncia de las cosas mal hechas, hacían el juego al enemigo, ayudaban al enemigo y a la contrarrevolución. Hay temor de informar sobre algo, porque se piensa que puede ser útil al enemigo. Y nosotros hemos descubierto que, en la lucha contra los hechos negativos, es muy importante el trabajo de los órganos de prensa. Y hemos estimulado el espíritu crítico. Llegamos a la convicción de que es necesario desarrollar mucho más el espíritu crítico. Y yo he estimulado al máximo ese espíritu crítico porque es un factor fundamental para perfeccionar nuestro sistema.

Claro, sabemos que hay inconvenientes, pero queremos una crítica responsable. Y a pesar de las posibles consecuencias, todo es mejor que la ausencia de críticas.

Ese deseo de crítica responsable ¿podría ir hasta la autorización de la libertad de prensa que muchos reclaman?
Si usted llama libertad de prensa al derecho de la contrarrevolución y de los enemigos de Cuba a hablar y a escribir libremente contra el socialismo y contra la Revolución, yo le diría que no estamos a favor de esa «libertad». Mientras Cuba sea un país bloqueado por el imperio, atacado en permanencia, víctima de leyes inicuas como la Helms-Burton o la Ley de Ajuste Cubano, un país amenazado por el propio presidente de Estados Unidos, nosotros no podemos dar esa «libertad» a los aliados de nuestros enemigos cuyo objetivo es luchar contra la razón de ser del socialismo.

¿Unos medios libres serían considerados como incompatibles con la Revolución?
En esos medios «libres»: ¿quién habla? ¿De qué se habla ? ¿Quién escribe? Se habla de lo que quieren los dueños de los periódicos o de las televisiones. Y escribe quien ellos deciden. Usted lo sabe bien. Se habla de «libertad de expresión», pero en realidad lo que se defiende fundamentalmente es el derecho de propiedad privada de los medios de divulgación masiva. Aquí, en Cuba, se lo digo con franqueza, no existe la propiedad privada sobre los medios de divulgación masiva. Pero las distintas organizaciones de masas disponen de sus propios medios: los estudiantes tienen el suyo, los obreros, los sindicatos, los campesinos, hasta los militares. Todo el mundo tiene su órgano de información, y créame que publican con mucha libertad todo lo que creen conveniente de publicar.

En vez de cuestionar nuestros modos, que son el resultado, la consecuencia de más de cuarenta años de resistencia contra nuestro poderoso vecino, valdría la pena preguntarles a nuestros ciudadanos si se sienten o no se sienten libres.

Hay periódicos extranjeros que también están censurados y no se difunden en Cuba.
Mire, aquí se difunden muchos periódicos extranjeros, norteamericanos y europeos. Periódicos importantes, serios. Nosotros en eso somos más tolerantes de lo que se dice. Se encuentran en muchos puntos de venta y se pueden comprar con euros. Los turistas los compran y todo cubano que dispone de divisas los puede comprar y difundir. Eso no es un delito. Nadie le tiene miedo aquí a lo que puedan decir contra la Revolución esos periódicos, o los canales de información como CNN que mucha gente capta sin problemas.

Pero no podemos gastar nuestros recursos —porque tenemos otras prioridades que son la energía, la alimentación, la salud— en importar esa prensa extranjera. Ese tipo de importación no es en absoluto una prioridad para nosotros. Y puede ocurrir que se limite la circulación de tal o cual publicación porque está haciendo sistemáticamente campañas contra nosotros, contrarrevolucionarias. Está difundiendo calumnias, mentiras y falsedades, está tratando de dividir, de crear enfrentamientos. Eso no lo toleramos. ¿Por qué vamos a aceptar que circule aquí un periódico contrarrevolucionario?

Porque, mire, ellos, que tanto hablan de libertad de prensa, cuando algunas de las cosas que denuncia Cuba no conviene que se sepan, tampoco las publican. Porque usted sabe que cada órgano se debe a una línea, y las líneas las trazan los que controlan, los que son propietarios de esos medios, unos con más libertad, otros con menos; aunque hay también, no se puede negar, mucha gente independiente.

¿Usted está satisfecho con el nivel crítico de la información aquí?
Bueno, no sé si usted ha podido seguir en detalle nuestros órganos de información, pero yo le digo que mi más importante fuente de información sobre lo que pasa en el país, mejor que los informes que me envía el Partido u otros órganos del Estado, la que más aprecio, es la de los periódicos. Me mantiene al día de cualquier cosa que ocurra. Y yo los leo todos los días, al final del día.

Usted me habla de espíritu crítico, pero yo me pregunto: ¿dónde está el espíritu crítico en la prensa de tantos países que se pretenden más democráticos que nosotros? ¿Dónde está el espíritu crítico de esos periodistas y de esos canales de televisión, en Estados Unidos, que han apoyado, como verdaderos voceros de propaganda, la guerra del presidente Bush contra Irak?

La verdad, la ética, que deberían ser el primer derecho o atributo del ser humano, ocupan cada vez menos espacio. Los cables de prensa, los medios, la radio, la televisión, los teléfonos celulares y las páginas de internet descargan un torrente de noticias de todas partes a cada minuto. No es nada fácil para un ciudadano seguir el curso de los acontecimientos. Apenas si la inteligencia humana puede orientarse en ese vendaval de noticias.

Esos órganos de información se pretenden libres y críticos pero dependen de la publicidad y nunca critican a sus anunciantes. Yo digo: ¿por qué se gastan tantos miles de millones de dólares en publicidad? ¿Cuánto se podría hacer con mil millones de dólares de los que se despilfarran en publicidad? Aquí usted tiene un país en cuyo PIB [Producto Interior Bruto] no aparece el aporte de un centavo por publicidad, ni en los periódicos, ni en la televisión, ni en la radio, nosotros no tenemos ningún tipo de publicidad comercial.

¿Qué papel han desempeñado esos medios masivos, desgraciadamente, en Estados Unidos y en muchos lugares del mundo? Y no los estoy atacando. Los que saben, como usted, el efecto que tienen en las mentes esos medios masivos, pueden comprender que aquí esos medios son usados para educar, para enseñar, para crear valores… Y yo tengo la convicción total, por la experiencia vivida, de que los valores pueden ser sembrados en el alma de los hombres, en la inteligencia y en el corazón de los seres humanos.

Nosotros no andamos con hipocresías de ninguna clase, hablando de esa «libertad de la prensa» europea. Nosotros soñamos con otra libertad de prensa, en un país culto, en un país que posea una cultura general integral y pueda comunicarse con el mundo. Porque quienes temen el pensamiento libre no educan a los pueblos, no le aportan, no tratan de que adquieran el máximo de cultura, conocimientos históricos y políticos más variados, y aprecien las cosas por su valor en sí, y porque lo saquen de sus propias cabezas. Ahora, deben tener los elementos de juicio para poder sacar las cosas de su cabeza.

Cuando surgieron, los medios masivos se apoderaron de las mentes y gobernaban no sólo a base de mentiras, sino de reflejos condicionados. No es lo mismo una mentira que un reflejo condicionado. La mentira afecta al conocimiento; el reflejo condicionado afecta a la capacidad de pensar. Y no es lo mismo estar desinformado que haber perdido la capacidad de pensar, porque ya te crearon reflejos: «Esto es malo, esto es malo; el socialismo es malo, el socialismo es malo».Y todos los ignorantes, todos los analfabetos, todos los pobres, todos los explotados diciendo: «El socialismo es malo», «El comunismo es malo».

No enseñan a leer y a escribir a las masas, gastan un millón de millones en publicidad cada año para tomarle el pelo a la inmensa mayoría de la humanidad —que, además, paga las mentiras que se dicen—, convirtiendo al ser humano en persona que, al parecer, no tuviera ni siquiera capacidad de pensar, porque las hacen consumir jabón, que es el mismo jabón, con diez marcas diferentes, y tienen que engañarla, porque ese millón de millones, no lo pagan las empresas, lo pagan aquellos que adquieren los productos en virtud de la publicidad. Gastan en crear reflejos condicionados, porque aquél compró Palmolive, el otro Colgate, el otro jabón Candado, sencillamente porque se lo dijeron cien veces, se lo asociaron a una imagen bonita y le fueron sembrando, tallando el cerebro. Ellos que hablan tanto de «lavado de cerebro», lo tallan, le dan una forma, le quitan al ser humano la capacidad de pensar.

¿Van a hablar de «libertad de expresión» en países que tienen un 20 por ciento, un 30 por ciento de analfabetos, un 80 por ciento entre analfabetos plenos y analfabetos funcionales? ¿Con qué criterio, con qué elementos incluso, opinan, y dónde opinan? Si mucha gente culta e inteligente cuando quiere publicar un artículo no hay manera de que se lo publiquen, y lo ignoran, y lo aplastan, y lo desacreditan. Se han convertido esos grandes medios en instrumentos de manipulación.

Nosotros los poseemos, y partimos de la absoluta convicción de que usamos tales medios para educar, para desarrollar los conocimientos de las personas. Esos instrumentos juegan un papel en la Revolución, han creado conciencia, conceptos, valores, y no los hemos empleado forzosamente bien. Sabemos, sin embargo, lo que pueden, y conocemos lo que ha logrado la Revolución, entre otras cosas, porque dispone de los medios.

Ahora, no vamos a creer la historia de que esos medios en Occidente están destinados a crear valores de solidaridad, de sentimientos de hermandad, fraternidad, espíritu de justicia. Exponen los valores de un sistema que, por naturaleza, es egoísta; es, por naturaleza, individualista. Mientras más preparación tiene alguna persona puede comprender que los problemas de este mundo, cada vez más complicados, no se resuelven si no se educa a la gente.

Aunque usted es hostil al culto de la personalidad, y lo ha denunciado a menudo, los medios en Cuba evocan con frecuencia su persona, ocupa usted un lugar importante en el contenido de los medios. ¿Eso le molesta?

Mire, yo, contrariamente a lo que algunos piensan, no aparezco mucho en público. No tengo costumbre de salir en el telediario cada día, y pueden pasar hasta quince días sin que aparezca en los periódicos. Salgo cuando se trata de algún acto conmemorativo en el que tengo que hablar... O cuando llega a Cuba algún visitante, un jefe de Estado... O cuando ocurre algún acontecimiento extraordinario, como un ciclón devastador, por ejemplo.

Le aseguro que no me agrada mucho estar saliendo en los diarios, en la televisión o en la radio. Aquí no se le rinde culto a la noticia sobre el jefe del Estado, nada de eso. Se escribe de manera bastante natural. Yo diría que los medios hablan de mí con respeto y familiaridad. Nadie nos ve como una figura encaramada en el Olimpo. Mucha gente me ve como un vecino, conversan conmigo.

Por naturaleza, soy hostil a todo lo que pueda parecer un culto a la persona, y usted puede constatar, ya se lo he dicho, que en este país no hay una sola escuela, fábrica, hospital o edificio cualquiera que lleve mi nombre. Ni hay estatuas, ni prácticamente retratos míos. Aquí ni hacemos retratos oficiales. Es posible que, en alguna oficina, alguien haya puesto una foto mía, pero es una iniciativa personal y en ningún caso esa foto es un retrato oficial. Aquí ningún organismo del Estado gasta dinero y pierde tiempo realizando y repartiendo fotografías oficiales mías o de cualquier dirigente. Eso, en nuestro país, no existe.

Por ejemplo, yo ando en constante guerra con los responsables de los medios para no aparecer en la prensa o en los noticiarios. Usted observará que uno de los líderes del mundo que menos sale en los medios de su país soy yo. No me gusta aparecer en los medios. Ni me gusta que me pongan títulos y cargos, que si «presidente del Consejo de Estado y de Ministros» o «primer secretario del Partido»... Tengo muchos conflictos con mi gente porque todo eso no me gusta. Porque a mí, afortunadamente, la gente me llama Fidel. Y soy el primero en estimular el espíritu crítico.

Los que me conocen y conocen mis discursos y mis ideas, saben que soy muy crítico, muy autocrítico con eso, y que he combatido con intransigencia toda manifestación del culto de la personalidad o del endiosamiento.

Los medios de comunicación masiva, en manos del Estado, han servido muchas veces para difundir propaganda.

Nosotros queremos usar esos medios para elevar el nivel cultural general. Estamos creando para eso nuevos canales educativos. A través de ellos, el programa «Universidad para todos» imparte cursos de idiomas y otros muchos de variadas materias, aparte de programas escolares. En 2003 inauguramos el tercer canal televisivo, que es para la educación, y también en 2004 hemos lanzado el cuarto canal educativo. La televisión es una verdadera y no bien utilizada forma de transmitir conocimientos masivos.

Usando los medios audiovisuales, usándolos exhaustivamente, entramos en la etapa de masificación no para sembrar veneno o difundir propaganda; no para que otro piense por uno; porque si se usan incorrectamente determinados medios, le suprimen al ciudadano la opción de pensar, porque piensan por uno y le dicen qué color es el que tiene que usar, si la falda debe ser larga o corta, si la tela de moda es ésta o la otra. La publicidad sí es propaganda, le repito, porque envían el mensaje desde allá sobre lo que debemos usar, qué refresco tenemos que tomar; vienen y nos dicen qué cerveza debemos tomar, o qué marca de whisky o de ron. Nadie quiere que sus hijos se entretengan o se recreen aprendiendo a consumir drogas, o viendo violencia y cosas absurdas, que envenenan la mente de ese niño.

¿Cree usted que los Estados, en el mundo de hoy de las nuevas tecnologías, aún pueden controlar la información?

Cada vez menos. Hoy, hay nuevas formas de transmitir y de recibir mensajes. Hay satélites que pueden bajar una señal; hay Internet, que puede permitir enviar un mensaje a cualquier rincón del mundo porque, realmente, en general, los que tienen internet tienen también electricidad, teléfono y posibilidades de comunicarse.

Y no debemos subestimar a esas capas intelectuales, que en el mundo son decenas y decenas de millones, que no son necesariamente una clase explotadora y rica. Hay que ver, recuerde, por ejemplo, allá en Seattle; recuerde Quebec, recuerde Génova, Florencia, Porto Alegre…; recuerde las movilizaciones contra la globalización liberal ya en cualquier parte del mundo, han sido organizadas a través de internet, por personas que tienen cultura y tienen conocimientos. Y hay muchas cosas que amenazan hoy la vida del planeta, aparte de las guerras, los cambios de clima, la destrucción de la capa de ozono, el calentamiento de la atmósfera, el envenenamiento de la atmósfera, de los ríos y de los mares, que amenazan la vida de todo el planeta, y contra eso todos los pueblos del mundo se movilizan y tienen una causa común con los latinoamericanos, con los norteamericanos y con los europeos.

Hoy hay medios de comunicarse con el mundo, que nos hacen menos víctimas o dependientes de los grandes medios de difusión masiva, sean cuales sean, privados o del Estado, porque hoy, teniendo esa red de internet en el mundo, todos los que tienen una aspiración, un objetivo harán causa común, sean de países subdesarrollados o ricos. También esa red se puede utilizar con las peores intenciones, como al parecer lo hicieron los autores de los atentados del 11 de septiembre.

¿Ustedes condenaron esos atentados del 11 de septiembre de 2001?
Nosotros condenamos sin vacilaciones el crimen del 11 de septiembre.[5] Y hemos reiterado nuestra condena al terrorismo en todas sus formas y manifestaciones. Cuando ellos han incluido Cuba entre los «países que propician el terrorismo»… Cuba no permitirá que su territorio sea utilizado jamás en acciones terroristas contra el pueblo de Estados Unidos o de cualquier otro país. Y condenamos también el terrorismo de Estado. Le hemos propuesto al gobierno de Estados Unidos la adopción de un programa de lucha contra el terrorismo que ellos rechazaron.

¿Usted está de acuerdo en considerar que el terrorismo es la mayor amenaza del mundo actual?
Yo estoy de acuerdo en que el terrorismo es una de las más graves amenazas del mundo actual, pero considero que la humanidad enfrenta otras amenazas de enorme gravedad: la destrucción acelerada del medio natural y de las condiciones mismas para la supervivencia de la especie, la profundización de la pobreza, la insalubridad, el hambre de incontables millones de seres humanos en el mundo… Hay muchos otros problemas serios en este planeta hoy aparte del problema del terrorismo. A todo lo cual habría que añadir las pretensiones hegemónicas de la única superpotencia que aspira a erigirse en dueña del planeta, y su política arrogante de dominación.

En lo que respecta al terrorismo, la administracion norteamericana habla constantemente de «guerra mundial contra el terrorismo», pero yo sería muy cuidadoso al emplear el concepto de terrorismo. Porque, una cosa son los atentados de Nueva York, o los de Madrid, de Londres u otros, y la necesaria lucha contra esos actos abominables, y otra cosa es que, sobre la base de esa legítima preocupación, se produzcan algunas extrapolaciones dudosas.

Desde el 11 de septiembre de 2001, estamos viendo cómo muchas luchas nacionales —como la de Irak, por ejemplo, o la de Chechenia— tienden a ser calificadas de luchas «terroristas». Ya en los años ochenta, en la época de Reagan, los norteamericanos usaron mucho la palabra «terrorismo». Calificaban de «terroristas» a los combatientes del ANC, como Nelson Mandela, que luchaban en Sudáfrica contra el *apartheid*. O a los que luchaban en Namibia por la independencia; o a los palestinos que ya luchaban por un Estado propio, independiente, o a los patriotas salvadoreños. Reagan comparaba a los contrarrevolucionarios de Nicaragua con los padres fundadores de los Estados Unidos, o con los voluntarios de La Fayette, o con los maquis franceses que lucharon en la Resistencia contra la ocupacion de su país por los nazis.

Pero cuando las fuerzas armadas israelíes han bombardeado barrios civiles de Gaza y causado muertes inocentes, a eso no lo califican de acción terrorista; o cuando el propio ejército norteamericano en Irak dispara misiles indiscriminadamente, y mata niños y mujeres, a eso tampoco se le llama terrorismo.

Nosotros, en nuestra guerra contra Batista —usted lo sabe, ya hablamos de esto—, siempre evitábamos en lo posible todas aquellas acciones en las que pudieran caer personas no combatientes. Nosotros fuimos violentos, pero en nuestra violencia revolucionaria déjeme decirle que algunos de esos métodos —el atentado suicida contra civiles, el rapto y degüello de no combatientes, bombas en escuelas— que vemos hoy en ciertas luchas, que pueden ser políticamente justas, en Chechenia, en Irak, en Palestina, nosotros jamás los utilizamos. Y los calificamos de inaceptables, y hasta de ignominiosos. Pienso que son muy perjudiciales a la causa que pretenden servir.

Aunque debo añadir que la violencia se utiliza de parte y parte. Las autoridades constituidas emplean, a su vez, bastante violencia, bastantes métodos represivos, en muchas partes, represiones muy sangrientas, y a ellas nadie les llama terroristas, hagan lo que hagan.

¿Le preocupa a usted la actitud del presidente Bush?

Mire, vivimos tiempos difíciles… Hemos escuchado, no hace mucho, palabras y conceptos escalofriantes. En el discurso pronunciado en junio de 2002, en la Academia Militar de West Point,[6] el presidente de Estados Unidos declaró textualmente a los militares, le cito: «Nuestra seguridad requerirá que transformemos a la fuerza militar que ustedes dirigirán en una fuerza militar que debe estar lista para atacar inmediatamente en cualquier oscuro rincón del mundo».

Ese mismo día proclamó la doctrina de la «guerra preventiva y sorpresiva», algo que jamás hizo nadie en la historia política del mundo. Meses después, al referirse a la acción militar contra Irak, afirmó: «... si nos obligan a la guerra, vamos a luchar con el pleno poderío de nuestras Fuerzas Armadas».

Quien declaraba esto no era el gobierno de un pequeño Estado; era el jefe de la potencia militar más poderosa que jamás existió, poseedora de miles de armas nucleares suficientes para liquidar varias veces la población mundial, y de otros temibles sistemas militares convencionales o de destrucción masiva.

Según el señor Bush, eso somos: «Oscuros rincones del mundo». Así ven algunos a los países del Tercer Mundo. Nunca nadie nos definió mejor, ni lo hizo con más desprecio. Antiguas colonias de potencias que se repartieron y saquearon el mundo durante siglos, hoy constituimos el conjunto de países subdesarrollados. Para ninguno existe independencia plena, trato justo e igualitario, ni seguridad nacional alguna; ninguno es miembro permanente del Consejo de Seguridad, ninguno tiene derecho a veto, ni decide algo en los organismos financieros internacionales; ni retiene sus mejores talentos, ni puede protegerse de la fuga de sus capitales, de la destrucción de la naturaleza y del medio ambiente, ocasionada por el consumismo despilfarrador, egoísta e insaciable de los países de economía desarrollada.

En el Consejo de Seguridad, Estados Unidos volvió a anunciar que se reservaba el derecho de decidir por su cuenta atacar en el futuro a otras naciones. Y, en violación del espíritu y de la letra de la Carta de las Naciones Unidas, se habla ahora de «guerra preventiva».

Las Naciones Unidas no pudieron evitar la guerra de Irak. ¿Piensa usted que la ONU debe reformarse?

Sí, es urgente. Hay que enfrentar, sin más dilación, una reforma real, y sobre todo, un proceso profundo de democratización de las Naciones Unidas. La situación es ya insostenible. Lo prueba esa vergonzosa incapacidad del Consejo de Seguridad para impedir la guerra en Irak.

Yo creo que en el desenlace de la crisis internacional creada por la guerra en Irak se decide el futuro de las Naciones Unidas. El más grave peligro que hoy nos acecha es que persista un mundo donde impere la ley de la selva, el poderío de los más fuertes, y los peligros de agresión, el subdesarrollo y la desesperanza para la gran mayoría. ¿Se impondrá una dictadura mundial sobre nuestros pueblos o se preservarán las Naciones Unidas y el multilateralismo? Ésa es la cuestión.

Creo que el papel de Naciones Unidas, en este año 2005 en que cumple cincuenta años de su fundación, es irrelevante o, al menos, va en camino de serlo. Pero unos lo decimos con preocupación y queremos fortalecer la organización. Otros lo dicen con secreta satisfacción y alientan la esperanza de imponerle al mundo sus designios. Lo digo con franqueza: ¿qué papel juega hoy la Asamblea General de la ONU? Casi ninguno, ésa es la verdad. Es apenas un foro de debate sin influencia real ni papel práctico alguno.

Yo pregunto: ¿se rigen las relaciones internacionales por los propósitos y principios consagrados en la Carta de las Naciones Unidas? No. ¿Por qué ahora, cuando la filosofía, las artes y las ciencias alcanzan niveles sin precedentes, se proclama otra vez la superioridad de unos pueblos sobre otros, se llama a otros pueblos, a los que debiera tratarse como hermanos, «oscuros rincones del planeta», o «periferia euroatlántica de la OTAN»?

¿Por qué algunos se sienten con derecho a lanzar unilateralmente una guerra si en la Carta de Naciones Unidas se proclama que no se usará la fuerza armada «sino en servicio del interés común» y que para preservar la paz se tomarán «medidas colectivas»? ¿Por qué ya no se habla de emplear medios pacíficos para la solución de controversias?

Cuando se aprobó la Carta, en la Conferencia de San Francisco en 1945, se estableció el principio de la igualdad soberana de los Estados. ¿Acaso somos iguales y disfrutamos de similares derechos todos los Estados miembros? Según la Carta sí; pero según la cruda realidad no. El respeto al principio de la igualdad soberana de los Estados, que debería ser la piedra angular de las relaciones internacionales contemporáneas, sólo podrá establecerse si los países más poderosos aceptan respetar los derechos de los otros, aunque éstos no tengan la fuerza militar y el poderío económico para defenderlos. ¿Están listos los países más poderosos para respetar los derechos de los demás, aunque ello lesione, siquiera mínimamente, sus privilegios? Me temo que no.

La guerra de Irak, ¿a usted le parecía inevitable?

En febrero de 2003, unas semanas antes de la guerra, estuve en Malasia en la Cumbre de los No Alineados y allí, en Kuala Lumpur, conversé largamente con los miembros de la delegación iraquí, y con el entonces vicepresidente Taha Yassin Ramadan. Les dije que, si las poseían, debían destruir todas las armas para facilitar el trabajo de los inspectores de la ONU. Era para ellos la única posibilidad de evitar el ataque. Y creo que lo hicieron, destruyeron las armas, lo habían hecho ya antes, pero no sirvió para nada. La decisión del ataque ya estaba probablemente tomada.

¿Qué opinión le merece Sadam Hussein?
Mire, cómo decirlo, un desastre. Un estratega errático. Cruel con su pueblo. En 1990, después de la ilegal invasión de Kuwait, se encerró en una lógica que conducía a su destrucción. Nosotros votamos la resolución de la ONU que condenaba esa invasión. Le mandamos dos cartas por emisarios personales[7] recomendándole negociar y retirarse a tiempo de Kuwait. En vano.

¿Lo conoció usted personalmente?
Sí, una sola vez, eso fue en septiembre de 1973. Yo venía de Argel, de una cumbre de los No Alineados,[8] e iba para Hanoi invitado por el gobierno vietnamita. Aún no había terminado la guerra de Vietnam. Sadam Hussein vino a recibirme al aeropuerto de Bagdad. En aquella época él era vicepresidente, aún no era presidente de Irak; era jefe del partido Baas. Me pareció un hombre correcto, estuvo amable, estuvimos recorriendo la ciudad, muy bella, con amplias avenidas, los puentes sobre el Tigris y el Éufrates. Me quedé solamente un día. Allí me entero del golpe militar en Chile contra Allende...

Desde un punto de vista militar, ¿cómo juzga usted el sistema de defensa utilizado por las fuerzas iraquíes en esa guerra?
Hemos seguido con mucha atención esa guerra de marzo a mayo de 2003. ¿Por qué Sadam no resistió? Misterio. ¿Por qué no hizo volar los puentes para retrasar el avance de las fuerzas norteamericanas? ¿Por qué no hicieron volar los depósitos de municiones? ¿Los aeropuertos? Todo eso es un gran misterio. Sólo los chiíes resistieron en el sur, en Basora, contra los británicos.

Todos los países cerraron sus embajadas en Irak en vísperas de la guerra menos ustedes. ¿Hasta cuándo se quedaron en Bagdad?
Nuestra embajada fue la última que se quedó en Bagdad. Bueno, con la

del Vaticano. Hasta los rusos se fueron. También fuimos los últimos en quedarnos en Kabul cuando la guerra de Afganistán a finales de 2001. Sólo después de la entrada de las fuerzas norteamericanas en la capital de Irak dimos orden de salir de Bagdad. No les podíamos pedir a las cinco personas que estaban en nuestra embajada que defendieran los locales contra dos ejércitos... Estaban dispuestos, pero les pedimos que evacuaran. Había que evitar que la embajada se convirtiera en un eventual refugio para algunos dignatarios del régimen. Y Estados Unidos hubiera utilizado el pretexto como presión contra nosotros. Nos hubiera colocado en una situación delicada. Nuestros diplomáticos obtuvieron salvoconductos y pudieron salir de Irak sin problema. Unos salvoconductos entregados por una organización internacional, no por los norteamericanos.

¿Cómo ve usted la evolución de la situación en Irak?
A mi juicio, la resistencia popular va a seguir intensificándose mientras no cese la ocupación de Irak. Aquello ya es un infierno, y va a seguir siéndolo. Por eso, el primer objetivo debe ser el traspaso del control real a Naciones Unidas, y el comienzo del proceso de recuperación de la soberanía de Irak y el establecimiento de un gobierno legítimo, fruto de la decisión del pueblo iraquí. Pero de una decisión auténtica, legítima, y no de elecciones realizadas en plena ocupación militar neocolonial. El actual gobierno es una marioneta, un pelele que depende del alto mando militar norteamericano. Debe también cesar de inmediato el reparto escandaloso de las riquezas de Irak.

En su «guerra mundial contra el terrorismo», la administración del presidente Bush utiliza la base de Guantánamo en Cuba como prisión de alta seguridad para «prisioneros del campo de batalla». ¿Qué reflexión le inspira eso?
Ha pasado más de un siglo, y todavía Estados Unidos ocupa por la fuerza ese pedazo de territorio cubano, hoy vergüenza y espanto del mundo, cuando, en efecto, se divulga la noticia de que fue convertido, desde enero de 2002, en un antro de torturas, donde cientos de personas, recogidas en cualquier lugar del mundo, están allí. No los llevan a territorio norteamericano porque en él pueden existir algunas leyes que les creen dificultades para tener ilegalmente, por la fuerza, secuestrados —y durante años—, sin ningún trámite, sin ninguna ley, sin ningún procedimiento, a aquellos hombres, que, además, para asombro del planeta, han estado siendo sometidos a sádicas y brutales torturas.

De eso se entera el mundo cuando allá en una cárcel en Irak, en Abu Ghraib, estaban torturando a cientos de prisioneros del país invadido con todo el poder de ese colosal imperio, y donde cientos de miles de civiles iraquíes han perdido la vida. En Guantánamo se ha tratado a unos quinientos hombres —desde adolescentes hasta a ancianos— con un desprecio absoluto y total que nadie, nunca, debería verse obligado a soportar. Han sido privados de los derechos que consagra el derecho internacional, y recluidos en condiciones crueles, inhumanas y degradantes. Y cada día se descubren cosas nuevas. Hace poco se divulgaron noticias de que el gobierno de Estados Unidos tenía cárceles secretas en los países satélites del este de Europa, esos que votan en Ginebra contra Cuba y la acusan de violación de derechos humanos. A esas cárceles secretas envían secuestrados con el pretexto de la lucha contra el terrorismo. Ya no sólo en Abu Ghraib, no sólo en Guantánamo, sino en cualquier parte del mundo se encuentra una cárcel secreta donde realizan torturas los «defensores de los derechos humanos».

Pero la cosa no se acaba ahí, han llegado también noticias informando sobre el uso de fósforo vivo en Faluya, allí donde el imperio descubrió que un pueblo, prácticamente desarmado, no podía ser vencido. Se vieron allí los invasores en tal situación que no podían irse ni quedarse: si se iban, volvían los combatientes; si se quedaban, necesitaban esas tropas en otros puntos. ¡Fósforo vivo en Faluya! Cuando se denunció ese crimen, el gobierno de Estados Unidos dijo que el fósforo vivo era un «arma normal». Si era normal, ¿por qué no lo publicaron? ¿Por qué nadie sabía que estaban usando esa arma prohibida por las convenciones internacionales? Si el napalm está prohibido, el fósforo vivo está todavía mucho más prohibido.

Ya han muerto más de dos mil jóvenes soldados norteamericanos, y algunos se preguntan: ¿hasta cuándo seguirán muriendo en una guerra injusta, justificada con groseras mentiras?

Ya hasta los altos oficiales norteamericanos reconocen que esa guerra está perdida, y que deben retirarse. Esto será beneficioso para Estados Unidos, cuyos jóvenes mueren allí mientras libran una guerra injusta y sin gloria, con actos bochornosos, inmorales como las torturas; será beneficioso para Irak, cuyo pueblo podrá comenzar una nueva etapa de su historia; será beneficioso para Naciones Unidas, que ha sido víctima también de esta guerra, y será beneficioso para todos nuestros países, que han debido sufrir la recesión económica internacional y la creciente inseguridad que nos amenaza a todos.

¿Teme usted que pueda haber una invasión o una «guerra preventiva» contra Cuba?

Si el presidente Bush decidiera invadir Cuba, habría una guerra terrible. Ellos tendrían que enfrentar a toda nuestra poblacion organizada y armada, una resistencia popular interminable. A nosotros, esa invasión nos costaría mucho, pero para invadir Cuba y mantener la ocupación del país, calculamos que serían necesarios millones de soldados. En Irak, ellos tienen unos ciento cincuenta mil hombres y ya ve, controlan muy poca cosa. Si usted analiza la correlación de fuerzas que existía cuando nos enfrentamos a Batista —ochenta mil hombres contra tres mil— constata que ellos representaban más de veinticinco veces nuestras fuerzas. Por eso le digo que tendrían que invadirnos y ocupar la isla con millones de soldados. Que no tienen.

Nosotros poseemos medios para hacerle la vida muy dura a un invasor. Además del ejército regular y de las reservas, disponemos de milicias de tropas territoriales. Millones de personas, hombres y mujeres, dispuestos todos a luchar sin tregua en defensa de la patria. Calculando que el ejército yanqui, para liquidar este país, tuviese que emplear dos militares por cada combatiente nuestro, ellos necesitarían una fuerza de no menos de cinco millones de soldados. Y sufrirían muchas bajas, se lo aseguro. Nosotros les podemos garantizar que aquí están reunidas todas las condiciones para que Cuba se transforme, para ellos, en un infierno, una trampa mortal.

Ellos lo saben, porque entrarían en una lucha de hombre contra hombre, no de divisiones mecanizadas contra divisiones mecanizadas, o de fuerza aérea contra fuerza aérea, o de armada contra armada.

En una guerra convencional, ellos tendrían muchas ventajas. Pero en una guerra de resistencia popular, organizada en todo el país, donde no habría ni frente ni retaguardia, toda su tecnología se reduciría a nada. Mire lo que está pasando en Chechenia o en Irak. ¿De qué les sirve a los rusos o a los norteamericanos su superioridad en armamento pesado y sofisticado? Cualquier hombre o cualquier mujer de Cuba prefiere la muerte a vivir bajo la bota de los Estados Unidos.

¿Calificaría usted la política exterior de la administración del presidente George W. Bush de «belicista» o de «peligrosa» para el mundo y para Cuba?

Cuba, que, como le dije, fue el primer país en solidarizarse con el pueblo norteamericano el 11 de septiembre de 2001, fue también el primero en advertir que la política de la extrema derecha de Estados Unidos —que asumió fraudulentamente el poder en noviembre del año 2000— amenazaba al mundo. No surge esta política del presidente Bush como consecuencia del ataque terrorista contra el pueblo de Estados Unidos cometido por miembros de una organización fanática que en tiempos pasados sirvió a otras administraciones norteamericanas. Yo estoy convencido de que era un pensamiento fríamente elaborado, que explica el rearme y los colosales gastos en armamento cuando ya la guerra fría no existía y lo que ocurrió el 11 de septiembre estaba lejos de producirse. Los hechos del día 11 de ese fatídico mes del año 2001 sirvieron de pretexto ideal para ponerlo en marcha.

El 20 de septiembre de ese año, el presidente Bush lo expresó abiertamente en Washington ante un Congreso conmocionado por los trágicos sucesos ocurridos nueve días antes. Utilizando extraños términos habló de «justicia infinita» como objetivo de una guerra al parecer también infinita: «El país no debe esperar una sola batalla, sino una campaña prolongada, una campaña sin paralelo en nuestra historia». «Vamos a utilizar cualquier arma de guerra que sea necesaria.» «Cualquier nación, en cualquier lugar, tiene ahora que tomar una decisión: o están con nosotros o están con el terrorismo.» «Les he pedido a las Fuerzas Armadas que estén en alerta, y hay una razón para ello: se acerca la hora de que entremos en acción.» «Ésta es una lucha de la civilización.» «Los logros de nuestros tiempos y las esperanzas de todos los tiempos dependen de nosotros.» «No sabemos cuál va a ser el derrotero de este conflicto, pero sí cuál va a ser el desenlace [...] Y sabemos que Dios no es neutral.»

¿Hablaba un estadista o un fanático incontenible? Dos días después, el 22 de septiembre, Cuba denunció ese discurso como el diseño de la idea de una dictadura militar mundial bajo la égida de la fuerza bruta, sin leyes ni instituciones internacionales de ninguna índole.

Meses más tarde, al cumplirse el 200.º aniversario de la Academia Militar de West Point, en el acto de graduación de 958 cadetes celebrado el 3 de junio de 2002, ya le mencioné que el presidente Bush profundizó en su pensamiento a través de una encendida arenga a los jóvenes militares que se graduaban, en la que están contenidas sus ideas fijas: «Nuestra seguridad requerirá que estemos listos para el ataque preventivo cuando sea necesario defender nuestra libertad y defender nuestras vidas». «Debemos descubrir células terroristas en sesenta países o más...» «Los enviaremos a ustedes, a nuestros soldados, a donde ustedes sean necesarios.» «No dejaremos la seguridad de América y la paz del planeta a merced de un puñado de terroristas y tiranos locos. Eliminaremos esta sombría amenaza de nuestro país y del mundo.» «A algunos les preocupa que sea poco diplomático o descortés hablar en términos del bien y el mal. No estoy de acuerdo. […] Estamos ante un conflicto entre el bien y el mal, y América siempre llamará al mal por su nombre. Al enfrentarnos al mal y a regímenes anárquicos, no creamos un problema, sino que revelamos un problema. Y dirigiremos al mundo en la lucha contra el problema.»

Pero estas declaraciones tenían por objetivo, en nombre de la guerra contra el terrorismo, preparar las intervenciones militares contra Afganistán y contra Irak. ¿Por qué cree usted que Cuba está amenazada? Mire, es tan provocadora la política del gobierno de Estados Unidos, que el día 25 de abril de 2003 —después de los secuestros de aviones, del secuestro de la lancha de Regla y de las arrestaciones de los «disidentes» de que hablamos—, el señor Kevin Whitaker, entonces jefe del Buró Cuba del Departamento de Estado, le dijo al jefe de nuestra Sección de Intereses en Washington que la Oficina de Seguridad Doméstica, adscrita al Consejo de Seguridad Nacional de Estados Unidos, consideraba que los «continuados secuestros desde Cuba» constituían «una seria amenaza para la seguridad nacional de Estados Unidos», y solicitaba al gobierno cubano tomar todas las medidas necesarias para evitar hechos de esta naturaleza.

¡Como si no fueran ellos quienes provocaron y estimularon esos secuestros! Y como si no fuéramos nosotros los que, para proteger la vida y la seguridad de los pasajeros, y conociendo desde hace rato los criminales planes de la extrema derecha contra Cuba, tomamos medidas drásticas para impedirlo. Filtrado por ellos, ese contacto del día 25 de abril, creó gran alboroto en la mafia terrorista de la Florida. En Miami y en Washington se discute hoy dónde, cómo y cuándo se atacará a Cuba o se resolverá el problema de la Revolución.

En lo inmediato han tomado medidas económicas que endurecen el brutal bloqueo.[9] Si la fórmula fuese atacar a Cuba como a Irak, me dolería mucho por el costo en vidas y la enorme destrucción que para Cuba significaría. Pero tal vez fuera ése el último de los ataques de esta Administración, porque la lucha duraría mucho tiempo, ya le digo, enfrentándose los agresores no sólo a un ejército sino a miles de ejércitos que constantemente se reproducirían y harían pagar al adversario un costo en bajas tan alto, que estaría muy por encima del presupuesto de vidas de sus hijos que el pueblo norteamericano estaría dispuesto a pagar por las aventuras y las ideas del presidente Bush.

La Administración estadounidense ha hecho algunas declaraciones acusando a Cuba de preparar armas biológicas. ¿Qué contestaron ustedes?

Esas acusaciones son tanto más cínicas, tanto más nauseabundas cuanto que nosotros hemos conocido en carne propia el empleo de virus y bacterias para atacar a nuestra agricultura e incluso a nuestra población. Se lo aseguro y no exagero, no tendría yo un átomo de vergüenza si le digo a usted una sola mentira. Nosotros sabemos algunas cosas y de casi todas tenemos pruebas, cuando hablamos de algunos de estos problemas.

Nuestro país no posee armas nucleares, ni armas químicas, ni obviamente armas biológicas. Las decenas de miles de científicos y médicos con que cuenta nuestro país han sido educados en la idea de salvar vidas. Estaría en absoluta contradicción con su concepción poner a un científico o a un médico a producir sustancias, bacterias o virus capaces de producir la muerte a otros seres humanos.

No han faltado, en efecto, las denuncias de que Cuba estaba haciendo investigaciones sobre armas biológicas. En nuestro país se hacen investigaciones para curar enfermedades tan duras como la meningitis meningocócica, la hepatitis, a través de vacunas que se producen por técnicas de ingeniería genética, o, algo de suma importancia, la búsqueda de vacunas o de fórmulas terapéuticas a través de la inmunología molecular —perdóneme si he empleado esta palabra técnica, quiere decir a través de métodos que atacan directamente las células malignas—; y lo mismo unas pueden prever y otras pueden incluso curar, y avanzamos por esos caminos. Ése es el orgullo de nuestros médicos y de nuestros centros de investigación.

Decenas de miles de médicos cubanos, como ya le conté, han prestado servicios internacionalistas en los lugares más apartados e inhóspitos. Un día dije que nosotros no podíamos, ni realizaríamos nunca ataques preventivos y sorpresivos contra ningún «oscuro rincón del mundo», pero que, en cambio, nuestro país era capaz de enviar los médicos que se necesiten a los más «oscuros rincones del mundo». Médicos y no bombas, médicos y no armas inteligentes, de certera puntería, porque, al fin y al cabo, un arma que mata traicioneramente no es absolutamente un arma inteligente.

¿Piensa usted que Estados Unidos, con la Administración Bush, puede derivar hacia un régimen de tipo autoritario?

La humanidad conoció, hace apenas dos tercios de siglo, la trágica experiencia del nazismo. Hitler tuvo como aliado inseparable —usted lo sabe— el miedo que fue capaz de imponer a sus adversarios. Ya poseedor de una temible fuerza militar, estalló una guerra que incendió el mundo. La falta de visión y la cobardía de los estadistas de las más fuertes potencias europeas de aquella época dieron lugar a una gran tragedia.

No creo que en Estados Unidos pueda instaurarse un régimen de tipo fascista. Dentro de su sistema político se han cometido graves errores e injusticias —muchas de las cuales perduran— pero el pueblo norteamericano cuenta con determinadas instituciones, tradiciones, valores educativos, culturales y políticos que lo harían casi imposible. El riesgo está en la esfera internacional. Son tales las facultades y prerrogativas de un presidente norteamericano y tan inmensa la red de poder militar, económico, tecnológico y mediático de ese Estado que, de hecho, en virtud de circunstancias ajenas por completo a la voluntad del pueblo norteamericano, el mundo está amenazado.

¿Teme usted que atenten contra su vida?

Un mal llamado Lincoln, y Díaz-Balart como apellido, íntimo amigo y consejero del presidente Bush, declaró en 2003, refiriéndose a mí, a una cadena televisiva de Miami las enigmáticas palabras siguientes: «No puedo entrar en detalles, pero estamos tratando de romper este círculo vicioso».

¿A cuál de los métodos para «romper el círculo vicioso» se refiere? ¿Eliminarme físicamente a partir de los sofisticados medios modernos que han desarrollado, tal como el señor Bush lo prometió en Miami?[10] Si fuese eso, no me preocupa en absoluto. Aunque sí creo que van a volver a los atentados. Es sabido que quieren asesinar a Chávez. Y piensan que si me asesinan también a mí solucionan el problema. Las ideas por las cuales he luchado toda la vida no podrán morir y vivirán durante mucho tiempo. Las precauciones han sido reforzadas. Yo estoy aquí conversando con usted... Bueno, hemos tomado medidas, pero yo me mezclo con todo el mundo en todas partes.

En cuanto a una invasión a este país, hoy día, contra eso, tú no puedes hacer la guerra, de ninguna manera, como la habrías hecho en el año 1959 o en el año 1961, o cuando la crisis de octubre, o después. Cuando la lucha era divisiones contra divisiones. Nosotros vinimos recordando, y llegamos al concepto de la «guerra de todo el pueblo»; porque con el viejo concepto académico, tú tienes seis divisiones y el ejército norteamericano tiene cien, las que quiera. Y en ese tipo de enfrentamiento clásico, el pueblo contempla la lucha como contempla hoy las guerras por la CNN, y no participa en nada. Aquéllos tienen más divisiones, te destruyen las tuyas, tienen más tecnología, superioridad aérea, etcétera, y entonces ponte a aplicar en la defensa del país las tácticas académicas y estás perdido.

Es una de las cosas que más sabemos, y que ya le comenté. Volvimos mucho a las ideas aquellas, porque nosotros sabíamos hacía mucho rato, después de la crisis de octubre, que frente a una invasión de Cuba tendríamos que luchar solos, y que aquí no entraba una bala. Ésa es una verdad que nosotros la sabíamos hacía mucho rato y se impulsó la «guerra de todo el pueblo», la organización de todo el pueblo; porque también está probado que a un pueblo que lucha no lo aplasta nadie...

¿Se refiere usted a Vietnam?
Bueno, hay casos mucho más notables, como puede ser el del Sáhara occidental: a los saharauis en pleno desierto, donde no había ni bosques, no los derrotó nadie.

Se ve en Chechenia también, hoy.
Sí, también hay esa otra realidad que vemos en Chechenia. Tú puedes estar o no de acuerdo con sus métodos, sus procedimientos, pero un ejército bien poderoso y experimentado como el ruso no ha podido derrotar al pueblo checheno, por ejemplo. Esa guerra no se sabe cuánto puede durar, y cuánto puede durar en cualquier parte una guerra cuando la gente está dispuesta a luchar. Los chechenos demuestran que no se puede vencer a un pueblo que hace la guerra para sobrevivir. Y mire ahora la formidable resistencia en Irak.

Mire también lo que pasó en Kosovo. Frente a un Milošević —otro desastre de dirigente, nacionalista, racista, corrupto y que sólo apostaba por la fuerza—, los kosovares fueron admirables en su resistencia.

¿Ustedes han analizado estas guerras recientes?
Las hemos estudiado todas. Y muy atentamente. De la guerra de Vietnam a la última guerra de Irak, pasando por la del Golfo, la de Bosnia, de Kosovo, de Palestina, de Chechenia y de Afganistán.

En estas últimas guerras, los que resisten a una ocupación —en Palestina, en Chechenia, en Afganistán, en Irak— han hecho un uso frecuente y bastante criticable de acciones terroristas. ¿Podrían ustedes recurrir a ese tipo de métodos?

No. Ya le dije, y le vuelvo a repetir, que nosotros no abandonamos nuestras concepciones que teníamos como soldados, y le he dicho que nunca aplicaremos métodos que sacrifiquen a personas inocentes. En la lucha contra el adversario, contra el soldado, contra el militar seguiremos nuestra política de siempre, y nunca contra un ciudadano de un país de donde procedan los invasores; nosotros siempre lucharemos contra combatientes fundamentalmente.

Bueno, hay un arma a la que nosotros no hemos renunciado, la única que tenemos, que es el pueblo; no vamos a renunciar a la «guerra de todo el pueblo».

En cambio, le dije y le repito, que nosotros no nos vamos a poner con la locura o la tontería esa de ponernos a fabricar armas biológicas. Lo que hemos enseñado a la gente es a fabricar vacunas y a luchar contra la muerte y las enfermedades. A esos científicos los hemos educado en una ética, no les vamos a decir ahora: «Oigan, pónganse a fabricar viruela» y todas esas cosas, y, además, ¿para qué?, contra un adversario que tiene cien veces más.

Y tampoco nos vamos a poner a fabricar un arma química. ¿Cómo vas a transportarla? ¿Contra quién vas a usarla? ¿Contra el pueblo norteamericano? ¡No!, es absurdo. ¿Vas a hacer un arma nuclear? Te vas a arruinar. Un arma nuclear es buena para suicidarse en un momento dado, muy bien: «Señores, ha llegado el momento, vamos a inmolarnos y es muy buena esta arma nuclear». ¿Hacer un arma nuclear para arruinar el país? Contra un adversario que debe tener por lo menos treinta mil. Ya no hablo de las armas estratégicas; armas tácticas, nucleares, Estados Unidos las debe tener hasta en maletines, porque en la guerra fría tanto los soviéticos como los norteamericanos fabricaron hasta maletines de bombas nucleares para sabotajes… No hubo barbaridad que no inventaran.

¿Bombas atómicas portátiles?

Sí. ¿Qué? ¿Vas a fabricar tres? Te vas a arruinar, te vas a echar en contra la opinión pública del mundo. Nosotros no habíamos firmado…

El Tratado de No Proliferación de Armas Nucleares.

Pero era que no nos daba la gana de renunciar a un derecho; que no

510

pensábamos nunca, nunca fabricar…, pero decíamos: «Bueno, pero ¿por qué esta desigualdad, que unos se reservan el derecho de tener tales armas?». Y ahora hasta nos olvidamos de eso.

¿Lo firmaron?

Sí, hemos firmado. Como señal clara de nuestro compromiso con un proceso efectivo de desarme que garantice la paz mundial, y deseamos que finalmente pueda concretarse la eliminación total —y bajo estricta verificación internacional— de todas las armas nucleares. También hemos firmado y ratificado los doce convenios internacionales relativos a la lucha contra el terrorismo que están allí en Naciones Unidas. Y también hemos decidido ratificar el tratado para la proscripción de las armas nucleares en América Latina y el Caribe, conocido como el Tratado de Tlatelolco, que ya habíamos firmado en 1995…

Pero el tratado que prohíbe el uso de minas antipersona no lo han firmado.

No, el de las minas no, porque las minas son… Nosotros hicimos la guerra con minas y fusiles; ellos tenían aviones, artillería, tanques, de todo, y eran minas antitanques, o contra personal avanzando, dirigidas eléctricamente, no eran automáticas.

Pero las minas pueden matar a civiles…

No recuerdo un solo civil herido, las usábamos contra las tropas en movimiento.

Esperemos que no tengan que volver a usarlas. Y de todas maneras, en caso de una eventual invasión de Cuba, me imagino que ustedes contarían con la solidaridad de miles de personas en el mundo que se movilizarían.

La Revolución cubana tiene muchos amigos, en muchos países; cuenta con grandes simpatías, que ya han expresado su solidaridad después de las amenazas contra nosotros anunciadas por el presidente Bush. En cambio, nos gustaría saber cuántos de los que, desde supuestas posiciones de izquierda y humanistas, han atacado recientemente a nuestro pueblo por las medidas legales que —en acto de legítima defensa— nos vimos obligados a adoptar en 2003, han podido leer esas amenazas contra nosotros, tomar conciencia, y denunciar y condenar la política anunciada contra Cuba en los discursos pronunciados por el señor Bush…

Nadie, sin embargo, luchará por nosotros. Sólo nosotros mismos, con el apoyo de millones de trabajadores manuales e intelectuales de los propios países desarrollados —que ven caer también sobre sus pueblos la catástrofe de la globalización—, sembrando ideas, creando conciencia, movilizando a la opinión pública del mundo y del propio pueblo norteamericano, podremos ser capaces de resistir.

26

Después de Fidel, ¿qué?

*Elocuencia y discursos – Amor y odio – De la traición – Éxitos de la
Revolución – El juicio de la Historia – Opositor número uno –
El partido único – La corrupción – El salario de Fidel –
El socialismo, ¿opción irrevocable? – La sucesión*

**Usted tiene fama de ser un orador político fuera de serie, pero he
notado una diferencia entre sus discursos más o menos improvisados,
en los que su elocuencia es impresionante, y los discursos leídos, que
son, digamos, menos brillantes. ¿Cómo prepara usted sus discursos?**
Mis discursos, a veces no tengo ni tiempo de revisarlos, y no es lo mismo, le digo, el lenguaje hablado al lenguaje escrito. El acento, el tono
cuando tú hablas, cuando lo ves escrito puede parecer hasta cosa inne-
cesaria. Repetir y repetir, hablado es correcto, estás poniendo énfasis. En
el escrito, lo repetido se ve innecesario, no gusta. Yo suelo, los discursos,
verlos, revisarlos. A veces a uno le cae pesada una frase, y la perfila un
poquito mejor.

**Pero sus discursos, ¿los escribe usted mismo o tiene algunos colabo-
radores que se los preparan?**
Cada vez que le he pedido a alguien que escribiese algún discurso mío,
o por lo menos que me hiciese un borrador, por lo general ha sido un
desastre, texto nulo, datos inelocuentes. He tenido que reescribirlo todo.
Yo he conversado con decenas de colaboradores de presidentes norteamericanos que habían escrito centenares de discursos. Pero sigue siendo para mí un misterio. Nunca he podido pronunciar un discurso que
no lo haya preparado yo, o escrito yo mismo. ¿Cómo hacen los presidentes franceses?

Depende de los presidentes, pero en general tienen un equipo de consejeros y de asesores que les escriben los discursos. Unos trabajan el fondo, otros la forma, y otros pulen y perfeccionan. Luego el presidente lo revisa y añade su toque personal, una frase, una palabra... así hacen casi todos.

¿Es cierto que Regis Debray escribía los discursos de Mitterrand?

Sí. En particular escribió el famoso discurso de Cancún en 1981, un llamado en favor del Tercer Mundo.

Pero ¿eran las ideas de Mitterrand o las de Debray?

Pienso que eran las de Regis.

¡Ah!

Hablando de otro tema, usted es un hombre admirado y muy querido no sólo en Cuba, sino también en muchos países, se ha podido ver aun a finales de mayo de 2003 cuando su viaje a la Argentina.

Yo lo limitaría a Cuba.

En la Argentina se pudo ver, y yo mismo pude asistir en Ecuador, en enero de 2003, a las manifestaciones populares de afecto que hubo hacia usted. Pero, a la vez, también es usted uno de los hombres más odiados por muchos adversarios y muchos enemigos que lo acusan de ser un «dictador cruel». ¿Cómo soporta usted esta dualidad, amor y odio?

Usted sabe que nunca ni siquiera me he detenido a pensar en eso. Vivo con una tranquilidad absoluta, plena, total. Ese odio no me lo explico bien. El odio me lo puedo explicar por razones ideológicas, por frustraciones ante el fracaso de los ataques o ante la capacidad de resistir de un pueblo pequeño contra fuerzas tan poderosas como las que han tratado de destruirnos. Pero, por ejemplo, los japoneses no tienen por qué odiarme, yo no lancé ninguna bomba sobre Hiroshima ni Nagasaki, ni por culpa mía ha muerto un japonés en ninguna parte del mundo, vamos a suponer, si se trata de japoneses, y no me tratan con odio, pueden ser más indiferentes.

Los odios están más cercanos entre países latinoamericanos, o en Estados Unidos, Canadá, explicables por la frustración, por la propaganda que no se detiene ante nada. Ya le he contado algunos casos. Fíjese, recientemente hasta la imputación en un documento, con un descaro infinito, y la inclusión de Cuba en la categoría de «países que practican el tráfico de personas porque explota a los niños sexualmente para obtener ingresos». ¿Puede haber cosa más nauseabunda o irritante?

Lo de «dictador» tampoco me lo explico. ¿Qué es un dictador? Es alguien que toma decisiones arbitrarias, unipersonales, que actúa por encima de las instituciones, por encima de las leyes, que no tiene otro control que sus caprichos o su voluntad. Y en ese caso, se podría acusar al Papa de dictador, o al presidente Bush. Bush puede tomar decisiones terribles sin consultar con nadie, puede incluso desatar una guerra nuclear sin consultar con el Senado, ni consultar con la Cámara de Representantes, ni siquiera con su gabinete. ¡Ni los emperadores romanos tenían el poder del presidente de Estados Unidos! Cualquier presidente norteamericano tiene más posibilidades de dictar órdenes, y órdenes decisivas y dramáticas, que yo.

Mire, yo no tomo decisiones unipersonales. Éste no es ni siquiera un gobierno presidencialista. Nosotros tenemos un Consejo de Estado. Mis funciones de dirigente están dentro de un colectivo. En nuestro país, las decisiones importantes, las decisiones fundamentales se analizan, se discuten y se toman siempre colectivamente. Aquí siempre ha habido un colectivo de dirección y una dirección colectiva. Yo no puedo nombrar ministros, ni embajadores. Yo no nombro al más humilde funcionario público en este país. Yo realmente tengo autoridad, claro, tengo influencia, por razones históricas, pero no doy órdenes, ni gobierno por decreto.

En cuanto a la crueldad… Creo realmente que un hombre que ha dedicado toda su vida a luchar contra la injusticia, contra la opresión de todo tipo, a servir a los demás, a luchar por los demás, a practicar y a predicar la solidaridad, yo creo que todo eso es totalmente incompatible con la crueldad.

Hay también mucha gente que quiere y que defiende a Cuba.
Sí, hay también mucha gente, sobre todo en África y en América Latina, que quiere a nuestro país, porque, ¿quién tuvo más solidaridad con África que Cuba? ¿Cuál fue el único país que derramó su sangre luchando contra el fascismo del *apartheid*, el racismo, ayudando a hacer aquel proceso de destrucción del *apartheid*? Hemos creado la cultura del internacionalismo frente al chovinismo, y éste es un país que tiene una cultura internacionalista. Más de medio millón de cubanos han cumplido misiones internacionalistas, como técnicos o como combatientes.

¿Quién ha mandado más médicos, más maestros y ha prestado más colaboración gratuita, siendo un país tan pobre? ¿Qué país pequeño —y esto no lo hacemos por lujo, sino porque lo sentimos— tiene diez mil estudiantes de medicina de Latinoamérica estudiando aquí gratuitamente?

Entonces, ese odio puede ser una cosa ideológica, veneno sembrado que ha calado. Si a ti te pintan peor que Satanás, tú odias a Satanás, si te presentan las causas. Ahora, yo sé que no hay ninguna de esas causas. ¿Cómo pueden decir que en Cuba han torturado a un hombre? ¿O que yo he ordenado torturar a un hombre? ¿Cómo pueden decirlo?

Aquí no se ha sancionado nunca a nadie porque sean disidentes o tengan otros criterios diferentes de los de la Revolución. Nuestros tribunales sancionan en virtud de leyes y sancionan los actos contrarrevolucionarios. A través de toda la historia, en todas las épocas, los actos de aquellos que actuaron contra su país «al servicio de una potencia extranjera» siempre se consideraron como sumamente graves.

Y es que es ridícula la idea de que aquí se sancione a alguien por tener una creencia diferente a las creencias de la Revolución. Aquí se sancionan actos, no ideas. Hay decenas de miles de personas con creencias diferentes y con concepciones diferentes de las de la Revolución y que gozan de todas las garantías y de todo el respeto.

Por otra parte, ya le conté que nosotros hemos seguido una línea de respeto absoluto a la integridad física del individuo. Aunque nos calumnien nuestros enemigos, no hay un solo caso de maltrato físico o de tortura en toda la historia de la Revolución. Nadie puede mencionar un solo caso de tortura, un asesinato, un «desaparecido», algo tan común y corriente en toda América Latina.

Y además, aquí no ha habido jamás un estado de emergencia o estado de sitio. Jamás ha habido una manifestación disuelta por la fuerza pública. Jamás un policía, en cuarenta y seis años, ha golpeado a un ciudadano en una manifestación, o ha disparado gas lacrimógeno, o lanzado perros amaestrados contra los ciudadanos. Cosas que ocurren todos los días en muchas partes de América Latina y en Estados Unidos.

Y eso ¿por qué? Porque a esta Revolución la apoya el pueblo, la defiende el pueblo, porque todo el pueblo es defensor de la Revolución.

A pesar de eso, los que critican la Revolución le echan todas las culpas a usted, hablan de la «Cuba de Castro».
Esa gente tiende a personalizar en uno, como si el pueblo no existiera. Existe sólo un líder. Los millones de gentes que luchan, que la defendieron; los cientos de miles de médicos, de profesionales; los que cultivan, producen, estudian, ésos no existen. Sólo existe un tipo malísimo

que se llama Castro, que piensa en medidas para que la gente tenga más cultura.

Aquí, mientras más preparación tiene la gente, más revolucionaria es, más admira, porque también hay un cúmulo de hechos a lo largo de muchos años, ven una línea constante, aprecian la dignidad, la serenidad también. Hemos atravesado momentos muy difíciles sin incurrir en errores innecesarios.

Si aquí hay un día una guerra es porque nos la imponen. Ahora, si a nosotros nos ponen en la disyuntiva de rendirnos o hacernos la guerra, habrá guerra, porque no concebimos siquiera el otro término de la disyuntiva.

Pero hay muchas acusaciones, ya le digo, de todo tipo. Si ahora dicen que «Castro está utilizando a los niños», «no está formando maestros», «no está creando condiciones para veinte alumnos en primaria», «para quince en secundaria», si no dicen todo lo que estamos haciendo en la salud. Y todo por la gente, porque eso es parte de la naturaleza de cualquiera de nosotros. En cambio, han tenido el descaro de situarnos en la categoría del «tráfico de personas», porque «explotamos comercialmente el sexo para recaudar fondos»… A cualquiera que le digan eso y esté acostumbrado a oírlo en un lugar y acostumbrado a creerlo, puede pensar: «Óigame, ¡qué clase de bandido es! ¡Qué clase de hipócrita es este hombre!». Pero ésas son realidades, yo compenso unas realidades con otras.

Entonces, tranquilo. Sé que hace daño, sé que es más útil si tú quieres hacer el bien. Pero también hemos pasado por momentos muy difíciles y nos hemos recuperado. Hemos subido un escalón y hemos bajado uno, y hemos subido dos en cuanto al respeto, a la consideración internacional, política.

La cantidad de firmas que yo tengo que hacer, de autógrafos, no se imagina. Cuando me reúno con los norteamericanos que vienen y conversan, y hablamos serio sobre distintos temas, distintas cosas, bueno, casi yo no puedo hablar. A veces se reúnen cincuenta, me dan un ramo de flores o alguna cosa, y yo lo que tengo que firmar de libros, de tarjetas, de cosas, de fotos que tengo que hacer. Entonces me considero una especie de personaje, qué sé yo…

Una estrella.
Sí, alguien que hay que aprovechar rápido, incluso, para poder decir —a la gente le gusta decirle a la familia—: «Mira, me hice una foto con él».

Algunos creen que no somos lo que somos. Sólo nosotros sabemos lo que somos; sólo nosotros nos podemos juzgar y puede creerme si digo que yo soy severo conmigo mismo y autocrítico conmigo mismo. Cuando digo una palabra de más o se me escapa algo que pudiera parecer un poco de vanidad, oiga, créame que soy duro, pero bien duro. De todas maneras uno tiene que estarse vigilando.

También soy testigo de que, a lo largo de los años, la influencia, el poder, en vez de irme convirtiendo en un fatuo, en un vanidoso y todo eso, cada día soy menos vanidoso, menos pretencioso, menos autosuficiente. A partir de un punto, es la educación la que convierte al animalito en hombre. Bueno, nace con todos los instintos: egoísmo, veinte cosas. Son instintos; ahora, uno va luchando contra los instintos.

Yo veo algo fácilmente: los hombres, cuando tienen un poco de poder, se envanecen y lo quieren usar; a veces pareciera una droga. Uno sabe todas esas cosas y es una lucha constante. Y sabe que, cuando los años pasan, ni tiene menos entusiasmo, sino más; ni tiene menos energía, sino más, y la energía nace de la motivación, ¿comprende?

Pero su pregunta, ¿qué efecto me hace? Le juro que no pienso, nunca me desanimo y creo en la gente; nunca he sentido la sensación de ingratitud. Y a los hombres no les gusta reconocer lo que puedan deberles a otros, es una ley universal, lo hemos aprendido yendo por aquí y por allá; ese sentimiento de orgullo, que debe ser natural también, y que a la gente no le gusta reconocerlo, eso es muy difícil.

Pero le digo por tercera vez, nunca pienso en eso.

Quiero hacerle otra pregunta del mismo tipo. Usted ha tenido amistades, solidaridades extremadamente fuertes cerca de usted; pero también ha sido traicionado por una serie de compañeros. ¿Qué sentimiento le inspira la traición?

Bueno, le voy a decir que he conocido un mínimo de traiciones, mínimo, mínimo. En un momento dado, la traición de un guía que nos acompañaba.[1] Lo arrestan, se pone con el ejército, vio la diferencia entre la pequeña y harapienta tropa nuestra, y aquellos que le ofrecieron promesas y dinero. Ésa fue una traición importante.

¿Hubo traiciones? Por ejemplo, estoy tratando de recordar, no hubo una sola traición...

Por ejemplo, Carlos Franqui,[2] Hubert Matos,[3] Manuel Urrutia...

Mire, Carlos Franqui no era amigo mío. Yo conozco a Carlos Franqui en la Sierra Maestra. A Carlos Franqui lo mandan, después de la fracasada huelga de abril de 1958, que fue consecuencia de una táctica errónea del Movimiento 26 de Julio, que ya le conté. Después de ese fracaso tremendo, bueno, lo mandaron. Franqui estaba en un periodiquito que habían hecho, había sido comunista, la dirección de nuestro Movimiento, en determinado momento, reclutó ex comunistas, y no hay nada peor que un renegado, eso es seguro.

Entonces había algunos de esos ex comunistas que les tenían odio a los comunistas; no es que éstos fueran perfectos, cometieron muchos errores. Pero lucharon por los trabajadores. Economicista fue su batalla; no se le podía pedir más porque era la época de la guerra fría y del macartismo. Ser comunista era una desgracia, y en Cuba había más de cien mil, inscritos, conocidos y honrados. Las dificultades eran otras, sectarismo; oportunismo en cierto sentido, a partir del sectarismo. Su tesis era: que peleen estos pequeñoburgueses.

Al principio de la Revolución, ¿cómo se combatió el anticomunismo rabioso sembrado en alguna gente? Un anticomunismo que dio lugar a deserciones y cosas de esas, porque estaban envenenados; porque aquí no había una conciencia, una cultura socialista. Fueron las leyes, fue la prédica, fue el ejemplo. El 90 por ciento de los que estuvieron con nosotros en la lucha no eran comunistas, no eran del Partido Comunista; del Partido no había muchos jefes, porque no estaban; aunque fueron muy buenos algunos de los que mandaron. El 26 de Julio tenía el 90 por ciento de los jefes, y casi ninguna de esa gente traicionó. El 90 por ciento siguió con la Revolución y murió con la Revolución. De modo que yo, personalmente...

He conocido muy poco, le digo, de traición. Hubert Matos es un individuo que se incorpora... A mí no me dolió nada, si yo lo sabía, lo conocía, enseguida se le vio la vena pro capitalista, una vanidad tremenda, lo que pasa es que perdimos muchos cuadros al final, en la última ofensiva, y a Hubert Matos se le llegó a dar una tropita, porque tenía cierto nivel cultural y había que hacer fortificaciones. Al final hubo que darle una tropita; pero ya se veía arrogante, ambicioso, casi por necesidad le dimos una columnita en la última etapa de la guerra; o sea, no era ni del Moncada, ni del *Granma*. Toda esa gente que estuvo en el Moncada y estuvo en el *Granma* fue gente que se unió, gente como el Che. Pero Hubert Matos no era de la vieja guardia aquella.

Manuel Urrutia tampoco fue un traidor. Urrutia fue un tipo que era un buen juez y nosotros, en el afán de demostrar que no había lucha por cargos o ambiciones, lo propusimos de presidente en un momento, incluso, en que iba a realizar un pacto el 26 de Julio. No era un traidor, era un oportunista, un individuo mediocre, más bien era mediocre.

¿El general Del Pino?[4]

Bueno, ése sí fue un tipo de traición porque tuvo una actuación desta-cada en Girón, fue un buen combatiente y no era de esperar... Pero no es que yo haya sufrido una gran traición. Yo lo conocía como a todos, admiré a los que admiré en su momento, a los héroes. Ya le expliqué el caso de Ochoa, en que el tipo cae en una corrupción.

Entonces, mire, no recuerdo a alguno que de verdad haya traicio-nado. Si me dijeran: Che traicionó; figúrese, cosa terrible. Oiga, Raúl traicionó, Juan Almeida traicionó, Guillermo García traicionó, todos estos comandantes de la Revolución, toda aquella gente valiosísima, de los que sobrevivieron, estuvieron en el Moncada, estuvieron en el *Gran-ma*, estuvieron en la Sierra, y otros que se incorporaron, muy buenos.

Hay un montón de nuevos valores, hay muchos nuevos valores. Tú ves a Felipe Pérez Roque. Felipe no había nacido, muchos de estos no habían nacido cuando el triunfo de la Revolución. Hay un montón de ministros...

Ahora, hay unos jefes militares también que se destacaron en la guerra, en acciones militares, y nosotros no hemos tenido una traición. Lo que tuvimos fue el caso aquel de Ochoa, más bien de corrupción, degeneramiento, no era un compañero de muchos conocimientos, de mucha cultura; era valiente y tenía méritos como combatiente. Yo no le niego ninguna de las cualidades, nos dolió por el daño que hizo. Lo que ha habido, Ramonet, es mucha explotación del menor incidente.

Ahora, mire estos muchachos que están presos en Estados Unidos, los cinco héroes, ¡qué clase de hombres! ¡Qué clase de entereza!

Ustedes, varias veces, han sancionado a dirigentes muy altamente situados. Últimamente a Carlos Aldana,[5] Roberto Robaina...[6]

Bueno, no están condenados. Hubo algunas faltas serias, pero no están condenados a sanciones; más bien se les ha dado mucha publicidad, un manejo político del problema.

¿Fueron simplemente destituidos?

No hubo acto de traición, digamos. Bueno, hubo errores serios y graves.

¿De comportamiento, de ética?

Digamos, de ambiciones e ir creando condiciones en busca de poder, un poco de humos subidos a la cabeza.

Desde hace unos años, sobre todo en sus intervenciones en eventos internacionales, se le ha visto a usted con traje de chaqueta civil y con corbata, pero aquí en Cuba casi siempre está usted de uniforme. ¿Por qué ese apego al uniforme verde oliva?

Bueno es, ante todo, por una cuestión práctica, porque con el uniforme no necesito ponerme una corbata todos los días... Y se suprime el problema de estar escogiendo qué traje poner, qué camisa, qué calcetines para que todo se compagine. Me pongo un traje civil sólo en circunstancias muy especiales, para alguna conferencia internacional, o cuando vino el Papa, o un encuentro con algún jefe de Estado... Si mal no recuerdo, creo que la primera vez que aparecí vestido de civil fue en la Cumbre Iberoamericana de Cartagena de Indias, en 1994, porque los anfitriones colombianos pidieron a todos los jefes de Estado y Gobierno participantes que vistieran de guayabera. A partir de entonces, como usted dice, he vestido ropa de civil en otras reuniones internacionales, pero también en ocasiones especiales aquí dentro de Cuba.

Pero este uniforme que tuve siempre, desde la Sierra, es mi ropa habitual, me he acostumbrado a él y me siento perfectamente cómodo con él. No es un uniforme sofisticado. Es muy sencillo, casi como el que usaba en la guerra. Sólo se le han hecho unas pequeñas modificaciones, nada más. Tengo también un uniforme para recepciones que uso ciertos días, con cuello y corbata, un poco más formal. Pero con el que me siento más cómodo es con éste.

Usted ha sido un gran fumador, y durante un tiempo, en los primeros años de la Revolución, se le presentaba casi siempre fumando un impresionante puro habano. ¿Lamenta usted haber fumado tanto?

Fue mi propio padre el que me ofreció mi primer tabaco, allá en Birán. Debía yo tener unos catorce o quince años. Y me acuerdo que fumé aquel primer puro a escondidas, y no aprendí como se debe. Por suerte, no tragaba el humo, no lo respiraba. Aunque siempre se absorbe una cantidad de nicotina por mucho que no se trague el humo.

Sí, tiene usted razón, he fumado demasiado en mi vida. Hasta que un día, hace más de veinte años, decidí parar. Nadie me obligó. Yo mismo me impuse terminar con el tabaco. Renunciar a ese hábito me pareció un sacrificio necesario en pro de la salud del pueblo. Oyendo a un médico sobre la lucha necesaria y colectiva contra la obesidad, el sedentarismo, el humo, me convencí de que el último sacrificio que debía hacer en favor de la salud pública en Cuba era dejar de fumar. Predicar con el ejemplo. Abandoné el tabaco, y no lo noté en falta.

Cuando, desde sus setenta y nueve años, mira usted su vida, ¿qué lamenta no haber podido hacer?

No haber podido descubrir antes todas las cosas que conocemos ahora, con lo cual, en la mitad del tiempo, habríamos podido hacer lo que hemos hecho en cuarenta y seis años.

¿Qué lamenta haber hecho?

He estado pensando a ver de qué me puedo lamentar, algo de lo que pueda arrepentirme. He cometido errores, pero ninguno es estratégico, simplemente táctico. Uno se lamenta de muchas cosas, a veces en un discurso incluso... Pero no tengo ni un átomo de arrepentimiento de lo que hemos hecho en nuestro país y de la forma en que hemos organizado nuestra sociedad.

¿Lamenta usted, por ejemplo, su aprobación[7] de la entrada de los tanques del Pacto de Varsovia en Praga en agosto de 1968 que tanta sorpresa causó entre los admiradores de la Revolución cubana?

Mire, lo que le puedo decir es que nosotros considerábamos —y la historia nos ha dado la razón— que en Checoslovaquia se marchaba hacia una situación contrarrevolucionaria, hacia el capitalismo y hacia los brazos del imperialismo. Y estábamos en contra de todas las reformas liberales económicas que estaban teniendo lugar allí y en otros países del campo socialista. Una serie de reformas que tendían a acentuar cada vez más las relaciones mercantiles en el seno de la sociedad socialista: las ganancias, los beneficios, los lucros, los estímulos materiales, todas esas cosas que estimulaban los individualismos y los egoísmos. Por eso nosotros aceptamos la amarga necesidad del envío de fuerzas a Checoslovaquia, y no condenamos a los países socialistas que tomaron esa decisión.

Ahora bien, al mismo tiempo, nosotros estábamos diciendo que esos países socialistas tenían que ser consecuentes, y comprometerse a adoptar el mismo tipo de actitud en caso de amenazas contra un régimen socialista en otros lugares del mundo. Y por otra parte, nosotros considerábamos que las primeras cosas que se plantearon en Checoslovaquia eran inobjetables: perfeccionar el socialismo. La denuncia que se hizo de los métodos de gobierno, de la política burocrática, el divorcio de las masas, todas esas denuncias eran incuestionablemente correctas. Pero de consignas justas se llegó a una política francamente reaccionaria. Y nosotros, amargamente, dolorosamente, tuvimos que aprobar aquella intervención militar.

Otro ejemplo: «la batalla de los diez millones».[8] ¿Piensa usted que fue una batalla económica importante, o lamenta haber exigido ese esfuerzo colosal al país en 1970?

Yo le digo que aquella batalla fue una proeza y siempre apunté bien alto. Nosotros, en algunos sectores, hemos conseguido muchas cosas que no habíamos podido ni soñar, y en otros hemos conseguido los dos tercios, tres cuartos o la mitad. Pero todas esas batallas han estado inspiradas en el deseo de ayudar a la economía. Puede haber habido errores...

Recientemente han decidido ustedes reducir las superficies de tierras consagradas a la caña de azúcar y cerrar también muchos centrales. Eso está dejando sin trabajo a miles de personas... ¿No han pasado de un extremo al otro?

La industria azucarera antes producía ocho millones de toneladas y hoy apenas llega a uno y medio. Hubo que suspender radicalmente la roturación de tierra y la siembra, porque el combustible estaba a 40 dólares el barril y eso causaba la ruina del país. Sobre todo, cuando se unía a ciclones cada vez más frecuentes, o sequías más prolongadas, y porque el campo de caña apenas duraba cuatro o cinco años —antes eran quince o más—, y el precio del azúcar en el mercado mundial apenas era de siete centavos. Un día hice una pregunta sobre el precio del azúcar y otra sobre la producción a una empresa comercializadora del azúcar. ¡Y no sabían siquiera cuánto azúcar estaban produciendo! Y al preguntar el costo en divisas de una tonelada de azúcar, nadie sabía responder. Se supo sólo alrededor de un mes y medio después. Así que, fíjese.

Sí, hubo, sencillamente, que cerrar centrales, o íbamos hacia la fosa de Bartlett [situada al sudeste de Cuba, 7.535 metros de profundidad]. El país tenía muchos economistas, muchos, y no intento criticarlos, pero con la misma franqueza que hablo de los errores de la Revolución, puedo preguntar: ¿por qué no descubrimos que el mantenimiento de aquella producción era ruinoso? Cuando hacía rato que se había hundido la URSS, que el petróleo valía 40 dólares el barril y que el precio del azúcar estaba por el suelo. ¿Por qué no se racionalizaba aquella industria? ¿Por qué había que sembrar 20.000 caballerías ese año, es decir, casi 270.000 hectáreas? Para lo cual había que roturar la tierra con tractores y arados pesados, sembrar una caña que después hay que limpiar con máquinas, fertilizar con costosos herbicidas, etcétera, etcétera, etcétera.

Ningún economista, al parecer, se percató de eso. Y hubo, sencillamente, que dar una instrucción, casi una orden, de parar aquellas roturaciones. Es como si te dicen: «El país está siendo invadido»; tú no puedes decir: «Espérate, que me voy a reunir treinta veces con cientos de personas». Es como si cuando Girón hubiésemos dicho: «Vamos a hacer una reunión, y discutir durante tres días las medidas que vamos a tomar contra los invasores». Le aseguro que la Revolución ha sido a lo largo de su historia una verdadera guerra, y constantemente el enemigo acechando, el enemigo dispuesto a golpear, y golpeando cuantas veces le demos una oportunidad.

Realmente, llamé al ministro y le dije: «Mira, por favor, ¿cuántas hectáreas tienes roturadas?». Responde: «Ochenta mil». Le digo: «No rotures una hectárea más». No era mi papel, pero no me quedó más remedio, tú no puedes dejar que al país lo hundan.

¿Cuántos centrales azucareros han cerrado ustedes?

Se han dejado de utilizar setenta fábricas azucareras, las menos eficientes, cuyos costos en divisas convertibles superaban los ingresos que producían. Y con lo que ahorramos cerrando centrales que costaban más divisas convertibles que las que aportaban, utilizando una parte de las mismas se pueden mantener aquellos obreros con el salario que venían devengando hasta ese momento. Son posibilidades que existen en nuestra sociedad. Pero tal vez la más audaz decisión adoptada en fecha reciente ha sido la de convertir el estudio en una forma de empleo para beneficio de muchas personas que trabajaban en esas fábricas. Los que tienen el estudio como empleo, al reducirse el personal, son ya casi cuarenta mil.

Y más de cien mil jóvenes entre diecisiete y treinta años que no estudiaban ni disponían de trabajo, hoy asisten de manera entusiasta a los cursos donde refrescan y multiplican sus conocimientos, por lo cual reciben una remuneración. Nuestro país bloqueado ha logrado ya, prácticamente, alcanzar el pleno empleo, que es como se califica cuando el desempleo está por debajo del 3 por ciento. Nosotros debemos estar muy próximos o lo estaremos pronto.

Además, a aproximadamente setenta mil trabajadores del azúcar en activo, que no fueron afectados por la reestructuración del sector, se les concedió la posibilidad de estudiar al final de la jornada de cada día. Eso es extraordinario, realmente, una cifra tan alta de trabajadores azucareros en activo que están asistiendo a esos cursos y no como empleo, son trabajadores produciendo allí, trabajando en la industria y en la agricultura.

Usted me decía si yo lamentaba algo. Algo de lo que no puedo lamentarme es que yo pensaba estudiar más cuando estudiaba derecho, ciencias sociales y derecho diplomático —estaban asociadas las tres materias— en esa etapa de mi vida, yo había pensado profundizar en determinadas cosas, sobre todo en los conocimientos de economía. Es decir, lamento no haber estudiado más. Pero si me hubiera puesto a hacer eso, habríamos posiblemente tenido que renunciar a la Revolución…

Le duele a uno no haber vivido en una época con mejor educación; duele en realidad no haber tenido un preceptor, y por experiencia propia haber tenido que decidir y tomar muchas decisiones desde muy temprano. Mi familia vivía en el campo, usted lo sabe, yo estaba interno, en escuelas, ésas son cosas que le duelen a uno de las cuales uno no tiene culpa. Pero no lamento ninguna.

A medio siglo de distancia, ¿pensó usted que todo iba a ser tan difícil y que se iba a encontrar con tantos obstáculos?
Realmente sabía que sería muy difícil. Me parecía que las dificultades fundamentales estaban en tomar el poder para hacer la Revolución. Primero derrocar a Batista, pero no derrocar a Batista para que siguiera todo igual, sino para cambiarlo. Porque, ya cuando voy al Moncada, tengo formadas mis ideas esenciales, todas, la cuestión era desarrollar una táctica y una estrategia para conseguirlo.

Si hubiéramos triunfado aquel 26 de julio de 1953 no estaríamos aquí. La correlación de fuerzas mundial en el año 1953 era tal que no habríamos podido resistir. Stalin acababa de morir —muere en marzo de 1953— y la *troika* que le sucedió[9] no hubiera dado a Cuba el apoyo que le dio Jruschov, digamos, siete años después, cuando ya la Unión Soviética tenía, no una equiparación con Estados Unidos, pero un poder grande económico y militar.

¿Ve usted cumplidos los sueños de cuando partió al asalto del Moncada?
Es lo que le iba a decir, porque usted me mencionó algunas cosas. Yo le dije, bueno, había que resolver unos tipos de problemas; gobernar es más difícil, y no lo ignoraba porque fue lo que dije el día 8 de enero, cuando llegué a La Habana, cuando las palomas.[10] Sentí nostalgia, incluso, el día que se obtiene la victoria, y un poco de nostalgia cuando por poco, después de la ofensiva, ganamos la guerra en ese momento; tuve la impresión de que habíamos aprendido a hacer algo, pero todo era diferente.

El día 1 de enero de 1959 sentí esa sensación. Digo: «Bueno, ahora, esto lo hemos aprendido así, y ahora tenemos una tarea que será mucho más amplia»; y cuando llegué a La Habana y vi algunos problemas, comprendí que todo sería mucho más difícil después del triunfo.

Éramos muy ignorantes, teníamos muchas ideas muy buenas, pero muy poca experiencia. Teníamos experiencias de los hombres, algunos criterios sin los cuales no hubiéramos podido concebir una estrategia que nos llevó al triunfo... Bueno, pude sobrevivir. Poder sobrevivir es un privilegio, no un mérito, porque la experiencia no la puedes ignorar, el peso que tiene la acumulación de experiencias.

Y puedo decir ahora, después de cuarenta y seis años del triunfo y más de cincuenta del Moncada, que lo que hemos alcanzado está muy por encima de los sueños que podíamos concebir entonces, y éramos bien soñadores al principio.

Algunos procuradores multiplican las acusaciones contra la Revolución cubana, y la acusan constantemente de toda suerte de cosas. Usted que es abogado, ¿qué argumentos en defensa de la Revolución les opondría?

Bueno, voy a ser largo, le advierto. Y voy a retomar algunos argumentos que dije en el discurso del 50.º aniversario del Moncada. Porque, vamos a ver, ¿cuál es la culpa de Cuba? ¿Qué hombre honesto tiene razón para atacarla?

Con su propia sangre y con las armas arrancadas al enemigo, su pueblo derrocó una cruel tiranía de Batista impuesta por el gobierno de Estados Unidos, que poseía ochenta mil hombres sobre las armas. Fue el primer territorio libre del dominio imperialista en América Latina y el Caribe, y el único país del hemisferio donde, a lo largo de la historia poscolonial, torturadores, asesinos y criminales de guerra, que arrancaron la vida a decenas de miles de personas, fueron juzgados y ejemplarmente sancionados.

Recuperó y entregó totalmente la tierra a los campesinos y trabajadores agrícolas. Los recursos naturales y las industrias y servicios fundamentales fueron puestos en manos del único dueño verdadero: la nación cubana. En menos de setenta y dos horas, luchando incesantemente día y noche, Cuba destrozó la invasión mercenaria de Girón organizada por un gobierno de Estados Unidos, lo que evitó una intervención militar directa de ese país y una guerra de incalculables consecuencias. La Revolución contaba ya con el Ejército Rebelde, más de cuatrocientas mil armas y cientos de miles de milicianos. Se enfrentó con honor, sin concesión alguna, al riesgo de ser atacada con decenas de armas nucleares en 1962. Derrotó la «guerra sucia» extendida a todo el país, a un costo de vidas superior al que pagó por la guerra de liberación. Soportó inconmovible miles de actos de sabotaje y ataques terroristas organizados por el gobierno de Estados Unidos. Frustró cientos de planes de asesinato contra los líderes de la Revolución.

En medio de un riguroso bloqueo y guerra económica que han durado medio siglo, Cuba fue capaz de erradicar en un año el analfabetismo, cosa que no han podido vencer, en más de cuatro décadas, el resto de los países de América Latina —con la notable excepción de Venezuela, gracias a la revolución bolivariana—, ni tampoco Estados Unidos. Llevó la educación gratuita al ciento por ciento de los niños. Posee el más alto índice de retención escolar —más del 99 por ciento entre el preescolar y noveno grado— de todas las naciones del hemisferio. Sus alumnos de primaria ocupan el primer lugar del mundo en conocimientos de lenguaje y matemáticas. Ocupa igualmente el primer lugar mundial en maestros per cápita y alumnos por aula. La totalidad de los niños con dificultades físicas o mentales estudian en escuelas especiales. La enseñanza de computación y el empleo de medios audiovisuales de forma intensiva se aplica hoy a la totalidad de los niños, adolescentes y jóvenes, en campos y ciudades.

El estudio con una remuneración económica del Estado se ha convertido, por primera vez en el mundo, en una oportunidad para todos los jóvenes de diecisiete a treinta años de edad que no estudiaban ni poseían empleo. Cualquier ciudadano tiene la posibilidad de realizar estudios que lo conduzcan desde el preescolar hasta la obtención del título de doctor en Ciencias sin gastar un solo centavo. La nación cuenta hoy con más de treinta graduados universitarios, intelectuales y artistas profesionales por cada uno de los que existían antes de la Revolución. El nivel promedio de conocimientos de un ciudadano cubano alcanza ya no menos de nueve grados. No existe en Cuba ni siquiera el analfabetismo funcional.

Escuelas de formación de artistas y de instructores de arte se han extendido a todas las provincias del país, donde cursan estudios y desarrollan su talento y vocación más de veinte mil jóvenes. Decenas de miles adicionales lo hacen en escuelas vocacionales, que son canteras de las escuelas profesionales. Las sedes universitarias se extienden ya progresivamente a todos los municipios del país. Jamás se produjo en ninguna otra parte tan colosal revolución educativa y cultural, que convertirá a Cuba, por amplio margen, en el país con más conocimientos y más cultura del mundo, aferrada a la profunda convicción martiana de que «sin cultura no hay libertad posible».

La mortalidad infantil se ha reducido de 60 por mil nacidos vivos a una cifra que fluctúa entre 6 y 6,5. Es la más baja del hemisferio, desde Canadá y Estados Unidos a la Patagonia. Las perspectivas de vida se han elevado en quince años. Enfermedades infecciosas y transmisibles como la poliomielitis, el paludismo, el tétanos neonatal, la difteria, el sarampión, la rubéola, la parotiditis, la tos ferina y el dengue han sido eliminadas; otras como el tétanos, la meningitis meningocócica, la hepatitis B, la lepra, la meningitis por hemófilos y la tuberculosis están totalmente controladas. Hoy en nuestro país mueren las personas de iguales enfermedades que en los países más altamente desarrollados: cardiovasculares, tumorales, accidentes y otras.

Una profunda revolución se lleva a cabo para acercar los servicios médicos a la población, a fin de facilitar su acceso a los centros de asistencia, preservar vidas y aliviar dolores. Profundos estudios se realizan para romper la cadena, mitigar o reducir al mínimo los problemas de origen genético, prenatales o asociados al parto. Cuba es hoy el país con el más alto índice de médicos per cápita; casi duplica el número de los que la siguen detrás.

Los centros científicos laboran sin cesar para buscar soluciones preventivas o terapéuticas contra las enfermedades más graves. Los cubanos dispondrán del mejor sistema médico del mundo, cuyos servicios continuarán recibiendo de forma absolutamente gratuita. La seguridad social abarca al ciento por ciento de los ciudadanos del país.

El 85 por ciento de la población es propietaria de la vivienda. Ésta, libre de todo impuesto. El 15 por ciento restante paga un alquiler absolutamente simbólico, que apenas se eleva al 10 por ciento del salario.

El uso de drogas alcanza a un ínfimo número de personas, y se lucha resueltamente contra él. La lotería y otras formas de juego lucrativo fueron prohibidas desde los primeros años de la Revolución para que nadie cifrara su esperanza de progreso en el azar.

Nuestra televisión, radio y prensa no practican la publicidad comercial. Cualquier promoción está dirigida a cuestiones de salud, educación, cultura, educación física, deporte, recreación sana, defensa del medio ambiente; a la lucha contra las drogas, contra los accidentes u otros problemas de carácter social. Nuestros medios de difusión masiva educan, no envenenan ni enajenan. No se rinde culto ni se exaltan los valores de las podridas sociedades de consumo.

No existe culto a ninguna personalidad revolucionaria viva, como estatuas, fotos oficiales, nombres de calles o instituciones. Los y las que dirigen son personas y no dioses.

En nuestro país no existen fuerzas paramilitares ni escuadrones de la muerte, ni se ha usado nunca la violencia contra el pueblo, ni se realizan ejecuciones extrajudiciales, ni se aplica la tortura. Se cultiva la fraternidad y la solidaridad entre los hombres y los pueblos, dentro y fuera del país.

Se educa a las nuevas generaciones y a todo el pueblo en la protección del medio ambiente. Los medios masivos de difusión se emplean en la formación de una conciencia ecológica. Nuestro país defiende con firmeza su identidad cultural, asimila lo mejor de las demás culturas y combate resueltamente contra todo lo que deforma, enajena y envilece. El desarrollo del deporte sano y no profesional ha conducido a nuestro pueblo a los más altos índices de medallas y honores a nivel mundial.

Las investigaciones científicas, al servicio de nuestro pueblo y de la humanidad, se multiplicaron centenares de veces. Producto de este esfuerzo, importantes medicamentos salvan vidas en Cuba y en otros países. Jamás se investigó ni elaboró arma biológica alguna, lo cual estaría en absoluta contradicción con la formación y la conciencia en que ha sido educado y se educa nuestro personal científico.

En ningún otro pueblo se enraizó tanto el espíritu de solidaridad internacional. Nuestro país apoyó a los patriotas argelinos en su lucha contra el colonialismo francés, a costa de afectar a las relaciones políticas y económicas con un país europeo tan importante como Francia. Enviamos armas y combatientes para defender a Argelia contra el expansionismo de Marruecos cuando el rey Hassan II de ese país quiso apoderarse de las minas de hierro de Gara Yebilet, en las proximidades de la ciudad de Tinduf, al sudoeste de Argelia.

El personal completo de una brigada de tanques montó guardia a solicitud de la nación árabe de Siria entre 1973 y 1975 frente a los Altos del Golán, cuando esa parte del territorio fue injustamente arrebatada a aquel país.

El líder de la República del Congo recién alcanzada su independencia, Patricio Lumumba, acosado desde el exterior, recibió nuestro apoyo político. Asesinado éste por las potencias coloniales en enero de 1961, prestamos ayuda a sus seguidores. Cuatro años después, en 1965, sangre cubana se derramó en la zona occidental del lago Tanganika, donde el Che, con más de cien instructores cubanos, apoyó a los rebeldes congoleses que luchaban contra mercenarios blancos al servicio de Mobutu, el hombre de Occidente, cuyos cuarenta mil millones de dólares robados no se sabe en qué bancos europeos están guardados, ni en poder de quién.

Sangre de instructores cubanos se derramó entrenando y apoyando a los combatientes del Partido Africano para la Independencia de Guinea y Cabo Verde que, bajo el mando de Amílcar Cabral, luchaban por la independencia de estas antiguas colonias portuguesas.

Otro tanto ocurrió, durante diez años, ayudando al MPLA de Agostinho Neto en la lucha por la independencia de Angola. Alcanzada ésta, y a lo largo de quince años, cientos de miles de voluntarios cubanos participaron en la defensa de Angola frente al ataque de las tropas racistas sudafricanas que, en complicidad con Estados Unidos y utilizando la guerra sucia, sembraron millones de minas, arrasaron aldeas completas y asesinaron a más de medio millón de hombres, mujeres y niños angolanos. En Cuito Cuanavale y en la frontera de Namibia, al sudoeste de Angola, fuerzas angolanas y namibias y cuarenta mil soldados cubanos asestaron un golpe definitivo a las tropas sudafricanas, que contaban entonces con siete bombas nucleares suministradas o ayudadas a producir por Israel con pleno conocimiento y complicidad del gobierno de Estados Unidos. Esto significó la inmediata liberación de Namibia, y aceleró tal vez en veinte o veinticinco años el fin del *apartheid*.

A lo largo de casi quince años, Cuba ocupó un lugar de honor en la solidaridad con el heroico pueblo de Vietnam, en una guerra bárbara y brutal de Estados Unidos, que mató a dos millones de vietnamitas, aparte de la cifra de heridos y mutilados de guerra; que inundó su suelo de productos químicos que han causado incalculables daños aún presentes.

Sangre cubana se derramó junto a la sangre de ciudadanos de varios países latinoamericanos, y junto a la sangre cubana y latinoamericana del Che, asesinado por instrucciones de los agentes de Estados Unidos en Bolivia, cuando se encontraba herido y prisionero y su arma había sido inutilizada por un balazo en el combate.

Sangre cubana, de obreros de la construcción que estaban ya a punto de concluir un aeropuerto internacional que era vital para la economía de una pequeñísima isla que vivía del turismo, se derramó combatiendo en defensa de Granada, invadida por Estados Unidos con cínicos pretextos.

Sangre cubana se derramó en Nicaragua cuando instructores de nuestras Fuerzas Armadas entrenaban a los bravos soldados nicaragüenses que enfrentaban la guerra sucia organizada y armada por Estados Unidos contra la revolución sandinista.

Y no he citado todos los ejemplos. Pasan de dos mil los heroicos combatientes internacionalistas cubanos que dieron su vida cumpliendo el sagrado deber de apoyar la lucha de liberación por la independencia de otros pueblos hermanos. En ninguno de esos países existe una propiedad cubana. Ningún otro país en nuestra época cuenta con tan brillante página de solidaridad sincera y desinteresada.

Cuba predicó siempre con su ejemplo. Jamás claudicó. Jamás vendió la causa de otro pueblo. Jamás hizo concesiones. Jamás traicionó principios. Por algo fue reelecta, en julio de 2003, por aclamación, en el Consejo Económico y Social de las Naciones Unidas, como miembro por tres años más de la Comisión de Derechos Humanos, integrando ese órgano de manera ininterrumpida desde hace quince años.

Más de medio millón de cubanos cumplieron misiones internacionalistas como combatientes, como maestros, como técnicos o como médicos y trabajadores de la salud. Decenas de miles de estos últimos han prestado servicios y salvado millones de vidas a lo largo de más de cuarenta años. En la actualidad, más de tres mil especialistas en medicina general integral y otros trabajadores de la salud laboran en los lugares más recónditos de dieciocho países del Tercer Mundo, donde mediante métodos preventivos y terapéuticos salvan cada año cientos de miles de vidas, y preservan o devuelven la salud o la vista a millones de personas sin cobrar un solo centavo por sus servicios.

Sin los médicos cubanos ofrecidos a la Organización de Naciones Unidas en caso de obtener ésta los fondos necesarios —sin los cuales naciones enteras y hasta regiones completas del África subsahariana corren el riesgo de perecer—, los imprescindibles y urgentes programas de lucha contra el sida no podrían realizarse.

Cuba ha desarrollado técnicas para enseñar a leer y escribir por radio con textos hoy elaborados en cinco idiomas: creole, portugués, francés, inglés y español, que ya están siendo puestos en práctica en algunos países. Está a punto de concluir un programa similar en español, de excepcional calidad, para alfabetizar por televisión. Son programas ideados por Cuba y genuinamente cubanos. No nos interesa la exclusividad de la patente. Estamos en disposición de ofrecerlos a todos los países del Tercer Mundo, donde se concentra el mayor número de analfabetos, sin cobrar un solo centavo. En cinco años, los ochocientos millones de analfabetos, a un costo mínimo, podrían reducirse en un 80 por ciento.

Me paro aquí para no agobiar, pero podría seguir…

El balance es impresionante, ¿cómo cree que la historia lo juzgará a usted?

Es algo que no vale la pena preocuparse. ¿Sabe por qué? Porque ha cometido tantos errores esta humanidad, se han hecho tantos disparates, que si logra sobrevivir, lo cual está por demostrar, si logra sobrevivir, dentro de cien años la gente nos mirará como tribus de bárbaros y de incivilizados que no valdrá la pena recordar.

Quizá recordarán una etapa histórica en que la humanidad casi desaparece, cuando ocurrieron cosas terribles; pero cuando éramos unos bárbaros incivilizados. Ése es el concepto que tendrá de nosotros aquella generación. Las futuras generaciones nos mirarán como nosotros mirábamos al hombre primitivo, tengo esa convicción.

Entonces, carecería de sentido ponerse a hacer un legado... Pienso así, sinceramente pienso eso. A mí me interesa más el prestigio que pueda tener por el país, por la lucha, por la batalla, pero no vinculado a mi persona.

Mire usted, he leído muchas cosas. Bolívar y personalidades incluso muy eminentes... Napoleón hablaba de la gloria, era constante su preocupación por la gloria. Bien, hoy, en muchos países, casi se conoce más el nombre de Napoleón por el coñac que utiliza su nombre que por todo lo que hizo Napoleón. Yo estoy seguro de que si les hago un examen a los jóvenes adolescentes de tal y de cual país de quién era Napoleón, no saben ni cómo se llamaba, y quizá sea más la gente que conozca que hay un coñac que se llama Napoleón y que es muy bueno. Entonces yo digo: ¿para qué preocuparse?

Hombres como Bolívar hablaban mucho de la gloria y yo he sido un admirador siempre de Bolívar, y una vez, en un discurso, en la universidad, dije: «Bolívar hablaba de la gloria, pero Bolívar no fue un conquistador de pueblos». Alejandro fue un conquistador de pueblos, y un creador de imperios; de paso llevó el virus de la cultura, llamémoslo así, un virus positivo. Llevó cultura y todo lo demás. Bueno, también hay grandes personajes guerreros, Aníbal, Julio César, todos eran conquistadores, eran militares.

Si usted analiza, hace relativamente poco tiempo que a los jóvenes se les enseña que Shakespeare fue un gran escritor y un gran valor; que otros hicieron grandes obras de pintura; que otros fueron filósofos brillantes; otros fueron poetas brillantes, creo que hasta hoy no superados. En fin, a los de grandes méritos intelectuales, los grandes creadores de la música, la pintura, el teatro, la literatura y todo eso, los conocían muy pocos, y la historia que nos enseñaban a nosotros no mencionaba esos casos, sólo nos hablaban de Cristóbal Colón; Hernán Cortés, conquistador; Pizarro; Magallanes, que si le dio la vuelta al mundo; Napoleón; Drake el pirata; Jerjes, el emperador de los persas en las Termópilas; Julio César, Aníbal, todos aquellos guerreros y de Occidente, porque a los guerreros del Oriente no los conocía nadie.

O sólo a los «malos»; Atila, por ejemplo.
Bueno, pero ése vino para Occidente. Si Cristóbal Colón hubiera tenido razón y no hubiera habido un continente por el medio, habría llegado a China y después, si hubiera querido conquistarla con doce caballos, como creo que conquistaron a Cuba, y unos arcabuces, se hubiera encontrado con ejércitos mongoles de cientos de miles de soldados a caballo. Colón no se conocería más que como un tipo que tuvo la mala suerte y la loca idea de llegar a China, y desapareció a los quince minutos de haber llegado, si de verdad toma posesión. Fíjese, si va como Marco Polo, lo reciben; si toma posesión en nombre del Rey Católico, con la cruz y la espada, dura quince minutos nada más, y Cortés y toda aquella gente igual.

Pero de otros personajes no habla en general la historia. De los grandes científicos, de los grandes inventores, investigadores que han aportado tanto a la humanidad… La historia, puede decirse, no habla de ellos; quizá de ésos se acuerde alguna gente. Pero los dirigentes políticos no han ganado méritos como para que los recuerden.

¿Qué dirigente político recuerda usted, entre los muchos que ha conocido, que más le haya impresionado?
Déjeme pensar. El Che lo recuerdo siempre como una de las personalidades más extraordinarias que he conocido. Uno de los hombres más nobles, más extraordinarios, más desinteresados que he conocido. También Nelson Mandela es uno de los que más admiro por sus méritos y su historia, su lucha. De los líderes contemporáneos extranjeros uno de los que más he apreciado fue Jiang Zemin.[11] Porque lo he conocido a lo largo del tiempo, no fue del primer día, ni del segundo, sino de un número de años, a base de contactos y de tiempo; es una persona capaz.

De la época contemporánea, en el mundo occidental, yo diría que uno de los estadistas más capaces fue el canciller alemán Willy Brandt. Lo conocí, hablé mucho con él. Era un hombre de perspectiva, de pensamiento elevado, preocupado por la paz, y por los problemas del Tercer Mundo, del subdesarrollo.

Hablando de Occidente, otro dirigente que conocí bien y que también considero que fue un estadista responsable, honesto y capaz, era el primer ministro sueco Olof Palme. Yo le tenía una profunda simpatía, y su muerte, su asesinato en extrañas circunstancias, fue una terrible pérdida.

Al presidente Kennedy no llegó a conocerlo directamente.

No. Y creo que Kennedy fue un hombre de gran entusiasmo, muy inteligente, con carisma personal, que trataba de hacer cosas positivas. Quizá, después de Franklin Roosevelt, fue una de las personalidades más brillantes de Estados Unidos. Cometió errores: dio luz verde a la invasión de Playa Girón en 1961, pero esa operación no fue preparada por él, sino por el gobierno anterior de Eisenhower y Nixon. Él no fue capaz de frenarla a tiempo.

También toleró las actividades de la CIA; en el período en que gobernó se elaboraron los primeros planes de atentados contra mí y contra otros dirigentes internacionales. No hay pruebas inequívocas de su complicidad personal, pero es realmente difícil que alguien de la CIA haya tomado por su propia cuenta la decisión de cometer acciones de tal naturaleza sin el acuerdo, por lo menos tácito, del presidente. Tal vez haya sido tolerante, o permitido que palabras ambiguas suyas fueran interpretadas a su manera por la CIA.

Pero encuentro, al mismo tiempo, porque veo bien claro que aunque Kennedy haya cometido errores —entre ellos, alguno de carácter ético— era un hombre capaz de rectificar y lo suficientemente valiente para introducir cambios en la política de Estados Unidos. Entre sus errores está la guerra de Vietnam. Él, con su entusiasmo, su obsesiva simpatía por los «boinas verdes» y sobreestimando el poderío de Estados Unidos, dio los primeros pasos para introducir a su país en la guerra de Vietnam.

Cometió errores, repito, pero era un hombre inteligente, en ocasiones brillante, valiente, y yo considero —ya lo he dicho en otros momentos— que si Kennedy hubiese sobrevivido, es posible que las relaciones entre Cuba y Estados Unidos hubiesen mejorado.[12] Porque él, después de Girón y de la crisis de octubre, se quedó muy impresionado. No creo que subestimase al pueblo cubano, es posible que hasta tuviese alguna admiración por la firmeza y la valentía de nuestro pueblo.

Precisamente el día en que lo mataron estaba yo conversando con un periodista francés, Jean Daniel [director de *Le Nouvel Observateur*], que él me había enviado con cierto mensaje para hablar conmigo. De manera que se estaba estableciendo una comunicación que tal vez hubiera podido favorecer una mejoría en nuestras relaciones.

Su muerte me dolió. Era un adversario, claro, pero sentí mucho su desaparición. Fue como si me faltara algo. Me dolió también la forma en que lo mataron, el atentado, el crimen político. Experimenté un sentimiento de indignación, de repudio, de dolor, y en este caso por un adversario que no me parecía ser merecedor de semejante final.

Su asesinato me preocupó también, porque tenía suficiente autoridad en su país para imponer una mejoría de las relaciones con Cuba. Cosa que quedaba palpablemente demostrada en la conversación mantenida con ese periodista francés, Jean Daniel, que estaba conmigo en el instante mismo en que recibí la noticia de la muerte de Kennedy.

¿Conoció usted a Mao Zedong?

No, a Mao no. No tuve tampoco el privilegio de conocer a Ho Chi Minh, que lo veo como uno de los más puros dirigentes.

Mao Zedong tiene grandes méritos históricos. Fue, sin duda, el organizador y el inspirador de la revolucion china, una de las grandes revoluciones del siglo XX. Un hombre de talento político y militar que promovió, impulsó y realizó la lucha victoriosa contra el imperialismo japonés, contra el gobierno títere de Chang Kai-Chek, y que indudablemente escribió páginas brillantes en la historia.

Pero, al mismo tiempo, tengo la absoluta convicción de que en la etapa final de su vida cometió grandes errores políticos. No fueron errores de derecha, fueron errores de izquierda o, mejor dicho, ideas extremistas de izquierda. Los métodos para llevar esas ideas a la práctica fueron duros, injustos, como durante la llamada «revolución cultural», y creo que, como consecuencia de una política extremista de izquierda, se produjo después un viraje a la derecha dentro del proceso revolucionario chino, porque todos esos grandes errores producen su contrapartida: errores de extremismo de izquierda produjeron inclinaciones y políticas de derecha en China.

No quiero decir que la revolución esté perdida en China. Ese país está buscando el camino justo. Mao fue un gran revolucionario, con grandes méritos históricos, con gran talento, pero cometió graves errores en la fase final de su vida, en mi opinión, como consecuencia del endiosamiento y del culto de la personalidad. Fue algo realmente chocante ver qué grado inaudito alcanzó allí, el endiosamiento de un líder y el culto de la personalidad.

Usted conoció a algunos líderes marxistas que tuvieron, en el poder, un comportamiento detestable y criminal. Pienso, por ejemplo, en Hafizullah Amin, de Afganistán, y en Ieng Sary, de Kampuchea, coautor del genocidio en Camboya en 1975. ¿Qué recuerdo conserva de ellos?
Sí. En Afganistán, en 1979, Amin, que era primer ministro, lideró un grupo sectario que conspiró contra el presidente Muhammad Taraki, mientras éste estaba precisamente en La Habana, y en pocos días, en julio de ese año, produjo en Kabul una conspiración palaciega que terminó con la muerte de Taraki, a quien asesinaron en secreto, y con la toma de poder por Amin, que se convirtió en presidente. Ese asesinato, desaprobado por Brezhnev, es el que conduce a la intervención de los soviéticos en diciembre de 1979.

Amin era un personaje en cierta forma parecido a Pol Pot. Nosotros habíamos tenido oportunidad de conocer a Amin en abril de 1978, después del triunfo de la revolución en Afganistán. ¡Usted no podría imaginar persona más amable! Exactamente igual que Ieng Sary, quien también nos hizo una visita después de la revolución en Kampuchea.

He tenido, en efecto, el extraño privilegio de conocer a algunos personajes que parecían perfectamente normales, bien educados, con una cultura occidental, que habían estudiado en Europa o en Estados Unidos, y que después hicieron cosas espantosas, abominables. Es como si, en cierto momento, la gente se volviese loca. Parece que hay personas cuyas neuronas cerebrales no están adaptadas para la complejidad de los problemas que surgen en un proceso revolucionario. Y cometen ignominiosos actos de locura que no paran de asombrarme.

¿Conoció a Deng Xiaoping?

No. Pero uno de los líderes políticos contemporáneos que más admiro, sin ninguna duda, es Hugo Chávez.

¿A qué dirigente de la segunda mitad del siglo xx lamenta no haber podido conocer personalmente?

Uno lo mencioné, Ho Chi Minh. Y me habría gustado también conocer a Mao. No fue posible porque pronto se produjeron los problemas y diferencias por la bronca chino-soviética; pero no hay duda, hay el reconocimiento. Entre los grandes estrategas políticos, grandes jefes militares por su concepción, no se puede negar a Mao Zedong. No olvido la carta en que le pedí a China y a la URSS que se unieran, que salvaran sus rivalidades.

¿Y De Gaulle?

De Gaulle, aunque las relaciones no fueron muy buenas a causa de la guerra de Argelia que nosotros apoyábamos, es un hombre que admiro. Con todo su prestigio y todo su poder, le costó terriblemente encontrar una solución al problema de Argelia, por la presencia allí de una gran cantidad de franceses. Voy a decir una cualidad que tenía De Gaulle como militar, porque concibió la idea de reunir todos los tanques y crear las divisiones blindadas; previó que la derrota francesa con los alemanes se podía producir, porque, aunque los franceses tenían más tanques, simplemente los alemanes hicieron las divisiones acorazadas.

Segundo, admiro su rebeldía intransigente frente a Estados Unidos y a los ingleses y a todo el mundo. Salvó a Francia después de aquella terrible guerra en la que Francia hubiera podido terminar casi por debajo de España o de Italia. Salvó las tradiciones, el orgullo natural, la rebeldía francesa. Luego llega un momento de crisis muy seria a raíz de la guerra de Argelia, peligro de golpe de Estado, amenazas, y llamaron a De Gaulle: «Venga, por favor, ayúdenos a salir de esta situación». ¿Y quién podía hacerlo? Lo podía hacer él, porque tenía un gran prestigio.

Vaya, De Gaulle le prestó grandes servicios a Francia; se empeñó y produjo el arma nuclear, nadie podía prohibírselo, como hoy se le prohíbe a todo el mundo, menos a alguna gente que son muy cercanas. Por ejemplo, a Israel no se le prohíbe. Y tuvo un carácter... Fue genio y figura hasta la sepultura. Es lo que puedo decir de De Gaulle, personalidad histórica brillante. Podrá estarse de acuerdo o no, pero jugó un papel histórico en Francia muy grande. Quienes hayan leído la historia de Francia, y la historia de Francia la hemos tenido que leer por una razón o por otra, puesto que ha jugado a lo largo de siglos —y juega— un importantísimo papel. Aquel De Gaulle de la Resistencia, aquel De Gaulle que fundó la V República, aquel De Gaulle que salva... no sé lo que salva, porque ustedes siempre han tenido crisis política, y hubo un tiempo en que cambiaban de gobierno cada seis meses.

Durante la IV República, de 1944 a 1958.

Bueno, errores como los que ocurrieron frente a Hitler y al fascismo, permitir la ocupación de la Ruhr y veinte millones de cosas más, la anexión de Austria, cuando Hitler no tenía suficiente poder y tenía magnetizado…, y el Estado Mayor del Ejército se oponía, anexó los Sudetes. Todo eso se autorizó.

Bueno, De Gaulle, táctico, era partidario de reunir todos los tanques, como hicieron los alemanes bajo la influencia de Manstein.[13]

De Gaulle lo teorizó en un libro.[14]

Las divisiones acorazadas, los franceses tenían los tanques divididos con la infantería, los alemanes lo rompieron, y no hay nada más terrible que tanques a la retaguardia. Los rusos sí ya tenían divisiones de tanques; ellos cometieron otro error desde el punto de vista militar. Pero De Gaulle era partidario de unir las fuerzas de la Resistencia. Francia jugó el papel de gran potencia que obtuvo después gracias a De Gaulle, y De Gaulle no era un hombre de izquierda, no era un socialista, era un patriota francés, un militar que tenía ideas estratégicas. Sin embargo, ¿qué pasó en 1968 cuando hubo amenazas de desestabilización? De Gaulle marchó allá, a Alemania, adonde estaban las tropas francesas para asegurar el apoyo de esas tropas y aplastar cualquier intento de cambio de la Constitución.

De la V República.

Estaba decidido a defender la V República con la utilización de las tropas. Allá apareció, ¿por qué no?

¿Qué recuerdo conserva usted del filósofo francés Jean-Paul Sartre?

Conocí a Sartre cuando pasó por aquí en 1960. Vino con Simone de Beauvoir. Los vi poco, los atendí, hablamos, me hubiera gustado disponer de más tiempo para conversar más con ellos. Hizo una obra amistosa, *Huracán sobre el azúcar*, un caluroso reportaje para un diario de París [*France-Soir*] sobre la Revolución en los primeros años.

¿Y Ernest Hemingway?

También me hubiera gustado conocer más a Hemingway. Le gustaba Cuba, amó esta isla. Vivió aquí, nos dejó muchas cosas, su biblioteca, su casa que es hoy un museo. El primer año de la Revolución pude hablar en dos ocasiones, bastante brevemente, con él. Si Hemingway hubiera vivido algunos años más, me habría gustado tener tiempo de conversar más con él. De intimar un poco más.

He leído algunas de sus novelas más de una vez. Y en muchas de ellas —*Por quién doblan las campanas, Adiós a las armas*— él siempre pone a su personaje principal a dialogar consigo mismo. Es de lo que más me gusta en Hemingway, los monólogos, cuando sus personajes hablan consigo mismo. Como en *El viejo y el mar*, el libro por el que le dieron el premio Nobel.

Como persona, en lo poco que pude conocerlo, me parecía, en sus costumbres, en sus prácticas, en sus cosas, una persona muy humana. Siempre me gustó mucho su literatura, ya se lo comenté.

Quisiera que hablásemos ahora de la situación interior en Cuba. En todos los países hay gente descontenta, y en Cuba también, y parece que usted tenía el hábito, regularmente, de sentir los problemas de la vida cotidiana de la gente y ser el primero que los expresaba en sus discursos, que tal cosa no funcionaba, tal otra cosa había que mejorarla, y la gente encontraba, precisamente, en sus discursos la expresión de lo que ellos sentían. Y parece que, desde hacía algún tiempo, usted ya no expresaba en sus discursos lo que no funciona en la sociedad cubana, y mucha gente añoraba su papel de «opositor número uno» de este país.

Es verdad que he sido opositor número uno, no del país sino de los errores, de las cosas que están mal hechas. Pero nosotros tenemos ahora métodos que nos permiten conocer, así como con un microscopio, los estados de opinión. Hay que reconocer que en nuestro país la gente tiene hábito de expresarse con libertad, tiene en su tradición eso, expresa las críticas.

Nosotros llevamos varios años recogiendo las opiniones espontáneas después de cada acontecimiento, y hay opiniones adversas. Hay además la instrucción, como dije, de que cada una de las opiniones adversas debe aparecer. Nunca leo las opiniones que tienen una relación conmigo, porque pueden ser muy elogiosas, y sería pesado, desagradable, vanidoso leerlas. Me preocupa incluso cuando son sólo algunos miles los que no están conformes. Basta que, por ejemplo, dieciséis mil personas tengan una opinión adversa y uno debe preocuparse, no por el porcentaje, realmente, pero pueden ser opiniones críticas o puede tratarse de alguna opinión de gente francamente enemiga, que no piense, no simpatice con la Revolución.

Uno lo sabe porque cuando dicen: «Esto puede haber costado muy caro», o «Tal emisión de televisión debe hacerse así o asao», no son opiniones de enemigos; aunque también están las que son de los enemigos: «Se habla de esto y no se habla de la comida», «Se habla del problema tal y no de éste». Es decir, la información sobre los estados de opinión es total, amplia, está guiada por la preocupación de reflejar las opiniones tal como son. Todo lo que sea negativo se pone. Hay que preocuparse, y muchas veces esas opiniones adversas ayudan; son muy espontáneas.

Ahora, realmente yo soy más crítico, más implacable. Hay que ver las cosas que digo. Y las he dicho públicamente.

Precisamente, en una intervención el 17 de noviembre de 2005, usted declaró una «guerra sin cuartel» a algunos males que corroen el país —la pequeña corrupción, el robo al Estado, el enriquecimiento ilícito—, que hasta ahora no se habían denunciado de modo tan severo públicamente.

Sí. Nosotros estamos invitando a todo el pueblo a que coopere con una gran batalla, la batalla contra todos los robos, de cualquier tipo, en cualquier lugar. En eso pensamos más que en ninguna otra cosa: en nuestros defectos, nuestros errores, nuestras desigualdades, nuestras injusticias. Estamos envueltos en una batalla contra vicios, contra desvíos de recursos, contra ciertos hábitos generalizados. Sí, estamos frente a una gran batalla que empezamos a librar, y que vamos a ganar.

Porque aquí hay, y debemos decirlo, unas cuantas decenas de miles de parásitos que no producen nada y sin embargo se enriquecen. Por ejemplo, comprando y robando combustible. Muchos andan con la manguerita echando gasolina en los «almendrones» [automóviles norteamericanos de las décadas de 1920 a 1950], y recibiendo un dinerito del nuevo rico que ni siquiera quiere pagar la gasolina que consume. Hay un desorden general en eso, entre otras cosas, con pérdida de decenas de millones de dólares...

¿Cómo se explica que haya tenido que intervenir usted personalmente? ¿Por qué el método habitual del recurso a la crítica colectiva y a la autocrítica no funcionó?

Nosotros confiábamos en la crítica y en la autocrítica, sí. Pero eso se ha casi fosilizado. Ese método, tal como se estaba utilizando, ya casi no servía. Porque las críticas suelen ser de un grupito; nunca se acude a la crítica más amplia, a la crítica en un teatro por ejemplo. Si un funcionario de salud pública, por citar un caso, falseó un dato acerca de la existencia del mosquito *Aedes aegypti*, se le llama, se le critica. Bien. Pero conozco a algunos que dicen: «Sí, me autocritico», y se quedan tan tranquilos, ¡muertos de risa! Son felices. ¿Y todo el daño que hiciste? ¿Y todos los millones que se perdieron como consecuencia de ese descuido o de esa forma de actuar?

Hay que ir a la crítica y a la autocrítica en el aula, en el núcleo y después fuera del núcleo, en el municipio, y en el país. Debemos utilizar esa vergüenza que sin duda tienen los hombres, porque conozco a muchos hombres justamente calificados de «sinvergüenzas», que cuando en un periódico local aparece la noticia de lo que hicieron, se llenan de vergüenza. En esta batalla contra vicios no habrá tregua con nadie, cada cosa se llamará por su nombre, y apelaremos al honor de cada sector. Al final, los que no quieran entender se van a autocorregir, pero de otra forma; sí, se van a embarrar con su propia basura. De algo estamos seguros: en cada ser humano hay una alta dosis de vergüenza. Y el primer deber de un revolucionario es ser sumamente severo consigo mismo.

Vamos a dar la batalla, y a usar ahora proyectiles de más calibre. La Revolución tiene que usar esas armas, y las va a usar si fuera necesario. La Revolución va a establecer los controles que sean necesarios. No somos un país capitalista, en que todo se deja al azar.

¿Piensa usted que las dificultades y las carencias del «período especial» han favorecido los hábitos de corrupción y de robo?
Sí. Aunque el robo de materiales y de recursos no es de hoy, o del «período especial». El «período especial» lo agudizó, claro, porque creó mucha desigualdad e hizo posible que determinada gente tuviera mucho dinero. Pero no es nuevo. Recuerdo que, hacia 1990, aún no se había autodestruido la Unión Soviética, estábamos construyendo en Bejucal [en las afueras de La Habana] un centro de biotecnología muy importante. Y cerca de allí había un pequeño cementerio. Yo daba vueltas, y un día fui por el cementerio, y me encontré con un colosal mercado clandestino donde aquella fuerza constructiva, sus jefes y un gran número de constructores, tenía un mercado de venta de productos: cemento, cabilla,[15] madera, pintura, todo cuanto se usa para construir…

¿Cuánto se ha robado aquí, hasta en fábricas? Fábricas que, por ejemplo, producen medicamentos. Conozco una por La Lisa [un barrio de La Habana] donde tuvieron que sacar al administrador y a mucha gente, casi cien personas en total... Estaba comprometida la propia administración de esa fábrica y un montón de gente en el robo de medicamentos. Cien tuvieron que sacar: busca a éste y al otro para sustituirlos. No es suficiente el despido, ni será la única la solución. Vea qué nivel de arraigo tienen determinados vicios. Cómo se despilfarraba, cómo se desviaban recursos, cómo se robaba.

¿Cómo explica usted todo eso?

Aquí, con el «período especial» se originaron desigualdades profundas. Qué amargura el día en que se crearon las tiendas en divisas, para recoger un poquitico de aquel dinero que algunos recibían del exterior, y para que lo fueran a gastar en esas tiendas, que tenían un precio alto, para recoger parte de ese dinero y poder redistribuirlo a los demás que no recibían nada, cuando el país estaba en condiciones muy difíciles.

Además, algunos ganaban, en un mes, cuarenta o cincuenta veces lo que gana uno de nuestros médicos que está en las montañas de Guatemala o en otros lugares distantes de África, o en Cachemira, a miles de metros de altura, en las cordilleras del Himalaya, salvando vidas. Y estos médicos ganan el 5 por ciento, el 10 por ciento de lo que gana un ladronzuelo que vende gasolina a los nuevos ricos; que desvía recursos de los puertos en camiones y por toneladas; que roba en las tiendas en divisas; que roba en un hotel de cinco estrellas, a lo mejor cambiando la botellita de ron por una que se buscó, la pone en lugar de la otra y recauda todas las divisas por las que vendió los tragos que pueden salir de una botella de un ron más o menos bueno. ¿Cuántas formas de robo hay en este país?

Parece que donde más se robaba era en las gasolineras.

Mire, comenzamos por Pinar del Río para ver qué pasaba con los servicentros [gasolineras] que venden combustible en divisas. Y pronto se descubrió que lo que se robaba era tanto como lo que se ingresaba.[16] ¡Robaban casi la mitad! Y en algunos otros lugares, ¡más de la mitad!

En La Habana muchos aprendieron a robar como locos. Si le hago la historia de todos los servicentros de la capital, usted se asombra; hay más del doble de lo que debería haber, es un caos. A cada ministerio le dio la gana de poner el suyo, y reparte combustible por aquí y por allá. En los Poderes Populares [gobiernos locales] el desastre es universal, el caos. Y, además, todos los camiones más viejos, los que más gasolina gastan, se los dieron al Poder Popular. Cuando parecía que el uso de los camiones se estaba racionalizando, en realidad se estaba hipotecando al país para todos los tiempos. Porque algo que se sabe es que muchos de los camiones del Estado van por un lado y por otro que no tienen nada que ver con su trabajo normal. Y el que más y el que menos se va con el camión a ver a un pariente, un amigo, una familia, o la novia.

Ya dentro de poco, con los instrumentos de la técnica [localizadores de Sistema de Posicionamiento Global, GPS], como se está haciendo en muchos países desarrollados, se podrá saber dónde se encuentra cada camión, en cualquier lugar, en cualquier calle. Nadie podrá escapar en el camión e ir a ver a la tía, al otro, a la novia. No es que sea malo ver al familiar, al amigo o a la novia, pero no en el camión destinado al trabajo.

Recuerdo una vez, varios años antes del «período especial», que vi, rápido, por la Quinta Avenida de La Habana, un flamante cargador frontal[17] Volvo, casi acabado de comprar, que en aquella época valía unos 50.000 o 60.000 dólares. Sentí curiosidad de saber para dónde iba a aquella velocidad, y le pedí al escolta: «Aguanta, pregúntale a quién iba a ver, que te diga con franqueza». Y el conductor confesó que con aquel Volvo, que corría a toda velocidad por la Quinta Avenida, iba a visitar a la novia... Cosas veredes, Mío Cid.

Pues cosas como esas han estado ocurriendo. Y, en general, lo sabemos todo, y muchos pensaban: «La Revolución no puede arreglarlo; no, esto no hay quien lo arregle». Pues sí, esto lo va a arreglar el pueblo, esto lo va a arreglar la Revolución.

¿Cómo?

Primero que todo es una cuestión ética. Yo he pensado mucho en el papel de la ética. ¿Cuál es la ética de un revolucionario? Todo pensamiento revolucionario comienza por un poco de ética. Pero, además, es una cuestión económica vital. Éste es uno de los pueblos más derrochadores de energía combustible del mundo. Aquí nadie sabe lo que cuesta la gasolina, nadie sabe lo que cuesta la electricidad, nadie sabe el valor que tienen en el mercado. Hasta las casas terminamos regalándolas. ¿Puede Cuba resolver su problema de vivienda regalando casas? Algunos las compraban, eran dueños, habían pagado 50 pesos mensuales, 80 pesos, bueno, al cambio, si se lo mandaban de Miami, ¡eran como tres dólares! Al final de los años la habían pagado con menos de 500 dólares, y algunos las vendían por 15.000, 20.000 dólares... ¿Y quién las compraba? ¿El proletario? ¿El humilde? Había muchos humildes que recibieron la casa regalada y la vendieron después al nuevo rico. ¿Es eso socialismo?

Lo que es paradójico, aunque sea legal, es que los cubanos que reciben divisas del exterior tienen mayores ventajas que los ciudadanos que no tienen a nadie en el extranjero. Y eso ha creado descontento.

Sí, pero fíjese la incoherencia, esas ventajas las tienen sobre todo gracias a las subvenciones que da el Estado. Por ejemplo, ¿qué hacen los que están afuera hoy con un dólar? Lo envían para acá… Yo tengo familiares a los que les envían. No tengo nada que ver con eso. Un día preguntamos y hay provincias donde el 30 por ciento o el 40 por ciento de la gente recibe algo del exterior, aunque sea un poquitico. Pero es tan buen negocio enviar un dólar, ¡tan buen negocio!, que pudieran arruinarnos perfectamente enviando dólares. Por el enorme poder de compra que tienen esos dólares en un país bloqueado, con productos racionados sumamente subsidiados, y servicios gratuitos o extraordinariamente baratos.

¿Cuánto gasta el pueblo de Cuba, por culpa de ese dólar que enviaron de allá? Porque éste no es un dólar que tú te ganaste trabajando aquí. Te lo envían de allá, alguien que se fue de aquí saludable, todo lo que estudió fue gratuito desde que nació, no está enfermo, son los ciudadanos más saludables que llegan a Estados Unidos. Bien, para subsidiar ese dólar que enviaron de Estados Unidos, Cuba se gasta, en cambio, en término medio, unos 44 dólares. Está estudiado.

Éste es un noble país, subsidia los dólares de aquellos que están allá, que te van a decir: «Mira, te voy a enviar dos dólares para electricidad subsidiada. Mira, te voy a enviar además un refrigerador, o te voy a dar dinero para que lo compres en la *shopping*». Después prosigue el generoso remisor de dólares: «No te ocupes, que te voy a enviar lo que necesitas, yo te garantizo los 300 kilovatios de electricidad subsidiada que tú le estás gastando a ese idiota de Estado socialista». Nosotros somos buenos, pero puede haber algún ciudadano que pueda pensar, con toda razón, que somos bobos. Tendría una parte de la razón, ¡cuidado!

Recuerdo cuando, analizando el asunto del gasto eléctrico, descubrimos que un paladar [restaurante privado] consumía 11.000 kilovatios al mes, y este Estado idiota subsidiaba al dueño, al que tanto gustaba a los burgueses llevar visitantes para que vieran cómo sabían la langosta y el camarón, como milagro de la empresa privada. Todo eso robado por alguien que se lo llevó de Batabanó [municipio costero, a orillas del Caribe, al sur de La Habana]; y cuatro o cinco sillitas. ¡No!, desde luego, este «Estado totalitario, abusador», es «enemigo del progreso», porque es enemigo del saqueo.

Entonces, el Estado estaba subsidiando al paladar con más de 1.000

dólares cada mes. Esto lo supe porque pregunté cuánto gastaba, cuánto valía, y él pagaba la electricidad a precio subsidiado. ¡11.000 kilovatios! Creo que después de rebasar la cifra de 300 kilovatios, pagaba 30 centavos de peso por kilovatio.[18] Él pagaba 3.000 pesos cubanos, o sea, unos 120 dólares. Pero al Estado le costaba —aquella vez hice el cálculo a 10 centavos de dólar el kilovatio— cada mes 1.250 dólares. Eso es libertad de comercio, eso es progreso, eso es desarrollo, eso es avance...

¿Y qué van a hacer ustedes? ¿Van a suprimir las subvenciones?
No, pero ya hemos subido las tarifas eléctricas de los que más consumen. Para desalentar el exceso de consumo de los que despilfarran, sea cual sea su estatuto económico actual. Por otra parte, hay que ir desprendiéndose poco a poco de las políticas de subsidios que hoy pueden actuar como lastre.

Por eso, desde ahora, subsidios o gratuidades, sólo en cosas esenciales y vitales. No se cobrarán servicios médicos, ni educacionales, ni servicios similares. Pero habrá que cobrar la vivienda. Veremos cuánto. Puede haber algún subsidio, pero lo que se pague de alquiler en un número de años tiene que acercarse al costo de la vivienda. Todo está a nuestro alcance, todo pertenece al pueblo, lo único no permisible es despilfarrar riquezas egoísta e irresponsablemente. Cero derroche

También vamos creando las condiciones para que la libreta [de racionamiento] desaparezca. Vamos creando las condiciones para que esa libreta que resultó indispensable en unas condiciones, y que ahora estorba, se cambie. Sin cometer un abuso, sin matar a nadie de hambre, sólo con sencillísimos principios: la libreta tiene que desaparecer. Por otra parte, algunos salarios y pensiones, los más bajos, se han subido. Los que trabajan y producen recibirán más, comprarán más cosas; los que trabajaron durante décadas recibirán más y tendrán más cosas. Muchos abusos se acabarán. A muchas de las desigualdades se les irá quitando el caldo de cultivo, las condiciones que permiten eso. Cuando no haya nadie que tenga que ser subsidiado, habremos avanzado considerablemente en la marcha hacia una sociedad justa y decorosa.

Usted está reconociendo ciertos errores, en este aspecto, de la Revolución. Algunos, en el exterior, se van a alegrar, y puede que aquí otros consideren su crítica como demasiado dura.
Es duro, pero lo digo. Y lo diré las veces que tenga que decirlo. No tengo miedo de asumir las responsabilidades que haya que asumir. No podemos

andar con blandenguerías. Que me ataquen, que me critiquen. Sí, muchos deben estar un poco doliditos... Debemos atrevernos, debemos tener el valor de decir las verdades. No importa lo que los bandidos de afuera digan y los cables que vengan mañana o pasado comentando con ironía... Los que ríen último, ríen mejor.

Y esto no es hablar mal de la Revolución. Esto es hablar muy bien de la Revolución, porque estamos hablando de una revolución que puede abordar estos problemas y puede agarrar al torito por los cuernos, mejor que un torero de Madrid. Nosotros debemos tener el valor de reconocer nuestros propios errores precisamente por eso, porque únicamente así se alcanza el objetivo que se pretende alcanzar.

Para combatir los robos, en particular en las gasolineras, ustedes están recurriendo a los jóvenes trabajadores sociales, ¿no?

Sí. Esos problemas están siendo atendidos seriamente, no se imagina usted con cuánto entusiasmo, por los jóvenes trabajadores sociales. Ya están realizando numerosas tareas. Yo jamás en mi vida había visto tanto entusiasmo, tanta seriedad, tanta dignidad, tanto orgullo, tanta conciencia del bien que le van a hacer al país. Hoy los trabajadores sociales ya están en las refinerías, se montan en un carro-pipa [camión cisterna] de 20.000 o 30.000 litros, y van viendo, más o menos, por dónde va el carro-pipa, cuál se desvía... Por ahí se han ido descubriendo servicentros privados, ¡alimentados con el combustible de los piperos!

Se van a emplear, de ser necesario, los 28.000 trabajadores sociales que hay en el país. Parte de los cuales ya están trabajando en la creación de células contra la corrupción. Alrededor de cada punto a observar: una célula. Allí hay también miembros de la juventud, de las organizaciones de masas, combatientes de la Revolución... Y más vale que los que andan desviando gasolina se aconsejen, y no tengamos que descubrir, punto por punto, cuánto combustible está robando cada cual.

A veces las brigadas de trabajadores sociales tuvieron que actuar por sorpresa, con rapidez, disciplina y eficiencia. Con impactante acción. En la Ciudad de La Habana, por ejemplo, fueron miles y movilizamos otros miles como reserva. Llegaron, y de repente en La Habana los servicentros comienzan a recaudar el doble. ¿Por qué los empleados que estaban antes no recaudaban más? Tuvieron que llegar los trabajadores sociales allí. Dije: «¿Será posible que no escarmienten y no se autocorrijan?».

La Habana se ha convertido en una espectacular escuela donde se aprende lo que hay que hacer, y los trabajadores sociales cada vez saben más. Estamos dispuestos a emplear los 28.000, y los 7.000 que están estudiando. Si no alcanzan, desde ahora le digo que nos reunimos con los estudiantes de la Federación Estudiantil Universitaria, y buscamos otros 28.000 estudiantes y, en pareja, con los trabajadores sociales, que ya van adquiriendo experiencia, los movilizamos. Y si 56.000 no alcanzaran, buscamos otros 56.000 de refuerzo.

Nosotros les vamos a enseñar a los corruptos lo que es progreso, lo que es desarrollo, lo que es justicia, lo que es ponerle fin al robo. Con el apoyo más decidido del pueblo. Nuestra sociedad va a ser en realidad una sociedad enteramente nueva. Ya no habrá muchos que digan: «Esto no se puede arreglar», «Esto no se acaba nunca». Junto con el pueblo, estaremos demostrando que sí se puede. Debemos estar decididos: o derrotamos todas esas desviaciones, o moriremos.

Hablando de la estructuración política en Cuba, yo quería preguntarle si piensa usted que la estructura de un partido único no resulta inadaptada para una sociedad cada vez más compleja como la actual sociedad cubana.

Usted pregunta por un partido único, ¿no? Mientras más cultura adquiere y más conoce el mundo, más se alegra nuestro pueblo de la unidad y más la valora. Realmente veo el espectáculo de lo que ocurre en algunos países que tienen cien o ciento veinte partidos... No creo que se pueda idealizar eso como forma de gobierno, ni se puede idealizar eso como forma de democracia. Eso es una locura, una manifestación de enajenación. Cómo puede un país del Tercer Mundo organizarse y desarrollarse con cien partidos. Eso no conduce a ninguna fórmula saludable de gobierno.

En muchos países, el sistema electoral clásico, tradicional, con múltiples partidos, se transforma a menudo en un concurso de simpatía y no, realmente, en un concurso de competencia, de honradez, de talento para gobernar. En una elección de ese tipo, se termina por elegir al más simpático, a aquel que comunica mejor con las masas, a aquel que tiene, inclusive, la presencia más agradable, la mejor propaganda en la televisión, en la prensa o en la radio.

Como usted sabe bien, porque lo ha analizado en alguno de sus libros, en ciertos países latinoamericanos que no deseo mencionar, las campañas electorales cuestan centenares de millones de dólares, al estilo norteamericano, y asesores de imagen le enseñan al candidato cómo se debe peinar, vestir, dirigirse a la población, y lo que debe o no debe decir. Todo eso es un carnaval, una verdadera farsa, un teatro...

A veces, en esas elecciones, sólo participan aquellos que tienen suficientes recursos económicos para consagrarlos a la propaganda. Los que tienen mayor acceso a los medios de comunicación de masas son casi siempre los que alcanzan la victoria electoral. Si un candidato de la oposición no consigue movilizar recursos suficientes para realizar una campaña eficaz —lo que los publicistas norteamericanos llaman una «campaña científica de publicidad»— puede perder las elecciones. Ésa es la realidad. Los resultados de ese género de elecciones son muy extraños, esencialmente por la presencia de factores que poco tienen que ver con la aptitud del candidato a gobernar.

En Cuba, además, el Partido no está para postular y elegir a los diputados, como ocurre en cualquier lugar... Por ejemplo, en España, en el PSOE, el presidente Felipe González decidía quiénes integrarían el Parlamento en nombre del PSOE. Un método tan sencillo como hacer una simple encuesta, calcular además el dinerito que tienen, la publicidad con que puedan contar; pero no importa, si calcula que tiene el 15 o el 20 por ciento en una provincia, sabe el número exacto de diputados que le corresponden, los nombra candidatos y después el ciudadano vota por un partido. Porque, en España, el partido es una cosa abstracta, una organización, y el elector vota por esa cosa abstracta; quien elige en concreto a los diputados, quien los designa es el partido.

Otros tienen, como los ingleses, o los jamaicanos, el distrito; es un poquito mejor el método del distrito, que es uno o dos, pero adquiere una larga experiencia en el Parlamento. En general, los funcionarios de las islas del Caribe son más eficientes y están más preparados que los funcionarios del método presidencialista.

Para nosotros, uno de los primeros principios es que aquí el Partido no postula, postula el pueblo, los vecinos de cada circunscripción se reúnen en asamblea y postulan, es decir, designan, escogen a los candidatos que los van a representar en el Parlamento; ahí no puede intervenir el Partido, terminantemente prohibido.

Cuesta creer que el Partido no interviene.
Nuestro Partido ni postula ni elige. Los delegados de circunscripción, que son la base de nuestro sistema, los propone el pueblo, ya le digo, en asamblea, por cada circunscripción. No pueden ser menos de dos, ni más de ocho, y casi el 50 por ciento de aquellos delegados de circunscrip-

ción, que constituyen la asamblea municipal en cada municipio del país, los propone y elige el pueblo, en elección donde tienen que tener más del 50 por ciento de los votos. La Asamblea Nacional de Cuba, con un poco más de seiscientos delegados, está constituida, casi en el 50 por ciento, por esos delegados de circunscripción, que no sólo tienen el papel de constituir la Asamblea Municipal, sino que tienen además el papel de postular a los candidatos a la Asamblea Provincial y a la Asamblea Nacional.

No me extiendo, pero, realmente, me gustaría que un día se conociera un poco más cuál es el sistema electoral de Cuba; porque es asombroso que de allá del Norte a veces algunos nos preguntan: «¿Cuándo va a haber elecciones en Cuba?». La pregunta la podríamos hacer los cubanos y decirles: «¿Cuánto hay que ser de supermillonario para alcanzar la presidencia de Estados Unidos?»; o vaya, no tiene que ser necesariamente el candidato supermillonario, pero podríamos preguntar: «¿Cuántos miles de millones necesita el candidato para ser electo presidente?» y «¿Cuánto cuesta cada cargo, hasta un modesto cargo municipal?».

En nuestro país no ocurre, ni puede ocurrir eso. No se llenan las paredes de pasquines, no se usa masivamente la televisión con mensajes de estos subliminales, creo que se llaman.

Pueden ser dos, tres, ocho candidatos, normalmente son de dos a tres, casi siempre dos; a veces uno pasa trabajo porque es el expediente, la historia, hacen la campaña juntos y son gente de gran calidad. Y casi la mitad del Parlamento está constituido por esas personas que eligen allí en esas asambleas populares.

¿Y esas personas no son miembros del Partido?

No tienen que serlo, no, para nada. Da la casualidad que un número elevadísimo de ellas son gente del Partido. Y eso ¿qué demuestra? Simplemente, que hay mucha gente buena, que muchas de las mejores personas están en el Partido. En el Partido pueden estar, incluso, católicos, protestantes, la conciencia religiosa no es un obstáculo, en un principio lo fue, ya le conté. Pero el Partido se ha abierto hoy a personas de las distintas creencias religiosas.

Y el hecho de que aquellas que son postuladas, unas trece mil o catorce mil, por la población y electas por la población, en elecciones en las que los candidatos deben obtener más del 50 por ciento de los votos para ser electos, son, en su inmensa mayoría, miembros del Partido demuestra que las mujeres y los hombres seleccionados por el Partido no son corruptos, son gente limpia, mucha gente nueva, mucha gente con una preparación superior. Y yo le puedo asegurar que cada día que pasa de la historia de este país, de sus luchas, de sus enfrentamientos, de sus batallas, este pueblo tiene más y más cultura, y valora y aprecia la unidad como algo esencial e indispensable.

En muchos países del desaparecido campo socialista, ser miembro del Partido era una manera de obtener privilegios, prebendas y favores. Se hacía por interés más que por convicción y espíritu de sacrificio. ¿No ocurre lo mismo en Cuba?

Este Partido no es para privilegios. Si hay cualquier obligación que cumplir, el primero que tiene el deber de ir es el militante del Partido. Y no postula, es decir: no es el Partido quien designa a los candidatos al Parlamento, es la gente. Ni elige. El Partido no elige a los diputados, es la gente, repito, son los ciudadanos todos quienes eligen a los diputados. Sin embargo, el Partido dirige, yo diría, de una forma ideológica, traza estrategias, pero comparte eso con la administración del Estado, lo comparte con el Congreso de la República, lo comparte con las organizaciones de masas. Es otro concepto que el que hubo en otros países socialistas, que eso fue motivo de privilegios, de corrupción, y fue motivo de abuso de poder.

Pero ya hemos visto que aquí también hay corrupción. ¿Usted estima que en Cuba, en el seno de la dirigencia no hay corrupción?

Ha ocurrido en algunos funcionarios que negociaban con poderosas empresas extranjeras, y bueno, a veces los invitan a un restaurante, o los invitan a ir a Europa para alojarlos en la casa del dueño o en un hotel de lujo... Al fin y al cabo, algunos funcionarios nuestros eran compradores de millones, y compradores de millones por un lado, y por el otro el arte de corromper que suelen tener muchos capitalistas, más sutiles que una serpiente y a veces peores que los ratones. Los ratones anestesian a medida que van mordiendo y son capaces de arrancarle a una persona un trozo de carne en plena noche. Así, a la Revolución la iban adormeciendo y arrancándole carne.

No pocos hacían evidente su corrupción, y muchos lo sabían o lo sospechaban, porque veían el nivel de vida y a veces por tonterías: éste cambió el carrito, lo pintó, le puso esto, o le puso unas banditas bonitas porque se volvió vanidoso. Veinte veces lo hemos oído por aquí, por allá, y ha habido que tomar medidas. Pero eso no se resuelve fácilmente.

Nosotros nos hemos esforzado y hemos tenido la suerte que hemos evitado al máximo —no conozco ningún otro caso— esos fenómenos de corrupción o de abuso de poder. Eso no se concibe aquí. Puede haber corrupción, ya hemos hablado de eso, hay mucha gente aquí que ha incurrido en eso, pero no puede existir en un cuadro de dirección del Partido o en un cuadro de dirección del Estado, ni uno solo de ellos puede…

Por ahí han afirmado, incluso me han puesto a mí en la lista de los hombres más ricos del mundo. Bueno, ya eso es el colmo. Yo no me voy a poner a hacer una querella. Yo, realmente, no poseo nada. Tengo algunos pesos, porque ya después que tú pagas todo… Yo tengo el mismo salario desde siempre, de ahí hay que pagar la cuota del Partido, un tanto por ciento por la vivienda, vas pagando… Y hace un buen número de años que no tengo vacaciones, un buen número de años que no tengo un día de descanso, ni sábado, ni domingo. A mí no me falta nada material. Tengo lo que necesito. Y no tengo necesidad de mucho…

Le explico el fundamento, la esencia, de la conducta ética. Que busquen si algún dirigente de la Revolución tiene una cuenta en algún banco en el extranjero, se les puede dar todo lo que quieran a los que logren encontrarla; los dirigentes de la Revolución no tenemos un centavo, puede ser que tengamos algunos pesos, todavía nos quedan, porque casi todos los gastos nos los pagan…

¿Usted podría decirme cuál es su salario?
El salario mío, al cambio de veinticinco pesos por un dólar, es de treinta dólares mensuales. Pero yo no me muero de hambre. Yo pago lo del Partido, lo otro, un tanto por ciento, desde el principio, por lo del alquiler, se pagaba creo que el 10 por ciento.

Usted debe comprender que un hombre perseguido por aquí, por allá y por veinte lugares, no puede estar todos los días en el mismo punto. Bueno, todas esas condiciones fueron cambiando, fuimos ganando experiencia.

Ayudo a una tía, por parte de mi madre, uno de cuyos hijos murió en la guerra, eso antes de que hubiera aquí retiro, porque el Ejército Rebelde no cobró como en seis meses.

Es más, ya que se habla del problema este, se fueron acumulando muchos regalos que me hacían; no sé los millones de pesos que valdrían todo esos regalos, entre otras cosas porque a la gente le gusta vender cosas que pertenecen a éste o al otro, yo entregué un día a Eusebio Leal, el historiador de la ciudad, unos diecisiete mil regalos. Eso no he querido decirlo, no vaya a ser que alguna gente que me trae un regalo piense que yo… Se los entregué al historiador. Sólo una reserva le hice: «Déjame los libros; ésos, cuando yo me muera, son públicos». Pero, los demás regalos, los di todos. Hay cada anécdota, que uno se puede reír de muchas cosas, porque ahí yo entregué: pijamas, hasta relojes de esos que valían seis o siete mil dólares, obras de arte, de todo; es decir, buenas pinturas, objetos de valor, antigüedades.

No me estoy defendiendo de nada, pero le estoy contando simplemente que uno se tiene que reír. Y me han puesto dos veces ya en esa lista de los más ricos, yo no sé por qué lo hacen, qué intentan con eso tan ridículo. Yo no tengo ni un centavo mío, no administro un centavo. Bueno, más bien la Administración del Estado, en general, administra los gastos de la presidencia. Como en cualquier país. Realmente, cuando viajo tengo que hospedarme en un hotel, tengo que comer en algún lugar, pero nunca llevo un centavo arriba.

Puedo decir que se aplicó una fórmula: de cada cual según su capacidad, a cada cual según sus necesidades. Entonces las necesidades mías, mías personales, son realmente muy pocas, y nunca ha habido ni un aumento de salario. Tendré la gloria de morir sin una divisa convertible. Millones me han ofrecido por escribir memorias y libros, pero nunca lo he hecho. Siempre he dicho: «Si lo hago es para escuelas». Y uno se siente tranquilo, realmente se siente feliz, se siente fuerte con tales normas. Una injusticia no cabe en la cabeza de ningún revolucionario, no cabe.

Ya dije que la venganza… Tú puedes luchar con toda la firmeza del mundo, pero no puedes hacerlo por odio; claro, no sé cuánto será el odio ya. Hay un momento, cuando estábamos en la Sierra Maestra, en que dije una frase. Yo estaba observando un bombardeo con unos cohetes que los norteamericanos les daban a los bombarderos de Batista, y le escribí a Celia[19] un mensaje: «He visto el bombardeo que estaba teniendo lugar y he comprendido —no lo estoy diciendo textualmente— que la guerra que echaré contra Estados Unidos, creo que ése va a ser mi único destino verdadero». Era una premonición cuando veía las bombas aquellas.

Pero después he visto tantas cosas… He visto morir a dos millones de vietnamitas, he visto a millones de inválidos, he visto rociar de napalm la selva de ese pueblo tan fino, tan delicado, con una cultura milenaria; a veinte mil kilómetros de Estados Unidos se hicieron esos bombardeos. He visto las cosas que se han hecho, las torturas en la prisión de Abu Ghraib, uso de fósforo vivo en Faluya… Mire las dictaduras que se impusieron, los torturadores educados por decenas de miles en instituciones creadas para eso en Estados Unidos, aquellos que «desaparecieron» a diez mil o veinte mil o treinta mil argentinos a los que les robaron los hijos; he visto a aquellos que hicieron «desaparecer» a más de cien mil guatemaltecos, ¡«desaparecer»! Si lo suma a la represión en Chile y lo suma a todas las cosas horribles que han pasado, a una República Dominicana en tremendas dificultades, donde hubo un régimen de Trujillo apoyado por los norteamericanos, creado por ellos, igual que el de Somoza en Nicaragua...

He visto tantos horrores desde que le escribí aquel mensaje a Celia, que pienso que la palabra que escribí... Y no era contra los norteamericanos como pueblo, al contrario, el país del mundo donde mejor reciben a un ciudadano norteamericano es Cuba, aquí no hay prejuicio ni complejos; los complejos determinan odio y desprecio. Aquí no hay desprecio por el ciudadano norteamericano, es un pueblo educado no en el chovinismo, no en el fanatismo, es un pueblo educado en ideas; no se habría podido sostener si no fuese así. Sólo sobre las ideas se puede sostener un país.

¿Qué les diría usted a aquellos que, hasta siendo en principio amigos de Cuba, ante tantas críticas contra la Revolución dudan de ustedes o finalmente los condenan?

Lo que yo les diría a muchos de los que dudan, o nos condenan porque tengan determinadas ideas, es que mediten cómo este pequeño país ha podido resistir casi medio siglo las embestidas de la más poderosa potencia. Eso no se puede lograr sino sobre la base de principios, sobre la base de las ideas, sobre la base de la ética. Es la única manera.

Nosotros creemos en el hombre, en el ser humano, en su capacidad de adquirir una ética, una conciencia, en su capacidad de hacer grandes sacrificios... Incluso lo ha hecho por malas causas, porque a la Primera Guerra Mundial, por ejemplo, uno ve los campos de batalla del Marne, de Verdún y todo, y hasta los obreros se fueron a luchar porque el himno francés, que es verdaderamente bello, y la bandera francesa, la historia, el escudo, por los símbolos han ido a morir en masa los hombres, por símbolos, creyendo que eran algo bello y digno por lo cual dar la vida, y estaban defendiendo los intereses de los imperios, de los grandes capitalistas, de las grandes potencias coloniales en África, Asia.

Uno ha visto morir a lo largo de la historia a los hombres por decoro, por valores a los que es capaz de apreciar. Alguien se los inculcó. Incúlquense los mejores valores desde el punto de vista humano, desde el punto de vista de la justicia, de la fraternidad. De la Revolución francesa me gusta mucho aquella idea: «Libertad, Igualdad, Fraternidad». Y que fue una prédica.

Hoy, en este mundo, no se puede hablar de ninguna de las tres, ni de la libertad, después que vemos todo lo que ocurre en todas partes, allí en Naciones Unidas, en el Consejo de Seguridad, en la forma en que Estados Unidos gobierna. De igualdad es imposible hablar, ni entre los hombres, ni entre las naciones. Y de fraternidad es muy difícil hablar, es muy difícil que impere la fraternidad en el mundo. Sin embargo, la libertad, la igualdad y la fraternidad imperarán porque están surgiendo los brotes en todas partes de esos sentimientos.

Por eso yo decía que el papel de los intelectuales es muy importante, porque sólo gente con un nivel intelectual, que nosotros llamamos trabajadores intelectuales, el profesor, todos esos que por internet organizan movimientos fuertes y poderosos, como la protesta antes de la guerra de Irak, surgida del Foro Social Mundial de Porto Alegre, como la protesta en Seattle y en otros muchos lugares, que ya atemorizan a los amos del mundo.

Tengo la convicción, ya le dije, de que en Estados Unidos nunca podría establecerse un régimen de tipo fascista, porque hay tradiciones, hay valores éticos, hay instituciones... Por lo general, el norteamericano cuando hace algo cree que está haciendo una cosa bien hecha; por eso algunos gobernantes tratan de engañarlo primero. Pero, desde luego, es muy difícil para un intelectual, aun en esta guerra de Irak que obligó a muchos ciudadanos norteamericanos a botar el vino francés, lo cual era una tontería. Si dijeran que se lo están tomando, pero, para despreciar el vino francés, ¿botarlo? Ahora, fíjese, qué extremo... Se dan esas cosas, es odio, reafirman odios, prejuicios.

Nosotros nos consideramos afortunados por haber tenido conciencia de que ésas no son armas políticas. Hay armas políticas y, además, tenemos la experiencia probada de que el empleo de los principios es la mejor arma política posible.

Cuba ha inscrito en la Constitución recientemente que el socialismo es una opción...

Es de carácter irrevocable.

¿Usted cree que inscribirlo en la Constitución es una garantía suficiente para mantener el socialismo en Cuba para siempre?

No. Tiene una razón de ser eso. Es que el 20 de mayo de 2002, el señor Bush le exigió a Cuba que cambiara de sistema social y político, que estableciéramos el capitalismo aquí, la democracia estilo Nicaragua u otros países que no tengo necesidad de mencionar. Y hubo una respuesta. Duró dos meses el movimiento de masas, se hicieron manifestaciones de masas, y surgió una proposición a la Asamblea Nacional, de la que ya le hablé, suscrita por ocho millones y tantas firmas, firmas de verdad, porque excepto alguien que pueda tener un problema en la vista o en el brazo... ¡firmas! Y con protestas en muchos lugares porque el que no estaba en el área de su circunscripción no podía firmar. Todo el santiaguero, por ejemplo, que estuviera fuera de su ciudad en aquel momento no podía firmar; entonces hubo broncas, cantidades de gente: «¡Yo quiero firmar!», porque, para la elección de diputados nacionales, sí lo pueden hacer.

Para esta firma había una bronca —todo fue en cuatro días— porque la gente no entendía por qué no los dejaban firmar. Podía ser un embajador, porque estaba en el país de destino, éste estaba trabajando, aquél estaba de visita; ni se sabe cuántos cientos de miles de firmas dejaron de recogerse porque las personas no estaban en su lugar de residencia.

Entonces, le voy a terminar de explicar. Como se nos exigió de instaurar el capitalismo, dimos una gran batalla; por primera vez se reunieron todos los representantes de las organizaciones de masas, discutieron una por una todas las respuestas, y esos millones de firmas lo apoyaron unánimemente. Uno se pregunta, pero ¿cómo puede ser irrevocable?

Todo es revocable. En nuestra Constitución habíamos establecido de qué manera la Asamblea Nacional puede modificar la Constitución, con una facultad constitucional podía acordar una modificación casi sin restricciones. Entonces decidimos restarle a la Asamblea Nacional el poder, quitarle el poder de modificar la Constitución para cambiar el sistema, y por eso se declara *irrevocable* el carácter socialista de la Revolución. ¿Qué significa esto?, que para revocar el carácter socialista hay que hacer una revolución, mejor dicho, una contrarrevolución. Es decir, hay que hacerla y no es muy fácil hacerla con todo el pueblo educado y unido. Eso adquirió más bien el carácter de una respuesta digna de lo que, desde Estados Unidos, nos exigía Bush. Entonces, ha quedado así.

Incluso, pueden tomar el gobierno de la República legalmente los enemigos de la Revolución, les queda una cláusula teórica, que vayan

a la Asamblea y que sean mayoría; si postulan a los delegados de circunscripción, si tuvieran mayoría, votan por ellos y, sencillamente —fíjese—,
mediante la vía electoral podrían tomar el poder. Así que, al lado de ese
carácter *irrevocable*, podrían tomar el poder, y desde el poder hacer una
contrarrevolución, por vías legales. Ha ocurrido. Y entonces, hacer lo
mismo, recoger equis millones de firmas, que jamás podrán, y declarar-
lo por decreto, revocar por decreto el socialismo.

Yo digo una contrarrevolución, porque tendrían que tomar el poder para lograr eso, y esto no quiere decir por la fuerza; pueden, perfectamente, según nuestro sistema electoral, tomar el poder con los
mecanismos legales que existen hoy en el país y que rigen nuestro proceso electoral. Cuando lo pusimos así: irrevocable, es *irrevocable*. Quiere
decir que la Asamblea Constituyente no puede revocarlo. Ésa es la
modificación de la Constitución.

Ahora, ellos podrían modificarlo con una revolución. Toman el
poder, y es un camino un poquito más largo, tan difícil el uno como
el otro, pero toma un camino más largo.

¿Ve usted con optimismo el futuro de la sociedad cubana?

Le puedo decir una cosa, nosotros somos optimistas, sabemos qué destino podemos tener, un destino muy duro, pero muy heroico y muy glorioso. Este pueblo jamás será vencido, es lo que uno puede decir. Este
pueblo alcanzará niveles de conocimientos y de cultura promedios que
estarán, como en una carrera de maratón, varias pistas por delante de
cualquier pueblo del mundo que lo siga detrás, lo digo sin chovinismo.
Detesto el chovinismo, más bien me gusta la crítica, y constantemente,
cada vez que hablo de lo que hemos hecho, expreso la vergüenza por
no haber hecho más; cada vez que utilizamos cosas que hemos descubierto, expreso la vergüenza de que no las hayamos descubierto antes;
cada vez que aprovechamos nuevas posibilidades, confieso la tristeza de
no haber podido tener esas experiencias antes. Ahora, por lo menos,
experiencia hemos creado.

Mire, ésta es una sociedad cada vez más culta, cada vez con mayores conocimientos, que hoy avanza a ritmo acelerado, a un ritmo muy
acelerado, más que nunca, hacia la multiplicación de sus conocimientos
en todos los terrenos: filosóficos, políticos, históricos, científicos, artísticos... Todo avanza, porque en los últimos tiempos hemos podido adquirir conciencia de las posibilidades de los medios técnicos modernos
para multiplicar los conocimientos.

Yo cito el ejemplo de enseñar a leer y a escribir por radio, o los programas de enseñar a leer y a escribir, digamos, por televisión, o el empleo de los paneles solares para llevar electricidad segura, que jamás se interrumpe, a cualquier rincón o rinconcito de los campos, de modo que, con muy bajos gastos, uno pueda llevar esos conocimientos, esa cultura, ese saber, y la televisión la puede llevar a cualquier parte.

La ignorancia es cómplice de muchos males. Los conocimientos deben ser el aliado fundamental de unos pueblos que aspiran, a pesar de tantas tragedias y problemas, a emanciparse de verdad, a construir un mundo mejor. Le cito estos ejemplos, pero las posibilidades que hemos descubierto van mucho más allá de lo que la gente se imagina, está en nuestras manos, en un pueblo unido.

Usted ha tenido varias actividades hoy. Este último encuentro se realiza muy tarde, pasada la medianoche, a pesar de la fatiga que habrán supuesto todas esas actividades...

Además de mis tareas habituales, tuve a final del día dos actividades importantes: una comparecencia por la televisión, y la otra relacionada con una delegación nuestra que marcha a un importante foro internacional. Dos temas importantes, por eso me he retrasado un poco para proseguir con mucho gusto esta conversación.

Sigue teniendo usted unas jornadas de trabajo intensas, y cumplió setenta y nueve años el 13 de agosto de 2005. Yo quería preguntarle, ¿cómo se encuentra de salud?

Bueno, me encuentro bien. Por lo general, sí me siento bien, sobre todo me siento con energía, me siento con entusiasmo por las cosas. Me siento muy bien física y mentalmente. En esto seguramente ha contribuido el hábito del ejercicio; yo creo que el ejercicio físico no sólo ayuda a los músculos, ayuda también a la mente, porque el ejercicio influye en la circulación de la sangre, en la llegada del oxígeno a todas las células, incluso a las células cerebrales.

El 23 de junio de 2001, sufrió usted un desmayo durante un discurso público; y el 20 de octubre de 2004 tuvo usted una caída, también en público, que le causó la fractura de una rodilla. ¿Cómo se ha repuesto usted de esos dos percances físicos?

Mire, como siempre, se ha especulado mucho con eso. Es cierto que, aquel 23 de junio de 2001, en un barrio de La Habana, en El Cotorro, bajo un calor intenso y durante un discurso que duró más de tres horas, transmitido en directo por televisión, conocí una ligera pérdida de conciencia. Algo muy venial. Fue un desvanecimiento ligero de apenas unos minutos, debido al calor y al sol excesivos. Unas horas después, los que allá, en Miami, ya lo estaban celebrando, se llevaron la sorpresa de verme reaparecer en un programa televisivo donde pude darle al pueblo, directamente, la versión auténtica de lo sucedido. Aquello no fue gran cosa. Le podía haber pasado a cualquiera que se hubiera quedado tanto tiempo bajo ese sol inclemente.

¿Y su caída en Santa Clara?

Sobre lo del 20 de octubre de 2004, ya he tenido ocasión de contarlo en una carta enviada el día siguiente al pueblo. Al finalizar un discurso en Santa Clara, fui afectado por una caída accidental. Algunas agencias y otros medios divulgaron varias versiones sobre las causas del accidente. Como protagonista le puedo explicar con toda precisión lo ocurrido.

Yo había concluido mi discurso alrededor de las diez de la noche. Varios compañeros subieron a la tribuna para saludarme. Estuvimos allí varios minutos y bajamos a reunirnos de nuevo por una misma pequeña escalerita de madera que usamos para acceder a la tribuna. Yo iba a sentarme en la misma silla que me habían asignado antes de que llegara mi turno en la tribuna, y caminaba sobre el pavimento de granito a la vez que, de vez en cuando, saludaba a los invitados al acto.

Cuando llegué al área de concreto, a unos quince o veinte metros de la primera hilera de sillas, no me percaté de que había una acera relativamente alta entre el pavimento y la multitud. Mi pie izquierdo pisó en el vacío, por la diferencia de altura. El impulso y la ley de gravedad, descubierta hace tiempo por Newton, hicieron que, al dar el paso en falso, me precipitara hacia adelante hasta caer, en fracción de segundos, sobre el pavimento. Por puro instinto, mis brazos se adelantaron para amortiguar el golpe; de lo contrario, mi rostro y mi cabeza habrían chocado contra el piso.

Era mía la responsabilidad. La emoción de ese día lleno de creaciones y simbolismos explica mi descuido. Alrededor de las once de la noche, tendido sobre una camilla, me trasladaron en ambulancia hacia la capital. Algunos analgésicos, en cierto modo, aliviaron mis dolores.

Recuerdo que el presidente Hugo Chávez llamó apenas recibir la noticia. Pidió comunicarse conmigo, lo que fue posible gracias a las comunicaciones inalámbricas.

Llegamos hasta el palacio de la Revolución en La Habana. Y fui conducido de inmediato a una pequeña instalación, con un mínimo de equipos necesarios para casos de emergencia. Se pudo precisar que las complicaciones estaban en la rodilla izquierda y en la parte superior del brazo derecho, donde el húmero presentaba una fisura. La rótula estaba fragmentada en ocho pedazos. De común acuerdo, los especialistas y el paciente, decidimos proceder a la operación de la rodilla, e inmovilizar el brazo derecho con un cabestrillo.

La operación duró tres horas quince minutos. Los ortopédicos se dedicaron a reunir y ubicar cada uno de los fragmentos en los sitios que les correspondían a cada uno de ellos y, como tejedores, proceder a unirlos, cosiéndolos con fino hilo de acero inoxidable. Un trabajo de orfebrería.

Solicité a los médicos que no me aplicaran ningún sedante, y utilizaron anestesia por vía raquídea, que adormece la parte inferior del cuerpo y mantiene intacto el resto del organismo. Dadas las circunstancias era necesario evitar la anestesia general para estar en condiciones de atender asuntos importantes. Así, todo el tiempo, continué recibiendo informaciones y dando instrucciones sobre el manejo de la situación creada con el imprevisto accidente.

Finalizada la parte quirúrgica se procedió a enyesar la pierna izquierda, a la vez que en ese mismo momento se procedía a inmovilizar el brazo derecho.

El proceso de reeducación ha sido relativamente corto; he estado haciendo mucha natación y mucho ejercicio para recobrar el uso normal de la pierna y del brazo. No he dejado un solo instante de atender todos los asuntos del país. Y, aquí me tiene, como puede ver, ando, me muevo, y hago una vida normal ya sin problema.

Yo quisiera, a este respecto, abordar el tema del porvenir. ¿Ha pensado usted en algún momento en retirarse?
Mire, sabemos que el tiempo pasa y que las energías humanas se agotan. Pero le voy a decir lo que les dije a los compañeros de la Asamblea Nacional el 6 de marzo de 2003 cuando me reeligieron presidente del Consejo de Estado. Les dije: «Ahora comprendo que mi destino no era venir al mundo para descansar al final de mi vida». Y les prometí estar con ellos, si así lo deseaban, todo el tiempo que fuera necesario mientras tuviera conciencia de poder ser útil. Ni un minuto menos, ni un segundo más.

Cada año, creo que le dedico más tiempo a la Revolución, le presto mayor interés, porque uno tiene mayor experiencia, ha meditado más, ha reflexionado más. Platón dijo, en su libro *La República*, que la edad ideal para ocupar cargos de gobierno es después de los cincuenta y cinco años. Pienso que, según él, esa edad ideal debía ser los sesenta años. Y me imagino que sesenta años en la época de Platón vienen a ser alrededor de ochenta años hoy...

Usted me pregunta, ¿cuánto tiempo voy a estar yo? Le digo la verdad, eso debe decidirlo la Asamblea Nacional en nombre del pueblo; eso debe decidirlo el pueblo.

La CIA ha anunciado, en noviembre de 2005, que usted padece la enfermedad de Parkinson. ¿Qué comentario le inspira esa «información»?
Ellos están esperando un fenómeno natural y absolutamente lógico, que es el fallecimiento de alguien. En este caso me han hecho el considerable honor de pensar en mí. Será una confesión de lo que no han podido hacer durante mucho tiempo: asesinarme. Si yo fuera un vanidoso, podría estar incluso orgulloso de que esos tipejos digan que tienen que esperar a que yo muera. Todos los días inventan algo, que si Castro tiene esto, que si tiene lo otro, si tal o más cual enfermedad. Lo último que inventaron es que tengo Parkinson. Dice la CIA que descubrió que yo tenía Parkinson. Bueno, no importa si me da Parkinson. El papa Juan Pablo II tenía Parkinson y estuvo un montón de años recorriendo el mundo, tenía gran voluntad.

Yo, como le dije, me di una fortísima caída, y todavía estoy rehabilitándome de este brazo [el derecho], y va mejorando. Dos litros de sangre se derramaron en el interior del hombro y la parte superior del brazo, que no aparecían en la imagen radiográfica. No me había dado en la cabeza, si me doy en la cabeza seguramente no estaría aquí. Aquellos que me han matado tantas veces estarían casi felices; pero han sufrido desilusiones tras desilusiones.

Yo agradezco muchísimo las circunstancias en que me rompí el brazo, porque eso me obligó a más disciplina todavía. Me siento mejor que nunca, estoy más disciplinado y hago más ejercicios. También me han obligado a un trabajo duro en la cuestión de la rehabilitación de la rodilla, para que funcione mejor esa rótula. He hecho esfuerzos, y sigo haciéndolos. He aprendido que, hasta el último segundo, voy a estar haciendo ejercicios. No descuido nada, y tengo más voluntad que nunca para comer lo que debo, y no comer un gramo más de lo que debo. Cuando tú estás haciendo ejercicio, claro, el brazo lo tienes que ir fortaleciendo músculo a músculo. ¿Cuántas personas yo no he tenido que saludar? Miles, y algunos llegan y arrancan el brazo; tú no te puedes desquitar. Tienes que hacer como algunos, que cuando tú los tocas por ahí ponen el hombro duro para que crean que está fortísimo y que es de hierro. Cada vez que me dan la mano ahora hago eso.

Usted va casi siempre armado, y como consecuencia de esa caída perdería, me imagino, el uso de su brazo derecho y la posibilidad de usar su arma. ¿Le preocupó eso?
Como esos de la CIA siempre están pensando en cosas, atentados y demás, es de suponer que yo, en cualquier circunstancia, disponga de un arma y esté en condiciones de usarla. Cumplo ese principio. Dispongo de una Browning de 15 tiros. He disparado mucho en mi vida. Siempre he tenido buena puntería, fue una suerte, y la he conservado. En cualquier circunstancia, no temo al enemigo. Lo primero que quise ver fue si mi brazo tenía fuerza para manejar esa arma que yo siempre usé. Ésa está al lado de uno. Moví el peine, la cargué, le puse el seguro, se lo quité, le saqué el peine, le saqué la bala, y dije: «Tranquilo». Eso fue al día siguiente. Me sentía con fuerza para disparar.

Porque al otro día del accidente, a ti te enviaron a un hospital, te sacan de allí, te llevan a otro punto, tú no protestas, pero sabes todo lo que están haciendo contigo, porque tuvieron que discutir conmigo la operación. Porque yo, si realmente no me siento en condiciones de hacer algo, llamo al Partido y digo: «Miren, no me siento en condiciones». Por eso les he hecho críticas a los médicos, porque la gravedad de algunas cosas la redujeron un poquito. Y yo, para el brazo, preferí la rehabilitación. Era mucho más peligroso someterse a una operación con clavos y otras cosas. A una persona de veinte o veinticinco años tienen que hacerle eso. Pero yo dije: «Bueno, al fin y al cabo no voy a pitchear en el próximo campeonato de pelota, ni voy a participar en las Olimpiadas». En fin, había que hacer lo correcto.

Si tú piensas que no estás en condiciones de cumplir el deber, dices: «Me está ocurriendo esto, por favor, alguien que asuma el mando; yo no puedo en estas circunstancias». Si voy a morir muero. Si no muero y recobro las facultades, vuelvo a asumir mis funciones. Me apartaría si me demuestran que sería lo mejor y lo más útil; o que hago daño. De todas formas uno tiene alguna experiencia.

Tenía que preocuparme de esas cosas en aquel momento. No vamos a describir, no vamos a contar qué medidas tenemos previstas. Tenemos medidas tomadas y medidas previstas para que no haya sorpresa, y nuestro pueblo debe saber con exactitud qué hacer en cada caso. Que nuestros enemigos no se hagan ilusiones; yo muero mañana y mi influencia puede crecer. Una vez dije que el día que muera de verdad nadie lo iba a creer. Podía andar como el Cid Campeador, que ya muerto lo llevaban a caballo ganando batallas.

Usted, en varios de sus discursos y de sus entrevistas, ha evocado la cuestión de su eventual sucesión, de lo que ocurrirá en Cuba el día que usted no dirija este país. ¿Cómo ve usted el porvenir de Cuba sin Fidel Castro?
Bien, voy a tratar de ser breve sobre eso. Ya le conté los planes de eliminación física. Al principio, mi papel era más decisivo porque había que librar una batalla de ideas muy importante, había que persuadir mucho. Le dije que había prejuicios y que las leyes revolucionarias los fueron transformando. Había prejuicios raciales, prejuicios antisocialistas, todo el veneno sembrado durante mucho tiempo.

¿Quiere decir que desde hace mucho tiempo, ha pensado usted en una eventualidad de que pudiesen asesinarlo y ha tenido que pensar en lo que podría pasar...?
Ya casi me está preguntando por la sucesión.

Sí, sí, por la sucesión.
Bueno, mire, al principio, con todos esos planes de atentados, yo tenía un papel decisivo, papel decisivo que no tengo hoy. Hoy tengo, tal vez, más autoridad y más confianza de la población que nunca.

Nosotros, ya se lo dije, estudiamos todos los estados de la opinión pública. Seguimos con un microscopio los estados de opinión. Y le podemos decir los estados de opinión en la capital, por ejemplo, y en el resto del país, y le puedo presentar todas las opiniones. Aunque sean adversas. La inmensa mayoría nos son favorables.

El nivel de autoridad, después de cuarenta y seis años de lucha y experiencia, es más alto de lo que era. Es muy alta la autoridad de aquellos que luchamos y que hicimos la guerra, condujimos al derrocamiento de la tiranía y a la independencia de este país.

Otro privilegio: la edad. Influencias del azar, porque uno puede venir, por factores naturales, condenado a morir temprano, o morir por planes para eliminarlo. Y no ha ocurrido ninguna de esas dos cosas.

No es un gran mérito haber acumulado la experiencia que hemos acumulado. Si puede haber algún mérito es en el hecho de haber sido constantes en la lealtad a las ideas y a los principios; de no dejarnos envanecer por la cuestión del poder, ni tentados a hacer abuso del poder, algo muy frecuente entre los seres humanos.

En aquellos días, claro que yo me daba cuenta de lo que podía significar el atentado y entonces yo planteé la cuestión de mi sustitución, y era natural... A Raúl lo veían más radical que a mí. Bueno, yo no creo que fuera más radical que yo, admito que tan radical como yo. Pero como había estado en las juventudes comunistas, veían a Raúl más radical. Yo sabía que tenían miedo, les preocupaba. Ésa era una circunstancia.

Segunda, a mi juicio, y lo puedo reiterar, la persona que tenía más autoridad, más experiencia y más capacidad para ejercer el papel de sustituto era Raúl. Ya le conté cómo cayó prisionero y cómo salvó la columna que se separó allá en el Segundo Frente, e hizo un trabajo excelente como organizador y como político realmente. Después, su misión en las Fuerzas Armadas; ha sido un educador, un formador de hombres, y con mucha ecuanimidad y mucha seriedad. Es la persona que aún hoy tiene el máximo de autoridad, y la gente tiene una gran confianza en él.

En aquella época se podía hablar de hombres que sustituían a hombres. Cuando triunfa la Revolución, yo tenía treinta y dos años; cuando triunfa el 1 de enero de 1959 —Raúl cumple en junio—, él estaba entre veintisiete y veintiocho años, todos teníamos mucha vida por delante.

También contra él hubo planes de atentado, aunque yo era un imán más atractivo en virtud de la jerarquía y de mis responsabilidades. Él es el segundo secretario del Partido y primer vicepresidente del Consejo de Estado, esto le da moral y autoridad.

Si usted por cualquier circunstancia desapareciera, ¿Raúl sería su sustituto indiscutible?

Si a mí me pasa algo mañana, con toda seguridad que se reúne la Asamblea Nacional y lo eligen a él, no le quepa la menor duda. Se reúne el buró político y lo eligen.

Pero ya él me va alcanzando en años, van llegando, ya es problema más bien generacional. Ha sido una suerte que los que hicieron la Revolución hayan tenido tres generaciones. También los que nos precedieron, los antiguos militantes y dirigentes del Partido Socialista Popular, que era el partido marxista-leninista, y con nosotros vino una nueva generación. Ya después, la que viene detrás de nosotros, e inmediatamente después, las de la campaña de alfabetización, la lucha contra bandidos, la lucha contra el bloqueo, la lucha contra el terrorismo, la lucha en Girón, los que vivieron la crisis de octubre, las misiones internacionalistas… Mucha gente con muchos méritos. Y mucha gente en la ciencia, en la técnica, héroes del trabajo, intelectuales, maestros… El país tiene un caudal de talento enorme… Ésa es otra generación. Súmele los que ahora son de la juventud y estudiantes universitarios y trabajadores sociales, con quienes hay las relaciones más estrechas. Siempre hubo estrechas relaciones con los jóvenes y los estudiantes.

Es decir, usted piensa que su verdadero sustituto, más allá de una persona, más allá de Raúl, sería más bien una generación, la generación actual…
Sí, ya son unas generaciones las que van a sustituir a otras. Tengo confianza, y lo he dicho siempre, pero estamos conscientes de que son muchos los riesgos que pueden amenazar un proceso revolucionario. Están los errores de carácter subjetivo… Existieron errores, y tenemos la responsabilidad de no haber descubierto determinadas tendencias y errores. Hoy, simplemente se han superado algunas, y se están combatiendo otras.

Ya le dije lo que pasaría mañana; pero ya son nuevas generaciones, porque ya la nuestra va pasando. Ya el más joven, digamos, le he mencionado el caso de Raúl, es apenas cuatro años y tantos más joven que yo.

Esta primera generación todavía coopera con las nuevas que acatan la autoridad de los pocos que vamos quedando… Está la segunda; ahora, la tercera y la cuarta… Yo tengo una idea clara de lo que va a ser la cuarta generación, porque tú ves a los muchachos de sexto grado haciendo su discurso. ¡Qué talento hemos descubierto!

Hemos descubierto miles de talentos, esos niños impresionan, impactan. No se sabe cuánto genio y cuánto talento hay en el pueblo. Yo albergo la teoría de que el genio es común, si no para una cosa es para otra, es para la computadora o es para la música, es para la mecánica; el genio es común y unos lo tienen para una cosa y otros para otra. Ahora, desarrolla y educa a una sociedad completa —eso es lo que estamos haciendo— y veremos entonces lo que da. Ésos son los ocho millones que después del primer año de «período especial» suscribieron: «Soy socialista».

Yo tengo mucha esperanza, porque veo con claridad que estos que yo llamo de la cuarta generación van a tener tres, cuatro veces más conocimientos que nosotros los de la primera y, más o menos, más de tres veces los conocimientos de la segunda. Y la cuarta debe saber, con todo lo que se está haciendo ahora, por lo menos, dos veces y media lo de la tercera.

Fíjese lo que le voy a decir: vendrán más personas a ver el desarrollo social de este país, las cosas sociales de este país que a las playas de Cuba. Ya nuestro país hace cosas... Un país pequeño que puede aportar el personal que necesitarían las Naciones Unidas para la campaña que el secretario general propuso para liquidar el sida en África. Hoy eso no se puede hacer sin los médicos cubanos. No reúnen, entre Europa y Estados Unidos, mil médicos que vayan a donde están nuestros médicos. Digo mil porque estoy exagerando, no se sabe cuántos... Nosotros le ofrecimos a Naciones Unidas cuatro mil médicos; ahora ya hay allá más de tres mil. Y entonces eso produce cierta satisfacción; en este país bloqueado, en este país que ha sufrido más de cuarenta años de bloqueo y diez años de «período especial». Creó capital humano, y el capital humano no se crea con egoísmo, estimulando el individualismo en la sociedad.

¿Usted está diciendo que esta Revolución no está agotada?

No hemos terminado ni mucho menos. Vivimos en la mejor época de nuestra historia y la de más esperanza de todo, y usted lo ve en todas partes.

Es cierto, es correcto, yo estaría dispuesto a aceptar la crítica de que cometimos algunos errores de idealismo, quizá quisimos ir demasiado rápido, quizá subestimamos fuerzas, el peso de los hábitos y eso. Pero ningún país se ha enfrentado a ningún adversario tan poderoso, tan rico, a su maquinaria de publicidad, a su bloqueo, a una desintegración del punto de apoyo. Desapareció la URSS y nos quedamos solos, y no vacilamos. Sí, nos acompañó la mayor parte del pueblo, no le digo que todo, porque algunos se desalientan, pero nosotros hemos sido testigos de las cosas que ha hecho este país, cómo resistió, cómo avanza, cómo se reduce el desempleo, cómo crece la conciencia.

No hay que medir las elecciones nuestras por los números de votos. Yo las mido por la profundidad de los sentimientos, por el calor, lo he estado viendo durante muchos años. Nunca vi los rostros más llenos de esperanza, con más orgullo. Se ha ido sumando todo eso, Ramonet.

¿Usted cree que el relevo se puede pasar sin problema ya?
De inmediato no habría ningún tipo de problema; y después tampoco. Porque la Revolución no se basa en ideas caudillistas, ni en culto a la personalidad. No se concibe en el socialismo un caudillo, no se concibe tampoco un caudillo en una sociedad moderna, donde la gente haga las cosas únicamente porque tiene confianza ciega en el jefe o porque el jefe se lo pide. La Revolución se basa en principios. Y las ideas que nosotros defendemos son, hace ya tiempo, las ideas de todo el pueblo.

Veo que no está usted preocupado por el porvenir de la Revolución cubana; sin embargo, ha sido usted testigo en estos últimos años del derrumbe de la Unión Soviética, del derrumbe de Yugoslavia, del derrumbe de la revolución albanesa, Corea del Norte en esa situación tan triste, Camboya, que se hundió también en el horror, o la propia China, donde la revolución ha tomado un cariz muy diferente. ¿No le angustia a usted todo eso?
Pienso que la experiencia del primer Estado socialista, la URSS, Estado que debió arreglarse y nunca destruirse, ha sido muy amarga. No crea que no hemos pensado muchas veces en ese fenómeno increíble mediante el cual una de las más poderosas potencias del mundo, que había logrado equiparar su fuerza con la otra superpotencia, un país que aplastó al fascismo, se derrumbara como se derrumbó.

Hubo quienes creyeron que con métodos capitalistas iban a construir el socialismo. Es uno de los grandes errores históricos. No quiero hablar de eso, no quiero teorizar; pero tengo infinidad de ejemplos de que no se dio pie con bola en muchas cosas que hicieron quienes se suponían teóricos, que se habían empanfletado hasta el tuétano de los huesos en los libros de Marx, Engels, Lenin y todos los demás.

He dicho en una ocasión que uno de nuestros mayores errores al principio, y muchas veces a lo largo de la Revolución, fue creer que alguien sabía cómo se construía el socialismo. Hoy tenemos ideas, a mi juicio, bastante claras, de cómo se debe construir el socialismo, pero necesitamos muchas ideas bien claras y muchas preguntas acerca de cómo se puede preservar o se preservará en el futuro el socialismo.

En cuanto a China es otra cosa, una gran potencia que emerge y una gran potencia que no destruyó la historia, una gran potencia que mantuvo determinados principios fundamentales, que buscó la unidad, que no fragmentó sus fuerzas.

Yo no debo ser juez en eso, pero digo que China es una gran potencia con la que hay que contar y, claro, cada época y cada nación necesitarán dirigentes cada vez más preparados y más capaces. Es un mundo nuevo todo lo que surge. Nosotros nos hemos adaptado a este mundo, nos estamos adaptando y vamos descubriendo cosas. Hemos desarrollado sentimientos de solidaridad, conciencia revolucionaria, valores que tienen un poder inmenso.

Entonces yo le puedo decir, y no deja de ser una cosa por lo menos digna de curiosidad, que cuando enormes potencias como la URSS, cuando tantos regímenes que usted cita y tantas cosas se destruyeron, este país bloqueado y todavía sin haber salido del «período especial», comparte, ayuda, forma, por miles, profesionales universitarios del Tercer Mundo —sin cobrarles un centavo—, y avanza realmente por todos los campos.

Viviremos del capital humano. Con ese capital humano podemos ayudar a muchos, con nuestra experiencia podemos ayudar a muchos, y con esa experiencia podemos ayudarnos a nosotros mismos, Ramonet.

Yo no tengo preocupación, porque lo que hemos hecho es observar y observar. Y le dije que hay peligro, ¡cuidado!, yo he visto a veces errores. Si no se observan a tiempo… Hay que estar en una guardia permanente con los riesgos. Hay que ser casi clarividente, pensar y pensar, pero pensar en alternativas. Es muy importante el hábito de buscar alternativas y seleccionar entre las mejores alternativas.

Pero la pregunta que algunos se hacen es: ¿el proceso revolucionario, socialista, en Cuba, puede también derrumbarse?

¿Es que las revoluciones están llamadas a derrumbarse, o es que los hombres pueden hacer que las revoluciones se derrumben? ¿Pueden o no impedir los hombres, puede o no impedir la sociedad que las revoluciones se derrumben? Yo me he hecho a menudo estas preguntas. Y mire lo que le digo: los yanquis no pueden destruir este proceso revolucionario, porque tenemos todo un pueblo que ha aprendido a manejar las armas; todo un pueblo que, a pesar de nuestros errores, posee tal nivel de cultura, conocimiento y conciencia que jamás permitiría que este país vuelva a ser una colonia de ellos.

Pero este país puede autodestruirse por sí mismo. Esta Revolución puede destruirse. Nosotros sí, nosotros podemos destruirla, y sería culpa nuestra. Si no somos capaces de corregir nuestros errores. Si no conseguimos poner fin a muchos vicios: mucho robo, muchos desvíos y muchas fuentes de suministro de dinero de los nuevos ricos.

Por eso estamos actuando, estamos marchando hacia un cambio total de nuestra sociedad. Hay que volver a cambiar, porque tuvimos tiempos muy difíciles, se crearon desigualdades, injusticias. Y lo vamos a cambiar sin cometer el más mínimo abuso.

Habrá una participación cada vez mayor y seremos el pueblo que tendrá una cultura general integral. Martí dijo: «Ser cultos es el único modo de ser libres», y sin cultura no hay libertad posible, Ramonet.

Por eso yo también tengo fuertes reservas y críticas de la globalización neoliberal, un sistema que tiene a la gente pasando hambre. Eso de vivir en el engaño, en la mentira, sembrando el egoísmo, creando el consumismo, ¿para qué? ¿Para qué el hombre alcanzó esta condición, si no ha podido todavía ni ser capaz de garantizar la supervivencia?

No podemos hacernos una estatua por nuestra capacidad política, al mundo lo amenazan un montón de peligros. Todavía tenemos que demostrar si somos capaces de sobrevivir. Como soy optimista, yo sí tengo esperanzas de que este mundo sobreviva, porque lo veo reaccionar, veo que el hombre, pese a sus errores y a sus milenios de historia —unos pocos milenios, tres o cuatro—, ha multiplicado sus conocimientos. Pero también muchos de estos progresos han servido para sembrar veneno, sirven para transmitir ideas falsas y transmitir información errónea.

Trato de analizar cuándo avanzamos y cuándo hubo retroceso, cuándo caímos en la rutina y cuándo caímos en el copismo. Algunas pocas cualidades como el hábito de no copiar, confiar en el propio país, combatir el chovinismo... No hay un país mejor que otro, no hay un pueblo mejor que otro, todos tienen sus características nacionales, culturales. Usted lo puede ver en América Latina, somos un haz de pueblos que hablamos el mismo idioma, tenemos casi la misma cultura, la misma religión, la misma idiosincrasia, somos la misma mezcla.

Uno ve que en Europa están reuniéndose los finlandeses, los húngaros y gente que hablan unos idiomas imposibles, los alemanes, los italianos y todos los demás, un continente que se pasó cinco siglos guerreando... Pues bien, se los puede felicitar, a pesar de mis criterios críticos, por el nivel de unidad que han alcanzado. Y advierto que será en beneficio del mundo si tienen éxito. Ahora, hay que ver cómo lo obtienen porque los problemas, en esta época de globalización liberal, son muy complicados, y usted lo sabe muy bien.

Le doy las gracias por su interés. Me ha estimulado mucho su interés, porque también he leído mucho sus artículos y nos han sido útiles sus libros, y lo que deseamos es que siga escribiendo libros para beneficiarnos nosotros, que tenemos mucho que conocer y mucho que aprender todavía. Usted nos ayuda a formar una cultura general integral, porque, ¿cómo se puede vivir en este mundo sin esa cultura general integral? No se salva el mundo.

Yo tengo esperanza también de que muchas de las cosas que estamos haciendo sean experiencias que se multipliquen. No aspiramos a la paternidad, ni a la patente; al contrario, nos sentimos orgullosos cuando alguien hace alguna cosa que pueda ser útil inspirada en lo que se hace aquí.

Hemos trabajado muchas horas y yo lo he hecho gustoso, y dentro de unos minutos nos separamos.

Creo que he abusado de su tiempo.
No, hemos estado trabajando unas diecisiete o dieciocho horas diarias y estamos bien. Está demostrado que está usted muy en forma, porque creo que ha trabajado más que yo.

Estoy interesado escuchándolo.
Yo también. Yo estoy tan interesado como usted en todos estos temas, y siempre tendrá las puertas abiertas de nuestro país a cualquier interés, cualquier interrogante, a cualquier pregunta. No le diremos nunca una mentira.

Gracias, comandante.

Fechas clave en la vida de Fidel Castro y de la Revolución cubana

13 de agosto de 1926: Nace en la finca Manacas, en Birán, Mayarí, antigua provincia de Oriente (hoy provincia de Holguín), el niño Fidel Alejandro Castro Ruz.

14 de junio de 1928: En Rosario de Santa Fe, Argentina, nace Ernesto Guevara de la Serna. Más tarde conocido como Che.

24 de octubre de 1929: «Jueves negro», crac de la Bolsa de Nueva York, que desencadena una profunda crisis en Estados Unidos y repercute en Cuba; decenas de miles de obreros quedan en paro.

Septiembre de 1930: El pequeño Fidel va por primera vez a clase en la escuelita de Birán.

Septiembre de 1932: Fidel Castro se instala en casa de la maestra Eufrasia Feliu, en Santiago.

30 de enero de 1933: Adolf Hitler llega al poder en Alemania.

12 de agosto de 1933: El dictador Gerardo Machado es derrocado por una huelga general y asume el poder un gobierno provisional.

4 de septiembre de 1933: El gobierno provisional es derrocado por la llamada «rebelión de los sargentos», uno de cuyos cabecillas es Fulgencio Batista. Ramón Grau San Martín asume la presidencia.

14 de enero de 1934: Fulgencio Batista, jefe del Estado Mayor del Ejército, derroca al presidente Ramón Grau San Martín. A partir de ese día, y durante veinticinco años, con la complicidad de Estados Unidos, Batista dominará de una manera o de otra la vida política de Cuba, nombrando primero presidentes-marioneta —Carlos Mendieta (1934-1935), José A. Barnet (1935-1936), Miguel Mariano Gómez (1936), Federico Laredo Bru (1936-1940)—, y luego haciéndose elegir él mismo presidente (1940-1944), o apoderándose de la presidencia mediante un golpe de Estado (10 de marzo de 1952).

Marzo de 1934: Fidel Castro ingresa en el Colegio de La Salle, de los salesianos, en Santiago.

29 de mayo de 1934: En el marco de la política de «Buen Vecino», la administración del presidente Franklin D. Roosevelt abroga la Enmienda Platt que permitía a Estados Unidos intervenir en Cuba.

18 de octubre de 1934: Empieza en China la Larga Marcha. Mao Zedong conduce a unos cien mil comunistas hasta la zona de Yenan, a trece mil kilómetros. Unos veinte mil sobrevivirán.

3 de octubre de 1935: Las tropas italianas de Benito Mussolini invaden Abisinia.

18 de julio de 1936-1 de abril de 1939: Guerra civil española.

23 de agosto de 1939: Alemania y la Unión Soviética firman en Moscú un Pacto de No Agresión.

1 de septiembre de 1939: El ejército del Tercer Reich alemán invade Polonia. Empieza la Segunda Guerra Mundial. Alemania y la URSS se reparten Polonia.

Septiembre de 1939: Fidel Castro ingresa en el Colegio de Dolores, de los jesuitas, en Santiago.

20 de agosto de 1940: Muere en México León Trotski, asesinado por el estalinista español Ramón Mercader.

22 de junio de 1941: Alemania invade la Unión Soviética.

Septiembre de 1942: Fidel Castro entra en la afamada Escuela Preparatoria de Belén, en La Habana, regida por los jesuitas.

10 de octubre de 1944: Ramón Grau San Martín, del Partido del Pueblo Cubano «Auténtico», vencedor de las primeras elecciones libres, asume de nuevo la presidencia de la República.

8 de mayo de 1945: Fin de la Segunda Guerra Mundial en Europa.

26 de junio de 1945: Los representantes de cincuenta países, entre ellos Cuba, fundan la Organización de las Naciones Unidas (ONU).

Junio de 1945: Fidel Castro obtiene el título de bachiller.

6 de agosto de 1945: Estados Unidos lanza la primera bomba atómica sobre Hiroshima, cien mil muertos. Empieza la era nuclear y el 2 de septiembre termina la Segunda Guerra Mundial en Asia.

4 de septiembre de 1945: Fidel Castro ingresa en la Universidad de La Habana. Se matricula en la Facultad de Derecho.

5 de marzo de 1946: Discurso antisoviético de Winston Churchill en Fulton en el que evoca el «telón de acero» que divide Europa. Empieza la guerra fría.

11 de marzo de 1947: El presidente estadounidense Truman define su doctrina de «contenimiento» (*containment*) del comunismo.

Julio-septiembre de 1947: Fidel Castro participa en la expedición de

Cayo Confites para combatir la dictadura de Trujillo en la República Dominicana.

31 de marzo de 1948: Como parte de una gira por varos países latinoamericanos para participar en los preparativos de un congreso estudiantil, Fidel Castro llega a Bogotá, la capital de Colombia.

9 de abril de 1948: Jorge Eliécer Gaitán es asesinado en Bogotá, Colombia; Fidel Castro participa en las jornadas del «Bogotazo».

10 de octubre de 1948: Carlos Prío Socarrás, del Partido del Pueblo Cubano «Auténtico», vencedor de las elecciones, asume la presidencia de la República. Será derrocado el 10 de marzo de 1952 por el general Fulgencio Batista.

12 de octubre de 1948: Fidel Castro se casa con Mirtha Díaz-Balart, hija de una familia rica e influyente en la política cubana (se divorciarán en 1955). Viaje de bodas a Nueva York, Fidel Castro reside en 156 West, 82th Street en Manhattan. Está tentado de inscribirse en la Universidad de Harvard para terminar sus estudios de derecho.

4 de abril de 1949: Se firma el Tratado del Atlántico Norte y se crea la OTAN.

1 de septiembre de 1949: Nace el primer hijo de Fidel Castro, Fidel Félix Castro Díaz-Balart, «Fidelito».

1 de octubre de 1949: Las fuerzas comunistas de Mao Zedong, que ocupan Pekín desde el 1 de enero, proclaman la República Popular de China.

14 de febrero de 1950: Mao Zedong firma en Moscú, con Stalin, el tratado de amistad chino-soviético.

Junio de 1950: Fidel Castro obtiene la licenciatura en derecho y el título de abogado.

25 de junio de 1950: Empieza la guerra de Corea.

30 de junio de 1950: Se generaliza en China la reforma agraria.

Abril de 1951: En Irán, el primer ministro Mossadegh nacionaliza el petróleo.

16 de agosto de 1951: Suicidio del senador Eduardo Chibás, fundador en 1947 del Partido del Pueblo Cubano «Ortodoxo», escisión del entonces gobernante Partido del Pueblo Cubano «Auténtico».

10 de marzo de 1952: Segundo golpe de Estado del general Fulgencio Batista, que derroca al presidente Carlos Prío Socarrás.

9 de abril de 1952: Revolución social en Bolivia. Expropiación de minas y de latifundios. El Movimiento Nacional Revolucionario gobierna el país hasta 1964.

5 de marzo de 1953: José Stalin fallece en Moscú.

26 de julio de 1953: Fidel Castro encabeza un grupo de jóvenes rebeldes en un ataque frustrado al cuartel militar Moncada, en Santiago de Cuba.

27 de julio de 1953: Termina la guerra de Corea. La península queda dividida entre un Norte comunista, aliado a la URSS y a China, y un Sur bajo influencia estadounidense.

1 de agosto de 1953: Fidel Castro, quien se había internado en las montañas tras el fracaso del asalto al cuartel Moncada con la intención de proseguir la lucha armada, es hecho prisionero por una patrulla militar.

3 de septiembre de 1953: En Moscú Nikita Jruschov es elegido primer secretario del Partido Comunista de la URSS.

16 de octubre de 1953: Juicio a Fidel Castro, que asume su propia defensa con un célebre alegato titulado *La Historia me absolverá*, donde expone su programa político y revolucionario. Es condenado a quince años de prisión.

7 de mayo de 1954: Las fuerzas coloniales francesas son derrotadas en Dien Bien Phu por los insurgentes vietnamitas del general Nguyen Giap. Una derrota histórica que marca el despertar de los pueblos colonizados.

17 de junio de 1954: Un grupo de mercenarios, armados por la CIA, derroca en Guatemala al presidente Jacobo Arbenz, que había decretado una importante reforma agraria.

24 de agosto de 1954: En Brasil, el presidente Getulio Vargas, que había nacionalizado el petróleo y llevado a cabo importantes reformas sociales, es derrocado por un golpe de Estado militar y se suicida en el palacio presidencial.

1 de noviembre de 1954: Empieza la guerra de independencia de Argelia.

27 de noviembre de 1954: Fuerzas procedentes de Nicaragua invaden Costa Rica. Un grupo de estudiantes cubanos, liderados por José Antonio Echeverría, presidente de la Federación de Estudiantes Universitarios (FEU), acude en defensa del presidente José Figueres.

17-24 de abril de 1955: Conferencia Afro-Asiática de Bandung, con la participación de Nehru (India), Chou En Lai (China), Nasser (Egipto) y Sukarno (Indonesia). Nace el Tercer Mundo.

14 de mayo de 1955: Se firma el Pacto de Varsovia, una alianza militar dominada por la URSS para hacer contrapeso a la OTAN.

15 de mayo de 1955: Con su hermano Raúl y dieciocho participantes en el asalto al Moncada, Fidel Castro sale de la cárcel de la isla de Pinos (hoy isla de la Juventud) beneficiándose de una amnistía presidencial.

12 de junio de 1955: Fundación oficial del Movimiento del 26 de Julio, de carácter clandestino, con la creación de su primera dirección nacional, encabezada por Fidel Castro.

Julio de 1955: En México, Fidel Castro y Ernesto Che Guevara se encuentran por primera vez.

7 de julio de 1955: Fidel Castro parte al exilio a México.

14 de febrero de 1956: En Moscú, durante el XX Congreso del Partido Comunista de la Unión Soviética, Nikita Jruschov, primer secretario del Partido, presenta un informe en el que revela las purgas ordenadas por Stalin y denuncia su política de represión. China no se une a la denuncia.

Junio de 1956: Insurrección obrera y anticomunista en Poznan, Polonia.

28 de octubre de 1956: Muere el padre de Fidel, don Ángel Castro Argiz.

23 de octubre–13 de noviembre de 1956: Sublevación de Budapest, Hungría, contra el régimen comunista. Intervención del ejército soviético que causa unos 20.000 muertos y provoca la huida al exilio de más de 200.000 húngaros.

25 de noviembre de 1956: Fidel Castro, su hermano Raúl, Che Guevara y otros 79 expedicionarios parten para Cuba a bordo del yate *Granma* del puerto mexicano de Tuxpan.

2 de diciembre de 1956: Fidel Castro y su grupo llegan a bordo del yate *Granma* a la costa oriental de Cuba, en el área de los Cayuelos, cerca de la ciudad de Manzanillo, en Oriente.

5 de diciembre de 1956: El destacamento expedicionario es sorprendido por el ejército batistiano y completamente disperso en Alegría de Pío.

18 de diciembre de 1956: Fidel Castro, Raúl Castro y cinco expedicionarios supervivientes más se reúnen en Cinco Palmas. Dos días después se incorporarán Juan Almeida, Ernesto Guevara, Ramiro Valdés y otros tres expedicionarios.

17 de enero de 1957: La guerrilla, con treinta combatientes entre expedicionarios y campesinos incorporados, sostiene su primera acción victoriosa con la captura del cuartel de La Plata.

17 de febrero de 1957: Herbert Matthews, del diario *The New York Times*, sube a la Sierra Maestra a entrevistar a Fidel Castro.

28 de mayo de 1957: La guerrilla ataca y captura el cuartel enemigo en El Uvero en el combate que Che Guevara consideró «la mayoría de edad del Ejército Rebelde». Pocos días después Che es ascendido por Fidel a comandante y asume el mando de su propia columna guerrillera, la primera creada a partir de la tropa rebelde inicial.

9 de abril de 1958: Fracasa el intento de huelga general convocada por el Movimiento 26 de Julio. Fidel Castro declara la «guerra total» contra Batista. Estados Unidos cesa oficialmente de vender armas a la dictadura.

25 de mayo de 1958: El ejército de Batista lanza una gran ofensiva contra el Ejército Rebelde, que es derrotado en setenta y cuatro días de intensos combates. Durante el rechazo de esta gran ofensiva tienen lugar las batallas más importantes libradas en la Sierra Maestra, como las de Jigüe, Santo Domingo y Las Mercedes, dirigidas por Fidel Castro.

Finales de agosto de 1958: Parten dos columnas guerrilleras al mando de los comandantes Ernesto Guevara y Camilo Cienfuegos en la invasión de las provincias centrales de Cuba.

15 de noviembre de 1958: Fidel Castro parte de Sierra Maestra para encabezar la ofensiva final del Ejército Rebelde en dirección a Santiago de Cuba.

30 de noviembre de 1958: Concluye la batalla de Guisa, importante victoria rebelde que abrió el camino hacia Santiago.

1 de enero de 1959: El dictador Fulgencio Batista huye de Cuba y los rebeldes toman el poder.

8 de enero de 1959: Fidel Castro entra triunfalmente en La Habana. Discurso de «Las palomas».

16 de febrero de 1959: Fidel Castro asume el cargo de primer ministro del Gobierno Revolucionario.

15-27 de abril de 1959: Gira de Fidel Castro por Estados Unidos invitado por la Sociedad Norteamericana de Directores de Periódicos. En Nueva York, se aloja en un hotel de Harlem, donde mantiene entrevistas con el presidente egipcio Gamal Abdel Nasser, el primer ministro indio Jawaharlal Nehru y el dirigente afroamericano Malcom X. El día 19 tiene incluso un breve encuentro con el vicepresidente de Estados Unidos, Richard Nixon.

17 de mayo de 1959: Se proclama en Cuba la Ley de Reforma Agraria.

28 de octubre de 1959: Desaparece en el mar la avioneta en la que viajaba el comandante Camilo Cienfuegos cuando regresaba a La Habana después de desarticular un complot contra la Revolución en Camagüey.

Finales de octubre de 1959: El presidente Eisenhower aprueba un programa propuesto por el Departamento de Estado y la CIA para emprender acciones encubiertas contra Cuba, incluidos ataques piratas aéreos y navales y la promoción y apoyo directo a las organizaciones contrarrevolucionarias dentro de Cuba.

11 de diciembre de 1959: Es aprobado por el presidente Eisenhower un plan de acción contra Cuba propuesto por la CIA cuyo objetivo sería «el derrocamiento de Castro en el término de un año y su sustitución por una junta amiga de Estados Unidos», y que incluía, entre otras medidas, «ataques por la radio clandestina», interferencia interna de la radio y la televisión cubanas, apoyo a los «grupos de oposición pronorteamericanos» para que puedan «establecer por la fuerza un área controlada dentro de Cuba», y la eliminación física de Fidel Castro.

Febrero de 1960: El viceprimer ministro soviético Anastas Mikoyan visita Cuba, concede un crédito de cien millones de dólares y firma tratados para la compra de azúcar y la venta de petróleo.

Febrero–marzo de 1960: Los filósofos franceses Jean-Paul Sartre y Simone de Beauvoir visitan Cuba. Se entrevistan con Fidel Castro.

4 de marzo de 1960: El vapor francés *La Coubre*, cargado de armas, estalla en el puerto de La Habana, víctima de un sabotaje, causando ciento un muertos (entre ellos seis marinos franceses) y más de doscientos heridos.

6 de mayo de 1960: Después de cumplir en México una condena de veinte años de cárcel, llega a La Habana el estalinista Ramón Mercader, asesino de León Trotski.

8 de mayo de 1960: Se reanudan las relaciones diplomáticas con la Unión Soviética, interrumpidas por Batista en 1952.

23 de mayo de 1960: Fidel Castro y Nikita Jruschov se encuentran por primera vez en Nueva York, en la sede de la ONU.

29 de junio de 1960: Cuba confisca las refinerías de Texas Oil Company, Shell y Esso cuando sus ejecutivos rehúsan procesar el petróleo soviético.

Julio de 1960: La URSS retira a sus expertos de China y suspende su ayuda a Pekín, que rechaza el concepto de «coexistencia pacífica». Empieza el conflicto chino-soviético.

6 de julio de 1960: El presidente norteamericano Dwight Eisenhower reduce la cuota de importación de azúcar cubano.

6 de agosto de 1960: Fidel Castro anuncia la nacionalización de las refinerías de petróleo, las centrales azucareras y las compañías de electricidad y teléfono norteamericanas.

Septiembre de 1960: En Bagdad, creación de la OPEP, Organización de Países Exportadores de Petróleo, por cinco estados, entre ellos Venezuela.

2 de septiembre de 1960: Primera Declaración de La Habana. «La Asamblea General Nacional del pueblo de Cuba condena la explotación del hombre por el hombre, y la explotación de los países subdesarrollados por el capital financiero imperialista.»

9 de septiembre de 1960: Se descubren al menos ocho complots para asesinar a Fidel Castro.

26 de septiembre de 1960: Discurso de Fidel Castro ante la Asamblea General de Naciones Unidas en Nueva York. Según el libro Guinness de los récords, esta alocución es la más larga jamás pronunciada por un dirigente en la ONU: cuatro horas y veintinueve minutos de duración.

28 de septiembre de 1960: Creación de los Comités de Defensa de la Revolución (CDR).

Octubre de 1960: Nueva visita a Cuba de Jean-Paul Sartre y Simone de Beauvoir.

14 de octubre de 1960: El Gobierno Revolucionario Cubano aprueba la Ley de Reforma Urbana.

15 de octubre de 1960: El gobierno cubano nacionaliza la propiedad urbana, lo que afectó a numerosos ciudadanos y empresarios norteamericanos.

30 de octubre de 1960: Washington prohíbe todas las exportaciones a Cuba, excepto comestibles y medicinas.

Noviembre de 1960: Empieza la Operación Peter Pan, el traslado clandestino, por los oponentes a la Revolución, de 14.000 niños cubanos a Estados Unidos.

16 de diciembre de 1960: El presidente Eisenhower reduce a cero la importación de azúcar cubano.

3 de enero de 1961: Estados Unidos rompe las relaciones diplomáticas con Cuba y cierra su embajada en La Habana.

11 de enero de 1961: Se inicia en Cuba la campaña nacional de alfabetización.

13 de marzo de 1961: En Washington, el presidente John F. Kennedy propone a los países de América Latina la Alianza para el Progreso como alternativa a la Revolución cubana.

Marzo de 1961: Se multiplican los atentados en Cuba. La refinería de petróleo Hermanos Díaz de Santiago estalla víctima de un sabotaje, causando un muerto y varios heridos.

13 de abril de 1961: Sabotaje e incendio de los almacenes El Encanto, en La Habana, causando un muerto y muchos heridos.

15 de abril de 1961: Bombardeados los aeropuertos de San Antonio de los Baños, Columbia y Santiago de Cuba por aviones con falsas insignias cubanas, procedentes de los campamentos de la CIA en Centroamérica y pilotados por mercenarios cubanos y norteamericanos, con un saldo de ocho muertos.

16 de abril de 1961: Fidel Castro declara que la Revolución es de tipo socialista: «Ésta es la Revolución socialista y democrática de los humildes, por los humildes, para los humildes».

16 de abril de 1961: 1.297 exiliados cubanos apoyados por la CIA desembarcan en Playa Girón (bahía de Cochinos). El desembarco fracasa en dos días.

1 de mayo de 1961: Fidel Castro proclama que Cuba es una «república socialista».

28 de mayo de 1961: Un atentado en el cine Riego, en Pinar del Río, durante una función infantil, causa decenas de heridos.

30 de mayo de 1961: En Santo Domingo, el dictador Leónidas Rafael Trujillo es asesinado.

30 de junio de 1961: Fidel Castro pronuncia las «Palabras a los intelectuales»: «Dentro de la Revolución todo, contra la Revolución nada».

Julio de 1961: Se constituyen las ORI (Organizaciones Revolucionarias Integradas) que fusionan el Movimiento 26 de Julio, el Partido Socialista Popular (PSP, comunista) de Blas Roca, y el Directorio Estudiantil Revolucionario «Movimiento 13 de Marzo» de Faure Chomon.

17 de julio de 1961: Asesinato de Patrice Lumumba en el Congo.

12 de agosto-20 de noviembre de 1961: Construcción del muro de Berlín.

22 de diciembre de 1961: Lanzamiento de la campaña nacional de alfabetización. «Cuba: Territorio libre de analfabetismo.»

22 de enero de 1962: Cuba es excluida de la Organización de los Estados Americanos (OEA).

3 de febrero de 1962: El presidente Kennedy ordena el bloqueo económico total de la isla.

4 de febrero de 1962: Segunda Declaración de La Habana: «El deber de todo revolucionario es hacer la Revolución».

7 de febrero de 1962: Washington prohíbe todas las importaciones de Cuba.

12 de marzo de 1962: La Ley 1.015 establece el racionamiento de alimentos en Cuba. Se crea la Libreta.

13 de marzo de 1962: Fidel Castro denuncia públicamente el «sectarismo» en el seno de las ORI. Aníbal Escalante es destituido.

14 de marzo de 1962: La administración Kennedy aprueba un plan secreto de operaciones «a fin de ayudar a Cuba a derribar el régimen comunista». Ese programa de «guerra sucia» será denominado Plan Mangosta (Operation Mangoose).

26 de marzo de 1962: Las ORI pasan a denominarse Partido Unido de la Revolución Socialista Cubana (PURSC).

5 de julio de 1962: Fin de la guerra de Argelia, que proclama su independencia.

22 de octubre de 1962: El presidente Kennedy ordena el bloqueo naval de Cuba para obligar a la retirada de cohetes nucleares soviéticos. Moscú cede al cabo de pocos días y Kennedy promete privadamente no invadir Cuba. China denuncia el retroceso soviético, y Mao Zedong califica al imperialismo norteamericano de «tigre de papel».

23 de diciembre de 1962: Arriba al puerto de La Habana el buque mercante norteamericano *African Pilot*, que transporta parte de las mercancías solicitadas por Cuba como indemnización en especie por los daños materiales y humanos causados por la invasión de la bahía de Cochinos. Los invasores capturados y juzgados por tribunales cubanos son devueltos a Estados Unidos.

27 de abril-3 de junio de 1963: Primera visita de Fidel Castro a la Unión Soviética.

6 de agosto de 1963: Muere la madre de Fidel, doña Lina Ruz González.

Octubre de 1963: A petición del presidente Ahmed Ben Bella, Fidel Castro envía a Argelia un batallón de veintidós tanques y varios centenares de soldados, bajo el mando del comandante Efigenio Ameijeiras, para ayudar a las fuerzas argelinas a repeler un ataque de Marruecos en la región de Tinduf. Es la primera intervención militar cubana en África.

4 de octubre de 1963: El ciclón Flora arrasa la isla. Fidel Castro: «Una Revolución es una fuerza más poderosa que la naturaleza».

22 de noviembre de 1963: Asesinato del presidente John F. Kennedy en Dallas (Texas).

1 de abril de 1964: Un golpe de Estado militar derroca al presidente reformista de Brasil, João Goulart, que acababa de nacionalizar las refinerías de petróleo privadas.

14 de octubre de 1964: En Moscú, Nikita Jruschov es destituido. Leonid Brezhnev es elegido primer secretario del Partido Comunista de la URSS.

22-27 de febrero de 1965: Conferencia Afro-Asiática de Argel. Discurso de Che Guevara.

Abril de 1965: Ernesto Che Guevara se despide oficialmente de Cuba y, clandestinamente, va a África a organizar una guerrilla en el Congo.

28 de abril de 1965: Tropas estadounidenses invaden la República Dominicana y derrocan al presidente reformista Juan Bosch, que había legalizado al Partido Comunista. «No toleraremos una segunda Cuba en el Caribe», declara el presidente norteamericano Lyndon B. Johnson.

Octubre de 1965: Primera crisis migratoria; por el puerto de Camarioca, miles de cubanos parten para Estados Unidos.

3 de octubre de 1965: Se crea el Partido Comunista de Cuba (PCC). Fidel Castro es elegido primer secretario del buró político.

Enero de 1966: Conferencia Tricontinental en La Habana que reúne a movimientos de liberación de unos setenta países de Asia, África y América Latina.

16 de mayo de 1966: Empieza en China la «revolución cultural»; el país se hunde en el caos. Mao Zedong utiliza a los «guardias rojos» contra los reformistas del Partido.

2 de noviembre de 1966: El Congreso de Estados Unidos adopta la Ley de Ajuste Cubano, bajo la presidencia de Lyndon B. Johnson.

9 de octubre de 1967: Che Guevara es asesinado en Bolivia.

Enero de 1968: Juicio a treinta y cinco miembros de la «microfracción prosoviética» liderada por Aníbal Escalante.

Marzo de 1968: El gobierno cubano expropia virtualmente todos los negocios privados de la isla con la excepción de las pequeñas propiedades agrícolas.

Mayo de 1968: Movimiento mundial de contestación estudiantil de la sociedad occidental. En California, en Berlín, en Francia, en Italia, decenas de miles de jóvenes —exhibiendo a menudo retratos de Che Guevara— reclaman cambios en la política y en el modo de vida.

21 de agosto de 1968: Intervención de las tropas del Pacto de Varsovia, a instigación de Moscú, en Checoslovaquia para aplastar la Primavera de Praga. China protesta contra la invasión de Checoslovaquia. Fidel Castro, en un discurso del 23 de agosto, aprueba con algunos matices esa intervención.

18 de mayo de 1970: Fracasa el objetivo de alcanzar, en la zafra azucarera, una cosecha de diez millones de toneladas.

25 de octubre de 1971: Después de un viaje del secretario de Estado norteamericano Henry Kissinger a Pekín, Taiwan es expulsada de la ONU y, en su lugar, China ocupa un puesto entre los cinco miembros permanentes del Consejo de Seguridad.

10 de noviembre-4 de diciembre de 1971: Visita de Fidel Castro a Chile bajo el gobierno de la Unidad Popular, presidido por Salvador Allende.

21 de febrero de 1972: Viaje del presidente estadounidense Richard Nixon a Pekín y encuentro con Mao Zedong.

22 de mayo de 1972: El presidente Nixon visita Moscú. Encuentro con Leonid Brezhnev. Firma de un acuerdo de limitación mutua de los arsenales nucleares.

Julio de 1972: Cuba se incorpora al CAME (Comecon), el bloque económico de los países socialistas.

Enero de 1973: Acuerdo de París entre Vietnam del Norte y Vietnam del Sur. Estados Unidos, que desde junio de 1969 ha empezado a retirar sus tropas, se compromete a no intervenir militarmente.

5-10 de septiembre de 1973: Fidel Castro participa en la IV Cumbre del Movimiento de los Países No Alineados en Argel.

11 de septiembre de 1973: Golpe de Estado militar en Chile y muerte de Salvador Allende.

25 de abril de 1974: Revolución de los Claveles en Portugal. Cae la dictadura.

8 de agosto de 1974: En Washington, a causa del escándalo Watergate, dimite el presidente Richard Nixon. Le sustituye el vicepresidente Gerald Ford.

Noviembre de 1974: Funcionarios cubanos y estadounidenses entablan conversaciones para encontrar una solución a las crisis migratorias.

17 de abril de 1975: En Camboya, los Jemeres Rojos toman Phnom Penh. Empieza el genocidio contra la población urbana y las minorías étnicas.

30 de abril de 1975: Las fuerzas del FLN vietnamita entran en Saigón, rebautizada Ciudad Ho Chi Minh. Fin de la guerra de Vietnam. Primera derrota militar de Estados Unidos.

25 de junio de 1975: Independencia de Angola como consecuencia de la Revolución de los Claveles en Portugal.

11 de noviembre de 1975: Operación Carlota; Cuba establece un puente aéreo y envía a Angola miles de voluntarios que logran detener el avance de las tropas sudafricanas sobre Luanda.

20 de noviembre de 1975: Fallece en España el general Franco. El rey Juan Carlos I sube al trono.

15 de febrero de 1976: Se aprueba por referéndum la primera Constitución socialista de Cuba.

9 de septiembre de 1976: Fallece en Pekín Mao Zedong.

16 de octubre de 1976: Un avión civil cubano estalla en el aire víctima de un atentado; mueren setenta y tres personas. Las sospechas de la autoría recaen sobre los exiliados cubanos Luis Posada Carriles y Orlando Bosch.

11 de febrero de 1977: En Etiopía, el coronel Mengistu Haile Mariam toma el poder. La URSS apoya el nuevo régimen. Miles de oponentes son liquidados durante el período de «terror rojo».

1 de septiembre de 1977: Estados Unidos, bajo la presidencia de James Carter, y Cuba abren oficinas diplomáticas (Oficinas de Intereses) en sus respectivas capitales, usando las embajadas de Suiza en La Habana, y de Checoslovaquia en Washington.

Marzo de 1978: Gracias a la participación de tropas cubanas, victoria de Etiopía en la batalla de Ogadén contra Somalia.

28 de julio de 1978: Se inaugura en La Habana el XI Festival Mundial de la Juventud y los Estudiantes.

13 de septiembre de 1978: Fidel Castro asiste en Addis Abeba, junto al dirigente etíope Mengistu Haile Mariam, a una triunfal parada militar.

16 de octubre de 1978: En el Vaticano, el cardenal polaco Karol Wojtyla es elegido Papa de la Iglesia católica. Adopta el nombre de Juan Pablo II.

18 de octubre de 1978: Fallece en La Habana Ramón Mercader, el asesino de León Trotski. Es enterrado en Moscú, en el cementerio Kuntsevo.

24 de diciembre de 1978: Los ejércitos de Vietnam invaden Camboya, gobernada por los Jemeres Rojos. Ocupan Phnom Penh el 7 de enero de 1979.

16 de enero de 1979: Revolución islámica en Irán. El sha Reza Pahlavi es derrocado. El ayatolá Jomeini regresa a Teherán el 1 de febrero.

17 de febrero de 1979: Tropas chinas, por orden de Deng Xiaoping, lanzan un brutal ataque en la frontera contra Vietnam.

19 de junio de 1979: Triunfo de la revolución sandinista en Nicaragua.

3-9 de septiembre de 1979: VI Cumbre del Movimiento de los Países No Alineados en La Habana. Animada pugna entre Fidel Castro y Tito, el presidente yugoslavo.

27 de diciembre de 1979: Las tropas soviéticas invaden Afganistán.

Abril de 1980: Segunda crisis migratoria; comienza el puente marítimo del puerto de Mariel, cuando el gobierno cubano anuncia que dejará salir a todo el que quiera marcharse. Unos 125.000 cubanos salen de la isla hasta finales de septiembre.

4 de mayo de 1980: Fallece en Belgrado el mariscal Tito.

18 de julio de 1980: Fidel Castro asiste en Managua (Nicaragua) a los actos del primer aniversario de la victoria sandinista. Promete ayuda al gobierno sandinista en guerra contra la Contra sostenida por Estados Unidos.

14 de agosto de 1980: En Polonia empieza la larga huelga victoriosa en los astilleros de Gdansk. La agitación se extiende a todo el país. Se firman los acuerdos entre el régimen comunista de Varsovia y el sindicato obrero Solidarnosc, dirigido por Lech Walesa.

11 de septiembre de 1980: En Nueva York un diplomático cubano es asesinado por miembros de la organización anticastrista Omega 7.

Junio de 1981: En China, el sucesor de Mao Zedong, Hua Guofeng, es destituido de la presidencia del Partido Comunista. El reformista Deng Xiaoping se convierte en el hombre fuerte del régimen.

18 de octubre de 1981: El general Jaruzelski es elegido primer secretario del Partido Comunista de Polonia.

22 de octubre de 1981: Cumbre Norte-Sur de Cancún, México. Veintidós jefes de Estado se comprometen a iniciar una negociación global entre países ricos y países pobres. Washington presiona para que no acuda Cuba a pesar de que preside el Grupo de los 77.

12-13 de diciembre de 1981: En Polonia, el general Jaruzelski instaura el «estado de guerra». El sindicato obrero Solidarnosc es disuelto.

2 de abril-13 de junio de 1982: Guerra de las Malvinas; las fuerzas británicas reconquistan el archipiélago ocupado por los militares argentinos.

18 de octubre de 1982: Armando Valladares, disidente cubano, es puesto en libertad después haber cumplido una pena de veintidós años de prisión.

25 de octubre de 1983: Intervención militar de Estados Unidos en Granada después del asesinato de Maurice Bishop. Unos seiscientos técnicos y trabajadores cubanos son hechos prisioneros y entregados a Cuba.

16 de febrero de 1984: Primera estancia de Fidel Castro en España con ocasión de una breve escala desde Moscú. Se entrevista en la Moncloa con Felipe González, presidente del Gobierno.

Diciembre de 1984: Se firma el primer acuerdo de inmigración entre Cuba y Estados Unidos.

11 de marzo de 1985: Mijaíl Gorbachov asume el poder en la Unión Soviética y empieza a cuestionar el funcionamiento político y económico del país. Anuncia la *glasnost* (transparencia) y la *perestroika* (reestructuración).

3 de agosto de 1985: Batalla de la deuda externa. Fidel Castro: «¿Acaso las deudas de los opresores tienen que ser pagadas por los oprimidos?».

Febrero de 1986: Visita de Fidel Castro a Moscú y encuentro cordial con Mijaíl Gorbachov.

19 de abril de 1986: La «rectificación». Fidel Castro, como anticipando lo que será la *perestroika*, en la Unión Soviética, denuncia los errores morales en la conducción del Partido, el economicismo, el burocratismo, los egoísmos y la corrupción.

25 de abril de 1986: Explosión de la central nuclear de Chernóbll en Ucrania.

Noviembre de 1986: Visita oficial a Cuba de Felipe González, presidente del Gobierno español.

26 de julio de 1988: Fidel Castro rechaza la *perestroika* de Gorbachov, que califica de «peligrosa» y de «opuesta a los principios del socialismo».

2 de febrero de 1989: Fidel Castro asiste, en Caracas, a la toma de posesión del presidente Carlos Andrés Pérez.

3 de abril de 1989: Visita de Mijaíl Gorbachov a Cuba.

Junio de 1989: Mijaíl Gorbachov visita Pekín y se encuentra con Deng Xiaoping. Fin de la querella chino-soviética. Empieza la Primavera de Pekín y se produce la represión sangrienta de la plaza Tiananmen.

14 de junio de 1989: Juicio al general Arnaldo Ochoa, el coronel Antonio de La Guardia y otros altos oficiales de las fuerzas armadas y de los cuerpos de seguridad del Estado. Ochoa, De La Guardia y otros dos oficiales son condenados a muerte y fusilados el 13 de julio.

26 de julio de 1989: Fidel Castro afirma en un discurso que aun cuando un día desapareciera la Unión Soviética, la Revolución cubana seguiría adelante.

9 de noviembre de 1989: Cae el muro de Berlín. Los regímenes comunistas de toda Europa del Este se derrumban uno tras otro.

20 de diciembre de 1989: Insurrección popular sangrienta en Rumania. El régimen comunista se derrumba. El presidente Nicolae Ceaucescu es fusilado unos días después.

20 de diciembre de 1989: Ese mismo día, con el nombre «Operación Justa Causa», Estados Unidos procede a la invasión militar de Panamá y derroca al presidente Manuel Noriega.

Abril de 1990: Los sandinistas pierden las elecciones en Nicaragua. Fin de la revolución sandinista.

21 de mayo de 1991: En Etiopía, el coronel Mengistu Haile Mariam es derrocado y huye del país.

25 de mayo de 1991: Llegan a Cuba las últimas unidades retiradas de Angola después de los acuerdos de paz. La guerra de Angola causó unos dos mil muertos cubanos y casi diez mil heridos. Sin la intervención militar de Cuba, el régimen de Luanda no hubiese podido mantenerse.

11 de septiembre de 1991: Mijaíl Gorbachov anuncia la retirada de los siete mil militares soviéticos instalados en Cuba.

Diciembre de 1991: El derrumbe de la Unión Soviética pone fin a la ayuda y el comercio de ese país con La Habana. La producción económica cubana disminuye un 35 por ciento en los tres años siguientes.

1 de enero de 1992: Año Uno del «período especial».

Junio de 1992: Fidel Castro participa en la Cumbre de la Tierra en Río de Janeiro.

Julio de 1992: Fidel Castro participa en la II Cumbre Iberoamericana que se celebra en Madrid. Invitado por el presidente gallego Manuel Fraga, visita Galicia y en particular el pueblo natal de su padre, Láncara, en la provincia de Lugo, donde aún tiene familiares.

Octubre de 1992: El Congreso norteamericano, con la Ley Torricelli, endurece el embargo comercial de Estados Unidos contra Cuba.

20 de diciembre de 1992: Primeras elecciones municipales directas en Cuba. El Partido Comunista como tal no presenta listas oficiales.

24 de febrero de 1993: Primeras elecciones legislativas directas de 601 diputados de la Asamblea Nacional de Cuba. El Partido Comunista como tal no presenta listas oficiales.

27 de julio de 1993: Se autorizan en Cuba los mercadillos agropecuarios, «mercados campesinos», el trabajo por cuenta ajena y el régimen de aparcería en el campo, por el que los campesinos podrán destinar parte de la producción a los mercados libres. También se suprime la prohibición del uso de dólares y se permite que los ciudadanos reciban fondos del extranjero. Se fomenta el turismo y, a partir de septiembre, se permiten negocios privados en pequeña escala.

22 de noviembre de 1993: Visita a Cuba del presidente chino Jiang Zemin.

Mayo de 1994: Fidel Castro asiste, en Pretoria, Sudáfrica, a la toma de posesión del presidente Nelson Mandela.

13 de julio de 1994: El naufragio de un remolcador secuestrado por emigrantes ilegales causa unos treinta muertos.

5 de agosto de 1994: Disturbios en La Habana; Fidel Castro acude en persona a calmar a los amotinados.

11 de agosto de 1994: Fidel Castro declara que no impedirá la salida a los cubanos que deseen abandonar el país. Varios miles de «balseros» se lanzan al mar para tratar de llegar a Estados Unidos.

9 de septiembre de 1994: Nuevo acuerdo de inmigración firmado en Nueva York. Estados Unidos se compromete a conceder veinte mil visados anuales y a devolver a Cuba a todos los interceptados en el mar para que soliciten visado y aguarden su turno de partida.

1 de octubre de 1994: Se crean en Cuba mercados campesinos privados para resolver la escasez de comestibles.

14 de diciembre de 1994: Fidel Castro recibe en el aeropuerto de La Habana, con honores de jefe de Estado, al teniente coronel de paracaidistas venezolano Hugo Chávez, salido de la prisión de Yare ocho meses antes por su participación en el golpe de Estado de 1992 contra el gobierno de Carlos Andrés Pérez.

24 de febrero de 1996: Aviones militares cubanos derriban dos avionetas operadas por el grupo de pilotos exiliados Hermanos al Rescate.

5 de marzo de 1996: El Congreso de Estados Unidos vota la ley Helms-Burton, que endurece aún más el embargo económico contra Cuba y amenaza con represalias toda inversión extranjera en la isla.

12 de marzo de 1996: La ley norteamericana Helms-Burton propone imponer sanciones a las empresas extranjeras que utilizan propiedades de ciudadanos norteamericanos confiscadas en Cuba.

19 de febrero de 1997: Fallece en Pekín Deng Xiaoping, el gran reformador del comunismo chino. Jiang Zemin se impone como el nuevo hombre fuerte del régimen.

Abril-septiembre de 1997: Serie de atentados, con explosión de bombas, en los hoteles de La Habana y Varadero: Meliá Cohiba, Capri, Nacional, Sol, Palmeras, Tritón, Château-Miramar y Copacabana. En este último resulta muerto un joven turista italiano, Fabio Di Celmo.

10 de septiembre de 1997: Arresto en La Habana del ciudadano salvadoreño Raúl Cruz León, que confiesa ser autor de seis de los atentados contra los hoteles. Admite que elementos del exilio cubano de Miami le habían prometido 4.500 dólares por cada atentado.

Octubre de 1997: El Partido Comunista de Cuba celebra su V Congreso, en el cual Fidel Castro confirma como su sucesor a su hermano Raúl.

21-25 de enero de 1998: Visita del papa Juan Pablo II a Cuba.

6 de mayo de 1998: El escritor Gabriel García Márquez entrega en las oficinas de la Casa Blanca, en Washington, un mensaje de Fidel Castro al presidente Bill Clinton. En él, Fidel informa a Clinton sobre actividades terroristas contra sitios y aviones cubanos orquestadas en Estados Unidos por activistas cubanos del exilio.

12 de julio de 1998: En una entrevista al *New York Times*, el exiliado cubano Luis Posada Carriles reconoce que él organizó la campaña de atentados contra objetivos turísticos de 1997 y que fue financiada por Jorge Mas Canosa y la Fundación Nacional Cubano-Americana. Admite haberle pagado al salvadoreño Raúl Cruz León por poner las bombas en los hoteles.

Agosto de 1998: El FBI desmonta una conspiración de exiliados cubanos para asesinar a Fidel Castro en Santo Domingo con ocasión de la VIII Cumbre Iberoamericana.

6 de diciembre de 1998: En Venezuela, Hugo Chávez es elegido, con el 56,5 por ciento de los votos, presidente del país.

17 de enero de 1999: Primera visita, como jefe de Estado, del presidente Hugo Chávez a Cuba.

14-16 de noviembre de 1999: En el marco de la IX Cumbre Iberoamericana, el rey de España, Juan Carlos I, visita Cuba.

25 de noviembre de 1999: El niño Elián González es rescatado frente a la costa de Florida tras la muerte de su madre y otros diez náufragos cubanos que trataban de llegar a Estados Unidos.

30 de noviembre-3 de diciembre de 1999: Cumbre de la Organización Mundial del Comercio (OMC) en Seattle, Estados Unidos. Grandes manifestaciones de protesta. Nace el movimiento internacional de protesta contra la globalización liberal.

28 de junio de 2000: El niño Elián González regresa a Cuba tras el fracaso de las gestiones de los exiliados de Florida por mantenerlo en Estados Unidos. Un millón de personas, con Fidel Castro al frente, desfilan por el Malecón en La Habana para celebrar el regreso de Elián.

Septiembre de 2000: Fidel Castro participa en la sede de la ONU, en Nueva York, en la Cumbre del Milenio. En esta ocasión protagoniza un hecho sin precedentes cuando sostiene un fugaz encuentro con el presidente estadounidense Bill Clinton. Fidel y Clinton se estrecharon la mano e intercambiaron unas palabras de circunstancias. Es la primera vez en cuarenta años que un presidente de Estados Unidos habla directamente con Fidel Castro.

26-30 de octubre de 2000: Primera visita de Estado de Fidel Castro a Venezuela desde 1959 (si se exceptúa el breve desplazamiento de febrero de 1989 para asistir a la toma de posesión del presidente Carlos Andrés Pérez). Es recibido en Caracas como un héroe.

30 de octubre de 2000: Acuerdo entre Cuba y Venezuela en virtud del cual Caracas entrega diariamente a Cuba cincuenta y tres mil barriles de crudo a precios preferenciales y con facilidades de pago (la isla consume diariamente ciento cincuenta mil barriles, de los cuales sólo produce setenta y cinco mil). Por su parte, Cuba suministrará medicamentos genéricos, equipos médicos, y pondrá en marcha un centro de producción de vacunas en Venezuela. En esta fecha, cerca de quince mil médicos, estomatólogos, optometristas y técnicos de salud cubanos están ya participando en la ambiciosa misión Barrio Adentro, que aspira a garantizar la atención sanitaria a diecisiete de los veinticinco millones de venezolanos de menos recursos. Además, miles de profesores y maestros cubanos están participando en misiones de alfabetización, y se cuentan por miles también los entrenadores deportivos en Venezuela.

Noviembre de 2000: Los servicios de inteligencia cubanos desmantelan una conspiración urdida por el exiliado Posada Carriles para asesinar a Fidel Castro en Panamá con ocasión de la X Cumbre Iberoamericana.

13-17 de diciembre de 2000: Primera visita a Cuba del presidente de Rusia Vladimir Putin.

25 de enero-30 de enero de 2001: En Porto Alegre, Brasil, primer Foro Social Mundial, con el lema: «Otro mundo es posible». Más de treinta mil jóvenes procedentes del mundo entero se reúnen para proponer alternativas a la globalización neoliberal. Nace el movimiento altermundialista.

23 de junio de 2001: Fidel Castro sufre un ligero desmayo en público en el barrio habanero del Cotorro durante un discurso de tres horas transmitido en directo por televisión. El desvanecimiento sólo dura unos minutos y es atribuido «al calor y al sol excesivo». Ocho horas después Fidel reaparece en un programa televisivo para dar su versión de lo sucedido.

11-13 de agosto de 2001: Con motivo de su setenta y cinco cumpleaños, Fidel Castro es agasajado por el presidente Hugo Chávez en Santa Elena de Uairén (Venezuela).

11 de septiembre de 2001: Atentados contra las torres gemelas del World Trade Center en Nueva York, y contra el Pentágono en Washington. Cerca de tres mil muertos. Fidel Castro expresa su compasión por las víctimas y ofrece ayuda logística (facilidades de acceso a los aeropuertos de Cuba) a las autoridades estadounidenses.

7 de enero de 2002: Washington informa a Cuba de su intención de crear en la base naval de Guantánamo un penal destinado a recibir prisioneros de Afganistán sospechosos de haber participado en acciones de terrorismo internacional.

11 de abril de 2002: En Caracas, golpe de Estado contra el presidente Hugo Chávez. Fidel Castro sigue con extrema atención los acontecimientos. El golpe fracasa y Hugo Chávez regresa al poder en la madrugada del 14 de abril.

6 de mayo de 2002: El presidente George W. Bush acusa a Cuba de realizar investigaciones sobre armas biológicas.

12-17 de mayo de 2002: Visita del ex presidente de Estados Unidos James Carter a Cuba.

21 de mayo de 2002: El presidente Bush incluye a Cuba en la lista de países que «propician el terrorismo».

10 de septiembre de 2002: Llega a La Habana el embajador James Cason, encargado de la Oficina de Intereses norteamericana.

Marzo-abril de 2003: Unos setenta y cinco disidentes son arrestados, juzgados y condenados a largas penas de prisión, entre ellos el poeta Raúl Rivero.

20 de marzo de 2003: Aviones estadounidenses bombardean Bagdad. Empieza la guerra de Irak.

Abril de 2003: Un grupo de secuestradores de un transbordador son detenidos, juzgados y condenados. Tres de ellos son fusilados.

13 de mayo de 2003: Washington expulsa a 14 diplomáticos cubanos.

Junio de 2003: En represalia por el encarcelamiento de 75 opositores y el fusilamiento de tres jóvenes secuestradores en Cuba, los países de la Unión Europea (menos Bélgica, Portugal, Grecia y más tarde Hungría) deciden invitar a los opositores cubanos y a sus familias a sus embajadas con ocasión de la celebración de sus fiestas nacionales. El gobierno cubano responde congelando las misiones europeas en La Habana que acaten esa medida, y dejando a los diplomáticos europeos sin interlocución.

13 de julio de 2003: Fallece a la edad de noventa y cinco años, en La Habana, Máximo Francisco Repilado Muñoz, más conocido como Compay Segundo, músico y cantante. Había nacido en Siboney el 18 de noviembre de 1907. La película de Wim Wenders y Ry Cooder *Buena Vista Social Club* (1997) lo había convertido en el músico cubano más célebre del mundo.

10 de octubre de 2003: El presidente George W. Bush promete, en Florida, intensificar la presión contra Cuba, anuncia la creación de una «Comisión de Ayuda a una Cuba Libre», presidida por el secretario de Estado Colin Powell, para «preparar la transición democrática» en la isla, y decide «reforzar los controles para impedir los viajes prohibidos» a Cuba. En 2002, unos 230.000 estadounidenses visitaron la isla, de ellos más de cuarenta mil lo hicieron ilegalmente exponiéndose a multas de hasta 250.000 dólares.

28 de octubre de 2003: El intelectual norteamericano Noam Chomsky realiza su primera visita a Cuba. Participa en la XXV Asamblea del Consejo Latinoamericano de Ciencias Sociales (CLACSO). Fidel Castro asiste a su conferencia.

29 de octubre de 2003: La Internacional Socialista, reunida en São Paulo, denuncia el embargo comercial impuesto por Estados Unidos a Cuba. También le pide a La Habana que libere «a los presos políticos» y adopte «reformas democráticas».

1 de noviembre de 2003: El cantautor cubano Pablo Milanés declara en Bogotá: «En Cuba hay errores que tenemos derecho a criticar».

5 de diciembre de 2003: El presidente George W. Bush crea una «Comisión de Ayuda a una Cuba Libre», dirigida por el secretario de Estado Colin Powell, con la colaboración del secretario de Vivienda y Desarrollo Urbano, Mel Martínez, de origen cubano.

14 de diciembre de 2003: El opositor Oswaldo Payá presenta en La Habana un «programa de transición política» para Cuba.

Diciembre de 2003: Los principales cargos directivos de la empresa Cubanacan, el grupo turístico estatal cubano más importante, son cesados por «graves errores» y «falta de exigencia y control».

1 de enero de 2004: Cuba celebra el aniversario 45 del triunfo de la Revolución enfrascada en una «batalla de ideas» por elevar la cultura general integral de los cubanos, en las continuadas luchas por la eliminación del bloqueo económico norteamericano y la derogación de las leyes migratorias anticubanas en Estados Unidos, y en la campaña por obtener la liberación de cinco agentes cubanos calificados como «Héroes de la República de Cuba», condenados a largas penas de prisión en Estados Unidos

3 de enero de 2004: Discurso de Fidel Castro en el teatro Carlos Marx de La Habana con ocasión del 45.º aniversario del triunfo de la Revolución. Denuncia el ALCA (Área de Libre Comercio de las Américas), proyecto defendido por Washington como un «asalto final a la independencia de América Latina».

15 de enero de 2004: El gobierno cubano adopta «por razones de infraestructura» medidas restrictivas para acceder a internet. En Cuba hay unas 270.000 computadoras, el 65 por ciento de ellas conectadas a la red.

21 de enero de 2004: El patriarca ecuménico Bartolomé I, líder espiritual de 140 millones de cristianos ortodoxos, visita Cuba.

29 de enero de 2004: Fidel Castro acusa al presidente de Estados Unidos, George W. Bush, de planear su asesinato.

5 de febrero de 2004: Comienza la Feria del Libro de La Habana. Alemania, el país invitado, decide no participar oficialmente en protesta por la condena de 75 opositores en marzo de 2003.

11 de febrero de 2004: El ministro de Turismo de Cuba, Ibrahim Ferradaz, es destituido.

24 de febrero de 2004: La Unesco concede el Premio Mundial de la Libertad de Prensa a Raúl Rivero, escritor cubano condenado en abril de 2003 a veinte años de cárcel.

14 de abril de 2004: En Estados Unidos, el canal de televisión por cable HBO difunde el documental del director Oliver Stone *Looking for Fidel* (Buscando a Fidel), segunda versión del documental *Comandante*, que había rodado en febrero de 2002.

24 de abril de 2004: Un juez estadounidense, James L. King, condena a seis cubanos exiliados a más de veinte años de cárcel por haber secuestrado, el 19 de marzo de 2003, un avión de hélice de la empresa Aerotaxi después de que despegara de la isla de la Juventud, en Cuba.

Abril de 2004: Crisis diplomática entre México y Cuba. Tras el voto condenatorio de México contra Cuba en la Comisión de Derechos Humanos de la ONU, Fidel Castro afirma que el gobierno del presidente Vicente Fox ha convertido en «cenizas» la política exterior mexicana plegándose a los intereses de Estados Unidos. El embajador de Cuba en México, Jorge Bolaños, es expulsado y la embajadora de México en La Habana, Roberta Lajous, es retirada.

29 de abril de 2004: En un informe del Departamento de Estado, Washington acusa a Cuba de «mantener vínculos con el terrorismo internacional».

8 de mayo de 2004: La administración norteamericana hace público un plan para «acelerar la transición hacia la democracia en Cuba» que contempla la restricción de viajes de los cubanos residentes en Estados Unidos, el endurecimiento del embargo comercial, y destina treinta y seis millones de dólares a la financiación de los grupos opositores internos.

10 de mayo de 2004: Los opositores cubanos Eloy Gutiérrez Menoyo, Oswaldo Payá y Elizardo Sánchez critican las nuevas medidas adoptadas por Washington contra Cuba y rechazan el plan para «acelerar la transición».

14 de mayo de 2004: En La Habana, ante centenares de miles de manifestantes contra la actitud de Washington, Fidel Castro lee su «Primera epístola a George Bush».

18 de mayo de 2004: Cuba convoca en La Habana un encuentro con líderes moderados del exilio e invita a Eloy Gutiérrez Menoyo, ex prisionero y dirigente del grupo opositor Cambio Cubano.

28-29 de mayo de 2004: Fidel Castro no participa en la III Cumbre Unión Europea-América Latina en Guadalajara, México.

5 de junio de 2004: Fidel Castro distingue con la máxima condecoración cubana, la Orden José Martí, al «compañero Antonio Gades», bailarín y coreógrafo español.

10 de junio de 2004: Las autoridades cubanas excarcelan a cinco opositores, entre ellos a Miguel Valdés, condenado en abril de 2003 junto con otros setenta y cuatro activistas.

21 de junio de 2004: En un discurso ante unas doscientas mil personas, Fidel Castro lee su «Segunda epístola a George Bush» y declara que las nuevas sanciones de Estados Unidos pueden provocar otra grave crisis migratoria y hasta una guerra.

23 de junio de 2004: El gobierno cubano excarcela a otros dos opositores, Manuel Vázquez Portal y Roberto de Miranda, del grupo de los setenta y cinco condenados en abril de 2003.

Julio de 2004: Entran en vigor las medidas adoptadas en febrero por el gobierno de Estados Unidos para «desapuntalar al régimen cubano». Las visitas de los exiliados cubanos quedan limitadas a catorce días cada tres años y sólo a familiares directos; el dinero en efectivo que pueden llevar pasa de tres mil dólares a trescientos; el gasto diario de 164 dólares a cincuenta; el peso del equipaje, antes ilimitado, pasa a veintisiete kilos; las remesas de dinero son ahora de un máximo de 1.200 dólares anuales y sólo a familiares directos. El flujo de dólares de Estados Unidos a Cuba, producido por las ayudas y visitas de los 1,3 millones de cubanos exiliados o emigrados en Estados Unidos, ascendía anualmente a unos 1.200 millones de dólares.

17 de julio de 2004: El presidente Bush, en un discurso electoral pronunciado en Florida, acusa a Fidel Castro de haber convertido a Cuba en «un puerto principal del turismo sexual».

22 de julio de 2004: Las autoridades cubanas excarcelan a la opositora Marta Beatriz Roque, la única mujer del grupo de setenta y cinco activistas condenados en abril de 2003.

26 de julio de 2004: En Santa Clara, con ocasión del 51.º aniversario del asalto al cuartel Moncada, Fidel Castro, en respuesta al presidente de Estados Unidos que había acusado a Cuba de promover el turismo sexual, vincula el fundamentalismo religioso de George W. Bush con el alcohol.

15 de agosto de 2004: En Venezuela, el presidente Hugo Chávez gana el referéndum revocatorio con el 58,25 por ciento de los votos y se afianza en el poder. Más de diez mil jóvenes venezolanos habían viajado a Cuba, en el marco del Plan Esperanza, para realizar cursos de cuarenta y cinco días y formarse como «luchadores sociales». A su regreso, esos jóvenes se integraron en el Frente Francisco de Miranda, que desempeñó un papel clave en el registro de votantes —inscribieron a novecientas mil personas— en vísperas del referéndum revocatorio.

19 de agosto de 2004: México, Uruguay, El Salvador, Nicaragua y Costa Rica se oponen, en Río de Janeiro, a la petición de Brasil de permitir que Cuba se integre en el Grupo de Río, formado por diecinueve países de América Latina.

26 de agosto de 2004: Cuba rompe sus relaciones diplomáticas con Panamá como consecuencia de la decisión de la presidenta saliente, Mireya Moscoso, de amnistiar a Luis Posada Carriles y a tres de sus cómplices, acusados de diversos actos de terrorismo y condenados por haber planeado el asesinato de Fidel Castro.

10-13 de septiembre de 2004: Centenares de miles de personas son evacuadas en previsión de la llegada del ciclón Iván, el de mayor fuerza en los últimos cincuenta años. Fidel Castro, por televisión, participa en la organización de la defensa civil. Finalmente Iván se desvía y evita la isla, con excepción de la punta extremo occidental, sin causar ninguna víctima.

30 de septiembre de 2004: El gobierno cubano adopta severas medidas de ahorro de electricidad después de una avería en la principal central termoeléctrica del país; 118 empresas cierran, así como cuarenta hoteles en La Habana y Varadero. Los apagones de seis horas al día, cuatro veces por semana, activan el descontento popular y se extenderán hasta febrero de 2005.

6 de octubre de 2004: Fallece en Miami Andrés Nazario Sargén, uno de los principales jefes del anticastrismo en Florida, fundador del grupo Alpha 66, autor de numerosos actos terroristas en Cuba.

14 de octubre de 2004: Fidel Castro destituye al ministro de la Industria Básica, Marcos Portal, considerado responsable del déficit en la producción eléctrica. Marcos Portal era miembro del buró político del Partido Comunista de Cuba y está casado con una sobrina del presidente cubano.

20 de octubre de 2004: Fidel Castro se fractura la rodilla izquierda y se fisura el brazo derecho tras tropezar y caer al suelo al final de un discurso público en Santa Clara ante el mausoleo en el que reposan los restos de Che Guevara. Poco después, Fidel reaparece en pantalla sentado en una silla y él mismo anuncia, «para evitar especulaciones», que se ha fracturado una rodilla y lastimado un brazo.

26 de octubre de 2004: Reaparece Fidel Castro en la televisión, sentado y con el brazo derecho en cabestrillo, para anunciar el fin de la *dolarización* de la economía cubana. A partir del 8 de noviembre queda suspendida la circulación del dólar estadounidense en todos los comercios, hoteles y establecimientos de la isla. El dólar será sustituido por el peso convertible, moneda válida únicamente en Cuba.

595

3 de noviembre de 2004: El ex secretario de Vivienda y Desarrollo Urbano de Estados Unidos, Melquíades Rafael «Mel» Martínez, uno de los catorce mil niños que fueron llevados de Cuba a Estados Unidos tras el triunfo de la Revolución en la Operación Peter Pan, patrocinada por la Iglesia católica, es elegido en Florida senador (republicano). Es el primer cubano-estadounidense que se convierte en senador.

16 de noviembre de 2004: La Unión Europea reconoce que la ruptura del diálogo con Cuba «no es positiva».

17 de noviembre de 2004: Un grupo de cuarenta y tres artistas cubanos del espectáculo «Havana Night Club. The Show» pide asilo político a Washington después de su éxito en Las Vegas.

17 de noviembre de 2004: El Parlamento Europeo exige a Cuba (por 376 votos contra 281) liberar a los presos políticos como condición para reanudar el diálogo. El diputado socialista europeo Miguel Ángel Martínez expresa su desacuerdo: «Hay cincuenta países en el mundo, desde China hasta Sudán o Libia, donde la situación de los derechos humanos es mucho peor que en Cuba, y la Unión Europea mantiene relaciones normales con ellos. ¿Por qué entonces esa actitud excepcional con Cuba?».

18 de noviembre de 2004: El presidente del Gobierno de España, José Luis Rodríguez Zapatero, en una entrevista con la agencia Efe antes de partir para Costa Rica a participar en la XIV Cumbre Iberoamericana (en la que no participa Fidel Castro) reclama «pasos rápidos hacia la democratización» de Cuba.

23 de noviembre de 2004: Visita a Cuba del presidente de China, Hu Jintao. Se firman acuerdos por más de quinientos millones de dólares en inversiones en la industria cubana del níquel, créditos en las esferas de la educación y la salud, y compra de un millón de televisores chinos.

25 de noviembre de 2004: Tras más de un año sin contactos, Cuba normaliza las relaciones diplomáticas con España.

30 de noviembre de 2004: Las autoridades cubanas dejan en libertad al escritor disidente Raúl Rivero, así como a los opositores Óscar Espinosa, Margarito Broche, Marcelo López y Osvaldo Alfonso Valdés.

6 de diciembre de 2004: El gobierno cubano excarcela al periodista Jorge Olivera, fundador de la agencia disidente Habana Press y condenado a dieciocho años de prisión en los juicios sumarísimos de abril de 2003.

13 de diciembre de 2004: Toda la isla es escenario de las gigantescas maniobras militares Bastión 2004, en las que participan cien mil soldados y cientos de tanques, organizadas «ante las continuas agresiones y amenazas de Estados Unidos».

14 de diciembre de 2004: Fidel Castro y Hugo Chávez firman en La Habana un sustancioso convenio de cooperación que amplía los lazos ya existentes entre Cuba y Venezuela. El convenio establece la eliminación de aranceles a las importaciones entre ambos países, el otorgamiento de facilidades para las inversiones, la venta de petróleo a un «precio mínimo de veintisiete dólares el barril» y el financiamiento por parte de Venezuela de proyectos en el sector energético y de la industria eléctrica cubana. Todo esto dentro del espíritu del ALBA (Alternativa Bolivariana de las Américas), opuesto al proyecto estadounidense del ALCA.

14 de diciembre de 2004: El Comité de la Unión Europea para América Latina (COLAT) recomienda a los países de la Unión suspender las invitaciones a los disidentes cubanos a las recepciones organizadas por sus embajadas en La Habana.

16 de diciembre de 2004: Mientras prosiguen las maniobras Bastión 2004, Fidel Castro se reúne en La Habana con más de trescientos empresarios estadounidenses, en su mayoría granjeros y agricultores.

17 de diciembre de 2004: Pequeña crisis diplomática entre Cuba y Argentina al negarse las autoridades cubanas, pese a una carta del presidente Néstor Kirchner a Fidel Castro, a dejar viajar hacia Argentina a la médica cubana Hilda Molina Morejón, de sesenta y un años, considerada por el gobierno de La Habana una disidente.

22 de diciembre de 2004: Varios grupos de disidentes moderados cubanos fundan, en La Habana, la revista digital *Consenso* (consenso.org) y presentan la publicación en un local de una empresa estatal con el consentimiento de las autoridades.

23 de diciembre de 2004: Fidel Castro camina por primera vez en público, dos meses después de haberse fracturado la rodilla izquierda.

26 de diciembre de 2004: Fidel Castro anuncia el descubrimiento, realizado por la firma canadiense Sherritt-Peberco, de un nuevo yacimiento de petróleo en la costa norte próxima a La Habana, con unas reservas extraíbles de cien millones de barriles de crudo semipesado.

3 de enero de 2005: Cuba restablece contactos oficiales con ocho países de la Unión Europea: Alemania, Austria, Francia, Grecia, Italia, Portugal, Reino Unido y Suecia.

10 de enero de 2005: La Habana normaliza sus relaciones diplomáticas con todos los países de la Unión Europea.

10 de enero de 2005: La Comisión Cubana para los Derechos Humanos y la Reconciliación Nacional (no reconocida por las autoridades) publica la lista de los 294 «prisioneros políticos» de la isla. La Comisión acusa al gobierno de Cuba de rechazar toda cooperación con la Cruz Roja Internacional y con la Comisión de Derechos Humanos de la ONU.

13 de enero de 2005: En un artículo del *New York Times*, el editorialista Nicholas D. Kristof afirma que «si Estados Unidos tuviese la misma tasa de mortalidad infantil que Cuba, 2.212 niños estadounidenses sobrevivirían cada año».

15 de enero de 2005: El Tribunal Supremo de Estados Unidos declara ilegal la detención de más de setecientos cubanos que, a pesar de haber cumplido sus condenas, estaban en un limbo legal, detenidos indefinidamente porque Cuba no acepta su deportación a la isla. La mayoría de estos cubanos habían llegado a las costas de Florida en 1980 a través del puente marítimo de Mariel.

10 de febrero de 2005: En el marco de un seminario en La Habana sobre las claves de la longevidad, el jefe del equipo médico de Fidel Castro, el doctor Eugenio Selman-Housein, declara que el presidente cubano «puede vivir perfectamente ciento veinte años».

21 de febrero de 2005: Fallece en Londres el escritor cubano Guillermo Cabrera Infante, exiliado desde 1965, premio Cervantes 1997 y autor muy crítico contra el régimen cubano. El diario *Granma* de La Habana no da la noticia.

8 de marzo de 2005: En un discurso pronunciado con motivo del Día Internacional de la Mujer, Fidel Castro anuncia que su gobierno está a punto de alcanzar la «invulnerabilidad económica»; garantiza que en 2006 estará resuelto el problema del déficit energético, se duplicará la construcción de viviendas y se renovará el parque de locomotoras y de autobuses interprovinciales; también anuncia la próxima distribución de cinco millones de ollas de presión.

12 de marzo de 2005: Eduardo Aguirre, que llegó a Estados Unidos a la edad de quince años a través de la Operación Peter Pan, por la que más de catorce mil niños cubanos fueron llevados de Cuba con ayuda de la Iglesia católica, es nombrado por el presidente George W. Bush embajador de Estados Unidos en España.

17 de marzo de 2005: Fidel Castro anuncia una reevaluación del 7 por ciento del peso por el «excelente comportamiento» de la economía cubana.

18 de marzo de 2005: Amnistía Internacional exige a Cuba la liberación de setenta y un prisioneros de conciencia.

2 de abril de 2005: Fallece, en Ciudad del Vaticano, el papa Juan Pablo II.

13 de abril de 2005: Fidel Castro acusa a Estados Unidos de ofrecer refugio a Luis Posada Carriles, el terrorista cubano condenado por la voladura de un avión de Cubana de Aviación en 1976 en el que murieron 73 personas.

14 de abril de 2005: En Ginebra, la Comisión de Derechos Humanos de la ONU condena a Cuba.

19 de abril de 2005: En el Vaticano, el cardenal Joseph Ratzinger, prefecto de la Congregación para la Doctrina de la Fe y decano del Colegio Cardenalicio, es elegido Papa de la Iglesia católica. Adopta el nombre de Benedicto XVI.

21 de abril de 2005: En una comparecencia televisiva, Fidel Castro anuncia que, para ahorrar energía eléctrica, en Cuba no se venderán más bombillas incandescentes tradicionales. Pide «un poquito de paciencia» a los cubanos y declara que los apagones eléctricos acabarán en el segundo semestre de 2006.

28 de abril de 2005: Hugo Chávez y Fidel Castro participan, en La Habana, en el IV Encuentro Hemisférico de Lucha contra el Área de Libre Comercio de las Américas (ALCA).

17 de mayo de 2005: Más de un millón de cubanos, con Fidel Castro al frente, desfilan en La Habana para denunciar el doble rasero antiterrorista de Bush, que protege a Luis Posada Carriles, autor de atentados contra civiles cubanos.

20 de mayo de 2005: En el barrio habanero de Río Verde comienza el mayor foro disidente celebrado en Cuba: unos 150 representantes de grupos opositores se reúnen para hablar de democracia y sugerir acciones para propiciar una transición política en la isla. El gobierno no impide la reunión, en la que se profieren gritos de «¡Abajo Fidel!».

29 de junio de 2005: Fidel Castro participa, junto con el presidente Hugo Chávez, en el Primer Encuentro de Jefes de Estado y de Gobierno del Caribe sobre Petrocaribe en Puerto La Cruz (Venezuela) para poner en marcha la integración energética de la región.

13 de julio de 2005: Un grupo de oponentes se manifiestan en el Malecón de La Habana en recuerdo del naufragio del remolcador *13 de Marzo*, en el que murieron 41 personas que trataban de huir de Cuba el 13 de julio de 1994. Los manifestantes son dispersados por miembros de las brigadas de respuesta rápida.

22 de julio de 2005: Unos 33 disidentes son detenidos cuando pretendían participar en una manifestación frente a la embajada de Francia para pedir la excarcelación de presos políticos. La mayoría de ellos son liberados unas horas después.

24 de julio de 2005: En Caracas se inaugura Telesur, canal de televisión latinoamericano, un proyecto realizado con la colaboración de Venezuela, Cuba, Argentina, Uruguay y Brasil.

26 de julio de 2005: En los actos del 52.º aniversario del asalto al cuartel Moncada, Fidel Castro califica a los disidentes y opositores de «traidores y mercenarios», y declara que la Sección de Intereses Norteamericanos (SINA) en La Habana (que hace oficio de embajada de Estados Unidos) es la principal instigadora de los grupos opositores y que sus actividades son «provocadoras».

28 de julio de 2005: Para ahorrar energía en la isla, entra en vigor la prohibición de importar bombillas eléctricas convencionales.

28 de julio de 2005: La secretaria de Estado norteamericana Condoleezza Rice nombra al primer «coordinador de la transición en Cuba», Caleb McCarry, con el objetivo de «acelerar el fin de la tiranía» en la isla.

6 de agosto de 2005: Fallece en La Habana Ibrahim Ferrer, cantante de Buena Vista Social Club.

9 de agosto de 2005: Un tribunal de Estados Unidos, con sede en Atlanta, ordena un nuevo juicio contra los cinco cubanos (Gerardo Hernández, Fernando González, Ramón Labañino, René González y Antonio Guerrero) condenados en 2001 a severas penas de prisión por espionaje. Fidel Castro califica esa decisión de «triunfo legal» en la batalla por la excarcelación de los cinco.

13 de agosto de 2005: Fidel Castro cumple setenta y nueve años. El diario *Granma*, en una carta publicada en primera página, asegura que en la isla se celebran esos setenta y nueve años «con el cariño y la admiración inmensos que los hijos sentimos por el padre más noble, sabio y valiente». Firmado: «Su pueblo».

20 de agosto de 2005: Fidel Castro y Hugo Chávez presiden, en el teatro Carlos Marx de La Habana, el acto de graduación de 1.610

médicos de la Escuela Latinoamericana de Medicina (ELAM), creada
en 1998, en la que estudian gratuitamente más de diez mil jóvenes
de veintiocho países latinoamericanos y caribeños.

20 de agosto de 2005: Con la presencia en La Habana del presidente
Martín Torrijos, Cuba y Panamá restablecen relaciones diplomáticas.

23 de agosto de 2005: A treinta millas de la costa norte de Matanzas,
el naufragio de una lancha en la que unos «balseros» trataban de llegar a Estados Unidos causa treinta y un desaparecidos.

3 de septiembre de 2005: Después de la catástrofe humanitaria cau-
sada en Nueva Orleans y Luisiana por el huracán Katrina, Fidel
Castro ofrece ayuda a Estados Unidos: mil cien médicos especializados en situaciones de urgencia.

8 de septiembre de 2005: Coincidiendo con la fiesta de la Virgen de
la Caridad del Cobre, patrona de Cuba, las autoridades prohíben una
docena de procesiones de fieles católicos. Desde la visita del papa
Juan Pablo II a la isla en 1998 no había habido ninguna prohibición
semejante.

15 de septiembre de 2005: James Cason cesa en su cargo de jefe de
la Oficina de Intereses de Estados Unidos en La Habana. Lo sustituye Michael Parmly, un diplomático estadounidense que estuvo
destinado en Colombia y en Bosnia.

21 de septiembre de 2005: Fallece en La Habana Alfredo Jordán,
ministro de Agricultura de Cuba.

28 de septiembre de 2005: La justicia estadounidense determina que
Luis Posada Carriles, de setenta y siete años, ex agente de la CIA,
huido de una cárcel venezolana en 1985 cuando estaba a punto de
ser juzgado por la voladura de un avión cubano con 73 personas a
bordo en 1976, y que había entrado ilegalmente en Estados Unidos,
no sea deportado a Venezuela o Cuba por considerar que «podría ser
torturado en esos países».

2 de octubre de 2005: La Unión Europea pide a Cuba que mejore
las condiciones de los «presos políticos». Lo hace en particular en
apoyo a tres detenidos en huelga de hambre: Víctor Rolando Arroyo,
Félix Navarro y José Daniel Ferrer, detenidos y condenados en
marzo de 2003. Del grupo de los 75 condenados entonces, 14 han
sido puestos en libertad por razones de salud.

3 de octubre de 2005: Con ocasión del Día de la Unidad Alemana,
la embajada de Alemania en La Habana invita a varios disidentes
—Martha Beatriz Roque, Vladimiro Roca, Elizardo Sánchez— a

una «velada alemana». El embajador Ulrich Lunscken declara que la reunificación de su país fue posible «debido al fracaso del socialismo, y también a la labor del movimiento disidente pacífico». La cancillería cubana protesta. Y las relaciones entre Bruselas y La Habana se tensan de nuevo.

14-15 de octubre de 2005: Cumbre Iberoamericana en Salamanca, España. Fidel Castro no asiste. Los jefes de Estado de los países iberoamericanos condenan el «bloqueo» de Cuba y reclaman que las autoridades estadounidenses faciliten el juicio del terrorista Luis Posada Carriles.

15 de octubre de 2005: En La Habana, los jóvenes trabajadores sociales se hacen cargo de las gasolineras de la ciudad para luchar contra la corrupción.

22 de octubre de 2005: La amenaza del ciclón Wilma obliga a evacuar a medio millón de personas en Cuba. La Organización Meteorológica Mundial (OMM) reconoce la efectividad del sistema cubano de alerta temprana frente a desastres naturales, mediante una misiva de Michel Jarraud, secretario general de ese organismo. El mensaje destaca la «alta eficacia» de la isla en minimizar los daños humanos y económicos de las catástrofes.

24 de octubre de 2005: El ciclón Wilma provoca inundaciones en La Habana.

28 de octubre de 2005: En un discurso, Fidel Castro critica a los «nuevos ricos» y lanza una ofensiva contra el enriquecimiento ilícito, el «acomodamiento» de algunos cuadros dirigentes, la corrupción y el robo.

28 de octubre de 2005: El Parlamento Europeo de Estrasburgo concede el premio Sájarov de derechos humanos a Las Damas de Blanco, grupo de esposas de disidentes detenidos en marzo de 2003.

29 de octubre de 2005: El semanario brasileño *Veja* afirma que Cuba ayudó a subvencionar la campaña electoral del presidente Lula en 2002. La Habana desmiente con rotundidad.

30 de octubre de 2005: Balseros cubanos interceptados la semana anterior en aguas de Haulover Beach, operación transmitida en directo por la televisión en Miami, son repatriados a la isla, mientras el resto es trasladado a la base naval estadounidense de Guantánamo.

7 de noviembre de 2005: La población de Cuba ascendía, en 2002, a 11.177.743 habitantes, según el censo realizado ese año y dado a conocer con dos años de retraso.

8 de noviembre de 2005: La ONU condena, por decimocuarta vez consecutiva, el bloqueo de Cuba impuesto por Estados Unidos; 182 países votaron en favor de Cuba.

17 de noviembre de 2005: En un importante discurso de cinco horas, Fidel Castro afirma que la corrupción y el robo generalizado al Estado ponen en peligro a la Revolución.

23 de noviembre de 2005: Cuba alcanza la cifra de dos millones de visitantes, lo cual la acerca al plan de 2,3 millones de turistas para el 2005, el más alto número de su historia.

6 de diciembre de 2005: Comienza en la capital cubana la 27.º edición del Festival del Nuevo Cine Latinoamericano.

7 de diciembre de 2005: La brigada médica cubana del contingente contra catástrofes Henry Reeve, que prestó ayuda en comunidades campesinas del altiplano de Guatemala tras el paso del huracán Stan, en octubre, regresa a Cuba.

8 de diciembre de 2005: Fidel Castro participa en la II Cumbre Cuba-Caricom en Bridgetown, Barbados.

8 de diciembre de 2005: El nuevo jefe de la Sección de Intereses de Norteamérica en La Habana (SINA), Michael Parmly, declara que «algún día el pueblo cubano hará posibles los cambios, ya iniciados, que conducirán a la democracia».

12 de diciembre de 2005: Cuba y el estado de Virginia, Estados Unidos, firman un acuerdo de ventas de productos agroalimentarios a la isla por un valor de 30 millones de dólares, a cumplirse en los próximos dieciocho meses.

14 de diciembre de 2005: La Oficina de Control de Activos Extranjeros del Departamento del Tesoro estadounidense anuncia que no autorizará a la selección cubana de béisbol entrar a Estados Unidos para jugar el Clásico Mundial.

16 de diciembre de 2005: Comienza en La Habana, en presencia del escritor Gabriel García Márquez, un «diálogo de paz» entre la guerrilla colombiana del Ejército de Liberación Nacional (ELN) y representantes del gobierno de Álvaro Uribe.

18 de diciembre de 2005: En La Paz, Bolivia, Evo Morales, líder del Movimiento Al Socialismo (MAS), es elegido presidente.

20 de diciembre de 2005: Las actividades con los disidentes y las recientes declaraciones del nuevo jefe de la Oficina de Intereses de Estados Unidos en La Habana (SINA), Michael Parmly, son calificadas de «provocadoras y cínicas» durante la habitual mesa redonda que transmiten la radio y la televisión cubanas.

30 de diciembre de 2005: Fidel Castro recibe en La Habana, con honores de jefe de Estado, a Evo Morales, presidente electo de Bolivia. Firman un importante acuerdo de cooperación.

31 de diciembre de 2005: Las autoridades anuncian que Cuba concluye el 2005 con un crecimiento económico del 11,8 por ciento, según estimaciones del gobierno que incluyen el valor de los servicios sociales. La cifra es la más alta alcanzada por la isla en cuarenta y seis años de sistema socialista.

Notas

(Todas las notas, salvo precisión explícita, son de Ignacio Ramonet.)

1. Antecedentes de la Revolución

1.   Carlos Manuel de Céspedes (1819-1874). Nace en Bayamo. En 1840, estudia derecho en España. De 1842 a 1844 viaja por Europa, Turquía, Palestina y Egipto. En 1844 se establece en Bayamo como abogado. Participa en la rebelión de las Pozas de 1852 y sufre prisión. El 10 de octubre de 1868 se levanta en armas en su ingenio La Demajagua, al grito de «¡Viva Cuba libre!», libera a sus esclavos y suscribe la Declaración de Independencia. El 20 de octubre toma Bayamo. El 27 de diciembre firma el decreto sobre la esclavitud. En 1869 es designado presidente de la República en Armas. En 1873 es depuesto por una reunión de diputados en Jijagual. Muere en combate, en la Sierra Maestra, el 27 de febrero de 1874.

2.   En 1791, en la isla de Santo Domingo, unos cien mil franceses poseían siete mil ochocientas plantaciones de caña y más de quinientos mil esclavos. El 14 de agosto de ese año, los esclavos, reclamándose de los ideales de la Revolución francesa, se sublevan al mando de Toussaint Louverture, el «Espartaco negro». La guerra dura trece años. Napoleón (casado con Josefina, criolla de la isla francesa de Martinica, en el Caribe) manda una expedición de cuarenta y tres mil veteranos. El 18 de noviembre de 1803, en la batalla final de Vertières, los rebeldes vencen a los franceses. La guerra se termina con un balance de espanto: ciento cincuenta mil esclavos y setenta mil franceses muertos. El 1 de enero de 1804, en la ciudad de Gonaïves, se proclama la independencia de la isla de Santo Domingo, que tomó entonces su antiguo nombre indio de Haití.

3.   Francisco Miranda (1750-1816), patriota venezolano, como oficial del ejército español participa en la guerra de Independencia de Estados Unidos de 1779 a 1781. Nombrado general en Francia, toma parte en las campañas de Napoleón. Organiza, en 1806, una expedición a Venezuela para proclamar la República y hace votar en Caracas en 1811 la Declaración de Independencia. Derrotado en 1812 por los españoles, es encarcelado en el penal de Cádiz, donde muere.

4.   Uno de los más célebres fue Bernardo de Gálvez (1746-1786), que durante la campaña de 1779 ocupó los puertos de Tompson, Smith, Manchak, Baton Rouge y Natchez. También ocupó Mobile (1780) y Pensacola (1781), donde hizo prisionero al general británico Campbell.

5.   José Tomás Boves (1782-1814), nacido en Oviedo, se convirtió en el caudillo de los llaneros venezolanos al servicio de la Corona española. Derrotó a Bolívar en la batalla de La Puerta (1814) y ocupó Caracas.

6.   Arturo Uslar Pietri (1906-2001). Escritor venezolano, autor, entre numerosas

obras, de las novelas: *Las lanzas coloradas* (1931), *El camino de El Dorado* (1947), *Oficio de difuntos* (1976), *Samuel Robinson* (1981) y *La visita en el tiempo* (1990).

7.　Alexandre Pétion (1770-1818), general haitiano, uno de los artífices de la derrota francesa de 1803, presidente de Haití desde 1807 hasta su muerte.

8.　Máximo Gómez (1836-1905) nació en Santo Domingo. En 1865 va a Cuba con el ejército español, y en 1868 lucha por la independencia de la isla. En 1895 regresa junto a José Martí con el cargo de general en jefe del ejército libertador. Brillante estratega, conduce la invasión de Occidente. Muere en La Habana.

9.　Antonio Maceo Grajales (1845-1896). Uno de los más notables combatientes de las guerras cubanas por la independencia. Alcanzó el grado de lugarteniente general del ejército libertador, y protagonizó innumerables hazañas militares en las dos guerras grandes, entre ellas la invasión a Occidente. De lúcido pensamiento político, cayó en combate en San Pedro el 7 de diciembre de 1896.

10.　Narciso López (1799-1850). Nace en Caracas, Venezuela, en el seno de una familia española. Combate, como oficial del ejército español, contra Bolívar. Participa, en España, en la primera guerra carlista. Llega a Cuba en 1841 como ayudante del gobernador. A partir de 1848 simpatiza con los criollos cubanos que se oponen a la dominación española y desean la anexión de Cuba a Estados Unidos. Tiene que huir a Nueva Orleans, desde donde organiza varias expediciones a la isla. Propone la nueva bandera de Cuba, inspirándose en la de Texas. Detenido, es ejecutado en La Habana a garrote vil el 19 de mayo de 1850.

11.　Benito Juárez (1806-1872), de origen indio, fue presidente de México en 1858, se negó a pagar la deuda externa de su país, que fue invadido por las tropas de Napoleón III. Éste colocó a Maximiliano como emperador de México. Juárez dirigió una guerrilla de resistencia, capturó y mandó fusilar a Maximiliano, derrotó a los franceses y volvió a ser presidente hasta su muerte.

12.　Jorge Eliécer Gaitán (1898-1948). Abogado, jefe del Partido Liberal colombiano y orador legendario. Fue asesinado el 9 de abril de 1948, lo que provocó una insurrección popular brutalmente aplastada que causó miles de muertos, conocida como el «Bogotazo». (Véanse también las notas 8 y 9 del cap. 4.)

13.　El desastre naval de Santiago de Cuba tuvo lugar el 3 de julio de 1898; la escuadra española al mando del almirante Pascual Cervera fue destruida por la armada norteamericana, superior dos veces en tonelaje bruto y en blindaje, del comodoro Sampson. Perdieron la vida trescientos cincuenta marinos españoles.

14.　La cita exacta es «Como se puso del lado de los débiles, merece honor», extraída de su «Carta de Nueva York, 29 de marzo de 1883» —publicada en el diario *La Nación*, Buenos Aires, el 13 de mayo de 1883—, en la que Martí evoca los actos de homenaje «en memoria de aquel alemán de alma sedosa y mano férrea, de Karl Marx famosísimo, cuya reciente muerte honran». Véase José Martí, *En los Estados Unidos. Periodismo de 1881 a 1892*, edición crítica de Roberto Fernández Retamar y Pedro Pablo Rodríguez (coordinadores), editorial ALLCA, Madrid-París-La Habana, 2003.

15.　La idea de un Área de Libre Comercio de las Américas (ALCA) fue lanzada el 1 de junio de 1990 por el presidente George Bush (padre) y ha sido defendida por sus sucesores, Bill Clinton y George W. Bush. Propone la integración de todos los países de América Latina y del Caribe —excepto Cuba— en una amplia zona de libre comercio de ochocientos millones de habitantes. Se trata de extender al conjunto del hemisferio los dispositivos del Tratado de Libre Comercio de América del Norte (TLC), firmado entre Canadá, Estados Unidos y México, y que entró en vigor el 1 de enero de 1994. El fuerte movimiento desarrollado en América Latina contra el ALCA, considerada por muchos como un intento de consolidar la hegemonía económica de los Estados Unidos en el hemisferio occidental y como un atentado mortal a las economía nacionales de los países latinoamericanos, ha impedido hasta el momento de redactar esta nota que el gobierno estadounidense pueda seguir adelante con sus planes, lo cual constituye una significativa derrota política de alcance estratégico para Estados Unidos, refrendada en la Cumbre de las Américas en Mar del Plata, Argentina, a principios de noviembre de 2005, donde al presidente Bush le fue imposible lograr la aprobación del proyecto por la oposición de varias delegaciones latinoamericanas.

16. Evangelio de san Mateo, 5-7, y Evangelio de san Lucas 6, 17-49. El sermón de la montaña contiene la esencia de las enseñanzas de Jesús, y constituye el núcleo esencial de la doctrina cristiana.

17. Evangelio de san Marcos, La multiplicación de los peces y de los panes, 6, 30-44 y 8, 1-9.

18. Evangelio de san Mateo, Parábola de los obreros enviados a la viña, 20, 1-16.

19. Evangelio de san Marcos, La expulsión de los vendedores, 11, 15-19.

2. La infancia de un líder

1. En esa época, era un sistema generalizado en la mayoría de los países occidentales, mediante pago de cierta cantidad, que los reclutados por sorteo podían eludir su incorporación al frente y alquilar a otro joven más pobre que ocupara su lugar. En Estados Unidos, por ejemplo, ese sistema injusto lo instauró el gobierno del presidente Abraham Lincoln, en julio de 1863, en plena guerra de Secesión, lo que provocó un motín en Nueva York que Martin Scorsese ha evocado en su película *Gangs of New York* (2002).

2. Camino abierto en la maleza.

3. Antigua medida de superficie agraria (utilizada todavía hoy comúnmente en Cuba) equivalente a 13,4 hectáreas.

4. La guerra de Abisinia (1935-1936). El 2 de octubre de 1935, la Italia de Benito Mussolini se lanza a la conquista colonial de Etiopía. El 2 de mayo de 1936, las tropas italianas entran en Addis Abeba. El negus Haile Selassie huye del país. En 1941, los británicos ponen fin a la aventura militar fascista y Haile Selassie recobra su trono.

5. Eusebio Leal, historiador y restaurador del casco antiguo de La Habana.

6. Génesis, 9, 18-28. Noé maldice y condena a la servidumbre eterna a su nieto Canaán, hijo de su hijo Cam, y a sus descendientes los cananeos, que según la Biblia poblaban la antigua región de Fenicia-Palestina.

7. El capitán Joaquín Barberán y Tros y el teniente Joaquín Collar y Serra lograron realizar el vuelo más largo sobre el mar y cubrir más de cuatro mil millas —o sea, 7.320 kilómetros— en 39 horas y 55 minutos. A las 4.45 de la mañana hora de España del 10 de junio de 1933 parten desde el aeropuerto de Tablada, Sevilla, a bordo del avión sesquiplano *Cuatro Vientos* con destino a Cuba. Y a las 3.40 de la tarde (hora de Cuba) del 11 de junio, pisan suelo cubano en Camagüey. De Camagüey viajaron al aeropuerto Columbia de La Habana. Pocos días después desaparecieron cuando viajaban entre La Habana y Ciudad de México.

8.   El 2 de febrero de 1929. Cuando Fidel Castro tenía dos años y medio, un poderoso terremoto sacudió todo el Oriente de la isla y por consiguiente la zona de Birán. La ciudad de Santiago fue devastada.

9.   Gerardo Machado (1871-1939), presidente-dictador de Cuba de 1925 a 1933. Se le conoce por su posición pro norteamericana y por la represión a la oposición. Huyó de Cuba a consecuencia de una huelga general, culminación de la llamada «Revolución del 33». Un mes después, el 4 de septiembre de 1933, se produce la «sublevación de los sargentos» encabezada por Fulgencio Batista.

10.   Julio Antonio Mella (1907-1929) fundó la Federación Estudiantil Universitaria (FEU) en 1923 y el Partido Comunista de Cuba en 1925. Su verdadero nombre era Nicanor MacFarland. Durante la dictadura de Machado (mayo de 1925-agosto de 1933), fue encarcelado y llevó a cabo una huelga de hambre. Al ser puesto en libertad, se exilió en México, donde fue asesinado el 10 de enero de 1929.

11.   Antonio Guiteras (1906-1935) nació en Filadelfia, Estados Unidos, y pasó allí su infancia. Su familia se instaló en 1914 en Pinar del Río, donde su padre era catedrático de inglés. Fue uno de los dirigentes de la Revolución de 1933. Miembro del gobierno provisional, tomó medidas de reforma social, incluyendo las leyes de salario mínimo y de ocho horas diarias de labor. Después del golpe de Estado de enero de 1934, Batista desató una feroz represión, y el 8 de mayo de 1935 Guiteras fue asesinado.

12.   Estados Unidos, que ocupaba militarmente Cuba desde 1898, obligó a añadir a la Constitución cubana de 1901 una «enmienda» —la Enmienda Platt, así llamada por el senador norteamericano que la propuso— que limitaba de manera significativa la soberanía de la Nueva República cubana, daba a Washington el derecho de intervenir en los asuntos internos de la isla, incluso militarmente, retiraba la Isla de Pinos del perímetro de jurisdicción de La Habana y obligaba al Estado cubano a ceder varias bases carboneras para permitir repostar a los barcos norteamericanos. Una de esas «bases carboneras» se convirtió, a partir del 2 de julio de 1903, en la base naval de Guantánamo, que Estados Unidos ocupa aún hoy en contra de la voluntad de Cuba, y que ha sido objeto de notoriedad reciente en los medios de prensa de todo el mundo al haber sido convertida por el gobierno de George W. Bush en centro de detención ilegal de presuntos terroristas islámicos sometidos allí por los militares norteamericanos, según ha sido repetidamente denunciado, a torturas y otros tratos degradantes e inhumanos.

13.   Gustav Mannerheim (1867-1951), oficial del ejército ruso durante treinta años, fue ayudante de campo del zar Nicolás II. Condujo la guerra de Independencia de su país, Finlandia, contra la Unión Soviética. Fue regente de Finlandia en 1918-1919 y presidió su Consejo de Defensa. Dirigió la resistencia del pueblo finlandés contra el ataque de Stalin en 1939-1940. Aliado de la Alemania nazi en 1941. Fue elegido presidente en 1944 y tuvo que firmar un armisticio con los Aliados. Dimitió en 1946 y se retiró a Suiza. Murió en Lausana en 1951.

14.   José María Heredia (1803-1839), poeta nacional cubano, autor del *Himno del Desterrado*; su oda más célebre, *Niágara*, fue escrita en 1824. No confundirlo con el poeta parnasiano francés del mismo nombre (1842-1905), autor de *Los Trofeos*.

15.   Organizado formalmente en 1955 por Fidel Castro y otros revolucionarios. Su nombre recuerda la fecha del asalto al cuartel Moncada de Santiago de Cuba, el 26 de julio de 1953. Ese movimiento fue la principal organización, junto con el Directorio Revolucionario, de la guerra contra Batista en Cuba, con dos ramas: la Sierra (la guerrilla en las montañas) y el Llano (la actividad subversiva en las ciudades). Se fusionó

con otras dos organizaciones en 1961, para formar después el Partido Comunista de Cuba.

16. Frank País (1934-1957), joven revolucionario, trabajó para unir al movimiento estudiantil con las luchas de los campesinos y obreros en la provincia de Oriente. Tuvo un papel principal en el movimiento clandestino de apoyo a la lucha guerrillera hasta que fue asesinado por la policía de Batista en julio de 1957.

17. Fidel de Sigmaringa (1577-1622), mártir. Nació en Sigmaringa, Suabia, Alemania. Fue abogado que asumía gratuitamente la defensa de los humildes y mereció el apelativo de «abogado de los pobres». A la edad de treinta y cinco años abandonó la función de abogado, y decidió entrar en la Orden de los Franciscanos y hacerse hermano menor capuchino en Friburgo (Suiza) y sacerdote. Orador y predicador célebre, calificado a veces de «Demóstenes del pueblo». El papa Benedicto XIV, que lo canonizó en 1746, dijo de él: «Derramaba la plenitud de su caridad en confortar y ayudar al prójimo, abrazaba con paternal corazón a todos los afligidos, sustentaba a numerosos pobres con limosnas recogidas por todas partes». Fue asesinado en Seewis el 24 de abril de 1622.

18. La cabaña del tío Tom o la vida de los humildes (Uncle Tom's Cabin) (1851), de la novelista norteamericana Harriet Beecher Stowe (1811-1896).

19. La letra del himno jesuita, o «Marcha de San Ignacio», dice: «Fundador / sois, Ignacio, y general / de la Compañía Real, / que Jesús / con su nombre distinguió. / La legión de Loyola, / con fiel corazón / sin temor enarbola / la Cruz por pendón. / Lance, lance a la lid / fiero Luzbel / a sus monstruos en tropel. / De Luzbel las legiones / se ven ya marchar / y sus negros pendones / el sol enlutar. / Compañía de Jesús / corre a la lid. ¡A la lid! / Del infierno la gente / no apague tu ardor, / que ilumina tu frente / de Ignacio el valor. / Ya voces escúchanse / de trompa bélica / y el santo ejército / sin tregua bátese / y alza su lábaro* / en la batalla campal. / Fiel presagio / del lauro bélico / y de la paz, / del lauro y de la paz».

* Estandarte con la cruz y el monograma de Cristo.

20. La forja de un rebelde (1941-1946) es una trilogía —La forja, La ruta, La llama— del novelista español Arturo Barea (1897-1957). Se trata, a través de la evocación, muy autobiográfica, de la vida de un personaje, de un gran fresco de España, desde comienzos del siglo XX hasta la guerra civil de 1936-1939.

3. La forja de un rebelde

1. Joe Louis (1914-1981), boxeador, alias «Brown Bomber», campeón del mundo de los pesos pesados, peleó dos veces contra el alemán Max Schmeling, que había sido campeón del mundo de los pesados en 1930. El primer combate tuvo lugar el 19 de junio de 1936, y Joe Louis fue derrotado. El segundo, al que hace aquí alusión Fidel Castro, se celebró el 22 de junio de 1938, en el Yankee Stadium de Nueva York ante más de setenta mil espectadores, fue transmitido en directo por radio en cuatro lenguas: inglés, alemán, portugués y español. Fue una pelea trascendental por su dimensión simbólica, a la víspera de la Segunda Guerra Mundial, un afroamericano y un «ario» se enfrentaban: la democracia contra el nazismo. Joe Louis venció por K.O. en el primer asalto.

2. Max Schmeling (1905-2005) tomó parte, como paracaidista, en la invasión alemana de Creta en 1941 y fue herido en combate.

3. *El Gorrión*, revista argentina de tiras cómicas, fundada en Buenos Aires en 1932 y cuya historieta más popular era, en 1938, «El Vengador», un superhéroe justiciero. Su principal dibujante fue el genial Alberto Breccia (1919-1993), mundialmente famoso, autor, en 1968, de un célebre álbum consagrado a la vida de Che Guevara.

4. *De tal palo, tal astilla* (1880), novela del escritor español José María de Pereda (1833-1906).

5. La carta, escrita en inglés, que el niño Fidel Castro envió al presidente de Estados Unidos, Franklin D. Roosevelt, decía lo siguiente: «Presidente de Estados Unidos... Si usted quiere, deme un billete verde americano de diez dólares, en la carta porque nunca he visto un billete verde americano de diez dólares y me gustaría tener uno. Mi dirección es: Sr. Fidel Castro, Colegio de Dolores, Santiago de Cuba, Oriente-Cuba... No sé muy inglés pero sé mucho español, y supongo que usted no sabe muy español pero sabe muy inglés porque usted es americano pero yo no soy americano...».

4. Entrando en política

1. Eduardo Chibás (1907-1951). Provenía de las luchas estudiantiles contra Machado y era miembro prominente del Partido Auténtico. En mayo de 1947, desencantado con la traición del presidente Grau San Martín, del Partido Auténtico, su entreguismo y la corrupción de su gobierno, funda el Partido del Pueblo Cubano (Ortodoxo) al que ingresa poco después Fidel Castro. Líder carismático, gran comunicador y defensor de una línea nacionalista y de denuncia de la corrupción, era el candidato de su partido para la elección presidencial de junio de 1952 en la que se preveía su victoria electoral. El 5 de agosto de 1951, al final de su emisión de radio dominical, se hizo un disparo en el vientre que le provocó la muerte varios días después.

2. Hasta 1952, las principales fuerzas políticas en Cuba se aglutinaban alrededor de los partidos Auténtico, Ortodoxo, Liberal, Demócrata, Republicano y en menor escala el Socialista Popular (comunista). En las elecciones, usualmente los republicanos hacían alianza con los Auténticos, y los Demócratas y Liberales formaban coaliciones de las que, en una u otra forma, participaba el partido Acción Unitaria, fundado en los últimos años por Fulgencio Batista.

3. En Munich, Alemania, los días 29 y 30 de septiembre de 1938, los representantes de Francia (Daladier), Gran Bretaña (Chamberlain), Italia (Mussolini) y Alemania (Hitler) firmaron unos acuerdos que significaban de hecho la capitulación de las democracias ante las pretensiones expansionistas de las potencias fascistas. Por temor a un conflicto, que era ya sin embargo casi inevitable, París y Londres permitieron a Hitler anexionar la región de los Sudetes, territorio checoslovaco, lo cual alentó al Tercer Reich en su política expansionista. Esa traición alentó a la URSS a buscar un acuerdo con Alemania.

4. Carlos Rafael Rodríguez (1913-1997). Incorporado a la vida política desde 1930, en la lucha contra la dictadura del presidente Gerardo Machado, Rodríguez fue, desde muy joven, miembro activo y dirigente del Partido Comunista, cuyo nombre a partir de la década de 1940 fue Partido Socialista Popular. Fue ministro sin cartera, junto con Juan Marinello (también comunista), en el gobierno de coalición formado por Batista en 1940. Después del triunfo de la Revolución en 1959, ocupó diferentes responsabilidades en el

gobierno y el Estado, terminando su trayectoria como vicepresidente del Consejo de Ministros a cargo de las relaciones exteriores.

5. Curzio Malaparte (1898-1957), escritor italiano, sus obras principales son *Técnica del golpe de Estado* (1931), *Kaputt* (1944) y *La piel* (1949).

6. La tiñosa es un ave carroñera, como el gallinazo o el zopilote; se le llama también el «buitre del Caribe».

7. Rafael Trujillo (1891-1961), dictador de la República Dominicana desde 1930 hasta su asesinato en 1961. En 1946 aprobó una amnistía para los exiliados comunistas, pero cuando éstos regresaron los mandó ejecutar, después de lo cual se planeó la expedición de Cayo Confites.

8. Para una descripción vívida de lo que fue el «Bogotazo», véase Gabriel García Márquez, *Vivir para contarla*, Mondadori, Barcelona, 2002, pp. 332-363.

9. En septiembre de 1981, el periodista colombiano Arturo Alape entrevistó largamente a Fidel Castro acerca de su experiencia en el «Bogotazo».Véase Arturo Alape, *El Bogotazo: Memorias del olvido*, Casa de las Américas, La Habana, 1983.

10. El 18 de octubre de 1945, un golpe de Estado derroca al presidente-dictador Isaías Medina Angarita; se constituye entonces una Junta Revolucionaria de Gobierno presidida por Rómulo Betancourt hasta el 15 de febrero de 1948, en que Rómulo Gallegos, vencedor de las elecciones de diciembre de 1947, asume la presidencia de Venezuela. Este período «revolucionario» sólo dura hasta el 24 de noviembre de 1948, cuando un golpe de Estado militar derroca a Rómulo Gallegos.

11. Rómulo Gallegos (1884-1969), hombre político y gran escritor venezolano. Autor, entre otras obras, de *Doña Bárbara* (1929) y *Canaima* (1935).

12. Raúl Roa (1907-1982). Intelectual, escritor y hombre político. Se vinculó al Movimiento Revolucionario Estudiantil que organizara y dirigiera Julio Antonio Mella desde 1923. Se enfrentó al régimen dictatorial de Gerardo Machado.Y también al de Batista, por lo que tuvo que exiliarse dos veces. Regresó a La Habana al triunfar la Revolución. Desde 1959 fue ministro de Relaciones Exteriores de Cuba, cuya política exterior defendió ante la ONU y en conferencias internacionales. Fue miembro del Comité Central del Partido Comunista, y autor de numerosos libros.

13. El bohío es la vivienda típica del campesino pobre cubano, construida por lo general con paredes de tablas, techo de palma y piso de tierra.

14. Después del asalto al cuartel Moncada de Santiago de Cuba, el 26 de julio de 1953, Fidel Castro es arrestado y juzgado. Él mismo, como abogado, asume su propia defensa, y su alegato final es conocido por el nombre de «La Historia me absolverá», que es a la vez un manifiesto contra Batista y un programa para transformar radicalmente Cuba.

5. El asalto al cuartel Moncada

1. José Antonio Echeverría Bianchi (1932-1957) nació en Cárdenas, provincia de Matanzas. Destacado dirigente estudiantil en la Universidad de La Habana, en 1955 ocupó la presidencia de la FEU y al año siguiente creó el Directorio Revolucionario. Organizó el destacamento que el 13 de marzo de 1957 asaltó el palacio presidencial con la intención de ajusticiar a Fulgencio Batista y desatar la insurrección popular. Muere en una de las acciones de ese día.

2. Abel Santamaría Cuadrado (1927-1953), militante de la Juventud Ortodoxa y después dirigente del Movimiento fundado por Fidel Castro, y segundo jefe del asalto al cuartel Moncada. Apresado y torturado, fue asesinado aquel mismo 26 de julio de 1953.

3. Jesús Montané (1923-1999). Nació en Isla de Pinos. Uno de los líderes históricos de la Revolución cubana. Miembro de las juventudes del Partido Ortodoxo, participó en el ataque al cuartel Moncada. Estuvo en prisión con Fidel Castro. Se exilió a México y formó parte del grupo de expedicionarios que regresaron en el *Granma*. Capturado en la batalla de Alegría de Pío, vuelve a la cárcel hasta el triunfo de la Revolución. Fue diputado de la Asamblea Nacional. Entre sus numerosos cargos, fue también ministro de Comunicaciones.

4. Franz Mehring, *Carlos Marx*, Grijalbo, México, 1957.

5. Haydée Santamaría Cuadrado (1922-1980), militante de la Juventud Ortodoxa y luego del Movimiento de Fidel Castro. Una de las dos mujeres que participaron en las acciones del 26 de julio de 1953. Fue hecha prisionera y encarcelada. Participó en la realización y distribución de la primera edición clandestina de *La Historia me absolverá*. Miembro de la Dirección Nacional del Movimiento 26 de Julio durante la guerra contra la tiranía batistiana. Fundadora y directora hasta su muerte de la Casa de las Américas, importante institución cultural cubana.

6. Raúl Martínez Ararás fue uno de los integrantes del pequeño grupo de dirección organizado por Fidel Castro para preparar las acciones del 26 de julio de 1953. Recibió la misión de dirigir el grupo que debía tomar por asalto el cuartel Carlos Manuel de Céspedes, en la ciudad de Bayamo, acción que también fracasó.

7. Pedro Miret Prieto, nacido en 1927. Fue uno de los organizadores del destacamento de asaltantes del Moncada. Herido en la acción, fue hecho prisionero. Actualmente Vicepresidente del Consejo de Ministros de Cuba.

8. Otto Skorzeny, jefe de comandos especiales alemanes, rescató el 12 de septiembre de 1943, a Benito Mussolini, prisionero, después de su derrocamiento en junio de 1943, en el Gran Sasso, en el macizo montañoso de los Apeninos. Véase Otto Skorzeny, *Vive peligrosamente* (tomo 1) y *Luchamos y perdimos* (tomo 2), Acerbo, Barcelona, 1966.

9. Renato Guitart Rosell nació en Santiago de Cuba en noviembre de 1930. Fue el único santiaguero que conoció de antemano los planes de las acciones del 26 de julio de 1953, y participó decisivamente en su preparación. Integró el comando que tomó por asalto la Posta 3. Fue muerto durante la acción.

10. Melba Hernández Rodríguez del Rey, nacida en 1922, abogada, la otra mujer, junto con Haydée Santamaría, que participó en las acciones del 26 de julio de 1953. Hecha prisionera y encarcelada. Tuvo una participación decisiva en la publicación y distribución de la primera edición clandestina de *La Historia me absolverá*. Durante la guerra fue auditora del Tercer Frente rebelde. Ha ocupado diversas responsabilidades después del triunfo revolucionario, entre ellas embajadora en Vietnam y Kampuchea. Heroína de la República de Cuba.

11. Para una descripción detallada, considerada como la más precisa, del asalto al cuartel Moncada, véase Robert Merle, *Moncada, le premier combat de Fidel Castro*, Robert Laffont, París, 1965.

12. Capitaneado por Raúl Martínez Ararás, al frente de veinticinco hombres, el asalto al cuartel Carlos Manuel de Céspedes de Bayamo también fracasó. Hubo diez muertos entre los asaltantes.

6. «La Historia me absolverá»

1. Óscar Alcalde Valls (1923-1993). Integrante del grupo de asaltantes al Moncada; se interna con Fidel Castro en la cordillera de la Gran Piedra después del asalto. Fue hecho prisionero, juzgado y condenado a trece años de prisión. Tras la amnistía a los moncadistas en 1955 partió al exilio. Después del triunfo de la Revolución, ocupó importantes cargos. Muere en La Habana el 5 de enero de 1993.

2. José Suárez Blanco (1927-1991). Integrante del grupo que asaltó la Posta 3 del cuartel Moncada. Se interna con Fidel Castro en la cordillera de la Gran Piedra después del asalto. Es hecho prisionero, juzgado y condenado. Tras la amnistía de 1955, partió al exilio. Muere en La Habana el 15 de julio de 1991.

3. Para más detalles sobre este episodio de la vida de Fidel Castro, véase Lázaro Barredo Medina, *Mi prisionero Fidel, Recuerdos del teniente Pedro Sarría*, Editorial Pablo de La Torriente, La Habana, 2001.

4. Fidel Castro, *La Historia me absolverá*, Publicaciones del Consejo de Estado, La Habana, 1993.

5. Augusto César Sandino (1895-1934). Revolucionario nicaragüense. Se alza en armas en 1926, y el año siguiente inicia la guerra de guerrillas contra los conservadores en el poder y las fuerzas norteamericanas presentes en Nicaragua. En 1928, el dirigente comunista salvadoreño Farabundo Martí se incorpora a la guerrilla sandinista. En 1933, los norteamericanos se retiran. Triunfa la causa de Sandino, pero éste es asesinado el 1 de febrero de 1934 por los hombres de Anastasio Somoza, entonces jefe de la Guardia Nacional y futuro dictador iniciador de una brutal dinastía dictatorial pro estadounidense finalmente derrocada por la Revolución sandinista el 19 de julio de 1979.

6. Vo Nguyen Giap (n. 1911). General vietnamita. Ingresa en el Partido Comunista en la década de 1930 y se reúne con Ho Chi Minh. Organiza las fuerzas de resistencia contra la ocupación japonesa de su país durante la Segunda Guerra Mundial. A partir de 1946, inicia la guerra contra las fuerzas coloniales francesas. Considerado como uno de los grandes maestros y teóricos de la guerra de guerrillas moderna, es el artífice de la victoria contra los franceses en Dien Bien Phu (1954) y el principal estratega de la guerra de Vietnam contra Estados Unidos de 1961 a 1975.

7. Ho Chi Minh (1890-1969). Revolucionario vietnamita y uno de los grandes dirigentes políticos del siglo xx. Estudia en Moscú e ingresa en el Komintern. Regresa a Vietnam al finalizar la Segunda Guerra Mundial y dirige la lucha por la independencia contra los franceses. En 1954 es elegido presidente de Vietnam del Norte. Organiza la lucha para la liberación de Vietnam del Sur, que conduce el Frente de Liberación Nacional (Vietcong) hasta la victoria sobre Estados Unidos en 1975, y consigue reunificar Vietnam.

8. Mao Zedong (1893-1976), revolucionario chino, fundador del Partido Comunista de China en 1921. Dirigió la Larga Marcha en 1934-1935, que le permitió elaborar las reglas fundamentales de la guerra revolucionaria. Combatió contra los ocupantes japoneses y derrotó a las demás fuerzas chinas, proclamando la República Popular China en Pekín el 1 de octubre de 1949.

7. Che Guevara

1. Fidel Castro se ha expresado a menudo, en textos, discursos y entrevistas, sobre Ernesto Che Guevara; sus principales testimonios están recogidos en el libro *Che en la memoria de Fidel Castro*, prólogo de Jesús Montané, Ocean Press, Melbourne, 1998.

2. Véase «Recorrido por el interior de Argentina (1950). Fragmentos de su diario», en Ernesto Guevara Lynch, *Mi hijo el Che*, Planeta, Madrid, 1981.

3. Ernesto Che Guevara, *Mi primer gran viaje (1951-1952): De la Argentina a Venezuela en motocicleta*, Seix Barral, Barcelona, 1994.

4. El 9 de abril de 1952 se inició la insurrección popular que desembocaría en la revolución boliviana. Fue dirigida por el Movimiento Nacionalista Revolucionario (MNR) de Víctor Paz Estenssoro y la Central Obrera Boliviana (COB) de Juan Lechín. En pocos días fue depuesta la «rosca» (las tres grandes familias dueñas de las minas y de la riqueza nacional); las Fuerzas Armadas fueron desmembradas; los sindicatos se armaron y ocuparon tierras, empresas y prefecturas, transformándose en un poder paralelo; se dio el voto a la mayoría indígena iletrada; se nacionalizaron las minas, y los latifundios fueron repartidos.

5. Alberto Granado, *Con el Che por Sudamérica*, Letras Cubanas, La Habana, 1986.

6. Jacobo Arbenz (1913-1971). Oficial del ejército, fue uno de los principales protagonistas de la «revolución de octubre de 1944», la insurrección popular que derrocó al régimen dictatorial del general Jorge Ubico, quien, por espacio de catorce años, había mantenido al ejército en el poder. Arbenz fue democráticamente elegido presidente de Guatemala en 1951. Su gobierno decretó una Ley de Reforma Agraria que afectaba a las grandes compañías norteamericanas propietarias de tierras, en particular la United Fruit Company. Acusándolo de comunista, la CIA, con la aprobación del presidente Eisenhower y el apoyo de algunos dictadores centroamericanos, organizó un golpe de Estado militar contra Arbenz, que fue derrocado el 27 de junio de 1954.

7. Antonio López Fernández (1930-1956). Integrante del grupo que asaltó el cuartel de Bayamo el 26 de julio de 1953. Logra evadir la persecución y se asila en la embajada de Guatemala en La Habana. Regresa a Cuba después de la amnistía de los moncadistas en 1955 e integra la primera Dirección Nacional del Movimiento 26 de Julio. Expedicionario del *Granma*. Muere asesinado en Boca del Toro el 8 de diciembre de 1956.

8. «Charlé con Fidel toda la noche. Y, al amanecer, ya era el médico de su futura expedición.» Entrevista del Che con el periodista argentino Jorge Masetti, en la Sierra Maestra, abril de 1958, reproducida en Jorge Masetti, *Los que luchan y los que lloran (El Fidel Castro que yo vi)*, Editorial Madiedo, La Habana, 1960. En otro testimonio de ese encuentro, Che escribe: «Es un acontecimiento político el haber conocido a Fidel Castro, el revolucionario cubano. Es joven, inteligente, seguro de sí y de una audacia extraordinaria: creo que hemos simpatizado mutuamente». Ernesto Che Guevara, *Notas del Segundo Diario de viaje*, 1955.

9. Alberto Bayo, *Mi aporte a la revolución cubana*, Imprenta del Ejército Rebelde, La Habana, 1960.

10. Miguel Ángel Sánchez, conocido por «el Coreano» por haber participado en la guerra de Corea. Era ciudadano estadounidense de origen cubano a quien Fidel Castro conoció en noviembre de 1955. Al mes siguiente, se unió en México al grupo de futu-

ros expedicionarios para colaborar en su entrenamiento táctico. A finales de 1956, se desvinculó de los revolucionarios cubanos.

11. En el curso del XX Congreso del Partido Comunista de la URSS, en Moscú, del 14 al 25 de febrero de 1956, Nikita Jruschov presentó un «informe secreto» denunciando los crímenes de Stalin y los errores en la agricultura.

12. Lázaro Cárdenas (1895-1970), general de la revolución mexicana, presidente de México de 1934 a 1940. Impulsó una importante reforma agraria y nacionalizó el petróleo en 1938.

8. En la Sierra Maestra

1. Herbert Matthews fue el primer periodista internacional que subió a la Sierra cuando todos los medios de comunicación en Cuba censuraban las informaciones sobre la guerrilla y cuando la propaganda de Batista pretendía que Fidel Castro había muerto en los combates de Alegría de Pío. Matthews tenía entonces cincuenta y siete años y era el editorialista titular del *New York Times* para asuntos latinoamericanos. Había sido corresponsal de su periódico en Etiopía cuando Italia invadió ese país en 1935, en España durante la guerra civil y en Europa durante la Segunda Guerra Mundial. Entrevistó a Fidel Castro el 17 de febrero de 1957, y publicó en el *New York Times* tres artículos. El primero salió el 24 de febrero en primera plana con el titular siguiente: «Rebelde cubano entrevistado en su escondite», los otros dos se publicaron los días 25 y 26 de febrero de 1957. El día 28, el *New York Times* publicó además una foto de Matthews con Fidel Castro para demostrar la veracidad de la entrevista, que negaban las autoridades batistianas. Esa foto comenzaría pronto a recorrer los medios de comunicación de todo el mundo. Gracias a Matthews, la guerrilla de Fidel Castro alcanzaba así resonancia internacional, y su jefe, una imagen de romántico justiciero.

2. Después de este primer servicio brindado a la guerrilla, José Isaac prestó durante toda la guerra una valiosa colaboración al Ejército Rebelde. Falleció en La Habana a finales de la década de 1990. [Nota de Pedro Álvarez Tabío.]

3. El combate del Uvero fue el 28 de mayo de 1957.

4. Visitando en compañía de Fidel Castro el cuartel Moncada en Santiago de Cuba, el 19 de enero de 2003, pude ver ese histórico fusil.

5. Juan Almeida (n. 1927). Comandante de la Revolución. Se incorpora a la lucha contra Batista después del golpe de Estado del 10 de marzo de 1952, en la universidad donde conoció a Fidel Castro. Participa en el asalto al cuartel Moncada y es condenado a prisión. Forma parte del grupo de expedicionarios del *Granma*. Participa en numerosos combates en la Sierra. En 1958, es nombrado jefe de la columna Santiago de Cuba del Ejército Rebelde. Ha ocupado numerosos cargos. Es presidente de la Asociación de Combatientes de la Revolución Cubana.

6. José Quevedo Pérez, *La batalla del Jigüe*, Editorial Letras Cubanas, La Habana, 1979; *El último semestre*, Ediciones Unión, La Habana, 1982, y *Vale la pena recordar*, Imprenta de las FAR, La Habana, 1993.

9. Lecciones de una guerrilla

1. Ernest Hemingway (1899-1961), escritor norteamericano, premio Nobel de Literatura en 1954. Fue corresponsal en España durante la guerra civil (1936-1939). Esa experiencia le condujo a escribir —en la habitación 525 del hotel Ambos Mundos de La Habana— *For Whom the Bells Tolls* (*Por quién doblan las campanas*), 1940, sin duda la más célebre de las novelas inspiradas en ese conflicto. En 1943, el director Sam Wood hizo en Hollywood una película con el mismo título basada en la novela, con Gary Cooper e Ingrid Bergman en los papeles estelares.

10. Revolución: primeros pasos, primeros problemas

1. Nombre oficial entonces del antiguo Partido Comunista de Cuba, cuyo secretario general era, en aquella época, Blas Roca y al que pertenecía Carlos Rafael Rodríguez.
2. Por ejemplo, a Jesús Sosa Blanco, un jefe de la policía de Batista, juzgado en el Palacio de los Deportes de La Habana el 22 de enero de 1959, se le acusaba de ciento ocho asesinatos...
3. Fidel Castro se refiere aquí a Eutimio Guerra, campesino de la Sierra Maestra incorporado a la guerrilla antes del primer combate de La Plata, quien fue hecho prisionero por el ejército de Batista y, a cambio de generosos ofrecimientos materiales, fue persuadido para asesinar a Fidel Castro o propiciar la destrucción del destacamento guerrillero, lo cual estuvo a punto de lograr en dos ocasiones. Su traición fue descubierta, y el traidor fue capturado, juzgado y ajusticiado por los rebeldes el 17 de febrero de 1957, el mismo día en que se efectuó la entrevista de Fidel Castro con el periodista norteamericano Herbert Matthews. [Nota de Pedro Álvarez Tabío.]
4. Gustave Le Bon (1841-1931), médico, arqueólogo, antropólogo y psicólogo francés, autor de dos obras muy famosas, traducidas en el mundo entero: *Les Lois psychologiques de l'évolution des peuples* (1894) y *La Psychologie des foules* (1895).
5. Se refiere Fidel Castro aquí a los programas en desarrollo en aquel momento, dentro de la gran campaña de educación, elevación de los niveles de cultural general integral y de concienciación de todo el pueblo que ha recibido el nombre genérico de «Batalla de Ideas». El número de programas ha seguido creciendo, y a finales de 2005 sumaban ya más de ciento cincuenta.
6. Véase Sara Mas, «Mujeres en la línea de fuego. Las Marianas», *Granma*, La Habana, 4 de septiembre de 2003.
7. Esta campaña y su instrumentación recibieron el nombre de «Operación Peter Pan». Está documentada históricamente la participación activa en ella de sectores del clero católico en Cuba y en Miami. Véase Ramón Torreira Crespo y José Buajasán Marrawi, *La Operación Peter Pan*, Editora Política, La Habana, 2000.
8. Mijaíl Shólojov (1905-1984), escritor soviético (Ucrania), premio Nobel de Literatura en 1965. Autor de la célebre tetralogía *El Don apacible* (1928-1940).
9. En México, de 1926 a 1929, la rebelión de los cristeros, indígenas y campesinos católicos sublevados al grito de «¡Viva Cristo Rey!» contra los anticlericales, se tradujo en una verdadera guerra civil que causó decenas de miles de muertos.

11. Empiezan las conspiraciones

1. Antonio Núñez Jiménez (1923-1998). Geógrafo, espeleólogo y naturalista. Capitán del Ejército Rebelde, combatió en la columna del Che Guevara. Ocupó altos cargos gubernamentales. Autor de una enciclopedia monumental, *Cuba, la naturaleza y el hombre*, y de numerosos libros de geografía de Cuba.

2. Véase la nota 3 del capítulo 2.

3. En 1921, al final de la guerra civil, la Unión Soviética está en ruinas y su población presa del hambre. Lenin decide entonces abandonar el comunismo de guerra y lanza la NEP (Nueva Política Económica), un retorno parcial al capitalismo, una economía mixta, y da prioridad a la agricultura. Los resultados son positivos. Lenin muere en 1924. Y en 1928 Stalin abandona bruscamente la NEP y pasa a una economía enteramente socialista dando prioridad a la industrialización para «construir el socialismo en un solo país».

4. En 1963-1964 se produjo un importante debate teórico sobre la organización económica de la Revolución cubana en el que polemizaron los partidarios del Cálculo Económico (CE) con los partidarios del Sistema Presupuestario de Financiamiento (SPF). Los primeros, encabezados por Carlos Rafael Rodríguez, Alberto Mora, Marcelo Fernández Font y el economista marxista francés Charles Bettelheim, propiciaban y defendían un proyecto político de socialismo mercantil, con empresas gestionadas en forma descentralizada y con autarquía financiera, compitiendo e intercambiando con dinero sus respectivas mercancías en el mercado. En cada una de las empresas predominaba el estímulo material. La planificación, sostenían estos seguidores del Cálculo Económico, operaba a través del valor y del mercado. Ése era el camino principal elegido y promovido en aquellos años por los soviéticos.

Los segundos, encabezados por Che Guevara y acompañados por Luis Álvarez Rom y el economista belga (dirigente de la IV Internacional) Ernest Mandel, entre otros, cuestionaban el matrimonio de socialismo y mercado. Defendían un proyecto político donde planificación y mercado son términos antagónicos. El Che pensaba que la planificación era mucho más que un mero recurso técnico para gestionar la economía. Era la vía para ampliar el radio de racionalidad humana, disminuyendo progresivamente las cuotas de fetichismo en las que se sustentaba la creencia en una «autonomía de las leyes económicas».

Los partidarios, como el Che, del Sistema Presupuestario, propiciaban la unificación bancaria de todas las unidades productivas, con un presupuesto único y centralizado, entendidas todas ellas como partes de una gran empresa socialista (integrada por cada una de las unidades productivas particulares). Entre fábrica y fábrica de una misma empresa consolidada no había compraventa mediada por el dinero y el mercado, sino intercambio a través de un registro de cuenta bancaria. Los productos pasaban de una unidad productiva a otra sin ser mercancía. El Che y sus partidarios promovían e impulsaban el trabajo voluntario y los incentivos morales como herramientas privilegiadas —aunque no únicas— para elevar la conciencia socialista de los trabajadores.

Véase Orlando Borrego (compañero y colaborador del Che en el Ministerio de Industrias), *Che Guevara, el camino del fuego*, y *Che, recuerdos en ráfaga*, Editorial Hombre Nuevo, Buenos Aires, respectivamente 2001 y 2003. Véase también Néstor Kohan, «Che Guevara, lector de *El capital*, diálogo con Orlando Borrego», *Rebelión*, Buenos Aires, 13 de agosto de 2003.

5.   Sobre las ideas del Che en economía, véase «El socialismo y el hombre en Cuba», en *Justicia global, liberación y socialismo*, Ocean Press, Melbourne, 2002, p. 33.

6.   Véase el Informe Church, *Alleged Assasination Plots Involving Foreign Leaders* (Sobre planes para la eliminación física de dirigentes políticos extranjeros), coordinado por el senador Frank Church, Senado de Estados Unidos, Washington, 1975. La Comisión Church aceptó, como confirmados, ocho planes de asesinato dirigidos contra Fidel Castro entre 1960 y 1965 con participación directa y recursos de la CIA.

7.   Cf. Luis Báez, *El mérito es vivir. Objetivo: asesinar a Fidel*, Editorial La Buganville, Barcelona, 2002. Véase también José Ramón Fernández y José Pérez Fernández, *La guerra de EE.UU. contra Cuba. La invasión de Playa Girón. 638 planes para asesinar a Fidel Castro. 40 años de agresiones*, Editora Política, La Habana, 2001; y Jacinto Valdés-Dapena, *La CIA contra Cuba. La actividad subversiva de la CIA y la contrarrevolución (1961-1968)*, Editorial Capitán San Luis, La Habana, 2002.

8.   Véase la nota 6 de este capítulo 11.

9.   Luis Posada Carriles (nacido en 1928) y otros tres cubanos vinculados a ese plan para asesinar a Fidel Castro —Pedro Remón, Guillermo Novo y Gaspar Jiménez— fueron detenidos, juzgados y encarcelados en Panamá. En agosto de 2004, la presidenta saliente de Panamá, Mireya Moscoso, indultó a esos cuatro terroristas, tres de los cuales se trasladaron de inmediato a Estados Unidos y fueron acogidos por las autoridades de ese país. En marzo de 2005, Cuba denunció que Posada Carriles había entrado clandestinamente en Estados Unidos, lo cual fue negado inicialmente por Washington. Ante la intensa campaña internacional impulsada por La Habana, la presencia de Posada en Miami fue reconocida, lo cual creó una situación difícil para el gobierno estadounidense, campeón de la «cruzada mundial contra el terrorismo», que daba amparo, sin embargo, a un connotado terrorista confeso (véase la entrevista a Luis Posada Carriles en el *New York Times*, 12 de julio de 1998). Las autoridades norteamericanas no tuvieron otra alternativa que detenerlo y ponerlo a disposición de los tribunales por «entrada ilegal al país». En septiembre de 2005, la justicia estadounidense determinó que Posada no sea deportado a Venezuela (de donde se había fugado de prisión en 1985) o a Cuba por considerar que «podría ser torturado» en esos países... Los jefes de Estado latinoamericanos reunidos en Salamanca con ocasión de la Cumbre Iberoamericana, en octubre de 2005, expresaron su solidaridad con Venezuela y Cuba, y apoyaron las gestiones para «lograr la extradición o llevar ante la justicia» a Posada Carriles.

12. Playa Girón

1.   Desfiladero angosto (entre 10 y 50 metros) en la Grecia antigua donde tuvo lugar, en 480 a. de C., una célebre batalla entre los espartanos al mando de Leónidas y los invasores persas conducidos por el emperador Jerjes. Vencen los persas.

2.   En abril de 2003, los tribunales estadounidenses confirmaron las largas penas de prisión infligidas a cinco funcionarios cubanos —Gerardo Hernández Nordelo, Ramón Labañino Salazar, Fernando González Llort, René González Sehwerert y Antonio Guerrero Rodríguez— detenidos en Florida en 2001 y acusados de «espionaje». La Asamblea del Poder Popular de Cuba les otorgó a cada uno en diciembre de 2001 el título de «Héroe de la República de Cuba». En agosto de 2005, el Tribunal de Apelación de

Atlanta declaró nulo el juicio efectuado en Miami y, por tanto, las condenas impuestas a los cinco cubanos. A pesar de eso, permanecen —en diciembre de 2005— encerrados en prisiones, privados de visitas. La causa de estos «Cinco Héroes», como se les conoce en Cuba, ha promovido un fuerte movimiento de solidaridad internacional. (Véase también la nota 9, cap. 21.)

3. Independiente en 1975, Angola fue inmediatamente pasto de una larga guerra civil que opuso el gobierno de Luanda, dirigido por Agostinho Neto y controlado por el MPLA (Movimiento Popular de Liberación de Angola), marxista, al UNITA (Unión Nacional por la Independencia Total de Angola), apoyado por Estados Unidos y la República Sudafricana (y su régimen de *apartheid*). Ante la intervención directa de las fuerzas sudafricanas que invadieron Angola y amenazaban con conquistar Luanda, Cuba lanzó la Operación Carlota y envió, en diciembre de 1975, un importante cuerpo expedicionario que detuvo a los sudafricanos, los repelió y acabó por infligirles una espectacular derrota en la batalla de Cuito Cuanavale en 1987. (Véase el capítulo 15, «Cuba y África».)

4. En 1974, una rebelión de los oficiales del ejército apoyados por los estudiantes, los intelectuales y la población puso fin al imperio milenario de Etiopía y al reinado del viejo emperador Haile Selassie. En 1977, el coronel Mengistu Haile Mariam asumió el poder en un momento en que el país había sido invadido por Somalia, que ocupaba la región de Ogadén, cuya soberanía reclamaba. La Unión Soviética prestó ayuda a Etiopía, y Cuba envió un cuerpo expedicionario. En 1978, las fuerzas cubano-etíopes infligieron una importante derrota al ejército somalí, que tuvo que retirarse de Ogadén.

5. Véase capítulo 11, nota 6.

6. John O'Connor (1920-2000), cardenal, arzobispo de Nueva York desde 1984 hasta su fallecimiento el 4 de mayo de 2000. Visitó Cuba con una delegación de peregrinos neoyorquinos en enero de 1998 con ocasión de la visita del papa Juan Pablo II.

7. Alpha 66, organización paramilitar fundada en 1961, con base en Florida donde posee campos de entrenamiento. Lleva a cabo ataques de comando y organiza atentados en Cuba.

Omega 7, organización violenta, fundada en 1974, con base en Miami, constituida esencialmente por veteranos de la invasión de Playa Girón, especializada en atentados mediante coches bomba y ataques con armas de fuego contra representantes del gobierno cubano en Nueva York, Nueva Jersey y Florida.

13. La crisis de octubre de 1962

1. Situada en las inmediaciones de la localidad de Lourdes, a 60 km al sur de La Habana, esta importante base cubría un área de 72 km^2 y en ella trabajaban unos mil quinientos ingenieros, técnicos y personal militar rusos. Fue instalada en la época de la estrecha alianza política, económica y militar entre Cuba y la Unión Soviética. Era utilizada para interceptar todo tipo de comunicaciones electrónicas. En 1994, Rusia y Cuba acordaron mantener la base, por lo cual Moscú pagaba una renta anual de unos doscientos millones de dólares. En octubre de 2001, Moscú anunció el cierre de las bases de escucha electrónica de Lourdes y de Cam Ranh, en Vietnam.

2.   La Operación Mangosta fue un programa de guerra subversiva montado por el Consejo de Seguridad Nacional de Estados Unidos contra Cuba. Comprendía acciones de guerra económica, de inteligencia, de guerra psicológica, de apoyo a grupos armados, y de apoyo a organizaciones políticas contrarrevolucionarias. Lanzado en noviembre de 1961 a partir de consideraciones del general Maxwell Taylor después del fracaso de la tentativa de invasión en Playa Girón, concluyó oficialmente el 3 de enero de 1963.

3.   Arthur M. Schlesinger Jr., asesor de John Kennedy, visitó Cuba, a la edad de ochenta y cinco años, con ocasión de la conferencia internacional «La crisis de octubre: una visión política cuarenta años después» que tuvo lugar en La Habana los días 11 y 12 de octubre de 2002. En esa ocasión le preguntaron si, como se dice a menudo, Kennedy tenía la intención de mejorar las relaciones con Cuba después de la crisis de octubre, y declaró: «Fui testigo directo de esas intenciones, pues me las comento más de una vez y puedo decirle que, pese a muchas cuestiones que reclamaban su atención, ya el presidente [Kennedy] estaba pensando en vías y formas para concretar su acercamiento a La Habana». A ese respecto Schlesinger mencionó «una carta cuyo contenido exacto me es imposible recordar, dirigida al gobierno cubano que fue enviada a través del gobierno de Brasil». Y concluyó: «Pero sus esfuerzos fueron cortados con su asesinato a finales de aquel año». Cable de la agencia AIN, 13 de octubre de 2002.

4.   Arthur M. Schlesinger Jr., *A Thousand Days: John F. Kennedy in the White House*, Mariner Books, Boston, 1965.

14. La muerte de Che Guevara

1.   La Conferencia de Bandung (Indonesia) tuvo lugar del 18 al 24 de abril de 1955, se reunieron veintinueve países de lo que empezaba a llamarse el Tercer Mundo, y dio origen al Movimiento de los No Alineados. Los oradores más influyentes fueron Nehru (India), Chu Enlai (China), Sukarno (Indonesia) y Nasser (Egipto).

2.   Zhu Enlai (1898-1976), revolucionario chino, compañero de Mao Zedong, al que acompañó en la Larga Marcha (1934-1935); después del triunfo de la revolución china, en 1949, fue nombrado primer ministro, y luego ministro de Relaciones Exteriores.

3.   Jawaharlal Nehru (1889-1964), dirigente político indio, compañero de Mahatma Gandhi, con el que luchó por la independencia de la India, obtenida en 1947. Fue primer ministro de su país.

4.   Gamal Abdel Nasser (1918-1970), coronel egipcio, participó en el golpe de Estado de 1952 que derrocó a la monarquía y al rey Faruk. En 1954 accede al poder, lanza el panarabismo, apoya los movimientos de liberación nacional, y se convierte en uno de los líderes más importantes del mundo afroasiático. Pierde la guerra relámpago de junio de 1967 contra Israel.

5.   Sukarno (1901-1970), dirigente político indonesio. Fundador del Partido Nacionalista Indonesio en 1927, conquistó la independencia de su país dos veces, contra los japoneses en 1945 y contra los holandeses en 1948. Fue el primer presidente de Indonesia, hasta su derrocamiento el 30 de septiembre de 1965.

6.   Rómulo Betancourt (1908-1981), dirigente del partido Acción Democrática (socialdemócrata) de Venezuela, fue presidente de 1945 a 1948. En 1958 fue elegido de

nuevo, esta vez democráticamente, presidente, y combatió con ferocidad las guerrillas venezolanas. Fue derrocado en 1964.

7. Los acuerdos de Bretton Woods (Estados Unidos) fueron firmados, en julio de 1944, por cuarenta y cuatro países para reformar el sistema monetario y estimular los intercambios internacionales después de la Segunda Guerra Mundial. Esos acuerdos establecieron el cambio del dólar-oro (Gold Exchange Standard) y establecieron el dólar como moneda de reserva internacional. También crearon el Fondo Monetario Internacional (FMI) y el Banco Mundial. (Véase también la nota 9, cap. 20).

8. Véase Che Guevara: «Crear dos, tres, muchos Vietnam, es la consigna», en *Justicia global, liberación y socialismo, op. cit.*, p. 51.

9. Masetti entrevistó a Che Guevara en la Sierra Maestra en abril de 1958. Véase esa entrevista en Ernesto Che Guevara, *América Latina. Despertar de un continente*, Ocean Press, Melbourne, 2003, pp. 199-207.

10. El grupo de veinticinco hombres encabezado por Masetti (comandante Segundo), instalado en la región de Salta, una localidad argentina fronteriza con Bolivia, «desapareció» entre el 15 y el 25 de abril de 1964.

11. Véase Luis Báez, *Secretos de generales*, Losada, Buenos Aires, 1997.

12. Patrice Lumumba (1925-1961), dirigente político del Congo (Kinshasa), líder de la lucha independentista contra Bélgica, primer ministro en junio de 1960, asesinado en 1961.

13. Cf. Ahmed Ben Bella, «Ainsi était le Che», *Le Monde diplomatique*, octubre de 1997.

14. Moisés Tshombé (1919-1969). Dirigente político del Congo ex belga. Funda el partido Conakat en la provincia de Katanga. En 1960, apoyado por varias potencias occidentales, se opone a Patrice Lumumba, se hace elegir presidente de Katanga y declara la independencia de esa rica región. Lumumba reclama la intervención de Naciones Unidas, y será asesinado por oficiales katangueños. Tshombé tiene que abandonar el poder. Parte al exilio en Europa, y reside un tiempo en España. Muere en Argelia.

15. Mobutu Sese Seko (1930-1997), jefe de las Fuerzas Armadas del Congo después de la independencia, derrocó al presidente Kasavubu en 1965, combatió las guerrillas con el apoyo de mercenarios, fue dictador de su país hasta su propio derrocamiento en 1997 por las fuerzas de Laurent-Désiré Kabila.

16. Ernesto Che Guevara, *L'Année où nous n'étions nulle part, extraits du journal d'Ernesto Che Guevara en Afrique*, textos comentados y recopilados por Paco Ignacio Taibo II, Froilán Escobar y Félix Guerra, Métaillé, París, 1995.

17. La cita exacta es: «Mi única falta de alguna gravedad es no haber confiado más en ti desde los primeros momentos de la Sierra Maestra y no haber comprendido con suficiente celeridad tus cualidades de conductor y de revolucionario». Véase el texto completo de esa carta, que Fidel Castro hizo pública el 3 de octubre de 1965, en *Che en la memoria de Fidel Castro, op. cit.*, pp. 34-36.

18. El Che se sometió a una transformación plástica y de maquillaje con prótesis bucal, realizada por especialistas cubanos.

19. El comando que se entrena a las órdenes de Che Guevara para ir a Bolivia estaba compuesto por los siguientes hombres: comandante Machín (Alejandro), comandante Alberto Fernández Montes de Oca (Pacho), capitán Suárez Gayol (El Rubio), comandante Juan Vitalio Acuña (Joaquín), comandante Antonio Sánchez Díaz (Pinares, y Marcos en

Bolivia), capitán Eliseo Reyes (Rolando y capitán San Luis en Bolivia), capitán Orlando Pantoja (Antonio), capitán Manuel Hernández (Miguel), Leonardo Tamayo (Urbano), Harry Villegas (Pombo), Dariel Alarcón Ramírez (Benigno), Carlos Coello (Tuma), José María Martínez Tamayo (Ricardo), Israel Reyes (Braulio) y René Martínez Tamayo (Arturo).

20.   Se trata de los hermanos José María y René Martínez Tamayo.

21.   Ciro Bustos, argentino, único superviviente del grupo de Jorge Masetti, y enlace de la columna del Che con los militantes argentinos que debían unirse a la guerrilla, fue capturado y, sometido a tortura, suministró al parecer información sobre la presencia del Che y su localización.

22.   Tamara Bunke Bider (1937-1967), apodada Laura González Bauer, y conocida como «Tania, la guerrillera», argentina de ascendencia alemana, participa en la guerrilla en Bolivia en el grupo de Joaquín, cuyos miembros cayeron en una emboscada en el Vado del Yeso, el 2 de septiembre de 1967.

23.   Fidel Castro pronunció ese discurso en la velada del recordatorio de Che Guevara, el 18 de octubre de 1967, en la plaza de la Revolución, en La Habana, ante un millón de personas.

15. Cuba y África

1.   Véase Ahmed Ben Bella, «Ainsi était le Che», *Le Monde diplomatique*, octubre de 1997.

2.   La masacre de Kassinga ocurrió el 4 de mayo de 1978, cuando fuerzas sudafricanas bombardearon un campo de refugiados namibios en la provincia sur-angolana de Cunene matando a más de 600 personas, esencialmente mujeres, niños y ancianos.

3.   El contingente Henry Reeve, así llamado en homenaje a un norteamericano que combatió en las guerras de independencia de Cuba y alcanzó altos grados como oficial del Ejército Libertador cubano, fue constituido en 2005 a raíz del rechazo por parte del gobierno de Estados Unidos del ofrecimiento cubano de un destacamento de médicos y personal de la salud, completamente equipado con medicamentos, dotaciones y hospitales de campaña, para auxiliar a las víctimas del devastador huracán Katrina, que desoló la ciudad de Nueva Orleans y extensas zonas de los estados norteamericanos de Lousiana y Alabama.

4.   Ese destacamento cubano estaba bajo las órdenes del comandante Efigenio Ameijeiras, un veterano del *Granma* y de la Sierra Maestra y ex jefe de la policía revolucionaria de Cuba.

5.   Para una descripcion detallada de cómo se llevó a cabo esta operación, véase Gabriel García Márquez, «Operación Carlota», *Tricontinental*, n.º 53, La Habana, 1977.

6.   El 7 de diciembre de 1989, aniversario de la muerte del general Antonio Maceo, se inicio la Operación Tributo, mediante la cual se efectuaron ceremonias de inhumación en Cuba a los combatientes internacionalistas cubanos caídos en su acción solidaria en tierras africanas.

7.   Chester A. Crocker, *High Noon in Southern Africa: Making Peace in a Rough Neighborhood*, Norton & Company, Nueva York, 1992.

16. Las crisis migratorias con Estados Unidos

1.   The Cuban Adjustement Act, o Ley de Ajuste Cubano, adoptada por el Congreso de Estados Unidos el 2 de noviembre de 1966 durante la presidencia de Lyndon B. Johnson, modifica el estatuto de los inmigrantes cubanos y los califica de «refugiados políticos» con derecho automático al asilo político y al permiso de residencia permanente en Estados Unidos. Cuba sostiene que esa ley constituye un estímulo a la emigración ilegal.

2.   En 1994, hasta el 22 de julio, Estados Unidos sólo había concedido 544 visados… en vez de los más de diez mil que a esas alturas del año ya tenía que haber concedido según los acuerdos de 1984.

3.   El 5 de agosto de 1994, en pleno «período especial», un grupo de personas intentó apoderarse en La Habana de una lancha, lo que provocó manifestaciones en la zona del puerto. En las inmediaciones de esa zona, en los barrios del centro y de La Habana Vieja, a primera hora de la tarde, estallaba un motín. La policía se vio desbordada y la situación estaba a punto de salirse de control.

4.   Felipe Pérez Roque (n. 1965), actual ministro de Relaciones Exteriores de Cuba, era entonces asistente personal de Fidel Castro.

5.   Carlos Lage (n. 1951), actual vicepresidente del Consejo de Estado de Cuba y secretario del Consejo de Ministros.

6.   Se estima que más de cien mil marroquíes y subsaharianos intentan, cada año, atravesar clandestinamente el estrecho de Gibraltar. Pocos lo consiguen; según datos de las autoridades de Madrid, en los nueve primeros meses de 2003 habían sido detenidos 15.985 extranjeros en las costas españolas procedentes, a bordo de pateras, de Marruecos. Según la Asociación de Amigos y Familias de Víctimas de la Inmigración Clandestina (AFVIC), entre 1997 y 2001, unos diez mil emigrantes clandestinos procedentes de Marruecos perdieron la vida al tratar de atravesar el estrecho.

7.   Tratado de Libre Comercio entre Canadá, Estados Unidos y México, en vigor desde el 1 de enero de 1994.

8.   Por primera vez en cuarenta años, en septiembre de 2003, un cubano que secuestró en abril de 2003 un avión de pasajeros para llegar a Miami fue condenado a veinte años de cárcel por un tribunal de Florida. Por otra parte, en julio de 2003, y también por primera vez en cuatro décadas, las autoridades de Estados Unidos devolvieron a Cuba un grupo de doce cubanos que habían secuestrado una embarcación en Camagüey con la que llegaron ilegalmente a Florida. (Véase también la nota 2, cap. 22.)

9.   Bob Menéndez, nacido en Cuba, representante (diputado) del distrito 13 de Nueva Jersey, fue elegido el 14 de noviembre de 2002 presidente del Caucus Demócrata de la Cámara de Representantes de Estados Unidos, Washington.

10.   Eduard Shevardnadze (n. 1928), ministro de Relaciones Exteriores de la Unión Soviética (1985-1990). Presidente de Georgia, elegido en 1996 y 2000. Derrocado por una insurrección popular en noviembre de 2003.

11.   En 2003, Estados Unidos se convirtió en el mayor abastecedor de alimentos de Cuba, pese al embargo vigente desde 1962; en los nueve primeros meses ya había vendido a la empresa cubana Alimport alimentos y productos agrícolas por valor de 238 millones de dólares. En septiembre de 2003, por ejemplo, una delegación del estado de Montana, encabezada por el senador demócrata Max Baucus y el congresista republicano Dennis Rehberg, viajó a Cuba al frente de un grupo de empresarios del que formaba

parte también el presidente de la Asociación de Turoperadores de Estados Unidos, Robert Whitley. Durante ese viaje se firmaron acuerdos para vender alimentos norteamericanos por valor de diez millones de dólares. Las ventas de alimentos y productos agrícolas estadounidenses a Cuba han proseguido en 2004 y 2005, a pesar de las severas restricciones prácticas impuestas a estas transacciones.

12. Pese a la beligerancia de la Administración Bush, cada vez son mayores los espacios logrados dentro de Estados Unidos por los partidarios (empresarios, académicos, turoperadores, congresistas demócratas o republicanos) de normalizar las relaciones con Cuba. Muestra de ello fue la visita, en septiembre de 2003, del senador republicano Norman Coleman, jefe de la Subcomisión de Relaciones Exteriores del Senado para el Hemisferio Occidental, uno de los muchos políticos republicanos que están en favor de la flexibilización del embargo económico, y que se entrevistó con Fidel Castro el 21 de septiembre de 2003.

13. El 14 de septiembre de 2003, el presidente de la corporación cubana Alimport, Pedro Álvarez, declaró que en ocho meses Cuba había comprado a empresas norteamericanas alimentos por valor de más de doscientos millones de dólares.

14. En esa línea, la Cámara de Representantes de Washington aprobó en septiembre de 2003, por 227 votos a favor y 188 en contra, una iniciativa para autorizar los viajes de los norteamericanos a la isla.

17. El derrumbe de la Unión Soviética

1. El 26 de abril de 1986, en la central nuclear de Chernóbil, al norte de Ucrania y a sólo doce kilómetros de la frontera con Bielorrusia, se produjo el mayor accidente nuclear no bélico de la historia. Las autoridades locales ocultaron en un principio a la población y al mundo las verdaderas dimensiones de la catástrofe, que causó centenares de muertos y decenas de miles de personas contaminadas por materias radiactivas.

2. André Voisin (1903-1964), ingeniero agrónomo francés, autor de *Hierba, suelo y cáncer*, Tecnos, Madrid, 1961.

3. Felipe González (n. 1942), dirigente del Partido Socialista Obrero Español (PSOE), fue presidente del Gobierno de España de 1982 a 1996.

4. Promulgada en 1992, la Ley Torricelli establece dos sanciones fundamentales: 1) prohibir el comercio de filiales de compañías norteamericanas establecidas en terceros países con Cuba; 2) prohibir a barcos que entren en puertos cubanos con propósitos comerciales tocar puertos en Estados Unidos o en sus posesiones durante los ciento ochenta días siguientes a la fecha de haber abandonado el puerto cubano.

5. Jessie Helms, presidente del Comité de Asuntos Exteriores del Senado y senador de Carolina del Norte, y Dan Burton, representante de Indiana en la Cámara de Representantes, presentaron una ley —aprobada por el presidente Bill Clinton el 12 de marzo de 1996— sobre el «derecho de las personas afectadas por la Revolución cubana» y sobre las «medidas a adoptar contra aquellos que realizan negocios con Cuba». Consúltese: www.cubavsbloqueo.cu/especiales/lhb/ley_hb_intro.htm.

NOTAS

18. El caso Ochoa y la pena de muerte

1. En junio de 1989 fue detenido el general de división Arnaldo Ochoa, de cuarenta y nueve años, «héroe de la República de Cuba», veterano de la Sierra Maestra, donde combatió con Camilo Cienfuegos. Ochoa se había distinguido en las guerrillas de Venezuela y de Nicaragua, y en las guerras de Etiopía y de Angola. También fueron detenidos altos oficiales del Ministerio del Interior. Todos acusados de corrupción y narcotráfico. Fueron juzgados —Causa 1/1989— por un tribunal militar que los declaró culpables y condenó a cuatro de ellos a pena de muerte por fusilamiento «por alta traición a la patria», y a los demás a penas de prisión. El 9 de julio, el Consejo de Estado ratificó las condenas. Cuatro días más tarde, el 13 de julio de 1989, el general Ochoa, el coronel Antonio (Tony) de La Guardia, el capitán Jorge Martínez y el mayor Amado Padrón fueron fusilados. Acusados de complicidad, el ministro del Interior José Abrantes y varios de sus colaboradores fueron igualmente detenidos, juzgados —Causa 2/1989— y condenados a penas de prisión. José Abrantes, condenado a veinte años, falleció en la cárcel el 21 de enero de 1991.

2. Antonio Navarro Wolf, ex dirigente del movimiento guerrillero M-19, y actualmente senador independiente en el Congreso de Colombia.

3. Norberto Fuentes (n. 1943), escritor cubano, autor de *Hemingway en Cuba* (prólogo de Gabriel García Márquez), Editorial Letras Cubanas, La Habana, 1985. Exiliado en Miami. Ha publicado su versión personal del asunto Ochoa en *Dulces guerreros cubanos*, Seix Barral, Barcelona, 1999. En 2004, publicó un libro con el título *La autobiografía de Fidel Castro. 1. El paraíso de los otros*, Destino, Barcelona.

4. Por ejemplo, Che Guevara ha escrito: «La justicia revolucionaria es una justicia verdadera, no es rencor ni desbordamiento malsano. Cuando aplicamos la pena de muerte, lo hacemos correctamente», Editorial Cuba, La Habana, noviembre de 1967.

5. Esta parte de la conversación tiene lugar en enero de 2003, antes por consiguiente del secuestro de una lancha el 2 de abril, del arresto de los secuestradores, del juicio y de la ejecución de tres de ellos el 11 de abril de 2003. Estas ejecuciones pusieron fin a una suspensión de hecho de la pena de muerte, moratoria practicada por las autoridades cubanas desde abril de 2000. Según Amnistía Internacional, en noviembre de 2003 había en Cuba cincuenta y dos personas condenadas a la pena capital.

6. Véase Seymour M. Hersch, *Obediencia debida. Del 11-S a las torturas de Abu Ghraib*, en particular el capítulo «La caza del hombre», Aguilar, Madrid, 2004, pp. 292-305.

7. Brigadas Rojas, organización clandestina italiana, de inspiración marxista, muy activa en los años setenta y ochenta. Sus miembros llevaron a cabo numerosos atentados y secuestros contra empresarios, industriales y dirigentes políticos italianos. Su acción más célebre fue el secuestro y asesinato de Aldo Moro, presidente de la Democracia Cristiana italiana, en 1978. La policía acabó por desmantelar la organización y más de quinientos brigadistas fueron encarcelados.

8. Grupos Antiterroristas de Liberación (GAL), organización clandestina creada por los órganos de seguridad del Estado en España durante los años 1983-1987 para combatir, mediante el atentado, el asesinato y la guerra sucia, a la organización terrorista vasca ETA (*Euskadi ta Askatasuna*, País Vasco y Libertad). Se le imputan unos cuarenta atentados y veintiséis muertos.

19. Cuba y la globalización neoliberal

1. Joseph E. Stiglitz (n. 1942), premio Nobel de Economía en 2001, ex vicepresidente del Banco Mundial de 1979 a 1999, autor de: *El malestar en la globalización*, Taurus, Madrid, 2002; y *Los felices noventa*, Taurus, Madrid, 2003.

2. George Soros (n. 1930), *La crisis del capitalismo global. La sociedad abierta en peligro*, Plaza y Janés, Barcelona, 1999.

3. John Kenneth Galbraith (n. 1908), profesor emérito de la Universidad de Harvard, autor, entre muchos otros libros, de *El crac del 29*, Ariel, Barcelona, 2000.

4. Ignacio Ramonet, *Un mundo sin rumbo*, Debate, Madrid, 1997.

5. Francis Fukuyama, *El fin de la historia y el último hombre*, Planeta, Barcelona, 1992.

6. La expresión irónica *Chicago Boys* designa a los economistas de la escuela monetarista de Chicago, discípulos de Milton Friedman, el teórico antikeynesiano cuyas tesis fueron aplicadas, a partir de los años setenta y ochenta, por los gobiernos del general Pinochet en Chile, de Margaret Thatcher en el Reino Unido y del presidente Ronald Reagan en Estados Unidos.

7. Adam Smith (1723-1790), economista escocés, primer gran teórico del capitalismo; autor de *La riqueza de las naciones* (1776).

8. Ernesto Che Guevara, «El socialismo y el hombre en Cuba», en *Justicia global. Liberación y socialismo*, Ocean Press, Melbourne, 2002.

9. Karl Marx, *Crítica al programa de Gotha* (1875), prólogo de Friedrich Engels (1891), Editorial Progreso, Moscú, 1983.

10. Club de Roma: grupo de pensadores y de científicos, iniciadores de la ecología moderna y de la crítica del hiperproductivismo económico; publicó, en 1972, un informe que tuvo una inmensa repercusión: *Los límites del crecimiento*.

11. Ignacio Ramonet, *La tiranía de la comunicación*, Debate, Madrid, 2000.

12. Ignacio Ramonet, *Propagandas silenciosas*, Arte y Literatura, La Habana, 2002.

20. La visita del presidente James Carter

1. Robert Scheer, entrevista con James Carter, *Playboy Magazine*, noviembre de 1976.

2. Omar Torrijos (1929-1981), general panameño, presidente de su país de 1968 a 1978. Realizó importantes reformas sociales y económicas. Negoció con el presidente Carter de Estados Unidos, en 1977, un acuerdo para la restitución del Canal. Murió en un accidente de avión. Su hijo Martín Torrijos fue electo en 2005 presidente de Panamá.

3. Gerald Ford (n. 1913), trigésimo octavo presidente de Estados Unidos, de agosto de 1974 (después de la dimisión de Richard Nixon por el escándalo del Watergate) a enero de 1977.

4. La Oficina de Intereses de Estados Unidos en Cuba, como la de Cuba en Estados Unidos, es un eufemismo para designar las respectivas «embajadas» en La Habana y Washington, en ausencia de relaciones diplomáticas formales, rotas por Estados Unidos en enero de 1961, tres meses antes de la invasión de Playa Girón. (Véase también la nota 2, cap. 21.)

5. En noviembre de 1979, en plena revolución islámica en Irán, un grupo de par-

tidarios del ayatolá Jomeini asaltó la embajada de Estados Unidos en Teherán y tomó a 52 norteamericanos como rehenes. Todos los intentos de liberación fracasaron. Carter autorizó el envío de unos comandos de fuerzas especiales para rescatarlos, pero la expedición fracasó cuando ya estaba lanzada por problemas técnicos y accidentes. Los rehenes fueron liberados por los iraníes el 20 de enero de 1981, al final del mandato de Carter, cuando entraba en funciones su sucesor, Ronald Reagan.

6. El 19 de julio de 1969, Edward «Ted» Kennedy tuvo un extraño accidente de automóvil en Chappaquiddick (Martha's Vineyard, Massachusetts) que le costó la vida a su secretaria Mary Jo Kopechne, lo que provocó un enorme escándalo.

7. Gayo Suetonio (70-160), historiador romano, vivió en la época de los emperadores Trajano y Adriano; autor de *Vidas de los doce césares*.

8. John F. Kennedy, *Perfiles de coraje* (premio Pulitzer de Historia, 1957), a través de la figura de personajes importantes de la historia de Estados Unidos, el autor describe los valores y características que permitieron el desarrollo de la nación: el sacrificio personal, la entrega, la fortaleza de carácter.

9. Los acuerdos de Bretton Woods, firmados por las grandes potencias capitalistas al final de la Segunda Guerra Mundial, fijaron la paridad de las monedas con respecto al oro (35 dólares la onza), y crearon el nuevo sistema financiero internacional y sus instituciones especializadas: el Fondo Monetario Internacional (FMI) y el Banco Mundial.

10. Pierre Elliott Trudeau (1919-2000), primer ministro de Canadá de 1968 a 1979, y de 1980 a 1984.

11. Se trata de Michel Trudeau (1975-1998), que murió ahogado como consecuencia de una avalancha en Columbia Británica (Canadá) el 15 de noviembre de 1998.

12. Transatlántico británico, procedente de Nueva York, hundido con cerca de dos mil pasajeros por un submarino alemán el 7 de mayo de 1915 durante la Primera Guerra Mundial.

13. Eunice, madre de Maria Shriver, la esposa de Arnold Schwarzenegger, el actor hollywoodiense, republicano, elegido gobernador de California el 7 de octubre de 2003.

14. Pajarillos.

15. Osvaldo Payá Sardiñas (n. 1952), ingeniero, gestor del llamado «Proyecto Varela», es coordinador general del Movimiento Cristiano de Liberación, una organización política no reconocida por las autoridades cubanas pero tolerada, que declara «luchar por la libertad y los derechos humanos para todos». En abril de 2002 apoyó el golpe de Estado contra el presidente constitucional de Venezuela Hugo Chávez (véase el texto íntegro de su mensaje de solidaridad con los golpistas en José Manuel Martín Medem, *¿Por qué no me enseñaste cómo se vive sin ti? Diario de un corresponsal de Televisión Española en La Habana*, Ediciones de Intervención Cultural S. L., El Viejo Topo, Barcelona, 2005). Osvaldo Payá recibió, en 2002, el Premio Sájarov por su «defensa de los derechos humanos».

16. En marzo de 1999 fueron juzgados los cuatro dirigentes del Grupo de Trabajo de la Disidencia Interna (GTDI) —Martha Beatriz Roque, René Gómez Manzano, Félix Bonne Carcassés, Vladimiro Roca— por «actos contra la seguridad del Estado», y condenados a penas de entre tres y cinco años de prisión.

21. Arresto de disidentes en marzo de 2003

1. Conferencia de prensa del ministro de Relaciones Exteriores, el 9 de abril de 2003.

2. Cuba y Estados Unidos no tienen relaciones diplomáticas desde 1961, y por consiguiente no disponen de embajadas ni de embajadores. Sin embargo, para tratar de los asuntos comunes desde finales de los años setenta, cada país ha autorizado al otro a instalar, en las dos capitales respectivas, una Oficina de Intereses que, de hecho, hace oficio de embajada, y su jefe tiene una función en muchos aspectos semejante a la de un embajador.

3. Entre 1985 y 1987, en tiempos del presidente Ronald Reagan, el Consejo de Seguridad Nacional (National Security Council) de la Casa Blanca vendió clandestinamente armas a Irán (que estaba en guerra contra Irak, país en aquella época aliado de Estados Unidos) y con el importe de esas ventas ayudó a la contrarrevolución (la Contra) en Nicaragua. La revelación de este asunto suscitó un escándalo político.

4. En julio de 2003, en sustitución de Otto Reich, la Administración de Estados Unidos nombró a Roger Noriega subsecretario de Estado para los asuntos de América Latina.

5. Oswaldo Guayasamín (1919-1999), pintor ecuatoriano. La Capilla del Hombre, edificio monumental, inaugurado en Quito el 29 de noviembre de 2002, es su obra cumbre.

6. La Asamblea Nacional del Poder Popular es el órgano legislativo supremo del Estado cubano. Está compuesta por más de 600 diputados, electos por voto directo y secreto en sus respectivas circunscripciones en todo el país por un período de cinco años. Celebra dos sesiones ordinarias cada año y las extraordinarias que sean necesarias. Al comienzo de cada mandato, la Asamblea elige al Consejo de Estado y a su presidente.

7. Véase «Declaraciones del Jefe de la Sección de Intereses Norteamericanos en La Habana a la televisión de Miami, en diciembre 2002», www.rebelion.org/internacional/030414cason.htm.

8. En junio de 2003, la Unión Europea decidió imponer una serie de sanciones diplomáticas a Cuba después del arresto y condena de unos 75 disidentes y de la ejecución de tres secuestradores de una lancha

9. Gerardo Hernández, René González, Fernando González, Antonio Guerrero y Joaquín Méndez, agentes de los servicios de inteligencia cubanos, se infiltraron en los años noventa en las organizaciones paramilitares anticastristas de Miami que organizaban atentados contra objetivos económicos en Cuba para hacer huir el turismo, como por ejemplo el atentado del 4 de septiembre de 1997 en el hotel Copacabana de La Habana, que causó la muerte de un joven turista italiano, Fabio Di Celmo. En junio de 1998, La Habana transmitió al FBI los informes de sus cinco agentes, en el marco de la lucha común contra el terrorismo. Esos mismos documentos fueron utilizados por las autoridades estadounidenses para detener, en septiembre de 1998, a los cinco agentes. Sometidos a un turbio juicio en Miami, fueron condenados a largas penas de prisión que comenzaron a cumplir en condiciones particularmente onerosas. En agosto de 2005, el Tribunal de Apelación de Atlanta declaró nulo el juicio de Miami, a pesar de lo cual los cinco cubanos permanecían encarcelados en diciembre de 2005.

10. El «hueco» es una mazmorra de paredes ciegas, de dos metros por dos, en la que se encierra al reo, descalzo y en calzoncillos. Una luz cegadora lo ilumina veinticuatro horas al día. Todo contacto humano le está prohibido, hasta con sus propios carceleros.

11. Rosa Miriam Elizalde y Luis Báez, *«Los disidentes». Agentes de la seguridad cubana revelan la historia real*, Editora Política, La Habana, 2003.

12. Luis Jiménez de Asúa (1899-1970), jurista español, presidente de la comisión parlamentaria que redactó la Constitución de la República española en 1931. Después de la guerra civil, se exilió en Argentina, donde fue catedrático de derecho penal en Córdoba y Buenos Aires. Autor de numerosos libros y de un *Tratado de Derecho penal*.

13. Raúl Rivero (n. 1945), periodista y poeta cubano. Fue corresponsal de la agencia Prensa Latina en la URSS. Ganador del premio David de Poesía (UNEAC, La Habana, 1967) y del Premio Nacional de Poesía Julián del Casal (UNEAC, La Habana, 1969). Secretario personal del poeta Nicolás Guillén. Firmó en 1991 la «Carta de los 10», en la que se pedía una apertura política y económica. Fundador de la agencia de prensa independiente CubaPress. Fue arrestado el 20 de marzo y condenado el 4 de abril de 2003 a veinte años de cárcel por «actos contra la integridad territorial del Estado». Fue excarcelado el 30 de noviembre de 2004 y se exilió en España.

14. Federico García Lorca (1899-1936). Poeta y dramaturgo español. Autor, entre otros títulos, de *Romancero gitano* (1928) y *Bodas de sangre* (1933). Fusilado por los franquistas al comienzo de la guerra civil.

15. Antonio Machado (1875-1939). Poeta español, miembro de la generación del 98. Autor, entre otros títulos, de *Soledades* (1902) y *Campos de Castilla* (1912). Murió en el exilio en Collioure (Francia) al final de la guerra civil.

16. Miguel Hernández (1910-1942). Poeta español. Autor, entre otros títulos, de *El rayo que no cesa* (1936) y *Vientos del pueblo* (1937). Participó en la guerra civil en el bando republicano, fue encarcelado por los franquistas y murió en prisión.

17. Armando Valladares (n. 1937), policía durante la dictadura de Batista, arrestado en 1960, condenado «por actos de terrorismo» a treinta años de prisión de los que cumplió veintidós. Una campaña internacional lo presentó como el «poeta paralítico», «víctima del sistema carcelario cubano». Liberado en 1982, fue nombrado por Ronald Reagan embajador de Estados Unidos ante la Comisión de Derechos Humanos de la ONU. Escribió sus memorias, *Contra toda esperanza*, Plaza y Janés, Barcelona, 1985.

18. Aunque hay muchas excepciones. En Francia, por ejemplo, el 3 de octubre de 2005 fue excarcelado Lucien Léger, condenado a cadena perpetua en 1966, y que había pasado pues cuarenta y un años en la cárcel. En esa fecha había además, en Francia, otros dos detenidos que llevaban más de cuarenta años en prisión.

19. La Constitución de la República de Cuba se proclamó el 24 de febrero de 1976. Se le introdujeron reformas, aprobadas por la Asamblea Nacional del Poder Popular, en julio de 1992.

20. Antes que Francia, otros países europeos habían abolido ya la pena de muerte: Islandia en 1928, Austria en 1968, Finlandia y Suecia en 1972, Portugal en 1976, Luxemburgo y Dinamarca en 1978, y Noruega en 1979. Pero los primeros países que suprimieron la pena de muerte fueron latinoamericanos: Venezuela en 1863, Costa Rica en 1877, Ecuador en 1906, Uruguay en 1907 y Colombia en 1910.

21. La República Checa abolió la pena de muerte en 1990.

22. Hungría abolió la pena de muerte en 1990.

23. Polonia abolió la pena de muerte en 1997.

24. Turquía abolió la pena de muerte en 2002.

22. Los secuestros de abril de 2003

1.   El 1 de abril de 2003, un grupo de personas secuestró, en la bahía de La Habana, un transbordador con varias decenas de pasajeros a bordo. El secuestro fracasó. Los autores fueron detenidos y juzgados. Tres de ellos —Lorenzo Copello, Bárbaro Sevilla y Jorge Luis Martínez— fueron condenados a muerte y fusilados el 11 de abril de 2003.

2.   El 19 de septiembre de 2003, un tribunal de Florida condenó —por primera vez en cuarenta años— al autor de ese secuestro de avión a veinte años de cárcel. Por otra parte, en julio de 2003, las autoridades norteamericanas deportaron hacia Cuba, por primera vez, a un grupo de doce cubanos que habían secuestrado una embarcación en Camagüey. Cuba reclamaba ese tipo de medidas contra la piratería desde hacía décadas.

3.   Oliver Stone (n. 1946), cineasta estadounidense. Director, entre otras películas, de *Platoon* (1986), *Nacido el 4 de Julio* (1989), *JFK* (1991), *Asesinos natos* (1994), *Nixon* (1995), *Un domingo cualquiera* (1999) y *Alejandro Magno* (2004). En 2002 realizó en Cuba un documental sobre Fidel Castro, *Comandante* (2003). Después de los arrestos de disidentes en marzo de 2003 y las ejecuciones de los tres secuestradores en abril de 2003, regresó a La Habana para rodar una entrevista con Fidel Castro, destinada al canal HBO de Estados Unidos, suerte de prolongación de *Comandante* y cuya difusión, con el título *Looking for Fidel*, se hizo en 2004.

4.   En el sistema educativo cubano, cada año de enseñanza equivale a un grado. «Noveno grado» significa que la persona ha estudiado nueve años, seis de educación primaria, más tres de secundaria.

5.   José Saramago (n. 1922). Escritor portugués, premio Nobel de Literatura en 1998, publicó en el diario español *El País*, el 14 de abril de 2003, unos días después de las ejecuciones de los tres secuestradores, un pequeño texto titulado «Hasta aquí he llegado» en el que anunciaba su toma de distancia con respecto a Cuba. Sin embargo, en una entrevista con Rosa Miriam Elizalde, publicada el 12 de octubre de 2003 en los diarios *La Jornada* de México y *Juventud Rebelde* de La Habana, Saramago afirmaba: «Yo no he roto con Cuba. Sigo siendo un amigo de Cuba».

23. Cuba y España

1.   Declaraciones a Andrés Oppenheimer, *El Nuevo Herald*, Miami, 13 de junio de 2003.

2.   En un programa especial de la televisión cubana, el 25 de abril de 2003. Véase Fidel Castro, *Jamás un pueblo tuvo cosas más sagradas que defender*, Oficina de Publicaciones del Consejo de Estado, La Habana, 2003.

3.   José Barrionuevo, ministro del Interior del gobierno de Felipe González, y Rafael Vera, secretario de Estado para la Seguridad, fueron condenados respectivamente a once y siete años de cárcel.

4.   Eloy Gutiérrez Menoyo nació en Madrid en 1935, hijo de padres republicanos, emigró a Cuba siendo niño y se alzó en armas contra la dictadura de Batista, como parte del llamado Segundo Frente Nacional del Escambray, grupo no vinculado al Movimiento 26 de Julio de Fidel Castro. Alcanzó en esa organización el grado de comandante, pero, después del triunfo, no aceptó las opciones de la Revolución y se marchó a Estados Uni-

dos en 1961. Regresó clandestinamente en 1965 y se unió a la guerra sucia contra la Revolución. Fue capturado y pasó veintidós años en la cárcel. Liberado, se instaló en Miami. Allí fundó una organización, Cambio Cubano, que aboga por el diálogo entre el régimen y sus adversarios. En 1995 regresó y se entrevistó con Fidel Castro. Casi ciego, en el verano de 2003, viajó a la isla de vacaciones y anunció que se quedaba en Cuba para «luchar por un espacio político».

5. El Partido Socialista Obrero Español (PSOE), con Felipe González a la cabeza, dirigió la política española durante trece años, de 1982 a 1996. Durante ese período se produjeron una serie de escándalos de corrupción y de abuso de poder que causaron una gran alarma social: el caso Filesa, el caso Ibercorp, las escuchas del Cesid, los asesinatos de los GAL, el desvío de los fondos reservados, la corrupción de Luis Roldán, la de Juan Guerra... Se desarrolló en aquellos años, en España, lo que la prensa llamó la «cultura del pelotazo» y que Carlos Solchaga, ministro socialista de Economía, definía así: «En España es donde se gana más dinero en menos tiempo».Véase Mariano Sánchez Soler, *Negocios privados con dinero público. El vademecum de la corrupción de los políticos españoles*, Foca, Madrid, 2003.

6. Carlos Andrés Pérez (n. 1922), presidente socialdemócrata de Venezuela en dos ocasiones: 1974-1979 y 1989-1994. Reprimió violentamente varias protestas populares en febrero de 1989 (el «Caracazo») y en noviembre de 1992. Fue condenado, el 30 de mayo de 1996, por malversación de fondos públicos.

7. Numancia. Ciudad de la meseta hispana, situada a unos seis kilómetros de la actual ciudad de Soria. En 134 a.C., y después de haberse sublevado dos veces, fue sitiada por las legiones romanas de Escipión el Africano. El sitio duró cerca de dos años, y la mayoría de sus habitantes prefirió inmolarse a rendirse a los invasores. Cervantes inmortalizó esa tragedia histórica en su obra de teatro *La Numancia* de 1582.

8. En el programa *Mesa redonda* del 11 de junio de 2003.

9. El 5 de junio de 2003, la Unión Europea adoptó sanciones diplomáticas contra Cuba, entre otras la limitación de sus relaciones oficiales con el gobierno cubano y un mayor acercamiento a opositores internos. El 30 de abril precedente, la Comisión Europea, órgano ejecutivo de la Unión, había decidido posponer indefinidamente la demanda de Cuba de ingreso al Acuerdo de Cotonou, que favorece las relaciones comerciales entre la Unión y una serie de países en vías de desarrollo. Cuba decidió retirar su petición. El 3 de enero de 2005, La Habana normalizó sus contactos con los países de la Unión Europea después de que ésta modificara su actitud.

10. El 12 de junio de 2003, en señal de protesta contra las sanciones de la Unión Europea, cerca de un millón de personas se manifestaron desfilando delante de las embajadas de España e Italia en La Habana. Fidel Castro encabezó la manifestación ante la embajada de España.

11. Jorge Mas Canosa, exiliado cubano, millonario, creó en Miami la Fundación Nacional Cubano-Americana. Considerado como el más ultraderechista de los halcones opuestos al régimen cubano, se le relacionó con la organización de atentados, incluidos algunos contra Fidel Castro. Falleció en noviembre de 1997.

12. Véase «Eduardo Junco Bonet, el embajador de España en Cuba estuvo en la universidad cerca de la extrema derecha», *El País*, Madrid, 11 de mayo de 1998.

13. Según la Unicef y la asociación Low Pay Unit, en el Reino Unido hay unos dos millones de niños trabajando, en su mayoría hijos de emigrantes y casi siempre lo hacen de manera ilegal.

14. Anthony Giddens, *La Tercera Vía*, Taurus, Barcelona, 2002.
15. El 26 de mayo de 2003, un avión Yakolev-42, propiedad de la compañía Ukranian Mediterranean Airlines, alquilado por el Ministerio de Defensa de España, se estrelló cerca de Trabzon, en Turquía, con sesenta y dos militares españoles a bordo que regresaban de una misión en Kabul, Afganistán.
16. Yuri Andropov (1914-1984), dirigente soviético, jefe del poderoso KGB, aparato de seguridad del Estado, y miembro del Politburó. En noviembre de 1982, después de la muerte de Leonid Brezhnev, es nombrado secretario general del Partido Comunista y presidente de la Unión Soviética. Por poco tiempo; muere el 9 de febrero de 1984.

24. América Latina

1. Ignacio Ramonet, *Marcos, la dignidad rebelde. Conversaciones con el subcomandante Marcos*, Cibermonde, Valencia, 2001.
2. El 1 de enero de 2006, el subcomandante Marcos inició un nuevo viaje de seis meses por todo México. Esta vez en motocicleta (recordando el célebre viaje por Sudamérica de Che Guevara y su amigo Alberto Granado en 1951) con el propósito de recorrer los 32 estados del país antes de la elección presidencial del 2 de julio de 2006, y crear un «frente político alternativo nacional» opuesto a los partidos tradicionales. El Ejército Zapatista de Liberación Nacional (EZLN) renunció en junio de 2005 a toda «operación militar ofensiva».

Marcos se presentó en este viaje como el «delegado cero», y declaró rechazar en bloque todos los partidos mexicanos, incluido el Partido de la Revolución Democrática (PRD) cuyo candidato, Andrés Manuel López Obrador, era considerado entonces, según los sondeos, como el favorito.
3. Fidel Castro y Evo Morales suscribieron el 31 de diciembre de 2005 un acuerdo de cooperación que otorga un fuerte apoyo médico y educacional a Bolivia. El documento, que tiene 11 puntos, entra en vigor después de la toma de posesión de Morales, el 22 de enero de 2006. Ambos países acordaron crear una entidad binacional «no lucrativa» que garantice la operación oftalmológica a los bolivianos carentes de recursos económicos, para la cual Cuba aportará equipamiento y especialistas (más su salario), y el nuevo gobierno de La Paz las edificaciones para esos fines. También se pusieron de acuerdo para que el Instituto Nacional de Oftalmología de La Paz, recién equipado por Cuba, cuente con dos centros adicionales, uno con Cochabamba y otro en Santa Cruz. En conjunto, ambas instalaciones tendrían capacidad para realizar 50.000 operaciones al año. «Estas capacidades podrán elevarse si Bolivia decide ofrecer sus servicios oftalmológicos a pacientes pobres de países vecinos próximos a los centros bolivianos», prevé el acuerdo. Además, el gobierno cubano aportará «la experiencia, el material didáctico y los medios técnicos necesarios para un programa de alfabetización que abarque la totalidad de la población apta» de Bolivia, a partir de julio de 2006.
4. El Palacio de Miraflores, en Caracas, es la residencia oficial del presidente de la nación.
5. Juan Velasco Alvarado (1910-1977), general. Al frente de una junta militar tomó el poder y fue presidente de Perú de 1968 a 1975, nacionalizó la Banca, las industrias estratégicas (petróleo, pesca, cobre) e hizo una importante reforma agraria.

6. Jorge Amado (1912-2001), escritor brasileño, autor en 1942 de una biografía de Luis Carlos Prestes, *Prestes, el caballero de la esperanza*, Editorial Futuro, Buenos Aires, 1958.

7. El niño Elián González en noviembre de 1999 fue sacado ilegalmente de Cuba, a bordo de una balsa, por su madre, que murió ahogada en la travesía hacia Florida. Rescatado por unos pescadores, el niño permaneció en Estados Unidos, mientras su padre reclamaba su retorno a Cuba. Eso dio lugar a una crisis diplomática entre La Habana y Washington y a una colosal movilización popular en Cuba en reclamo de la devolución de Elián. Finalmente, en junio de 2000, el Tribunal Supremo de Estados Unidos decidió que el niño debía regresar con su padre a Cuba.

8. En el marco de una visita oficial del presidente Lula a La Habana en septiembre de 2003, Brasil y Cuba firmaron doce acuerdos de cooperación en los siguientes sectores: energía, pesca, turismo, medicamentos, industria, salud, educación y deportes.

25. Cuba hoy

1. La Operación Milagro, creada en 2004 para la atención oftalmológica a venezolanos trasladados a Cuba para ser operados, esencialmente de cataratas, se ha ampliado a más de 20 nacionalidades, lo que ha permitido operar en la isla, desde que se lanzó hasta diciembre de 2005, a unas 175.000 personas que han podido recobrar la vista.

2. Las islas Marshall —sesenta mil habitantes, 180 km²— fueron descubiertas en 1529 por navegantes españoles. Protectorado alemán de 1886 a 1914, pasaron luego a ser administradas por Japón. En 1945 se convirtieron en territorio bajo mandato de la ONU confiado a Estados Unidos. De 1946 a 1958, 67 bombas nucleares fueron probadas en los atolones de Bikini y Eniwetok. Independiente desde 1979 pero ligado a Estados Unidos por un Acuerdo de Libre Asociación. Miembro de la ONU desde 1990.

3. Rote Armee Fraktion (Fracción Ejército Rojo) o Banda de Baader, grupo de activistas armados que cometieron atentados en la República Federal de Alemania entre 1968 y 1972. Cinco dirigentes principales fueron arrestados en junio de 1972 y encarcelados en una prisión de alta seguridad de Stuttgart, Stammhein. En noviembre de 1974, Holger Meins muere después de varias semanas de huelga de hambre. En mayo de 1976, las autoridades anuncian el suicidio de Ulrike Meinhof en su celda. Y el 18 de octubre de 1977 también aparecen misteriosamente muertos en su celda Andreas Baader, Gudrun Ensslin y Jan Carl Raspe.

4. Quince puertorriqueños —5 mujeres y 10 hombres— han sido sentenciados en Estados Unidos a cumplir condenas equivalentes a cadena perpetua por luchar por la independencia de Puerto Rico. La mayoría de ellos llevan más de dieciséis años en prisión.

5. Véase el discurso de Fidel Castro sobre esos atentados en: http://www.iacenter.org/fidel_on911.html.

6. Véase el discurso de George W. Bush en West Point en: www.whitehouse.gov/news/releases/2002/06/20020601-3html.

7. Uno de estos emisarios, el ex embajador de Cuba en la ONU, Alcibíades Hidalgo, hoy exiliado en Estados Unidos, ha contado detalladamente cómo una delegación cubana, encabezada por José Ramón Fernández, vicepresidente del Consejo de Estado, le entregó una carta de Fidel Castro para Sadam Hussein, *Le Monde*, París, 11 de marzo de 2003.

8. La IV Cumbre de los Países No Alineados tuvo lugar en Argel del 5 al 10 de septiembre de 1973.

9. El 10 de octubre de 2003, 135.° aniversario del inicio de las luchas independentistas contra España, en una conferencia de prensa en la Casa Blanca, el presidente George W. Bush anunció la adopción de una serie de medidas contra Cuba: reducción de las posibilidades de viajar a la isla, aumento de la ayuda a los grupos contrarrevolucionarios de Florida y creación de una comisión presidencial —copresidida por el entonces secretario de Estado Colin Powell— para impulsar la «liberación» de Cuba.

10. Discurso en la Universidad Internacional de Florida, Miami, 25 de agosto de 2000.

26. Después de Fidel, ¿qué?

1. Ocurrió en febrero de 1957, en la Sierra Maestra. El guía se llamaba Eutimio Guerra. Confesó su traición, fue juzgado y fusilado.

2. Carlos Franqui (n. 1921). Escritor y periodista. En 1956, fundó en la clandestinidad el diario *Revolución*. En 1958, se incorporó a los rebeldes de la Sierra Maestra, donde dirigió Radio Rebelde. En 1968, después de la intervención soviética en Checoslovaquia, se exilió en Italia. Es autor de varios libros, entre los que destacan *Diario de la Revolución cubana 1952-1958* (1976), *Retrato de familia con Fidel* (1981) y *Camilo Cienfuegos* (2001).

3. Hubert Matos (n. 1918). Comandante guerrillero, participa en la lucha contra Batista al mando de la Columna 9, «Antonio Guiteras», en la Sierra. En octubre de 1959, cuando está al frente de la región militar de Camagüey denuncia la «vía comunista» que, según él, está tomando la Revolución. Se le acusa de intentar sublevarse. Camilo Cienfuegos y Fidel Castro acuden a Camagüey. Matos es detenido, juzgado y condenado a veinte años de cárcel. Exiliado en Miami desde 1979, dirige el movimiento Cuba Independiente y Democrática (CID). Autor de la autobiografía *Cómo llegó la noche* (2003).

4. Rafael del Pino (n. 1938). General de brigada. Participa en la guerra contra Batista. En 1959 es asignado a la Fuerza Aérea Revolucionaria. En abril de 1961, en la batalla de Playa Girón, a bordo de su T-33 derriba dos B-26 de los invasores. En la crisis de los misiles de octubre de 1962 es asesor de Fidel Castro para la aviación. Jefe de la fuerza aérea cubana en la guerra de Angola de 1975 a 1977. En mayo de 1987 deserta a Estados Unidos. Ha publicado varios libros autobiográficos: *Amanecer en Girón* (1982), *Proa a la libertad* (1990).

5. Carlos Aldana (n. 1945). Ex jefe del poderoso Departamento de Orientación Revolucionaria del Comité Central del Partido Comunista. En los años ochenta fue considerado como el «tercer hombre» del poder en Cuba. Sancionado en septiembre de 1992, fue destituido de su cargo después de un escándalo de enriquecimiento ilícito. Se le acusó también de querer convertirse en el «Gorbachov cubano». Durante seis años dirigió un plan agrícola en la región del Escambray. Volvió a la luz pública en 2001 como ejecutivo de Cimex, una corporación relacionada con empresas extranjeras.

6. Roberto Robaina (n. 1956). Ex responsable de la Unión de los Jóvenes Comunistas, ex ministro de Relaciones Exteriores, destituido en 1999. Expulsado «deshonrosamente» del Partido Comunista en mayo de 2003 por deslealtad, corrupción, y por

haberse autopromocionado como el candidato de la transición poscastrista. Trabaja en un proyecto de medio ambiente urbano en La Habana.

7. Véase Fidel Castro, *Análisis de los acontecimientos de Checoslovaquia*, discurso del 23 de agosto de 1968.

8. En 1970 se fijó el objetivo de obtener, en la zafra azucarera, una cosecha récord de diez millones de toneladas. Esa meta no se alcanzó.

9. Stalin fallece el 5 de marzo de 1953, y le sucede, por unos meses, a la cabeza de la URSS, un triunvirato constituido por Bulganin, Jruschov y Malenkov. Nikita Jruschov, primer secretario del Comité Central, acabará por imponerse en 1956 y, definitivamente, en 1958. Fue destituido en 1964 y sustituido por Leonid Brezhnev.

10. El 8 de enero de 1959, Fidel Castro pronuncia su primer discurso público en La Habana tras el triunfo de la Revolución. Lo hace desde una pequeña tribuna en el polígono del campamento militar de Colombia. En medio del discurso, unas palomas blancas vienen a revolotear alrededor de él. Una se posa en su hombro y se mantiene allí unos minutos, en una escena que dejó fascinadas a las masas habaneras que la contemplaban y a todos los cubanos que seguían el discurso por la televisión.

11. Jiang Zemin (n. 1926). Ingresa en el Partido Comunista de China en 1946. Ingeniero especializado en técnicas industriales. En 1978 fue promocionado a instancias de Deng Xiaoping, el nuevo «hombre fuerte» del régimen después de la muerte de Mao Zedong. También fue apoyado por Hua Guofeng, presidente del Partido y primer ministro de transición. Alcalde de Shanghai en 1985, Jiang acelera las reformas económicas en esta ciudad. En 1989, después de la matanza de Tiananmen, es nombrado secretario general del Partido. Elegido presidente de la República Popular China en marzo de 1993. Es el creador de la fórmula «economía socialista de mercado». En marzo de 2003 deja su cargo y le sucede Hu Jintao, pero Jiang es nombrado al frente de la poderosa e influyente Comisión Militar Central del Partido. En septiembre de 2004, dimite de la presidencia de la Comisión Militar Central, y le sucede Hu Jintao.

12. En 2003, se hizo público el contenido de la grabación de una conversación entre el presidente Kennedy y su consejero de Seguridad Nacional, McGeorge Bundy, que mostraba que el presidente quería probar la vía de un acercamiento con Cuba, y estaba de acuerdo con la posibilidad de un encuentro secreto con un emisario de La Habana, según una oferta hecha por Fidel Castro.

13. Erich von Manstein (1887-1973), general alemán, participó en la ofensiva contra Polonia en 1939, y elaboró la estrategia (Plan Manstein) que permitió al general Guderian y a las divisiones acorazadas alemanas franquear las Ardenas, invadir Francia y derrotar a su ejército en 1940. Participó también en la invasión de la Unión Soviética (Operación Barbarroja) en junio de 1941.

14. Charles de Gaulle, *Vers l'armée de métier*, Berger-Levrault, París, 1934.

15. Barra de acero de sección circular, con superficie estriada. Se utiliza fundamentalmente como refuerzo en las construcciones de concreto armado.

16. A finales de diciembre de 2005, las dos mil gasolineras de Cuba estaban bajo el control de unos once mil trabajadores sociales. Estos jóvenes, formados como un contingente de choque de la Revolución, se hicieron cargo no sólo de las operaciones de venta de combustible en los servicentros, sino también de la supervisión de las refinerías y de las labores de distribución en los camiones cisterna, para comprobar si robaban los empleados de este sector. Los resultados, al cabo de un mes, fueron muy reveladores: en

Santiago de Cuba se recaudaron casi seis veces más en divisas que antes; tres veces más en Las Tunas y Villa Clara; y el doble de dinero en las 250 gasolineras de La Habana. En total: cientos de millones de dólares. Fidel Castro declaró que el país podría recuperar unos mil millones de dólares con la adopción de medidas contra el robo y el despilfarro. Véase *El País*, Madrid, 26 de diciembre de 2005.

17.   Un cargador frontal es un equipo tractor montado en orugas o en ruedas que tiene un cucharón de gran tamaño en su extremo frontal.

18.   En Cuba, donde el salario mínimo mensual es de 225 pesos (unos 9 euros al cambio), el precio de un kilovatio por hora oscilaba entre 9 y 30 centavos, en función del consumo. Desde el 23 de noviembre de 2005, los que gasten al mes más de 300 kilovatios por hora (el 7 por ciento de los hogares cubanos) tienen que pagar el kilovatio por hora adicional a 1,30 pesos cubanos (en vez de 30 centavos). En cambio, para los que consumen menos de 100 kilovatios por hora (el 45 por ciento), la tarifa se mantiene como antes (9 centavos).

19.   Celia Sánchez (1920-1980), heroína cubana, primera mujer guerrillera junto a Fidel Castro en la Sierra Maestra. Véase, Pedro Álvarez Tabío, *Celia, ensayo para una biografía*, Oficina de Publicaciones del Consejo de Estado, La Habana, 2003.

Bibliografía

Para preparar estas conversaciones hemos consultado, principalmente, los documentos siguientes:

1. Obras de Fidel Castro

Palabras a los intelectuales, Ediciones del Consejo Nacional de Cultura, La Habana, 1961.
Discursos (3 tomos), Editorial de Ciencias Sociales, La Habana, 1975.
La Revolución de Octubre y la Revolución cubana. Discursos 1959-1977, Ediciones del Departamento de Orientación Revolucionaria del Comité Central del Partido Comunista de Cuba, La Habana, 1977.
Discours à trois Congrès, Editora Política, La Habana, 1982.
La crisis económica y social del mundo. Informe a la VII Cumbre de los Países no Alineados, Oficina de Publicaciones del Consejo de Estado, La Habana, 1983.
El pensamiento de Fidel Castro. Selección temática. Enero de 1959-abril de 1961 (tomo 1, vols. 1 y 2), Editora Política, La Habana, 1983.
War & Crisis in the Americas. Speeches 1984-1985, Pathfinder Press, Nueva York, 1985.
Ideología, conciencia y trabajo político. 1959-1986, Editora Política, La Habana, 1986.
Le Socialisme ou la mort, Editorial José Martí, La Habana, 1989.
En la trinchera de la Revolución (selección de discursos), Editora Política, La Habana, 1990.
Discursos/Documentos, Editora Política, La Habana, 1991.
La Historia me absolverá, Publicaciones del Consejo de Estado, La Habana, 1993.
Che en la memoria de Fidel Castro (prólogo de Jesús Montané), Ocean Press, Melbourne, 1998.
Fidel en la memoria del joven que es, Ocean Press, Melbourne, 1998.
Capitalism in Crisis. Globalization and World Politics Today, Ocean Press, Melbourne, 2000.
Volverán a prevalecer las ideas progresistas, Editorial Capitán San Luis, Col. Pensamiento Revolucionario, La Habana, 2000.
40 años de discursos-diálogos. Primera parte, 1959-1979, selección de Mirta Muñiz

Egea, con la colaboración de Pedro Álvarez Tabío, Editorial Nuestra América, La Habana, 2004.
Podemos construir la sociedad más justa del mundo, Oficina de Publicaciones del Consejo de Estado, La Habana, 2005.

2. Biografías de Fidel Castro

Blanco, Katiuska, *Todo el tiempo de los cedros. Paisaje familiar de Fidel Castro Ruz*, Casa Editora Abril, La Habana, 2004.
Clerc, Jean-Pierre, *Les Quatre saisons de Fidel Castro*, Seuil, París, 1996.
Furiati, Claudia, *Fidel Castro. La Historia me absolverá*, Plaza y Janés, Barcelona, 2003.
Geyer, Georgie Anne, *Guerrilla Prince. The Untold Story of Fidel Castro*, Little, Brown and Company, Boston, 1991.
Matthiews, Herbert L., *Fidel Castro*, Simon and Schuster, Nueva York, 2004.
Quirk, Robert E., *Fidel Castro*, Norton, Londres, 1995.
Rodríguez Morejón, Gerardo, *Fidel Castro. Biografía*, P. Fernández y Cía., La Habana, 1959.
Skierka, Volker, *Fidel*, Martínez Roca, Barcelona, 2002.
Szulc, Tad, *Fidel, a Critical Portrait*, William Morrow and Company, Nueva York, 1986.

3. Libros-entrevistas con Fidel Castro

Álvarez, Lourdes, *Fidel Castro. Nuestra lucha es la de América Latina y el Tercer Mundo* (entrevista concedida al periódico *El Día*, México), Oficina de Publicaciones del Consejo de Estado, La Habana, 1985.
Betto, Frei, *Fidel y la religión*, Oficina de Publicaciones del Consejo de Estado, La Habana, 1985.
Borge, Tomás, *Un grano de maíz. Conversación con Fidel Castro*, Oficina de Publicaciones del Consejo de Estado, La Habana, 1992.
Conde, Alfredo, *Una conversación en La Habana*, El País-Aguilar, Madrid, 1989.
D'Avila, Roberto, *Fidel em pessoa. A integra da primeira entrevista de Fidel a televisão brasileira*, L&PM editores, Porto Alegre, 1986.
Dymalli, Mervin, y Elliot, Jeffrey, *Fidel Castro. Nada podrá detener la marcha de la Historia*, Editora Política, La Habana, 1985.
Hallier, Jean-Edern, *Fidel Castro. Conversation au clair de lune*, Messidor, París, 1990.
Miná, Gianni, *Un encuentro con Fidel* (prólogo de Gabriel García Márquez), Oficina de publicaciones del Consejo de Estado, La Habana, 1987.
—, *Fidel. Presente y futuro de una ideología en crisis analizada por un líder histórico* (prólogo de Jorge Amado), Edivisión, México, 1991.

PAGÉS, Beatriz, *Presente y futuro de Cuba* (entrevista concedida al semanario mexicano *¡Siempre!*), Oficina de Publicaciones del Consejo de Estado, La Habana, 1991.

4. OTRAS OBRAS CONSULTADAS

ÁLVAREZ TABÍO, Pedro, *Celia. Ensayo para una biografía*, Oficina de Publicaciones del Consejo de Estado, La Habana, 2003.

BÁEZ, Luis, *El mérito es vivir. Objetivo: matar a Fidel*, Editorial La Buganville, Barcelona, 2002.

BONACHEA, Ramón L., y SAN MARTÍN, Marta, *The Cuban Insurrection. 1952-1959*, Transaction Books, New Brunswick, N.J., 1974.

BOSCH, Juan, *De Cristóbal Colón a Fidel Castro. El Caribe frontera imperial*, Casa de las Américas, La Habana, 1981.

CALVO OSPINA, Hernando, *Rhum Bacardí, CIA, Cuba et Mondialisation*, EPO, Bruselas, 2000.

CARRASCO, Carlos Antonio, *Los cubanos en Angola. Bases para el estudio de una guerra olvidada (1975-1990)*, Centro de Altos Estudios Internacionales, Universidad Andina, La Paz, Bolivia, 1997.

Causa 1/89. Fin de la conexión cubana (juicio Ochoa-La Guardia), Editorial José Martí, La Habana, 1989.

CHE GUEVARA, Ernesto, *Diario del Che en Bolivia*, Instituto del Libro, La Habana, 1968.

—, y GRANADO, Alberto, *Latinoamericana. Journal de voyage* (prefacio de Ramón Chao), Austral, París, 1994.

—, *Justicia global. Liberación y socialismo*, Ocean Press, Melbourne, 2002.

—, *América Latina. Despertar de un continente*, Ocean Press, Melbourne, 2003.

CUPULL, Adys, y GONZÁLEZ, Froilán, *La CIA contre le Che* (prefacio de Philip Agee), EPO, Bruselas, 1993.

DEBRAY, Régis, *Révolution dans la révolution,* Maspero, París, 1967.

—, *La Guérilla du Che*, Le Seuil, París, 1974.

—, *La Critique des armes*, vols. I y II, Le Seuil, París, 1974.

—, *Loués soient nos seigneurs*, Gallimard, París, 1996.

FOGEL, Jean-François, y ROSENTHAL, Bertrand, *Fin de siècle à La Havane. Les Secrets du pouvoir cubain*, Seuil, París, 1993.

FRANQUI, Carlos, *Diario de la Revolución cubana*, Ediciones R. Torres, Barcelona, 1976.

GÁLVEZ, William, *Le Rêve africain du Che*, EPO, Bruselas, 1998.

GANSER, Daniele, *Reckless Gamble. The Sabotage of the United Nations in the Cuban Conflict and the Missile Crisis of 1962*, University Press of the South, Nueva Orleans, 2000.

GIRARDI, Giulio, *El ahora de Cuba. Tras el derrumbe del comunismo. Tras el viaje de Juan Pablo II*, Nueva Utopía, Madrid, 1998.

GOTT, Richard, *Cuba: A New History*, Yale University Press, 2004.

HABEL, Janette, *Ruptures à La Havane. Le castrisme en crise* (prefacio de François Maspero), La Brèche, 1989.

KALFON, Pierre, *Che. Ernesto Guevara, une légende du siècle*, Seuil, París, 1997.

KAROL, K. S., *Les Guérilleros au pouvoir. L'itinéraire politique de la révolution cubaine*, Robert Laffont, París, 1970.

LEMOINE, Maurice, *Les 100 Portes de l'Amérique latine*, Les Éditions de l'Atelier, París, 1997.

MENCÍA, Mario, *La prisión fecunda*, Editora Política, La Habana, 1980.

MERLE, Robert, *Moncada*, Laffont, París, 1965.

OPPENHEIMER, Andrés, *La hora final de Castro*, Javier Vergara Editor, Buenos Aires, 1992.

ORTIZ, Fernando, *Los negros esclavos*, Editorial de Ciencias Sociales, La Habana, 1975.

ROBIN, Gabriel, *La Crise de Cuba (Octobre 1962). Du Mythe à l'histoire*, Económica, París, 1984.

SEMIDEI, Manuela, *Kennedy et la Révolution cubaine. Un apprentissage politique?*, Julliard, Coll. Archives, París, 1972.

THOMAS, Hugh, *Cuba. La lucha por la libertad. 1762-1970*, Grijalbo, Barcelona, 1973.

VÁZQUEZ MONTALBÁN, Manuel, *Dios entró en La Habana*, Ediciones El País, Madrid, 1998.

VV.AA., *Les Dessous de l'ALCA*, L'Harmattan, París, 2003.

5. EN INTERNET

En el sitio PatriaGrande, consagrado a los países de América Latina: biografía de Fidel Castro, fotos y los discursos de los años 1998-2005.
http://www.patriagrande.net/cuba/fidel.castro/index.html

En el sitio marxists.org: discursos y entrevistas con Fidel Castro del período 1959-1963. Texto íntegro de «La Historia me absolverá», discurso de defensa en el juicio de 1953.
http://www.marxists.org/hitory/cuba/archive/castro/index/htm

En el sitio de LANIC (Latin American Network Information Center): colección de discursos pronunciados por Fidel Castro ordenados por fecha. Con traducción al inglés.
http://www.lanic.utexas.edu/la/cb/cuba/castro.html

En el sitio del Consejo de Estado de la República de Cuba: discursos e intervenciones de Fidel Castro.
http://www.cuba.cu/gobierno/discursos/index.html

En el sitio del diario británico *The Guardian*: un dossier con una cronología de la Revolución cubana, artículos desde enero de 1959.
http://www.guardian.co.uk/cuba/0,11983,711289,00.html

En el sitio de *Le Monde diplomatique*: dossier con treinta años de artículos consagrados a Cuba.
http://www.monde-diplomatique.fr/index/pays/cuba

Agradecimientos

Hubiese sido harto descabellado —además de muy poco profesional—
lanzarse en un proyecto de conversaciones maratonianas con Fidel Castro
sin una seria preparación previa y sin una sólida documentación. Entre
el momento en que la realización de este libro quedó decidida y el
comienzo efectivo de los diálogos con el presidente de Cuba, transcu-
rrió un año. Durante ese tiempo contacté con los amigos que mejor
conocían la problemática cubana. Hablando largo y tendido con ellos,
de la manera más informal, surgieron los temas principales que debía
abordar, las preguntas indispensables, los problemas ineludibles. Si el lector percibe defectos, debilidades o insuficiencias en la conducción de
estas entrevistas, debe saber que yo soy el único responsable de tales carencias.

En cambio, si estima que ciertas preguntas son particularmente per-
tinentes, puede estar seguro de que ésas me fueron sugeridas por algu-
no de los siguientes amigos y amigas: Walter Achugar, Gisela Arandia,
Maximilien Arvelaiz, Brunella Casartelli, Hernando Calvo Ospina,
Bernard Cassen, Ramón Chao, Jorge Denti, Víctor de la Fuente, Carlos
Gabetta, Eduardo Galeano, Omar González, Alain Gresh, Alfredo Guevara, Francisco Jarauta, Maurice Lemoine, Rigoberto López, Gianni
Miná, Alfredo «Chango» Muñoz, Francis Pisani, Michel Porcheron, Emir
Sader, Hugo Sigman, Susana Tesoro, Jorge Timossi, Miguel Torres, Ma-
nuel Vázquez Montalbán, Horacio Verbitsky, Mauricio Vicent y José Ze-
peda. A todos ellos, mi agradecimiento más profundo.

Deseo dar las gracias también a aquellas y aquellos que, con constante esfuerzo y permanente amistad, facilitaron la realización práctica
de estas conversaciones. En primer lugar, al historiador Pedro Álvarez
Tabío, «la otra memoria de Fidel», cuya contribución fue decisiva, porque releyó el manuscrito y me aportó siempre precisiones capitales
(nombres, fechas, lugares, acontecimientos), evitándome cometer lamen-
tables confusiones. También a Carlos Valenciaga, el joven, eficaz y brillante asistente personal de Fidel Castro. A la muy dinámica Carmen

Rosa Báez, que fue la primera en ayudarme en este proyecto. Y a todo el «grupo de apoyo».

No puedo omitir a mi editor, Cristóbal Pera, que secundó la idea desde el primer instante, estimulándome a seguir con ello a pesar de la demora de la realización y de los muchos obstáculos.

Mi esposa Laurence y mis hijos menores, Ophélia y Flavien, tuvieron que soportar mis ausencias repetidas, y mis relaciones exclusivas durante largos meses con mi ordenador a expensas de la dedicación normal que podían esperar de un marido y un padre que los ama tanto. Les pido disculpas.

Mi agradecimiento principal va a Fidel Castro, que aceptó siempre abrir brechas en su saturada agenda, a cualquier hora, ofreciéndome con generosidad su tiempo y respondiendo siempre a mi curiosidad con su proverbial gentileza.

Índice alfabético

ABC, grupo, 78, 104
Abd el-Krim, 162
Abrantes, José, 331-333, 335-337, 625 n. 1
Abu Ghraib, cárcel de, 503, 552
Abu-Jamal, Mumia, 485
Acevedo, Rogelio, 430
Acusador, El, periódico, 100
Afganistán, 466-467, 536
Agencia Central de Inteligencia (CIA), 230-232, 233, 235, 239, 246, 266, 534, 560
Agramonte, Ignacio, 171
Aguilerita, 128
Alape, Arturo, 111, 611 n. 9
Alcalde, Óscar, 148, 612 n. 1
Aldana, Carlos, 520, 634 n. 5
Alejandro Magno, 57, 189
Alemania, 485
Alerta, periódico, 102
Alfonsín, Raúl, 451
Alianza para el Progreso, 246-247, 262
Allende, Salvador, 13, 207, 264, 358, 474, 501
Almeida, Juan, 177, 178, 180, 223, 615 n. 5
Alonso, Randy, 475
Alpha 66, organización terrorista, 14, 241, 619 n. 7
Alternativa Bolivariana para las Américas (ALBA), 489
Álvarez Rom, Luis, 617 n. 4
Álvarez Tabío, Pedro, 20, 624 n. 13
Amado, Jorge, 14, 477, 632 n. 6
Ameijeiras Delgado, Efigenio, 622 n. 4
Amin, Hafizullah, 536
Amnistía Internacional, 15, 625 n. 5
Anderson, Rudolph, 252
Andropov, Yuri, 468, 631 n. 16

Angola, 16, 238, 260, 280, 282-286, 289-300, 334, 376, 530
Aníbal, 57, 189, 532, 533
Annual, batalla de, 460
Antonio, mecánico de Birán, 63
Arafat, Yasser, 13
Arbenz, Jacobo, 159-160, 234, 246, 477, 614 n. 6
Área de Libre Comercio de las Américas (ALCA), 361, 479-481, 606 n. 15
Argelia, 13, 265, 276, 280, 310, 529, 537
Argentina, 16, 162, 260, 264, 312-313, 353, 477-478
Asamblea Nacional del Poder Popular de Cuba, 415-416, 549, 555, 559-560, 628 n. 6
Ataja, periódico, 151
Atila, 533
Auschwitz, campo de concentración de, 355
Aznar, José María, 447, 449-450, 453, 456-459, 461-462, 464, 466-468, 474

Baader-Meinhof, grupo armado, 485, 633 n. 3
Bahamas Cuban Company, 84
Baliño, Carlos, 65
balseros, crisis de los, 306-307, 403-404
Banco Mundial, 350, 352, 484
Banco Nacional de Cuba, 226-227
Barbados, atentado de, 230
Barberán y Tros, Joaquín, 59, 607 n. 7
Barea, Arturo, 609 n. 20
Barquín, Ramón, 185
Barrionuevo, José, 630 n. 3
Batista, Fulgencio, 13, 66-69, 74, 77-78,

99-100, 102, 103-104, 106, 116, 117, 119, 126, 134, 147, 154, 163, 166, 170, 178, 180, 181, 183, 185, 194, 197, 221-222, 227, 240, 241, 295, 304, 387, 498, 504, 525, 526, 608 n. 9

Baucus, Max, 623 n. 11

Bayamo, asalto al cuartel de, 127, 128, 132, 143, 144, 145-146, 154, 161, 612 nn. 6 y 10

Bayo, Alberto, 162-163, 167

Beauvoir, Simone de, 14, 538

Ben Barka, Mehdi, 13

Ben Bella, Ahmed, 13, 265, 275, 279

Benedicto XIV, papa, 609 n. 17

Berlusconi, Silvio, 464

Bernardo, hermano, 87-89

Betancourt, Flores, 145

Betancourt, Rómulo, 112, 260, 611 n. 10, 620 n. 6

Bettelheim, Charles, 617 n. 4

Betto, Frei, 17

Blair, Tony, 463-464

«Bogotazo», 111-112, 116, 125, 202

Bolívar, Simón, 11, 26, 207-28, 31, 34, 471, 475, 532, 605 n. 5

Bolivia, 16, 259, 264-265, 268-269, 471-472, 530

Bonne Carcassés, Félix, 627 n. 16

Bontemps, preso francés, 419

Borge, Tomás, 17

Bosch, Orlando, 233

Boumedienne, Huari, 13

Boves, José Tomás, 27, 605 n. 5

Brandt, Willy, 533

Brasil, 260, 480-481

Breccia, Alberto, 610 n. 3

Bretton Woods, acuerdos de, 261, 620 n. 7, 627 n. 9

Brezhnev, Leonid, 13, 320, 536, 632 n. 16

Brigadas Rojas, 344-345, 485, 625 n. 7

Bryce Echenique, Alfredo, 448

Buffet, preso francés, 419

Bulganin, Nicolai A., 635 n. 9

Bundy, McGeorge, 635 n. 12

Burton, Dan, 624 n. 5

Bush, Jeb, 486

Bush, George Herbert Walker, 13, 233-234, 315, 606 n. 15

Bush, George Walker, 13, 233, 315, 344, 372, 380, 385-386, 388, 398, 400, 402, 437, 459, 479, 486, 498-499, 502, 504-506, 508, 511, 515, 555, 606 n. 15, 608 n. 12, 633 n. 9

Bustos, Ciro, 622 n. 21

Cabo Verde, islas de, 280, 283

Cabral, Amílcar, 13, 280, 281, 298, 530

Camarioca, crisis migratoria de, 304-305, 372

Camboya, 536, 566

Campbell, general británico, 605 n. 4

Cantillo, Eulogio, 181, 183, 184-185

Cárdenas, Lázaro, 168, 234, 477, 615 n. 12

Carlos III, rey, 26

Carmona, Pedro, 476, 487

Carrillo, Santiago, 459

Carter, James, 13, 306, 369-382

Cartier-Bresson, Henri, 14

Carvalho, Otelo Saraiva de, 283

Cason, James, 397, 399-406, 408, 429, 433-434, 437, 462

Castro, Ángel, 11, 44-50, 54, 58, 72, 91

Castro Ruz, Angelita, 45, 61, 62, 69, 73, 93

Castro Ruz, Emma, 45

Castro Ruz, Juana, 45

Castro Ruz, Ramón, 45, 61, 64, 72, 84, 90

Castro Ruz, Raúl, 45, 84, 90, 122-123, 131, 135, 139-140, 143, 160, 163, 171, 177-178, 184, 223, 226, 229, 256, 267, 290, 381, 520, 563-564

Cayo Confites, expedición de, 111, 116, 125, 611 n. 7

Central Obrera Boliviana (COB), 614 n. 4

Centro de Exploración Electrónica, 255

Cervera, Pascual, 459, 606 n. 13

César, Julio, 532, 533

Céspedes, Carlos Manuel de, 23, 25, 28, 30, 31, 171, 605 n. 1

Chang Kai-Chek, 535

Chávez, Hugo, 21, 41, 106, 229, 234, 472-476, 487, 508, 536, 558

Chávez, María Gabriela, 474-475

Chaviano, Alberto del Río, 151, 153
Chechenia, guerra de, 498, 504, 509
Checoslovaquia, 522
Chenard Piña, Fernando, 121
Chiapas, revuelta zapatista en, 469-470
Chibás, Eduardo, 99-103, 104-105, 120, 154, 610 n. 1
Chile, 234, 260, 264, 476, 501, 553
China, 310, 536-537, 566-567
Chomsky, Noam, 14
CIA, *véase* Agencia Central de Inteligencia
Cienfuegos, Camilo, 11, 122, 176-178, 180-181, 183-186, 200, 332
Clinton, Bill, 13, 303, 315, 372, 373, 463-464, 606 n. 15
Club de Roma, 356, 626 n. 10
CNN, cadena, 475, 492, 509
Cochinos, bahía de, *véase* Girón, Playa
Coderch, José, 457
Coleman, Norman, 624 n. 12
Collar y Serra, Joaquín, 59, 607 n. 7
Colombia, 16, 111-112, 156, 264, 332
Colomé Ibarra «Furry», Abelardo, 264, 437
Colón, Cristóbal, 533
Comisión Church, 240
Comisión cubana de Derechos Humanos, 393
Comisión de Derechos Humanos de la ONU, 483-485, 531
Comité Pro Democracia Dominicana, 110, 125
Confederación de los Trabajadores Cubanos (CTC), 222
Confederación de Nacionalidades Indígenas (CONAI), 471
Congo, 265-266, 281-282, 529-530
Congreso Nacional Africano (ANC), 498
Consejo de Estado de Cuba, 338-339, 340, 343, 399, 422-423, 443, 515, 559
Consejo de Europa de Estrasburgo, 420
Consejo de Seguridad de la ONU, 499, 554
Constantino de Grecia, 465
Convención Europea de Derechos Humanos, 420

Coordinación de las Organizaciones Revolucionarias Unidas (CORU), 233
Copello, Lorenzo, 629 n. 1
Corea del Norte, 566
Coreano, el, *véase* Sánchez, Miguel Ángel
Cortázar, Julio, 14
Cortés, Hernán, 533
Cosita, 71-72
Coubre, La, barco francés, 230, 244
Cristobita, 84
Crocker, Chester, 296
Cruz León, Julio, 243
Cubela, Rolando, 393
Cuito Cuanavale, batalla de, 238, 294-295, 530
Cumbre de las Américas (2005), 479-480
Cumbre de los No Alineados (2003), 500-501
Cumbre Ecológica de la Tierra en Río de Janeiro, 360, 362
Cumbre Iberoamericana (2000), 232
Cumbre Iberoamericana de Cartagena de Indias (1994), 521

Danger, Emiliana, 93-94
Daniel, Jean, 535
Débat, Massamba, 281-282
Debray, Régis, 268, 413-414, 514
Demóstenes, 51
Deng Xiaoping, 634 n. 11
Di Celmo, Fabio, 628 n. 9
Diario de Cuba, El, 53
Diario de la Marina, 53, 229-230
Díaz-Balart, Lincoln, 508
Dickens, Charles, 80
Directorio Revolucionario, 226
Dominicana, República, 110-111, 125, 260, 311, 553
Donovan, James, 239
Drake, Francis, 533
Duvalier, François, 13

Echeverría Bianchi, José Antonio, 118, 611 n. 1
Ecuador, 471, 472

Eisenhower, Dwight D., 13, 230, 245-246, 534
Ejército Zapatista de Liberación Nacional (EZLN), 632 n. 2
Electrocaribe, 489
Elizalde, Rosa Miriam, 630 n. 5
Engels, Friedrich, 105, 168, 566
Escalante, Aníbal, 200-201
Escambray, «guerra sucia» en el, 242-243, 291
Escobar, Pablo, 334-335
Escuela Latinoamericana de Medicina (ELAM), 489
España, 30, 31, 299, 344-345, 420, 447-468, 474, 485, 548
Espín, Vilma, 216
Estados Unidos, 13, 30-31, 64, 230, 233-234, 277-278, 284, 288, 291, 296-297, 301, 303-306, 311-312, 316-317, 330, 340, 358, 362, 385-387, 395, 409-410, 417-418, 428-429, 455, 458, 471-472, 474, 484-485, 493, 498-506, 526, 530, 534
ETA, organización terrorista, 344-345, 417, 447, 625 n. 8
Etiopía, 16, 238, 260, 607 n. 4

Federación Estudiantil Universitaria (FEU), 65, 109-110, 118, 547, 608 n. 10
Felipe de Borbón, 452, 466
Feliú, Belén, 64, 69
Feliú, Eufrasia, 62, 69, 73
Feliú, Néstor, 64
Fernández Font, Marcelo, 617 n. 4
Fernando, hermano, 87
Fleitas, Gildo, 120, 141, 145
Fondo Monetario Internacional (FMI), 352, 354, 360, 468, 484
Ford, Gerald, 13, 344, 370, 626 n. 3
Foro de São Paulo, 350
Foro Social Mundial de Porto Alegre, 11, 352-353, 554
Fraga Iribarne, Manuel, 467-468
Francia, 389, 419, 455, 485, 498, 514, 529, 537, 553-554

Franco Bahamonde, Francisco, 53, 458-462, 464
Franqui, Carlos, 518-519, 634 n. 2
Frente de Liberación de Mozambique (FRELIMO), 281
Frente Farabundo Martí de Liberación Nacional (FMLN), 263
Friedman, Milton, 626 n. 6
Fuentes, Norberto, 336, 338, 625 n. 3
Fuerzas Armadas Revolucionarias (FAR), 287, 292, 297, 299
Fundación Nacional Cubano-Americana, 231-232, 243, 315, 456, 631 n. 11

Gaitán, Jorge Eliécer, 36, 111-112, 477, 606 n. 12
Galbraith, John Kenneth, 349, 626 n. 3
Galeano, Eduardo, 14, 446
Gallegos, Rómulo, 112, 611 n. 10
Gálvez, Bernardo de, 605 n. 4
Gandhi, Indira, 13
García, Antonio, 52-54
García, Guillermo, 173, 178, 520
García Bárcena, Rafael, 117-118
García Lorca, Federico, 412, 629 n. 14
García Márquez, Gabriel, 14, 19, 448
Gates, Bill, 337
Gaulle, Charles de, 19, 537-538
Giap, Vo Nguyen, 157, 613 n. 6
Giddens, Anthony, 463
Girón, invasión de Playa, 14, 223, 230, 235-247, 262, 289, 304, 383, 393, 418, 485-486, 526, 534
Goebbels, Joseph Paul, 208, 209
Gómez, hermanos, 121
Gómez, Máximo, 28, 32, 34-36, 40, 45, 156, 299, 606 n. 8
Gómez Manzano, René, 627 n. 16
González, Cándido, 166
González, Elián, 480, 632 n. 7
González, Felipe, 324, 329, 447-452, 453-454, 456, 462, 467, 468, 548, 624 n. 3
González, Fernando, 628 n. 9
González, Jorge, 273
González, María Antonia, 161
González, René, 628 n. 9

González Llort, Fernando, 618 n. 2
González Sehwerert, René, 618 n. 2
Gorbachov, Mijaíl, 14, 315, 324-325, 328, 451, 468
Gore, Al, 386
Gorrión, El, revista, 94, 610 n. 3
Gran Bretaña, 466, 548
Granada, invasión de, 417
Granado, Alberto, 159
Granma, barco, 34, 45, 50, 75, 148, 151, 169-172, 196, 519
Grau San Martín, Ramón, 66, 78, 100, 103, 104-106, 610 n. 1
Grecia, 465
Greene, Graham, 14
Gromyko, Andrei, 250
Grupo de Trabajo de la Disidencia Interna (GTDI), 627 n. 16
Grupos Antiterroristas de Liberación (GAL), 344-345, 417, 625 n. 8
Guantánamo, base de, 252, 253, 404, 502-503, 608 n. 12
Guareschi, Giovanni, 54
Guatemala, 16, 159-160, 234, 246, 263, 278-279, 472
Guayasamín, Oswaldo, 14, 448, 470, 628 n. 5
Guderian, Heinz, 635 n. 13
Guerra, Eutimio, 616 n. 3, 634 n. 1
Guerrero, Antonio, 628 n. 9
Guerrero Rodríguez, Antonio, 618 n. 2
Guevara, Ernesto Che, 13, 20, 115, 159-168, 172-181, 183-186, 200, 223-224, 225-229, 259-273, 281-282, 299, 351, 383, 519, 520, 529, 530, 533
Guevara, Moisés, 269
Guillén, Nicolás, 415
Guinea-Bissau, 13, 280, 283
Guitart, Renato, 128-129, 137-138, 145, 612 n. 9
Guiteras, Antonio, 65-67, 78, 608 n. 11
Gutiérrez, Lucio, 399
Gutiérrez Menoyo, Eloy, 448, 630 n. 4

Haití, 23-24
Hassan II, rey, 529

Hatuey, 22-23
Hay-Quesada, tratado, 66
Helms, Jessie, 624 n. 5
Helms-Burton, ley, 14, 330, 463, 491
Hemingway, Ernest, 11, 14, 192-193, 336, 338, 538-539, 615 n. 1
Henry Reeve, contingente médico, 277-279, 299, 489-490, 622 n. 3
Heredia, José María, 73, 608 n. 14
Hernández, Gerardo, 628 n. 9
Hernández, Melba, 128, 133, 135, 144, 215, 612 n. 8
Hernández, Miguel, 412, 629 n. 16
Hernández Nordelo, Gerardo, 618 n. 2
Hess, Rudolph, 203
Hibert, Luis, 75
Hidalgo, Alcibíades, 633 n. 7
Himmler, Heinrich, 209
Historia me absolverá, La, 57, 116, 153, 155, 161, 224, 611 n. 14
Hitler, Adolf, 54, 68, 103, 209, 355, 460-461, 538, 610 n. 3
Ho Chi Minh, 13, 157, 535, 536, 613 n. 7
Holocausto, 355
Hu Jintao, 635 n. 11
Hua Guofeng, 635 n. 11
Huddleston, Vicki, 398
Hussein, Sadam, 501

Ibárruri, Dolores, La Pasionaria, 459
Iglesia católica, 58, 383-384, 395
Ignacio de Loyola, san, 15, 82-83
Información, diario, 52
Inglaterra, 464, 485
Instituto de Aeronáutica Civil de Cuba (IACC), 429
Instituto Nacional de la Reforma Agraria (INRA), 226
Irak, guerra de, 358, 405, 406, 410, 446, 455, 466, 493, 498-504, 554
Irán, 284-285, 357-358, 371-372, 376-377
Isaac, José, 173
Israel, 484, 498, 537
Italia, 485
Izquierda Unida, 457

Jerjes, rey persa, 533
Jiang Zemin, 14, 533, 635 n. 11
Jigüe, El, batalla de, 153, 182
Jiménez, Gaspar, 618 n. 9
Jiménez de Asúa, Luis, 394, 408, 628 n. 12
Johnson, Lyndon B., 13
José Bonaparte, rey, 26
Jruschov, Nikita, 13, 126, 168, 245, 249-250, 254, 320, 525, 614 n. 11, 635 n. 9
Juan Carlos, rey, 14, 452, 464-467, 468
Juan Pablo II, papa, 14, 58, 209, 381, 394, 446, 478, 560
Juárez, Benito, 34, 606 n. 11
Junco Bonet, Eduardo, 462
Juventudes Socialistas, 123, 256

Kabila, Laurent-Désiré, 265, 282, 621 n. 15
Kampuchea, véase Camboya
Keita, Modibo, 281
Kennedy, Edward «Ted», 372, 377-378, 626 n. 6
Kennedy, Eunice, 376
Kennedy, John F., 13, 160, 245-247, 249-252, 254-257, 262, 279, 373, 374, 376, 411, 534-535, 635 n. 12
Kennedy, John-John, 376
Kennedy, Robert, 376
Kioto, Protocolo de, 362
Kirchner, Néstor, 353, 478
Kissinger, Henry, 288
Kolle Cueto, Jorge, 269-270
Komintern, 104
Kopechne, Mary Jo, 627 n. 6
Kosovo, guerra de, 447, 509

La Fayette, marqués de, 26, 498
La Guardia, ayudante de Martí, 37
La Guardia, Antonio (Tony) de, 335-336, 421, 625 n. 1
La Guardia, Patricio de, 335-336
Labañino Salazar, Ramón, 618 n. 2
Lage, Carlos, 303, 623 n. 5
Lara, Lucio, 281
Larriñaga, alumno negro, 81
Le Bon, Gustave, 208-209, 616 n. 4

Leal, Eusebio, 57, 551, 607 n. 5
Lechín, Juan, 269, 614 n. 4
Léger, Lucien, 629 n. 18
Lenin, Vladimir Ilich Ulianov, 38, 39, 100, 105, 116, 123, 168, 351-352, 566, 617 n. 3
Leonov, Nikolai, 256
Lesnik, Max, 121
Letelier, Orlando, 233
Lewinsky, Monica, 372
Ley de Ajuste Cubano, 302, 304, 306-307, 311-315, 372, 427, 445, 491, 622 n. 1
Ley de Nacionalización del Trabajo, 66, 76, 78
Ley de Reforma Agraria, 222, 223-226, 614 n. 6
Lima, Turcios, 13
Lincoln, Abraham, 11, 29-30, 607 n. 1
Líster, Enrique, 459
Llorente, Amado, 83
Llorente, Segundo, 83
Lojendio, Juan Pablo de, 458
López, Narciso, 30-31, 606 n. 10
López Fernández, Antonio «Ñico», 160-161, 614 n. 7
López Obrador, Andrés Manuel, 632 n. 2
Lora, Saturnino, 138
Louis, Joe, 92, 609 n. 1
Lula da Silva, Luiz Inácio, 399, 480-481, 632 n. 8
Lumumba, Patrice, 13, 265, 281, 284, 529, 621 n. 12, 621 n. 14
Luz y Caballero, José de la, 383

M-19, guerrilleros del, 332, 333
Mac Arthur, Douglas, 246
Maceo Grajales, Antonio, 28, 32, 34-36, 45-46, 156, 606 n. 9, 622 n. 6
Machado, Antonio, 412, 629 n. 15
Machado, Gerardo, 63-65, 67, 74, 77-78, 103, 202, 608 n. 9, 610 n. 4
Machado Ventura, José Ramón, 223
Machel, Samora, 281
Magallanes, Fernando de, 533
Malaparte, Curzio, 105-106, 611 n. 5
Malenkov, Georgi M., 635 n. 9

Mandel, Ernest, 617 n. 4
Mandela, Nelson, 13, 284, 498, 533
Manley, Michael, 207
Mannerheim, Gustav, 68, 608 n. 13
Manstein, Erich von, 538, 635 n. 13
Manzanillo, 200
Mao Zedong, 157, 259, 477, 535-537, 613 n. 8
Maradona, Diego Armando, 479
Marcheco, Esmérida, 64
Marcial, 72
Marcos, subcomandante, 12, 469-470, 472, 632 n. 2
Marí, Neón, 87, 89
Mariel, crisis migratoria de, 306, 371, 372
Marighela, Carlos, 13
Marinello, Juan, 610 n. 4
Marrero, Pedro, 145
Marruecos, 280, 310, 460, 529
Marshall, islas, 484, 633 n. 2
Martí, Farabundo, 613 n. 5
Martí, José, 11, 20, 23, 33-34, 35-42, 45, 65, 111, 113, 115, 122, 123, 153, 299, 383, 384, 412, 568, 606 nn. 8 y 14
Martínez, Jorge Luis, 334, 336, 625 n. 1, 629 n. 1
Martínez Ararás, Raúl, 123, 612 nn. 6 y 12
Marx, Carlos, 38-39, 105, 113-116, 121, 123, 168, 320, 351, 461, 566
Mas Canosa, Jorge, 231, 456, 631 n. 11
Masetti, Jorge Ricardo, 264, 614 n. 8, 621 n. 9
Masferrer, Rolando, 125
Matos, Hubert, 223, 518-519, 634 n. 3
Matthews, Herbert, 172, 615 n. 1, 616 n. 3
Maximiano, emperador, 606 n. 11
Mazorra, Martín, 91-93
McNamara, Robert, 250
Medina Angarita, Isaías, 611 n. 10
Mehring, Franz, 121
Mella, Julio Antonio, 65, 118, 608 n. 10, 611 n. 12
Méndez, Joaquín, 628 n. 9
Menem, Carlos, 466, 478
Menéndez, Bob, 315, 623 n. 9
Mercado, Manuel, 37

Merle, Robert, 145
México, 156, 159, 166, 220, 261, 311-313, 477, 486
Miller, Arthur, 14
Milošević, Slobodan, 509
Miná, Gianni, 17
Ministerio de Relaciones Exteriores (MINREX), 403
Mirabal, Linda, 452
Miranda, Francisco «El Precursor», 26, 27, 605 n. 3
Miret, Pedrito, 124, 131, 134, 143, 612 n. 7
Mitchel, Teodulio, 129
Mitterrand, François, 14, 413, 419, 514
Mobutu Sese Seko, 265, 283-285, 289, 530, 621 n. 15
Mola, Emilio, 53
Molotov-Ribbentrop, Pacto, 67-68, 103-104, 168, 201
Moncada, asalto al cuartel de, 23, 42, 45, 111, 117-146, 154-156, 194, 383, 519, 525
Monje, Mario, 269-270
Montané, Jesús, 121-123, 133, 136-138, 141, 155, 612 n. 3
Mora, Alberto, 617 n. 4
Morales, Evo, 471-472, 632 n. 3
Moscoso, Mireya, 617 n. 9
Movimiento 26 de Julio, 74, 122, 160-161, 178, 179-180, 186, 200, 221, 226, 264, 519
Movimiento Cristiano de Liberación, 627 n. 15
Movimiento de los No Alineados, 259
Movimiento Nacionalista Revolucionario (MNR), 614 n. 4
Movimiento Popular de Liberación de Angola (MPLA), 282, 286, 288, 530, 619 n. 3
Mozambique, 281, 283
Mugabe, Robert, 281
Mundo, El, diario, 53
Muñoz, Mario, 135
Mussolini, Benito, 53, 54, 65, 102, 127, 460-461, 612 n. 7

Namibia, 289, 292, 296-298, 498, 530
Napoleón, 26-27, 57, 532, 533, 605 nn. 2 y 3
Napoleón III, 606 n. 11
Nasser, Gamal Abdel, 13, 259, 620 nn. 1 y 4
Navarro Wolf, Antonio, 332-335, 337, 625 n. 2
Nehru, Jawaharlal, 13, 259, 620 nn. 1 y 3
Neruda, Pablo, 14, 268
Neto, Agostinho, 281, 287, 290, 530, 618 n. 3
Nicaragua, 16, 156, 234, 242, 263, 333, 386, 468, 498, 530, 553
Nicaro, empresa de níquel, 226
Nixon, Richard M., 13, 231, 245-246, 261, 288, 374, 534
Nkrumah, Kwameh, 281
Noa, Carmelo, 145
Noboa, Gustavo, 399
Noriega, Roger, 426, 628 n. 4
Novo, Guillermo, 617 n. 9
Núñez Jiménez, Antonio, 223, 616 n. 1
Nyerere, Julius, 265

O'Connor, cardenal John, 241, 619 n. 6
Ocalan, Abdullah, 420
Ochoa, Arnaldo, 331-335, 421, 520, 624 n. 1
Oficina de Intereses de Estados Unidos, 370-371, 387, 391-392, 394, 397, 398, 400, 403, 404, 626 n. 4
Omega 7, organización terrorista, 14, 231, 241, 619 n. 7
Operación Carlota, 287-289, 619 n. 3
Operación Mangosta, 256, 413, 486, 619 n. 2
Operación Milagro, 483, 489, 633 n. 1
Operación Peter Pan, 217, 304, 616 n. 7
Operación Tributo, 293
Organización de Estados Americanos (OEA), 112, 261-262
Organización de Naciones Unidas (ONU), 251, 281, 296, 360, 499-501, 503, 531
Organización del Tratado del Atlántico

Norte (OTAN), 419, 448-449, 458, 484, 500
Organización Mundial del Comercio (OMC), 352, 361
Organizaciones Revolucionarias Integradas (ORI), 226-227
Ortega, Daniel, 468
Oswald, Lee Harvey, 257-258

Pachacutik, organización ecuatoriana, 471
Padrón, Amado, 625 n. 1
Páez, José Antonio, 28
País, El, diario, 53
País, Frank, 74, 122, 173, 609 n. 16
País, Josué, 122
Pakistán, 279
Palau, Gabrielito, 70
Palau, islas, 484
Palestina, 498
Palme, Olof, 13, 462, 534
Panamá, Canal de, 369-370, 626 n. 2
Pardo Llada, José, 101, 102
Partido Africano por la Independencia de Guinez-Bissau y Cabo Verde (PAIGC), 280, 530
Partido Auténtico, véase Partido Revolucionario Cubano
Partido Comunista de Bolivia, 269
Partido Comunista de Cuba, 65, 68, 118-119, 123, 200, 266, 519, 548-549, 608 n. 10
Partido del Pueblo Cubano, véase Partido Ortodoxo
Partido Kurdo de los Trabajadores (PKK), 420
Partido Ortodoxo, 99, 100, 102, 105, 107, 113, 117, 119, 121, 161, 610 n. 1
Partido Popular, 461
Partido Revolucionario Cubano (Auténtico), 38, 100, 104, 610 n. 1
Partido Socialista Obrero Español (PSOE), 329, 448-449, 451, 457, 548, 630 n. 5
Partido Socialista Popular (PSP), 118, 200, 222, 226, 563, 610 n. 4
Payá Sardiñas, Osvaldo, 390-391, 393, 627 n. 15

Paz Estenssoro, Víctor, 614 n. 4
Peltier, Leonard, 485
Penkovsky, Oleg, 249
Pentágono, 246
Peralta, Enrique, 95
Peredo, Inti, 268, 271
Pérez, Carlos Andrés, 112, 375, 450, 631 n. 6
Pérez Chaumont, 150-151
Pérez Esquivel, Adolfo, 479
Pérez Roque, Felipe, 303, 397, 444, 474, 476, 520, 623 n. 4
Perón, Juan Domingo, 477-478
Perú, 472
Pétion, Anne Alexandre Sabès, 28, 606 n. 7
Petrocaribe, 489
Piedra, Carlos, 183
Pino, Rafael del, 520, 634 n. 4
Pino Santos, Fidel, 75
Pinochet, Augusto, 233, 626 n. 6
Pizarro, Francisco, 533
Platón, 560
Platt, Enmienda, 66, 608 n. 12
Playboy, 369
Polo, Marco, 533
Porra, Baltazar, 475
Portela, profesor, 108, 112
Portugal, 280-281
Posada Carriles, Luis, 232-233, 421, 486, 618 n. 9
Pot, Pol, 536
Powell, Colin, 251, 634 n. 9
Prats, Carlos, 233
Prestes, Luis Carlos, 477
Prieto, Abel, 479
Prío Socarrás, Carlos, 151
Producto Interior Bruto (PIB), 493
Programas Integrales de Salud, 278
Proyecto Varela, 382-384, 387-390
Puerto Rico, 485
Putin, Vladimir, 255

Quevedo Pérez, José, 182

Radio Álvarez, 102
Radio Martí, 14, 302-303, 310, 384
Radio Rebelde, 183-184, 202, 634 n. 2
Ramadan, Taha Yassin, 501
Reagan, Ronald, 13, 234, 283, 291, 302-304, 315, 371, 378, 437, 498, 626 n. 6
Rego Rubido, 184
Rehberg, Dennis, 623 n. 11
Reich, Otto, 386, 397-398, 402, 426, 628 n. 4
Remón, Pedro, 618 n. 9
Reyes, Eliseo, 264, 268
Ribadulla, dirigente del Partido Ortodoxo, 121
Riset, alumna, 91-92
Risquet, Jorge, 282
Rivero, Raúl, 412, 415, 628 n. 13
Roa, Raúl, 113, 611 n. 12
Robaina, Roberto, 520, 634 n. 6
Roca, Blas, 200, 415, 616 n. 1
Roca, Vladimiro, 415, 627 n. 16
Rodríguez, Carlos Rafael, 104, 223, 610 n. 4, 616 n. 1, 617 n. 4
Rodríguez «Robinson», Simón, 26-27
Rodríguez Zapatero, José Luis, 457
Rommel, Erwin, 460
Roosevelt, Franklin Delano, 66, 96, 534, 610 n. 5
Roque, Martha Beatriz, 405, 408, 627 n. 16
Ruby, Jack, 258
Ruz González, Antonia, 59
Ruz González, Lina, 50, 72-73, 91

Salvador, El, 16, 263
Sampson, comodoro, 606 n. 13
Sánchez Arango, Aureliano, 113
Sánchez, Celia, 216, 552-553, 636 n. 19
Sánchez, Elizardo, 415
Sánchez, Miguel Ángel, «el Coreano», 163, 614 n. 10
Sánchez, Universo, 166
Sandino, Augusto César, 156, 613 n. 5
Santamaría Cuadrado, Abel, 120, 121-123, 128, 129, 133, 135, 138-140, 144, 612 n. 2

Santamaría Cuadrado, Haydée (Yeyé), 122, 128, 133, 135, 215, 612 n. 5
Santana, 142-143
São Tomé y Príncipe, 280-281, 283
Saramago, José, 14, 446, 630 n. 5
Sardiñas, padre, 219
Sarría, Pedro, 149-152, 170
Sartre, Jean-Paul, 14, 538
Sary, Ieng, 536
Savimbi, Jonas, 288, 293
Schlesinger, Arthur M., 258, 620 n. 3
Schmeling, Max, 92, 609 nn. 1-2
Selassie, Haile, 607 n. 4
Senado de Estados Unidos, 232, 398
Sevilla, Bárbaro, 629 n. 1
Shakespeare, William, 80, 532
Shevardnadze, Eduard, 315, 623 n. 10
Shólojov, Mijaíl, 217, 616 n. 8
Shriver, Maria, 627 n. 13
Shriver, Sargent, 376
Sierra Maestra, 148, 169-187, 189, 216, 295, 469
Sigmaringa, Fidel de, 609 n. 17
Skorzeny, Otto, 127, 612
Smith, Adam, 350, 626 n. 7
Sofía de Grecia, 465
Solana, Javier, 448
Solchaga, Carlos, 450, 631 n. 5
Somoza, Anastasio, 13, 553, 613 n. 5
Soros, George, 337, 349
Sosa, Elpidio, 128
Sosa Blanco, Jesús, 204, 616 n. 2
Soto, marido de Antonia Ruz, 59
Soumialot, Gastón, 265
SS-4, cohetes, 250-252
Stalin, Josif Vissarionović Džugašvili, 67-68, 103, 126, 168, 194, 327, 351, 525, 635 n. 9
Stevenson, Adlai, 251
Stiglitz, Joseph E., 11, 349, 625 n. 1
Stone, Oliver, 14, 444-445, 630 n. 3
Stroessner, Alfredo, 13
Suárez Blanco, José, 148, 613 n. 2
Sucre, Antonio José de, 11, 471
Sudáfrica, República de, 16, 260, 283-284, 287, 289, 291-297, 498, 530
Suecia, 473

Suetonio, Gayo, 374, 627 n. 7
Sukarno, 259, 620 nn. 1 y 5

Tania, Tamara Bunke Bider, 271, 621 n. 22
Tanzania, 265-266
Taraki, Muhammad, 536
Tejero Molina, Antonio, 465
Televisión Martí, 14
Thatcher, Margaret, 626 n. 6
Timor Leste, 281
Tito, Josip Broz, 13
Torres, Camilo, 13
Torricelli, ley, 14, 330, 626 n. 4
Torrijos, Omar, 263, 369, 370, 448, 476, 626 n. 2
Touré, Sekou, 281
Toussaint Louverture, François Dominique, 24, 605 n. 2
Tratado de Libre Comercio de América del Norte (TLC), 311, 469, 607 n. 15
Tratado de No Proliferación de Armas Nucleares, 358, 510-511
Tratado de Tlatelolco, 511
Tribunal Penal Internacional de La Haya, 386, 405
Trotski, León, 168, 351
Trudeau, Michael, 627 n. 11
Trudeau, Pierre Elliott, 375, 378, 627 n. 10
Trujillo, Rafael Leónidas, 13, 110, 112, 194, 260, 553, 611 n. 7
Tshombé, Moisés, 265, 621 n. 14
Turquía, 420

Unicef, 481
Unidades Militares de Ayuda a la Producción (UMAP), 205
Unión de Escritores y Artistas de Cuba (UNEAC), 364
Unión Europea, 341, 402, 416, 420, 449, 455, 456, 628 n. 8, 631 n. 9
Unión Nacional por la Independencia Total de Angola (UNITA), 288, 293, 297, 619 n. 3
Unión Soviética, 13, 155, 194, 201, 218,

220, 225, 249-253, 289, 306, 319-330, 351-352, 450-452, 454, 536-437, 565, 566-567
United Fruit Company, 48, 116, 614 n. 6
Urrutia, Manuel, 199-200, 222-223, 518-520
Uruguay, 260
Uslar Pietri, Arturo, 27, 605-606 n. 6
Uvero, ataque al cuartel de, 174-176, 195

Valdés, Ramiro, 136-139, 141, 155, 166, 178
Valero, hijo, 99-100
Valero, telegrafista, 51-52, 54, 99
Valladares, Armando, 413-414, 629 n. 17
Varela, Félix, 382-384
Vega, Carmen, 91-94
Velasco Alvarado, Juan, 476, 632 n. 5
Venezuela, 16, 234, 260, 472-476, 487, 527
Vera, Rafael, 630 n. 3

Vietnam, guerra de, 13, 237-238, 262, 374, 376, 410, 501, 530, 534
Villa, Pancho, 163
Vitalio Acuña, Juan, «Joaquín», 270-271
Voisin, André, 321

Welles, Benjamin Summer, 66
Whitaker, Kevin, 506
Whitley, Robert, 623 n. 11

Yeltsin, Boris, 253, 255, 326-328
Yidi, moro, 63
Yugoslavia, 259, 566

Zaire, 284, 285, 287
Zhu Enlai, 259, 620 nn. 1-2
Zimbabue, 281, 292, 293, 296
Zorin, Valerian, 251

Estrecho de Florida

LA HABANA
Matanzas
Cárdenas

S. Cristóbal
Güines o

Pinar del Río

Colón

Golfo de
Batabano

La Fe

Santa Cla

Cabo de
San Antonio

Playa Girón

Cienfuego

Isla de Pinos

Sierra del Escambray ▲

M A R

C A R I B E

Islas Caim

0   50   100   150 km